中国产业与流通系列研究报告·2012

中国出口贸易壁垒
监测与分析报告

中国人民大学商学院贸易经济系
王亚星◆著

REPORT ON CHINA EXPORT TRADE BARRIERS MONITORING AND ANALYSIS

2012

中国经济出版社
CHINA ECONOMIC PUBLISHING HOUSE
北京

图书在版编目（CIP）数据

中国出口贸易壁垒监测与分析报告·2012/王亚星 主编.
北京：中国经济出版社，2012.8
ISBN 978-7-5136-1607-2

Ⅰ.①中… Ⅱ.①王… Ⅲ.①出口贸易—贸易壁垒—研究报告—中国—2012 Ⅳ.①F752.62

中国版本图书馆 CIP 数据核字（2012）第 115775 号

责任编辑 崔清北 方 雷
责任审读 张 薇
责任印制 石星岳
封面设计 巢新强

出版发行 中国经济出版社
印 刷 者 北京金华印刷有限公司
经 销 者 各地新华书店
开 本 889mm×1194mm 1/16
印 张 28.75
字 数 650 千字
版 次 2012 年 8 月第 1 版
印 次 2012 年 8 月第 1 次
书 号 ISBN 978-7-5136-1607-2/F·9347
定 价 78.00 元

中国经济出版社 **网址** www.economyph.com **社址** 北京市西城区百万庄北街 3 号 **邮编** 100037
本版图书如存在印装质量问题，请与本社发行中心联系调换（联系电话：010-68319116）

前 言

2011年是“十二五”规划的开局之年，是以加快转变经济发展方式为主线，巩固和扩大应对国际金融危机成果，促进经济增长由政策刺激向自主增长有序转变的关键一年。在世界虚拟经济与实体经济异化程度降低，国内改革进入攻坚阶段、任务日益艰巨繁重的背景下，我国国民经济总体保持了平稳快速增长的良好势头。

整体而言，在国内经济平稳较快发展的带动下，在国家继续促进消费的宏观政策调控下，2011年我国消费品市场实现了平稳发展。一方面，国内工业生产和投资稳步增长，粮食连续八丰收，为消费市场平稳运行提供了良好的宏观环境；另一方面，中央和地方正确处理保持经济平稳较快发展、调整经济结构和管理通胀预期的关系，大力推进保障性安居工程建设、新型农村社会养老保险试点，着力提高低收入群众收入，扩大中等收入者所占比重，实施更加积极的就业政策，挖掘消费潜力，促进城乡消费持续较快增长，为投资、消费更加均衡发展奠定民生权益基础。此外，家电下乡、以旧换新政策、农村流通网络体系建设和城镇商业网点布局规范进一步活跃了城乡消费市场，便利了城乡居民消费，市场调控机制进一步健全保证了市场的稳定供应，市场秩序进一步规范营造了良好的消费市场环境。尽管由于部分促消费政策退出、银根收紧等因素影响，消费名义增速和实际增速均趋于回落，受生产成本增加、流动性过剩、输入性通胀压力大、部分农产品供应偏紧等影响，物价上行压力依然较大，但得益于政策、市场和消费模式转变的共同作用，我国消费品市场实现了“十二五”时期的良好开局。

对中国经济发展而言，2011年是经济结构转型改革深化年，2012年则是改革进入“顶层设计”，转型亟待突破的一年。当前，世界经济增速回落、复苏乏力，欧洲主权债务危机影响继续持续，需求疲软正从发达国家向新兴市场国家蔓延，经济发展中不平衡、不协调、不可持续的矛盾和问题也较为突出。2012年中央经济工作会议提出要牢牢把握扩大内需这一战略基点，从转方式、调结构的战略需要出发，积极增加生产，扩大有效供给，合理增加城乡居民尤其是低收入群众收入，切实提高居民消费能力，同时，保持适度投资规模，优化投资结构，进一步推动经济增长由政策刺激向自主增长有序转变。在经济结构深度调整，加大结构性减税力度，重点支持实体经济特别是小型微型企业，着力提升消费在拉动经济增长中作用的整体发展思路下，市场格局和产业结构的重大变化将有望催生出新的经济增长点，国民经济部分产业和消费品市场也将迎来改革关键期。

在如上背景下，对中国消费品市场和重要产业进行密切监测和实时分析，思考消费品市场中供求态势的转换、产业结构的升级以及产业体系的梯度转移，其结论对于中国宏观调控政策及中国未来发展战略的制定有着重要的指导意义。

在中国人民大学流通研究中心和和中商流通生产力促进中心全体研究人员的共同努力下，历经一年艰辛的产业运行监测和四个多月的数据汇总分析，如期发布了《中国产业与流通系列研究报告·2012》。这是《中国产业与流通系列研究报告》的第八次发布。自2005年以来，这套系列报告正逐渐成长为国内最系统、最实时监测中国消费品市场、重要产业、贸易壁垒和对外投资的深度分析报告。报告的顺利推出得到了来自商务部、发改委、国家统计局、国务院发展研究中心、中国社会科学院、各行业主管部门和行业协会组织、诸多专家和学者以及中国经济出版社所有同仁的关注和支持。撰写报告的研究人员在数据监测与搜集、研究方法选择、报告结论总结、趋势预测等方面也在不断改进，争取做到客观性、严谨性、科学性和权威性。

报告力求数据详实、图表清晰、分析合理且预测准确，旨在为国家决策部门提供客观的依据，为相关研究机构提供一个共同交流的平台，为中国市场、产业和外资外贸健康发展献计献策。中国人民大学在产业经济和流通经济学科上具有深厚的研究基础，我们有使命也有能力见证并记录中国经济变革与发展演进的历史进程。报告作为中国人民大学的重要研究成果，承载着所有师生的荣誉和使命，希望它能引发广大有识之士的共鸣、思考和真知灼见。

2012年4月19日

目　录

第一章 中国对外贸易壁垒

2011 年,面对复杂多变的国际形势和国内经济运行出现的新情况新问题,中国坚持实施积极的财政政策和稳健的货币政策,积极稳妥地处理保持经济平稳较快发展、调整经济结构、管理通胀预期三者关系,把稳定物价总水平作为宏观调控的首要任务,不断加强和改善宏观调控,国民经济运行总体良好,继续朝着宏观调控的预期方向发展。中国对外贸易着力于"稳增长、调结构、促平衡",外贸政策保持基本稳定,进出口平稳较快发展,贸易结构继续优化,外贸发展更趋平衡,转变外贸发展方式取得新进展。

据海关统计,2011 年我国外贸进出口总值 36420.6 亿美元,比 2010 年同期(下同)增长 22.5%,外贸进出口总值刷新年度历史纪录。其中,出口 18986 亿美元,增长 20.3%;进口 17434.6 亿美元,增长 24.9%。贸易顺差 1551.4 亿美元,比上年净减少 263.7 亿美元,收窄 14.5%。虽然 2011 年下半年以来我国外贸进出口增速持续走低,但是贸易发展更趋平衡:进口、出口协调发展,外贸顺差逐年收窄。2011 年,在"扩大进口"的政策引导下,我国进口增速高出同期出口增速 4.6 个百分点,外贸顺差在 2010 年同比收窄 7.2% 的基础上继续收窄 14.5%,减少 263.7 亿美元,当年贸易顺差与外贸总值的比值为 4.3%,比上年降低 1.8 个百分点。

在出口商品中,2011 年,我国机电产品出口 10855.9 亿美元,增长 16.3%。其中电器及电子产品出口 4457.9 亿美元,增长 14.7%;机械设备出口 3537.7 亿美元,增长 14.2%。传统大宗商品出口稳定增长,其中服装出口 1532.2 亿美元,增长 18.3%;纺织品出口 946.7 亿美元,增长 22.9%;鞋类出口 417.2 亿美元,增长 17.1%。

面对复杂严峻的国内外环境,中国对外贸易将继续保持政策的稳定性和连续性,努力克服外部环境变化的不利影响,保持进出口稳定增长;注重调整进出口产品结构、市场结构和地区结构,加快转变外贸发展方式,增强外贸可持续发展能力;坚定不移地扩大进口,为企业扩大进口创造更加有利的条件,继续为全球贸易平衡发展做出积极贡献。

然而,由于主要发达国家财政和货币政策的扩展空间有限,世界经济复苏极为缓慢,外需难以大幅反弹;由于主要经济体,例如美国、欧盟和日本等国的自顾性增强,贸易保护主义依然强势;在金融危机之后,很多发达国家提出重振制造业的口号,使中国出口面临更为激烈的竞争和更大的压力。这些都从客观上造成我国与外国贸易摩擦的增多。就贸易摩擦的方式而言,关税、配额许可证已经不是主要的关注点,反倾销、反补贴、技术性贸易壁垒、绿色贸易壁垒以及劳工和社会标准,特别是以技术贸易壁垒为核心的新贸易壁垒越来越成为影响我国出口贸易的最主要因素。

本报告的研究结果显示,2011 年技术性贸易壁垒与绿色贸易壁垒事件共 532 起,为壁垒事件最多的贸易壁垒形式。相较于 2010 年的数据,技术性贸易壁垒有少数的增加,但是反倾销事件却显著减少。反补贴、进口限制、知识产权壁垒事件绝对数量均变化不大。美国、欧盟和日本等经济发达国家和地区多采用技术性贸易措施。印度、阿根廷和墨西哥等发展中国家多采取贸易救济措施。不同国家的贸易壁垒方式有着明显的差异,不同国家的贸易壁垒对我国的影响也体现在不同的产业、产品类别上。另外值得注意的是,美国和欧盟等国家和地区针对我国的贸易壁垒事件虽然有所减少,但是更多地采用法律形式来限制我国企业的发展,在针对我国出口的法律数量上都有大幅度的增加。

因此,我们在认识和分析贸易壁垒时,不能片面地将注意力集中在单一的贸易壁垒上,只有总体把握贸易壁垒,从国别、区域、产品等各个角度来综合分析,才能知道孰轻孰重,有针对性地提出意见和建议。所以,本报告的目的是针对中国所有大类出口产品遇到的所有贸易壁垒进行统计分析,以便我们从全局出发解决问题。

一、本报告的分析框架

出口产品贸易壁垒的范围,报告中只包括产品的壁垒或与产品有较直接关系的壁垒,如知识产权壁垒等,但不包括国际投资壁垒和服务贸易壁垒。

(一)中国对外贸易壁垒的界定

首先,出口产品贸易壁垒界定的依据:

A. 根据商务部2005年2月发布的《对外贸易壁垒调查规则》第三条规定,外国地区政府采取或者支持的措施或者做法存在下列情形之一的视为贸易壁垒:

违反该国地区与中国共同缔结或者共同参加的经济贸易条约或者协定或者未履行与中国共同缔结或者共同参加的经济贸易条约或者协定规定的义务;

造成下列负面贸易影响之一:

对中国产品或者服务进入该国地区市场或者第三国地区市场造成或者可能造成阻碍或者限制;

对中国产品或者服务在该国地区市场或者第三国地区市场的竞争力造成或者可能造成损害;

对该国地区或者第三国地区的产品或者服务向中国出口造成或者可能造成阻碍或者限制。

B. 2006年商务部进一步完善了对贸易与投资壁垒的表述,我们吸取了其中的贸易壁垒部分,拿掉了投资壁垒部分。

《国别贸易投资环境报告2006》中指出:"鉴于中国的主要贸易伙伴多为WTO成员,本报告参照WTO规则界定贸易壁垒。在贸易伙伴为非WTO成员或所涉问题WTO没有相应规则的情况下,本报告依据有关的双边或多边协定,并参考国际通行的贸易规则界定贸易壁垒。"对贸易壁垒的归类如下:

关税及关税管理措施,如关税高峰,关税配额管理中的不合理做法;

进口限制,如不合理的进口禁令、进口许可;

通关环节壁垒,如通关方面的各种程序性障碍、不合理的进口税费;

对进口产品征收歧视性的国内税费;

技术性贸易壁垒,如对进口产品适用不合理的技术法规、标准,设置复杂的认证认可程序;

卫生与植物卫生措施,如对进口产品设置苛刻且不合理的检疫标准和检疫程序;

贸易救济措施,如对进口产品不公正地实施反倾销措施,贸易救济调查程序不透明,特别是针对中国出口产品滥用所谓的“非市场经济方法”；

政府采购，如政府采购缺乏透明度、违反最惠国待遇；

出口限制措施，如通过本国国内立法上的治外法权条款限制或阻碍其他国家与第三国的贸易，或以所谓安全为由实施不合理的出口管制；

补贴，如违反 WTO 规则实施具有刺激出口作用的补贴；

服务贸易壁垒，如在服务贸易准入方面设置不合理的限制；

知识产权保护不力，即对进口产品的知识产权缺乏有效保护；

不合理的知识产权保护措施，即以知识产权保护为名，对国外产品的进口设置障碍；

其他壁垒，即难以归入以上各类的具有贸易扭曲效果的措施或做法。

据此，方便于我们对贸易壁垒的归类。

其次，本报告把中国贸易壁垒分为三大部分：

1. 贸易救济

(1)反倾销

(2)反补贴

(3)保障措施

包括特保措施。

2. 技术性贸易壁垒与绿色贸易壁垒

(1)技术性贸易壁垒

(2)绿色贸易壁垒

3. 其他贸易壁垒

包括进口限制，如进口禁令和进口许可等。其中进口禁令指超出 WTO 规则中相关例外条款(如 GATT 第 20 条规定的一般例外、第 21 条规定的安全例外等)规定而实施的限制或禁止进口的措施。进口许可指当一个成员政府出于本国利益的需要必须限制进口或监控进口情况时，采用的制度；通关环节壁垒，如海关估价、滞港货物退运或转运规定等；对进口产品征收歧视性的国内税费；政府采购中对进口产品的歧视；由知识产权措施引起的壁垒等。

(二)出口产品贸易壁垒分析

1. 产品归类

国际贸易中产品的分类标准主要有两种，国际贸易标准分类(SITC)和《商品名称及编码协调制度》(HS)。具体而言分类目录如下所示：

A. 参照国际贸易标准分类目录(10 大类)

B. 参照海关出口产品分类标准，即《商品名称及编码协调制度》(22 大类)

由于本报告的数据主要来自于商务部和国家质量监督检验检疫总局，它们在公布贸易壁垒事件时，均给出了涉案产品的海关编码，因此在参照国际贸易标准分类的基础上，以《商品名称及编码协调制度》为主，把涉案产品分成八大类：

第一类 动植物类产品；

第二类 食品；

第三类 矿产、化工产品；

第四类 皮革、木材及其制品；

第五类 纺织品、服装；

第六类 金属、陶瓷、玻璃制品；

第七类 机电产品；

第八类 其他产品。

本报告在产品归类的基础上，把出口产品贸易壁垒事件进行归类，组成八章内容。

2. 分析思路

在八大类产品类别和三大部分贸易壁垒类别的基础上，本报告对出口产品贸易壁垒事件进行了分析。具体而言，在每一大类产品中，首先按贸易救济措施、技术性贸易壁垒与绿色贸易壁垒、其他贸易壁垒进行归类分析，然后对大类产品进行综合分析。

分析的维度主要有月份分析、国别分析、区域分析、产品分析和贸易壁垒形式分析。月份分析是为了反映出口贸易壁垒事件的月份分布特征，以寻求相应对策。国别分析、区域分析是为了确定出口贸易壁垒事件的主要发起国家和区域，便于政府和企业在研究这些国家和区域对外贸易特点的基础上，提出针对性的对策。产品分析是为了确定出口贸易壁垒事件涉及的具体产品品种，找出这些具体产品品种涉及的国家，便于企业在制定出口策略时有更加精确的参考信息、更好地避免出口波动，也便于政府对中国出口的贸易壁垒事件有更深刻细致的了解。贸易壁垒形式分析是为了确定出口贸易壁垒事件涉及的主要壁垒形式，弄清楚中国对外贸易所面对的主要限制形式，便于政府制定针对性措施，从而稳定对外贸易发展，也为企业针对自己产品序列特点制定相应的出口策略，扩大出口。

在贸易救济措施事件的分析中，首先把事件按反倾销、反补贴、保障措施三个贸易壁垒形式进行归类分析，然后再对贸易救济措施事件进行总的分析。分析的维度有月份分析、国别分析和产品分析。

在技术性贸易壁垒与绿色贸易壁垒事件的分析中，由于技术性贸易壁垒与绿色贸易壁垒主要涉及技术标准、安全标准等，存在一定的交叉，因此把这两类壁垒事件放到一起进行分析。分析的维度有月份分析、国别分析和产品分析。

在其他贸易壁垒事件的分析中，主要对由知识产权引起的贸易壁垒、进口限制等壁垒进行归类分析。由于这些事件数量较少，因此在分析时只针对发起国家、具体产品进行简要性的说明。

在每一大类产品综合分析中，本报告从各种维度对壁垒事件进行了分析，借以从不同的方面反映壁垒事件的特点，为政府和企业提供更加全面的信息，以便于其从整体上把握出口贸易所面临的困难，从而寻求更加有效的对策。

（三）出口产品贸易壁垒预警

本报告提出的预警主要是反映国外的法律法规对中国对外贸易形成和可能形成的贸易壁垒，以便中国政府和企业提前做好调整、应对的准备。包括：

世界各国颁布实施的法律法规；

世界各国颁布但尚未实施的法律法规；

世界各国存在颁布意向的法律法规。

在对法律法规进行分类的基础上,按照大类产品对国外的法律法规进行归类分析,为政府和企业积极地进行调整、应对提供科学的依据。法律法规的状态有颁布实施、颁布未实施和存在颁布意向三种,政府主管部门和相关出口企业应针对颁布实施的法律法规及时制定相应的对策,针对颁布未实施的法律法规提前调整贸易政策和经营策略,关注存在颁布意向的法律法规,以避免被动,出现较大的出口波动。

分析的维度有状态分析、国别分析、区域分析、产品分析和贸易壁垒形式分析。状态分析是为了确定法律法规所处的主要状态,便于企业制定相应策略。国别分析、区域分析是为了找出颁布法律法规的主要国家和区域,便于政府和企业及时调整国别贸易政策和经营策略。产品分析是为了确定法律法规涉及较多的具体产品品种,便于企业针对自己的产品序列特点制定相应的出口策略。贸易壁垒形式分析是为了确定法律法规所涉及的主要贸易壁垒形式,以便政府和企业结合以前的管理经验,更好地应对新出现的贸易壁垒。

二、本报告的使用方法

本报告的使用对象主要是政府综合管理部门、行业协会、外贸企业、高校和研究机构。因此,为了便于大家更好地使用该报告,我们在介绍报告的分析方法的基础上,对报告的使用方法进行较为系统的介绍。

(一)分析方法

本报告在出口贸易壁垒事件和法律法规数据分类统计的基础上,利用 EXCEL 软件进行作图,以直观地表达壁垒事件和法律法规的状态、月份、国别、区域、具体产品、贸易壁垒形式分布特征和变化趋势,然后对图表进行较为详尽的说明和原因分析。涉及的图表类型主要有饼状图和柱状图两种。

饼状图主要是为了反映壁垒事件和法律法规在状态、国别、区域、贸易壁垒形式这些维度的分布比例,以确定壁垒事件和法律法规涉及的主要状态、国家、区域和贸易壁垒形式。饼状图分析是相对数量的分析。

柱状图分析是为了反映壁垒事件和法律法规在状态、月份、国别、区域、具体产品、贸易壁垒形式这些维度的数量分布,以直观地表达各个维度壁垒事件和法律法规的绝对数值及其变化趋势。柱状图有三种:第一种,某个维度 2011 年的绝对数量的分析,以直观表达这个维度的数量特点;第二种,某个维度 2010 年和 2011 年绝对数量的对比分析,以直观表达这个维度在这两年的分布特点和变化趋势;第三种,两个维度 2011 年绝对数量的分析,以直观表达两个维度下的某些分布特点。柱状图分析是绝对数量的分析。

(二)使用方法

政府综合管理部门应着重关注报告的第十章,即出口贸易壁垒和国外法律法规的综合分析,用以寻找出壁垒事件和国外法律法规涉及的主要的国家和区域、主要行业、主要产品、主要贸易壁垒形式,并对这些国家和区域、行业、产品、贸易壁垒形式进行重点监控,制定针对性的政策和措施,为中国的出口企业提供咨询。通过对贸易救济措施、技术性贸易壁垒与绿色贸易壁垒这两个专题的分析,可以寻找出这两大类贸易壁垒事件涉及的主要国家和区域、行业、产品，结合贸易救济措施、技术性贸易壁垒与绿色贸易壁垒的特点，制定相应的政策和措施，以使出口企业更好地应对国外贸易救济措施、技术性贸易壁垒与绿色贸易壁垒，避免出现大幅度的出口波动。通过对美国、欧盟、日本等主要国家的贸易壁垒事件的行业分析和贸易壁垒形式分析，可以确定这些国家主要采取哪些壁垒形式、对中国的哪些行业影响较大。通过对国外法律法规的综合分析，可以确定法律法规所处的状态，所涉及的主要国家和区域、行业、产品和壁垒形式，以此为根据，加强前期的监控和对企业的引导。在充分了解贸易壁垒事件和国外法律法规特点的基础上，政府综合管理部门可以更好地进行出口贸易管理，和主要贸易伙伴进行更加有效的谈判，为中国企业提供更好、更稳定的国际经济环境。

行业管理部门和行业协会应着重关注本行业的对应章节。通过相关章节的综合分析，用以确定本行业出口产品贸易壁垒事件涉及的主要国家和区域、具体产品、贸易壁垒形式，并针对这些国家和区域、具体产品和壁垒形式进行仔细的研究，提出有效的对策。通过对贸易救济措施、技术性贸易壁垒与绿色贸易壁垒、其他贸易壁垒的分析，确定反倾销、反补贴、保障措施与特保措施以及由知识产权引起的贸易壁垒事件所涉及的主要国家、具体产品，以针对这些特定的贸易壁垒形式进行研究，并对涉及的主要国家和具体产品进行分析，在此基础上确定更加有效的应对策略。通过对本行业国外法律法规的分析，找出这些将来可能造成贸易壁垒的法律法规的主要颁布国家、所涉及的主要产品，以提前进行研究，制定预防性措施，避免出口遭受过多的负面影响。在充分了解本行业贸易壁垒事件和国外法律法规特点的基础上，行业管理部门和行业协会可以进行较为系统的研究，以提出更具有针对性的对策，指导企业进行有效的应对。

各出口企业应先确定本企业涉及的行业，再确定相关的章节。各出口企业应着重关注相关章节的国别分析、具体产品分析和贸易壁垒形式分析。通过国别分析，可以确定影响企业出口较大的国家和地区。通过具体产品分析，可以确定哪些具体产品品种受到哪些国家的何种贸易壁垒形式的影响。通过贸易壁垒形式分析，可以确定影响企业出口较多的贸易壁垒形式。各出口企业也应当对国外法律法规的国别分析、具体产品分析和贸易壁垒分析进行认真研究，以结合企业出口产品序列特点，对可能对出口产品造成影响的法律法规进行对策研究，稳定出口，避免因出口减少造成的经济损失。在这些分析中，企业尤其需要关注的是贸易壁垒事件和国外法律法规的具体产品分析。

高校和研究机构的学者可以利用本报告的统计数据进行实证研究，以找出贸易壁垒事件月份分布、国别和区域分布、行业分布、产品分布和贸易壁垒形式分析特征，并分析出现这些分布特征的深层次的经济和政治原因；可以对贸易壁垒事件的变化趋势进行分析，并分析这些变化产生的原因；也可以对国外法律法规颁布的特点和所涉及的国家和区域、行业、贸易壁垒形式进行深入的分析。在这些原因分析的基础上，进行规范性研究，找出适合国家贸易政策和企业利益的针对性策略，为政府和企业提供更具针对性的参考。

三、本报告的意义

报告对 2011 年我国商品出口所遭遇的贸易壁垒情况从宏观到微观都进行了极其详尽的描述和分析，间接反映了我国对外贸易的情况，有利于政府相关部门和企业了解出口形势，制定正确的政策和战略，同时也为相关学者和研究人员的进一步研究提供了参考和启示。

出口一直以来是拉动我国经济增长的重要动力之一，同时也是许多企业的主要赢利方式。因此，出口的不顺将直接影响我国经济的健康发展。政府有必要及时了解我国商品出口过程中所遭遇的各种形式的壁垒发生情况，在此基础上制定相关政策来保障出口对经济发展的牵引力。《中国出口贸易壁垒监测与分析报告·2012》（以下简称《报告》）对各个行业的出口贸易壁垒情况进行了分析，为政府制定相关产业政策特别是贸易政策提供了重要的参考；《报告》中对出口贸易壁垒的区域和国别分析，一方面为我国政府引导企业开拓海外市场提供了重要参考，另一方面也为我国与其他国家进行贸易协商和谈判提供了必要的数据支持。《报告》中对国外法律法规的预警分析，有利于我国政府制定相应对策，引导我国企业提前做好应对准备。

随着劳动力成本的提升和人民币的不断升值，我国企业的出口竞争力出现了明显的下降，而出口贸易壁垒又在很大程度上限制了企业竞争力的发挥。如何扬长避短、绕开壁垒并提前做好防范是当前出口企业应该积极致力的主要方向之一。《报告》分析了具体行业和不同产品的壁垒情况以及国外法律法规的预警，可以帮助出口企业认清自身所面临的出口环境以及未来的出口风险，并在此基础上及时调整产品结构和企业发展战略。可见，《报告》对我国出口企业具有重要指导意义。

《报告》对不同形式的壁垒事件、涉及国家、行业和产品等多方面进行了大量的统计和分析，既是对2011年中国出口贸易壁垒进行研究后的最终成果体现，同样也是相关学者进行更加深入研究的重要参考材料。同时，《报告》内容丰富，简明通俗，是普通读者快速了解我国出口贸易壁垒情况的最优选择。

（王亚星）

第二章　动植物类产品出口贸易壁垒

本章分析国外对中国的动物、动物产品、植物产品、植物油脂等方面的贸易壁垒。按照海关商品分类目录，这些产品包括分类中的三大类产品。

第一类：活动物、动物产品，包括活动物、肉及食用杂碎、鱼、甲壳动物、软体动物及其他水生无脊椎动物、乳品、蛋品、天然蜂蜜、其他食用动物产品和其他动物产品。

第二类：植物产品，主要包括活树及其他活植物、鳞茎、根及类似品、插花及装饰用簇叶、食用蔬菜、根及块茎、食用水果及坚果、甜瓜或柑橘属水果的果皮、咖啡、茶、马黛茶及调味香料、谷物、制粉工业产品、麦芽、淀粉、菊粉、面筋、含油子仁及果实、工业用或药用植物、稻草、秸秆及饲料、虫胶、树胶、树脂及其他植物液、汁、编结用植物材料、其他植物产品。

第三类：动植物油、脂及其分解产品、精制的食用油脂、动植物蜡。

一、动植物类产品出口贸易救济措施

动植物类产品出口所遇贸易救济措施共4起，全部为反倾销事件。

(一)反倾销

2011年动植物类产品出口所遇反倾销事件共4起，与2010年持平，涉及国家(地区)包括美国、印度和欧盟。

事件

3月

美国对中国等5国产暖水虾作出反倾销日落复审产业损害终裁

2011年3月15日，美国国际贸易委员会发布公告，对原产于中国、巴西、印度、越南和泰国的暖水虾作出反倾销日落复审产业损害终裁。根据该肯定裁决，美国商务部对涉案产品的现行反倾销措施将继续有效。

6月

欧盟对华冷冻草莓发布反倾销措施即将到期公告

2011年6月28日，欧盟发布即将到期公告，对原产于中国的冷冻草莓的反倾销措施即将于2012年4月18日到期，有关利害关系方须在自本公告发布之日起，至正式到期日前3个月的时间内向欧盟委员会提交反倾销日落复审调查申请。涉案产品海关编码为08111011、08111019、08111090。2006年，欧盟开始对我国产冷冻草莓征收反倾销税。

7月

印度对华PVC树脂征收反倾销税

2011年7月26日,印度海关发布公告对我输印的PVC树脂产品征收反倾销税,我国产品的最低限价为1707美元/吨,征税期为5年(至2015年7月25日止)。2009年11月,印度商工部对上述产品发起反倾销调查。

12月

美国ITC对华新鲜大蒜进行反倾销快速日落复审

2011年12月5日,美国国际贸易委员会发布公告,对原产于中国的新鲜大蒜进行反倾销快速日落复审调查。

1994年2月9日,美国商务部对进口自中国的新鲜大蒜进行反倾销调查,涉案产品海关编码为07032000.10、07032000.20、07032000.90、07108070.60、07108097.50、07119060.00和20059097.00。1994年9月26日,美国商务部对该案作出反倾销终裁,裁定中国涉案企业的倾销幅度为376.67%。2011年9月1日,美国商务部对该案进行第3次反倾销日落复审。

(二)反补贴

无

(三)保障措施与特保措施

无

(四)动植物类产品出口贸易救济措施分析

动植物类产品出口贸易救济措施分析包括月份分析、国别分析和产品分析。

1. 月份分析

2011年,动植物类产品出口贸易反倾销事件4起。其中3月1起,6月1起,7月1起,12月1起,如图2.1所示。

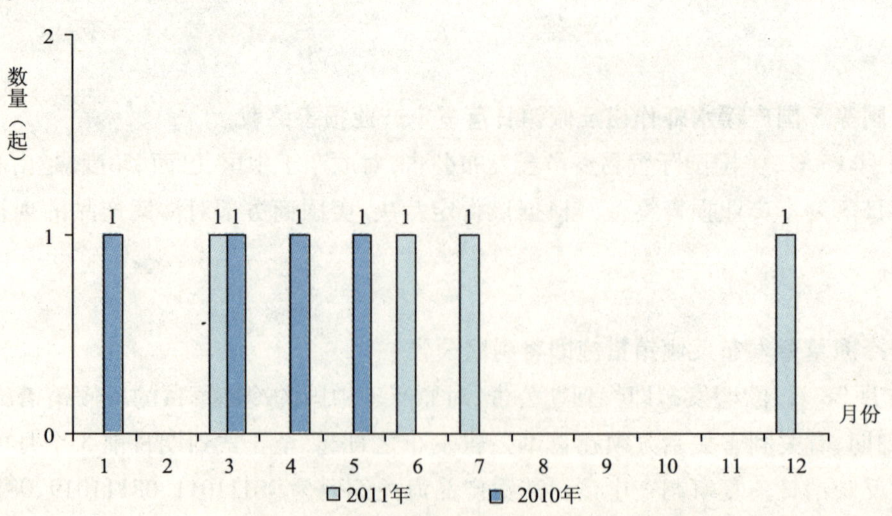

图2.1 2011年动植物产品出口贸易救济措施月份分析

2011 年反倾销事件为 4 起,同 2010 年数量相同,但是通过图 2.1 可以看出,2010 年动植物类产品出口贸易反倾销事件都集中在上半年,而 2011 年相对来说,下半年发生事件频率较高。

2. 国别分析

2011 年动植物类产品贸易救济事件涉及的国家(地区)共有 3 个,分别为美国、印度和欧盟。

3. 产品分析

2011 年动植物类产品出口贸易反倾销事件共涉及具体产品 4 种,分别为暖水虾、冷冻草莓、PVC 树脂和新鲜大蒜。发起国家为美国、欧盟和印度。这些产品出口遭遇反倾销事件的主要原因:首先,我国贸易规模大,这 4 种产品均属于弹性较小的商品,随着我国商品在国际市场份额增大,价格相对低廉,因此导致遭受反倾销的次数增加。其次,我们还是要考虑贸易保护主义因素的作用,使得我国和美国及欧盟近几年的贸易摩擦不断加剧。

二、动植物类产品出口技术性贸易壁垒与绿色贸易壁垒

2011 年动植物类产品出口遭遇技术性贸易壁垒与绿色贸易壁垒事件共 43 起,涉及欧盟、日本、越南和韩国,其中日本 40 起,占 92.5%;欧盟 1 起,占 2.5%;韩国 1 起,占 2.5%;越南 1 起,占 2.5%。日本采取的主要形式是命令检查、监控检查,韩国采取的形式是精密检查,越南采取的形式是严格检查,欧盟采取加强检查力度的形式。

(一)事件

1 月

日本取消对中国香港产杂色鲍的加强监控检查

2011 年 1 月 21 日,日本厚生劳动省发布食安输发 0121 第 1 号通知:根据过去一年检查的实际情况,有关中国香港产杂色鲍,厚生省决定从 2010 年 3 月 30 日的食安输发 0330 第 2 号(最终修改:2011 年 1 月 7 日的食安输发 0107 第 1 号)通知附表第 1 - 2 中去掉硝基呋喃类一项,以及附表 1 - 3 中呋喃唑酮一项。

2 月

日本解除对我国产菜花中哒螨灵的强化监视检查

2011 年 2 月 1 日,日本厚生劳动省发布食安输发 0201 第 1 号通报:根据 2010 年 3 月 30 日发布的食安输发 0330 第 2 号通报(于 2011 年 1 月 21 日最终修正为食安输发 0121 第 1 号通报),通过对相关产品所采取的强化监视检查的情况来看,将取消对于中国产菜花中哒螨灵含量的强化监视检查,今后对于该产品的相关农药残留含量检查项目将依照通常的监视检查体制进行检查。

3 月

日本加强对中国产干燥花菇有关射线照射的进口检查

2011 年 3 月 1 日,日本厚生劳动省发布食安输发 0301 第 1 号通知:近日,由于在进口时的监控检查中查出由中国一家生产商生产的干燥花菇受到过射线照射。因此,日本厚生劳动省决定在该生产商生产的食品[2007 年 7 月 6 日的食安发第 0706002 号(最终修改:2010 年 3 月 30 日的食安发 0330 第 3 号)通知所示]进行进口申报时,保留其货物并指导进口商实施确认有无射线照射的自主检查。

日本加强对中国台湾产韭菜及其加工品的监控检查

2011年3月4日,日本厚生劳动省发布食安输发0304第1号通知:近日,由监控检查的结果可知,中国台湾产新鲜黄韭菜发生了违反食品卫生法的事例。因此,为确定其违法的概率,日本厚生劳动省将以下食品有关残留农药的监控检查频率提高到30%,并追加入2010年3月30日的食安输发0330第2号(最终修改:2011年2月24日的食安输发0224第2号)通知附表第1-2[出口商(生产商)一栏除外]及附表第1-3中。

4月

日本对我国产鳗鱼及其加工品实施命令检查

2011年4月14日,日本厚生劳动省发布食安输发0414第2号通报:根据2011年3月30日发布的食安输发第1号通报(最终于2011年4月12日修订为食安输发0412第1号通报),近期对中国产冷冻烤鳗鱼实行监视检查时从产品中检验出含有呋喃唑酮,因此将对于中国进口的鳗鱼产品及其加工品(仅限于简单加工)实施命令检查。

日本解除中国产毛豆的监控检查项目

2011年4月14日,日本厚生劳动省发布食安输发0414第1号通知:根据过去一年检查的实际情况,厚生省将从2011年3月30日的食安输发0330第15号(最终修改:2011年4月8日的食安输发0408第1号)通知附表第2中去掉加纳产可可豆的噻虫嗪一项,以及从附表第3中去掉中国产毛豆的甲氰菊酯一项。

日本加强对中国产扁豆以及中华绒螯蟹的监控检查

2011年4月22日,日本厚生劳动省发布食安输发0422第4号通知:日本加强对加纳产可可豆、中国产扁豆(未成熟,带豆荚)以及中国产中华绒螯蟹的监控检查。由于近日日本厚生劳动省解除了这些食品的命令检查,因此,根据2011年度进口食品监视指导计划,厚生省将对这些产品监控检查频率提高到30%,并追加入2011年3月30日的食安输发0330第15号(最终修改:2011年4月21日的食安输发0421第1号)的附表第2中。

日本加强对中国台湾产香蕉的监控检查

2011年4月27日,日本厚生劳动省发布食安输发0427第1号通知:近日,由监控检查的结果可知,中国台湾产新鲜香蕉发生了违反食品卫生法的事例。因此,为确定其违反食品卫生法的概率,日本厚生劳动省将以下食品监控检查的频率提高到30%,并追加入2011年3月30日的食安输发0330第15号(最终修改:2011年4月22日的食安输发0422第4号)的附表第2[出口商(生产商)一栏除外]以及附表第3中。此外,对于中国台湾产香蕉,保留其货物,并实施行政检查,直到注册检察机关的自主检查受托体制完备为止。

5月

日本对我国产牛蒡及其加工品加强监视检查

2011年5月10日,日本厚生劳动省发布食安输发0510第2号通报:近日,根据2011年3月30日发布的食安输发0330第15号通报(于2011年4月28日最终修正为食安输发0428第6号通报),对于2011年度进口食品监视检查计划所实施的检查结果显示,中国产新鲜牛蒡的某些批次违反了食品卫生法的相关规定,因此将加强对于中国产牛蒡及其加工品(仅限于简单加工)产品农药残留的监视检查。

日本解除对我国产黄蜂巢中土霉素的强化监视检查

2011年5月13日,日本厚生劳动省发布食安输发0513第1号通报:根据2011年3月30日发布的食安输发0330第15号通报(于2011年5月12日最终修正为食安输发0512第1号通报),通过对相关产品所采取的强化监视检查的情况来看,将取消对于中国产黄蜂巢中土霉素含量的强化监视检查,今后对于该产品的相关农药残留含量检查项目将依照通常的监视检查体制进行检查。对于实行自主检查的进口商,仍然按照原有检查体制进行。

日本对我国生产的生食海胆加强监视检查

2011年5月24日,日本厚生劳动省发布食安输发0524第15号通报:近日,根据2011年3月30日发布的食安输发0330第15号通报,对于2011年进口食品监视检查计划所实施的检查结果显示,中国生产的生食海胆的某些批次违反了食品卫生法的相关规定,因此将加强对于中国生产的生食海胆产品农药残留的监视检查。

日本解除对我国产油菜中恶醚唑的强化监视检查

2011年5月24日,日本厚生劳动省发布食安输发0524第1号通报:根据2011年3月30日发布的食安输发0330第15号通报(于2011年5月19日最终修正为食安输发0519第4号通报),通过对相关产品所采取的强化监视检查的情况来看,将取消对于中国产油菜中恶醚唑含量的强化监视检查,今后对于该产品的相关农药残留含量检查项目将依照通常的监视检查体制进行检查。对于实行自主检查的进口商,仍然按照原有的检查体制进行。

6月

日本对我国生产的蛤蜊加工品加强监视检查

2011年6月1日,日本厚生劳动省发布事务联络通报:近日,根据2011年3月30日发布的食安输发0330第15号通报(于2011年5月30日最终修正为食安输发0530第4号通报),对于2011年进口食品监视检查计划所实施的检查结果显示,中国生产的蛤蜊加工品的某些批次违反了食品卫生法的相关规定,因此将加强对于以下蛤蜊加工品(仅限于简单加工)农药残留的监视检查。

日本对我国生产的鲍鱼及其加工品加强监视检查

2011年6月14日,日本厚生劳动省发布食安输发0614第6号通报:近日,根据2011年3月30日发布的食安输发0330第15号通报(于2011年6月14日最终修正为食安输发0614第2号通报),对于2011年进口食品监视检查计划所实施的检查结果显示,中国生产的活鲍鱼的某些批次违反了食品卫生法的相关规定,因此将加强对于中国生产的活鲍鱼及其加工品农药残留的监视检查。

日本解除对我国产大葱中嘧霉胺的命令检查

2011年6月23日,日本厚生劳动省发布食安输发0623第1号通报:根据2011年3月30日发布的食安输发0330第15号通报(于2011年6月17日最终修正为食安输发0617第1号通报),通过对相关产品所采取的强化监视检查的情况来看,将取消对于中国产大葱及其加工品(仅限于简单加工)中嘧霉胺含量的命令检查,今后对于该产品的相关农药残留含量检查项目将依照通常的监视检查体制进行检查。对于实行自主检查的进口商,仍然按照原有的检查体制进行。

日本对我国生产的洋葱及其加工品加强监视检查

2011年6月23日,日本厚生劳动省发布食安输发0623第5号通报:近日,根据2011年3月30日发布的食安输发0330第15号通报(于2011年6月15日最终修正为食安输发0615第1号通报),对于2011年进口食品监视检查计划所实施的检查结果显示，中国生产的洋葱的某些批次违反了食品卫生法的相关规定，因此将加强对于中国生产的洋葱及其加工品农药残留的监视检查。

日本解除对我国产繁殖洋葱二甲嘧菌胺的命令检查

2011年6月23日，日本厚生劳动省发布食安输发0623第1号通知：近日，由进口时检查的实际结果可知，繁殖洋葱及其加工品（限于简易加工）以及二甲嘧菌胺检查项目满足日本食品卫生法第23条中规定的进口食品监视指导计划的命令检查解除条件。

日本解除对我国产胡萝卜中甲胺磷的强化监视检查

2011年6月24日，日本厚生劳动省发布食安输发0624第1号通报：根据2011年3月30日发布的食安输发0330第15号通报（于2011年6月23日最终修正为食安输发0623第5号通报），通过对相关产品所采取的强化监视检查的情况来看，将取消对于中国产胡萝卜中甲胺磷含量的强化监视检查，今后对于鸡肉及其加工品的呋喃它酮残留含量检查项目将依照通常的监视检查体制进行检查。对于实行自主检查的进口商，仍然按照原有的检查体制进行。

日本对我国生产的牛蒡及其加工品加强监视检查

2011年6月28日，日本厚生劳动省发布食安输发0628第2号通报：近日，根据2011年3月30日发布的食安输发0330第15号通报（于2011年6月28日最终修正为食安输发0628第1号通报），对于2011年进口食品监视检查计划所实施的检查结果显示，中国生产的新鲜牛蒡的某些批次违反了食品卫生法的相关规定，因此将加强对于中国生产的牛蒡及其加工品农药残留的监视检查。

日本对我国生产的虾虎鱼及其加工品加强监视检查

2011年6月28日，日本厚生劳动省发布食安输发0628第1号通报：近日，根据2011年3月30日发布的食安输发0330第15号通报（于2011年6月27日最终修正为食安输发0627第1号通报），对于2011年进口食品监视检查计划所实施的检查结果显示，中国生产的冷冻虾虎鱼的某些批次违反了食品卫生法的相关规定，因此将加强对于产品氯霉素农药残留的监视检查。

日本对我国生产的鸡肉及其加工品加强监视检查

2011年6月29日，日本厚生劳动省发布食安输发0629第2号通报：近日，根据2011年3月30日发布的食安输发0330第15号通报（于2011年6月29日最终修正为食安输发0629第1号通报），对于2011年进口食品监视检查计划所实施的检查结果显示，中国生产的炸鸡肉的某些批次违反了食品卫生法的相关规定，因此将加强对于产品农药残留的监视检查。

日本对我国生产的未熟青豆及其加工品加强监视检查

2011年6月29日，日本厚生劳动省发布食安输发0629第1号通报：近日，根据2011年3月30日发布的食安输发0330第15号通报（于2011年6月28日最终修正为食安输发0628第2号通报），对于2011年进口食品监视检查计划所实施的检查结果显示，中国生产的冷冻未熟青豆的某些批次违反了食品卫生法的相关规定，因此将加强对于以下产品农药残留的监视检查。

日本加强对我国产扁豆（未成熟，带豆荚）及其加工品中噻嗪酮的监控检查

2011年6月29日，日本厚生劳动省发布了食安输发0629第1号通知：近日，由日本境内抽样检查的结果可知，中国产冷冻扁豆（未成熟，带豆荚）中发生了违反食品卫生法的事例。因此，为确定其违法的概率，日本厚生劳动省将以下食品残留农药的监控检查频率提高到30%，并追加入2011年3月30日的食安输发0330第15号（最终修改：2011年6月28日的食安输发0628第2号）通知附表第

2[出口商(生产商)一栏除外]中。

7月

越南7月1日起将严格检查植物进口

越南农业与农村发展部关于进口植物源性商品食品安全检查的第13号通知于7月1日起正式生效。根据该通知,进口的植物源性商品必须是在越南公认的符合食品安全要求的国家生产。对进口植物源性商品的安检将根据风险程度最多抽样10%进行检验;如发现某批货物严重违反食品安全规定,相关职能部门将再抽样30%进行检查;如连续二次发现货物严重违反食品安全规定,则对货物进行100%的检查。

韩国政府对我国进口水产进行油渍污染方面的精密检查

7月7日消息,农林水产食品部(简称"农水产部")7日就中国蓬莱油田漏油事故表示,对于从渤海湾临近海域(山东省、辽宁省和河北省)进口的水产物正在进行油渍残留等的精密检查。韩国的进口标准的苯并芘含量在鱼类需低于2.0微克/千克,蛤蜊需低于10.0微克/千克,软体和甲壳类需低于5.0微克/千克。

日本对我国生产的葱及其加工品加强监视检查

2011年7月13日,日本厚生劳动省发布食安输发0713第2号通报:近日,根据2011年3月30日发布的食安输发0330第15号通报(于2011年7月8日最终修正为食安输发0708第2号通报),对于2011年进口食品监视检查计划所实施的检查结果显示,中国生产的鲜葱的某些批次违反了食品卫生法的相关规定,因此将加强对于产品氟虫腈农药残留的监视检查。

日本解除对我国产咖啡豆中γ-BHC的强化监视检查

2011年7月22日,日本厚生劳动省发布食安输发0722第3号通报:根据2011年3月30日发布的食安输发0330第15号通报(于2011年7月21日最终修正为食安输发0721第1号通报),通过对相关产品所采取的强化监视检查的情况来看,将取消对于中国产咖啡豆中γ-BHC含量的强化监视检查,今后对于该产品的相关农药残留含量检查项目将依照通常的监视检查体制进行检查。对于实行自主检查的进口商,仍然按照原有的检查体制进行。

8月

日本对我国产养殖鲍鱼及其加工品实施命令检查

2011年8月1日,日本厚生劳动省发布通报:根据2011年3月30日发布的食安输发第1号通报,近期对中国产活鲍鱼实行监视检查时从产品中检验出含有呋喃唑酮,因此将对于中国进口的养殖鲍鱼及其加工品(仅限于简单加工)实施命令检查。

日本加强对我国产芥菜中烯酰吗啉的监控检查

2011年8月4日,日本厚生劳动省发布了食安输发0804第2号通知:近日,由进口时监控检查的结果可知,中国产冷冻芥菜发生了违反食品卫生法的事例。因此,为确定其违法的概率,日本厚生劳动省将其有关残留农药的监控检查频率提高到30%,并追加入2011年3月30日的食安输发0330第15号(最终修改:2011年7月26日的食安输发0726第5号)通知的附表第2[出口商(生产商)一栏除外]与附表第3中。

日本对我国生产的芥末菜及其加工品加强监视检查

2011年8月4日,日本厚生劳动省发布食安输发0804第2号通报:近日,根据2011年3月30日发布的食安输发0330第15号通报(于2011年7月26日最终修正为食安输发0726第5号通报),对于2011年进口食品监视检查计划所实施的检查结果显示,中国生产的冷冻芥末菜的某些批次违反了食品卫生法的相关规定,因此将加强对于产品烯酰吗啉农药残留的监视检查。

日本加强对我国产蜂蜜及其加工品的监控检查

2010年8月4日,日本厚生劳动省发布食安输发0804第2号通知:近日,由监控检查的结果可知,中国产蜂蜜发生了违反食品卫生法的事例。因此,日本厚生劳动省为确定其违法的概率将有关氯霉素的监控检查频率提高到30%。

日本解除对我国产乳制品中三聚氰胺的强化监视检查

2011年8月8日,日本厚生劳动省发布食安输发0808第2号通报:根据2011年3月30日发布的食安输发0330第15号通报(于2011年8月4日最终修正为食安输发0804第2号通报),通过对相关产品所采取的强化监视检查的情况来看,将取消对于中国产乳制品中三聚氰胺含量的强化监视检查,今后对于该产品的相关农药残留含量检查项目将依照通常的监视检查体制进行检查。对于实行自主检查的进口商,仍然按照原有的检查体制进行。

日本解除对我国产蜂蜜中氯霉素的强化监视检查

2011年8月9日,日本厚生劳动省发布食安输发0809第1号通报:根据2011年3月30日发布的食安输发0330第15号通报(于2011年8月8日最终修正为食安输发0808第2号通报),通过对相关产品所采取的强化监视检查的情况来看,将取消对于中国产蜂蜜中氯霉素含量的强化监视检查,今后对于该产品的相关农药残留含量检查项目将依照通常的监视检查体制进行检查。对于实行自主检查的进口商,仍然按照原有的检查体制进行。

日本解除对我国产牛蒡中两种残留物的强化监视检查

2011年8月18日,日本厚生劳动省发布食安输发0818第1号通报:根据2011年3月30日发布的食安输发0330第15号通报(于2011年8月16日最终修正为食安输发0816第1号通报),通过对相关产品所采取的强化监视检查的情况来看,将取消对于中国产牛蒡中毒死蜱和辛硫磷农药残留含量和辛硫磷两种农药含量的强化监视检查,今后对于该产品的相关农药残留含量检查项目将依照通常的监视检查体制进行检查。对于实行自主检查的进口商,仍然按照原有的检查体制进行。

9月

日本加强对于我国产荔枝中除虫脲的监控检查

2011年9月27日,日本厚生劳动省发布了食安输发0927第4号通知:近日根据进口时监控检查的结果可知,中国产冷冻荔枝中,发生了违反食品卫生法的事例。因此,为确定以下食品违法的概率,日本厚生劳动省将其有关残留农药的监控检查的频率提高到30%,并追加入2011年3月30日的食安输发0330第15号(最终修改:2011年9月27日的食安输发0927第3号)。

日本加强对我国产鳗鱼的伊维菌素的监控检查

2011年9月27日,日本厚生劳动省发布了食安输发0927第3号通知:近日,根据日本地方自治体的检查结果可知,中国产冷冻烤鳗鱼中,发生了违反食品卫生法的事例。因此,为确定以下食品违法的概率,日本厚生劳动省将关于伊维菌素的监控检查的频率提高到30%,并追加入2011年3月30日的食安输发0330第15号(最终修改:2011年9月22日的食安输发0922第2号)。

10 月

日本对我国生产的松茸及其加工品加强监视检查

2011 年 10 月 6 日，日本厚生劳动省发布食安输发 1006 第 2 号通报：近日，根据 2011 年 3 月 30 日发布的食安输发 0330 第 15 号通报（于 2011 年 10 月 6 日最终修正为食安输发 1006 第 1 号通报），对于 2011 年进口食品监视检查计划所实施的检查结果显示，中国生产的新鲜松茸的某些批次违反了食品卫生法的相关规定，因此将加强对于产品乙草胺农药残留的监视检查。

日本解除对我国产松茸中毒死蜱含量的强化监视检查

2011 年 10 月 19 日，日本厚生劳动省发布食安输发 1019 第 1 号通报：根据 2011 年 3 月 30 日发布的食安输发 0330 第 15 号通报（于 2011 年 10 月 18 日最终修正为食安输发 1018 第 1 号通报），通过对相关产品所采取的强化监视检查的情况来看，将取消对于中国产松茸中毒死蜱残留含量的强化监视检查，今后对于该产品的相关农药残留含量检查项目将依照通常的监视检查体制进行检查。对于实行自主检查的进口商，仍然按照原有的检查体制进行。

日本对我国生产的木耳及其加工品加强监视检查

2011 年 10 月 21 日，日本厚生劳动省发布食安输发 1021 第 4 号通报：近日，根据 2011 年 3 月 30 日发布的食安输发 0330 第 15 号通报（于 2011 年 10 月 19 日最终修正为食安输发 1019 第 1 号通报），对于 2011 年进口食品监视检查计划所实施的检查结果显示，中国生产的木耳的某些批次违反了食品卫生法的相关规定，因此将加强对于产品相关农药残留联苯菊酯的监视检查。

日本解除对我国产木耳的联苯菊酯以及巴拉圭产芝麻籽的吡虫啉的命令检查

2011 年 10 月 21 日，日本厚生劳动省发布了食安输发 1021 第 1 号通知：近日，由进口时检查的实际结果可知，标题中食品以及检查项目满足食品卫生法第 23 条规定的进口食品监视指导计划的命令检查的解除条件。因此，厚生省将 2011 年 3 月 30 日的食安输发 0330 第 1 号（最终修改：2011 年 10 月 14 日的食安输发 1014 第 1 号）通知的附表第 1 中的中国一项。

11 月

日本解除对我国几种产品中农药残留含量的强化监视检查

2011 年 11 月 8 日，日本厚生劳动省发布食安输发 1108 第 1 号通报：根据 2011 年 3 月 30 日发布的食安输发 0330 第 15 号通报（于 2011 年 11 月 1 日最终修正为食安输发 1101 第 3 号通报），通过对相关产品所采取的强化监视检查的情况来看，将取消对于中国产油菜中哒螨灵残留含量、中国产冷冻虾中土霉素和四环素残留含量、中国产大葱中的虫酰肼残留含量，以及中国产松茸中乙草胺残留含量的强化监视检查，今后对于上述产品的相关农药残留含量检查项目将依照通常的监视检查体制进行检查。对于实行自主检查的进口商，仍然按照原有的检查体制进行。

日本对我国生产的萝卜及其加工品加强监视检查

2011 年 11 月 18 日，日本厚生劳动省发布食安输发 1118 第 6 号通报：近日，根据 2011 年 3 月 30 日发布的食安输发 0330 第 15 号通报（于 2011 年 11 月 18 日最终修正为食安输发 1118 第 5 号通报），对于 2011 年进口食品监视检查计划所实施的检查结果显示，中国生产的冷冻萝卜的某些批次违反了食品卫生法的相关规定，因此将加强对于产品相关农药残留异丙威的监视检查。

日本撤销对中国台湾产鳖中金霉素等的监控检查

2011 年 11 月 18 日，日本厚生劳动省发布了食安输发 1118 第 5 号通知：根据迄今为止检查的实际情况，日本厚生劳动省将从2011年3月30日的食安输发0330第15号（最终修改：2011年11月15日的食安输发1115第1号）通知附表第2中去掉加纳产可可豆的毒死蜱一项。此外，根据过去一年检查的实际情况，删除上述通知附表第2及附表第3中的新西兰产欧洲防风的戊唑醇一项及中国台湾地区产鳖的金霉素一项。

12月

日本解除对我国产姜中BHC及扁豆（未成熟，带豆荚）中噻嗪酮等产品的监控检查

2011年12月1日，日本厚生劳动省发布了食安输发1201第4号通知：根据迄今为止检查的实际情况，日本厚生劳动省将从2011年3月30日的食安输发0330第15号（最终修改：2011年12月1日的食安输发1201第3号）通知的附表第2中去掉中国产姜的BHC一项及扁豆（未成熟，带豆荚）的噻嗪酮一项。

欧盟加强对我国茶叶等3种植物源产品的检查力度

据欧盟网站消息，12月9日欧盟发布（EU）No.1277/2011号法规，修订了（EC）No.669/2009号法规附件1的内容，在新法规中欧盟加强了对我国3种植物源产品的检查力度。这三种产品分别为干面条、新鲜柚子、茶叶（黑茶与绿茶）。据了解，针对我国的干面条，欧盟将加强对产品中铝的检查力度，抽检比例为10%；针对新鲜柚子与茶叶，欧盟将加强对其中农药残留的检查力度，两种产品的抽检比例分别为20%与10%。

（二）分析

2011年动植物类产品所遇技术性贸易壁垒与绿色贸易壁垒事件分析包括月份分析、国别分析和产品分析。

1. 月份分析

2011年动植物类产品出口贸易技术性贸易壁垒与绿色贸易壁垒事件共43起，主要集中在6月、8月、4月、11月。其中6月份最多，为9起；8月份6起；4月份和11月份各5起；5月份和7月份各4起；其余月份均不足4起，见图2.2。

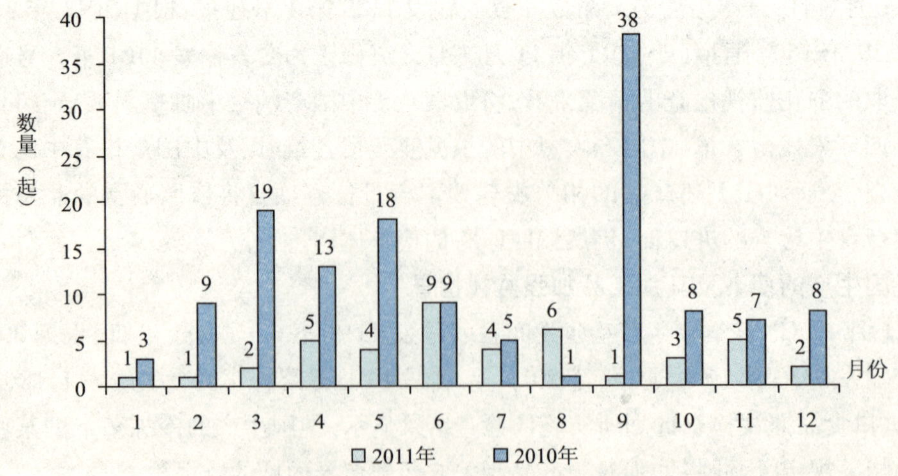

图2.2 2011年动植物类产品出口技术性贸易壁垒与绿色贸易壁垒月份分析

与2010年138起相比，2011年所遇到的技术性贸易壁垒和绿色贸易壁垒有了大幅下降。这说明，随着我国在参与国际分工的过程中，地位的不断提升，针对我国发起的技术性贸易壁垒有了一定的下降趋势，但也不能就此放松警惕，西方发达国家的贸易保护主义仍然存在，见图2.3。

2. 国别分析

2011年动植物类产品出口贸易技术性贸易壁垒与绿色贸易壁垒事件涉及的国家（地区）有欧盟、日本、越南和韩国，其中日本40起，占92.5%；欧盟1起，占2.5%；韩国1起，占2.5%；越南1起，占2.5%，见图2.3。

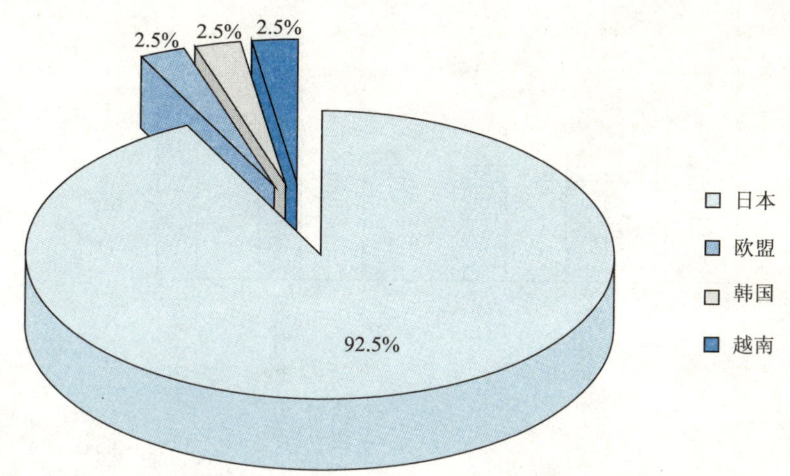

图2.3　2011年动植物产品出口技术性贸易壁垒与绿色贸易壁垒国别分析（一）

与2010年相比，由于2011年总体技术性贸易壁垒和绿色贸易壁垒案件数量大幅下降，因此发起国（地区）的案件数量也呈下降趋势，但是占比不同。2010年日本发起的技术性贸易壁垒和绿色贸易壁垒数量为51起，占总数量的37%；而2011年这一数字虽然下降到40起，但是占总数量的92.5%。欧盟、韩国和越南各发起1起技术性贸易壁垒案件，较2010年大幅度下降，见图2.4。

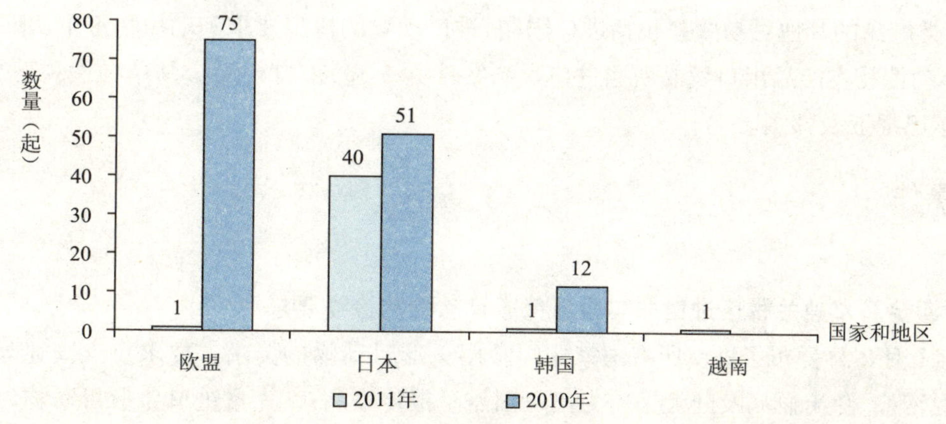

图2.4　2011年动植物类产品出口技术性贸易壁垒与绿色贸易壁垒国别分析（二）

总的来看，日本仍是中国动植物类产品出口遇到技术性贸易壁垒和绿色贸易壁垒最多的国家，这主要是由于它们相对于中国来说较高的食品卫生标准和安全要求。

3. 产品分析

2011 年动植物类产品出口贸易技术性贸易壁垒与绿色贸易壁垒事件涉及的产品共 38 种，每种产品至少 1 起。涉及的产品种类有冷冻虾类、鲍鱼及其加工品、葱及其加工品等，主要原因是这些产品容易不符合相关安全和食品卫生标准，容易造成人身危害。图 2. 5 中仅将 2 起以上的产品列出。

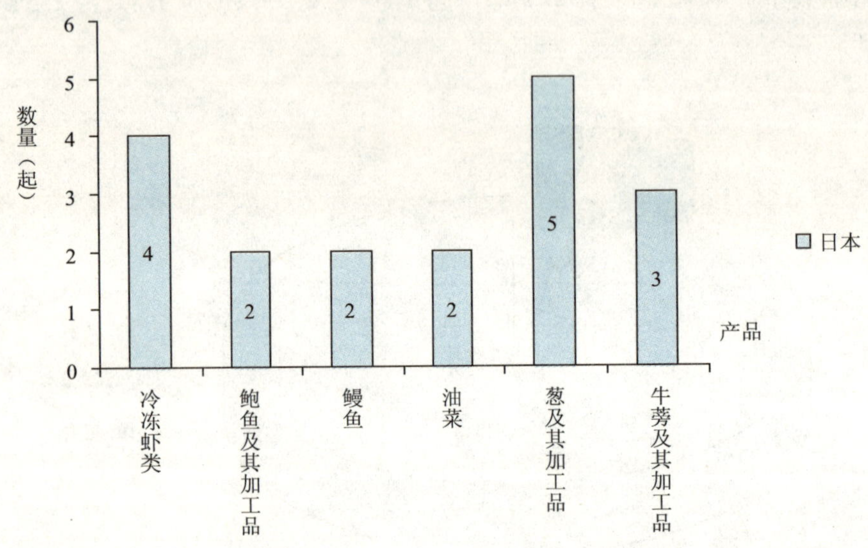

图 2. 5　2011 年动植物类产品出口技术性贸易壁垒与绿色贸易壁垒产品分析

总的来说，2011 年技术性贸易壁垒与绿色贸易壁垒事件涉及的产品较为分散，植物与动物制品均有涉及，但是国家非常集中，主要发起国是日本。

三、其他贸易壁垒

动植物类产品的其他贸易壁垒包括进口限制、进口动物的检疫要求和动植物卫生认证要求。

2011 年动植物类产品出口贸易所遇进口限制案件共 5 起，来自台澎金马单独关税区、马来西亚、加拿大、阿尔巴尼亚及韩国。

（一）事件

1 月

中国台澎金马单独关税区进口非实验用兔形目动物的检疫要求

2011 年 1 月 3 日公布了进口所有国家非实验用兔形目动物的要求。要求重点简述如下：①野兔热、多发性黏液瘤、兔出血病及狂犬病应为出口国需呈报传染病；②大量进口兔形目动物（每批 5 头以上）的不同要求；③兔形目动物应接受出口前检疫及到港后检疫。需要进行内外寄生虫治疗。目的与理由：动物健康。

马来西亚进口观赏水生动物卫生认证要求

向所有国家告知马来西亚进口观赏鱼健康证书要求。该通报主要内容如下：①向马来西亚出口

OIE 最新版水生动物法典及水生动物诊断手册所列的所有鲤春病毒血症（SVC）、锦鲤疱疹病毒病（KHV）、流行性溃疡综合征（EUS）、流行性造血器官坏死（EHN）、白斑病（WSD）的易感品种观赏鱼的所有出口国主管机构应出具含有此类疫病认证的卫生证书。②向马来西亚出口金鱼（carrasius auratus）也需对疥疮病（Aeromonas salmonicida）和金鱼造血器官坏死病毒（GFHNV）出证。③对于出口马来西亚的海洋鱼类，主管机构应阐明海鱼疫病情况，声明鱼货只从距离任何有鳍鱼养殖区至少 5 公里的区域捕捞，未接触过养殖食用鱼水域、设备或鱼类。目的与理由：动物健康。

2 月

加拿大制定属星天牛属害虫寄主的种植植物与装饰树枝的拟定植物卫生要求

已知存在星天牛（Anoplophora chinensis）或光肩星天牛（A. glabripennis）的国家，包括：中国、克罗地亚、印度尼西亚、日本、韩国、朝鲜、马来西亚、缅甸、菲律宾、中国台湾、越南、美国和欧盟成员国。防止天牛属害虫通过种植植物及装饰用嫩树枝传入境内。

9 月

阿尔巴尼亚针对（中国台湾）台北市/区台南市/区暴发口蹄疫采取某些保护措施

停止（中国台湾）台北市/区台南市/区对阿尔巴尼亚出口所有活动物（家养/野生）如牛、猪、绵/山羊；停止上述（中国台湾）台北市/区台南市/区动物肉、产品及乳对阿尔巴尼亚出口。兽医证书应保证其产地。本措施还包括停止（中国台湾）台北市/区台南市/区对阿尔巴尼亚出口含动物质产品制作的动物饲料；停止对阿尔巴尼亚出口未消毒的生物材料。

11 月

韩国以随身携带或邮寄的方式进口的种植植物的要求

韩国农林渔业食品部（MIFAFF）/动植物渔业检验检疫局（QIA），按 MIFAFF 部规定数量以随身携带或邮寄的方式进口的重栽植物需要植物卫生证书。

（二）分析

2011 年动植物类产品出口所遇的其他贸易壁垒共 5 起，所涉及的国家和产品较分散。

四、动植物类产品出口贸易壁垒综合分析

动植物类产品出口所遇贸易壁垒的综合分析包括月份分析、国别分析、区域分析、产品分析和贸易壁垒形式分析。

（一）月份分析

2011 年动植物类产品出口贸易壁垒事件共 52 起，比 2010 年的 148 起下降了 65%，降幅较大。主要集中在 6 月、11 月、8 月和 7 月，如图 2.6 所示。

与 2010 年相比，所有月份的壁垒事件都有较大幅度下降，9 月份下降最多，从 38 起降至 2 起。从图 2.6 和图 2.7 中可以看出，2011 年比 2010 年贸易壁垒有较大幅度下降，主要由于技术性贸易壁垒和绿色贸易壁垒引起。总的来说，2011 年动植物类产品出口贸易壁垒事件随月份呈现先增加后减少，然后又增加再减少的趋势，呈“M”形。

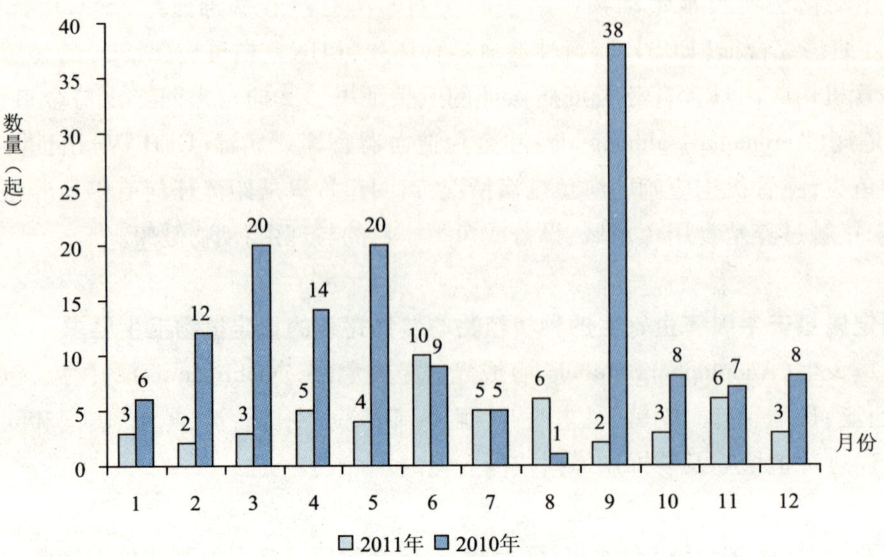

图 2.6　2011 年动植物类产品出口贸易壁垒月份分析（一）

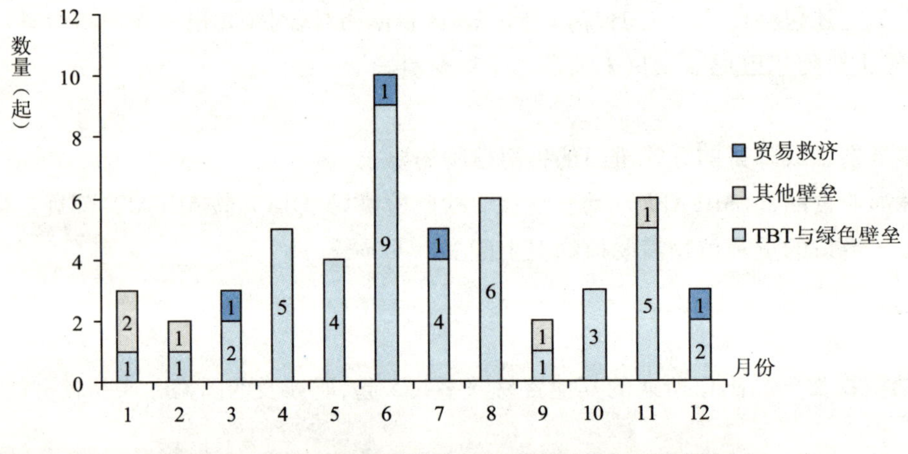

图 2.7　2011 年动植物类产品出口贸易壁垒月份分析（二）

（二）国别分析

2011 年动植物类产品出口贸易壁垒事件涉及 10 个国家，与 2010 年持平。其中，日本最多，为 40 起；其他国家均未超过 2 起。

从图 2.8 中可以看出，2011 年动植物类产品出口贸易壁垒主要发起国为日本，主要是由于技术性贸易壁垒与绿色贸易壁垒引起的。

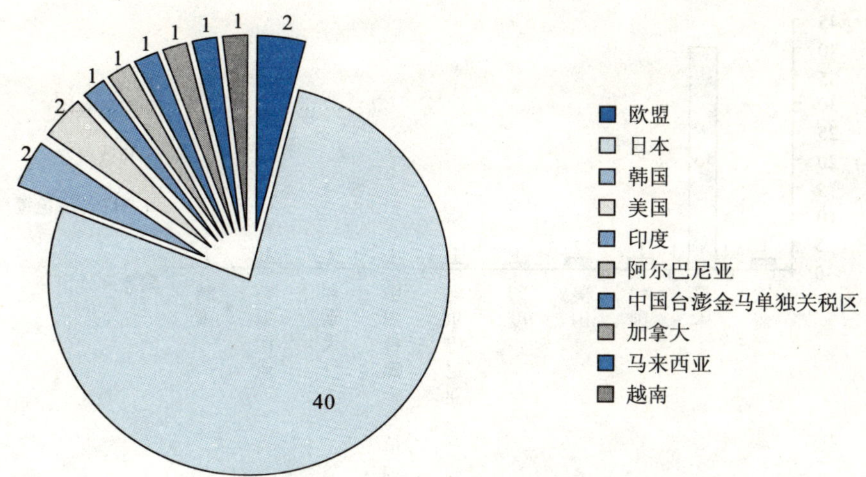

图 2.8　2011 年动植物类产品出口贸易壁垒国别分析(一)

与 2010 年相比,日本仍是中国动植物类产品出口遭遇各类壁垒的主要国家。新增国家(地区)分别为阿尔巴尼亚、中国台澎金马单独关税区、马来西亚和越南,见图 2.9。

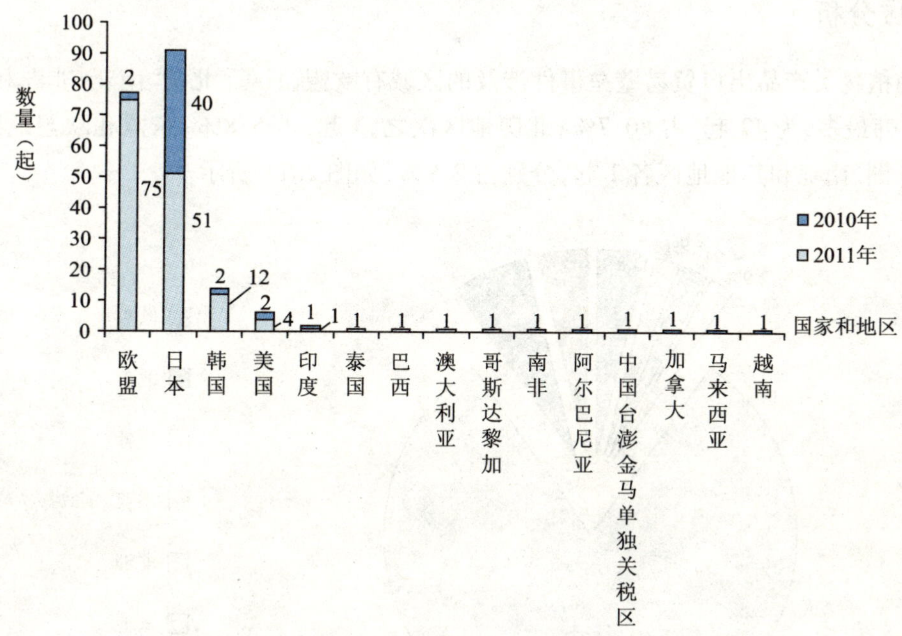

图 2.9　2011 年动植物类产品出口贸易壁垒国别分析(二)

总的来看,如图 2.10 所示,2011 年动植物类产品出口贸易遭遇壁垒较多的国家仍为日本,其中欧盟和日本主要贸易壁垒形式为技术性贸易壁垒和绿色贸易壁垒,美国主要的贸易壁垒形式为贸易救济中的反倾销,其余国家和地区的壁垒形式较为分散。

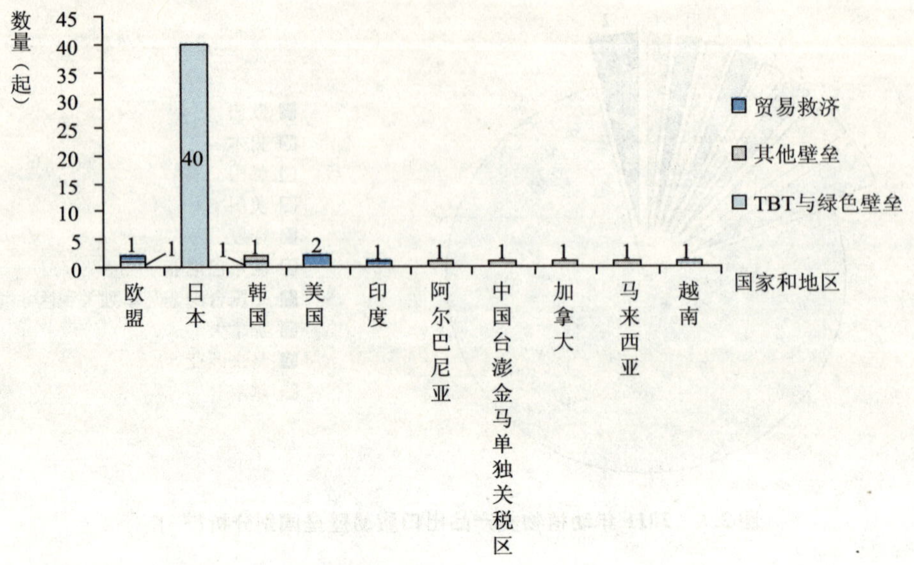

图 2.10　2011 年动植物类产品出口贸易壁垒国别分析（三）

（三）区域分析

2011 年动植物类产品出口贸易壁垒事件涉及的区域有欧盟、日韩、北美、南亚、非洲和东盟和其他地区。其中日韩最多，为 42 起，占 80.7%；北美地区次之，3 起，占 5.8%；东盟和欧盟地区各 2 起，分别占 3.8%；非洲、南亚和其他地区各 1 起，分别占 2.9%，如图 2.11 所示。

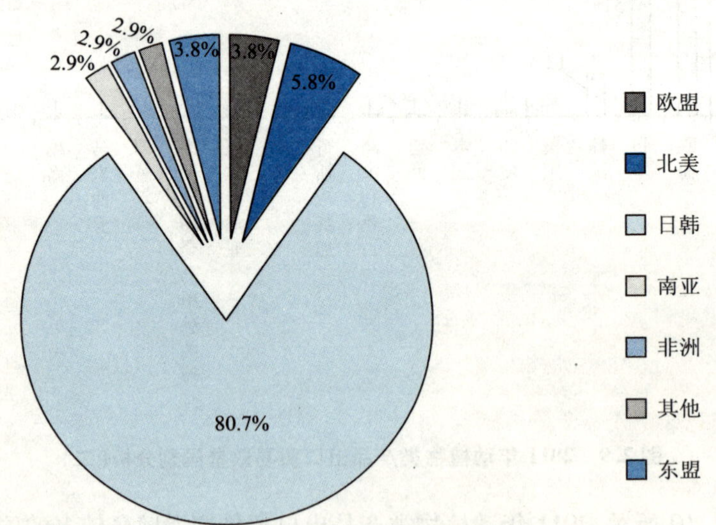

图 2.11　2011 年动植物类产品出口贸易壁垒区域分析（一）

与 2010 年相比，欧盟地区降幅较大，日韩地区略有下降，日韩、北美仍为动植物类产品遇到贸易壁垒事件最多的区域，如图 2.12 所示。

从图 2.13 中可以看出，日韩壁垒事件最多，由技术性贸易壁垒与绿色贸易壁垒导致；北美主要为贸易救济，其他地区均由其他壁垒事件引起。

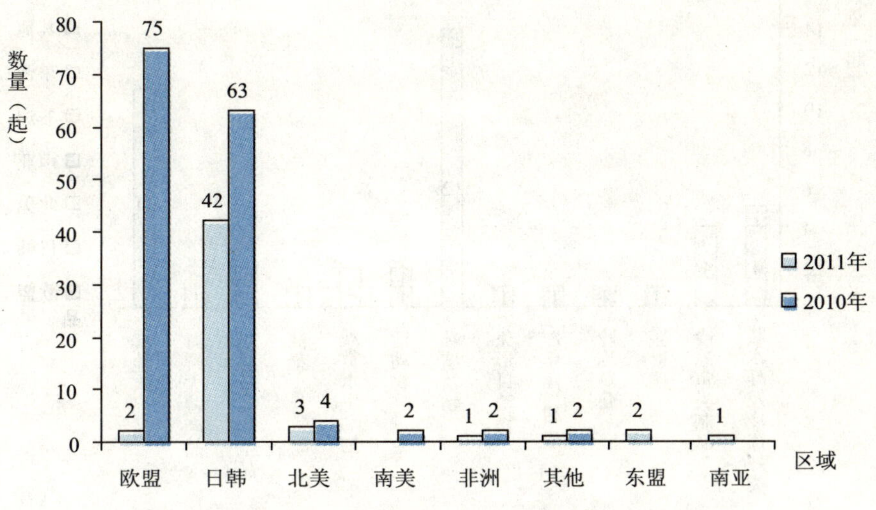

图 2.12 2011 年动植物类产品出口贸易壁垒区域分析(二)

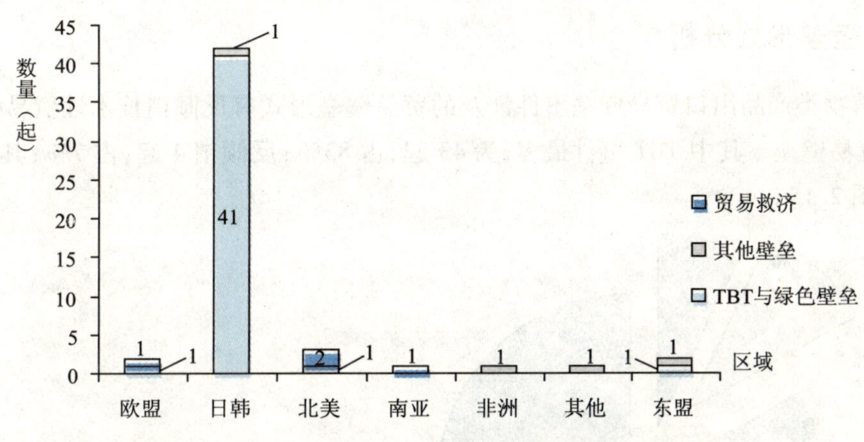

图 2.13 2011 年动植物类产品出口贸易壁垒区域分析(三)

(四)产品分析

2011 年动植物类产品出口贸易壁垒事件涉及的产品共 47 种。最多的是植物类产品,为 14 起,发起地区有日韩、北美和东盟,主要由于技术性贸易壁垒和绿色贸易壁垒引起;其次是其他水产品,11 起,发起地区为日韩。

图 2.14 给出了部分产品出口贸易壁垒产品分析。在此提醒相关出口企业注意各自产品可能面临的困难,及时调整出口策略,减少经济损失。

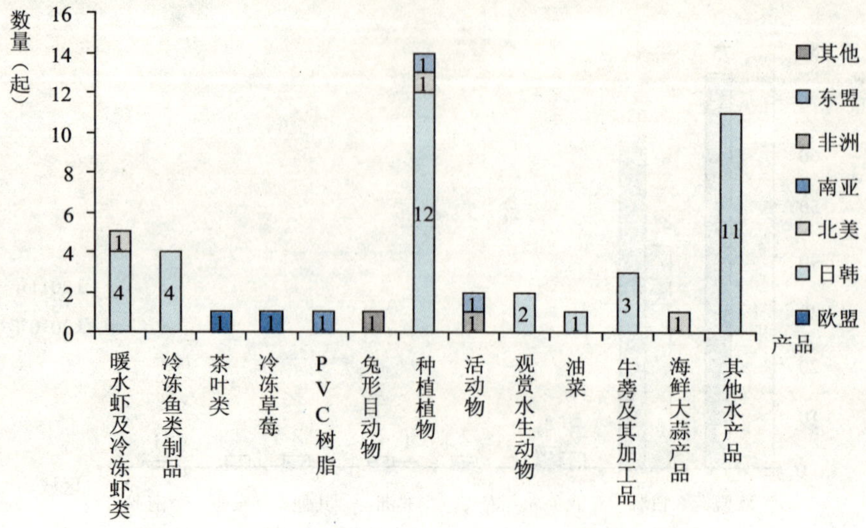

图 2.14　2011 年动植物类产品出口贸易壁垒产品分析

(五)贸易壁垒形式分析

2011 年动植物类产品出口贸易壁垒事件涉及的贸易壁垒形式有反倾销技术性贸易壁垒与绿色贸易壁垒和其他贸易壁垒。其中 TBT 事件最多,为 43 起,占 83%;反倾销 4 起,占 7%;其他贸易壁垒 5 起,占 10%,见图 2.15。

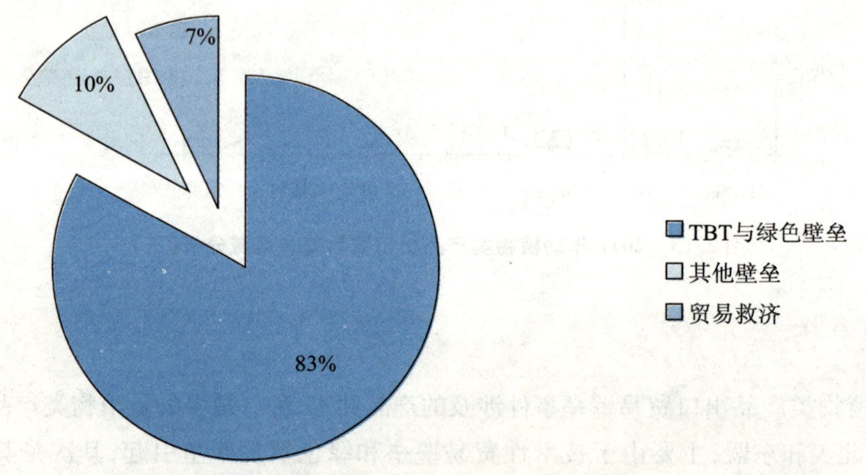

图 2.15　2011 年动植物类产品出口贸易壁垒形式分析(一)

与 2010 年相比,TBT 引起的贸易壁垒仍是最主要的贸易壁垒形式,如图 2.16 所示。

从图 2.17 中可以看出,反倾销(贸易救济)事件涉及的国家或地区为美国、印度和欧盟;技术性贸易壁垒与绿色贸易壁垒事件涉及的国家或地区有日本、欧盟、韩国和越南,其他贸易壁垒涉及到马来西亚等 5 个国家或地区,每个国家或地区各 1 起。

总的来说,2011 年技术性贸易壁垒与绿色贸易壁垒、反倾销仍是动植物类产品贸易所遇到的两种主要的形式。其中技术性贸易壁垒与绿色贸易壁垒增长迅猛,成为最多的贸易壁垒形式,请有关部门和企业多加防范。

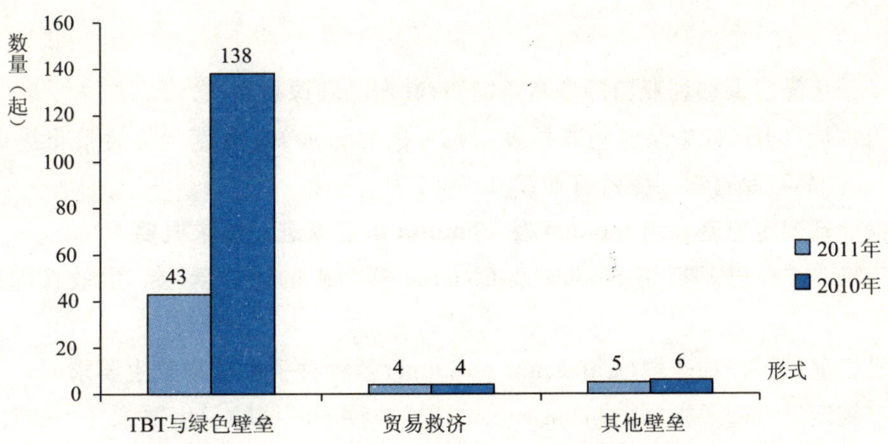

图 2.16 2011 年动植物类产品出口贸易壁垒形式分析（二）

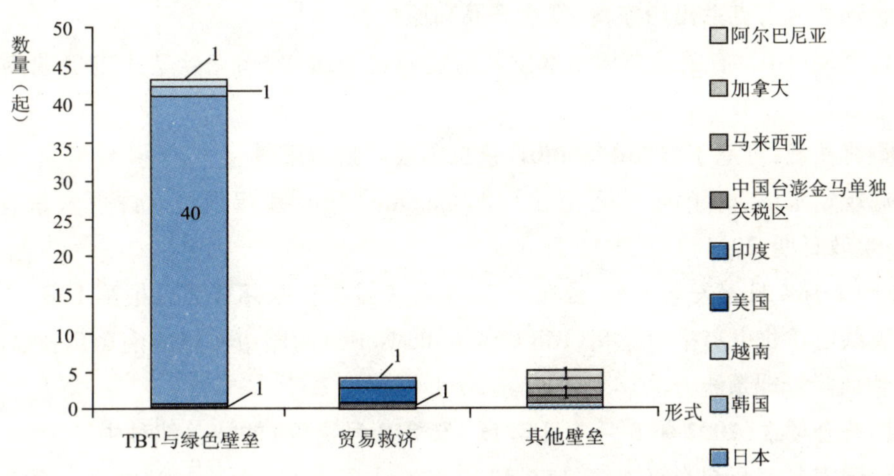

图 2.17 2011 年动植物类产品出口贸易壁垒形式分析（三）

五、动植物类产品出口贸易壁垒预警

对动植物类产品所遇贸易壁垒法律法规进行分析，提醒国内相关企业注意。

（一）法律法规

动植物类产品出口所遇贸易壁垒的法规包括 2011 年颁布实施的、颁布尚未实施的和存在颁布意向的法律法规。其中颁布实施的法律法规共 53 条、颁布未实施的法律法规共 26 条、存在颁布意向的法律法规共 52 条。

1. 颁布实施的法律法规

2011 年颁布实施的法律法规共 53 条。与 2010 年的 45 条相比略有增加。

(1)法律法规

1月

乌克兰关于禁止进口保加利亚口蹄疫易染动物、其产品和原材料

根据国际兽疫局(OIE)有关保加利亚暴发口蹄疫的官方通知,乌克兰临时禁止进口保加利亚口蹄疫易染动物、其产品和原材料。生效日期:2011年1月10日。

日本农林渔业部规定巴基斯坦Sindhri及Chaunsa鲜芒果进口要求概要

MAFF确定准许进口巴基斯坦Sindhri及Chaunsa鲜芒果的进口要求。生效日期:2011年1月31日。

厄瓜多尔进口墨西哥产柿子椒(Capsicum annuum)播种种子的植物卫生要求

本通报标准规定进口柿子椒(Capsicum annuum)播种种子的植物卫生要求。生效日期:2011年1月26日。

2月

乌克兰禁止瑞典对乌克兰出口家禽、家禽产品和原材料

根据国际兽疫局(OIE)有关瑞典境内暴发新城疫的官方通知,乌克兰禁止进口瑞典家禽、家禽产品和原材料。生效日期:2011年2月16日。

美国颁布最终法规:可尼丁(Clothianidin)杀虫剂限时残留限量

本最终法规规定水稻、种子内/表可尼丁(Clothianidin)限时残留限量。许可限量有效期至2012年6月23日。生效日期:2011年2月11日。

巴西2011年2月4日签发第1号,公布于2011年2月7日联邦官方公报第1节

本通报法规认可在北里奥格兰德州(Rio Grande do Norte)两城市实施的南美瓜按实蝇Anastrepha grandis有害生物风险管理系统方法。生效日期:2011年2月7日。

乌克兰进口符合要求(2002年5月7日第15-2/818号决议)的波兰纯种牛

根据乌克兰国家兽医局动物卫生控制系统的审查结果,尤其涉及波兰纯种牛的牛海绵状脑病(BSE),准许在某些条件下进口波兰纯种牛。生效日期:2011年2月22日。

3月

阿尔巴尼亚针对博茨瓦纳口蹄疫采取某些保护性措施

本农业食品消费者保护部令针对(博茨瓦纳)马翁(Maun)省哈米兰(Ngamiland区)暴发口蹄疫病采取某些保护性措施。生效日期:2011年3月15日。

美国最终法规:恶醚唑(Difenoconazole);杀虫剂许可限量

本最终法规规定芒果和莲雾内/表恶醚唑(Difenoconazole)的残留许可限量。生效日期:2011年3月2日。

美国最终法规:氟磺胺草醚(Fomesafen);杀虫剂许可限量

本最终法规规定甜椒(灯笼及非灯笼椒)、马铃薯及番茄内/表氟磺胺草醚(Fomesafen)的残留许可限量。生效日期:2011年3月9日。

阿尔巴尼亚针对俄罗斯口蹄疫采取某些保护性措施

农业食品消费者保护部令针对(俄罗斯联邦)Zabajkal Skij Kray省暴发口蹄疫采取某些保护性措施。生效日期:2011年3月28日。

秘鲁制定秘鲁进口产/源于印度棉花种(Gossypium spp.)的强制植物卫生要求

生效日期:2011 年 3 月 11 日。

秘鲁规定秘鲁进口产/源于厄瓜多尔香蕉苗(Musa spp.)的强制植物卫生要求

生效日期:2011 年 3 月 11 日。

菲律宾发布 2011 年 001 号渔业备忘令——进口日本鱼类/渔业品 SPS 清关申请表通关前/后要求

根据菲律宾核研究所(PNRI)2009 年第 01 号行政令,菲律宾要求日本主管机构提供的实验室检验结果,证明进口鱼或水产品符合受意外核污染的食品辐射标准。生效日期:2011 年 3 月 29 日。

以色列发布牛海绵状脑病(BSE)相关进口政策

BSE 相关进口方针。该方针涉及以色列进口活反刍动物、饲养材料、反刍动物肉及内脏,进口肉及其他反刍动物派生蛋白,包括 BSE 最低检测牛龄的牛。生效日期:2011 年 3 月 1 日。

4 月

澳大利亚发布进口印度鲜芒果修订条件

澳大利亚拟修改澳大利亚进口印度鲜芒果(Mangifera indica L.)的条件。为降低印度鲜芒果进口相关风险以满足澳大利亚相应保护标准(ALOP),特将放射处理法纳入可选检疫措施。拟生效日期:2011 年 4 月 11 日。

澳大利亚颁布对日本部分食品进口放射性核素的检测法规

因日本福岛核电站遭到破坏,澳新食品标准局建议澳大利亚检疫检验局采取紧急措施,对源自日本福岛县、群马县、茨城、栃木和千叶五县的新鲜、冷冻冷藏和干海带;新鲜、冷冻冷藏和干海产品(不包括以鱼为主的浆/酱料);新鲜乳和干制乳品;新鲜、冷冻冷藏水果及新鲜、冷冻和干蔬菜制定补充进口检验要求。对进口新鲜、冷冻和干菜,补充进口检验要求还扩大到源自金泽、宫城、长野、新潟、埼玉、静冈、东京和山形各县的产品。生效日期:2011 年 4 月 12 日。

乌克兰颁布废除乌克兰 1998 年 4 月 6 日实施的奥地利家禽、家禽产品和原材料进口禁令

根据 OIE 官方的通知,奥地利自 2009 年 8 月以来未报道发生过新城疫。乌克兰国家兽医总监 1998 年 4 月 6 日第 15 - 2/273 号决议宣布作废。进口该国其他受国家兽医局控制的商品应按照乌克兰产品进口兽医要求,接受兽医和卫生控制监督。生效日期:2011 年 4 月 6 日。

菲律宾颁布 2011 年 07 号 DA 备忘令——美国密苏里州 Polk 郡家养和野生禽及其产品,包括家禽肉、日孵雏鸡、蛋和精液的临时进口禁令

菲律宾临时禁止进口美国密苏里州 Polk 郡家养和野生禽及其产品,包括家禽肉、日孵雏鸡、蛋和精液。生效日期:2011 年 4 月 4 日。

乌克兰禁止进口印度尼西亚家禽、家禽产品和原材料

根据国际兽医局(OIE)有关印度尼西亚出现高致病性禽流感病毒的官方通知,乌克兰禁止进口印度尼西亚家禽、家禽产品和原材料。生效日期:2011 年 4 月 27 日。

秘鲁颁布进口产/源于澳大利亚芒果苗(Mangifera indica)的植物卫生强制要求

规定秘鲁进口产/源于澳大利亚芒果苗(Mangifera indica)的植物卫生强制要求。生效日期:2011 年 4 月 27 日。

菲律宾颁布DA2011年第8号备忘令——暂停进口日本受放射污染影响地区的植物、植物材料及植物产品，监督检测日本其他放射污染地区进口的相同产品

菲律宾暂停进口日本受放射污染影响地区的植物、植物材料及植物产品。生效日期:2011年4月18日。

5月

新西兰发布动物源性观赏品进口卫生标准

新西兰农林部修改了2005年12月7日的动物源性观赏品进口卫生标准。生效日期:2011年5月30日。

美国发布番茄斑潜蝇[Tuta Absoluta (Meyrick)]寄主材料联邦进口检疫令

根据2000年6月20日7U. S. C. 7712(a),第412(a)节修改植物保护法案规定的管理机构要求,动植物检验局(APHIS)特发布联邦令,以更新诱捕番茄斑潜蝇的检测监视要求。根据本指令要求,来自受影响国家的番茄斑潜蝇寄主材料必须满足以下及本联邦令概述的条件。生效日期:2011年5月5日。

乌克兰禁止进口突尼斯易受鼠疫危害动物、其产品和原材料

根据国际兽疫局(OIE)有关突尼斯境内小型反刍动物暴发鼠疫的官方通知,乌克兰临时禁止进口突尼斯易受害动物、其产品和原材料。进口受国家兽医局控制的该国其他商品应按照乌克兰产品进口要求,接受国家兽医卫生控制和监督。生效日期:2011年5月18日。

美国将大田玉米草料内/表草甘膦(Glyphosate)规定残留许可限量由原定6ppm提高到13ppm

本法规将大田玉米草料内/表草甘膦(Glyphosate)规定残留许可限量由原定6ppm提高到13ppm。生效日期:2011年5月11日。

6月

秘鲁进口产/源于智利桃树茎(Prunus persica. L)的植物卫生强制要求

规定秘鲁进口产/源于智利桃树茎(Prunus persica. L)的植物卫生强制要求。生效日期:2011年6月2日。

巴西发布2011年6月9日第31号标准指令

批准制定马匹临时进口、兽医产品及马匹过境管理法规的第五届世界军事锦标赛农业卫生保护程序手册。生效日期:2011年6月10日。

美国制定环氧丙烷(Propylene Oxide)杀虫剂许可限量法规

为纠正之前决策中的一个错误,本法规将“坚果14组”上的环氧丙烷(Propylene Oxide)许可限量改为“花生除外的加工坚果仁”上的环氧丙烷(Propylene Oxide)许可限量。生效日期:2011年6月29日。

巴林发布因暴发大肠杆菌而限制进口某些欧洲国家新鲜蔬菜的2011年第108号决议

限制进口丹麦、德国、荷兰、西班牙和世界卫生组织或任何暴发大肠杆菌国家的国际组织规定的国家/地区新鲜蔬菜。生效日期:2011年6月3日。

7月

乌克兰临时禁止进口UKTZED(根据2007年HS编码制定的乌克兰外国经济活动商品分类)编码项下规定的埃及商品:0708——带皮或去皮、新鲜或冷冻豆类植物;0713——无论是否去壳、去皮或掰开的干豆类植物

禁止令适用于UKTZED(根据2007年HS编码制定的乌克兰外国经济活动商品分类)编码项下的

植物产品:2011 年 7 月 8 日起从埃及进口的 0708 和 0713 项产品。生效日期:2011 年 7 月 8 日。

新西兰制定经第三国加工的动物制品进口卫生标准

各国如何满足进一步加工出口新西兰合格动物制品的要求,它涉及制订一项官方保证计划。生效日期:2011 年 7 月 25 日。

秘鲁制定进口源/产自智利油菜子(Brassica napus)的强制植物卫生要求

管理决议规定秘鲁进口源/产自智利油菜子(Brassica napus)的强制植物卫生要求。生效日期:2011 年 7 月 18 日。

8 月

新西兰制定苗木进口卫生标准;蝴蝶兰(Phalaenopsis)方案

新西兰已修改了苗木进口卫生标准 155.02.06。该进口卫生标准的唯一改动之处就是加入了一个蝴蝶兰(Phalaenopsis)苗木特定 IHS 计划。生效日期:2011 年 8 月 8 日。

阿尔巴尼亚颁布农业食品消费者保护部令——"针对(中国台湾)台北市/区台南市/区暴发口蹄疫采取某些保护措施"

本农业食品消费者保护部令针对(中国台湾)台北市/区台南市/区暴发口蹄疫采取某些保护措施;停止(中国台湾)台北市/区台南市/区对阿尔巴尼亚出口所有活动物(家养/野生)如牛、猪、绵/山羊;停止上述(中国台湾)台北市/区台南市/区动物肉、产品及乳对阿尔巴尼亚出口。兽医证书应保证其产地。本措施还包括停止(中国台湾)台北市/区台南市/区对阿尔巴尼亚出口含动物质产品制作的动物饲料;停止对阿尔巴尼亚出口未消毒的生物材料。生效日期:2011 年 8 月 19 日。

沙特阿拉伯颁布"孟加拉国牛、绵/山羊及骆驼类动物(冷冻、冷藏和加工)肉及肉副产品临时禁令"

根据 OIE 报告,孟加拉国已爆发了口蹄疫病。沙特阿拉伯有必要防止口蹄疫病传入国内。因此,沙特阿拉伯暂停进口孟加拉国疫病影响地区的牛、绵/山羊及骆驼类动物(冷冻、冷藏和加工)肉及肉副产品。生效日期:2011 年 8 月 17 日。

秘鲁发布第 24－2011－AG－SENASA－DSV 号管理决议

管理决议规定秘鲁进口源/产自哥伦比亚甜叶菊(Stevia rebaudiana)植物的强制植物卫生要求。生效日期:2011 年 8 月 4 日。

哥伦比亚发布暂停进口西班牙野生观赏禽决议

因暴发西尼罗河热,哥伦比亚暂停进口西班牙野生观赏禽,为期 6 个月。对该疫病传入哥伦比亚的风险进行评估;暂停申请;通报和生效。生效日期:2011 年 9 月 21 日——第 48.199 号官方公报公布日起,为期 6 个月。

9 月

澳大利亚发布活淡水观赏鱼的进口条件:修改金鱼卫生认证要求

最近研究成果表明澳大利亚家养金鱼族体内有金鱼造血器官坏死病(GFHNV)毒。因此,出口澳大利亚的金鱼无须再接受无该类疫病的认证。生效日期:2011 年 9 月 1 日。

中国台澎金马单独关税区发布进口绵/山羊检疫要求

修改草案包括以下两项要求:①进口动物及动物产品的检疫要求:仅限第 2 条第 6 点,已撤销对源自发生疯牛病[BSE]国家绵/山羊的禁令;②进口绵/山羊的检疫要求:仅限第 2 条,绵/山羊应源自满足 OIE 陆生动物卫生法典规定无羊痒病企业要求的农场。生效日期:2011 年 9 月 30 日。

马达加斯加规定有关出口供人消费植物及植物产品内某些物质和残留物的卫生控制措施

规定出口食品内对人体健康有负面影响物质的控制措施。生效日期:2011 年 9 月 30 日。

阿尔巴尼亚发布农业食品消费者保护部令——"针对(巴拉圭)圣佩德罗区暴发口蹄疫采取某些保护措施"

本农业食品消费者保护部令针对(巴拉圭)圣佩德罗区暴发口蹄疫采取某些保护措施;停止进口所有活动物(家养/野生),如:牛、猪、绵/山羊;停止上述(巴拉圭)圣佩德罗区动物肉、产品及乳对阿尔巴尼亚出口。兽医证书应保证其产地。本措施还包括停止进口含动物质产品制作的动物饲料;停止(巴拉圭)圣佩德罗区对阿尔巴尼亚出口未消毒的生物材料。生效日期:2011 年 9 月 26 日。

埃及发布马铃薯种薯的进口植物卫生要求

2011 年 1703 号部级令——规定 2012 年马铃薯种薯的进口植物卫生要求。生效日期:2011 年 9 月 29 日。

10 月

尼加拉瓜发布第 11 – 2011 号部级协议:预防牛海绵状脑病(BSE)

协议制定牛海绵状脑病(BSE)预防计划的措施和程序,目的是防止牛海绵状脑病致因介质通过易染动物、动物饲料及动物源产品和其他起载体作用的产品传入尼加拉瓜并在境内定殖扩散。生效日期:2011 年 10 月 13 日。

新西兰撤销澳大利亚和新喀里多尼亚生猪的进口卫生标准

撤销理由是因为新西兰缺少生猪进口贸易、风险管理措施的标准过时及缺少可供参考标准的资源。生效日期:2011 年 10 月 6 日。

沙特阿拉伯颁布巴拉圭牛、绵/山羊及骆驼类动物(冷冻、冷藏和加工)肉及肉副产品临时禁令

根据 OIE 报告,巴拉圭已暴发了口蹄疫病。沙特阿拉伯有必要防止口蹄疫病传入国内。因此,沙特阿拉伯暂停进口巴拉圭受疫病影响地区的牛、绵/山羊及骆驼类动物(冷冻、冷藏和加工)肉及肉副产品。生效日期:2011 年 10 月 18 日。

美国发布番茄细菌性溃疡病菌(Clavibacter Michiganensis Subspecies Michiganensis)噬菌体免除许可限量要求

本最终法规规定,当按良好农业规范作为一种杀菌剂使用时,免除番茄内/表番茄细菌性溃疡病菌噬菌体产生的番茄细菌性溃疡病菌溶解性噬菌体残留许可限量要求。生效日期:2011 年 10 月 26 日。

11 月

新加坡修改进口观赏鱼的卫生认证要求

当前卫生认证要求规定,出口国主管当局必须进行出口新加坡金鱼(Carassius auratus)的金鱼造血坏死病毒(GFHNV)相关疫病认证。由于这种疫病的风险管理方式有所变化,新加坡进口的金鱼不必再进行相关无疫病的认证。生效日期:立即。

中国台澎金马单独关税区颁布家禽及禽鸟进口检疫要求(修订草案)

2011 年 9 月 1 日已公布了所有国家家禽和禽鸟的进口要求。生效日期:2011 年 11 月 30 日。

美国颁布肟菌酯(Trifloxystrobin);杀虫剂许可限量

本最终法规规定紫花苜蓿草料内/表的肟菌酯(Trifloxystrobin)残留限量为0.01 ppm;紫花苜蓿干草内/表为0.01 ppm。生效日期:2011年11月9日。

美国颁布调环酸钙(Prohexadione Calcium);杀虫剂许可限量

本最终法规规定甜樱桃内/表调环酸钙(Prohexadione Calcium)残留许可限量为0.40 ppm。修订许可限量表达,包括代谢物及降解物。生效日期:2011年11月18日。

12月

美国制定异恶唑草酮(Isoxaflutole);杀虫剂许可限量

本最终法规规定以下作物内/表异恶唑草酮(Isoxaflutole)残留许可限量:大豆种0.05 ppm;风筛谷粒0.30 ppm。生效日期:2011年12月7日。

美国制定嘧啶肟草醚(Saflufenacil);杀虫剂许可限量

本最终法规规定以下作物内/表嘧啶肟草醚(Saflufenacil),包括其代谢物和降解物的残留许可限量:香蕉0.03 ppm;绿咖啡豆0.03 ppm及芒果0.03 ppm。生效日期:2011年12月7日。

(2)分析

2011年动植物类产品颁布实施的法律法规分析包括国别分析和产品分析。

1)国别分析

2011年动植物类产品颁布实施的法律法规共53条,涉及的国家和地区共19个。最多的国家为美国,11条;其次是乌克兰,7条;再次是秘鲁,6条;阿尔巴尼亚、新西兰各4条;澳大利亚、菲律宾各3条;巴西、沙特阿拉伯、中国台澎金马单独关税区各2条,其余国家和地区均颁布实施1条法律法规,如图2.18所示。

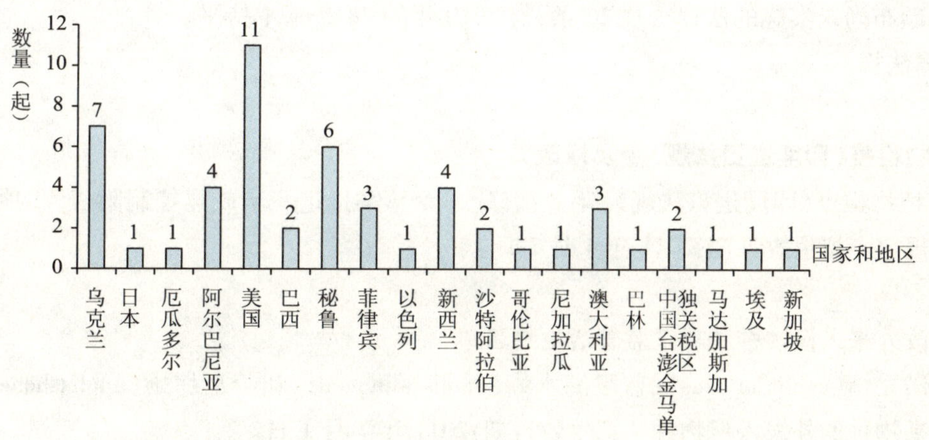

图2.18 2011年动植物类产品颁布实施的法律法规国别分析

总的来说,2011年颁布实施的法律法规总数与2010年相比略有增加,涉及的国家均为19个,但是国家构成有较大不同,2010年法规数量第一的是乌克兰9条。在此值得关注的是,由于近年来我国和乌克兰、秘鲁贸易往来增多,它们逐步从法律方面加大对我国产品的贸易壁垒设置。

2)产品分析

2011年动植物类产品颁布实施的法律法规涉及的具体产品共11种。其中最多的是植物、植物材料及植物制品，共18条；其次是鲜芒果、香蕉、柿子椒产品，共8条；家禽、家禽产品和原材料共5条；活动物共5条。其余产品不足5条，具体数值在图2.19中展示。

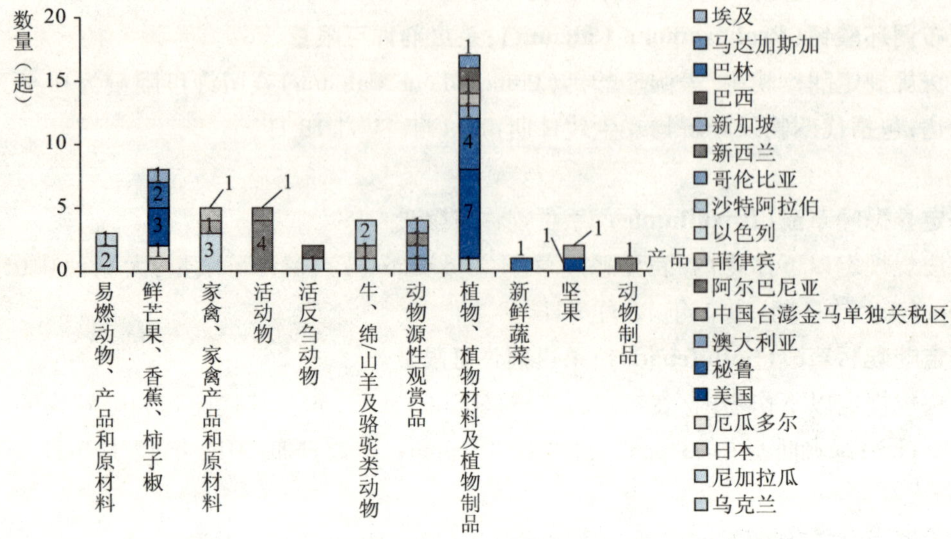

图2.19　2011年动植物类产品颁布实施的法律法规产品分析

总的来说，2011年颁布实施的法律法规涉及的产品分布集中度与2010年基本持平，但产品种类较为集中。其中前三位的产品植物、植物材料及植物制品、家禽、家禽产品和原材料和活动物应引起有关企业或者部门的重视。

2. 颁布尚未实施的法律法规

2011年颁布尚未实施的法律法规26条，与2010年的28条基本持平。

(1)法律法规

1月

印度植物检疫(印度进口法规)令及修改案

2010年植物检疫(印度进口法规)(第8次修改)令草案拟进一步放宽控制附表VI项下各国9种进口项目的规定。拟生效日期:2011年4月1日。

2月

日本修改外来入侵物种法项下监管活生物名单

确定阿诺立蜥(anolis allogus)、蓝眼灌木蜥(anolis alutaceus)和哈瓦那蜥(anolis homolechis)为当前未归类外来物种的外来入侵物种。拟生效日期:2011年7月1日。

智利制定签发进口动物及动物产品卫生证书要求的一般决议

本通报文阐明签发卫生证书的要求。证书涵盖进口畜产品如:动物、孵化蛋、动物产品和副产品、用于动物饲料的食物和添加物及兽药，证明符合此类产品的一般和特殊要求。拟生效日期:官方公报公布时。

加拿大为防止星天牛属害虫的传入和扩散，制定种植植物及装饰用嫩树枝的植物卫生要求

本指令的建议要求目的是缓解此类检疫有害生物随进口繁殖植物材料和观赏树枝叶传入加拿大境内的风险。其他有助于此类有害生物扩散的商品也在其他CFIA政策监管范围之内。拟生效日期:

2011 年 4 月 1 日。

韩国拟定修改水生动物疫病控制法

现行“渔业品质量控制法”控制水生植物(养殖海带)疫病相关规定,全部纳入 2007 年 12 月 21 日“水生动物疫病控制法”。因此,相关法规名称由“水生动物疫病控制法”改为“水生生物疫病控制法”。拟生效日期:2011 年 12 月 31 日

加拿大关于有害生物风险管理文件假单胞菌七叶树致病变种的通知

加拿大正采取紧急措施,降低植物疫病——假单胞菌七叶树致病变种(Pseudomonas syringae pv. aesculi)传入境内并在境内定殖的风险。拟生效日期:2011 年 3 月 14 日。

欧盟委员会修改“有关突尼斯某些家禽和家禽蛋沙门氏菌控制计划的 2007/843/EC 号决定”草案

本委员会决定草案的目的是修改委员会有关通过撤销欧盟进口批准,控制突尼斯某些家禽和家禽蛋沙门氏菌计划第 2007/843/EC 号决定。拟生效日期:2011 年 7 月 5 日。

3 月

加拿大根茎作物植物卫生进口要求

本指令概述了出口加拿大食用或加工用块根作物的植物卫生要求。这些要求旨在缓解加拿大土壤传播植物检疫有害生物的传入和扩散风险。拟生效日期:2011 年 6 月 15 日。

美国颁布最终法规:二氯丙烯胺(Dichlormid);杀虫剂许可限量

本最终法规规定大田玉米、爆米花玉米和甜玉米商品内/表二氯丙烯胺(Dichlormid)的残留许可限量。生效日期:2011 年 3 月 23 日。

4 月

欧盟发布关于动植物质食品饲料内/表杀虫剂最大残留标准及修改理事会 91/414/EEC 号指令

该草案修改了(EC)396/2005 号法规附件中某些商品的最大残留限量(MRL),啶虫脒(Acetamiprid)、伐虫脒(Formetanate)及碘苯腈(Ioxynil)的限量有提高有降低。拟生效日期:2012 年 3 月。

欧盟发布落实有关进口欧盟国产牛精液的决定

根据动物卫生状况,将智利、冰岛和圣皮埃尔和密克隆群岛补充到成员国批准精液进口的其他国家名单;根据国际兽医局(OIE)陆生动物诊断试验与疫苗手册条件,更新流行性出血性疾病(EHD)的进口条件;考虑到第 2008/73/EC 号指令修改理事会 88/407/EEC 指令(列名精液采集和储存中心简化程序),调整欧盟进口家养牛精液卫生证书模板。拟生效日期:2011 年 9 月 1 日。

巴西将加州钝绥螨(Neoseiulus californicus)的使用纳入法规

本技术法规草案修改 2003 年 8 月 29 日第 165 号决议,将加州钝绥螨(Neoseiulus californicus)的使用纳入法规。拟生效日期:2011 年 7 月。

欧盟修改欧洲议会和理事会第(EC)2160/2003 号法规附件 II 及第(EC)2073/2005 号法规附件 I——关于家禽肉内沙门氏菌

第(EC)2160/2003 号法规规定,自 2010 年底起,除非符合 25g 沙门氏菌含量标准,否则原鸡类育种禽群、蛋鸡、嫩鸡和火鸡鲜家禽肉,不得投放市场供人消费。拟生效日期:2011 年 12 月 1 日。

新西兰颁布进口播种种子卫生标准草案

拟订修改农林部进口播种种子卫生标准的槭属(Acer)、鹅耳枥属(Carpinus)、栗属(Castanea)、栎

属(Quercus)和薄皮山核桃(Carya ovate)计划,控制进口这些物种种子带入栗疫菌(Cryphonectria parasitica)真菌病原体的潜在风险,及制订桉树(Eucalyptus)种新计划,控制栗疫菌(Cryphonectria parasitica)和默特尔锈病(Puccinia psidii/ Uredo rangelli)真菌病原体传入的潜在风险。拟生效日期:2011 年 6 月 30 日。

5 月

欧盟修改欧洲议会及理事会有关供人消费动物源性冷冻食品要求的第(EC)853/2004 号法规附件 II

当前委员会法规草案(EC)853/2004 的目的是要求食品经营者以适当形式向接受食品供应的经营商,并应要求向主管机构,提供有关动物源性食品生产冷冻日期相关信息。拟生效日期:2012 年 7 月。

土耳其颁布活动物与畜产品入境预通报及兽医检验法规

本法规是以第 5996 号法为基础,它规定了边境检查站必须进行的兽医检验及进口商或活动物和畜产品抵港前的货物负责人员应履行的通知要求。拟生效日期:2011 年 12 月 13 日。

美国制定最终法规:合作检验计划;肉与禽制品州际运输

食品安全检验局(FSIS)拟修改联邦肉及家禽制品检验法规,制订一个新自愿合作计划,按该计划,具备 25 名或以下职员的州级检验单位将有资格处理州与州之间的肉和家禽制品贸易。拟生效日期:2011 年 7 月 1 日。

7 月

新西兰颁布进口卫生标准草案:所有国家桉树(Eucalyptus)、尤金倔亚(Eugenia)及卡拉塔树(Metrosideros)树苗进口方案

新西兰进口所有国家桉树(Eucalyptus)、尤金倔亚(Eugenia)及卡拉塔树(Metrosideros)树苗方案。拟生效日期:2011 年 9 月 30 日。

土耳其颁布其他国家入境产品兽医检验组织的管理法规草案

本法规草案以第 5996 号法为基础,授权土耳其边境检查站对入境产品进行兽医检验。生效日期:2011 年 12 月 13 日。

新西兰进口卫生标准计划草案:进口所有国家的悬钩子(Rubus spp.)播种种子

拟定修改悬钩子(Rubus spp.)播种种子的进口要求。拟生效日期:2011 年 9 月 16 日。

摩洛哥颁布规定食品和动物饲料内/表杀虫剂最大残留限量的指令草案

本指令目的是制定指令附件表 I 包括的植物或动物产品及植物或动物源性产品的杀虫剂最大残留限量。任何对表 II 和 III 规定的最大残留限量的修改只能在申请人提交新残留分析的基础上进行。

8 月

新加坡制定进口河豚要求

禁止进口活、整个、未加工河豚。准许进口具有相关政府机构出具的卫生证书,证明河豚已清洗、加工,且有毒器官已被合格人员剔除并适合人食用的干净加工河豚。拟生效日期:2011 年 10 月 8 日。

9 月

厄瓜多尔发布进口丹麦野茅籽的植物卫生要求

针对丹麦野茅籽拟定植物卫生要求。拟生效日期:2011 年 11 月 24 日。

厄瓜多尔发布进口丹麦一年生黑麦草(Lolium multiflorum)种拟定植物卫生要求

进口丹麦一年生黑麦草(Lolium multiflorum)种的植物卫生要求。拟生效日期:2011 年 11 月 24 日。

11 月

新西兰发布越南芒果进口卫生标准

新西兰进口卫生标准草案及进口越南鲜芒果的风险管理提案。拟生效日期:2011 年 12 月 12 日。

12 月

厄瓜多尔颁布智利生菜子的拟定植物卫生要求

进口智利生菜子(Lactuca sativa)的拟定植物卫生要求。拟生效日期:2012 年 7 月 14 日。

(2)分析

2011 年动植物类产品颁布尚未实施的法律法规分析包括国别分析和产品分析。

1)国别分析

2011 年动植物类产品颁布未实施的法律法规共 26 条,涉及国家(地区)13 个。其中,最多的国家(地区)是欧盟,5 条;其次是新西兰,4 条;再次是加拿大和厄瓜多尔,各 3 条;土耳其 2 条,其余国家(地区)各 1 条。随着我国和欧盟、北美、南美等国贸易往来的密切,导致贸易摩擦增多,以上各国(地区)也均在 2011 年颁布了一系列法律法规。图 2. 20 给出了颁布尚未实施法律法规的国家和地区。在此,提醒各相关出口企业和有关部门重点注意欧盟、新西兰、加拿大和厄瓜多尔这四个国家或地区,原因是这四国(地区)均集中颁布了一系列的法律法规。

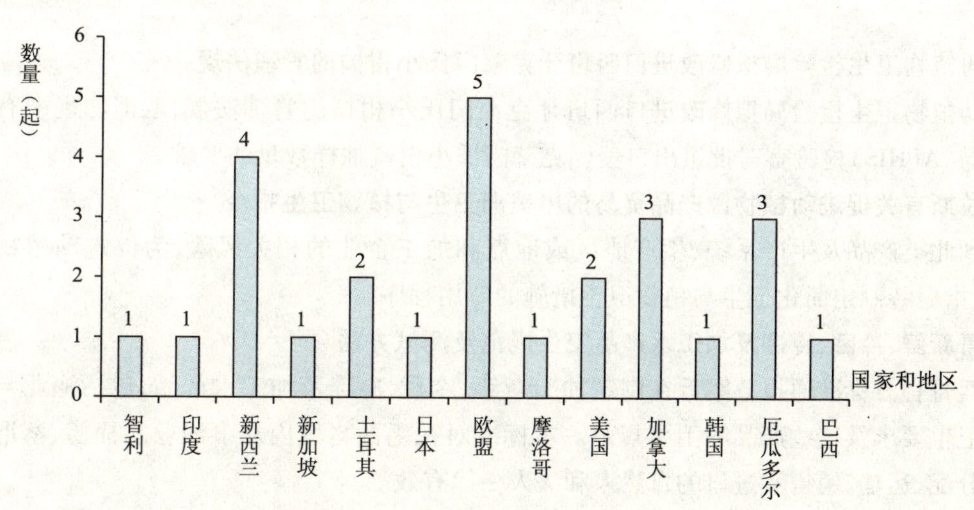

图 2. 20　2011 年动植物类产品颁布未实施的法律法规国别分析

总的来说,颁布未实施的法律法规较为集中,涉及的国家(地区)主要是以欧盟、新西兰、加拿大和厄瓜多尔为主,这四个国家和地区颁布尚未实施的法律占到了全部的 58%。

2)产品分析

2011 年动植物类产品颁布未实施的法律法规涉及的具体产品共 26 种,共六类。其中,最多的产品是植物产品,共涉及 10 条,颁布的主要国家为加拿大、新西兰和厄瓜多尔等;播种种子、活动物与畜产品 4 条,颁布的主要国家为土耳其、新西兰等;家禽、动物源性冷冻食品 3 条,颁布的主要国家(地区)为欧盟;其他产品相对较少,均少于3条,如图2.21所示。

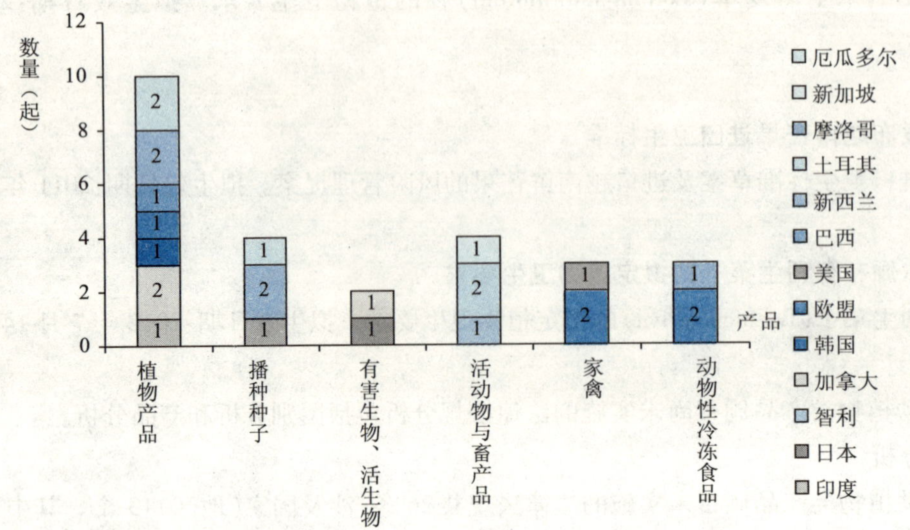

图2.21 2011年动植物类产品颁布未实施的法律法规产品分析

3. 存在颁布意向的法律法规

2011年存在颁布意向的法律法规52条,比2010年的33条增加19条,增加了37%。

(1)法律法规

1月

美国动植物卫生检验局拟修改进口西班牙克莱门氏小柑橘的管理法规

美国动植物卫生检验局拟修改进口西班牙克莱门氏小柑橘的管理法规,取消法规中有关动植物卫生检验局(APHIS)检验官对批量出口美国克莱门氏小柑橘抽样数量的要求。

洪都拉斯有关促进动植物源产品贸易的中美洲卫生与植物卫生指令

考虑到此类产品及生产系统、生产地区或地点和加工企业的相关风险,为促进动植物源产品贸易,本通报指令特制定简化卫生与植物卫生措施的应用程序。

墨西哥新鲜、冷藏、冷冻及加工水产品卫生规范及测试方法

本墨西哥官方标准通报草案旨在制定加工新鲜、冷藏、冷冻及加工水产品,包括渔业与收获船必须满足的卫生要求及这些产品的卫生规范。本标准对在墨西哥境内从事渔业品捕捞、萃取、加工、腌制、储存、分配、运输、销售和进口的自然人和法人一律有效。

2月

危地马拉中美洲动植物源产品卫生与植物卫生指令

为促进动植物源产品贸易,考虑到此类产品及其生产系统、生产地区或地点及加工企业的相关风险,本通报指令规定卫生与植物卫生措施应用简化程序。拟批准日期:中美洲官方公报公布时。

巴西关于意大利黑麦(Lolium multiflorum Lam.)种拟定进口植物卫生要求

针对影响进口意大利黑麦(Lolium multiflorum Lam.)种的有害生物进行有害风险分析,以便制定相关的植物卫生进口要求。拟批准日期:评议期后待定。

巴西拟制定进口印度黄毛黧豆(Mucuna bracteata)种子的植物卫生要求

拟批准日期:评议期后待定。

阿根廷进口家禽孵化蛋的卫生要求

本决议草案包括家禽孵化种蛋进口申请表及阿根廷家禽孵化种蛋进口国际兽医证书。拟生效日期:公布后立即生效。

中国台澎金马单独关税区食品内杀虫剂残留限量标准草案

水果、蔬菜或粮谷内/表杀虫剂啶虫脒(Acetamiprid)、氯虫酰胺(Chlorantraniliprole)、溴虫腈(Chlorfenapyr)、环虫酰肼(Chromafenozide)、氟氯氰菊酯(Cyfluthrin)、嘧菌环胺(Cyprodinil)、呋虫胺(Dinotefuran)、二噻农(Dithianon)、恶唑菌酮(Famoxadone)、甲氰菊酯(Fenpropathrin)、咯菌腈(Fludioxonil)、双胍辛胺(Iminoctadine)、茚虫威(Indoxacarb)、百克敏(Pyraclostrobin)、吡螨胺(Tebufenpyrad)及肟菌酯(Trifloxystrobin)最大残留限量(MRLs)草案。拟生效日期:待定。

3月

哥斯达黎加技术法规(RTCR):444:2010:高达奶酪技术法规

本通报技术法规规定供直接消费或继续加工的高达奶酪特点与规范。拟批准日期:官方公报公布日。

哥斯达黎加技术法规(RTCR):446:2010:红波奶酪技术法规

本通报技术法规规定供直接消费或继续加工的红波奶酪特点与规范。拟批准日期:官方公报公布日。

智利进口印度食用鲜芒果(Mangifera indica)的植物卫生要求及批准植物卫生要求协议

根据印度向智利出口鲜食芒果植物卫生要求议定书规定的规范,本通报文件制定进口印度食用鲜食芒果(Mangifera indica)的植物卫生要求。拟生效日期:官方公报公布时。

哥斯达黎加技术法规(RTCR):441:2010:奶酪技术法规

本通报技术法规规定供直接消费或继续加工的奶酪特点与规范。拟生效日期:官方公报公布时。

美国拟定法规:鲇鱼和鲇鱼产品强制性检验

食品安全检验局(FSIS)建议制定连续检验鲇鱼和鲇鱼产品的法规。拟议法规将有一个过渡期,供国内与进口业务符合鲇鱼检验计划。

智利制定进口美国某些繁殖材料管理法规的2006年第5.479号决议修改案

本通报决议修改智利进口美国无根葡萄藤(Vitis vinífera)切枝的管理法规。拟生效日期:官方公报公布时。

中国台澎金马单独关税区修改"植物或植物产品进口检疫要求"

修改香蕉穿孔线虫(Radopholus similis)及柑橘穿孔线虫(R. citrophilus)非寄主植物或植物产品草案,增加甘薯茎线虫索恩(Ditylenchus destructor Thorne)为传染病感染区,修改监管检疫有害生物木薯细菌性萎蔫病菌[Xanthomonas axonopodis pv. vasculorum (Cobb) Vauterin et al.]的学名。拟生效日期:待定。

4月

巴西拟制定进口墨西哥新鲜覆盆子的植物卫生要求

拟生效日期:评议期后再定。

智利制定进口谷物、种和其他消费和加工品管理法规的修改案

针对影响以下消费谷物和种子的检疫性有害生物进行了有害生物风险分析：甘蓝型油菜(Brassica napus)、油菊(Guizotia abyssinica)、水稻(Oryza sativa)及罂粟(Papaver somniferum)。

智利发布进口欧共体成员国某些观赏物种种子的植物卫生要求

根据获悉进口欧共体成员国观赏物种种子申请，对影响此类种子的检疫有害生物进行了有害生物风险分析并制定了相关植物卫生进口要求。

荷兰制定富贵竹植物产品要求规定

亚洲虎蚊(Aedes albopictus)能传播各类危害人类的疫病，包括登革热、基孔肯雅热病及日本脑炎等。本通报草案令第3条和第4条含有相关技术要求。

澳大利亚颁布有关韩国鲜食葡萄的非管制性风险分析草案

有害生物风险分析及韩国进口鲜食葡萄满足澳大利亚相应保护标准的措施草案。

萨尔瓦多发布强制标准(NSO)：67.03.03：10："粮谷、红腰豆规范"

本通报标准包括以下内容：目的；范围；定义；缩写；质量规范；划分等级；分析程序；红腰豆的特性；污染物；包装；卫生和处理法规；预包装豆的标签；包装；抽样；附件；参考标准；监督和检验。

巴西拟制定进口西班牙蓝莓果的植物卫生要求

拟生效日期：评议期后再定。

加拿大拟定最大残留限量：吡虫啉(Imidacloprid)(PMRL2011－03)

加拿大卫生部有害生物管理局(PMRA)拟定的环丙磺酰胺(Cyprosulfamide)国内列名最大残留限量(MRL)进行咨询：MRL(ppm)农业原料商品(RAC)及/或加工品0.05大麦、荞麦、燕麦、珍珠粟、爆米花玉米粒、黍稷、大米、黑麦、高粱、大刍草、小黑麦、小麦、野生稻。拟生效日期：措施批准日。

哥伦比亚发布植物、植物产品及监管商品规定

决议草案包括以下内容：目的；植物、植物产品和监管商品进出口及转口要求；范围；定义；要求；进口；国产化；出口；官方控制；处罚；注册；通报及有效期。

5月

阿根廷进口宠物鸟的卫生要求

国家农业食品质量卫生局通报决议草案批准阿根廷进口宠物鸟的卫生要求。此外，该决议草案还包括了进口宠物鸟申请表样板和阿根廷进口宠物鸟国际兽医证书。

中国台澎金马单独关税区颁布食品内杀虫剂残留限量标准草案

水果、蔬菜及粮谷内/表杀虫剂2,4－D、阿维菌素(Abamectin)、氨基乙氧基乙烯基甘氨酸(Aminoethoxyvinyl－glycine)、联苯菊酯(Bifenthrin)、啶酰菌胺(Boscalid)、多菌灵(Carbendazim)、氯虫酰胺(Chlorantraniliprole)、氨基阿维菌素(Emamectin benzoate)、硫丹(Endosulfan)、乙烯利(Ethephon)、唑螨酯(Fenpyroximate)、咯菌腈(Fludioxonil)、甲霜灵(Metalaxyl)、克螨特(Propargite)、吡蚜酮(Pymetrozine)及唑菌胺酯(Pyraclostrobin)最大残留限量(MRL)标准草案。

6月

韩国发布活转基因生物(LMO)跨境流动综合修订通知

①修订和补充主要术语定义；②划分相关主管机构的工作范围；③修改风险评估项目等。

中国台澎金马单独关税区颁布食品内兽药残留限量标准草案

制定牛、猪和家禽瘦肉内强力霉素(Doxycycline)的最大残留限量。

中国台澎金马单独关税区颁布食品内杀虫剂残留限量标准草案

水果、蔬菜或粮谷内/表杀虫剂最大残留限量(MRLs)草案:联苯肼酯(Bifenazate)、冰晶石(Cryolite)、环酰菌胺(Fenhexamid)、三乙磷铝(Fosetyl - Al)、噻螨酮(Hexythiazox)、抑霉唑(Imazalil)、甲硫威(Methiocarb)、腈菌唑(Myclobutanil)、杀线威(Oxamyl)、氯菊酯(Permethrin)、亚胺硫磷(Phosmet)、增效醚(Piperonyl butoxide)、扑草净(Prometryn)、稀禾定(Sethoxydim)、西玛津(Simazine)、Spinetoram、多杀菌素(Spinosad)、螺甲螨酯(Spiromesifen)、虫酰肼(Tebufenozide)、噻虫啉(Thiacloprid)、噻虫嗪(Thiamethoxam)、硫双威(Thiodicarb)、四溴菊酯(Tralomethrin)及氟乐灵(Trifluralin)。

加拿大颁布有关用蜂蜜曲霉(Aspergillus melleus)派生蛋白酶生产水解动物、乳及植物蛋白的临时营业销售许可

准许按符合良好制作规范的使用标准,用蜂蜜曲霉(Aspergillus melleus)派生蛋白酶生产水解动物、乳及植物蛋白。本拟定法规修改案可成为准许销售用蜂蜜曲霉(Aspergillus melleus)派生蛋白酶制作上述食品的批准措施。

7 月

巴西发布进口智利体外培植百合(Lilium sp.)球茎和幼苗拟定植物卫生要求

针对影响智利体外培植百合(Lilium sp.)球茎和幼苗的有害生物进行了一次有害生物风险分析。这样就能制定相关的植物卫生进口要求。

智利修改 2008 年第 2.858 号决议——制定进口某些产地工业原料作物种的植物卫生要求

修改 2008 年农畜局制定进口北美盐角草(Salicornia bigelovii)、盐角草(Salicornia europaea)及蛇菊(Stevia rebaudiana)工业原料作物种植物卫生要求的第 2.858 号决议。

埃及发布进口播种及/或繁殖植物的植物

埃及植物检疫工作委员会已起草了进口播种及/或繁殖植物的新植物检疫要求。

加拿大拟定最大残留限量:戊唑醇(Tebuconazole)(PMRL2011 - 22)

加拿大卫生部有害生物管理局(PMRA)拟定的戊唑醇(Tebuconazole)国内列名最大残留限量(MRL)进行咨询:MRL(ppm)农原料商品(RAC)及/或加工品 0.15 大麦、燕麦 0.08 干大豆。

巴西制定进口阿根廷橄榄(Olea europaea)插枝和树苗的拟定植物卫生要求

针对影响阿根廷橄榄(Olea europaea)插枝和树苗的有害生物进行了有害风险分析。这就有可能制定出相关的植物卫生进口要求。

日本修订食品卫生法项下执行法规(制定拟供生食肉和可食内脏标签标准)

拟供生食的肉和可食内脏的标签标准。

智利制定进口印度食用鲜芒果(Mangifera indica)的植物卫生要求

规定智利进口印度新鲜芒果(Mangifera indica)的植物卫生要求(Mangifera indica)。

8 月

智利颁布进口欧盟成员国白杨(Populus spp.)插枝和枝条的植物卫生要求

对影响欧盟成员国白杨(Populus spp.)插枝和枝条的检疫性有害生物进行了有害生物风险分析。

智利制定进口欧盟成员国核桃[核桃(Juglans regia)、黑核桃(J. nigra)、印度黑核桃(J. hindsii)和大核桃(J. major)]繁殖材料及板栗[西班牙栗(Castanea sativa)及日本栗(C. crenata)]繁殖材料的植物卫生要求

对影响欧盟成员国核桃(Juglans regia)、黑核桃(J. nigra)、印度黑核桃(J. hindsii)种植、插枝和枝条及板栗[西班牙栗(Castanea sativa)及日本栗]插枝及枝条的检疫性有害生物进行了有害生物风险分析。

智利修改有关制定智利进口阿根廷食用鲜蔬菜要求第4.658号决议

修改2006年增加阿根廷块茎甘薯(Ipomoea batatas)进口植物卫生要求第4.658号决议。

10月

智利修改2003年第633号决议,规定智利进口用于体外组织培养的植物材料要求

"规定智利进口用于体外组织培养的植物材料要求"。修改内容涉及4.3小段——增加百日菊(Zinnia elegans)、Anigozanthus spp. 及大蒜(Allium sativum)种类。

马来西亚颁布进口去头鲜菠萝[Ananas comosus (L.) Merr.]的进口风险分析草案

概要:达到澳大利亚进口马来西亚去头鲜菠萝适当保护水平的有害风险分析草案及拟定措施。草案报告包括:检疫有害物的有害风险分析及马来西亚鲜菠萝的商业生产规范;有害生物风险分析方法;包括澳大利亚生物安全局政策框架及本进口风险分析;有害风险管理。

11月

智利修改2001年第1.409号决议

修改2001年第1.409号决议——制定智利进口美国新草莓(Fragaria spp.)管理要求及2010年第1.423号决议——制定智利进口属浅褐卷蛾(Epiphyas postvittana)寄主的美国加州和夏威夷水果蔬菜及植物部分植物卫生要求及制定(Drosophila suzukii)的临时植物卫生要求。

智利修改2001年第1.408号决议

修改2001年第1.408号决议——制定智利进口美国覆盆子(Raspberries)管理要求及2010年第1.423号决议——制定智利进口属浅褐卷蛾(Epiphyas postvittana)寄主的美国加州和夏威夷水果蔬菜及植物部分植物卫生要求及制定樱桃果蝇(Drosophila suzukii)的临时植物卫生要求。

智利颁布进口马精液的卫生要求及废除1994年第2.496号决议

替代1994年第2.496号决议,规定智利进口马精液的具体卫生要求。

智利修改2001年第1.410号决议

修改2001年第1.410号决议——制定智利进口美国猕猴桃(Actinidia spp.)管理要求及2010年第1.423号决议——制定智利进口属浅褐卷蛾(Epiphyas postvittana)寄主的美国加州和夏威夷水果蔬菜及植物部分植物卫生要求及制定樱桃果蝇(Drosophila suzukii)的临时植物卫生要求。

澳大利亚对鲜球茎芋头进口条件审议

澳大利亚进口各国鲜球茎芋头最终有害风险分析及可满足适当保护水平的措施。

哥伦比亚颁布社会福利部指令草案——"规定捕捞、冷冻或加工水产品的船只需满足的卫生要求的技术法规及去往欧洲的捕鱼船取得HACCP体系认证的程序"

决议草案包括以下内容:目的;范围;定义;卫生要求;结构和设备要求;危害分析和关键控制点(HACCP)体系的原则与实施;HACCP前提要求及HACCP计划内容;HACCP计划认证检验;认证获取

程序;外国船籍认证;认证有效期;取消认证;船只注册;更新官方批准船只表;控制捕鱼登陆;检验和监控;分析样品;合格评估;审议和更新;通报及有效期。

土耳其颁布植物检疫法规

①本法规目的是制定土耳其进/出口植物、植物产品及其他涉及植物卫生物质相关问题的程序和原则;②本法规包括确定受官方进口控制的有碍进口的有害生物及必须有植物卫生证书的植物卫生和植物及植物产品;③本法规还规定土耳其禁止引进的植物、植物产品和种植媒介及植物、植物产品进口的特殊要求;④它包括27款及9个附件。

12月

阿根廷制定进口德国蛇麻草(Humulus lupulus)根茎的植物卫生要求

本草案文本规定蛇麻草(Humulus lupulus)货物随附植物卫生证书的补充声明。

中国台澎金马单独关税区颁布"进口澳大利亚已知出现穴居线虫(Radopholus similis)地区鲜胡萝卜的检疫要求"草案

进口澳大利亚已知出现穴居线虫(Radopholus similis)地区(新南威尔士、北领地、昆士兰、南澳大利亚和西澳大利亚)鲜胡萝卜(Daucus carota L.)必须按照"进口澳大利亚已知出现穴居线虫(Radopholus similis)地区鲜胡萝卜的检疫要求"接受监管。指定生产地点、土壤测试、收获、包装和储存工序、出口检验程序和进口检验应遵循这些检疫要求。

伯利兹颁布植物保护条例草案

植物保护条例包括伯利兹国家植物保护组织职能及相关服务活动的规定。

(2)分析

2011年动植物类产品存在颁布意向的法律法规分析包括国别分析和产品分析。

1)国别分析

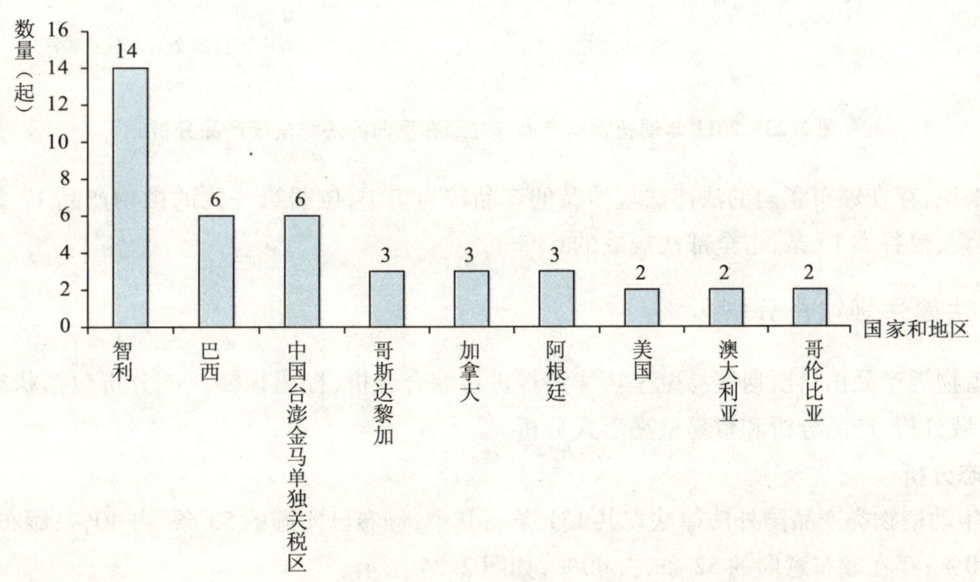

图2.22 2011年动植物类产品存在颁布意向的法律法规国别分析

2011年动植物类产品存在颁布意向的法律法规共52条,涉及国家(地区)20个。其中,智利最多，为 14 条；其次是巴西和中国台澎金马单独关税区，各 6 条，三个国家或地区拟颁布的法律法规占全部的 50%；再次是阿根廷、哥斯达黎加和加拿大，各 3 条；澳大利亚、美国和哥伦比亚各 2 条，其余国家（地区）各 1 条，在此再次提醒各相关出口企业注意。图 2.22 中仅列出法律法规数量在 2 条及以上的国家（地区）。

总的来说，存在颁布意向的法律法规集中程度较高。

2）产品分析

2011 年动植物类产品存在颁布意向的法律法规涉及的产品共 52 种，八大类。其中，最多的是植物类产品，为 17 条，涉及的国家（地区）主要为智利、巴西等；其次是水果、蔬菜、粮谷类，16 条，涉及的国家主要有中国台澎金马单独关税区、智利等；再次为动植物源产品、播种种子、乳制品，各 4 条，涉及的国家（地区）主要为巴西、智利等，其他产品均少于 4 条，如图 2.23 所示。

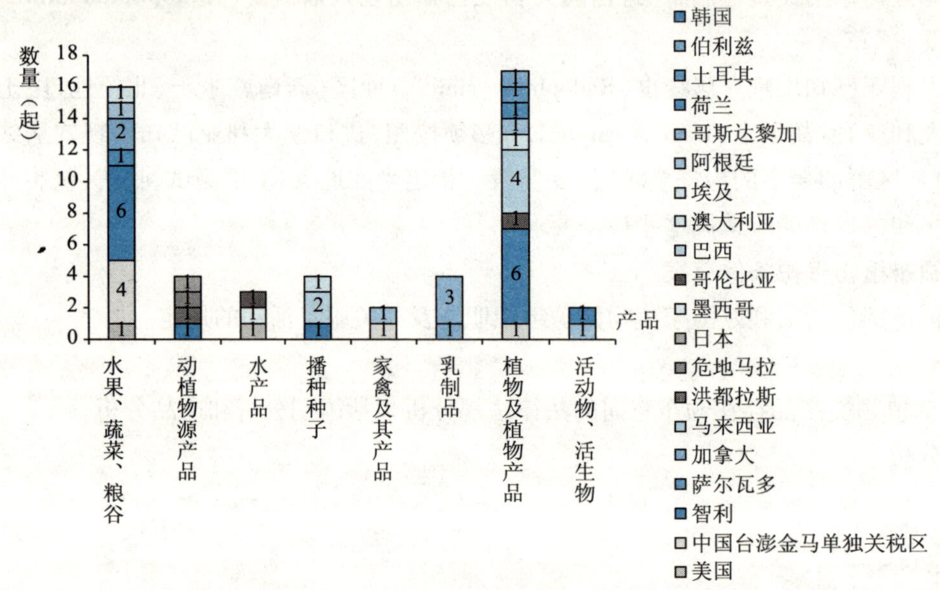

图 2.23　2011 年动植物类产品存在颁布意向的法律法规产品分析

总的来说，存在颁布意向的法律法规涉及的产品较为集中，位居第一位的植物产品 17 条，第二位的水果、蔬菜、粮谷类 16 条，占全部法规数的 63%。

（二）法律法规综合分析

对动植物类产品出口所遇贸易壁垒法律法规进行综合分析，提出预警。该分析包括状态分析、国别分析、区域分析、产品分析和贸易壁垒形式分析。

1. 状态分析

2011 年动植物类产品国外法律法规共 131 条。其中，颁布已实施的 53 条，占 40%；颁布未实施的 26 条，占 20%；存在颁布意向的 52 条，占 40%，如图 2.24 所示。

与 2010 年的 106 条相比，2011 年增加了 25 条。其中，颁布已实施的法律法规增加了 8 条；颁布未实施的法律法规减少了 2 条；存在颁布意向的法律法规增加了 19 条，如图 2.25 所示。

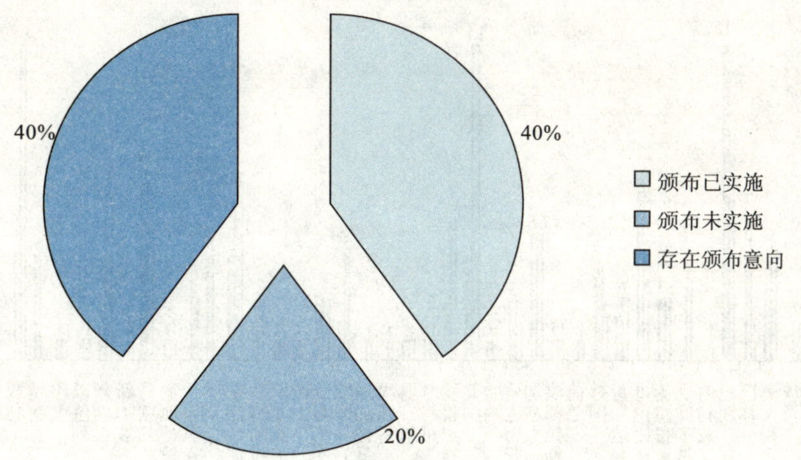

图 2.24 2011 年动植物类产品法律法规状态分析(一)

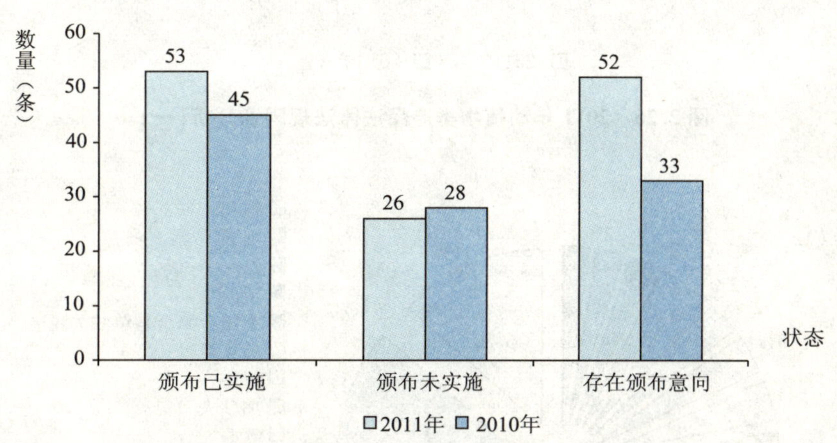

图 2.25 2011 年动植物类产品法律法规状态分析(二)

总的来看,2011 年动植物类产品国外法律法规较 2010 年有所增长,其中,颁布已实施和存在颁布意向的法规数较多。提醒动植物类各出口企业关注这些法律法规,以免造成不必要的经济损失。

2. 国别分析

2011 年动植物类产品国外法律法规涉及的国家(地区)共 35 个。其中以智利和美国最多,为 15 条,占 11%;巴西其次,9 条,占 7%;新西兰 8 条,占 6%;乌克兰 7 条,占 5%;加拿大和秘鲁各 6 条,各占 5%;欧盟、澳大利亚各 5 条,约占 4%;厄瓜多尔、阿尔巴尼亚各 4 条,占 2%;其余各国分别为土耳其、日本、哥斯达黎加、哥伦比亚、菲律宾和阿根廷各 3 条;新加坡、沙特阿拉伯、韩国和埃及各 2 条;印度、以色列、危地马拉、萨尔瓦多、尼加拉瓜、墨西哥、摩洛哥、马来西亚、马达加斯加、洪都拉斯、荷兰、伯利兹和巴林,各 1 条,具体数据见图 2.26 和图 2.27,图 2.26 仅列出 3 条以上的国家(地区)。

与 2010 年涉及的 33 个国家相比,2011 年增加了 2 个。其中美国、智利和巴西增加得较多。

从图 2.28 中可以看出,美国、乌克兰、秘鲁等国多以颁布已实施的为主,新西兰、欧盟、厄瓜多尔以颁布未实施为主,而智利、中国台澎金马单独关税区、巴西主要以存在颁布意向为主。

总的来说,2011 年的法律法规与 2010 年相比,有了一定的增加,从 106 条增加到 131 条,以智利、

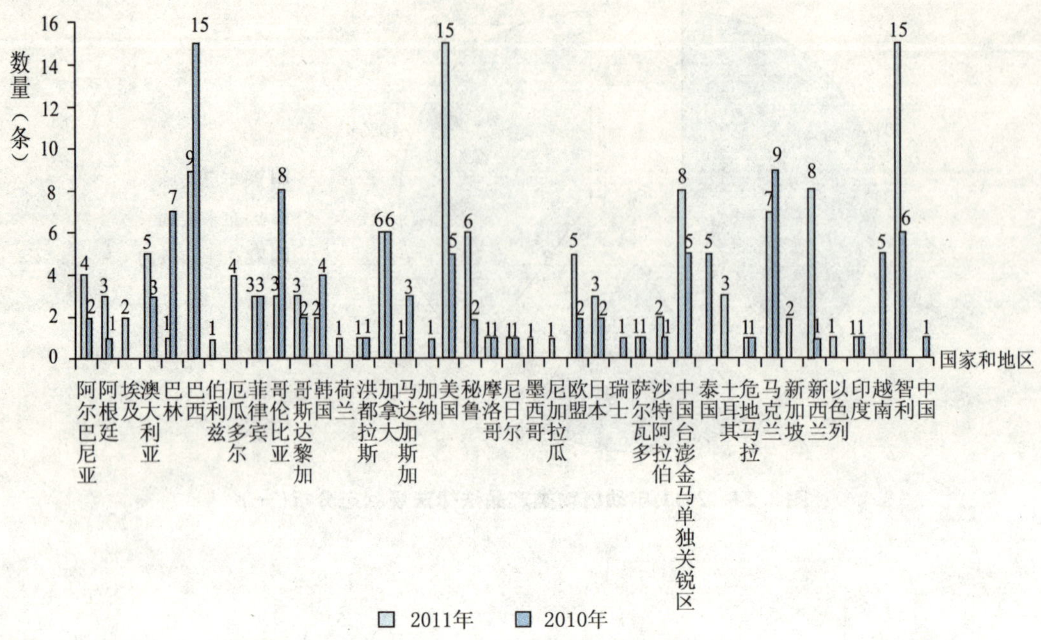

图 2.26　2011 年动植物类产品法律法规国别分析(一)

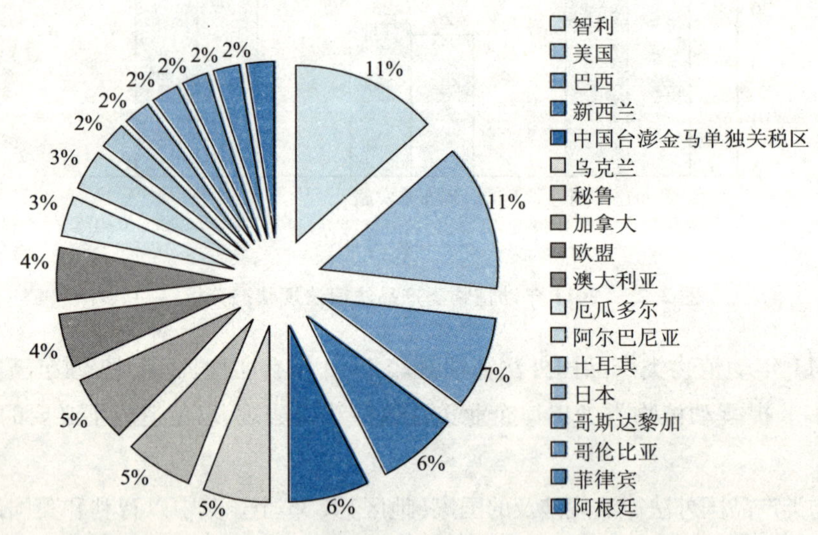

图 2.27　2011 年动植物类产品法律法规国别分析(二)

美国、巴西等国为主,需要各出口企业重点关注。

3. 区域分析

2011 年动植物类产品法律法规最多的地区是拉美地区和其他地区,占总数的 37% 和 30%。主要由于智利和乌克兰颁布的法律条文数较多,导致了这两个地区法律法规数量较多;北美地区以 16% 次之;再次是东盟和欧盟地区,各占 5%;日韩占 4%;非洲地区占 3%;最后是南亚地区占 1%,如图 2.29 所示。

与 2010 年相比,拉美、北美、欧盟和其他地区数量略有增加,南亚、日韩、非洲和东盟的法规数量呈下降趋势,如图 2.30 所示。

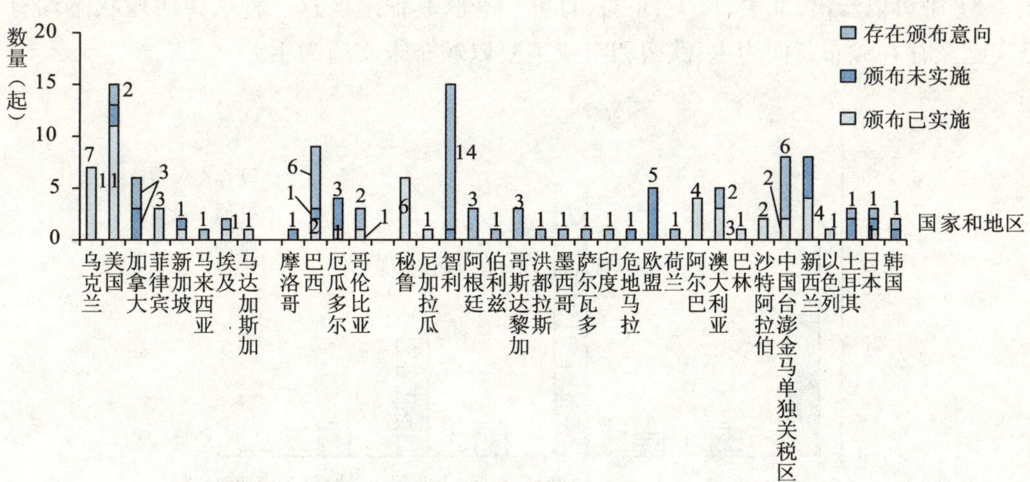

图 2.28　2011 年动植物类产品法律法规国别分析(三)

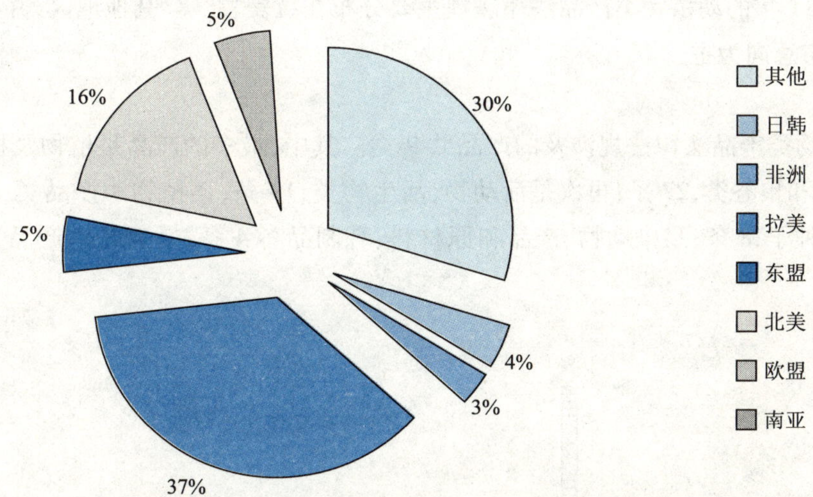

图 2.29　2011 年动植物类产品法律法规区域分析(一)

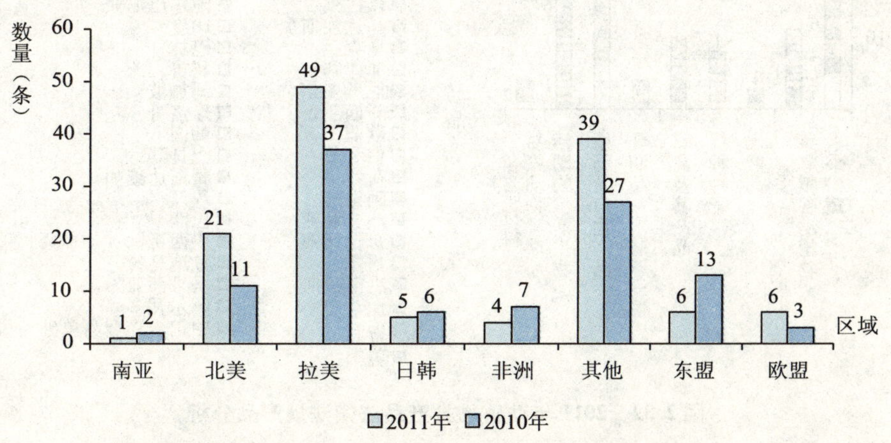

图 2.30　2011 年动植物类产品法律法规区域分析(二)

从图 2. 31 中可以看出，北美、拉美、东盟、日韩、非洲、其他地区这三种法律法规状态均有，并且均以颁布已实施及存在颁布意向为主；欧盟和南亚主要以颁布未实施为主。

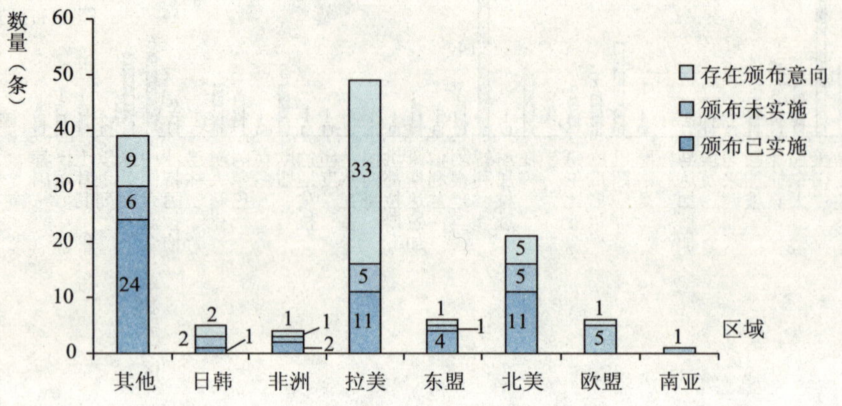

图 2. 31　2011 年动植物类产品法律法规区域分析（三）

总的来说，2011 年的动植物类产品法律法规主要分布在拉美、北美、其他地区，并且主要是颁布已实施以及存在颁布意向为主。

4. 产品分析

2011 年动植物类产品法律法规涉及的产品共 9 类。其中，最多的产品是植物及植物产品，45 条；其次是水果、蔬菜和粮谷类，27 条；再次是活动物、活生物类，19 条；动植物源产品类，11 条；家禽及其产品，10 条；播种种子，8 条；易染动物、产品和原材料、乳制品各 4 条；最后是水产品，3 条，如图 2. 32 所示。

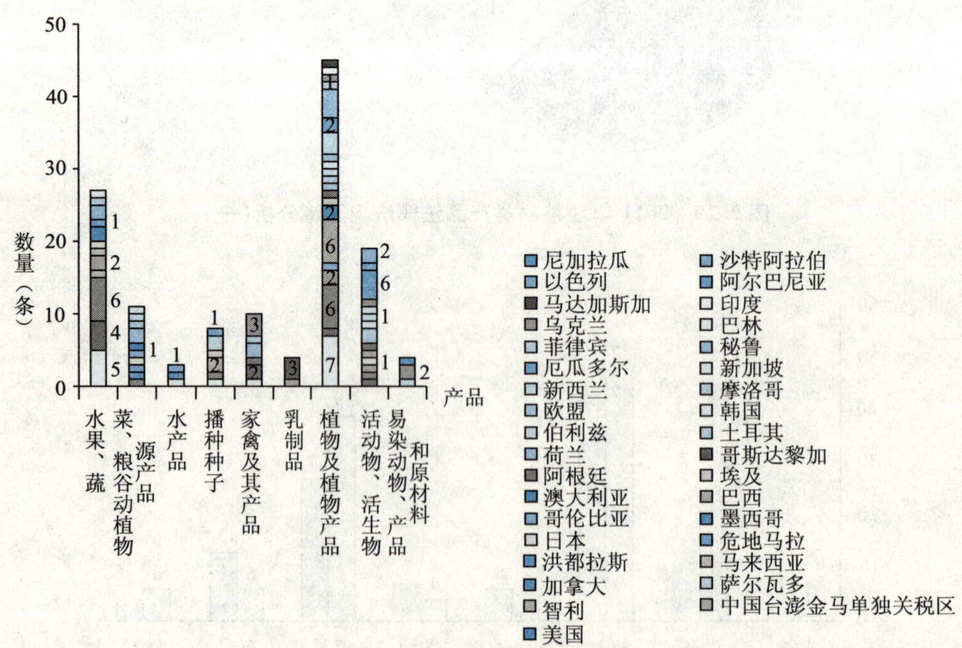

图 2. 32　2011 年动植物类产品法律法规产品分析

总的来说，相关法律法规涉及国家较多，较为分散。在此，提醒各相关出口企业注意涉及动物原材料及副产品、水产品和禽类产品等相关的法律法规，避免不必要的经济损失。

5. 贸易壁垒形式分析

2011年国外动植物类产品法律法规主要是各种技术标准、安全标准、合格测评和某些特殊要求，涉及的贸易壁垒形式是技术性贸易壁垒与绿色贸易壁垒。这与2010年相比，并无实质上的变化。

（王思文、李小龙、门晓春）

第三章 食品出口贸易壁垒

本章主要分析国外对中国的食品方面的贸易壁垒。

按照海关商品分类目录,这些产品包括分类中的五大类产品。

第一类:主要以动物产品为原料的食品,包括肉、鱼、甲壳动物、软体动物及其他水生无脊椎动物的制品。

第二类:主要以植物产品为原料的食品,糖及糖食包括糖、糖浆、人造蜜、焦糖、提取或精炼糖后所剩下的糖蜜以及糖食;可可及可可制品包括各种形态的可可、可可脂、可可油以及任何含量的可可食品;谷物、粮食粉、淀粉或乳的制品;糕饼点心;蔬菜、水果、坚果或植物其他部分的制品;杂项食品。

第三类:饮料、酒及醋。

第四类:食品工业的残渣及废料;配制的动物饲料。

第五类:烟草、烟草制品及烟草代用品的制品。

一、食品出口贸易救济措施

2011 年,食品出口所遇贸易救济措施共计 10 起,与 2010 年数量持平,涉及欧盟、澳大利亚、俄罗斯等 6 个国家,无反补贴事件。

(一)反倾销

1 月

澳大利亚对华蘑菇罐头作出反倾销日落复审终裁

2011 年 1 月 7 日,澳大利亚对原产于中国的蘑菇罐头作出反倾销日落复审终裁:继续对中国进口的蘑菇罐头征收反倾销税,为期 5 年。涉案产品海关编码为 20031000。

2 月

欧盟对华甜蜜素进行反倾销期中复审调查

2011 年 2 月 17 日,应 Productos Aditivos SA 的申请,欧盟对原产于中国的甜蜜素进行反倾销期中复审立案调查。涉案产品在欧盟合并关税编码 ex29299000 下。

欧盟对华甜蜜素进行反倾销调查

2011 年 2 月 17 日,应 Productos Aditivos SA 的申请,欧盟委员会对原产于中国的甜蜜素进行反倾销立案调查,该调查仅限于对方大添加剂(深圳)有限公司(Fang Da Food Additive (Shen Zhen) Limited)和方大添加剂(阳泉)有限公司[Fang Da Food Additive (Yang Quan) Limited]的反倾销调查。涉案产品在欧盟合并关税编码 ex29299000 下。欧盟委员会初步选定印尼作为计算中国涉案产品正常价值的替代国。

4 月

欧盟对华豆蛋白进行反倾销调查

2011 年 4 月 19 日，应 Solae Europe S. A. 的申请，欧盟对原产于中国的豆蛋白发起反倾销调查。涉案产品在欧盟合并关税编码 ex21061020、ex21069092、ex23099010、ex23099099、ex35040090 下。这是欧盟 2011 年以来对华发起的第 3 起贸易救济调查。本案的倾销调查期为 2010 年 1 月 1 日 ~12 月 31 日。在本案中，欧盟初步选定美国作为计算中国涉案产品正常价值的替代国。

5 月

墨西哥对华罐装伞菇进行反倾销日落复审

2011 年 5 月 17 日，墨西哥官方日报公布墨西哥经济部公告，决定对原产于中国和智利的罐装伞菇开启反倾销日落复审。涉案产品税号为 20031001。本案倾销调查期为 2010 年 4 月 1 日 ~2011 年 3 月 31 日，损害调查期为 2006 年 7 月 1 日—2011 年 3 月 31 日。

7 月

新西兰对华桃罐头进行反倾销日落复审调查

2011 年 7 月 7 日，应 Heinz Wattie's Limited 的申请，新西兰对原产于中国的桃罐头进行反倾销日落复审立案调查。涉案产品海关编码为 2008. 70. 09. 00L。本案的倾销调查期为 2010 年 7 月 1 日 ~ 2011 年 6 月 30 日。

11 月

印度发布对华糖精反倾销日落复审调查事实披露

2011 年 11 月 22 日，印度商工部反倾销局发布了对原产于中国的糖精(Saccharin)反倾销日落复审事实披露。在该披露中，反倾销局仍将中国视为非市场经济国家，并认可原审中采用结构价格来计算中国出口产品正常价值的做法。最终，中国产品的倾销幅度被认定为 50% ~60%。

12 月

欧盟对湖北新世纪和浙江新世纪食品公司柑橘类水果罐头反倾销案发起重新调查

2011 年 12 月 3 日，欧盟委员会发布公告称，欧盟初审法院于 2011 年 2 月 17 日发布裁决公告，否定了欧盟委员会于 2008 年 12 月 30 日对华柑橘类水果罐头反倾销案中对湖北新世纪和浙江新世纪食品公司发布的最终裁定，因此决定对湖北新世纪和浙江新世纪食品公司柑橘类水果罐头反倾销案发起重新调查。

2007 年 10 月，欧盟对原产于中国的柑橘类水果罐头进行反倾销立案调查；2008 年 12 月，欧盟对此案作出肯定性终裁。

印度对华糖精作出反倾销日落复审终裁

2011 年 12 月 7 日，印度对原产于中国的糖精作出反倾销日落复审终裁：对原产于或自中国进口的涉案产品征收 2. 69 美元/千克的反倾销税。涉案产品海关编码为 29251100。

（二）反补贴

无

(三)保障措施与特保措施

俄罗斯对焦糖作出保障措施终裁

2011年1月5日,俄罗斯对进口焦糖作出保障措施终裁:对涉案产品征收294.1美元/吨的保障措施关税。涉案产品海关编码为1704.90.710.0、1704.90.750.0、1806.90.500.1、1806.90.500.2、1806.90.500.9。

(四)食品出口贸易救济措施分析

食品出口贸易救济措施分析包括月份分析、国别分析以及产品分析。

1. 月份分析

2011年食品出口贸易救济措施事件共10起,与2010年的数量相同,总量不多。从月份来看,从年初到年末多个月份都有分布。其中1月、2月和12月分别有2起贸易救济措施事件发生,4月、5月、7月和11月各有1起,如图3.1所示。

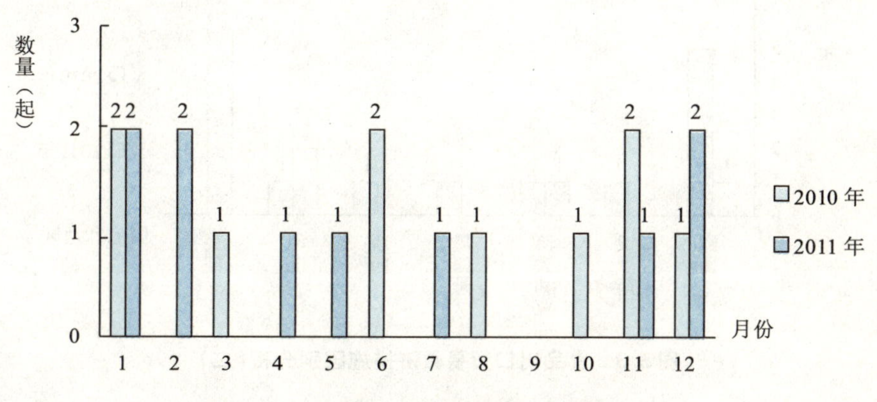

图3.1　食品出口贸易救济措施月份分析

2. 国别分析

2011年食品贸易救济事件涉及的国家和地区有欧盟、俄罗斯、澳大利亚、墨西哥、新西兰和印度。与2010年相比,涉案国家有所增加。

2011年美国对我国未采取贸易救济措施。欧盟对我国采取贸易救济措施大幅上升,由2010年的1起上升到2011年的5起,澳大利亚和印度各发生1起,而俄罗斯、墨西哥和新西兰都是新增国家和地区,各1起,如图3.2所示。可见,外国对我国采取的贸易救济数量总体上保持平稳但范围有扩大的趋势。美国由于经济形势有所恢复,贸易救济措施减少。而欧盟仍未走出经济危机的影响,经济形势继续恶化,贸易保护主义思想抬头,或者导致贸易救济措施增加。

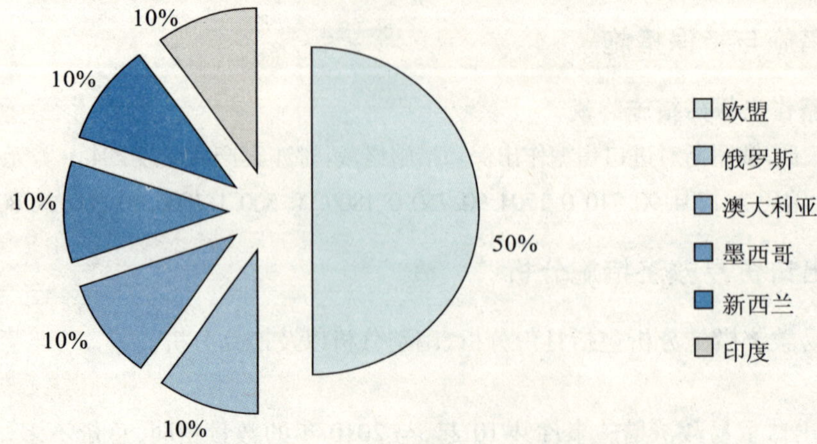

图 3.2　食品出口贸易救济措施国别分析(一)

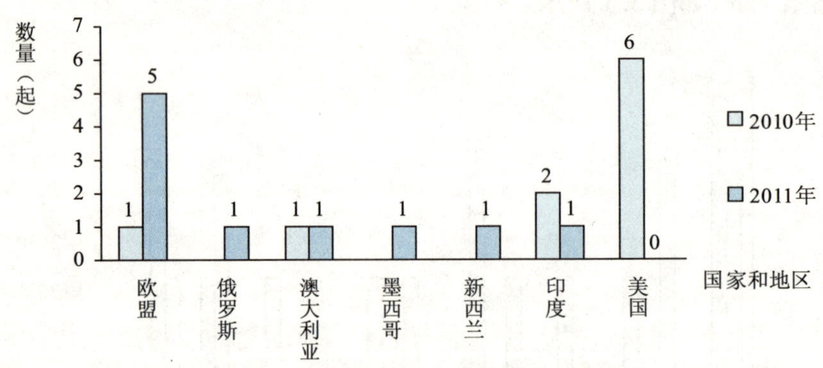

图 3.3　食品出口贸易救济措施国别分析(二)

3. 产品分析

与 2010 年相比,2011 年食品出口贸易救济措施事件涉及产品较多,共 8 种产品:甜蜜素 2 起,糖精 2 起,蘑菇罐头、豆蛋白、罐装伞菇、桃罐头、柑橘类水果罐头、焦糖各 1 起,如图 3.4 所示。从产品分类看,罐装食品和调味品仍为涉案主要品种,主要原因在于中国此类产品出口规模较大,价格较低,市场份额年年攀升,容易成为外国反低价倾销的对象。

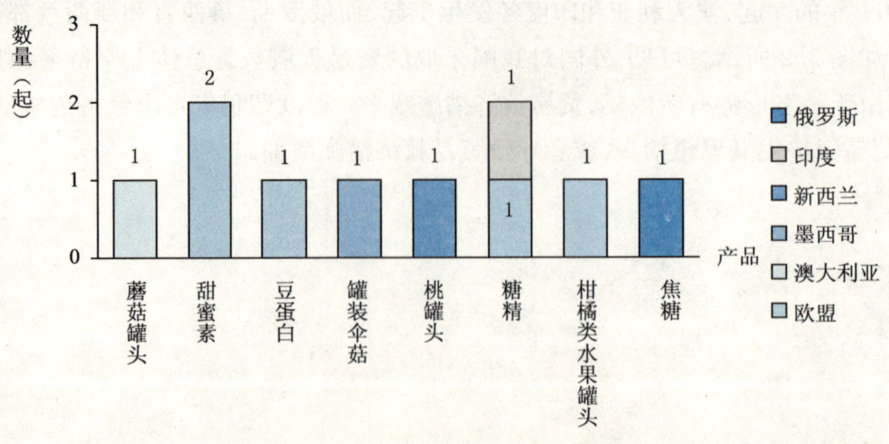

图 3.4　食品出口贸易救济措施产品分析

二、食品出口技术性贸易壁垒与绿色贸易壁垒

(一)事件

1 月

日本就甜蜜素对我国某企业追加命令检查

2011 年 1 月 28 日,日本厚生劳动省发布事务联络通报:根据《食品卫生法》第 26 条第 3 项的规定(2010 年 3 月 30 日发布的事务联络通报)中附表 1－1－8 所列出的对于进口商实行自主检查的结果显示,中国广东普宁双兴食品厂(GUANGDONG PUNING SHUANGXING FOOD FACTORY)生产的食品中含有甜蜜素,因此将追加对于该企业出口食品中甜蜜素的命令检查。

2 月

日本扣留中国产调味牛蒡

2011 年 2 月,日本厚生劳动省对中国产调味牛蒡自主检查,扣留原因是产品成分规格不合格(检出细菌数 3. 2 × 106/g)。处理措施:废弃、退货等。

日本扣留中国产炸猪肉

2011 年 2 月,日本厚生劳动省对中国产炸猪肉命令检查,扣留原因是成分规格不合格(检出瘦肉精 0. 00018ug/g)。处理措施:废弃、退货等。

日本扣留中国产调味干鱿鱼

2011 年 2 月,日本厚生劳动省对中国产调味干鱿鱼自主检查,扣留原因是使用标准不合格(检出含有山梨酸钾 1. 3g/kg)。处理措施:废弃、退货等。

3 月

日本就甜蜜素对我国某企业追加命令检查

2011 年 3 月 2 日,日本厚生劳动省发布事务联络通报:根据《食品卫生法》第 26 条第 3 项的规定(2010 年 3 月 30 日发布的事务联络通报)中附表 1－1－8 所列出的对于进口商实行自主检查的结果显示,中国山西恒丰实业有限公司(SHANXI HENGFENG INDUSTRY CO. ,LTD)生产的食品中含有甜蜜素,因此将追加对于该企业出口食品中甜蜜素的命令检查。

日本就甜蜜素对我国某企业追加命令检查

2011 年 3 月 22 日,日本厚生劳动省发布事务联络通报:根据《食品卫生法》第 26 条第 3 项的规定(2010 年 3 月 30 日发布的事务联络通报)中附表 1－1－8 所列出的对于进口商实行自主检查的结果显示,JINSHI LUKANG FOOD LIMITED COMPANY 生产的食品中含有甜蜜素,因此将追加对于该企业出口食品中甜蜜素的命令检查。

5 月

日本扣留中国产油炸鲭鱼

2011 年 5 月,日本厚生劳动省对中国产加热后摄取冷冻食品(之前未加热):油炸鲭鱼监视检查,扣留原因是成分规格不合格(检出大肠菌群呈阳性)。处理措施:废弃、退货等。

日本扣留中国产玉米(点心)

2011 年 5 月，日本厚生劳动省对中国产不加热摄取冷冻食品：玉米（点心）行政检查，扣留原因是含有指定外添加物（检出含有硬脂酸钾）。处理措施：废弃、退货等。

日本扣留中国产巧克力（点心）

2011 年 5 月，日本厚生劳动省对中国产不加热摄取冷冻食品：巧克力（点心）行政检查，扣留原因是含有指定外添加物（检出含有硬脂酸钾）。处理措施：废弃、退货等。

日本扣留中国产提拉米苏（点心）

2011 年 5 月，日本厚生劳动省对中国产不加热摄取冷冻食品：提拉米苏（点心）行政检查，扣留原因是含有指定外添加物（检出含有硬脂酸钾）。处理措施：废弃、退货等。

日本扣留中国产奶酪（点心）

2011 年 5 月，日本厚生劳动省对中国产不加热摄取冷冻食品：奶酪（点心）行政检查，扣留原因是含有指定外添加物（检出含有硬脂酸钾）。处理措施：废弃、退货等。

日本扣留中国产培根

2011 年 5 月，日本厚生劳动省对中国产加热后摄取冷冻食品（之前未加热）：培根自主检查，扣留原因是成分规格不合格（检出含有细菌数 2.2 ×107/g）。处理措施：废弃、退货等。

日本扣留中国产炒花生

2011 年 5 月，日本厚生劳动省对中国产炒花生命令检查，扣留原因是检出黄曲霉素呈阳性（21ppb）。处理措施：废弃、退货等。

6 月

欧盟对中国产糙米浓缩蛋白粉信息通报

2011 年 6 月 27 日，瑞典通过欧盟食品和饲料委员会对中国产糙米浓缩蛋白粉信息通报。通报原因：非法转基因。措施：销售限于通报国/撤出市场。

日本扣留中国产炒花生

2011 年 6 月，日本厚生劳动省对中国产炒花生命令检查，扣留原因是检出黄曲霉素呈阳性（42ppb）。处理措施：废弃、退货等。

日本扣留中国产炸鸡

2011 年 6 月，日本厚生劳动省对中国产加热肉食制品（加热后包装）：炸鸡命令检查，扣留原因是成分规格不合格（检出含有呋喃唑酮 0.01ppm）。处理措施：废弃、退货等。

日本扣留中国产油炸花生米

2011 年 6 月，日本厚生劳动省对中国产油炸花生米命令检查，扣留原因是检出黄曲霉素呈阳性（40ppb）。处理措施：废弃、退货等。

日本扣留中国产烤鳗鱼

2011 年 6 月，日本厚生劳动省对中国产加热后摄取冷冻食品（之前未加热）：烤鳗鱼命令检查，扣留原因是成分规格不合格（检出含有无色孔雀石绿 0.05ppm）。处理措施：废弃、退货等。

日本扣留中国产油炸面包屑

2011 年 6 月，日本厚生劳动省对中国产加热后摄取冷冻食品（之前未加热）：油炸面包屑自主检查，扣留原因是成分规格不合格（检出含有细菌数 8.6 ×106/g）。处理措施：废弃、退货等。

日本扣留中国产加工豆制品

2011 年 6 月，日本厚生劳动省对中国产加热后摄取冷冻食品（之前未加热）：加工豆制品自主检查，扣留原因是成分规格不合格（检出大肠菌群呈阳性）。处理措施：废弃、退货等。

日本扣留中国产炸鸡肉

2011 年 6 月，日本厚生劳动省对中国产加热肉食制品（加热后包装）：炸鸡肉命令检查，扣留原因是成分规格不合格（检出含有呋喃唑酮 0.013ppm）。处理措施：废弃、退货等。

日本扣留中国产炸鸡肉

2011 年 6 月，日本厚生劳动省对中国产加热肉食制品（加热后包装）：炸鸡肉命令检查，扣留原因是成分规格不合格（检出含有呋喃唑酮 0.003ppm）。处理措施：废弃、退货等。

日本扣留中国产炸鸡

2011 年 6 月，日本厚生劳动省对中国产加热肉食制品（包装前加热）：炸鸡自主检查，扣留原因是检出黄曲霉素呈阳性（42ppb）。处理措施：废弃、退货等。

日本扣留中国产炒花生

2011 年 6 月，日本厚生劳动省对中国产炒花生命令检查，扣留原因是检出黄曲霉素呈阳性（42ppb）。处理措施：废弃、退货等。

7 月

欧盟对中国产烤花生米拒绝进口通报

2011 年 7 月 21 日，英国通过欧盟食品和饲料委员会对中国产烤花生米拒绝进口通报。通报原因：检出黄曲霉素。措施：无销售/官方扣留。

日本就甜蜜素对我国某企业追加命令检查

2011 年 7 月 14 日，日本厚生劳动省发布食安输发 0714 第 2 号通报：根据 2011 年 3 月 30 日发布的食安输发第 1 号通报（最终于 2011 年 7 月 8 日修订为食安输发 0708 第 3 号通报），根据《食品卫生法》第 26 条第 3 项的规定中附表 1－1－8 所列出的对于进口商实行自主检查的结果显示，青岛不二家食品有限公司［FUJIYA FOODS CO.，LTD.（QINGDAO）］生产的食品中含有甜蜜素，因此将追加对于该企业出口食品中甜蜜素的命令检查。

日本扣留中国产烤肉串

2011 年 7 月，日本厚生劳动省对中国产加热后摄取冷冻食品（之前未加热）：烤肉串监视检查，扣留原因是成分规格不合格（检出含有细菌数 3.6 ×106/g）。处理措施：废弃、退货等。

日本扣留中国产土豆粉

2011 年 7 月，日本厚生劳动省对中国产土豆粉自主检查，扣留原因是使用标准不合格（检出含有二氧化硫 2.02 g/kg）。处理措施：废弃、退货等。

日本扣留中国产米粉

2011 年 7 月，日本厚生劳动省对中国产米粉自主检查，扣留原因是成分规格不合格（检出含有未经审查的转基因物质）。处理措施：废弃、退货等。

日本扣留中国产炸鱿鱼

2011 年 7 月，日本厚生劳动省对中国产加热后摄取冷冻食品（之前未加热）：炸鱿鱼自主检查，扣留原因是成分规格不合格（检出含有细菌数 2.4 ×107/g）。处理措施：废弃、退货等。

日本扣留中国产水煮海鳗

2011 年 7 月，日本厚生劳动省对中国产不加热摄取冷冻食品：水煮海鳗监视检查，扣留原因是成分规格不合格（检出大肠菌群呈阳性）。处理措施：废弃、退货等。

日本扣留中国产炸鱿鱼

2011 年 7 月，日本厚生劳动省对中国产加热后摄取冷冻食品（之前未加热）：炸鱿鱼自主检查，扣留原因是成分规格不合格（检出含有细菌数 3.6×106/g）。处理措施：废弃、退货等。

8 月

欧盟对中国产米粉信息通报

2011 年 8 月 2 日，法国通过欧盟食品和饲料委员会对中国产米粉信息通报。通报原因：非法转基因。措施：销售限于通报国。

欧盟对中国产大蒜粉预警通报

2011 年 8 月 4 日，意大利通过欧盟食品和饲料委员会对中国产大蒜粉预警通报。通报原因：检出仙人掌桿菌。措施：尚未获得销售信息/召回。

欧盟对中国产风味干面条信息通报

2011 年 8 月 4 日，马耳他通过欧盟食品和饲料委员会对中国产风味干面条信息通报。通报原因：铝含量超标。措施：销售限于通报国/产品遣回或销毁。

欧盟对中国产米粉预警通报

2011 年 8 月 9 日，德国通过欧盟食品和饲料委员会对中国产米粉预警通报。通报原因：非法转基因。措施：尚未获得销售信息。

欧盟对中国产宠物食品拒绝进口通报

2011 年 8 月 10 日，希腊通过欧盟食品和饲料委员会对中国产宠物食品拒绝进口通报。通报原因：肠杆菌含量过高。措施：无销售/产品遣回。

欧盟对中国产速食面拒绝进口通报

2011 年 8 月 11 日，比利时通过欧盟食品和饲料委员会对中国产速食面拒绝进口通报。通报原因：铝含量超标。措施：无销售/销毁。

日本扣留中国产味噌鸡

2011 年 8 月，日本厚生劳动省对中国产加热后摄取冷冻食品（之前未加热）：味噌鸡自主检查，扣留原因是成分规格不合格（检出大肠菌群呈阳性。处理措施：废弃、退货等。

日本扣留中国产黑胡椒鸡

2011 年 8 月，日本厚生劳动省对中国产加热后摄取冷冻食品（之前未加热）：黑胡椒鸡命令检查，扣留原因是成分规格不合格（检出含有呋喃唑酮 0.01ppm）。处理措施：废弃、退货等。

日本扣留中国产炸鸡腿

2011 年 8 月，日本厚生劳动省对中国产加热肉食制品（加热后包装）：炸鸡腿命令检查，扣留原因是成分规格不合格（检出含有呋喃唑酮 0.001ppm）。处理措施：废弃、退货等。

日本扣留中国产炒花生

2011 年 8 月，日本厚生劳动省对中国产炒花生命令检查，扣留原因是检出黄曲霉素呈阳性（81ppb）。处理措施：废弃、退货等。

日本扣留中国产水煮黑豆

2011年8月，日本厚生劳动省对中国产水煮黑豆命令检查，扣留原因是含有指定外添加物（检出含有甜蜜素6μg/g）。处理措施：废弃、退货等。

日本扣留中国产鱿鱼蔬菜串

2011年8月，日本厚生劳动省对中国产鱿鱼蔬菜串自主检查，扣留原因是成分规格不合格（检出大肠菌群呈阳性）。处理措施：废弃、退货等。

日本扣留中国产鱿鱼芝士串

2011年8月，日本厚生劳动省对中国产鱿鱼芝士串自主检查，扣留原因是成分规格不合格（检出大肠菌群呈阳性）。处理措施：废弃、退货等。

日本扣留中国产油炸鱿鱼

2011年8月，日本厚生劳动省对中国产加热后摄取冷冻食品（之前未加热）：油炸鱿鱼自主检查，扣留原因是成分规格不合格（检出含有细菌数7.7×106/g）。处理措施：废弃、退货等。

日本扣留中国产酱菜

2011年8月，日本厚生劳动省对中国产酱菜自主检查，扣留原因是使用标准不合格（检出含有三氯蔗糖1.1 g/kg）。处理措施：废弃、退货等。

9月

欧盟对中国产饲料添加剂信息通报

2011年9月1日，斯洛文尼亚通过欧盟食品和饲料委员会对中国产饲料添加剂信息通报。通报原因：掺杂/假。措施：销售限于通报国/官方扣押。

欧盟对中国产米粉预警通报

2011年9月12日，希腊通过欧盟食品和饲料委员会对中国产米粉预警通报。通报原因：非法转基因。措施：尚未获得销售信息/官方扣押。

欧盟对中国产烤海藻信息通报

2011年9月13日，德国通过欧盟食品和饲料委员会对中国产烤海藻信息通报。通报原因：肠检出多环芳烃和苯并(a)芘。措施：零库存。

欧盟对中国产烤花生拒绝进口通报

2011年9月22日，西班牙通过欧盟食品和饲料委员会对中国产烤花生拒绝进口通报。通报原因：检出黄曲霉素。措施：无销售/物理或化学处理。

日本扣留中国产油炸土豆串

2011年9月，日本厚生劳动省对中国产加热后摄取冷冻食品（之前未加热）：油炸土豆串监视检查，扣留原因是成分规格不合格（检出大肠菌群呈阳性）。处理措施：废弃、退货等。

日本扣留中国产奶酪鸡

2011年9月，日本厚生劳动省对中国产加热后摄取冷冻食品（之前未加热）：奶酪鸡自主检查，扣留原因是成分规格不合格（检出含有细菌数7.3×106/g）。处理措施：废弃、退货等。

日本扣留中国产炒虾

2011年9月，日本厚生劳动省对中国产加热后摄取冷冻食品（之前未加热）：炒虾自主检查，扣留原因是成分规格不合格（检出含有细菌数4.3×106/g）。处理措施：废弃、退货等。

日本扣留中国产冷冻鱿鱼蔬菜饼

2011年9月，日本厚生劳动省对中国产冷冻鱿鱼蔬菜饼监视检查，扣留原因是成分规格不合格（检出大肠菌群呈阳性）。处理措施：废弃、退货等。

日本扣留中国产冷冻鱿鱼红姜饼

2011年9月，日本厚生劳动省对中国产冷冻鱿鱼红姜饼行政检查，扣留原因是成分规格不合格（检出大肠菌群呈阳性）。处理措施：废弃、退货等。

日本扣留中国产腌酱菜

2011年9月，日本厚生劳动省对中国产腌酱菜监视检查，扣留原因是使用标准不合格（检出含有过量的山梨酸钾0.03%）。处理措施：废弃、退货等。

日本扣留中国产巧克力

2011年9月，日本厚生劳动省对中国产巧克力自主检查，扣留原因是检出黄曲霉素呈阳性（33ppb）。处理措施：废弃、退货等。

日本扣留中国产猪肉串

2011年9月，日本厚生劳动省对中国产加热后摄取冷冻食品（之前未加热）：猪肉串命令检查，扣留原因是成分规格不合格（检出含有瘦肉精0.00027ppm）。处理措施：废弃、退货等。

日本扣留中国产冷冻无壳煮雪蟹

2011年9月，日本厚生劳动省对中国产冷冻无壳煮雪蟹自主检查，扣留原因是成分规格不合格（检出含有细菌数3.5×105/g）。处理措施：废弃、退货等。

10月

日本就甜蜜素对我国某企业追加命令检查

2011年10月14日，日本厚生劳动省发布食安输发1014第1号通报：根据2011年3月30日发布的食安输发第1号通报（最终于2011年9月29日修订为食安输发0929第1号通报），根据《食品卫生法》第26条第3项的规定中附表1－1－8所列出的对于进口商实行自主检查的结果显示，威海日福食品有限公司（WEIHAI RIFU FOODS CO.，LTD.）生产的食品中含有甜蜜素，因此将追加对于该企业出口食品中甜蜜素的命令检查。

日本扣留中国产黄油饼干

2011年10月，日本厚生劳动省对中国产黄油饼干自主检查，扣留原因是检出含有指定外添加物（含TBHQ1μg/g）。处理措施：废弃、退货等（全部封存）。

日本扣留中国产冷冻水煮章鱼

2011年10月，日本厚生劳动省对中国产冷冻水煮章鱼自主检查，扣留原因是成分规格不合格（检出大肠菌群呈阳性）。处理措施：废弃、退货等（全部封存）。

日本扣留中国产腌制泡菜

2011年10月，日本厚生劳动省对中国产腌制泡菜自主检查，扣留原因是使用标准不合格（检出含有山梨酸0.72 g/kg）。处理措施：废弃、退货等（全部封存）。

日本扣留中国产腌制鱿鱼

2011年10月，日本厚生劳动省对中国产水产动物调味料：腌制鱿鱼自主检查，扣留原因是含有指定外添加物（检出含有甜蜜素13μg/g）。处理措施：废弃、退货等（全部封存）。

日本扣留中国产鸟尾蛤

2011 年 10 月,日本厚生劳动省对中国产容器包装灭菌食品:鸟尾蛤自主检查,扣留原因是成分规格不合格(检出微生物呈阳性)。处理措施:废弃、退货等(全部封存)。

日本扣留中国产甘草提取物

2011 年 10 月,日本厚生劳动省对中国产食品添加剂:甘草提取物自主检查,扣留原因是成分规格不合格(检出干燥失重 9.2%)。处理措施:废弃、退货等(全部封存)。

日本扣留中国产鸡茸

2011 年 10 月,日本厚生劳动省对中国产加热肉食制品(包装后加热):鸡茸自主检查,扣留原因是使用标准不合格(检出含有山梨酸 0.72 g/kg)。处理措施:废弃、退货等(全部封存)。

11 月

日本扣留中国产南瓜糊

2011 年 11 月,日本厚生劳动省对中国产加热后摄取冷冻食品(之前加热):南瓜糊监视检查,扣留原因是成分规格不合格(检出含有细菌数 7.6×105/g)。处理措施:废弃、退货等(全部封存)。

日本扣留中国产蟹棒

2011 年 11 月,日本厚生劳动省对中国产鱼浆制品:蟹棒自主检查,扣留原因是成分规格不合格(检出大肠菌群呈阳性)。处理措施:废弃、退货等(全部封存)。

日本扣留中国产调味干鱿鱼

2011 年 11 月,日本厚生劳动省对中国产调味干鱿鱼命令检查,扣留原因是含有指定外添加物(检出含有甜蜜素 8 μg/g)。处理措施:废弃、退货等(全部封存)。

日本扣留中国产甜玉米

2011 年 11 月,日本厚生劳动省对中国产容器包装灭菌食品:甜玉米自主检查,扣留原因是成分规格不合格(检出微生物呈阳性)。处理措施:废弃、退货等(全部封存)。

日本扣留中国产腌咸菜

2011 年 11 月,日本厚生劳动省对中国产腌咸菜自主检查,扣留原因是使用标准不合格(检出含有二氧化硫 0.045g/kg)。处理措施:废弃、退货等(全部封存)。

日本扣留中国产冷冻水煮章鱼

2011 年 11 月,日本厚生劳动省对中国产冷冻水煮章鱼自主检查,扣留原因是成分规格不合格(检出大肠菌群呈阳性)。处理措施:废弃、退货等(全部封存)。

日本扣留中国产腌菜

2011 年 11 月,日本厚生劳动省对中国产腌菜自主检查,扣留原因是使用标准不合格(检出含有二氧化硫 0.031 g/kg)。处理措施:废弃、退货等(全部封存)。

日本扣留中国产未熟青豆

2011 年 11 月,日本厚生劳动省对中国产加热后摄取冷冻食品(之前未加热):未熟青豆自主检查,扣留原因是成分规格不合格(检出大肠菌群呈阳性)。处理措施:废弃、退货等(全部封存)。

日本扣留中国产可可花生

2011 年 11 月,日本厚生劳动省对中国产可可花生命令检查,扣留原因是使用标准不合格(检出含有二氧化硫 0.045g/kg)。处理措施:废弃、退货等(全部封存)。

12 月

日本对我国生产的黑芝麻制品加强监视检查

2011 年 12 月 2 日，日本厚生劳动省发布食安输发 1202 第 4 号通报：近日，根据 2011 年 3 月 30 日发布的食安输发 0330 第 15 号通报（于 2011 年 12 月 2 日最终修正为食安输发 1202 第 3 号通报），对于 2011 年进口食品监视检查计划所实施的检查结果显示，广西南方黑芝麻食品股份有限公司生产的黑芝麻制品含有黄曲霉素。将中国生产的黑芝麻制品（包括黄曲霉素在内）的监视检查频率提高至 30%。

日本就甜蜜素对我国某企业追加命令检查

2011 年 12 月 7 日，日本厚生劳动省发布食安输发 1207 第 3 号通报：根据 2011 年 3 月 30 日发布的食安输发第 1 号通报（最终于 2011 年 12 月 1 日修订为食安输发 1201 第 5 号通报），根据《食品卫生法》第 26 条第 3 项的规定中附表 1 – 1 – 12 所列出的对于进口商实行自主检查的结果显示，潍坊鲁康资源食品有限公司（WEIFANG LUKANG RESOURCE FOODSTUFFS CO.，LTD.）生产的食品中含有甜蜜素，因此将追加对于该企业出口食品中甜蜜素的命令检查。

（二）分析

2011 年食品所遇技术性贸易壁垒与绿色贸易壁垒事件分析包括月份分析、国别分析和产品分析。

1. 月份分析

2011 年食品出口贸易技术性贸易壁垒与绿色贸易壁垒事件共 82 起，除 4 月外每个月份都有发生，总体上呈波动起伏趋势。其中 8 月份最多，为 15 起，占全年全部事件的 18%；9 月发生 13 起，占全年全部事件的 16%；6 月、7 月各发生 11 起，各占全年全部事件的 13%；年初和年末分布较少，1 月、2 月、3 月和 12 月 4 个月份总共有 8 起事件发生，仅占全年的 10% 左右，如图 3.5 所示。这可能主要由于年初年末各国技术法规条款多处于调整阶段，因而涉案数较少。

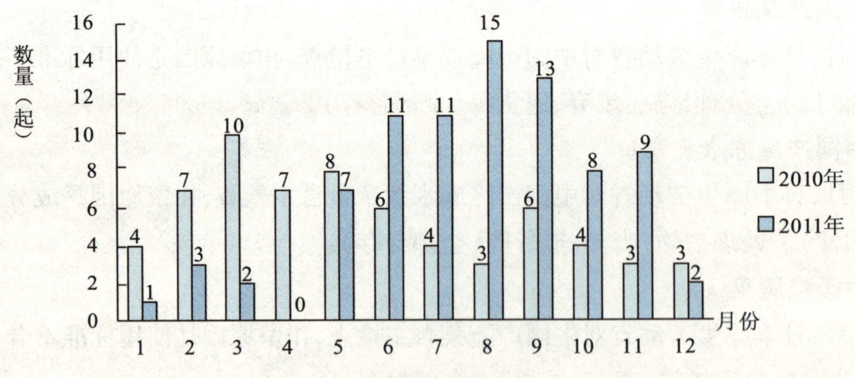

图 3.5　食品出口贸易 TBT 与绿色贸易壁垒月份分析

与 2010 年的 65 起和 2009 年的 56 起相比，2011 年事件继续呈现增加的趋势，表明食品出口的技术性贸易壁垒和绿色贸易壁垒对我国的影响仍在加剧，并已完全取代贸易救济成为食品行业最为严重的贸易壁垒问题。从月份分布来看，2011 年与 2010 年各月份发生事件数量总体趋势略有不同，其中在下半年特别是 6 月、7 月、8 月和 9 月事件较为频繁。表现了出口技术性贸易壁垒和绿色贸易壁垒事件的发生稳中趋升，逐渐成为出口常态的情况，这需要引起我国出口企业的极大重视。

2. 国别分析

2011 年食品出口贸易技术性贸易壁垒与绿色贸易壁垒事件涉及的国家(地区)有欧盟和日本。其中欧盟 15 起,日本 67 起,如图 3.6 所示。

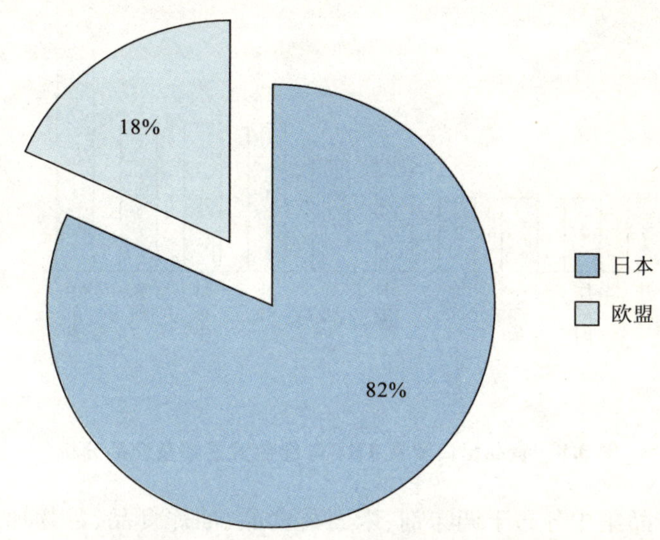

图 3.6 食品出口贸易 TBT 与绿色贸易壁垒国别分析(一)

与 2010 年相比,2011 年欧盟和日本的事件数量各有增减,其中欧盟的事件数量由 38 起减少到 15 起,日本的事件数量由 27 起增加到 67 起,如图 3.7 所示。可见,食品出口贸易技术性贸易壁垒与绿色贸易壁垒事件呈现出集中化的趋势,日本与我国食品出口在技术性贸易壁垒与绿色贸易壁垒方面矛盾日益加剧。

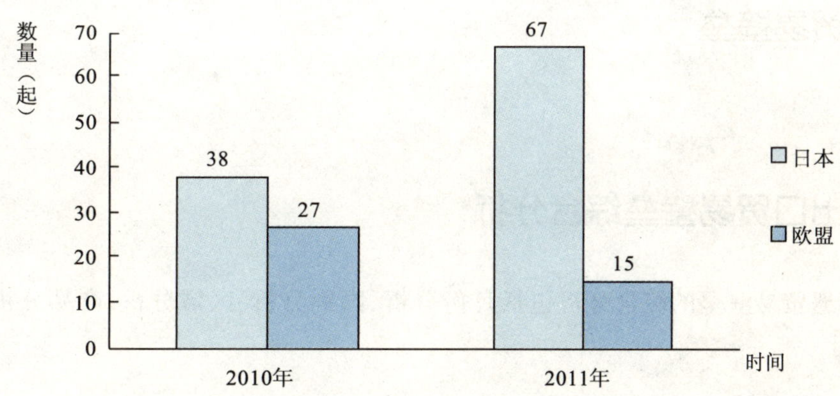

图 3.7 食品出口贸易 TBT 与绿色贸易壁垒国别分析(二)

总的来看,欧盟和日本是中国食品出口遇到技术性贸易壁垒和绿色贸易壁垒最多的地区和国家,并且呈现出逐年增加和集中的趋势,这主要是由于它们相对于中国来说较高的技术标准和安全要求。在此提醒政府主管部门和食品类出口企业注意。

3. 产品分析

2011 年食品出口贸易技术性贸易壁垒与绿色贸易壁垒事件涉及的产品共 60 种。其中甜蜜素 6 起，米粉、炒花生、点心各 4 起，烤花生米、炸鱿鱼各 3 起，冷冻水煮章鱼、干面条、炸鸡、炸鸡肉各 2 起，合计约占全部事件的 40%。其余产品各 1 起，如图 3. 8 所示。

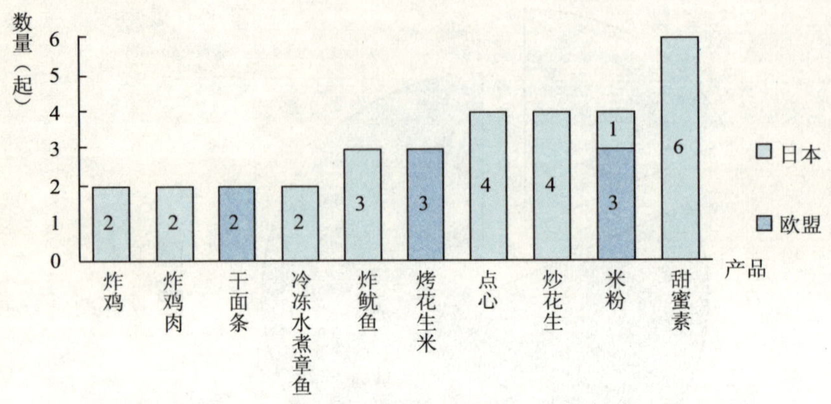

图 3. 8　食品出口贸易 TBT 与绿色贸易壁垒产品分析

总的来看，涉及的产品集中分布于调味剂、米面类食品、油炸食品、谷物加工品和海鲜加工品，被通报的主要原因是这些产品被检出卫生不合格、含有对人体有害的化学物质、容易腐坏等，不符合这些国家相关严格的食品安全标准，容易对人类健康造成危害。值得注意的是，其中很多案件是由各国相关部门单独提出对中国产品进行更为严格或者进一步的检验，我国诸多出口企业都应对此引足够的重视。2011 年 TBT 与绿色贸易壁垒事件涉及的产品集中度不高，但甜味素、米面类食品、油炸食品等食品的频繁通报还要引起注意。

三、其他贸易壁垒

无

四、食品出口贸易壁垒综合分析

食品出口所遇贸易壁垒的综合分析包括月份分析、国别分析、区域分析、产品分析和贸易壁垒形式分析。

(一) 月份分析

2011 年食品出口贸易壁垒事件共 82 起，与 2010 年的 75 起相比，增加了 7 起。月份分布相对分散，呈波动趋势，下半年特别是 6—9 月较频繁。其中 8 月份最多，达到了 15 起，如图 3. 9 所示。

与 2010 年相比，多数月份壁垒事件数量都有所增加，其中 7 月、8 月和 9 月增幅最大，如图 3. 10 所示。

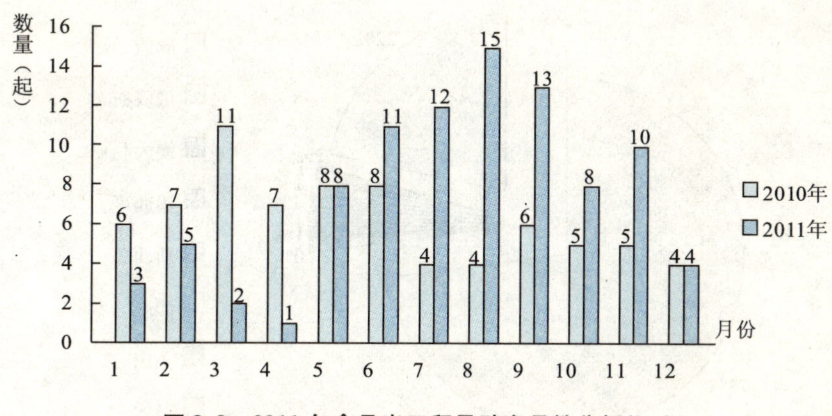

图 3.9 2011 年食品出口贸易壁垒月份分析(一)

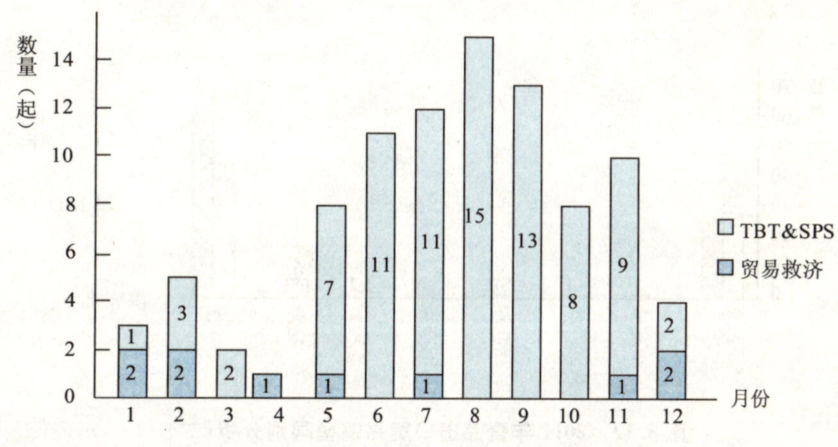

图 3.10 2011 年食品出口贸易壁垒月份分析(二)

从图 3.10 中我们可以看出,2011 年各月份的事件分布主要遵循技术性贸易壁垒与绿色贸易壁垒事件的分布,因为贸易救济措施事件总数只有 10 起,仅为前者的 12%,并且月度分布较为分散,数量也较为平均。因此,2011 年出口贸易壁垒事件分布也呈现出波状起伏的态势。

(二)国别分析

2011 年食品出口贸易壁垒事件涉及的国家和地区共 7 个。从图 3.11 中可以看出,2011 年欧盟和日本的贸易壁垒事件较多,其中日本最多,有 67 起,占 73%;欧盟其次,为 20 起,占 22%;其他国家各 1 起;美国没有发生出口贸易壁垒事件。

从图 3.12 中可以看出,与 2010 年的 5 个国家相比,2011 年新增加了俄罗斯、墨西哥和新西兰 3 个国家。其中欧盟、日本仍是中国食品出口遭遇各类壁垒的主要国家(地区)。一是由于它们一直以来都是我国食品输出的主要流向国家和区域,二是由于这些国家和地区历来的食品检验检疫以及技术标准都更为严格。其中,日本的贸易壁垒事件大幅增加了 29 起,欧盟下降了 8 起;而美国由上年的 6 起下降为不发生。

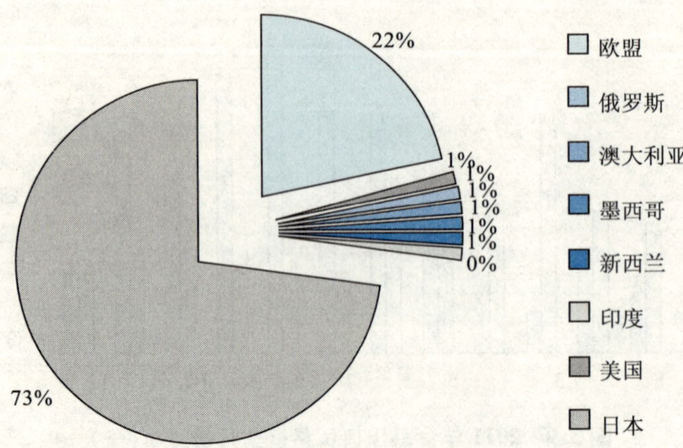

图 3.11 2011 年食品出口贸易壁垒国别分析(一)

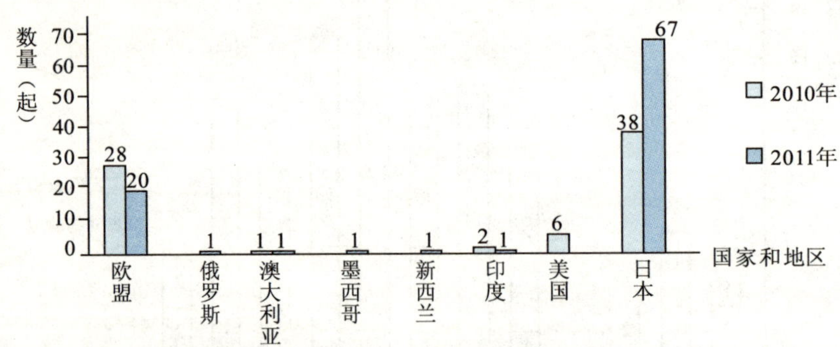

图 3.12 2011 年食品出口贸易壁垒国别分析(二)

从图 3.13 中可以看出,2011 年食品出口贸易遭遇壁垒较多的国家(地区)为欧盟和日本,其主要的贸易壁垒形式为技术性贸易壁垒与绿色贸易壁垒。

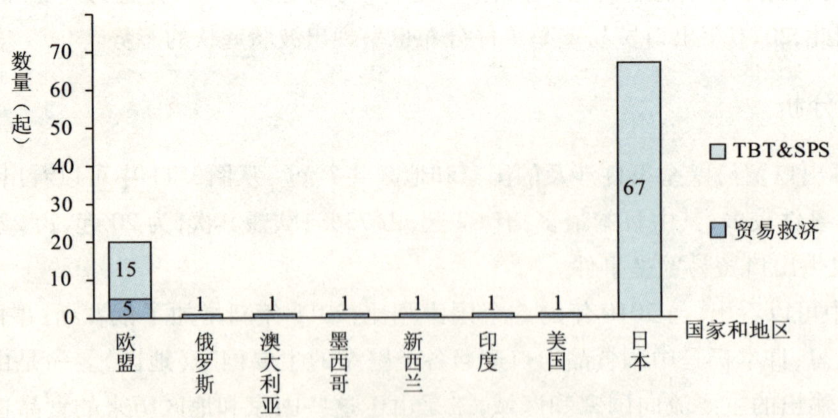

图 3.13 2011 年食品出口贸易壁垒国别分析(三)

(三)区域分析

2010年食品出口贸易壁垒事件涉及的区域有欧盟、日韩、北美、南亚和大洋洲。从图3.14中可以看出,其中日韩地区最多,为67起,占73%;欧盟地区其次,为20起,占22%。

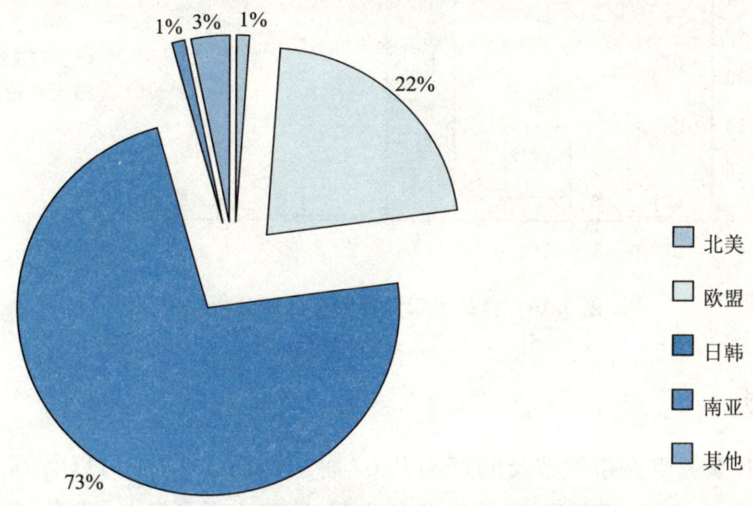

图3.14　食品出口贸易壁垒区域分析(一)

从图3.15中可以看出,与2010年相比,2011年欧盟地区数量有所下降,日韩地区数量大幅上升,北美地区数量下降较多,南亚和其他地区小幅波动。可见,欧盟和日韩仍为食品遇到贸易壁垒事件最多的两个区域。北美地区事件数量的微降主要源于2010年该区域的事件均发生在美国,2011年美国未发生涉及中国食品出口贸易壁垒事件。

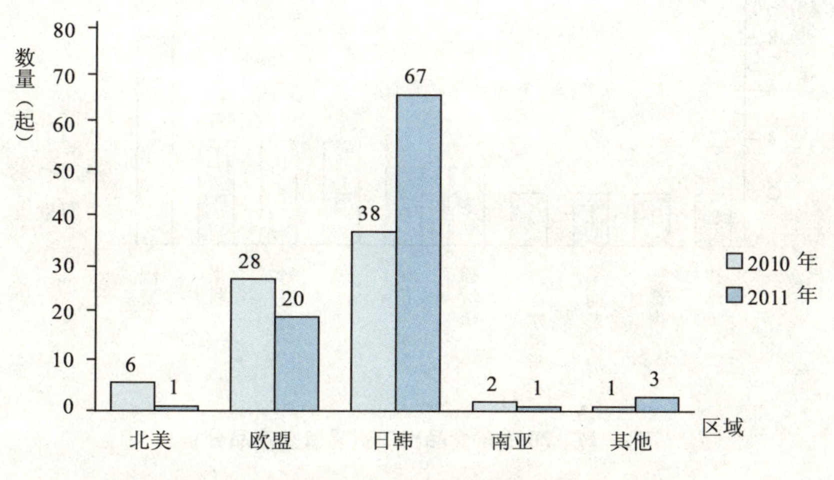

图3.15　食品出口贸易壁垒区域分析(二)

从图3.16中可以看出,2011年欧盟和日韩壁垒事件最多,且主要是由技术性贸易壁垒与绿色贸易壁垒引起的。

总的来说,欧盟和日韩是食品出口遇到贸易壁垒事件最多的两个区域。其中,欧盟和日本主要的贸易壁垒形式为技术性贸易壁垒与绿色贸易壁垒。

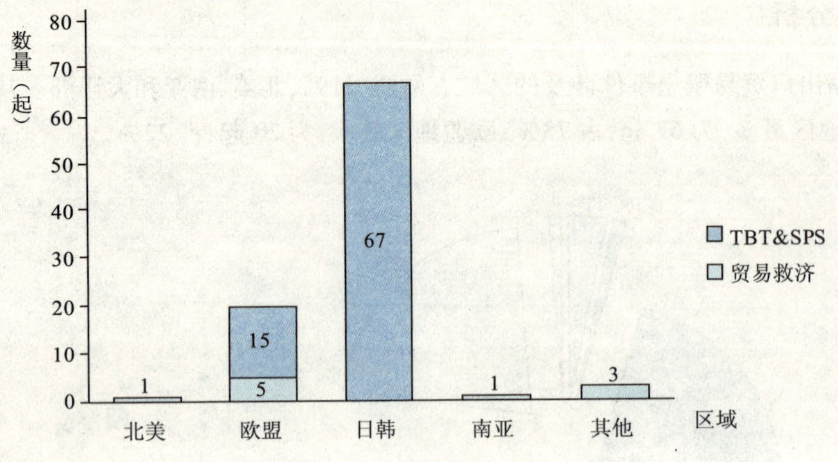

图 3.16 食品出口贸易壁垒区域分析(三)

(四)产品分析

2011 年食品出口贸易壁垒事件涉及的产品共 67 种。从图 3.17 中可以看到,较多的有甜蜜素 8 起,米粉、炒花生、点心类 4 起,烤花生米、炸鱿鱼各 3 起,冷冻水煮章鱼、干面条、炸鸡、炸鸡肉各 2 起,合计约占全部事件的 35%。其余产品各 1 起。涉及的产品集中度低,较多分布于调味剂、米面类食品、油炸食品、谷物加工品和海鲜加工品,被通报的主要原因是这些产品被检出卫生不合格、含有对人体有害的化学物质、容易腐坏等,不符合这些国家相关严格的食品安全标准,容易对人类健康造成危害。

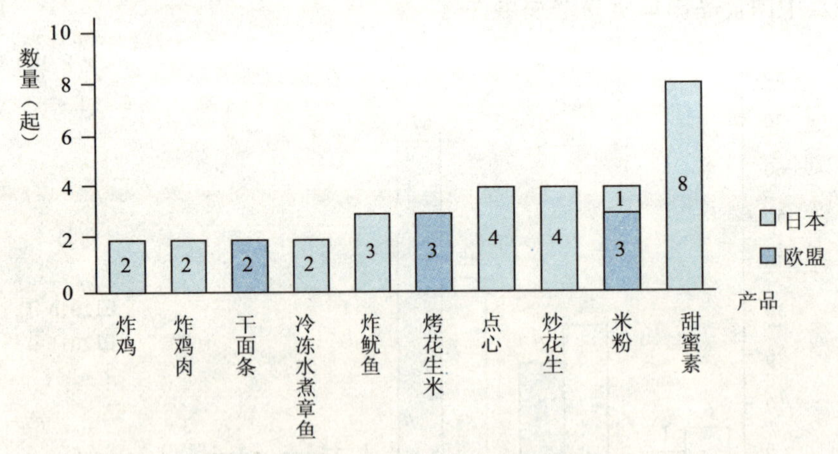

图 3.17 2011 年食品出口贸易壁垒产品分析

总的来说,2011 年食品出口贸易壁垒事件产品集中度不高。但甜蜜素、米面类食品、油炸食品、谷物加工品和海鲜加工品的频繁通报还是要引起注意。在此提醒相关出口企业注意各自产品可能面临的困难,及时调整出口策略,减少经济损失。

(五)贸易壁垒形式分析

2011年食品出口贸易壁垒事件92起,涉及的贸易壁垒形式包括反倾销、保障措施和技术性贸易壁垒与绿色贸易壁垒引起的贸易壁垒。从图3.18中可以看出,其中TBT和SPS事件最多,为82起,占89%;反倾销其次,为9起,占10%;保障措施1起,占1%。

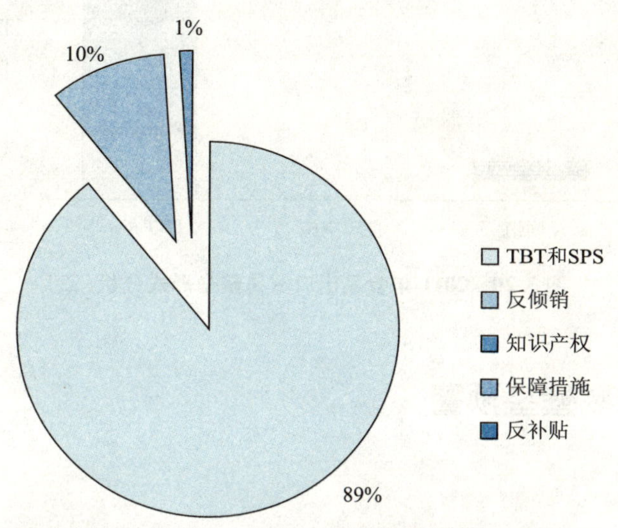

图3.18 2011年食品出口贸易壁垒形式分析(一)

从图3.19中可以看出,与2010年相比,2011年TBT和SPS事件、反倾销贸易壁垒仍是最主要的两种贸易壁垒形式。反倾销案件有小幅下降,由2010年的10起减少至9起,TBT和SPS的贸易壁垒事件也增加了17起,达到了82起,仍占据贸易壁垒的绝大部分。

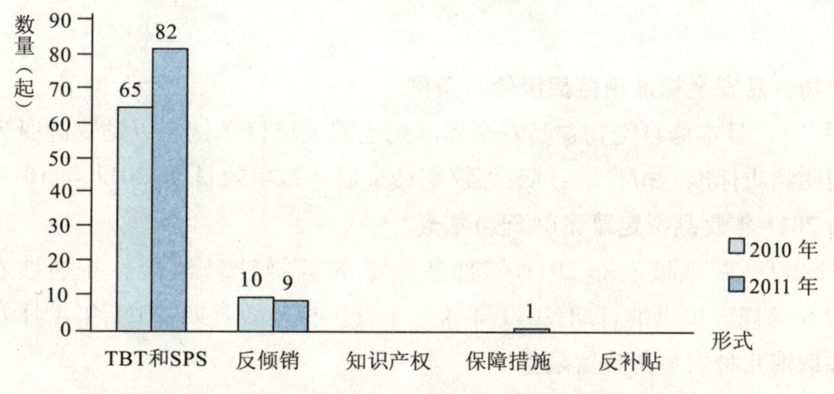

图3.19 2011年食品出口贸易壁垒形式分析(二)

从图3.20中可以看出,2011年技术性贸易壁垒与绿色贸易壁垒事件只涉及欧盟和日本两个国家和地区,反倾销事件涉及欧盟、印度、新西兰、墨西哥和澳大利亚。保障措施涉及俄罗斯。

总的来说,2010年反倾销、技术性贸易壁垒与绿色贸易壁垒引起的贸易壁垒仍是食品贸易所遇到的两种主要的形式。

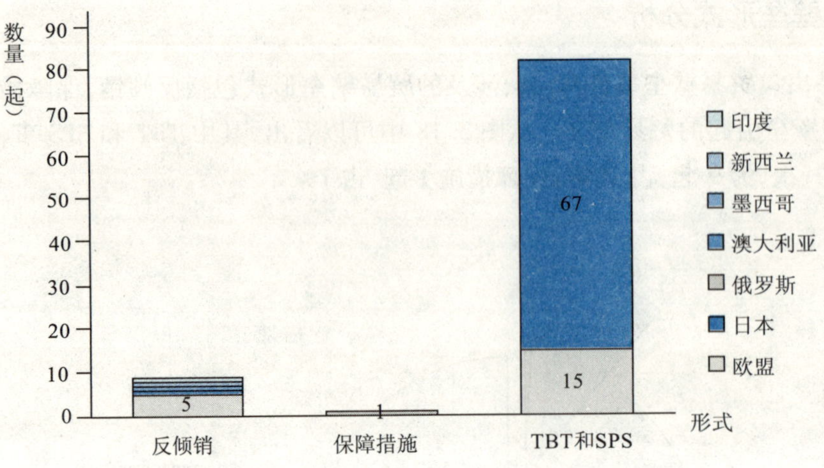

图 3.20 2011 年食品出口贸易壁垒形式分析(三)

四、食品出口贸易壁垒预警

(一)法律法规

食品出口所遇贸易壁垒的法律法规包括 2011 年颁布已实施的、颁布尚未实施的以及存在颁布意向的法律法规,共计 308 条。

1. 颁布实施的法律法规

2011 年颁布实施的法律法规共计 73 条。

(1)法律法规

2 月

日本修订宠物食品安全标准规范部级修订条例

2011 年 2 月 7 日,日本修订宠物食品安全标准规范部级修订条例。以动物健康为理由,修订条例增加宠物食品列明物质标准。拟批准日期:评议期结束后。拟生效日期:2011 年 10 月。

新加坡发布 2011 年食品拟定草案(修改)法规

2011 年 2 月 2 日,新加坡发布 2011 年食品拟定草案(修改)法规。新加坡农食兽医管理局(AVA)审议了食品法规。拟批准日期:2011 年 4 月 1 日。拟生效日期:2011 年 4 月 1 日。

日本设定并取消几种农兽药残留限量

2011 年 2 月 16 日,日本厚生劳动省发布食安发 0216 第 1 号通知,对食品、添加剂等的规格标准(1959 年厚生省告示第 370 号)进行部分修改。自公布之日起开始实施。

巴西发布 2011 年 2 月 23 日第 7 号标准指令

2011 年 2 月 23 日,巴西发布 2011 年 2 月 23 日第 7 号标准指令。本通报标准指令批准按目的国与产地国,将南锥体(MERCOSUR)成员国烟草(Nicotiana tabacum)植物卫生要求纳入本标准指令附件,并作为该指令的一部分。废除农畜食品供应部(MAPA)2002 年 3 月 15 日第 19 号标准指令。拟批准日期:2011 年 2 月 24 日。拟生效日期:2011 年 2 月 24 日。

3 月

肯尼亚通报酒精饮料管理(许可)法规 2010

2011 年 3 月 1 日,肯尼亚通报酒精饮料管理(许可)法规 2010。内容概述:本法规的目的是管理酒精饮料的生产、制造、销售、标签、推广、赞助和消费。拟批准日期:立即。拟生效日期:立即。

加拿大发布有关选择添加维生素 D_2 制作酵母发酵烘焙产品的临时营销许可

2011 年 3 月 1 日,加拿大卫生部收到一份申请,要求准许按(2.25μg)/100g 的 90I.U. 标准,选择添加维生素 D_2 制作酵母发酵烘焙产品。加拿大卫生部建议修改法规,准许面包、强化(维生素)面包、葡萄干面包、全麦面包、黑面包及非标准化酵母发酵烘焙产品,按烘焙产品(2.25μg)/100g 的 90 I.U. 标准有选择地添加维生素 D。拟批准日期:本 IMA 立即生效。拟生效日期:本 IMA 立即生效。最终法规通常在临时营销许可通知公布于 2011 年 2 月 19 日加拿大官方公报第 I 部分后 12 - 18 个月内生效。

澳大利亚通报暂行决定通告 - 莫斯卡托

2011 年 3 月 15 日,澳大利亚通报暂行决定通告 - 莫斯卡托。内容概述:建议将莫斯卡托作为附加的术语(当有使用条件的情况下)放置在地理标志保护和其他术语注册上的暂行决定通告。拟批准日期:2011 年 6 月 30 日。拟生效日期:2011 年 6 月 30 日。

澳大利亚发布修改澳新食品标准法典第 1.4.2 条标准提案

2011 年 3 月 23 日,澳大利亚发布修改澳新食品标准法典第 1.4.2 条标准提案。为保证食品安全,提案旨在修改澳新食品标准法典,调整不同农畜化学品的某些最大残留限量(MRL),使其与国家安全有效使用农畜化学品的其他相关法规保持一致。拟批准日期:预计 2011 年 6 月批准。拟公布日期:预计 2011 年 6 月公布。拟生效日期:预计 2011 年 6 月生效。

菲律宾通报国家宠物食品标签标准

2011 年 3 月 23 日,菲律宾通报国家宠物食品标签标准。本标准应适用于制造饲养猫狗干/湿宠物食品的标签要求。拟批准日期:2011 年 4 月 29 日。拟生效日期:2011 年 4 月 29 日。

越南发布详述执行食品卫生法某些条款的指令草案

2011 年 3 月 25 日,越南发布详述执行食品卫生法某些条款的指令草案。内容简述:技术法规合格声明;转基因食品人体健康安全和环境安全;无须认证的产品;食品安全合格性及未经食品安全国家控制的进口产品;国家食品安全和检验管理的国家控制。拟批准日期:2011 年 6 月 5 日。拟生效日期:2011 年 6 月 5 日。

墨西哥通报金枪鱼和鲣鱼罐头商业和健康信息规范

2011 年 3 月 30 日,墨西哥经济部通报金枪鱼和鲣鱼罐头商业和健康信息规范。第 2、3.2、3.3、3.4、3.5、3.6 条、第 4 条(金枪鱼和鲣鱼罐头显示的商业信息)第 5.6、第 6 条已经修订,附录 A 已经删除,附录 B 已经修订并且重新命名为附录 A/NOM 084 SCFI 1994。拟批准日期:2011 年 6 月 2 日。拟生效日期:2011 年 6 月 2 日。

4 月

欧盟紧急通报(EU)297/2011 号实施法规

2011 年 4 月 1 日,欧盟通报 2011 年 3 月 25 日委员会第(EU)297/2011 号实施法规。自福岛核电站事故以来,现有证据表明临近某些地区食品放射标准高,有必要采取紧急措施。拟生效日期:2011

年3月27日。本法规内的规定措施适用日期至2011年6月30日。

巴西通报食品和饮料异物评估决议草案

2011年4月5日,巴西通报食品和饮料异物评估决议草案。本法规适用于供人消费的包装或散装食品,包括瓶装水、饮料、原料、成分、食品添加剂和制造辅助剂。拟批准日期:2011年6月。拟生效日期:2011年7月。

巴西通报湿性宠物食品进口卫生要求

2011年4月13日,巴西通报湿性宠物食品进口卫生要求。为保证动物健康,文件规定巴西进口湿性宠物食品的卫生要求(RIG. RH. MAR. 11)。自通报WTO后,之前的卫生证书有效期为180天。拟批准日期:立即。拟公布日期:立即。

斯里兰卡通报2010年食品(卫生)法规

2011年4月13日,斯里兰卡通报2010年食品(卫生)法规。这些食品(卫生)法规适用于所有从事加工、储存、运输、食品销售、分配的企业及任何食品处理与企业相关事宜。拟批准日期:2011年7月30日。拟公布日期:2011年7月30日。

欧盟通报关于在食品上做出营养和健康声明的法规草案

2011年4月18日,欧盟委员会通报关于在食品上做出营养和健康声明的法规草案。拟批准日期:2011年6月。拟生效日期:自在欧盟官方公报上公布起20天(大约批准后一个月)。

欧盟通报关于在食品上做出营养和健康声明的法规草案

2011年4月18日,欧盟委员会通报关于在食品上做出营养和健康声明的法规草案。拟批准日期:2011年6月。拟生效日期:自在欧盟官方公报上公布起20天(大约批准后一个月)。

澳大利亚通报拟修改澳新食品标准法

2011年4月19日,澳大利亚拟修改澳新食品标准法第1.4.2条标准(2011年4月12日)-提案10N。拟批准日期:预计2011年7月批准。拟生效日期:2011年7月生效。

土耳其通报有关动物源性食品具体卫生规则的法规

2011年4月19日,土耳其通报有关动物源性食品具体卫生规则的法规。拟批准日期:2011年7月1日。拟公布日期:2011年7月1日。拟生效日期:2011年12月13日。

土耳其通报食品卫生法规

2011年4月19日,土耳其通报食品卫生法规。本法规涉及卫生通则及食品经营者在所有生产、加工和分销阶段,包括初级生产阶段必须履行职责的程序和原则。拟批准日期:2011年7月1日。拟公布日期:2011年7月1日。拟生效日期:2011年12月13日。

土耳其通报食品饲料官方控制法规

2011年4月19日,土耳其通报食品饲料官方控制法规。批准日期:2011年7月1日。拟公布日期:2011年7月1日。拟生效日期:2011年12月13日。

土耳其通报制定动物源性食品官方控制的具体规则

2011年4月19日,土耳其通报制定动物源性食品官方控制的具体规则。拟批准日期:2011年7月1日。拟公布日期:2011年7月1日。拟生效日期:2011年12月13日。

欧盟通报委员会法规草案制定欧盟食品添加剂名单

2011年4月21日,欧盟通报委员会法规草案,修改欧洲议会和理事会(EC)1333/2008法规附件

II,制定一份欧盟食品添加剂名单。审核不包括欧洲食品安全局(EFSA)的新风险评估。拟批准日期:2011 年 9 月。拟公布日期:2011 年 9 月。拟生效日期:公布后 20 天。

欧盟通报委员会法规草案制定欧盟食品添加剂名单

2011 年 4 月 21 日,欧盟通报委员会法规草案,修改欧洲议会和理事会(EC)1333/2008 法规附件 III,制定一份批准使用食品添加剂、食用酶、食用香料和营养物质的欧盟食品添加剂名单。拟批准日期:2011 年 9 月。拟公布日期:2011 年 9 月。拟生效日期:公布后 20 天。

泰国紧急通报放射污染食品标准草案

2011 年 4 月 28 日,泰国通报放射污染食品标准草案。拟生效日期:2011 年 4 月 12 日。

巴西通报规定食品标签营养声明的决议草案

2011 年 4 月 29 日,巴西通报规定食品标签营养声明的决议草案。营养声明只用于南锥体规定了日参考摄入量(RDI)的那些项目。拟批准日期:2011 年 10 月。拟生效日期:2011 年 10 月。

6 月

斯里兰卡通报 2011 年食品(进口食品保质期)法规

2011 年 6 月 1 日,斯里兰卡通报 2011 年食品(进口食品保质期)法规。这些食品法规(进口食品保质期)包括:有效保质期的最低期限;未去皮或切块的进口鲜水果蔬菜和马铃薯不适用于这些法规;"保质期结束"表达词语必须使用"到期日"、"最佳食用期"、"在此日期前食用"或"此日期前食用"或类似含义词。拟批准日期:2011 年 1 月 31 日。拟公布日期:2011 年 2 月 23 日。拟生效日期:2011 年 8 月 1 日。

加拿大通报某些染色剂用于圆鳍鱼子酱的临时营销许可

2011 年 6 月 7 日,加拿大通报以诱惑红、FCF 晚霞黄、酒石黄及 FCF 艳蓝为染色剂用于圆鳍鱼子酱的临时营销许可。拟批准日期:本临时营业销售许可(IMA)立即批准。最终法规通常于本临时销售许可通知公布于 2011 年 5 月 28 日加拿大官方公报第 I 部分后 12 ~ 18 个月内批准。拟生效日期:本临时营业销售许可(IMA)立即生效。最终法规通常于本临时销售许可通知公布于 2011 年 5 月 28 日加拿大官方公报第 I 部分后 12 ~ 18 个月内生效。

澳大利亚通报修改澳新食品标准法典 1. 4. 2 条标准提案

2011 年 6 月 8 日,澳大利亚通报修改澳新食品标准法典 1. 4. 2 条标准提案(2011 年 5 月 10 日 - 提案号 11N)。拟批准日期:预计 2011 年 8 月批准。拟生效日期:预计 2011 年 8 月生效。

澳大利亚通报修改澳新食品标准法典 1. 4. 2 条标准提案

2011 年 6 月 10 日,澳大利亚通报修改澳新食品标准法典 1. 4. 2 条标准提案(2011 年 6 月 7 日 ~ 提案号 12N)。拟批准日期:预计 2011 年 9 月批准。拟生效日期:预计 2011 年 9 月生效。

斯洛文尼亚通报蜜酒和起泡蜜酒质量法规

2011 年 6 月 23 日,斯洛文尼亚通报蜜酒和起泡蜜酒质量法规。本法规规定了销售的蜜酒和起泡蜜酒必须满足的生产条件和最低质量与标签要求。拟批准日期:2011 年 9 月 30 日。拟生效日期:2011 年 10 月 15 日。

7 月

菲律宾通报面基类甜食最终标准草案

2011 年 7 月 13 日,菲律宾通报面基类甜食(西班牙小甜饼[Polvoron]、火龙果[Piaya]及蛋卷

[Barquillos])最终标准草案。拟批准日期:2011 年 8 月 22 日。拟生效日期:2011 年 8 月 22 日。

菲律宾通报面基类甜食加工处理行业守则推荐法最终草案

2011 年 7 月 13 日,菲律宾通报面基类甜食(西班牙小甜饼[Polvoron]、火龙果[Piaya]及蛋卷[Barquillos])加工处理行业守则推荐法最终草案。拟批准日期:2011 年 8 月 22 日。拟生效日期:2011 年 8 月 22 日。

菲律宾通报乳基类甜食[奶糖和蛋奶糖]最终标准草案

2011 年 7 月 13 日,菲律宾通报乳基类甜食[奶糖(pastillas)和蛋奶糖(yema)]最终标准草案。拟批准日期:2011 年 8 月 22 日。拟生效日期:2011 年 8 月 22 日。

菲律宾通报乳基类甜食[奶糖和蛋奶糖]加工处理行业守则推荐法最终草案

2011 年 7 月 13 日,菲律宾通报乳基类甜食[奶糖(pastillas)和蛋奶糖(yema)]加工处理行业守则推荐法最终草案。拟批准日期:2011 年 8 月 22 日。拟生效日期:2011 年 8 月 22 日。

加拿大通报用诱惑红作为圆鳍鱼鱼子酱染色剂的临时营销许可

2011 年 7 月 14 日,加拿大通报用诱惑红作为圆鳍鱼鱼子酱染色剂的临时营销许可。拟生效日期:本临时营销许可 IMA 立即批准。最终法规通常在临时营销许可通知 2011 年 7 月 2 日公布于加拿大官方公报第 I 部分后 12 ~ 18 个月内批准。

巴西通报供人食用鱼及鱼类品的动物卫生要求

2011 年 7 月 18 日,巴西通报供人食用鱼及鱼类品必须由官方机构出证的动物卫生要求。本通报文件规定出口巴西供人食用鱼及鱼类品必须由官方机构出证的动物卫生要求。拟批准日期:2011 年 6 月 1 日。拟生效日期:2011 年 9 月 16 日。

澳大利亚通报修改澳新食品标准法典第 1.4.2 条提案

2011 年 7 月 18 日,澳大利亚通报修改澳新食品标准法典第 1.4.2 条提案(2011 年 7 月 5 日 ~ 提案 10)拟批准日期:预计 2011 年 10 月批准。拟生效日期:预计 2011 年 10 月生效。

欧盟通报修改欧洲议会及理事会有关甜菊糖甙的第(EC)1333/2008 号法规草案

2011 年 7 月 21 日,欧盟通报修改欧洲议会及理事会有关甜菊糖甙的第(EC)1333/2008 号法规草案。拟批准日期:2011 年 11 月 15 日。拟公布日期:2011 年 11 月 16 日。拟生效日期:公布后 20 天。

澳大利亚通报修改澳新食品标准法典第 1.4.2 条提案

2011 年 7 月 21 日,澳大利亚通报修改澳新食品标准法典第 1.4.2 条提案(2011 年 7 月 5 日 ~ 提案 10)。拟生效日期:预计 2011 年 10 月生效。

美国通报 2 - 丙烯酸等聚合物免除许可限量最终法规草案

2011 年 7 月 26 日,美国通报 2 - 丙烯酸等聚合物免除许可限量最终法规草案。拟批准日期:2011 年 7 月 13 日。拟生效日期:2011 年 7 月 13 日。

8 月

加拿大通报有关柠檬酸作为罐装切段玉米笋 pH 值调节剂的临时营销许可

2011 年 8 月 5 日,加拿大通报有关柠檬酸作为罐装切段玉米笋 pH 值调节剂的临时营销许可。本法规修改案可直接提交最终批准并公布于加拿大官方公报第 II 部分。拟批准日期:本 IMA 立即批准。最终法规,通常于临时营销许可公布于 2011 年 7 月 30 日加拿大官方公报第 I 部分后 12 - 18 个月内批准。拟生效日期:本 IMA 立即批准。最终法规,通常于临时营销许可公布于 2011 年 7 月 30 日加拿大官方公报第I部分后12~18个月内生效。

加拿大通报有关用羧甲基纤维素钠防止葡萄酒中酒石酸沉淀的临时营销许可

2011年8月16日，加拿大通报有关用羧甲基纤维素钠（sodium Carboxymethyl cellulose），防止葡萄酒中酒石酸沉淀的临时营销许可。本拟定法规修改案将成为防止酒石酸沉淀，批准销售含羧甲基纤维素钠附加食品销售的措施。拟批准日期：本IMA立即批准。最终法规通常于临时营销许可公布于2011年8月6日加拿大官方公报第I部分后12－18个月内批准。拟生效日期：本IMA立即批准。最终法规通常于临时营销许可公布于2011年8月6日加拿大官方公报第I部分后12－18个月内生效。

澳大利亚通报澳新食品标准法典1.4.2标准修改提案

2011年8月19日，澳大利亚通报澳新食品标准法典1.4.2标准修改提案（2011年8月2日~20提案）。本提案旨在修改澳新食品标准法典，调整不同农畜化学物的某些最大残留限量（MRLs），使其符合国家安全有效使用农畜化学物的其他相关法规。拟批准日期：预计2011年11月批准。拟生效日期：预计2011年11月生效。

欧盟通报关于可以添加到食品中的矿物质列表的委员会法规草案

2011年8月29日，欧盟通报关于可以添加到食品中的矿物质列表的委员会法规草案，修订欧洲议会和理事会指令2002/46/EC、欧洲议会和理事会法规（EC）No 1925/2006，以及委员会法规（EC）No 953/2009。委员会法规草案，修订可以添加到食品中，在特殊营养用途的食品中适合特殊营养用途的，并且欧洲食品安全局（EFSA）已经给予好评的授权矿物质来源列表。拟批准日期：预期2011年11月中旬。拟生效日期：自在欧盟官方公报上公布起20天（大约批准后一个月）。

土耳其通报关于植物源食品和饲料进口管控的法规

2011年8月31日，土耳其通报关于植物源食品和饲料进口管控的法规。内容概述：①本法规包含了对进口后将在国内自由流通的植物源食品和饲料进行的安全官方管控；②与食品接触的材料和物品、非动物源的且打算用于食品和饲料用途的货物归入本法规的范围；③本法规不包括有关植物和动物健康及过境通行的管控。拟批准日期：不迟于2011年12月13日。拟生效日期：不迟于2011年12月13日。

9月

土耳其通报植物源食品和饲料进口控制法规

2011年9月7日，土耳其通报植物源食品和饲料进口控制法规。拟批准日期：不迟于2011年12月13日。拟公布日期：不迟于2011年12月13日。拟生效日期：公布日。

美国通报丙烯酸、乙烯基乙苯、苯及钠盐聚合物法规草案

2011年9月13日，美国通报丙烯酸、乙烯基乙苯（1－methylethenyl）、苯及钠盐聚合物法规草案。拟生效日期：2011年8月24日。

美国通报荧光假单胞菌菌株CL145A；免除许可限量要求法规草案

2011年9月13日，美国通报荧光假单胞菌菌株CL145A；免除许可限量要求法规草案。当荧光假单胞菌菌株CL145A用作灭螺剂时，本最终法规规定免除其所有食品内/表的残留许可限量要求，这样就免除了制定荧光假单胞菌菌株CL145A残留最高许可限量的必要。拟生效日期：2011年8月24日。

澳大利亚通报修改标准澳新食品标准法典 1.4.2 条提案

2011 年 9 月 20 日,澳大利亚通报修改标准澳新食品标准法典 1.4.2 条(2011 年 9 月 13 日 ~ 提案 30)提案。拟批准日期:预计 2011 年 12 月批准。拟生效日期:预计 2011 年 12 月生效。

10 月

美国通报玖烟色拟青霉菌株 97 免除许可限量要求法规

2011 年 10 月 12 日,美国通报玖烟色拟青霉菌株(Isaria fumosorosea)97 免除许可限量要求法规。本法规免除制定玖烟色拟青霉菌株(Isaria fumosorosea)97 最大残留许可标准的必要。拟生效日期:2011 年 9 月 28 日。

乌克兰通报修改供人消费的饮用水卫生要求卫生标准法规

2011 年 10 月 24 日,乌克兰通报卫生部 2011 年 8 月 15 日第 505 号令:有关修改国家卫生标准法规"供人消费的饮用水卫生要求"(乌克兰卫生部 2011 年 5 月 12 日第 400 号令批准)。拟生效日期:公布日起(2011 年 9 月 2 日)。

乌克兰发布关于修订在乌克兰属于强制性认证的产品列表的命令

2011 年 10 月 25 日,乌克兰发布"关于修订在乌克兰属于强制性认证的产品列表"的命令。拟批准日期:2011 年 10 月 25 日。拟生效日期:2011 年 12 月 2 日。

爱沙尼亚通报修订财政部 2006 年烟酒产品印花税法规

2011 年 10 月 14 日,爱沙尼亚通报修订财政部 2006 年法规 No. 25:"烟酒产品印花税的图案和种类,印花税的颁发和回执程序,印花税交付通知单的格式及完成程序"。烟草产品印花税图案自 2012 年 1 月 1 日起将变更。拟批准日期:2011 年 10 月 31 日。拟生效日期:2012 年 1 月 1 日。

11 月

巴西发布酿酒法规

2011 年 11 月 1 日,巴西发布酿酒法规标准,涉及葡萄酒、葡萄汁,以及在工业过程中使用的葡萄配制的酿酒规范的技术法规。拟批准日期:2011 年 11 月 3 日。拟生效日期:2011 年 11 月 3 日。

土耳其通报官方控制饲料抽样与分析方法的实施法规

2011 年 11 月 4 日,土耳其通报官方控制饲料抽样与分析方法的实施法规。拟批准日期:不迟于 2011 年 12 月 13 日。拟生效日期:2011 年 12 月 13 日。

土耳其通报饲料投放市场和使用的实施法规

2011 年 11 月 4 日,土耳其通报饲料投放市场和使用的实施法规。拟批准日期:不迟于 2011 年 12 月 13 日。拟生效日期:2011 年 12 月 13 日。

土耳其通报饲料卫生实施法规

2011 年 11 月 4 日,土耳其通报饲料卫生实施法规。拟批准日期:不迟于 2011 年 12 月 13 日。拟生效日期:2011 年 12 月 13 日。

巴西通报食品内杀虫剂残留决议草案

2011 年 11 月 16 日,巴西通报食品内杀虫剂残留决议草案。草案规定食品中杀虫剂残留研究数据以在巴西境内实施杀虫剂注册。拟批准日期:2011 年 12 月。拟生效日期:2011 年 12 月。

巴西通报食品注册和免卫生注册产品的通报决议草案

2011 年 11 月 16 日,巴西通报食品注册和免卫生注册产品的通报决议草案。拟批准日期:2011 年

12月。拟生效日期:2011年12月。

美国通报甲基丙酸烯聚合物法规

2011年11月25日,美国通报甲基丙酸烯聚合物法规。本最终法规取消食品或饲料商品内规定甲基丙酸烯(methacrylic polymer)最大许可残留标准的必要。拟生效日期:2011年11月9日。

美国通报丙烯酸接枝共聚物法规

2011年11月25日,美国通报丙烯酸接枝共聚物法规。本最终法规取消规定甲基丙烯酸—甲基丙烯酸甲酯—聚乙二醇单甲醚—丙烯酸接枝共聚物最大许可残留标准的必要。拟生效日期:2011年11月9日。

坦桑尼亚通报耕地(压榨)白糖规范

2011年11月25日,坦桑尼亚通报耕地(压榨)白糖规范。本坦桑尼亚标准规定了供人类直接食用的耕地白糖要求及取样与检验方法。拟批准日期:2011年12月15日。拟生效日期:2011年12月15日。

坦桑尼亚通报红糖法规标准

2011年11月25日,坦桑尼亚通报红糖法规标准。标准规定了供人类直接食用的浅色红糖和红糖要求及取样与检验方法。拟批准日期:2011年12月15日。拟生效日期:2011年12月15日。

坦桑尼亚通报精制糖法规标准

2011年11月25日,坦桑尼亚通报精制糖法规标准。标准规定了工业用或供人类直接食用的精制糖要求及取样与检验方法。拟批准日期:2011年12月15日。拟生效日期:2011年12月15日。

坦桑尼亚通报原蔗糖法规标准

2011年11月25日,坦桑尼亚通报原蔗糖法规标准。本标准规定了从甘蔗提取并经深加工供人类食用的原蔗糖要求及取样与检验方法。拟批准日期:2011年12月15日。拟生效日期:2011年12月15日。

12月

美国通报聚乙二醇免除许可限量法规

2011年12月13日,美国通报聚乙二醇(Polyethylene Glycol)免除许可限量法规。本最终法规免除制定食品或饲料品上聚乙二醇(Polyethylene Glycol)残留最大许可限量的必要。拟生效日期:2011年11月16日。

加拿大通报关于用微晶纤维素作为肠衣稠化剂和增稠剂的临时营销许可

2011年12月22日,加拿大通报关于用微晶纤维素作为肠衣稠化剂和增稠剂的临时营销许可。拟生效日期:本IMA立即生效。最终法规通常于2011年12月17日本临时营销许可通知公布在加拿大官方公报第I节的12~18个月内批准。

(2)分析

2011年国外对食品颁布实施的法律法规分析包括国别分析和产品分析。

1)国别分析

2011年食品类颁布已实施的法律法规共73条,涉及国家共21个。而2010年食品类颁布已实施的法律法规共108条,涉及国家(地区)共32个。与2010年相比,涉及数量和国家(地区)都有所减少。如图3.21所示,土耳其、巴西、澳大利亚颁布已实施的法律法规最多,达9条,约占总数的13%。

欧盟和美国紧随其后，均达到7条。与2010年发展中国家在颁布实施相关法律法规占主导不同，2011年发达国家和地区的比例有所提升，表明后金融危机时代发达国家和地区对于食品进口领域的重视和相关立法的进一步完善。

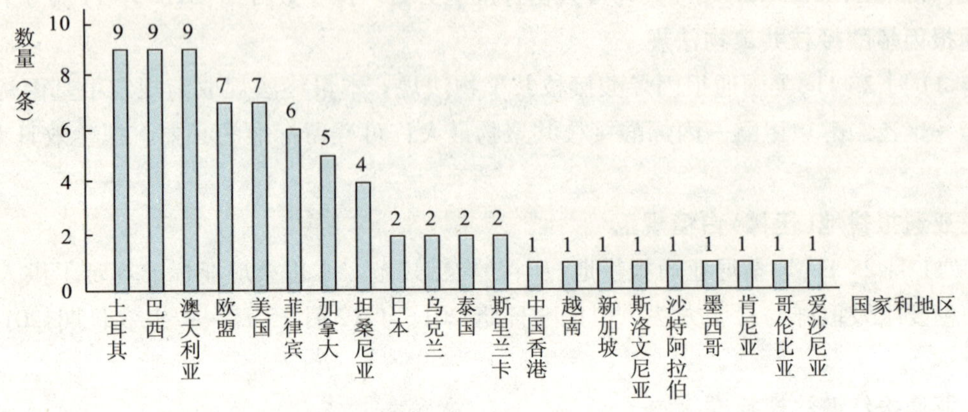

图3.21　2011年食品颁布已实施的法律法规国别分析

2）产品分析

法律法规部分涉及产品较多，因此产品分析按海关商品分类中的九大类食品分类：a. 肉类制品；b. 糖及糖食；c. 可可及其制品；d. 粮食及乳制品；e. 植物制品；f. 杂项食品；g. 饮料、酒及醋；h. 食品工业残渣及配制的动物饲料；i. 烟草及其制品。另外还有些法律法规不是针对某种产品，而是涉及一般食品或大类食品，包括：j. 食品添加剂；k. 食品。

从图3.22中可以看出，2011年颁布已实施的食品类法律法规中，最多的是涉及一般食品或大类食品的法律法规，共41条，约占全部法规的56%；其次是饮料酒类、动物饲料、粮食制品和糖类食品法规，分别为7条、6条、5条、4条。由于不针对某种具体产品的法律法规涉及产品面更加广泛，相关企业应予以重视尽快调整产品生产标准，以符合相应法律规定。

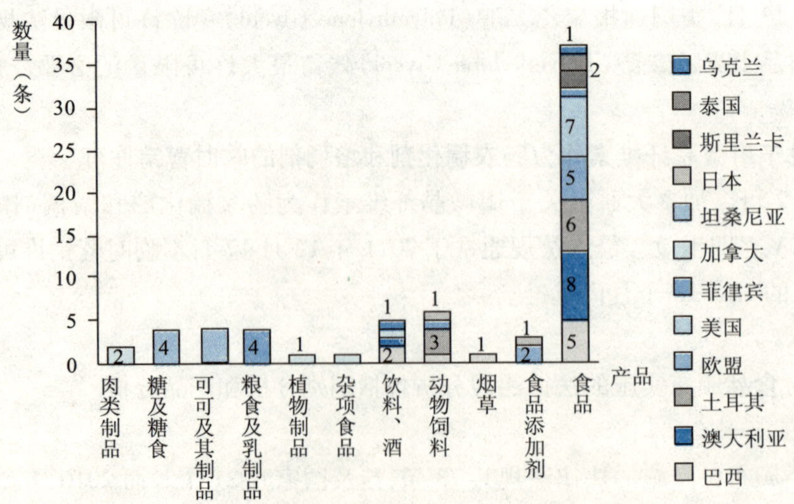

图3.22　2011年食品颁布实施的法律法规产品分析

2. 颁布尚未实施的法律法规

(1)法律法规

2011 年颁布尚未实施的法律法规共计 18 条。

2 月

斯里兰卡发布 2010 年食品(香料物质和增味剂)法规草案

2011 年 2 月 11 日,斯里兰卡发布 2010 年食品(香料物质和增味剂)法规草案。拟批准日期:2011 年 7 月 1 日。拟生效日期:待定。

中国台澎金马单独关税区发布豆类真空包装即食食品注册要求草案

2011 年 2 月 11 日,中国台澎金马单独关税区发布豆类真空包装即食食品注册要求草案。内容:豆类真空包装即食食品应在卫生部登记注册。拟生效日期:待定。

中国台澎金马单独关税区发布真空包装食品认证法规草案

2011 年 2 月 11 日,中国台澎金马单独关税区发布真空包装食品认证法规草案。拟生效日期:待定。

巴西农牧及食品供应部发布部颁法案

2011 年 2 月 14 日,巴西农牧及食品供应部发布部颁法案。为通过消费食品安全保护人类健康,草案规定了国内市场和出口国外、不受专门法规管辖的鱼罐头鉴定和质量标准。拟批准日期:2011 年 2 月 18 日。拟生效日期:待定。

5 月

欧盟修订有关烟草产品生产、描述及销售的法律、法规的指令草案

2011 年 5 月 6 日,欧盟修订欧洲议会和理事会关于统一各成员国有关烟草产品生产、描述及销售的法律、法规和行政规定的指令 2001/37/EC 附录 I 的欧盟委员会指令草案。拟批准日期:2011 年底。拟生效日期:在欧盟官方公报上公布后 20 天(批准之后大约 1 个月)。成员国必须在指令生效后 2 年内转换指令。

6 月

斯里兰卡通报(面包标准)食品法规修改案

2011 年 6 月 1 日,斯里兰卡通报 1994 年(面包标准)食品法规修改案。拟批准日期:2011 年 10 月 20 日。拟公布日期:2011 年 10 月 20 日。拟生效日期:2012 年 4 月 20 日。

斯里兰卡通报食品(标准)法规修改案

2011 年 6 月 1 日,斯里兰卡通报 1989 年食品(标准)法规修改案。拟批准日期:2011 年 10 月 20 日。拟公布日期:2011 年 10 月 20 日。拟生效日期:2012 年 4 月 20 日。

南非通报软饮料法规修订草案

2011 年 6 月 28 日,南非通报软饮料法规:(2011 年 5 月 13 日第 . R405 号政府通知)修订草案。拟批准日期:政府官方公报最终公布法规后。预计不会早于 2011 年 11 月 13 日。拟公布日期:2011 年 11 月 13 日。拟生效日期:待定。

南非通报食品内杀虫剂最大残留许可限量的相关法规

2011 年 6 月 28 日,南非通报食品内杀虫剂最大残留许可限量的相关法规(2011 年 5 月 13 日第

R.420 号政府通知)。拟批准日期:政府官方公报最终公布法规后。预计不会早于 2011 年 11 月 13 日。拟公布日期:2011 年 11 月 13 日。拟生效日期:待定。

7 月

摩洛哥通报有关食品安全的第 28-07 号法指令草案

2011 年 7 月 25 日,摩洛哥通报有关食品安全的第 28-07 号法指令草案。拟批准日期:待定。拟公布日期:2011 年 9 月 18 日。拟生效日期:待定。

8 月

欧盟通报关于授权和拒绝授权某些在食品上做出的健康声明的委员会法规草案

2011 年 8 月 12 日,欧盟通报关于授权和拒绝授权某些在食品上做出的,并且涉及减少疾病危险的健康声明的委员会法规草案。拟批准日期:2011 年 12 月。拟生效日期:自在欧盟官方公报上公布起 20 天(大约批准后一个月)。

欧盟通报关于拒绝授权某些在食品上做出的健康声明的委员会法规草案

2011 年 8 月 12 日,欧盟通报关于拒绝授权某些在食品上做出的,并且涉及减少疾病危险的健康声明的委员会法规草案。拟批准日期:2011 年 12 月。拟生效日期:自在欧盟官方公报上公布起 20 天(大约批准后一个月)。

欧盟通报关于拒绝授权在食品上做出某些健康声明委员会法规草案

2011 年 8 月 12 日,欧盟通报委员会法规草案,除了那些涉及减少疾病危险及儿童发育和健康的健康声明之外,拒绝授权在食品上做出某些健康声明。拟批准日期:2011 年 12 月。拟生效日期:自在欧盟官方公报上公布起 20 天(大约批准后一个月)。

欧盟通报修订规定执行关于有机葡萄酒详细规则的委员会执行法规草案

2011 年 8 月 12 日,欧盟通报委员会执行法规草案,修订规定执行关于有机葡萄酒详细规则的理事会法规(EC)No 834/2007 详细规则的法规。拟生效日期:在欧盟官方公报上公布后 3 天。预计自 2012 年 8 月 1 日起实施。

斯洛文尼亚通报肉制品质量规则

2011 年 8 月 18 日,斯洛文尼亚通报肉制品质量规则。本规则规定了生产和交易的动物肉制品及禽肉制品生产加工方法,性质、成分和含量,标志和名称。拟批准日期:2011 年 12 月 31 日。拟生效日期:2012 年 1 月 15 日。

12 月

乌干达通报果汁和果茶规范草案

2011 年 12 月 7 日,乌干达通报果汁和果茶规范草案。拟批准日期:2011 年 12 月 27 日。拟生效日期:旅游、贸易和工业部长宣布为强制标准之日。

乌干达通报食品及饲料污染物与毒素通用标准

2011 年 12 月 7 日,乌干达通报 FDUS 738 食品及饲料污染物与毒素通用标准(第 2 版)。拟批准日期:2011 年 12 月 27 日。拟生效日期:旅游、贸易和工业部长宣布为强制标准之日。

斯里兰卡通报 1994 年食品(面包标准)法规修改案

2011 年 12 月 22 日,斯里兰卡通报 1994 年食品(面包标准)法规修改案,准许米粉作为制作面包的可选成分。拟批准日期:2011 年 11 月 25 日。拟生效日期:2012 年 11 月 25 日。

(2)分析

2011 年对食品颁布尚未实施的法律法规分析包括国别分析和产品分析。

1)国别分析

2011 年食品类国外颁布尚未实施的法律法规共 18 条,涉及国家和地区共 8 个,分布较为集中。其中欧盟达到了 5 条,斯里兰卡为 4 条,如图 3.23 所示。

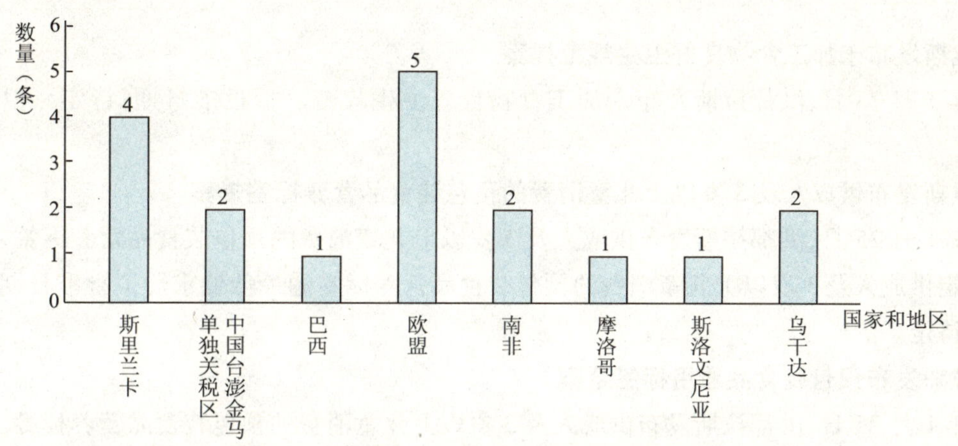

图 3.23 2011 年食品颁布但尚未实施的法律法规国别分析

2)产品分析

2011 年食品类颁布未实施的法律法规共涉及 12 种产品法规,包括 9 种特定产品法规和涉及食品香料增味剂、食品污染物的 2 种法规,以及涉及食品的大类法规。其中最多的为面向食品的大类法规共 6 条,特别是欧盟发布涉及食品大类法规共 3 条,需要相关食品生产和出口企业予以重视,具体数据见图 3.24。

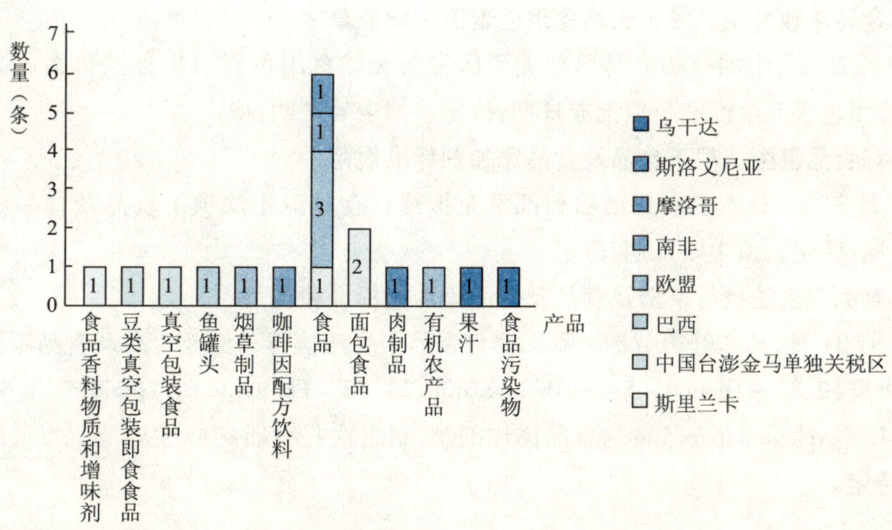

图 3.24 2011 年食品颁布未实施的法律法规产品分析

3. 存在颁布意向的法律法规

2011 年存在颁布意向的法律法规共计 173 条。

(1)法律法规

1 月

阿根廷通报修改葡萄酒内最大铅限量及规定葡萄酒内砷和锌最大限量的决议草案

2011 年 1 月 19 日,阿根廷国家葡萄栽培酿制局通报决议草案。拟批准日期:待定。拟生效日期:待定。

洪都拉斯发布未加工食物良好卫生规范提案

2011 年 1 月 25 日,洪都拉斯发布未加工食物良好卫生规范。拟批准日期:待定。拟生效日期:待定。

洪都拉斯发布供成人及 3 岁以上儿童消费的预包装食品营养标签提案

2011 年 1 月 25 日,洪都拉斯发布供成人及 3 岁以上儿童消费的预包装食品营养标签。为保证食品安全,规定供成人及 3 岁以上儿童消费的预包装食品营养标签的最低要求。拟批准日期:待定。拟生效日期:待定。

洪都拉斯发布预包装食品通用标签草案

2011 年 1 月 25 日,洪都拉斯发布供成人及 3 岁以上儿童消费的预包装食品营养标签。为保证食品安全,制定供人消费预包装食品的标签要求。拟批准日期:待定。拟生效日期:待定。

洪都拉斯发布加工食品和饮料的食品添加剂草案

2011 年 1 月 25 日,洪都拉斯发布加工食品和饮料的食品添加剂草案。为保证食品安全,规定不同类型食品内的食品添加剂和最大限量标准。拟批准日期:待定。拟生效日期:待定。

哥斯达黎加发布未加工食品良好卫生规范草案

2011 年 1 月 25 日,哥斯达黎加发布未加工食品良好卫生规范草案。拟批准日期:待定。拟生效日期:待定。

中国台澎金马单独关税区发布天然食用色素卫生标准草案

2011 年 1 月 26 日,中国台澎金马单独关税区发布天然食用色素卫生标准草案。为保证食品安全,制定天然食用色素卫生标准。拟批准日期:待定。拟生效日期:待定。

日本拟修订食品卫生法项下食品及食品添加剂标准规范

2011 年 1 月 31 日,日本卫生劳动福利部发布拟修订食品卫生法项下食品及食品添加剂标准规范。拟批准日期:待定。拟生效日期:待定。

日本修订食品卫生法执行条例及食品及食品添加剂标准和规范

2011 年 1 月 31 日,日本健康劳动福利部修订食品卫生法执行条例及食品及食品添加剂标准和规范。内容为:批准(2,3) – Diethyl – 5 – methylpyrazine,2 – (3 – Phenylpropyl) pyridine 及 5 – Methyl – 6,7 – dihydro – 5H – cyclopentapyrazine 为食品添加剂及,制定这些物质的标准规范。拟批准日期:待定。拟生效日期:待定。

2 月

巴西发布第 37 号部级令

2011 年 2 月 14 日,巴西发布第 37 号部级令。该通报法规就批准鱼罐头特性与质量技术法规的相关标准指令草案进行公众评议。拟批准日期:评议期结束后定。拟公布日期:评议期结束后定。

3月

萨尔瓦多发布非加工食品良好卫生规范

2011年3月1日,萨尔瓦多农畜部(MAG)发布非加工食品良好卫生规范。批准日期:官方公报公布日。拟生效日期:官方公报公布后6个月。

加拿大通报烟草制品信息法规修正提案

2011年3月2日,加拿大通报烟草制品信息法规修正提案。拟生效日期:本法规将在其批准之日生效。

加拿大通报推销烟草制品及附件的法规提案

2011年3月2日,加拿大通报推销烟草制品及附件的法规提案。拟批准日期:预期在加拿大官方公报第I部分预公布4~9个月内。拟生效日期:本法规将在其批准之日生效。

加拿大通报烟草制品标签法规提案

2011年3月2日,加拿大通报烟草制品标签法规提案(香烟和小雪茄)。拟批准日期:预期在加拿大官方公报第I部分预公布4~9个月内。拟生效日期:本法规将在其批准之日生效。

韩国发布保健功能食品法拟定修改草案

2011年3月3日,韩国卫生福利部发布保健功能食品法拟定修改草案,保健功能食品法实施令及保健功能食品法施行细则。拟批准日期:待定。拟生效日期:待定。

阿联酋通报关于食品有效期的阿拉伯联合酋长国技术法规草案

2011年3月8日,阿联酋通报关于食品有效期的阿拉伯联合酋长国技术法规草案。为保护消费者健康,草案涉及食品的有效期、定义、要求。拟批准日期:待定。拟生效日期:待定。

中国台澎金马单独关税区发布食品添加剂规范、范围、应用和限制标准修改草案

2011年3月9日,中国台澎金马单独关税区发布食品添加剂规范、范围、应用和限制标准修改草案。拟批准日期:待定。拟生效日期:待定。

阿曼通报非碳酸的人工调味饮料草案

2011年3月9日,阿曼通报非碳酸的人工调味饮料草案。涉及要求、标签、包装、储存和运输条件的条款(第8、9和4条)为强制性的。其余的条款为自愿性的。拟批准日期:待定。拟生效日期:待定。

阿曼通报加奶果汁法规草案

2011年3月9日,阿曼通报加奶果汁法规草案。草案涉及要求、包装、运输、储存及标签的条款(第4、7、8和9条)是强制性的。其余条款是自愿性的。拟批准日期:待定。拟生效日期:待定。

阿曼通报涉及健身食品通用要求的法规草案

2011年3月9日,阿曼通报健身食品通用要求的技术法规草案。拟批准日期:待定。拟生效日期:待定。

阿曼通报鸟食一般要求

2011年3月9日,阿曼通报鸟食一般要求。拟批准日期:待定。拟生效日期:待定。

阿曼通报色拉调料的技术法规草案

2011年3月9日,阿曼通报色拉调料的技术法规草案。草案涉及制备和包装之后提供给消费者的色拉调料。拟批准日期:待定。拟生效日期:待定。

阿曼通报无麸质食品的技术法规草案

2011年3月9日,阿曼通报无麸质食品的技术法规草案。拟批准日期:待定。拟生效日期:待定。

阿曼通报腌制番茄产品(辣番茄酱)技术法规草案

2011年3月9日,阿曼通报腌制番茄产品技术法规草案。拟批准日期:待定。拟生效日期:待定。

阿曼通报腌制番茄产品(脱水番茄)的技术法规草案

2011年3月9日,阿曼通报腌制番茄产品技术法规草案。拟批准日期:待定。拟生效日期:待定。

阿曼通报鱼罐头法规草案

2011年3月9日,阿曼通报鱼罐头法规草案。拟批准日期:待定。拟生效日期:待定。

沙特阿拉伯更新海湾标准

2011年3月4日,沙特阿拉伯王国/海湾阿拉伯国家合作委员会更新海湾标准No.1003/2006"稻米"。拟批准日期:待定。拟生效日期:待定。

沙特阿拉伯更新海湾标准

2011年3月9日,沙特阿拉伯发布更新海湾标准:1003/2006"粒米"。拟批准日期:待定。拟生效日期:待定。

巴西通报保健品决议草案

2011年3月10日,巴西通报2011年2月15日保健品决议草案。拟批准日期:评议期结束后决定。拟生效日期:批准之日。

日本修订食品卫生法执行条例及食品及食品添加剂标准及规范

2011年3月25日,日本厚生劳动省发布修订食品卫生法执行条例及食品及食品添加剂标准及规范。拟批准日期:评议期截止日后尽快。拟生效日期:公布后尽快生效。

巴拉圭通报关于增补营养信息(营养声明)的南方共同市场(MERCOSUR)技术法规

2011年3月25日,巴拉圭通报关于增补营养信息(营养声明)的南方共同市场(MERCOSUR)技术法规。拟批准日期:待定。拟生效日期:待定。

卡塔尔通报非碳酸调味饮料法规草案

2011年3月28日,卡塔尔通报非碳酸调味饮料法规草案。拟批准日期:在官方公报上公布之日。拟生效日期:在官方公报上公布之后6个月。

卡塔尔通报健身食品通用要求法规草案

2011年3月28日,卡塔尔通报健身食品通用要求法规草案。拟批准日期:在官方公报上公布之日。拟生效日期:从官方公报上的实施日期起6个月。

阿根廷通报规定葡萄酒行业产品进口程序规则的决议草案

2011年3月30日,阿根廷通报规定葡萄酒行业产品进口程序规则的决议草案。拟批准日期:待定。拟生效日期:待定。

4月

尼加拉瓜通报动物饲料强制技术法规

2011年4月5日,尼加拉瓜通报动物饲料强制技术法规(NTON)No. 20 003 11/中美洲技术法规(RTCA)No. 65. 05. 52:11"动物饲料使用的产品及处理此类产品的企业的卫生登记和管理要求"。拟批准日期:在官方公报上公布之日。拟生效日期:待定。

洪都拉斯通报动物饲料强制技术法规

2011 年 4 月 5 日,洪都拉斯通报动物饲料强制技术法规(NTON)No. 20 003 11/中美洲技术法规(RTCA)No. 65. 05. 52:11“动物饲料使用的产品及处理此类产品的企业的卫生登记和管理要求”。拟批准日期:待定。拟生效日期:待定。

危地马拉通报动物饲料使用的产品和企业的卫生注册和控制要求

2011 年 4 月 5 日,危地马拉通报中美洲技术法规 RTCA 65. 05. 52:11“动物饲料使用的产品和企业的卫生注册和控制要求”。拟批准日期:官方公报公布时。拟生效日期:待定。

加拿大通报杀虫剂氟啶虫酰胺的拟定最大残留限量草案

2011 年 4 月 7 日,加拿大通报不同食品内/表杀虫剂氟啶虫酰胺的拟定最大残留限量草案。拟批准日期:正常在拟定 MRL 文件粘贴于加拿大卫生部网站后 4 ~5 个月内批准。拟生效日期:措施批准日。

加拿大通报杀虫剂甲基庚酯的拟定最大残留限量草案

2011 年 4 月 7 日,加拿大通报不同食品内/表杀虫剂甲基庚酯的拟定最大残留限量草案。拟批准日期:正常在拟定 MRL 文件粘贴于加拿大卫生部网站后 4 ~5 个月内批准。拟生效日期:措施批准日。

澳大利亚通报 2011 年的烟草制品素包装提案

2011 年 4 月 8 日,澳大利亚通报 2011 年的烟草制品素包装提案。拟批准日期:2012/01/01,在 2012 年 1 月 1 日至 7 月 1 日之间,规定逐渐生效。拟生效日期:2012 年 1 月 1 日,在 2012 年 1 月 1 日至 7 月 1 日之间,规定逐渐生效。

吉尔吉斯斯坦通报瓶装天然矿泉水、天然饮用水和饮用水安全法规草案

2011 年 4 月 8 日,吉尔吉斯斯坦通报瓶装天然矿泉水、天然饮用水和饮用水安全法规草案。拟批准日期:待定。拟生效日期:待定。

吉尔吉斯斯坦通报糖果和面制品法规草案

2011 年 4 月 8 日,吉尔吉斯斯坦通报糖果和面制品法规草案。拟批准日期:待定。拟生效日期:待定。

中国台澎金马单独关税区通报进口罐头食品进口检验草案

2011 年 4 月 11 日,中国台澎金马单独关税区通报进口罐头食品进口检验草案。拟批准日期:待定。拟生效日期:待定。

哥斯达黎加通报动物饲料使用的产品及处理此类产品的企业的卫生登记和管理要求

2011 年 4 月 11 日,哥斯达黎加通报中美洲技术法规(RTCA)No. 65. 05. 52:11“动物饲料使用的产品及处理此类产品的企业的卫生登记和管理要求”。拟批准日期:在官方公报上公布之日。拟生效日期:在官方公报上公布之后 6 个月。

萨尔瓦多通报动物饲料使用的产品及处理此类产品的企业的卫生登记和管理要求

2011 年 4 月 13 日,萨尔瓦多通报动物饲料使用的产品及处理此类产品的企业的卫生登记和管理要求。拟批准日期:在官方公报上公布之日。拟生效日期:在官方公报上公布之后 6 个月。

韩国通报拟定修改食品标准规范

2011 年 4 月 13 日,韩国通报拟定修改食品标准规范:制定和修订农产品杀虫剂最大残留标准;修订动物食品内杀虫剂最大残留标准;修订食品内兽药最大残留标准。拟批准日期:待定。拟生效日期:待定。

中国台澎金马单独关税区通报食品添加剂修改草案

2011 年 4 月 14 日,中国台澎金马单独关税区通报食品添加剂规范、范围、使用和限制标准修改草案。拟批准日期:待定。拟生效日期:待定。

美国通报食品标签法规草案

2011 年 4 月 26 日,美国食品药品管理局(FDA)通报食品标签法规草案。拟批准日期:待定。拟生效日期:待定。

美国通报预包装食品标签法规草案

2011 年 4 月 26 日,美国食品药品管理局(FDA)通报预包装食品标签法规草案。拟批准日期:待定。拟生效日期:待定。

美国通报修订食品药品管理通用法规

2011 年 4 月 28 日,美国食品药品管理局(FDA)通报提议修订其某些通用法规,将烟草制品包括在内,在适当的情况下,按照《家庭吸烟预防和烟草控制法案》(烟草控制法案),根据食品药品管理局的权力管理这些产品。拟批准日期:待定。拟生效日期:待定。

泰国通报生产、进口或销售规定禁止食品草案

2011 年 4 月 28 日,泰国通报生产、进口或销售规定禁止食品草案。拟批准日期:待定。拟生效日期:待定。

5 月

阿根廷通报葡萄酒中铅、砷和锌的最高限量决议

2011 年 5 月 3 日,阿根廷通报葡萄酒中铅、砷和锌的最高限量决议。拟批准日期:待定。拟生效日期:待定。

中国台澎金马单独关税区通报饮料卫生标准草案

2011 年 5 月 16 日,中国台澎金马单独关税区通报饮料卫生标准草案。本草案将修改第 4 和 5 条,这两条分别修改“锡”许可限量与饮料微生物卫生标准。拟批准日期:待定。拟生效日期:待定。

中国台澎金马单独关税区通报即食食品卫生标准草案

2011 年 5 月 17 日,中国台澎金马单独关税区通报即食食品卫生标准草案。为保证食品安全,撤销即食食品生菌总数最高标准。拟批准日期:待定。拟生效日期:待定。

中国台澎金马单独关税区通报生食食品卫生标准草案

2011 年 5 月 17 日,中国台澎金马单独关税区通报生食食品卫生标准草案。为保证食品安全,撤销生食水果蔬菜生菌总数最高标准。拟批准日期:待定。拟生效日期:待定。

沙特阿拉伯通报海湾合作理事会(GCC)进口食品控制指南

2011 年 5 月 19 日,沙特阿拉伯通报海湾合作理事会(GCC)进口食品控制指南。拟批准日期:待定。拟生效日期:待定。

阿联酋通报关于发酵豆酱的技术法规草案

2011 年 5 月 23 日,阿联酋通报关于发酵豆酱的阿拉伯联合酋长国/海湾合作委员会技术法规草案。拟批准日期:待定。拟生效日期:待定。

阿联酋通报关于腌制番茄制品辣味番茄酱的技术法规草案

2011 年 5 月 23 日,阿联酋通报关于腌制番茄制品辣味番茄酱(调味番茄酱)的阿拉伯联合酋长国(UAE)海湾合作委员会(GCC)技术法规草案。拟批准日期:待定。拟生效日期:待定。

阿联酋通报关于健身食品通用要求的技术法规草案

2011 年 5 月 23 日,阿联酋通报关于健身食品通用要求的阿拉伯联合酋长国(UAE)海湾合作委员会(GCC)技术法规草案。拟批准日期:待定。拟生效日期:待定。

阿联酋通报关于鸟食的技术法规草案

2011 年 5 月 23 日,阿联酋通报关于鸟食的阿拉伯联合酋长国(UAE)海湾合作委员会(GCC)技术法规草案。拟批准日期:待定。拟生效日期:待定。

阿联酋通报关于鳕鱼罐头的技术法规草案

2011 年 5 月 23 日,阿联酋通报关于鳕鱼罐头的阿拉伯联合酋长国/海湾合作委员会技术法规草案。拟批准日期:待定。拟生效日期:待定。

阿联酋通报关于人工调味饮料的技术法规草案

2011 年 5 月 23 日,阿联酋通报关于人工调味饮料的阿拉伯联合酋长国(UAE)海湾合作委员会(GCC)技术法规草案。拟批准日期:待定。拟生效日期:待定。

阿联酋通报关于沙拉酱的技术法规草案

2011 年 5 月 23 日,阿联酋通报关于沙拉酱的阿拉伯联合酋长国(UAE)海湾合作委员会(GCC)技术法规草案。拟批准日期:待定。拟生效日期:待定。

阿联酋通报关于腌制番茄制品(脱水番茄)的技术法规草案

2011 年 5 月 23 日,阿联酋通报关于腌制番茄制品(脱水番茄)的阿拉伯联合酋长国(UAE)海湾合作委员会(GCC)技术法规草案。拟批准日期:待定。拟生效日期:待定。

韩国通报拟定修改食品标准规范

2011 年 5 月 25 日,韩国通报拟定修改食品标准规范。拟批准日期:待定。拟生效日期:待定。

泰国通报生产、进口或销售规定禁止的食品草案

2011 年 5 月 26 日,泰国通报生产、进口或销售规定禁止的食品草案。拟批准日期:待定。拟公布日期:待定。拟生效日期:国家官方公报通知后当日。

巴林通报发酵豆酱法规草案

2011 年 5 月 27 日,巴林通报发酵豆酱法规草案。草案规定了在海湾标准 GSO“发酵豆酱”第 9 条(标签)中规定的要求为强制性要求。拟批准日期:待定。拟生效日期:待定。

6 月

阿联酋通报海湾合作理事会(GCC)控制进口食品指南

2011 年 6 月 6 日,阿联酋通报海湾合作理事会(GCC)控制进口食品指南。拟批准日期:待定。拟生效日期:待定。

乌克兰通报全价饲料及蛋白质与维生素补充剂生产技术法规的决议草案

2011 年 6 月 7 日,乌克兰通报关于批准“全价饲料及蛋白质与维生素补充剂生产”技术法规的乌克兰内阁决议草案。拟批准日期:2012 年 2 月。拟生效日期:2012 年 2 月。

卡塔尔通报海湾合作理事会(GCC)进口食品控制指南

2011年6月9日,卡塔尔通报海湾合作理事会(GCC)进口食品控制指南。拟批准日期:待定。拟生效日期:待定。

日本通报修改食品卫生法及食品和食品添加剂标准规范执行条例

2011年6月9日,日本通报修改食品卫生法及食品和食品添加剂标准规范执行条例。批准异喹啉(Isoquinoline)及吡咯(Pyrrole)为食品添加剂,并制定这些物质标准和规范。拟批准日期:评议截止日期后尽快批准。拟公布日期:评议截止日期后尽快公布。拟生效日期:公布后尽快生效。

巴林通报果汁和果茶通用标准技术法规草案

2011年6月15日,巴林通报果汁和果茶通用标准技术法规草案。拟批准日期:待定。拟生效日期:待定。

巴林通报果汁乳技术法规草案

2011年6月15日,巴林通报果汁乳技术法规草案。拟批准日期:待定。拟生效日期:待定。

巴林通报鸟食一般要求技术法规草案

2011年6月15日,巴林通报鸟食一般要求技术法规草案。拟批准日期:待定。拟生效日期:待定。

巴林通报鳍鱼罐头技术法规草案

2011年6月15日,巴林通报鳍鱼罐头技术法规草案。拟批准日期:待定。拟生效日期:待定。

巴林通报人工调味饮料技术法规草案

2011年6月15日,巴林通报人工调味饮料技术法规草案。拟批准日期:待定。拟生效日期:待定。

巴林通报色拉调料技术法规草案

2011年6月15日,巴林通报色拉调料技术法规草案。拟批准日期:待定。拟生效日期:待定。

巴林通报调味番茄酱技术法规草案

2011年6月15日,巴林通报腌制番茄产品[辣番茄酱(调味番茄酱)]技术法规草案。拟批准日期:待定。拟生效日期:待定。

巴林通报脱水番茄技术法规草案

2011年6月15日,巴林通报腌制番茄制品:脱水番茄技术法规草案。拟批准日期:待定。拟生效日期:待定。

智利通报食品卫生法第66和107条修订提案

2011年6月17日,智利通报法令No. 977/96食品卫生法第66和107条修订提案。拟批准日期:评议期满将颁布相应法令。拟生效日期:待定。

吉尔吉斯斯坦通报啤酒安全技术法规草案

2011年6月17日,吉尔吉斯斯坦通报啤酒安全技术法规草案。拟批准日期:2011年。拟生效日期:2011年。

菲律宾通报关于民族风味的面粉基糖果推荐性行为规范最终草案

2011年6月22日,菲律宾通报关于加工和处理民族风味的面粉基糖果(Polvoron、Piaya和Barquillos)的推荐性行为规范最终草案。拟批准日期:本命令应当在全面发行的官方公报上公布后15天生效。拟生效日期:本命令应当在全面发行的官方公报上公布后15天生效。

菲律宾通报关于民族风味的面粉基糖果标准最终草案

2011年6月22日,菲律宾通报关于民族风味的面粉基糖果(Polvoron、Piaya和Barquillos)标准最终草案。拟批准日期:本命令应当在全面发行的官方公报上公布后15天生效。拟生效日期:本命令应当在全面发行的官方公报上公布后15天生效。

菲律宾通报关于民族风味的奶基糖果标准最终草案

2011年6月22日,菲律宾通报关于民族风味的奶基糖果(Pastillas和Yema)标准最终草案。拟批准日期:本命令应当在全面发行的官方公报上公布后15天生效。拟生效日期:本命令应当在全面发行的官方公报上公布后15天生效。

菲律宾通报关于民族风味的奶基糖果(Pastillas和Yema)推荐性行为规范最终草案

2011年6月22日,菲律宾通报关于加工和处理民族风味的奶基糖果(Pastillas和Yema)的推荐性行为规范最终草案。拟批准日期:本命令应当在全面发行的官方公报上公布后15天生效。拟生效日期:本命令应当在全面发行的官方公报上公布后15天生效。

日本通报黄豆酱质量标签标准修正案

2011年6月23日,日本通报黄豆酱质量标签标准修正案。拟批准日期:待定[在政府官方公报(KANPO)上公布之日]。拟生效日期:在政府官方公报上宣布。

秘鲁通报批准转基因食品标签规定的法令草案

2011年6月27日,秘鲁通报批准转基因食品标签规定的法令草案。拟批准日期:待定。拟生效日期:在官方公报上公布之后6个月。

7月

阿联酋通报肉制品技术法规草案

2011年7月1日,阿联酋通报关于肉制品的阿拉伯联合酋长国(UAE)海湾合作委员会(GCC)技术法规草案。拟批准日期:待定。拟生效日期:待定。

阿联酋通报肉制品技术法规草案

2011年7月1日,阿联酋通报关于肉制品的阿拉伯联合酋长国和海湾合作委员会技术法规草案:高温处理过的肉干。拟批准日期:待定。拟生效日期:待定。

阿联酋通报肉制品技术法规草案

2011年7月1日,阿联酋通报关于包含蔬菜和酱的肉制品的阿拉伯联合酋长国和海湾合作委员会技术法规草案。拟批准日期:待定。拟生效日期:待定。

阿联酋通报炸玉米片技术法规草案

2011年7月1日,阿联酋通报炸玉米片(玉米、油炸玉米片和墨西哥脆皮玉米饼)的技术法规草案。拟批准日期:待定。拟生效日期:待定。

沙特阿拉伯通报炸玉米片技术法规草案

2011年7月4日,沙特阿拉伯通报炸玉米片(玉米、玉米饼和玉米卷)技术法规草案。拟批准日期:待定。拟生效日期:待定。

沙特阿拉伯通报肉制品技术法规草案

2011年7月4日,沙特阿拉伯通报肉制品:盐溶液及高温处理过的肉技术法规草案。拟批准日期:待定。拟生效日期:待定。

沙特阿拉伯通报含蔬菜和酱的肉制品的技术法规草案

2011 年 7 月 4 日,沙特阿拉伯通报含蔬菜和酱的肉制品的沙特王国/海湾阿拉伯国家合作委员会技术法规草案。拟批准日期:待定。拟生效日期:待定。

沙特阿拉伯通报肉制品技术法规草案

2011 年 7 月 4 日,沙特阿拉伯通报沙特王国/海湾阿拉伯国家合作委员会肉制品:高温处理过的肉干技术法规草案。拟批准日期:待定。拟生效日期:待定。

科威特通报果酱、果冻和柑橘酱技术法规草案

2011 年 7 月 4 日,科威特通报果酱、果冻和柑橘酱技术法规草案。草案涉及果酱、果冻和柑橘酱的质量因素、包装和标签、取样和测试及检验方法。拟批准日期:待定。拟生效日期:应当在官方公布后 6 个月生效。

科威特通报浓缩番茄酱技术法规草案

2011 年 7 月 4 日,科威特通报浓缩番茄酱技术法规草案,增加新的条款:在超过 500gm 的浓缩番茄酱包装中可以添加 4/12/2 的苯甲酸钠。拟批准日期:待定。拟生效日期:应当在官方公布后 6 个月生效。

阿联酋通报谷物、豆类和衍生产品技术法规草案

2011 年 7 月 13 日,阿联酋通报关于谷物、豆类及衍生产品——通心粉、意大利面条和用通心粉做的细面条的阿拉伯联合酋长国(UAE)海湾合作委员会(GCC)技术法规草案。拟批准日期:待定。拟生效日期:待定。

阿联酋通报关于可可粉(可可)和可可与糖的干混合物的技术法规草案

2011 年 7 月 13 日,阿联酋通报关于可可粉(可可)和可可与糖的干混合物的阿拉伯联合酋长国(UAE)海湾合作委员会(GCC)技术法规草案。拟批准日期:待定。拟生效日期:待定。

巴林通报含蔬菜和酱的包装肉制品技术法规草案

2011 年 7 月 13 日,巴林通报含蔬菜和酱的包装肉制品技术法规草案。拟批准日期:待定。拟生效日期:待定。

巴林通报肉制品技术法规草案

2011 年 7 月 13 日,巴林通报肉制品:高温处理过的压缩肉干技术法规草案。拟批准日期:待定。拟生效日期:待定。

巴林通报肉制品技术法规草案

2011 年 7 月 13 日,巴林通报肉制品:经过盐水处理和高温处理的肉食技术法规草案。拟批准日期:待定。拟生效日期:待定。

巴林通报炸玉米片技术法规草案

2011 年 7 月 13 日,巴林通报炸玉米片(玉米、玉米饼和玉米卷)技术法规草案。拟批准日期:待定。拟生效日期:待定。

沙特阿拉伯通报含蔬菜与调味剂包装肉的技术法规草案

2011 年 7 月 14 日,沙特阿拉伯通报含蔬菜与调味剂包装肉的技术法规草案。拟批准日期:待定。拟生效日期:待定。

沙特阿拉伯通报加工肉:热处理压制肉技术法规草案

2011 年 7 月 14 日,沙特阿拉伯通报加工肉:热处理压制肉技术法规草案。拟批准日期:待定。拟生效日期:待定。

沙特阿拉伯通报加工肉:盐水及热处理加工肉技术法规草案

2011 年 7 月 14 日,沙特阿拉伯通报加工肉:盐水及热处理加工肉技术法规草案。拟批准日期:待定。拟生效日期:待定。

沙特阿拉伯通报油炸玉米片技术法规草案

2011 年 7 月 14 日,沙特阿拉伯通报油炸玉米片(玉米、玉米片和脆玉米夹饼)技术法规草案。拟批准日期:待定。拟生效日期:待定。

巴林通报炸玉米片技术法规草案

2011 年 7 月 14 日,巴林通报炸玉米片(玉米、玉米片和脆玉米夹饼)技术法规草案。拟批准日期:待定。拟生效日期:待定。

巴林通报加工肉:热处理压制肉技术法规草案

2011 年 7 月 15 日,巴林通报加工肉:热处理压制肉技术法规草案。拟批准日期:待定。拟生效日期:待定。

巴林通报加工肉:盐水和热处理肉技术法规草案

2011 年 7 月 15 日,巴林通报加工肉:盐水和热处理肉技术法规草案。拟批准日期:待定。拟生效日期:待定。

巴林通报含蔬菜和调味品包装肉的技术法规草案

2011 年 7 月 15 日,巴林通报含蔬菜和调味品包装肉的技术法规草案。拟批准日期:待定。拟生效日期:待定。

巴林通报可可粉及可可糖混合干粉技术法规草案

2011 年 7 月 15 日,巴林通报可可粉及可可糖混合干粉技术法规草案。拟批准日期:待定。拟生效日期:待定。

巴林通报粮谷、豆类及派生产品技术法规草案

2011 年 7 月 15 日,巴林通报粮谷、豆类及派生产品技术法规草案。。拟批准日期:待定。拟生效日期:待定。

巴林通报浓缩番茄汁法规草案

2011 年 7 月 15 日,巴林通报浓缩番茄汁法规草案,增加新条款:4/12/2:包装超过 500gm 的浓缩番茄汁可加入苯甲酸钠。拟批准日期:待定。拟生效日期:待定。

阿根廷通报修改向其他国家签发动物饲料产品注册证书程序

2011 年 7 月 15 日,阿根廷通报修改向其他国家签发动物饲料产品注册证书程序。拟批准日期:评议期结束后。拟公布日期:批准后。拟生效日期:公布后立即生效。

南非通报软饮料法规修订草案

2011 年 7 月 20 日,南非通报软饮料法规修订草案(2011 年 5 月 13 日政府公告 R.405)。拟批准日期:法规在官方公报上公布之后,2011 年 11 月 13 日之后。拟生效日期:措施公布之后 6 个月生效。

巴林通报浓缩番茄酱修正案

2011 年 7 月 20 日，巴林通报 GSO 1057“浓缩番茄酱”修正案。拟批准日期：待定。拟生效日期：待定。

巴林通报 GSO 342“蛋糕”修正案

2011 年 7 月 20 日，巴林通报 GSO 342“蛋糕”修正案。拟批准日期：待定。拟生效日期：待定。

卡塔尔通报浓缩番茄酱技术法规草案

2011 年 7 月 20 日，卡塔尔通报浓缩番茄酱技术法规草案。拟批准日期：官方公报公布时。拟生效日期：官方公报公布日期后 6 个月。

卡塔尔通报谷物、豆类和衍生产品技术法规草案

2011 年 7 月 20 日，卡塔尔通报谷物、豆类和衍生产品技术法规草案。拟批准日期：官方公报公布时。拟生效日期：官方公报公布日期后 6 个月。

卡塔尔通报含蔬菜和酱的包装肉技术法规草案

2011 年 7 月 20 日，卡塔尔通报含蔬菜和酱的包装肉技术法规草案。拟批准日期：官方公报公布时。拟生效日期：官方公报公布日期后 6 个月。

卡塔尔通报果酱、果冻和橘子酱技术法规草案

2011 年 7 月 20 日，卡塔尔通报果酱、果冻和橘子酱技术法规草案。拟批准日期：官方公报公布时。拟生效日期：官方公报公布日期后 6 个月。

卡塔尔通报可可粉及可可和糖的干混合物技术法规草案

2011 年 7 月 20 日，卡塔尔通报可可粉及可可和糖的干混合物技术法规草案。拟批准日期：官方公报公布时。拟生效日期：官方公报公布日期后 6 个月。

卡塔尔通报肉制品技术法规草案

2011 年 7 月 20 日，卡塔尔通报肉制品：高温处理过的肉干技术法规草案。拟批准日期：官方公报公布时。拟生效日期：官方公报公布日期后 6 个月。

卡塔尔通报肉制品技术法规草案

2011 年 7 月 20 日，卡塔尔通报肉制品：盐溶液及高温处理过的肉技术法规草案。拟批准日期：官方公报公布时。拟生效日期：官方公报公布日期后 6 个月。

卡塔尔通报炸玉米片技术法规草案

2011 年 7 月 20 日，卡塔尔通报炸玉米片（玉米、玉米饼和玉米卷）技术法规草案。拟批准日期：官方公报公布时。拟生效日期：官方公报公布日期后 6 个月。

欧盟通报关于打算供婴幼儿使用的食品及特殊医疗用途食品的法规提案

2011 年 7 月 20 日，欧盟通报关于打算供婴幼儿使用的食品及特殊医疗用途食品的法规提案。拟批准日期：批准的最早日期为 2012 年底。拟生效日期：在批准后 20 天生效（在第 18 条中预计 2 年的过渡期）。

卡塔尔通报加工肉：盐水及热处理加工肉技术法规草案

2011 年 7 月 21 日，卡塔尔通报加工肉：盐水及热处理加工肉技术法规草案。拟批准日期：官方公报公布时。拟生效日期：官方公报公布日期后 6 个月。

卡塔尔通报炸玉米条(玉米、炸玉米片和墨西哥玉米薄脆)技术法规草案

2011年7月25日,卡塔尔通报炸玉米条(玉米、炸玉米片和墨西哥玉米薄脆)技术法规草案。拟批准日期:官方公报公布时。拟生效日期:官方公报公布日期后6个月。

厄瓜多尔通报"小吃"技术法规草案

2011年7月25日,厄瓜多尔通报"小吃"技术法规草案。拟批准日期:官方公报公布时。拟生效日期:批准后6个月。

以色列通报修订食品和动物饲料强制性标准草案

2011年7月25日,以色列通报修订食品和动物饲料强制性标准草案。拟批准日期:待定。拟生效日期:通常在以色列官方公报的政府公告部分公布之后60天。

以色列通报修订食品和动物饲料强制性标准草案

2011年7月25日,以色列通报修订食品和动物饲料强制性标准草案。拟批准日期:待定。拟生效日期:通常在以色列官方公报的政府公告部分公布之后60天。

以色列通报修订食品和动物饲料强制性标准草案

2011年7月25日,以色列通报修订食品和动物饲料强制性标准草案,SI 885第16部分:食品和动物饲料的微生物学:微生物计数的水平法——在30°C的菌落计数技术。拟批准日期:待定。拟生效日期:通常在以色列官方公报的政府公告部分公布之后60天。

以色列通报修订食品和动物饲料强制性标准草案

2011年7月25日,以色列通报修订食品和动物饲料强制性标准草案。内容概述:修订强制性标准SI 885第2部分,由SI 885第4.1、4.2、4.3、4.4和4.5部分取代。拟批准日期:待定。拟生效日期:通常在以色列官方公报的政府公告部分公布之后60天。

以色列通报修订食品和动物饲料强制性标准草案

2011年7月25日,以色列通报修订食品和动物饲料强制性标准草案。拟批准日期:待定。拟生效日期:通常在以色列官方公报的政府公告部分公布之后60天。

以色列通报修订食品和动物饲料强制性标准草案

2011年7月25日,以色列通报修订食品和动物饲料强制性标准草案。拟批准日期:待定。拟生效日期:通常在以色列官方公报的政府公告部分公布之后60天。

以色列通报修订食品和动物饲料强制性标准草案

2011年7月25日,以色列通报修订食品和动物饲料强制性标准草案。拟批准日期:待定。拟生效日期:通常在以色列官方公报的政府公告部分公布之后60天。

以色列通报修订食品和动物饲料强制性标准草案

2011年7月25日,以色列通报修订食品和动物饲料强制性标准草案。拟批准日期:待定。拟生效日期:通常在以色列官方公报的政府公告部分公布之后60天。

以色列通报修订食品和动物饲料强制性标准草案

2011年7月25日,以色列通报修订食品和动物饲料强制性标准草案。拟批准日期:待定。拟生效日期:通常在以色列官方公报的政府公告部分公布之后60天。

韩国通报儿童饮食生命安全管理特别法案执行令拟定修改草案

2011年7月26日,韩国通报儿童饮食生命安全管理特别法案执行令拟定修改草案,局部修订儿童饮食生命安全管理特别法案执行令;从儿童偏爱食品类中删除某些以成人主要产品为标签和广告的混合饮料,如蘑菇萃取饮料或醒酒饮料。拟批准日期:待定。拟生效日期:待定。

8 月

卡塔尔通报含蔬菜和调味汁的包装肉技术法规草案

2011 年 8 月 4 日,卡塔尔通报含蔬菜和调味汁的包装肉技术法规草案。拟批准日期:官方公报公布时。拟公布日期:官方公布公布日起 6 个月。拟生效日期:待定。

欧盟通报委员会食品添加剂法规草案

2011 年 8 月 19 日,欧盟通报委员会法规草案,本法规涉及欧洲议会和理事会第(EC)1333/2008 号法规附件 II 修改案——食品添加剂喹啉黄、落日黄及 4R 胭脂红修订使用条件和标准。拟批准日期:2012 年 1 月 15 日。拟公布日期:2012 年 1 月 16 日。拟生效日期:公布后 20 天。

澳大利亚通报 P1007 号提案——原奶制品初级生产加工要求

2011 年 8 月 19 日,澳大利亚通报 P1007 号提案——原奶制品初级生产加工要求。本提案仅修改澳新食品标准法典的第 4. 2. 4 项标准——澳大利亚加工要求,准许未消毒硬及极硬固体熟奶酪。尤其要为奶酪及奶酪制品制定多种生产参数。拟生效日期:官方公报日视政府考虑结果生效。

巴林通报谷物、豆类及衍生产品技术法规草案

2011 年 8 月 24 日,巴林通报谷物、豆类及衍生产品技术法规草案。拟批准日期:待定。拟生效日期:待定。

巴林通报可可粉(可可)和可可与糖的干混合物技术法规草案

2011 年 8 月 24 日,巴林通报可可粉(可可)和可可与糖的干混合物技术法规草案。拟批准日期:待定。拟生效日期:待定。

9 月

韩国通报儿童喜爱的食品质量认证标准修正提案

2011 年 9 月 1 日,韩国通报儿童喜爱的食品质量认证标准修正提案。拟批准日期:待定。拟生效日期:待定。

中国台澎金马单独关税区通报食品添加剂规范、范围、应用和限制标准修改草案

2011 年 9 月 2 日,中国台澎金马单独关税区通报食品添加剂规范、范围、应用和限制标准修改草案。拟批准日期:待定。拟生效日期:待定。

牙买加通报朗姆酒标准规范

2011 年 9 月 2 日,牙买加通报朗姆酒标准规范(批准加勒比共同体朗姆酒标准规范)。本文件规定了朗姆酒的商品定义和要求。拟生效日期:在牙买加官方公报增刊——公告、规章和法规上公布之后 6 个月。

牙买加通报酿造产品标准规范

2011 年 9 月 2 日,牙买加通报酿造产品标准规范——啤酒、黑啤酒、姜汁啤酒、麦芽酒(批准加勒比共同体酿造产品标准规范——啤酒、黑啤酒、姜汁啤酒、麦芽酒)。拟批准日期:在牙买加官方公报增刊——公告、规章和法规上公布之时。拟生效日期:在牙买加官方公报增刊——公告、规章和法规上公布之后 6 个月。

新西兰通报天然保健品法案

2011 年 9 月 14 日，新西兰通报天然保健品法案。拟批准日期：待定。拟生效日期：待定。

哥伦比亚通报社会福利部指令草案

2011 年 9 月 15 日，哥伦比亚通报社会福利部指令草案——“修改 1997 年第 3075 号指令及 2003 年第 1175 号指令进口第 10 章及出口第 11 章”。拟批准日期：指令签署日。拟生效日期：官方公报公布日。

欧盟通报加香葡萄酒产品法规提案

2011 年 9 月 20 日，欧盟通报加香葡萄酒产品法规提案。拟批准日期：待定。拟生效日期：待定。

韩国通报食品标签标准修正提案

2011 年 9 月 26 日，韩国通报食品标签标准修正提案。拟批准日期：待定。拟生效日期：待定。

韩国通报食品卫生法执行令及食品卫生法执行法规的拟定修改草案

2011 年 9 月 28 日，韩国通报食品卫生法执行令及食品卫生法执行法规的拟定修改草案。拟批准日期：待定。拟生效日期：待定。

科威特通报特殊膳食用途食品——低淀粉通心粉强制性标准

2011 年 9 月 30 日，科威特通报特殊膳食用途食品——低淀粉通心粉强制性标准，标准规定了适合于特殊膳食用途的低淀粉通心粉的要求。拟批准日期：待定。拟生效日期：在官方公报上公布后 6 个月。

10 月

厄瓜多尔通报汤、肉汤和奶油的技术法规草案

2011 年 10 月 4 日，厄瓜多尔通报汤、肉汤和奶油的技术法规草案。拟批准日期：自分发日期起 90 天。拟生效日期：批准后 6 个月。

科威特通报特殊膳食用途食品低热量巧克力法规标准

2011 年 10 月 4 日，科威特通报适合糖尿病患者的特殊膳食用途食品低热量巧克力法规标准。拟批准日期：待定。拟生效日期：在官方公报上公布后 6 个月。

科威特通报特殊膳食用途食品低热量值果酱法规标准

2011 年 10 月 4 日，科威特通报特殊膳食用途食品低热量值果酱法规标准。拟批准日期：待定。拟生效日期：在官方公报上公布后 6 个月。

科威特通报特殊膳食用途食品麸皮面包法规标准

2011 年 10 月 4 日，科威特通报特殊膳食用途食品麸皮面包法规标准。拟批准日期：待定。拟生效日期：在官方公报上公布后 6 个月。

韩国通报食品标准规范拟定修改草案

2011 年 10 月 6 日，韩国通报食品标准规范拟定修改草案。拟批准日期：待定。拟生效日期：待定。

韩国通报食品标准规范拟定修改案

2011 年 10 月 7 日，韩国通报食品标准规范拟定修改案。拟批准日期：待定。拟生效日期：待定。

欧盟通报委员会食品添加剂法规草案

2011 年 10 月 12 日，欧盟通报委员会法规草案——制定欧洲议会及理事会有关第 EU 1333/2008 号法规附件 II 和 III 列明的食品添加剂规范。拟批准日期：2012 年 2 月。拟公布日期：2012 年 2 月。

拟生效日期：自公布于欧盟官方公报起20天。

巴基斯坦通报饼干法规草案

2011年10月21日，巴基斯坦通报饼干法规草案。拟批准日期：WTO秘书处通报之后90天。拟生效日期：WTO秘书处通报之后90天。

澳大利亚通报修改澳新食品法典标准1.4.2款提案

2011年10月24日，澳大利亚通报修改澳新食品法典标准1.4.2款提案(2011年10月11日——提案40)。拟批准日期：预计2012年1月批准。拟生效日期：预计2012年1月生效。

11月

欧盟通报修订关于营养声明列表的法规

2011年11月2日，欧盟通报修订关于营养声明列表的法规。拟生效日期：在欧盟官方公报上公布之后20天(大约批准之后1个月)。

巴林通报特殊营养食品麸皮面包法规草案

2011年11月4日，巴林通报特殊营养食品麸皮面包法规草案。拟批准日期：待定。拟生效日期：待定。

巴林通报特殊营养食品低卡巧克力技术法规草案

2011年11月4日，巴林通报特殊营养食品糖尿病患者低卡巧克力技术法规草案。拟批准日期：待定。拟生效日期：待定。

巴林通报特殊营养食品低卡值果酱技术法规草案

2011年11月4日，巴林通报特殊营养食品低卡值果酱技术法规草案。拟批准日期：待定。拟生效日期：待定。

巴林通报特殊营养食品低淀粉通心粉技术法规草案

2011年11月4日，巴林通报特殊营养食品低淀粉通心粉技术法规草案。拟批准日期：待定。拟生效日期：待定。

科威特通报果汁牛奶技术法规草案

2011年11月4日，科威特通报果汁牛奶技术法规草案。拟批准日期：待定。拟生效日期：应当在其官方公布后6个月生效。

科威特通报加工肉技术法规草案

2011年11月7日，科威特通报加工肉：热处理压制肉技术法规草案。拟批准日期：待定。拟生效日期：应当在其官方公布后6个月生效。

科威特通报加工肉技术法规草案

2011年11月7日，科威特通报加工肉：盐水及热处理加工肉技术法规草案。拟批准日期：待定。拟生效日期：应当在其官方公布后6个月生效。

科威特通报含有蔬菜和调味汁的包装肉技术法规草案

2011年11月7日，科威特通报含有蔬菜和调味汁的包装肉技术法规草案。拟批准日期：待定。拟生效日期：应当在其官方公布后6个月生效。

科威特通报脱水番茄法规草案

2011年11月7日，科威特通报脱水番茄法规草案。拟批准日期：待定。拟生效日期：应当在其官方公布后6个月生效。

科威特通报烟草制品标签包装法规草案

2011 年 11 月 7 日,科威特通报烟草制品标签包装法规草案。拟批准日期:待定。拟生效日期:应当在其官方公布后 6 个月生效。

科威特通报腌制番茄产品法规草案

2011 年 11 月 11 日,科威特通报腌制番茄产品[辣番茄酱(调味番茄酱)]法规草案。草案适用于腌制番茄产品(辣番茄酱"调味番茄酱")。拟批准日期:待定。拟生效日期:应当在其官方公布后 6 个月生效。

科威特通报口香糖技术法规草案

2011 年 11 月 11 日,科威特通报口香糖技术法规草案。拟批准日期:待定。拟生效日期:应当在其官方公布后 6 个月生效。

科威特通报炸玉米片法规草案

2011 年 11 月 11 日,科威特通报炸玉米片(玉米、玉米饼和玉米卷)法规草案。拟批准日期:待定。拟生效日期:应当在其官方公布后 6 个月生效。

南非通报食品及相关物质甜味剂使用法规草案

2011 年 11 月 11 日,南非通报食品及相关物质甜味剂使用法规草案(2011 年 10 月 21 日政府公告 R. 880)。拟批准日期:最终法规在官方公报上公布之后,2012 年 4 月 30 日以后。拟生效日期:公布之后 6 个月生效。

南非通报食品及相关物质内使用增甜剂的有关法规

2011 年 11 月 14 日,南非通报食品及相关物质内使用增甜剂的有关法规:法规草案(2011 年 10 月 21 日第 R. 880 号政府通知)。拟批准日期:政府官方公报最终公布法规后。预计不会早于 2012 年 4 月 30 号。拟公布日期:2012 年 4 月 30 日。拟生效日期:待定。

卡塔尔通报特殊膳食食品低淀粉通心粉技术法规草案

2011 年 11 月 15 日,卡塔尔通报特殊膳食食品低淀粉通心粉技术法规草案。拟批准日期:在官方公报上公布之日。拟生效日期:在官方公报上公布之后 6 个月。

卡塔尔通报特殊膳食食品低热值果酱技术法规草案

2011 年 11 月 15 日,卡塔尔通报特殊膳食食品低热值果酱技术法规草案。拟批准日期:在官方公报上公布之日。拟生效日期:在官方公报上公布之后 6 个月。

卡塔尔通报特殊膳食食品糠皮面包技术法规草案

2011 年 11 月 15 日,卡塔尔通报特殊膳食食品糠皮面包技术法规草案。拟批准日期:在官方公报上公布之日。拟生效日期:在官方公报上公布之后 6 个月。

卡塔尔通报特殊膳食食品低卡路里巧克力技术法规草案

2011 年 11 月 15 日,卡塔尔通报特殊膳食食品糖尿病患者低卡路里巧克力技术法规草案。拟批准日期:在官方公报上公布之日。拟生效日期:在官方公报上公布之后 6 个月。

卡塔尔通报罐装菠萝技术法规草案

2011 年 11 月 15 日,卡塔尔通报罐装菠萝技术法规草案。草案涉及第 9 条项下强制要求的罐装菠萝(标签)。拟批准日期:在官方公报上公布之日。拟生效日期:在官方公报上公布之后 6 个月。

卡塔尔通报牛轧糖(杏仁糖)法规草案

2011年11月17日,卡塔尔通报牛轧糖(杏仁糖)法规草案。拟批准日期:在官方公报上公布之日。拟生效日期:在官方公报上公布之后6个月。

卡塔尔通报焙烤用蜂蜜法规草案

2011年11月17日,卡塔尔通报食品行业使用的蜂蜜"焙烤用蜂蜜"法规草案。拟生效日期:在官方公报上公布之后6个月。

卡塔尔通报小吃法规草案

2011年11月17日,卡塔尔通报小吃法规草案。拟批准日期:在官方公报上公布之日。拟生效日期:在官方公报上公布之后6个月。

阿联酋通报菠萝罐头技术法规草案

2011年11月17日,阿联酋通报菠萝罐头的阿拉伯联合酋长国(UAE)和海湾合作委员会(GCC)技术法规。拟批准日期:待定。拟生效日期:待定。

澳大利亚通报修改澳新食品标准法案第1.4.2条标准提案

2011年11月21日,澳大利亚通报修改澳新食品标准法案第1.4.2条标准提案——APVMA审议决定结果(2011年11月8日~50R号提案)。拟批准日期:预计2012年2月批准。拟生效日期:预计2012年2月生效。

澳大利亚通报修改澳新食品标准法案第1.4.2条标准提案

2011年11月21日,澳大利亚通报修改澳新食品标准法案第1.4.2条标准提案(2011年11月8日~50号提案)。拟批准日期:预计2012年2月批准。拟生效日期:预计2012年2月生效。

多米尼加通报饼干法规草案

2011年11月22日,多米尼加通报饼干法规草案,规定了各种类型的饼干必须符合的要求。拟批准日期:公布后6个月。拟生效日期:待定。

多米尼加通报菠萝果酱法规草案

2011年11月22日,多米尼加通报菠萝果酱法规草案。拟批准日期:公布后6个月。拟生效日期:待定。

多米尼加通报番石榴酱法规草案

2011年11月22日,多米尼加通报番石榴酱法规草案。拟批准日期:公布后6个月。拟生效日期:待定。

多米尼加通报果酱、果冻和橘子酱法规草案

2011年11月22日,多米尼加通报果酱、果冻和橘子酱法规草案。拟批准日期:公布后6个月。拟生效日期:待定。

多米尼加通报果汁和果茶法规草案

2011年11月22日,多米尼加通报果汁和果茶法规草案。拟批准日期:公布后6个月。拟生效日期:待定。

多米尼加通报木薯面包法规草案

2011年11月22日,多米尼加通报木薯面包法规草案。拟批准日期:公布后6个月。拟生效日期:待定。

多米尼加通报肉羹、汤和肉汤法规草案

2011年11月22日,多米尼加通报肉羹、汤和肉汤法规草案。拟批准日期:公布后6个月。拟生效日期:待定。

多米尼加通报水面包法规草案

2011年11月22日,多米尼加通报水面包法规草案。拟生效日期:待定。

多米尼加通报冷冻果酱法规草案

2011年11月22日,多米尼加通报冷冻果酱法规草案。拟批准日期:公布后6个月。拟生效日期:待定。

多米尼加通报燕麦片法规草案

2011年11月22日,多米尼加通报燕麦片法规草案。拟批准日期:公布后6个月。拟生效日期:待定。

多米尼加通报意大利面法规草案

2011年11月22日,多米尼加通报意大利面法规草案,规定了意大利干面和鲜面水分含量的测定方法。拟批准日期:公布后6个月。拟生效日期:待定。

多米尼加通报意大利面法规草案

2011年11月22日,多米尼加通报意大利面法规草案,规定了意大利干面烹饪测试方法。拟批准日期:公布后6个月。拟生效日期:待定。

多米尼加通报酒精饮料分类法规草案

2011年11月23日,多米尼加通报酒精饮料分类法规草案,对所有在多米尼加共和国销售的酒精饮料规定了定义、描述、宣传和标签规则。拟批准日期:公布后6个月。拟生效日期:待定。

12月

捷克共和国通报修订某些粉碎谷物食品法规草案

2011年12月9日,捷克共和国通报法规草案2012,修订法规No. 333/1997 Coll. 执行关于食品和烟草制品及关于修订某些粉碎谷物食品、意大利面食、焙烤食品、糖食及面粉糕饼措施的法案No. 110/1997 Coll. 第18(a)、(d)、(h)、(i)、(j)和(k)条。拟批准日期:2012年2月10日。拟生效日期:2012年6月1日。

欧盟通报修改有关含铝食品添加剂使用条件和标准的法规草案

2011年12月12日,欧盟通报委员会法规草案——修改欧洲议会及理事会有关含铝食品添加剂使用条件和标准的第EC 1333/2008号法规附件II。拟公布日期:2012年4月。拟生效日期:自公布于欧盟官方公报日起20天。

加拿大通报修改食品药物法规提案的信息文件

2011年12月14日,加拿大通报卫生部有关修改食品药物法规提案的信息文件。拟批准日期:通常于本信息文件粘贴在加拿大卫生部网站起4~5个月批准。拟生效日期:自加拿大官方公报第II部分批准当日法规生效。

卡塔尔通报菠萝罐头技术法规草案

2011年12月14日,卡塔尔通报菠萝罐头技术法规草案。为维护产品质量、消费者保护和GCC国家市场关系及食品安全,草案涉及的“菠萝罐头”标准第9条(标签)为强制要求。拟批准日期:在官方公报上公布之日。拟生效日期:在官方公报上公布之后6个月。

卡塔尔通报特殊膳食食品低热量值果酱技术法规草案

2011年12月14日,卡塔尔通报特殊膳食食品低热量值果酱技术法规草案。拟批准日期:在官方公报上公布之日。拟生效日期:在官方公报上公布之后6个月。

智利通报农业法令No.464修正案

2011年12月14日,智利通报规定葡萄酒产区并指定其使用标准的农业法令No.464修正案。拟批准日期:待定。拟生效日期:待定。

吉尔吉斯斯坦通报食品生产的卫生法规

2012年12月14日,吉尔吉斯斯坦通报食品生产的卫生法规。拟批准日期:2012年。拟生效日期:2012年。

巴林通报食品保质期限技术法规草案

2011年12月20日,巴林通报食品保质期限技术法规草案。拟批准日期:待定。拟生效日期:待定。

巴林通报菠萝罐头技术法规草案

2011年12月20日,巴林通报菠萝罐头技术法规草案。拟批准日期:待定。拟生效日期:待定。

巴林通报特殊膳食食品低热量值果酱技术法规草案

2011年12月20日,巴林通报特殊膳食食品低热量值果酱技术法规草案。拟批准日期:待定。拟生效日期:待定。

巴林通报特殊膳食用途食品糠皮面包技术法规草案

2011年12月20日,巴林通报特殊膳食用途食品糠皮面包技术法规草案。拟批准日期:待定。拟生效日期:待定。

巴林通报特殊膳食用途食品低热量巧克力技术法规草案

2011年12月20日,巴林通报特殊膳食用途食品——适合糖尿病患者的低热量巧克力技术法规草案。拟批准日期:待定。拟生效日期:待定。

巴林通报特殊膳食用途食品——低淀粉通心粉技术法规草案

2011年12月20日,巴林通报特殊膳食用途食品——低淀粉通心粉技术法规草案。拟批准日期:待定。拟生效日期:待定。

津巴布韦通报2012年食品及食品标准(除矿泉水外的瓶装饮用水)法规

2011年12月20日,津巴布韦通报2012年食品及食品标准(除矿泉水外的瓶装饮用水)法规。拟批准日期:2012年2月15日。拟公布日期:2012年2月16日。拟生效日期:2012年8月15日。

巴西通报食品与饮料内铬与铜的最大许可限量法规草案

2011年12月20日,巴西通报食品与饮料内铬与铜的最大许可限量法规草案。拟批准日期:2012年2月。拟生效日期:2012年2月。

伯利兹通报食品安全草案和食品卫生规定法案

2011年12月20日,伯利兹通报食品安全草案和食品卫生规定法案。拟批准日期:评议期后。拟公布日期:批准后。拟生效日期:待定。

澳大利亚通报修改澳新食品标准法案第1.4.2条标准提案

2011年12月20日,澳大利亚通报修改澳新食品标准法案第1.4.2条标准提案(2011年12月6

日～60 号提案)。拟批准日期:预计 2012 年 2 月批准。拟生效日期:预计 2012 年 2 月生效。

加拿大通报食品内/表的杀虫剂异菌脲(iprodione)法规草案

2011 年 12 月 21 日,加拿大通报各类食品内/表的杀虫剂异菌脲(iprodione)法规草案。拟批准日期:通常于本拟定文件粘贴在加拿大卫生部网站起 4～5 个月批准。拟生效日期:措施批准日。

科威特通报芥末调料技术法规草案

2011 年 12 月 21 日,科威特通报芥末调料技术法规草案。拟批准日期:待定。拟生效日期:在官方公报上公布之后 6 个月生效。

科威特通报可可粉和可可糖混合物技术法规草案

2011 年 12 月 21 日,科威特通报可可粉和可可糖混合物技术法规草案。拟批准日期:待定。拟生效日期:待定。

科威特通报调味饮料技术法规草案

2011 年 12 月 21 日,科威特通报调味饮料技术法规草案。拟批准日期:待定。拟生效日期:在官方公报上公布之后 6 个月生效。

(2)分析

2011 年存在颁布意向的法律法规分析包括国别分析和产品分析。

1)国别分析

2011 年食品类国外存在颁布意向的法律法规共 217 条,涉及国家和地区共 39 个。法规数量和涉及国家(地区)比 2010 年的 173 条和 36 个都有所增加。其中巴林最多,共 28 条,约占 13%;其次是卡塔尔、阿联酋、科威特、多米尼加和沙特阿拉伯,分别发布 24 条、17 条、16 条、14 条和 10 条,如图 3.25 所示。

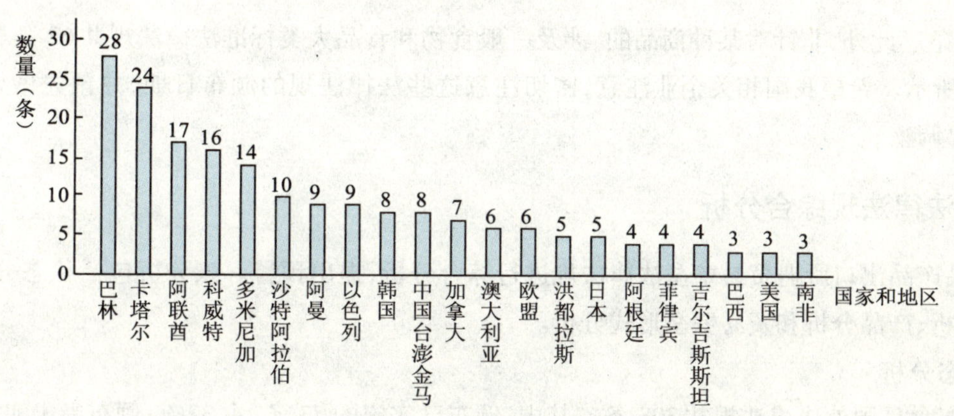

图 3.25 2011 年食品存在颁布意向的法律法规国别分析(一)

同 2010 年一样,中东地区存在颁布意向的法律法规数量较多,这是由于中东各国的社会习俗、宗教信仰比较相似,在食品的进口上有着共同的特殊要求,随着近年来输入中东食品数量的增加,急需相关法律法规进行协调规范。并且,从这些条款涉及的食品种类的相似性可以看出,巴林、卡塔尔、科威特、沙特等中东国家的相关管理部门进行了紧密而有效的协调,显示出了在法律法规颁布意向上的同步性。

2)产品分析

2011 年食品类国外存在颁布意向的法律法规共 217 条,涉及 11 类产品。其中涉及具体产品最多的为针对谷物粮食及乳制品的法律法规,共 34 条,占 16%;杂项食品、肉制品和饮料酒类各为 29 条、

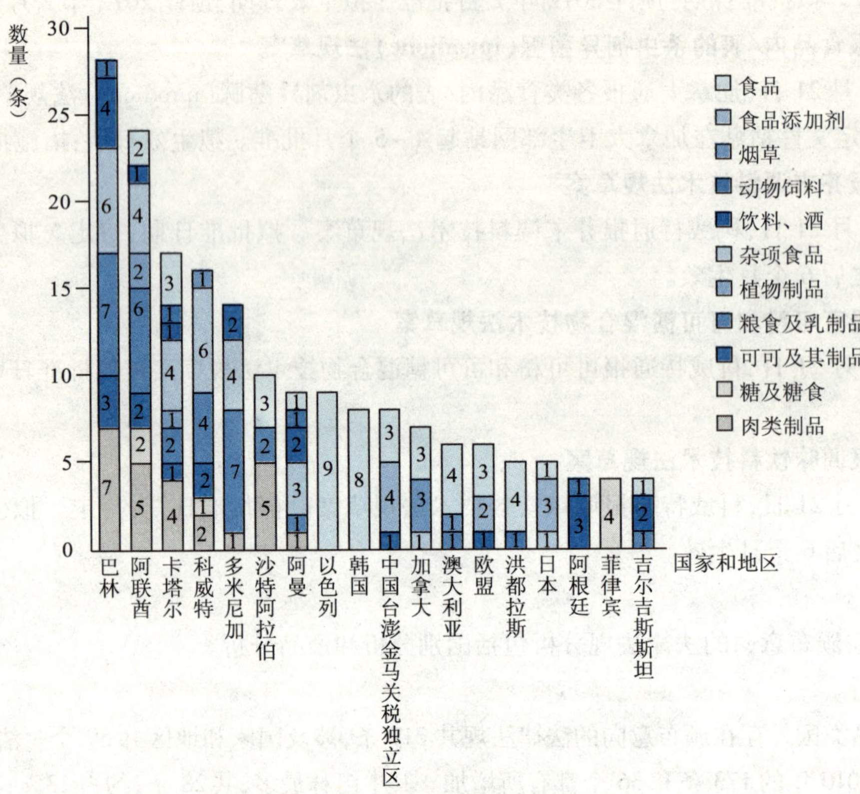

图 3.26 2011 年食品存在颁布意向的法律法规国别分析(二)

27 条和 22 条。此外,非针对某种商品的、涉及一般食物和食品大类标准法律法规共 62 条,约占 30%,如图 3.26 所示。希望我国相关企业注意,密切注意这些法律法规的颁布日期,并预先做好产品生产标准的必要调整。

(二)法律法规综合分析

对食品产品出口所遇贸易壁垒法律法规进行综合分析,提出预警。该分析包括状态分析、国别分析、区域分析、产品分析和贸易壁垒形式分析。

1. 状态分析

2011 年食品国外法律法规共 308 条。其中,颁布已实施的 73 条,占 32%;颁布尚未实施的 18 条,占 16%;存在颁布意向的 217 条,占 52%,如图 3.28 所示。

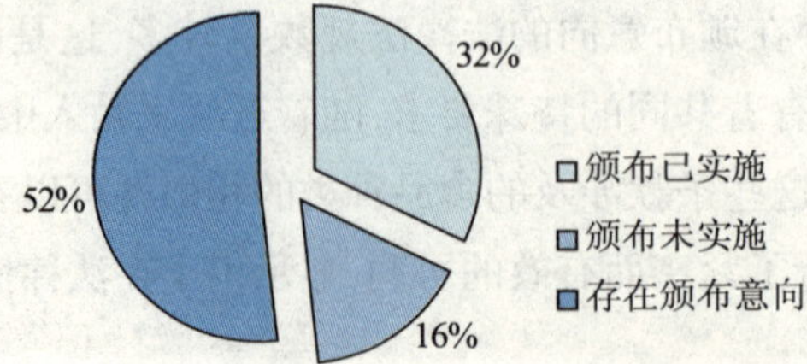

图 3.27 2011 年食品法律法规状态分析(一)

与2009年、2010年的387条、335条相比,2011年法律法规总体有所减少。颁布已实施、颁布未实施的法律法规有所下降,存在颁布意向的法律法规有所上升,如图3.28所示。

总的来看,2011年食品国外法律法规同往年一样,存在颁布意向的占据了大多数。该类法律法规并不一定很快颁布实施,但仍然需要引起食品类各出口企业的密切关注,以免造成不必要的经济损失。

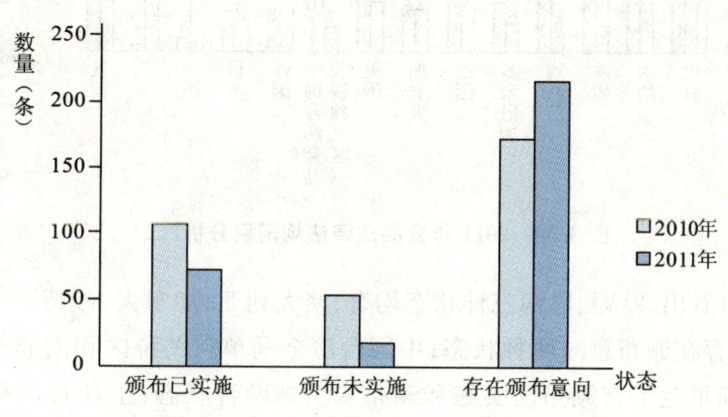

图3.28　2011年食品法律法规状态分析(二)

2. 国别分析

2011年食品国外法律法规涉及的国家(地区)共50个。其中巴林最多,为28条,约占全部法规的9%;其次,卡塔尔为24条,约占8%;再次,欧盟、阿联酋、科威特、澳大利亚、多米尼加、巴西、加拿大、沙特阿拉伯、菲律宾、美国、中国台澎金马单独关税区都在10条和20条之间。阿曼、土耳其、以色列、韩国、日本、斯里兰卡、洪都拉斯、南非都在5条和10条之间。其他国家和地区小于5条,总计52条,如图3.29所示。

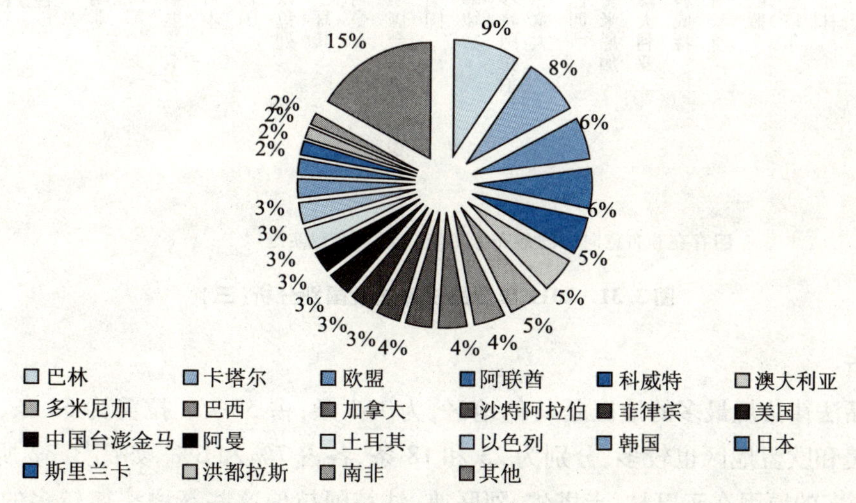

图3.29　2011年食品法律法规国别分析(一)

与2010年涉及的49个国家(地区)相比,2011年增加了1个。但总体来看,大部分主要国家(地区)法律法规数量有所减少,呈现出整体分散趋势,如图3.30所示。

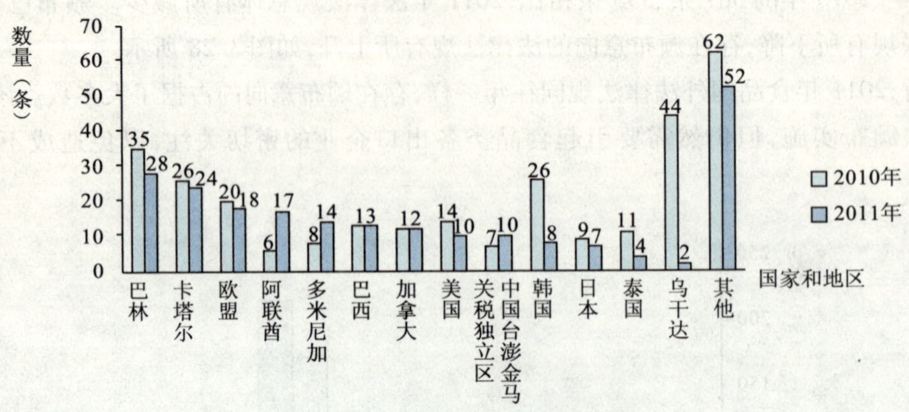

图 3.30 2011 年食品法律法规国别分析(二)

从图 3.31 中可以看出,欧盟、巴西三种状态均有;澳大利亚、加拿大、沙特阿拉伯、菲律宾、美国和日本有颁布已实施和存在颁布意向两种状态;中国台澎金马单独关税区和南非有颁布未实施和存在颁布意向两种状态;斯里兰卡有颁布已实施和颁布未实施两种状态;土耳其仅有颁布已实施一种状态;巴林、卡塔尔、阿联酋、科威特、多米尼加、阿曼、以色列和韩国、洪都拉斯仅有存在颁布意向一种状态。

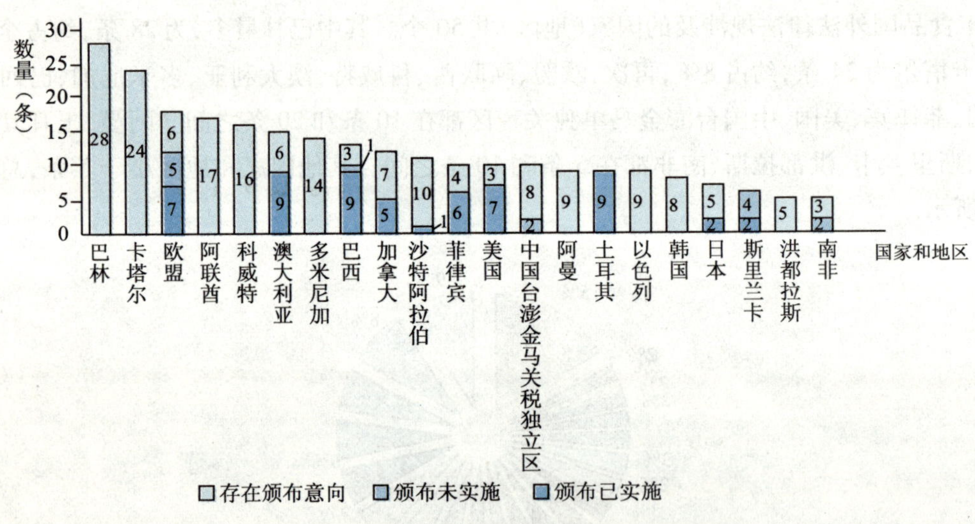

图 3.31 2011 年食品法律法规国别分析(三)

3. 区域分析

2011 年食品法律法规最多的地区是其他地区,为 162 条,占 53%。拉美为 53 条,仅次于其他地区,占 17%;北美和欧盟地区也较多,分别为 23 和 18 条,各占 7% 和 6%,如图 3.32 所示。其他地区法律法规数量较多的原因在于巴林、卡塔尔、阿联酋、沙特阿拉伯这些新增法律较多的国家(地区)都属于其他地区。这些国家(地区)的饮食习惯、经济政治环境、宗教风俗都较为接近,在食品进口上的技术政策以及法律法规也大致相同,因此涉及的法律法规也呈现集群式颁布的状况。

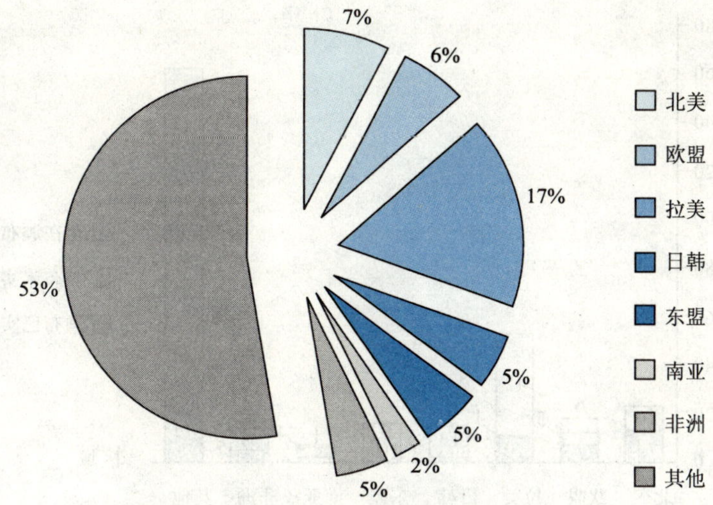

图 3.32　2011 年食品法律法规区域分析(一)

与 2010 年相比,2011 年拉美和其他地区法律法规数量均有显著的增加,南亚略有增加,北美、欧盟、日韩、东盟的法律法规的数量略有减少,而非洲地区显著下降,减少了 46 条,如图 3.33 所示。

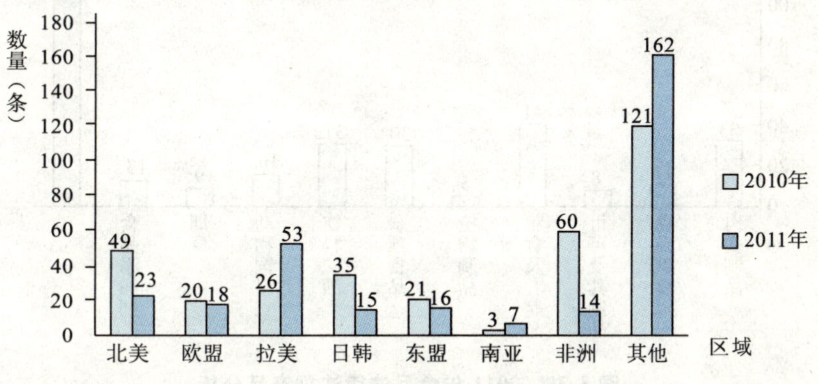

图 3.33　2011 年食品法律法规区域分析(二)

从图 3.34 中可以看出,北美、日韩和东盟具有颁布已实施和存在颁布意向两种状态;欧盟、拉美、南亚、非洲和其他区域具有三种状态。

总的来说,2011 年的食品法律法规主要分布在北美、欧盟、拉美、日韩、东盟和其他地区,并且主要是存在颁布意向的法律法规。

4. 产品分析

2011 年世界各国在食品方面制定了种类繁多的法律法规。这些法律法规涉及最多的是食品大类标准,达到 111 条,约占总数的 36%。其次为谷物粮食及乳制品,有 41 条,约占总数的 13%。涉及肉类制品、杂项食品和饮料酒类的也较多,分别有 33 条、30 条和 31 条,约占总数的 11%、10% 和 10%,如图 3.35 所示。

5. 贸易壁垒形式分析

2011 年食品出口涉及的贸易壁垒形式主要是技术性贸易壁垒与绿色贸易壁垒。这与 2010 年相

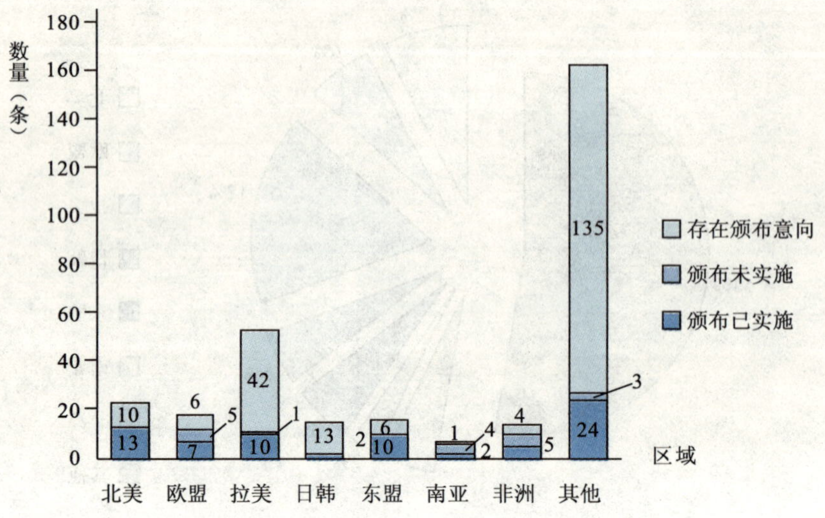

图 3.34　2011 年食品法律法规区域分析(三)

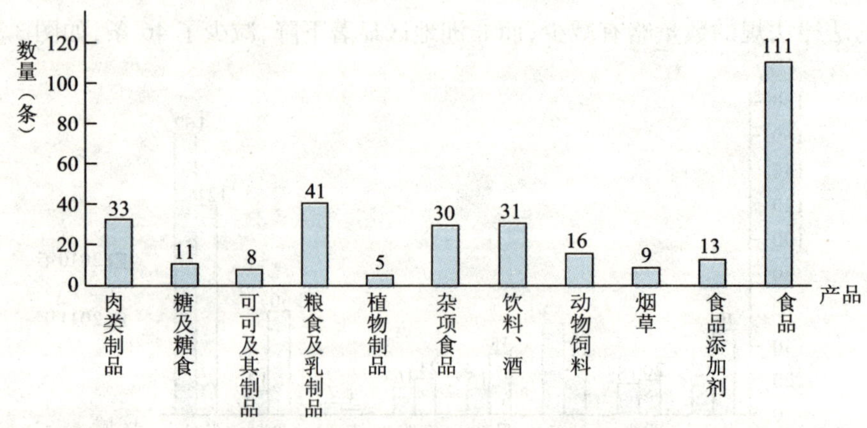

图 3.35　2011 年食品法律法规产品分析

比,并无实质上的变化。

2011 年法律法规涉及最多的是食品大类标准,其次为谷物粮食及乳制品、肉类制品、杂项食品和饮料酒类。2010 年的法律法规则主要针对植物制品、肉类制品和食品添加剂。这主要是由于以巴林、卡塔尔、沙特阿拉伯、阿曼为代表的西亚国家以及一些拉美国家的法律法规增长迅猛,并集中发布于上述产品。在此提醒向这些国家出口食品的企业注意,应密切关注相关的法律法规。此外,关于食品标准的法律法规有大幅增长,表明世界各国正在逐步加强关于食品一般标准的制定和管理,因此出口企业要予以重视。

(贯戎、李雪)

第四章 矿产、化工产品出口贸易壁垒

本章主要介绍国外对中国的矿产品、化学工业及相关工业产品、塑料及其制品,橡胶及其制品等方面贸易壁垒。

按照海关商品分类目录,这些产品包括分类中的三大类产品。

第一类:矿产品,包括盐、硫黄、泥土及石料、石膏料、石灰及水泥、矿砂、矿渣及矿灰、矿物燃料、矿物油及其蒸馏产品、沥青物质、矿物蜡。

第二类:化学工业及其相关工业的产品,包括无机化学品、贵金属、稀土金属、放射性元素及其同位素的有机及无机化合物、有机化学品、药品、肥料、鞣料浸膏及染料浸膏、鞣酸及其衍生物、染料、颜料及其他着色料、油漆及清漆、油灰及其他胶粘剂、墨水、油墨、精油及香膏、芳香料制品及化妆盥洗品、肥皂、有机表面活性剂、洗涤剂、润滑剂、人造蜡、调制蜡、光洁剂、蜡烛及类似品、塑料用膏、"牙科用蜡"及牙科用熟石膏制剂、蛋白类物质、改性淀粉、胶、酶、炸药、烟火制品、火柴、引火合金、易燃材料制品、照相及电影用品、杂项化学产品。

第三类:塑料、橡胶及其制品,包括塑料及其制品、橡胶及其制品。

一、矿产、化工产品出口贸易救济措施

矿产、化工产品出口所遇贸易救济措施以反倾销为主,也有少量反补贴和保障措施。

(一)反倾销

2011年矿产、化工产品出口所遇反倾销事件共69起。

1. 事件

1月

欧盟对华草酸进行反倾销调查

2011年1月26日,应欧洲化学工业理事会[The European Chemical Industry Council(CEFIC)]的申请,欧盟委员会对原产于中国和印度的草酸进行反倾销立案调查。涉案产品在欧盟合并关税编码ex29171100下。

2011年10月20日,欧盟对原产于中国和印度的草酸作出反倾销初裁。

欧盟对华酒石酸进行反倾销日落复审调查

2011年1月26日,欧盟委员会对原产于中国的酒石酸进行反倾销日落复审立案调查。涉案产品在欧盟合并关税编码ex29181200下。

2011 年 7 月 29 日，欧盟对此案进行反倾销期中复审立案调查。此次调查仅针对 1 家中国企业：杭州宝晶生物化工有限公司（Hangzhou Bioking Biochemical Engering Co.，Ltd.）。涉案产品海关编码为 29181200。

美国 ITC 对中国产糖胶进行反倾销全面日落复审

2011 年 1 月 4 日，美国国际贸易委员会发布公告，对原产于中国的糖胶进行反倾销全面日落复审调查，以确定在取消反倾销措施后，在合理的、可预见的期间内，涉案产品对美国国内产业造成的实质性损害是否继续或再度发生。涉案产品海关编码为 29224940.20。

欧盟对华碳化硅发布反倾销即将到期公告

2011 年 1 月 20 日，欧盟发布公告称，对原产于中国的碳化硅的反倾销措施即将于 2011 年 8 月 26 日到期，有关利害关系方须在自本公告发布之日起，至正式到期日前 3 个月的时间内向欧盟委员会提交反倾销日落复审申请。涉案产品海关编码为 28492000。

印度对华青霉素 G 钾盐和 6－氨基青霉烷酸作出反倾销终裁

2011 年 1 月 20 日，印度对原产于中国和墨西哥的青霉素 G 钾盐，以及原产于中国的 6－氨基青霉烷酸作出反倾销终裁。涉案产品海关编码为 294110、29411010 和 29411050。

印度对华橡胶助剂延长征收反倾销税

2010 年 12 月 28 日，印度海关决定对原产于中国、美国、欧盟和中国台湾的橡胶助剂【Certain Rubber Chemicals（MOR、PX13、TDQ）】延长征收反倾销税，征税期至 2011 年 5 月 11 日。

2 月

巴基斯坦对华 85%及以上的甲酸进行反倾销调查

2011 年 2 月 23 日，应 Tufail Chemical Industries Limited 的申请，巴基斯坦对原产于中国和韩国的 85%及以上的甲酸进行反倾销立案调查。涉案产品海关编码为 2915.1100。

墨西哥对华六磷酸钠作出反倾销日落复审终裁

2011 年 2 月 2 日，墨西哥经济部在官方公报上发布公告，结束对原产于中国的六磷酸钠（税号 28353902）的复审调查，决定在自 2009 年 8 月 4 日起的 5 年时间内，对其征收 25.35%的反倾销税（原反倾销税率为 102.22%）。该决议自 2 月 3 日起生效。

欧盟对华糠醇发布反倾销即将到期公告

2011 年 2 月 15 日，欧盟委员会发布公告称，对原产于中国的糠醇的反倾销措施即将于 2011 年 12 月 10 日到期，有关利害关系方须在自本公告发布之日起，至正式到期日前 3 个月的时间内向欧盟委员会提交反倾销日落复审申请。涉案产品在欧盟合并关税编码 ex29321300 下。

印度对华碳酸钡征收正式反倾销税

2011 年 2 月 7 日，印度海关决定对原产于中国的碳酸钡征收正式反倾销税，征税期为 5 年（至 2015 年 3 月 22 日）。中国企业税率如下：贵州红星发展有限公司：210.33 美元/公吨；贵州红星发展大龙锰业有限责任公司：205.92 美元/公吨；贵州宏泰化工有限责任公司：122 美元/公吨；中国昊华化工（集团）总公司与天柱化工有限公司：147.88 美元/公吨；中国昊华化工（集团）总公司与天柱化工有限公司（出口商：广州进出口有限公司）：102.19 美元/公吨；湖南万峰化工有限公司：76.06 美元/公吨；其他中国企业：236 美元/公吨。

印度对以色列和中国台湾的磷酸进行反倾销调查

2011 年 2 月 4 日，应 Gujarat Alkalies & Chemicals Limited 的申请，印度对原产于以色列和中国台湾的磷酸进行反倾销立案调查。涉案产品海关编码为 28092010。

3 月

印度推迟召开对华 1 - 苯基 -3 - 甲基 -5 - 吡唑啉酮反倾销日落复审听证会

印度商工部反倾销局原定于 2011 年 3 月 8 日就原产于中国的 1 - 苯基 - 3 - 甲基 - 5 - 吡唑啉酮(1,Phenyl - 3 - Methyl - 5 - Pyrazolone)反倾销日落复审调查举行听证会，现予以推迟。

南非对华醋氨酚作出反倾销日落复审终裁

2011 年 3 月 4 日，南非对原产于中国和美国的醋氨酚作出反倾销日落复审终裁：对自中国和美国进口的涉案产品继续征收反倾销税，税率分别为 2573 分/千克和 2371 分/千克。涉案产品海关编码为 29242905。

南非对中国台湾、韩国和印度的聚对苯二甲酸乙二醇酯作出反倾销日落复审终裁

2011 年 3 月 4 日，南非对原产于中国台湾、韩国和印度的聚对苯二甲酸乙二醇酯作出反倾销日落复审终裁：对自中国台湾、韩国和印度进口的涉案产品继续征收反倾销税，税率分别为 75%、19.7% 和 54.1%。涉案产品海关编码为 3907.60。

欧盟对华碳化钨和熔凝碳化钨作出反倾销日落复审终裁

2011 年 3 月 24 日，欧盟对原产于中国的碳化钨和熔凝碳化钨作出反倾销日落复审终裁：继续对自中国进口的涉案产品征收反倾销税，税率为 33%。涉案产品海关编码为 28499030、ex38243000。

印度对华季戊四醇作出反倾销日落复审终裁

2011 年 3 月 25 日，印度对原产于中国作出反倾销日落复审终裁：继续对中国涉案产品征收反倾销税，税率为 515 美元/吨。涉案产品海关编码为 29054210。在本案中没有中国企业应诉。

阿根廷对原产于中国的塑料皮下注射器征收反倾销税

2011 年 3 月 15 日，阿根廷官方日报公布阿工业部 2011 年第 89 号决议，决定结束对中国产塑料皮下注射器的(南共市税号:9018.31.11 和 9018.31.19)反倾销调查，并征收 17.67% 的反倾销税。对已达成价格承诺协议的温州五洲进出口公司，根据不同产品规格执行 0.0179 至 0.4629 美元/件不等的 FOB 最低限价。该决定于 2011 年 3 月 16 日起生效，有效期 5 年。

4 月

美国对中国大陆和中国台湾产光学增白剂进行反倾销调查

2011 年 4 月 20 日，美国商务部发布公告，决定对原产于中国大陆和中国台湾的光学增白剂进行反倾销调查，涉案产品海关编码为 32042080.00，此外，该产品也可通过 29336960.50、29215940.00 和 29215980.90 入关。申请方要求对中国涉案产品征收 80.64% ~203.16% 的反倾销税，对中国台湾涉案产品征收 61.79% ~109.45% 的反倾销税。

2011 年 10 月 28 日，美国商务部对原产于中国大陆和中国台湾的光学增白剂作出反倾销初裁。

巴西对中国产柠檬酸及其盐反倾销调查

2011 年 4 月 6 日，巴西贸易保护局公布巴西发展工业和外贸部外贸秘书处 2011 年第 14 号公告，决定对原产于中国的柠檬酸及柠檬酸盐开启反倾销调查。巴西贸易保护局将以哥伦比亚作为替代国确定本案被调查产品正常价格。

美国对华对氨基苯磺酸作出反倾销日落复审产业损害终裁

2011 年 4 月,美国商务部对原产于中国和印度的对氨基苯磺酸进行反倾销日落复审立案调查。

2011 年 7 月,美国商务部对上 案件作出肯定性终裁。

2011 年 9 月 14 日,美国国际贸易委员对此案作出反倾销日落复审产业损害终裁。

印度对韩国、中国台湾和以色列苯酐进行反倾销调查

2011 年 4 月 29 日,应 IG Petrochemicals Limited、Mysore Petrochemicals Limited、Thirumalai Chemicals Ltd. 和 SI Group India Limited 的申请,印度对原产于韩国、中国台湾和以色列的苯酐进行反倾销立案调查。涉案产品海关编码为 29173500。

5 月

巴西对原产于中国的草甘膦进行反倾销期中复审

2011 年 5 月 19 日,巴西贸易保护局公布巴西发展工业和外贸部外贸秘书处 2011 年第 22 号公告,决定对原产于中国的草甘膦(南共市税号 29310032、29310039、38089324)进行反倾销期中复审调查。

2011 年 8 月 17 日,巴西贸易保护局致函我驻巴使馆经商参处,告巴方已决定终止对进口自中国的草甘膦反倾销期中复审调查。

美国 ITC 对中国大陆和中国台湾产光学增白剂作出反倾销产业损害初裁

2011 年 5 月 16 日,美国国际贸易委员会发布公告,对原产于中国大陆和中国台湾的光学增白剂作出反倾销产业损害初裁,裁定涉案产品的倾销行为对美国国内产业造成了实质性损害。根据该肯定性裁决,美国商务部将继续对涉案产品进行反倾销和反补贴调查。涉案产品海关编码为 32042080.00,此外,该产品也可通过 29336960.50、29215940.00 和 29215980.90 入关。

欧盟对华糠醛作出反倾销日落复审终裁

2011 年 5 月 12 日,欧盟对原产于中国的糠醛作出反倾销日落复审终裁:继续对自中国进口的涉案产品征收反倾销税,税率为 352 欧元/吨。涉案产品海关编码为 29321200。

2011 年 7 月 5 日,欧盟委员会对此进行反倾销期中复审立案调查。

欧盟对华塑料袋作出反倾销反规避终裁

2011 年 5 月 18 日,欧盟对原产于中国和泰国的塑料袋作出反倾销反规避终裁:取消厦门兴厦塑料有限公司 8.4% 的反倾销税率,并对其征收 28.8% 的反倾销税。涉案产品在欧盟合并关税编码 ex39232100、ex39232910、ex39232990 下。

欧盟对华三聚氰胺作出反倾销终裁

2011 年 5 月 13 日,欧盟对原产于中国的三聚氰胺作出反倾销终裁。涉案产品海关编码为 29336100。

土耳其对华季戊四醇作出反倾销日落复审终裁

2011 年 5 月 3 日,土耳其对原产于中国的季戊四醇作出反倾销日落复审终裁:决定继续对自中国进口的涉案产品征收为期 5 年的反倾销税,税率为 270 美元/吨。涉案产品海关编码为 2905.42.00.00.00。

印度对华聚氯乙烯糊树脂作出反倾销终裁

2011 年 5 月 2 日,印度商工部对原产于中国大陆、日本、韩国、马来西亚、俄罗斯、中国台湾和泰国的聚氯乙烯糊树脂作出反倾销终裁:采用参考价格,反倾销税率为到岸价与参考价格之间的差额。涉案产品海关编码为3904、3904.22、3904.22.10。

印度对华三聚磷酸钠进行反倾销调查

2011年5月3日,印度对原产于中国的三聚磷酸钠作出反倾销终裁。涉案产品海关编码为2835.3100。在本案中,没有中国企业获得市场经济待遇。

2011年9月22日,应塔塔化工有限公司(TATA Chemicals Ltd)的申请,印度商工部对原产于中国的三聚磷酸钠进行反倾销期中复审立案调查。

印度对华四氟乙烷作出反倾销终裁

2011年5月10日,印度对原产于中国和日本的四氟乙烷作出反倾销终裁。涉案产品海关编码为29033919。

印度对华橡胶助剂作出反倾销日落复审终裁

2011年5月11日,印度对原产于中国大陆、欧盟、美国和中国台湾的橡胶助剂作出反倾销日落复审终裁。涉案产品海关编码为381210、381220、381230、293420、292520。

印度对华甲硝唑进行反倾销日落复审调查

2011年5月30日,应Aarti Drugs Ltd. 和Unichem laboratories Ltd.(India)的申请,印度商工部对原产于中国的甲硝唑进行反倾销日落复审立案调查。涉案产品海关编码为29332902。

印度取消对华氢氟酸的反倾销措施

2011年5月24日,印度对原产于中国的氢氟酸作出反倾销期中复审终裁:由于自中国进口的涉案产品不再对国内产业造成损害,因此决定取消该反倾销措施。涉案产品海关编码为281111。

6月

印度对华次硫酸氢钠甲醛作出反倾销日落复审终裁

2011年6月17日,印度对原产于中国的次硫酸氢钠甲醛作出反倾销日落复审终裁:继续按于2006年2月20日发布的终裁征收反倾销税,即生产商为江苏无锡东泰精细化工有限责任公司,出口商为无锡格林艾普化工股份有限公司:471.91美元/吨;生产商为江苏无锡东泰精细化工有限责任公司,出口商为任何公司:471.91美元/吨;普遍:657.87美元/吨。

印度对华季戊四醇延长征收反倾销税

2011年6月14日,印度海关决定对原产于中国和瑞典的季戊四醇(Pentaerythritol)延长征收反倾销税,征税期为5年(至2016年6月13日止)。其中,中国进口产品税率为515美元/公吨。

巴西对中国等三国产聚二苯甲烷二异氰酸酯进行反倾销调查

2011年6月8日,巴西发展工业外贸部外贸秘书处发布公告,决定对进口自美国、比利时和中国的聚二苯甲烷二异氰酸酯(聚合MDI)进行反倾销调查,涉案产品南共市关税号为39093020。

阿根廷对原产于中国的磷化铝进行反倾销日落复审

2011年6月,阿根廷官方日报公布阿工业部2011年第279号决议,决定对中国产磷化铝(杀虫剂)(南共市税号:38089195)进行反倾销日落复审。阿方拟以智利为替代国,计算中国产品正常价值。

美国对华纯镁进行反倾销快速日落复审调查

2011年6月,美国商务部对原产于中国的纯镁进行反倾销日落复审立案调查。

2011年9月6日,美国国际贸易委员会发布公告称,经投票决定,对原产于中国的纯镁进行反倾销快速日落复审调查。涉案产品海关编码为 81041100、81041900、81042000、81043000、81049000、38249011、38249019、98170090。

2011 年 10 月 6 日,美国商务部对此案作出肯定性终裁。

2011 年 10 月 19 日,美国国际贸易委员会发表公告称,取消对原产于中国的纯镁的反倾销措施将在可预见的时间内对国内产业的损害继续或再发生。

阿根廷对华轮胎作出反倾销终裁

2011 年 6 月 22 日,阿根廷对原产于中国的轮胎作出反倾销终裁:对旅行汽车轮胎征收 23% 的反倾销税,对农用或造林用机械或车辆的轮胎征收 10% 的反倾销税,对公共汽车或卡车轮胎征收 17% 的反倾销税,该措施自 2011 年 6 月 22 日起实施,有效期 2 年;并对直径 13 英寸、宽度 165 毫米的子午线轮胎的反倾销措施延期 6 个月实施。涉案产品海关编码为 40111000、40112090、40116100、40119210、40119290。

印度对华对硝基苯胺作出反倾销终裁

2010 年 6 月,印度对原产于中国的对硝基苯胺进行反倾销立案调查。

2011 年 8 月 5 日,印度对原产于中国的对硝基苯胺作出反倾销终裁。涉案产品海关编码为 2921. 42. 26。

7 月

巴基斯坦对华过氧化氢作出反倾销终裁

2011 年 7 月 6 日,巴基斯坦对原产于比利时、中国大陆、印尼、韩国、中国台湾、泰国和土耳其的过氧化氢作出反倾销终裁。该措施自 2010 年 9 月 27 日起实施,有效期 5 年。涉案产品海关编码为 2847. 0000。

美国国际贸易委员会决定对印度和中国的磺胺酸进行快速日落复审调查

2011 年 7 月 5 日,美国国际贸易委员会发布公告称,委员会投票决定对原产于印度的磺胺酸进行快速反补贴日落复审立案调查,并对原产于中国的磺胺酸进行快速反倾销日落复审立案调查。

阿根廷不对中国产磷酸开启反倾销调查

2011 年 7 月 20 日,阿根廷官方日报公布阿工业部 2011 年第 442 号决议,决定不对中国产磷酸(南共市税号:2809. 20. 11)开启反倾销调查。

墨西哥对华三水阿莫西林进行反倾销调查

2011 年 7 月 12 日,墨西哥经济部国际贸易惯例总局在《官方日报》上发布公告,决定对原产于中国和印度的三水阿莫西林(税号为 2941. 10. 12)进行反倾销立案调查。

2011 年 10 月 20 日,墨西哥经济部在《官方日报》上发表公告,决定终止原产于中国的三水阿莫西林的反倾销调查。涉案产品海关编码为 2941. 10. 12。

欧盟取消华香豆素的反倾销措施

2011 年 7 月 8 日,欧盟对原产于中国的香豆素作出反倾销期中复审终裁:由于欧盟香豆素唯一的生产商已经于 2010 年 8 月停止生产涉案产品,因此决定自公告发布之日起取消该反倾销措施。

土耳其对华花岗岩进行反倾销日落复审调查

2011 年 7 月 28 日,土耳其经济部发布公告,决定对原产于中国的花岗岩进行反倾销日落复审立案调查。

印度对华聚四氟乙烯作出反倾销日落复审终裁

2011年7月25日，印度对原产于中国的聚四氟乙烯作出反倾销日落复审终裁。涉案产品海关编码为39046100。

印度对华橡胶助剂作出反倾销日落复审终裁

2011年7月25日，印度对原产于中国的橡胶助剂作出反倾销日落复审终裁：对原产于或自中国进口的涉案产品继续征收反倾销税，税率为0.23美元/千克。涉案产品海关编码为38.12.10、38.12.20、38.12.30、29.34.20、29.25.20。

8月

印度对华PVC胶膜正式征收反倾销税

2011年8月25日，印度海关发布公告对我PVC胶膜正式征收反倾销税，征税时间自2010年7月30日起，为期5年。具体税率为：对张家港海斯特公司征收0.034美元/公斤；对浙江宇力公司征收0.441美元/公斤；其他中国企业为0.583美元/公斤。

印度海关对华聚四氟乙烯延长征收反倾销税

2011年8月24日，印度海关发布第81/2011号公告，即日起对原产地为中国或从中国出口的聚四氟乙烯延长反倾销税征收期限。涉案产品海关编码为390461。

印度对华吗啉作出反倾销终裁

2011年8月25日，印度商工部对原产于中国、欧盟和美国的吗啉作出反倾销初裁。

2011年12月5日，印度对原产于中国、欧盟和美国的吗啉作出反倾销终裁。涉案产品海关编码为2933.39.17。

印度对华炭黑进行反倾销期中复审调查

2011年8月30日，印度商工部反倾销局对原产于中国、澳大利亚、俄罗斯和泰国的炭黑进行反倾销期中复审立案调查。涉案产品海关编码为28030010。本案的倾销调查期为2010年4月1日—2011年3月31日，损害调查期包括2007/08财年、2008/09财年、2009/10财年和倾销调查期（2010年4月1日—2011年3月31日）。

欧盟取消对华磷酸三(2－氯丙基)酯的反倾销调查

2011年8月10日，欧盟委员会发布公告称，由于申诉方于2011年6月16日撤销对原产于中国的磷酸三(2－氯丙基)酯的反倾销调查申请，因此决定取消对该案的调查。涉案产品在欧盟合并关税编码ex29199000下。

印度延长对华甲醛次硫酸氢钠征收反倾销税

2011年8月5日，印度海关发布第70/2011号公告，决定对华甲醛次硫酸氢钠延长征收反倾销税。相关税率如下：

(1)对由无锡青苹果化工工业有限公司和无锡东台精细化工有限公司生产的该项产品征收471.91美元/公吨反倾销税。

(2)对原产地为中国的其他制造商生产的该项产品和对原产地为其他国别但从中国出口的该项产品征收657.87美元/公吨反倾销税；

除另有公告撤销、替代或更改外，此项反倾销税的执行期自该公告发布之日起为期5年，以印度卢比为征税货币。涉案产品海关编码为28311020。

巴基斯坦对华85%及以上的甲酸作出反倾销初裁

2011年8月23日，巴基斯坦对原产于和自中国、韩国进口的85%及以上的甲酸作出反倾销初裁：由于涉案产品的倾销与对国内产业造成的损害之间的因果关系不紧密，因此决定不对原产于和自中国、韩国进口的85%及以上的甲酸征收临时反倾销税。

欧盟取消对华碳化硅反倾销措施

2011年8月25日，欧盟发布公告称，由于成员国企业未对原产于中国的碳化硅的反倾销措施提起反倾销日落复审申请，因此该措施于2011年8月26日正式取消。

欧盟对华碳酸钡作出反倾销日落复审终裁

2011年8月19日，欧盟对原产于中国的碳酸钡作出反倾销日落复审终裁。涉案产品在欧盟合并关税编码ex28366000下。

9月

印度对华苛性钠作出反倾销初裁

2011年9月2日，印度对原产于中国、欧盟、肯尼亚、伊朗、巴基斯坦、乌克兰和美国的苛性钠作出反倾销初裁。涉案产品海关编码为2836.20。

欧盟对华塑料袋进行反倾销日落复审调查

2011年9月27日，应成员国内33家生产商的申请，欧盟委员会对原产于中国和泰国的塑料袋进行反倾销日落复审立案调查。涉案产品在欧盟合并关税编码ex39232100、ex39232910、ex39232990下。本案的倾销调查期为2010年7月1日~2011年6月30日。

美国ITC对华糠醇进行反倾销日落复审

2011年9月1日，美国商务部对对原产于中国的糠醇进行第3次反倾销日落复审调查。涉案产品海关编码为29321300。

2011年12月5日，美国国际贸易委员会发布公告，对原产于中国的糠醇进行反倾销日落复审调查，以决定若取消反倾销措施，涉案产品在合理的、可预见的期限内是否会对美国国内产业造成实质性损害。

10月

巴西决定取消对进口自中国碳酸钡的反倾销措施

2011年10月6日，巴西外贸委员会发布2011年第77号决议，决定取消对从中国进口碳酸钡的反倾销措施。涉案产品南共市税号为2836.60.00。

印度对华尼龙扎带进行反倾销期中复审调查

2011年10月4日，应Surelock Plastics Pvt. Ltd. 的申请，印度商工部对原产于中国和中国台湾的尼龙扎带进行反倾销期中复审立案调查。涉案产品海关编码为39269000、39269010。

台湾地区对中国大陆普兰特水泥第Ⅰ、Ⅱ型及其熟料征收最终反倾销税

2011年10月19日，台湾地区反倾销调查机关发布公告，决定对自中国大陆进口的普兰特水泥第Ⅰ、Ⅱ型及其熟料征收最终反倾销税，反倾销税追溯至2011年5月30日起征，税率为91.58%，征税期限为5年。

印度对华保险粉进行反倾销日落复审调查

2011年10月14日，应Transpek Silox Industries Ltd. 的申请，印度对原产于中国的保险粉进行反倾销日落复审立案调查。涉案产品海关编码为28321020、28311010。

印度对华氯化胆碱进行反倾销调查

2011年10月25日，应Jubilant Life Sciences Ltd. 的申请，印度对原产于中国的氯化胆碱进行反倾销立案调查。涉案产品海关编码为2309.9010、2923.1000。

11月

印度对华透明玻璃纸薄膜作出反倾销日落复审终裁

2011年11月11日，印度商工部反倾销局就对原产于中国的透明玻璃纸薄膜(Cellophane Transparent Film)反倾销日落复审发布事实披露。

2011年11月30日，印度对原产于中国的透明玻璃纸薄膜作出反倾销日落复审终裁：对原产于或自中国进口的涉案产品征收1.95美元/千克的反倾销税。涉案产品海关编码为392071。

12月

中国台湾地区对自大陆进口甲醛合次硫酸氢钠进行情势变迁复审调查

2011年12月16日，应国泰化工厂股份有限公司的申请，台湾地区决定对自大陆进口甲醛合次硫酸氢钠发起情势变更复审调查，重新核定反倾销税率。调查期为2010年10月1日至2011年9月30日。

欧盟对华三氯异氰尿酸作出反倾销日落复审终裁

2011年12月30日，欧盟对原产于中国的三氯异氰尿酸作出反倾销日落复审终裁。涉案产品在欧盟合并关税编码ex29336980、ex38089420下。

印度对华由聚酯或玻璃纤维制成的土木栅格作出反倾销终裁

2011年12月19日，印度商工部对原产于中国的由聚酯或玻璃纤维制成的土木栅格作出反倾销终裁：对原产于或自中国进口的涉案产品征收0.55美元/平方米的反倾销税。涉案产品海关编码为39021000、39140090、39201019、39269099、55034000、56031300、56039400、56041000、56049000、56089090、59031090、59039090、59111000、59113150、59113190、59119090、70194000、70195900、70199010、70199090。

2. 分析

矿产、化工产品出口所遇反倾销事件分析包括按月份分析、国别分析和产品分析。

(1)月份分析

2011年矿产、化工出口贸易反倾销事件共69起，与2010年的105起相比有所减少。除10月份数量较2010年同期增加1起、9月份持平外，其他月份均有所减少。

全年反倾销事件每月平均约6起，其中5月为峰值达到12起，主要由印度和欧盟发起。11月事件最少，仅为1起，如图4.1所示。

(2)国别分析

2011年矿产、化工产品出口贸易反倾销事件涉及的国家(地区)共10个，与上年持平。印度和欧盟是发起对我国反倾销事件最多的国家(地区)，分别占事件总数的42%和20%。位于第3位的国家是美国，占事件总数的10%。其余国家(地区)反倾销事件均少于5件，如图4.2所示。总体上看，这些国家(地区)都是与我国发生贸易额较大的国家。

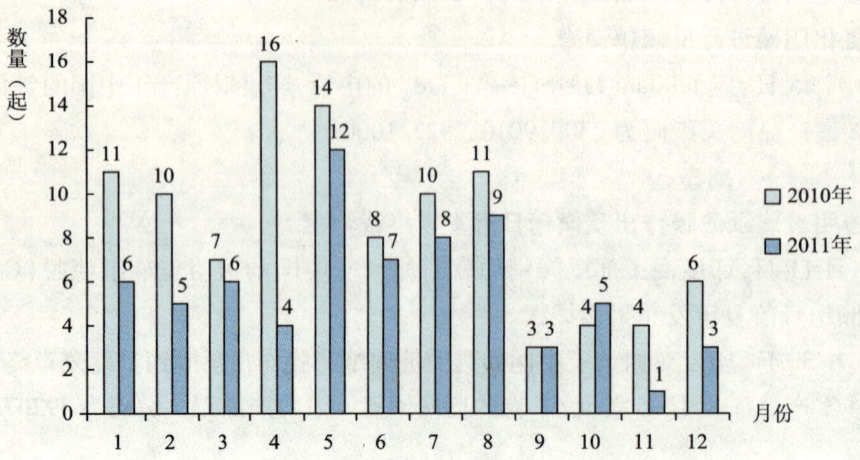

图 4.1　2011 年矿产、化工产品出口所遇反倾销事件月份分析

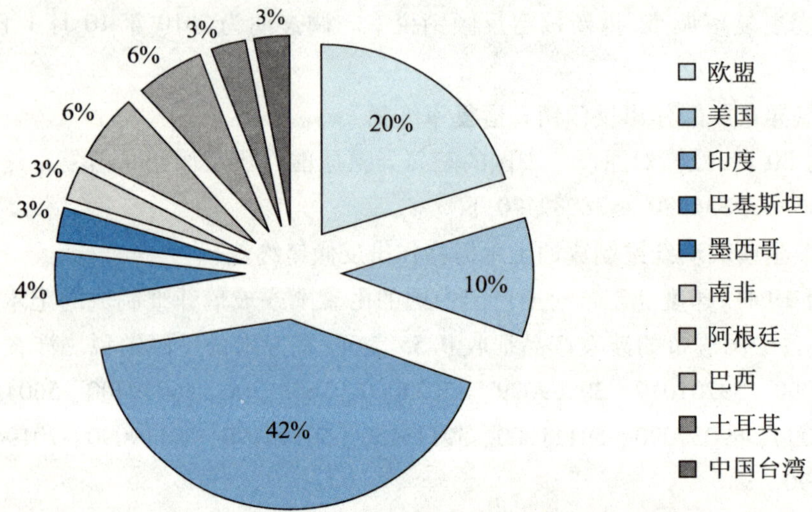

图 4.2　2011 年矿产、化工产品出口所遇反倾销事件国别分析(一)

与 2010 年相比,新增墨西哥、中国台湾对中国大陆进行反倾销。上年发生过的韩国、澳大利亚两个国家 2011 年没再对我国发起反倾销调查。其中反倾销事件发起最多的欧盟、美国和印度,其 2011 年数量均比 2010 年少。

总的来看,印度、欧盟和美国为发起贸易救济的最主要国家(地区)。这需要我国政府和企业继续进行监控和关注。另外,对巴西仍需保持一定的关注,注意它在未来几年中的变化。

(3)产品分析

2011 年矿产、化工产品出口贸易反倾销事件共涉及 7 类产品。其中最多的是有机化学品(HS29),为 35 起,发起国家(地区)以欧盟、美国和印度为主。其次为无机化学品、贵金属、稀土金属、放射性元素及其同位素的有机及无机化合物(HS28),为 17 起,主要由欧盟和印度发起;居于第 3 位的是塑料及其制品(HS39),为 11 起,也是主要由欧盟和巴西发起。此外还有 HS 编码 38、25、23 和 40 对应的产品类别,对应的数量为 2 起、2 起、1 起和 1 起,如图 4.3 所示。

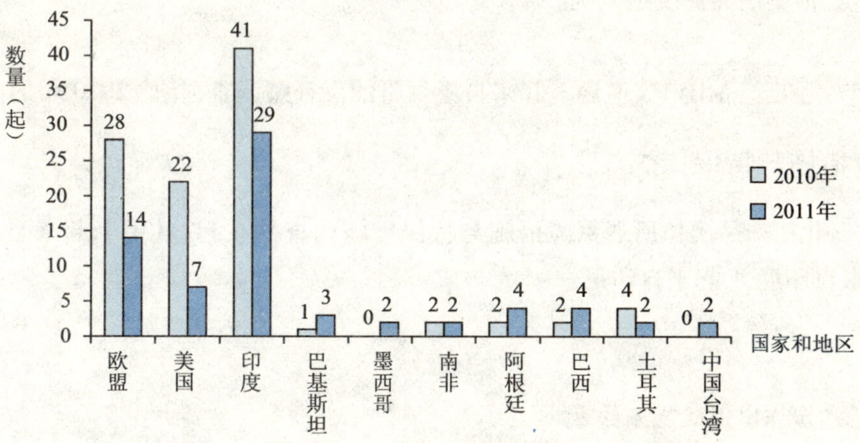

图 4.3 2011 年矿产、化工产品出口所遇反倾销事件国别分析(二)

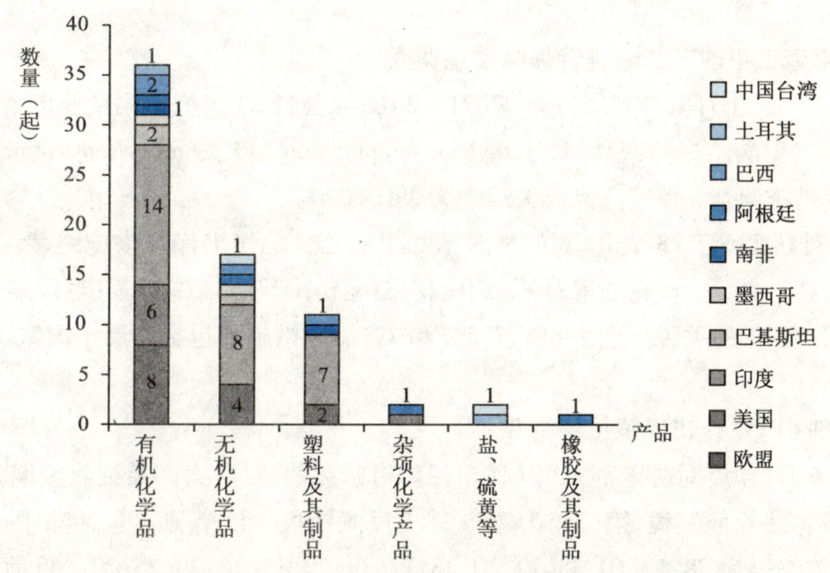

图 4.4 2011 年矿产、化工产品出口所遇反倾销事件产品分析

在遭遇反倾销的所有产品当中,无机和有机化学品所占比例较大。总的来说,2011 年矿产、化工产品反倾销事件主要集中在化学工业及其相关工业的产品,如图 4.4 所示。

(二)反补贴

2011 年矿产、化工产品出口所遇反补贴调查仅有 1 起,来自墨西哥。

1. 事件

7 月

墨西哥对华三水阿莫西林进行反补贴调查

2011 年 7 月 12 日,墨西哥经济部国际贸易惯例总局在《官方日报》上发布公告,决定对原产于中国和印度的三水阿莫西林(税号为 2941.10.12)进行反补贴立案调查。

2011 年 10 月 20 日,墨西哥经济部在《官方日报》上发表公告,决定终止原产于中国的三水阿莫西林的反补贴调查。涉案产品海关编码为2941.10.12。

2. 分析

2011年矿产、化工产品出口仅遭遇1起来自墨西哥的反补贴调查,相比2010年的5起有所减少。

(三)保障措施与特保措施

2011年矿产、化工产品出口所遇保障措施与特保措施调查共6起,其中1起来自俄罗斯,1起来自土耳其,3起来自印度,1起来自印尼。

1. 事件

1月

俄罗斯对活性炭作出保障措施终裁

2011年1月5日,俄罗斯对进口活性炭作出保障措施终裁:对涉案产品征收14.4%,但不低于0.45美元/千克的保障措施关税。涉案产品海关编码为3802.10.000.0。

3月

土耳其对聚对苯二甲酸乙二酯进行保障措施调查

2011年3月11日,土耳其外贸署发布27871-2011/4公告,决定应本国产业申请,对黏度高于78毫升/克的聚对苯二甲酸乙二酯产品[Polyethylene terephthalate(PET) and viscosity number higher than 78ml/g]进行保障措施调查。涉案产品海关编码为39076020。

6月,土耳其对黏度高于78毫升/克的聚对苯二甲酸乙二酯作出保障措施终裁。2011年6月15日,土耳其对粘度高于78毫升/克的聚对苯二甲酸乙二酯作出保障措施终裁:对涉案产品加征为期3年的保障措施税,这三年的关税分别为8%、7.5%和7%。该措施不包括发展中国家。

6月

印度对防老剂6PPD作出保障措施终裁

2011年6月6日,印度对防老剂6PPD作出保障措施终裁:对涉案产品征收为期2年的保障措施税,第一年为30%减去反倾销税,第二年为25%减去反倾销税。该措施不包括除中国外的发展中国家。涉案产品海关编码为38.12.10、38.12.20、38.12.30、29.34.20、29.25.20。目前,印度仍在对原产于中国和韩国的防老剂6PPD征收反倾销税。

8月

印度对邻苯二甲酸酐进行保障措施调查

2011年8月10日,应印度泰米尔纳德邦拉尼贝德 Thirumalai Chemicals Ltd.、印度马哈拉施特拉邦 IG Petrochemicals Ltd. 和印度卡纳塔卡邦埃纳德 Mysore Petrochemicals Ltd. 的申请,印度对邻苯二甲酸酐进行保障措施立案调查。该案涉及来自韩国、以色列、伊朗、中国台湾、中国大陆等国家(地区)。

2011年9月23日,印度对邻苯二甲酸酐作出保障措施初裁:涉案产品进口量的增加对印度国内产业造成了巨大损害,并建议征收10%(从价税)的保障措施,为期180天。涉案产品海关编码为29173500。

11月

印尼对进口传送带发起保障措施调查

2011年11月3日,应国内产业申请,印尼保障措施委员会对宽度大于20厘米的金属强化硫化橡胶制传送带及带料发起保障措施调查。涉案产品海关编码为4010111000。

12 月

印度对华炭黑进行特别保障措施调查

2011年12月2日,应印度炭黑生产商协会(Association of Carbon Black Manufactures)的申请,印度对自中国进口的炭黑进行特别保障措施调查。涉案产品海关编码为28030010。

2. 分析

(1)月份分析

2011年矿产、化工产品出口贸易壁垒事件涉及保障措施与特保措施的共有6起,与2010年持平。在1月、3月、6月、8月、11月和12月各发生1起,如图4.5所示。

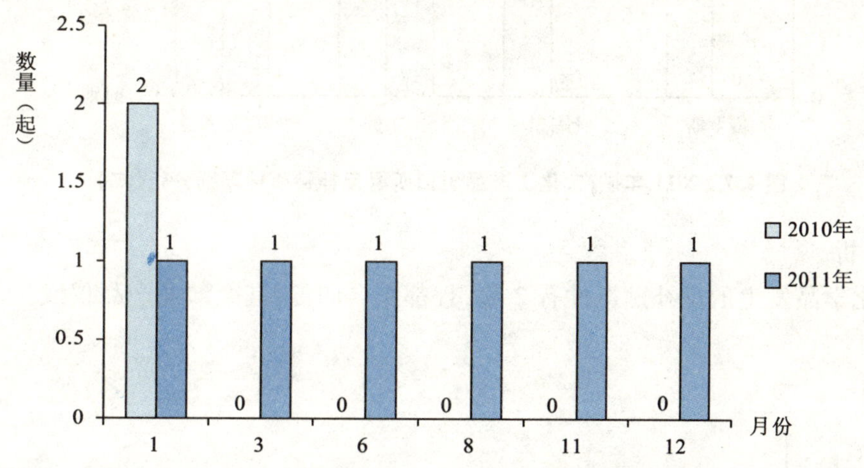

图4.5 2011年矿产、化工产品出口所遇反补贴事件月份分析

(2)国别分析

保障措施和特保措施事件来自印度、美国、印度尼西亚和土耳其,来自印度的有3起,其余的各国各1起,如图4.6所示。

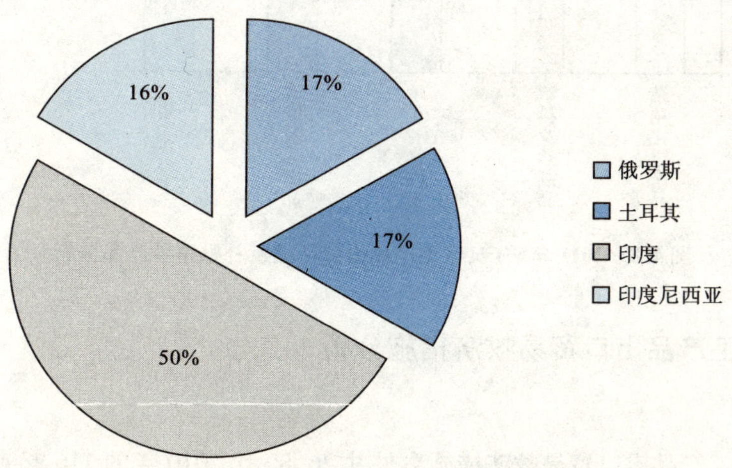

图4.6 2011年矿产、化工产品出口所遇反补贴事件国别分析(一)

相比2010年,俄罗斯和土耳其没有再发起反补贴壁垒,印度和印度尼西亚则与上年持平,分别发生3起和1起,如图4.7所示。

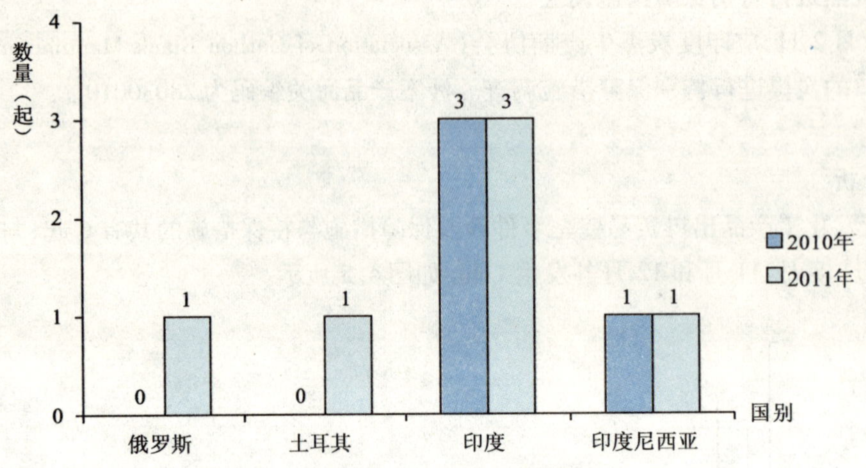

图4.7　2011年矿产、化工产品出口所遇反补贴事件国别分析(二)

(3)产品分析

针对有机化学品发生的反补贴事件有2起,且都来自印度;其余涉及产品仅发生1起,如图4.8所示。

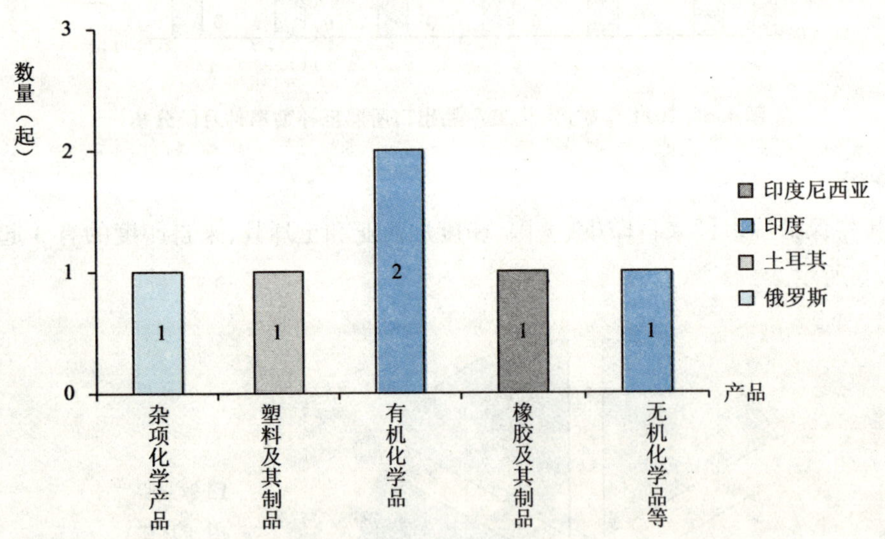

图4.8　2011年矿产、化工产品出口所遇反补贴事件产品分析

(四)矿产、化工产品出口贸易救济措施分析

1. 月份分析

2011年矿产、化工产品出口贸易救济措施事件共76起,比2010年的116起有较大减少。从月份上看,与2010年同期相比,除10月份增加1起外,其他月份均有减少或持平。

总体上,矿产、化工产品出口所遭遇到贸易救济事件与上年相比在量上有所增加,但事件发生的时间有所变化，由 2010 年的 1 月、4 月、5 月和 8 月为事件高发，转为 2011 年的各月相对均衡，如图 4.9 所示。

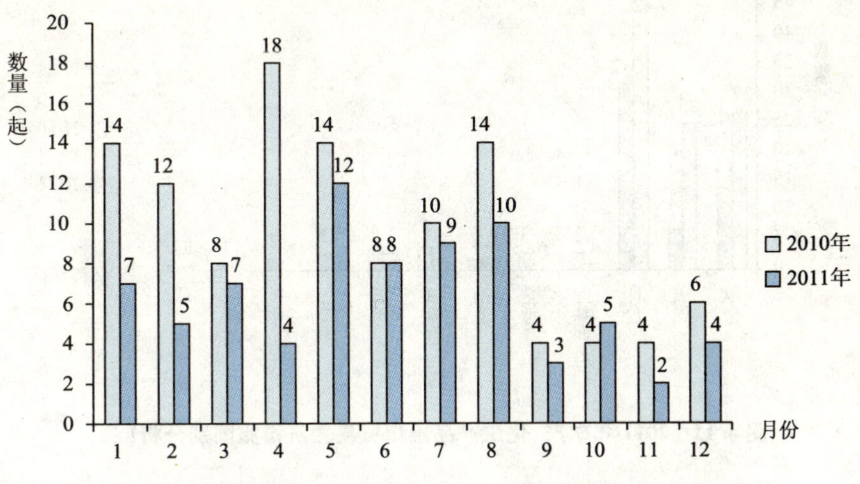

图 4.9　2011 年矿产、化工产品出口贸易救济措施月份分析

2. 国别分析

2011 年矿产、化工产品贸易救济事件涉及的国家和地区共有 12 个，与 2010 年相同。印度和欧盟贸易救济事件达到两位数，分别为 32 起和 14 起，各自占到总数的 42% 和 19%。其次为美国，占 9%，如图 4.10 所示。

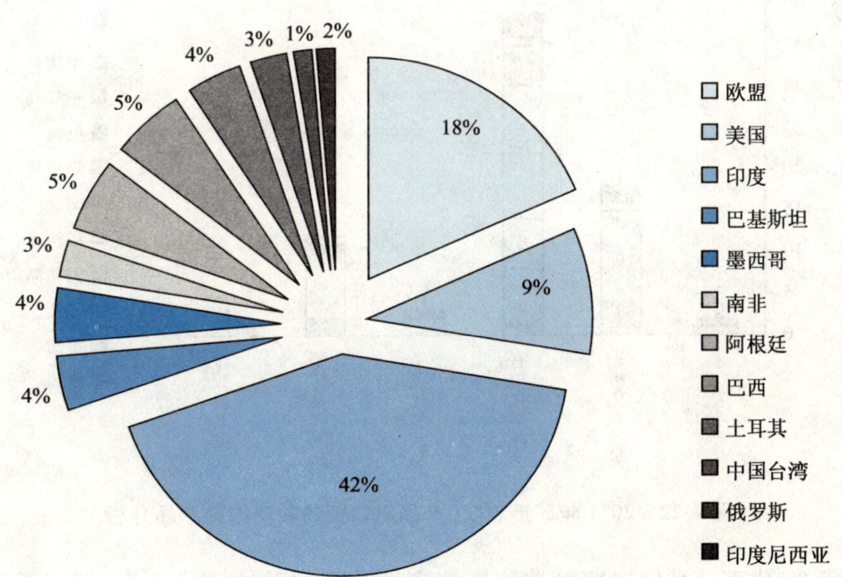

图 4.10　2011 年矿产、化工产品出口贸易救济措施国别分析（一）

与 2010 年相比，新增的国家（地区）为墨西哥、中国台湾地区和俄罗斯。韩国、澳大利亚和乌克兰没有再发生贸易救济事件。在所有涉及国家（地区）中，欧盟、美国、印度和土耳其较 2010 年略有减少，如图 4.11 所示。

总体看来，2011 年我国矿产、化工产品出口贸易救济措施从国别分析的角度来看，与 2010 年相比略有波动。

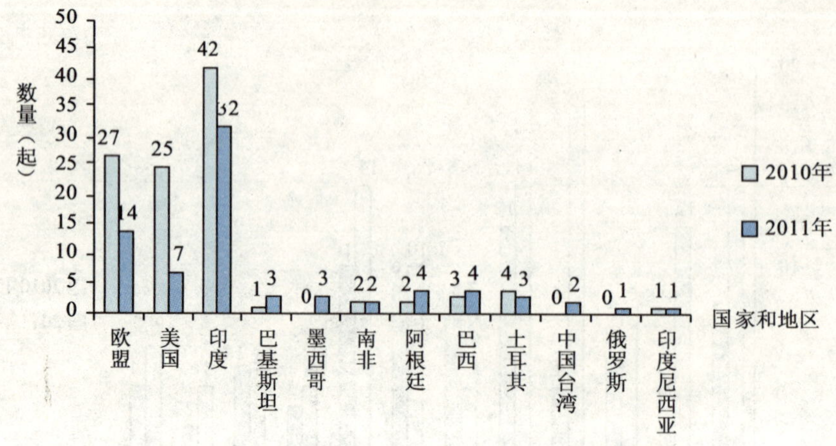

图 4.11　2011 年矿产、化工产品出口贸易救济措施国别分析(二)

3. 产品分析

2011 年矿产、化工产品出口贸易救济措施事件涉及的产品共 6 大类，主要都是反倾销事件涉及的产品，其中有机化学品（HS29）、无机化学品（HS28）和塑料及其制品（HS39）所涉及贸易救济措施事件超过 10 件，如图 4.12 所示。

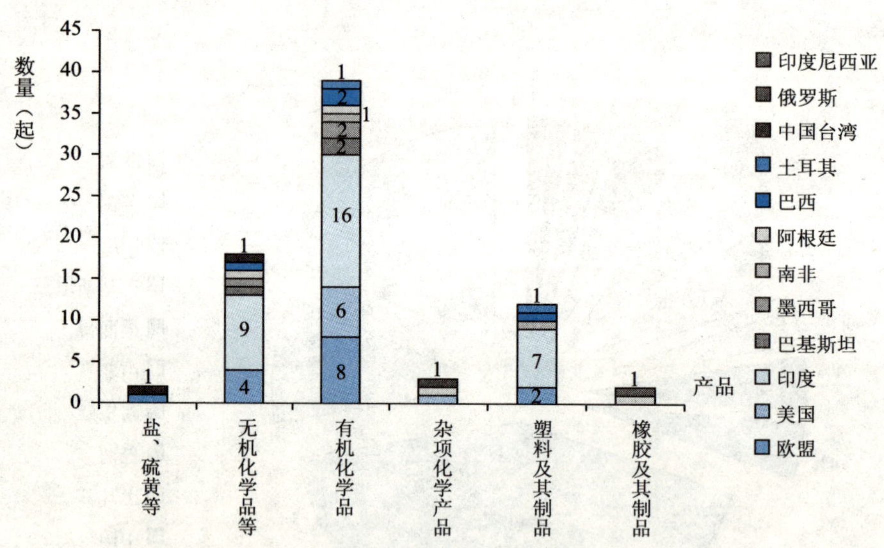

图 4.12　2011 年矿产、化工产品出口贸易救济措施产品分析

总的来说，矿产、化工产品出口贸易救济措施事件涉及的具体产品众多，而且分布国家较广。一方面表明我国矿产、化工类产品在世界上具有一定比较优势，为大多数国家接受；另一方面表明了我国矿产、化工类产品受到来自多方的影响，出口形势较为严峻。

二、矿产、化工产品出口技术性贸易壁垒与绿色贸易壁垒

2011 年矿产、化工产品出口遭遇技术性贸易壁垒与绿色贸易壁垒事件共 14 起，涉及欧盟、美国、日本、我国台湾地区和加拿大，其中美国 6 起，加拿大 4 起，欧盟 2 起，我国台湾地区和日本各 1 起。美国和加拿大采取的主要形式是产品召回。欧盟和我国台湾采取的主要形式是发出消费者警告，日本则对产品进行检查。召回和发出消费者警告的主要原因是中国出口的矿产、化工产品容易导致生命和财产危险，不符合相关的技术和安全标准。

（一）事件

2 月

美国和加拿大对中国产茶蜡实施召回

2011 年 2 月 24 日，美国消费品安全委员会、加拿大卫生部与 Pier 1 Imports 公司联合宣布对中国产带装饰烛台的金色茶蜡实施自愿性召回。此次被召回的商品数量约为 40 万块（其中美国约 37 万块，加拿大约 3 万块）。召回原因为，由于点燃该茶蜡后火苗过高，有引发火灾的危险。

欧盟对中国产浴室清洁剂发出消费者警告

2011 年 2 月 25 日，欧盟委员会非食品类快速预警系统对中国产浴室清洁剂发出消费者警告。本案的通报国为德国。该清洁剂为红色液体，500ml 装，EAN 码编码为 8711252835334，条形码编码为 20072005，Item 码编码为 83533。由于该清洁剂中壬酚乙醇酯的含量约达 0. 9%，有致使用者中毒的化学危险。该产品不符合欧盟的 REACH 法规。

4 月

加拿大卫生部对中国产安抚奶嘴实施召回

2011 年 4 月 8 日，加拿大卫生部与 Global Edge Brands 公司联合宣布对中国产 Go，Diego，Go！和 Dora the Explorer 安抚奶嘴实施自愿性召回。此次被召回的 Go，Diego，Go！和 Dora the Explorer 安抚奶嘴适合 3～6 个月的婴儿，2 个/盒，UPC 码为 774538110073。此次被召回的商品数量约为 4800 盒。召回原因为，加拿大卫生部检测结果显示，该奶嘴和把手易脱落，若被婴儿吞咽，有致其窒息的危险。

5 月

美国 CPSC 对中国产安抚奶嘴夹实施召回

2011 年 5 月 3 日，美国消费品安全委员会与 Sandbox Medical，LLC 联合宣布对中国产安抚奶嘴夹实施自愿性召回。此次被召回的商品为 Cheaper Keeper 安抚奶嘴夹，可固定在婴幼儿的衣服上。此次被召回的商品数量约为 6000 条。召回原因为，该安抚奶嘴夹易破碎，若婴幼儿将碎片放入口中，有致其窒息的危险。

美国马里兰州关于儿童珠宝中的镉以及婴儿奶瓶和配方奶粉中的 BPA 的禁令

2011 年 5 月 19 日，美国马里兰州限制在儿童珠宝首饰中使用镉以及在婴儿奶瓶和配方奶粉中添加双酚 A（BPA）的禁令成为正式法案，并从 2012 年 7 月 1 日对制造商、销售商和分销商生效。禁令规定，儿童珠宝中的镉含量不得超过 0. 0075%（75ppm）。这一禁令仅仅适用于儿童珠宝，如小饰物、儿童手链、手镯、项链、耳环、戒指和为 13 岁以下儿童设计或佩戴使用的小部件等。并不适用于《消费品

安全改进法案》下的玩具镉暴露条例。马里兰州另一项独立法规也已于5月10日生效,要求:①2012年1月1日起,禁止制造、销售、分销含有BPA的儿童护理产品。其中,护理产品指的是被定义为可以容纳食品或饮料的为4岁以下儿童设计和使用的空瓶或水杯。②2014年7月1日起,禁止制造、销售和分销含有超过0.5ppb BPA的婴幼儿配方奶粉,禁止马里兰州购买此类配方奶粉。制造商要求使用安全和合法替代BPA的材料进行生产,但是不能用(i)被美国环保署定为A、B和C类致癌物质,或(ii)EPA认为具有生殖毒性,可引起出生缺陷、生殖和发育危害的材料。

6月

中国台湾就违禁物质向化妆品生产商发出警告

2011年6月,中国台湾卫生部门向生产以及销售指甲油的企业发出警告,若这类企业不遵守现有的化妆品标签和危险物质限制法规,将面临严重的处罚。据悉,DBP因其疑似为激素干扰物而被禁止在化妆品中使用。此外被禁止使用的还包括邻苯二甲酸苄丁酯(BBP)和邻苯二甲酸(2-乙基己基)酯(DEHP)。而作为溶剂使用的甲苯,其在指甲油中的使用浓度不得超过25%。

7月

日本解除对我国产蓝蟹中氟乐灵的强化监视检查

2011年7月8日,日本厚生劳动省发布食安输发0708第2号通报:根据2011年3月30日发布的食安输发0330第15号通报(于2011年6月30日最终修正为食安输发0630第1号通报),通过对相关产品所采取的强化监视检查的情况来看,将取消对于中国产蓝蟹中氟乐灵含量的强化监视检查,今后对于该产品的相关农药残留含量检查项目将依照通常的监视检查体制进行检查。对于实行自主检查的进口商,仍然按照原有的检查体制进行。

美国CPSC对中国产浴缸防滑垫实施召回

2011年7月27日,美国消费品安全委员会与Prime-Line联合宣布对中国产浴缸防滑垫实施自愿性召回。此次被召回的防滑垫为白色鲸形乙烯材质浴缸垫,防滑表面,背面带粘胶,用于防止儿童在浴缸中滑跌。每包装12或15片,高2~4英寸。型号为S-4630,SKU码为049793846303,标于包装后部。此次被召回的商品数量约为8000个。召回原因为,部分防滑垫不能粘住浴缸表面,可致消费者跌伤。截至目前,Prime-Line公司已收到1起防滑垫失效报告,尚未有人员伤亡报告。

8月

加拿大卫生部对中国产汽车轮胎泡沫清洁剂实施召回

2011年8月12日,加拿大卫生部与Auto-Chem Inc.和Canadian Tire Corporation Ltd.联合宣布对中国产汽车轮胎泡沫清洁剂实施自愿性召回。此次被召回的Simoniz汽车轮胎泡沫清洁剂装在510g的喷雾剂容器瓶内,瓶身为蓝色,瓶盖为黑色,产品编号为039-2929。该款产品自2011年4月~2011年7月在加拿大境内出售。此次被召回的商品数量约为16.7万个。召回原因为,该款汽车轮胎泡沫清洁剂若在极端高温下留在车内,会对消费者产生潜在危害。

9月

加拿大卫生部对中国产可浇注的凝胶燃料装实施召回

2011年9月30日,加拿大卫生部与Bond Manufacturing Co.和Jiangdu ZhongTian Tourist Products Co.,Ltd联合宣布对中国产可浇注的凝胶燃料及礼品套装实施自愿性召回。此次被召回的商品数量约为37284个。召回原因为,该款可浇注的凝胶燃料容易突然间燃着。将它倒进仍在燃烧的火罐时,燃料会泼溅到附近的人和物体上，易给消费者造成致命的烧伤或引发火灾。这种情况通常发生在消费者没有看到火焰或者没有注意到火罐依旧在燃烧。

美国 CPSC 对中国产可浇注的凝胶燃料实施召回

2011 年 9 月 28 日，美国消费品安全委员会与 Bond Manufacturing Co. 联合宣布对中国产 Bond Firebowl 可浇注的凝胶燃料实施自愿性召回。此次被召回的商品数量约为 16500 瓶/壶。召回原因为，该款可浇注的凝胶燃料容易突然间燃着。将它倒进仍在燃烧的火罐时，燃料会泼溅到附近的人和物体上，易给消费者造成致命的烧伤或引发火灾。这种情况通常发生在消费者没有看到火焰或者没有注意到火罐依旧在燃烧。

10 月

美国 CPSC 对美国和中国产凝胶燃料实施召回

2011 年 10 月 5 日，美国消费品安全委员会与 Bird Brain Inc. 联合宣布对美国和中国产 Bird Brain 可浇注的无香及有香型，以及生物凝胶燃料实施自愿性召回。此次被召回的商品数量约为 160 万瓶/罐。召回原因为，该款可浇注的凝胶燃料容易突然间点燃。将它倒进仍在燃烧的火罐时，燃料会泼溅到附近的人和物体上，易给消费者造成致命的烧伤或引发火灾。这种情况通常发生在消费者没有看到火焰或者没有注意到火罐依旧在燃烧。

12 月

欧盟对中国产"Shenqiang"牌强力胶发出消费者警告

2011 年 12 月 23 日，欧盟委员会非食品类快速预警系统对中国产"Shenqiang"牌强力胶发出消费者警告。本案的通报国为立陶宛。此次通报的强力胶为 3g 软管装，包装在一个塑料镀层的硬纸板中；纸板上印有大象图案和"SUPER GLUE，110"的文字；条形码为 6926035005381。由于该款强力胶中含有 10.32% 的氯仿，存在化学危险。该款产品不符合欧盟 REACH 法规。目前，立陶宛政府已对该商品采取撤出市场和告知消费者应对方法的措施。

（二）分析

2011 年矿产、化工产品所遇技术性贸易壁垒与绿色贸易壁垒事件分析包括月份分析、国别分析和产品分析。

1. 月份分析

2011 年矿产、化工产品出口贸易技术性贸易壁垒与绿色贸易壁垒事件共 14 起，与 2010 年相比，事件数目增加 3 起，增加幅度为 27%。其中，2 月发生 3 起，5 月、7 月、和 9 月发生 2 起，4 月、6 月、8 月、10 月和 12 月各 1 起，其他月份没有遇到壁垒事件，如图 4.13 所示。

总的来说，矿产、化工产品出口所遇技术性贸易壁垒与绿色贸易壁垒事件随月份并无规律性分布。

2. 国别分析

2011 年矿产、化工产品出口贸易技术性贸易壁垒与绿色贸易壁垒事件涉及的国家（地区）有欧盟、日本、美国、中国台湾地区和加拿大。其中美国 6 起，占 43%；加拿大 4 起，占 29%，如图 4.14 所示。

与 2010 年相比，不仅增加了中国台湾地区，而且美国和加拿大的数量也略有增加，分别从 4 起、3 起增加为 6 起、4 起，如图 4.15 所示。加拿大与日本通过进一步修订技术法规和卫生条例，强化进口产品的成分监测和卫生标准管理，通过技术性贸易壁垒和绿色壁垒限制我国化工产品出口的意图十分明显。事件从总体上看，案件总数有所增加。政府主管部门和矿产、化工类出口企业要引起注意。

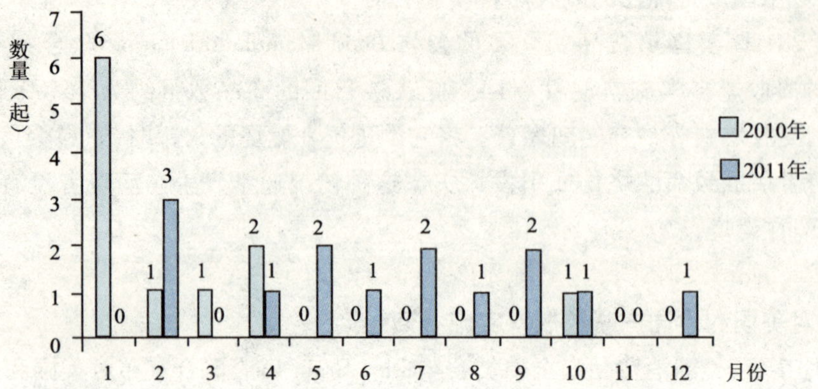

图 4.13　2011 年矿产、化工产品出口贸易 TBT 和绿色贸易壁垒月份分析

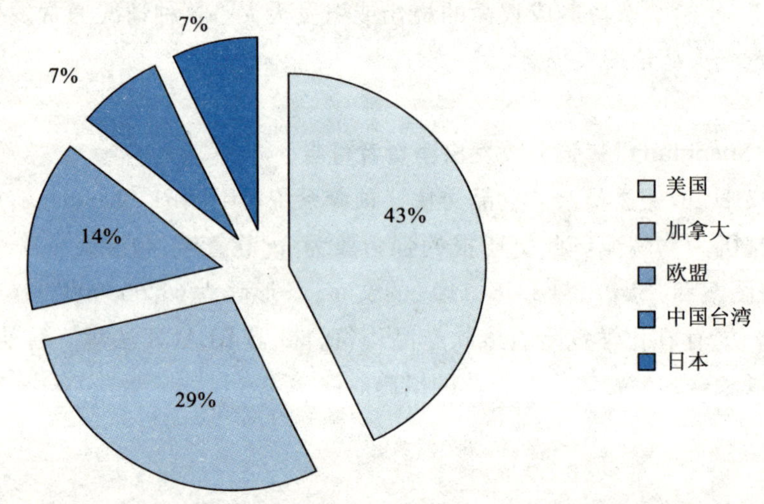

图 4.14　2011 年矿产、化工产品出口贸易 TBT 和绿色贸易壁垒国别分析(一)

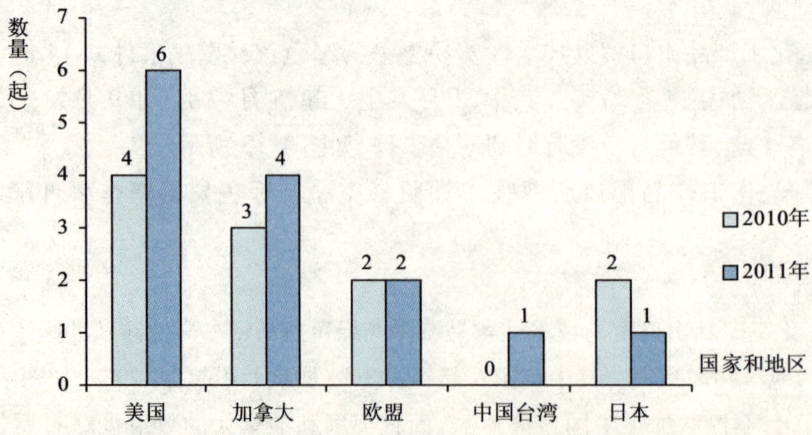

图 4.15　2011 年矿产、化工产品出口贸易 TBT 和绿色贸易壁垒国别分析(二)

3. 产品分析

2011 年矿产、化工产品出口贸易技术性贸易壁垒与绿色贸易壁垒事件涉及的产品有 7 种,其中各种化学制剂(HS34)4 起,燃料(HS27)3 起,有机化学品(HS29)和橡胶及其制品(HS40)2 起,其余产品分别 1 起,如图 4.16 所示。

总的来说,2011 年 TBT 与绿色贸易壁垒事件涉及的国家不多,但涉及的产品较为分散。

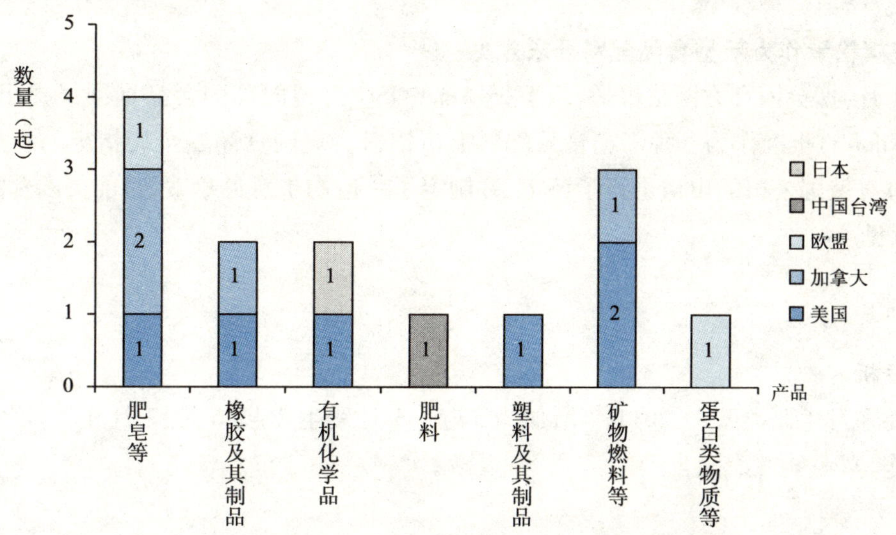

图 4.16 2011 年矿产、化工产品出口贸易 TBT 和绿色贸易壁垒产品分析

三、其他贸易壁垒

2011 年矿产、化工产品发生出口贸易其他类型的贸易壁垒事件 5 起。

(一)事件

3 月

美国 ITC 对吉西他滨启动 337 调查

2011 年 3 月 17 日,美国国际贸易委员会(ITC)投票决定对部分吉西他滨及包含该产品的相关产品(certain gemcitabine and products containing same)启动 337 调查。涉案产品是一种被批准用于治疗各种类型癌症的药物。

美国 ITC 对避孕环启动 337 调查

2011 年 3 月 24 日,美国国际贸易委员会(ITC)投票决定对部分阴道避孕环(certain vaginal ring birth control devices)启动 337 调查。涉案产品是处方药依托孕烯 & 乙炔雌二醇阴道避孕环(NuvaRing)。

6 月

水净化骨炭被纳入适合出口日本的产品清单

2011 年 6 月 9 日日本发布通报,鉴于"对日本出口加工动物蛋白的动物健康要求(Ref. No. 17 shouan2891)"已被修改,"水净化骨炭"被纳入适合出口日本的产品清单。

7 月

美国 ITC 决定对辅酶 Q10 启动 337 调查

2011 年 7 月 14 日，美国国际贸易委员会（ITC）决定对部分辅酶 Q10 产品及其制作方法（certain coenzyme Q10 products and methods of making same）启动 337 调查。涉案产品主要用于“心脏健康”营养补充剂以及“防衰老”化妆品中。

8 月

英国就花旗松素作为新型食品配料征求意见

2011 年 8 月，据英国官方网站报道，俄罗斯 AmetisJSG 公司向英国食品标准局提出申请，建议将花旗松素（Taxifolin）批准作为一种新型食品配料上市销售。英国食品安全局指定的新型食品咨询委员会（ACNFP）对俄国公司的申请进行了评定，并制定了一份初步意见草案，目前英国食品安全局正就此草案征求意见。

（二）分析

1. 月份分析

2010 年并未发生此类壁垒，2011 年增加为 5 起。3 月发生 2 起，6 月、7 月和 8 月各发生 1 起，如图 4.17 所示。

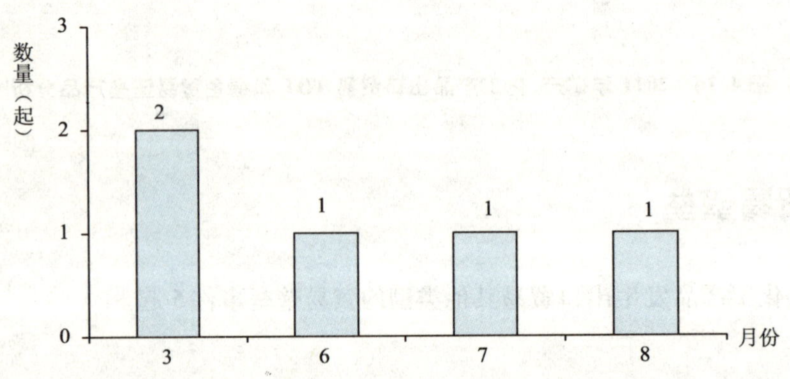

图 4.17　2011 年矿产、化工产品出口其他贸易壁垒月份分析

2. 国别分析

按国家（地区）看，美国发生 3 起，日本和英国各 1 起，如图 4.18 所示。

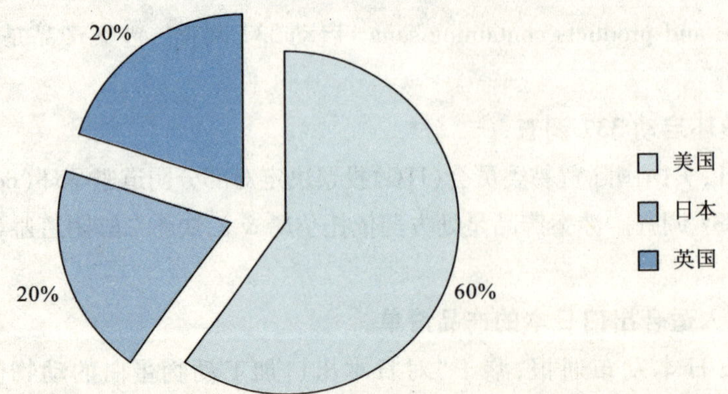

图 4.18　2011 年矿产、化工产品出口其他贸易壁垒国别分析

3. 产品分析

涉及的产品有药品和其他化学产品，分别发生 4 起和 1 起，如图 4.19 所示。

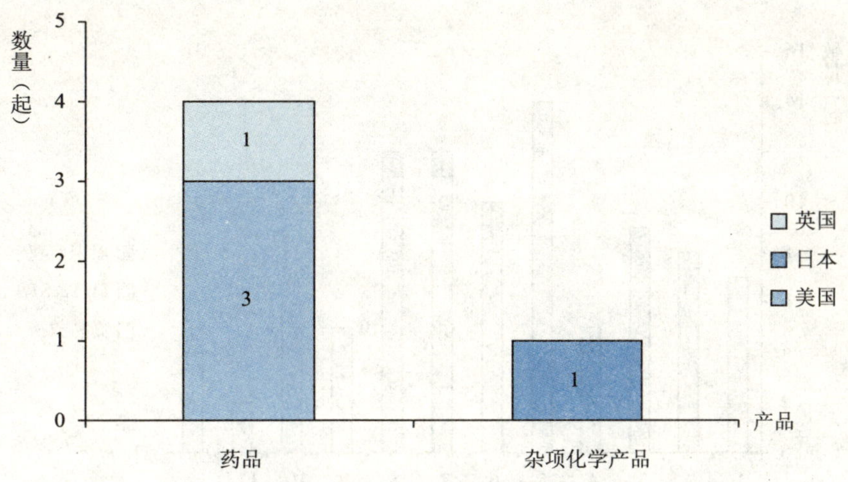

图 4.19　2011 年矿产、化工产品出口其他贸易壁垒产品分析

四、矿产、化工产品出口贸易壁垒综合分析

针对矿产、化工产品出口所遇各类贸易壁垒进行总体的综合分析。

矿产、化工产品出口所遇贸易壁垒的综合分析包括月份分析、国别分析、区域分析、产品分析和贸易壁垒形式分析。

1. 月份分析

2011 年矿产、化工产品出口贸易壁垒事件共 95 起，与 2009 年的 127 起相比，减少 25%。其中 5 月、6 月、7 月和 8 月较多，分别为 14 起、10 起、10 起和 12 起。其余月份发生数量均小于 10 起，其中 11 月最少，为 2 起，如图 4.20 所示。

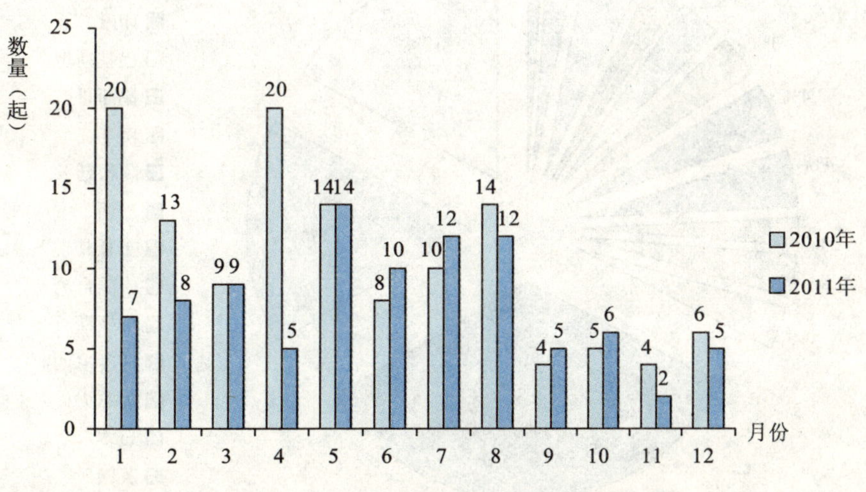

图 4.20　2011 年矿产、化工产品出口贸易壁垒月份分析(一)

与2010年相比,除6月、7月、9月和10月壁垒事件数量少幅增加,其余月份均有所减少,如图4.21所示。

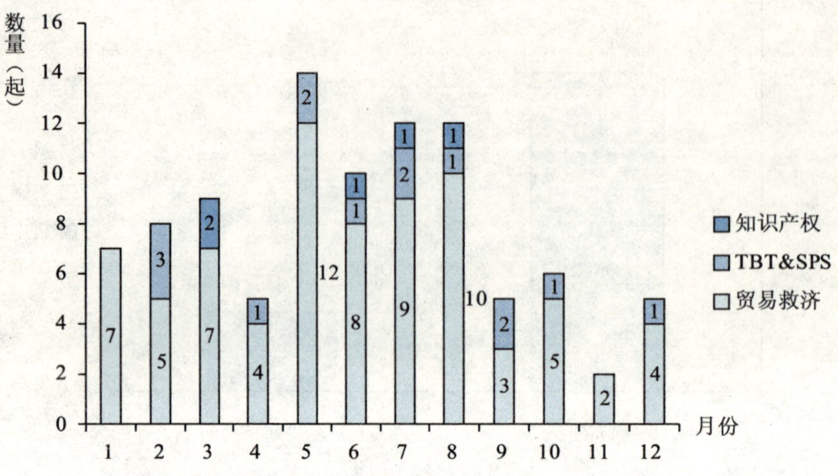

图4.21 2011年矿产、化工产品出口贸易壁垒月份分析(二)

从图4.21中可以看出,有10个月份都遭受了至少两种形式的贸易壁垒,可见国外对我国矿产、化工产品采用了多种形式结合的贸易壁垒手段。我国政府和相关企业应引起高度重视。

总体看来,2010年矿产、化工产品出口贸易壁垒事件随月份呈现先增加后减少的趋势。

2. 国别分析

2011年矿产、化工产品出口贸易壁垒事件涉及的国家(地区)共15个,虽然涉及国家和地区较多,但集中度比较高。印度、美国和欧盟是发起壁垒事件最多的3个国家和地区,占到总事件的68%。前6个国家和地区的事件占到总事件的80%,如图4.22所示。

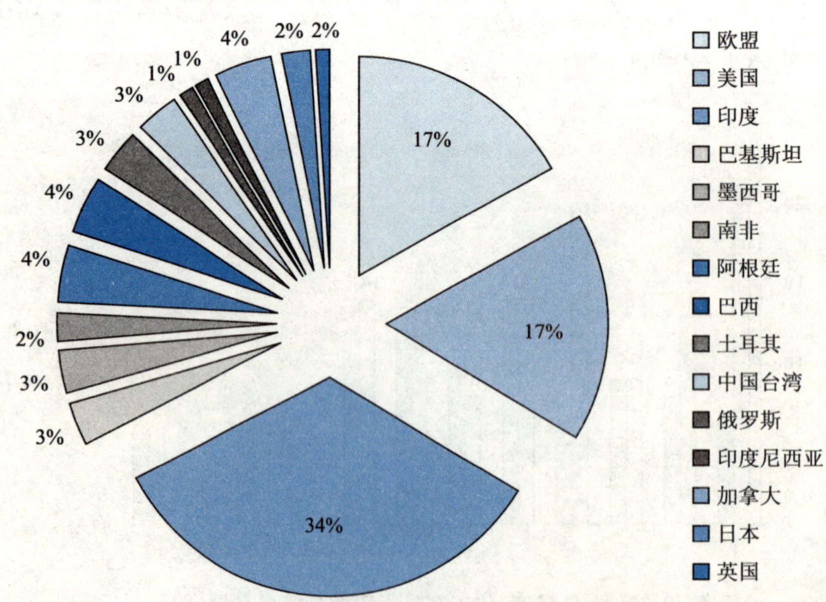

图4.22 2011年矿产、化工产品出口贸易壁垒国别分析(一)

与2010年相比,2011年有3个国家没有涉及,分别为乌克兰、澳大利亚和韩国,新增贸易壁垒发生国家(地区)4个,为墨西哥、中国台湾地区、俄罗斯和英国。在所有涉及国家和地区里,欧盟、美国、印度和土耳其的壁垒事件比2010年有所减少,保持不变的是南非、印度尼西亚和日本。其余国家(地区)有所增加,增加了1~11起,如图4.23所示。

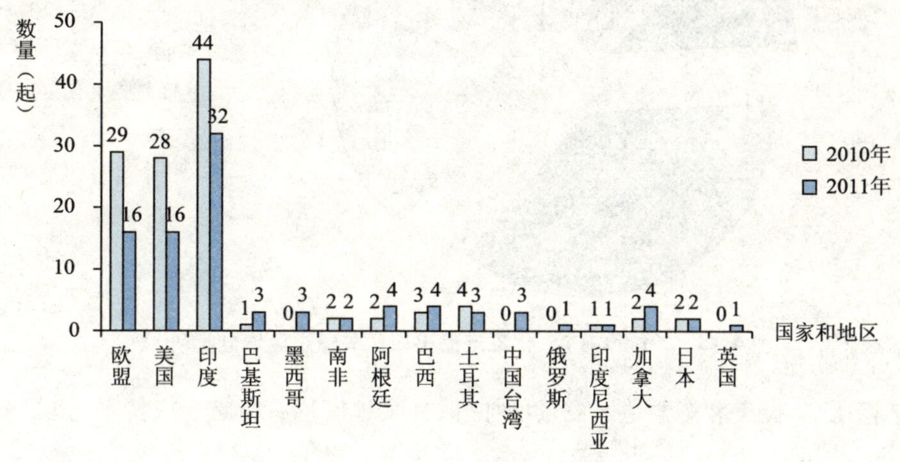

图4.23 2011年矿产、化工产品出口贸易壁垒国别分析(二)

从图4.24中可以看出,大部分国家对我国矿产、化工产品出口采取的贸易壁垒多为“两反一保”的贸易救济形式,以欧盟和印度较为突出。

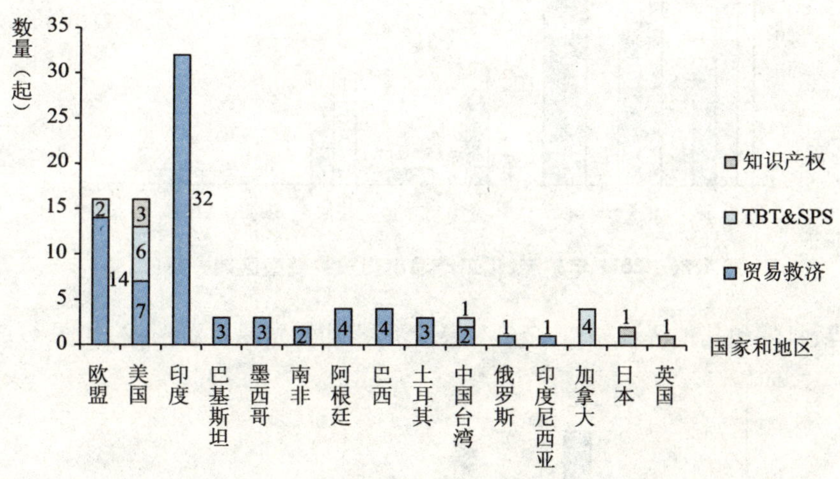

图4.24 2011年矿产、化工产品出口贸易壁垒国别分析(三)

3. 区域分析

2011年矿产、化工产品出口贸易壁垒事件涉及的区域有北美、拉美、欧盟、南亚、非洲、日韩和东盟7个地区。其中南亚、北美和欧盟最多,分别为35起、20起和17起。南亚、欧盟和北美3个地区事件占总数的76%。东盟最少,为1起,如图4.25所示。

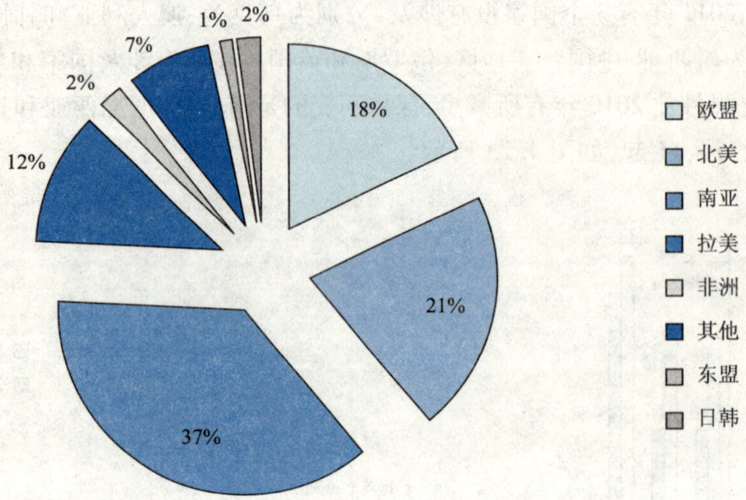

图 4.25 2011 年矿产、化工产品出口贸易壁垒区域分析(一)

与 2010 年相比,除拉美和东盟地区数量增加外,其余地区均有所减少或持平,如图 4.26 所示。

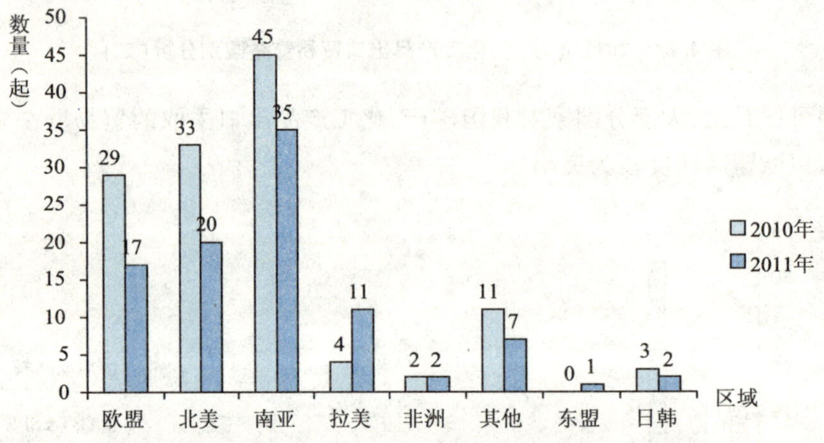

图 4.26 2011 年矿产、化工产品出口贸易壁垒区域分析(二)

除北美、欧盟、日韩和其他区域外,其余地区壁垒形式均为贸易救济形式,如图 4.27 所示。

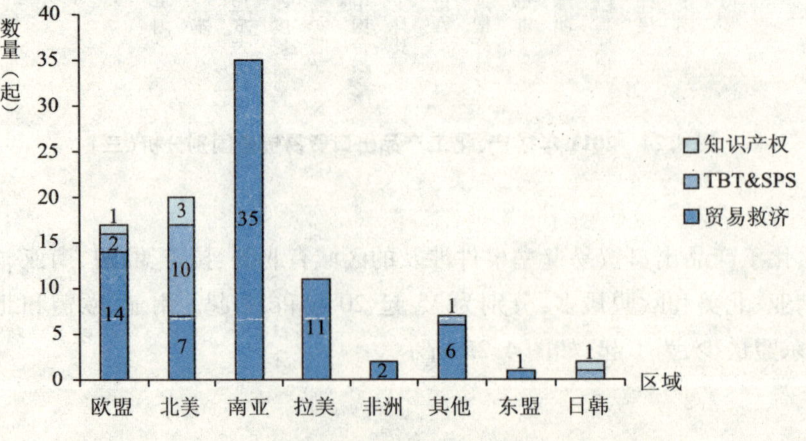

图 4.27 2011 年矿产、化工产品出口贸易壁垒区域分析(三)

4. 产品分析

2011 年矿产、化工产品出口贸易壁垒事件涉及的产品共 11 类。最多的是有机化学品(HS29),为 41 起,主要发起国家和地区有欧盟、印度和美国,如图 4.28 所示。在此提醒相关出口企业注意各自产品可能面临的困难,及时调整出口策略,减少经济损失。

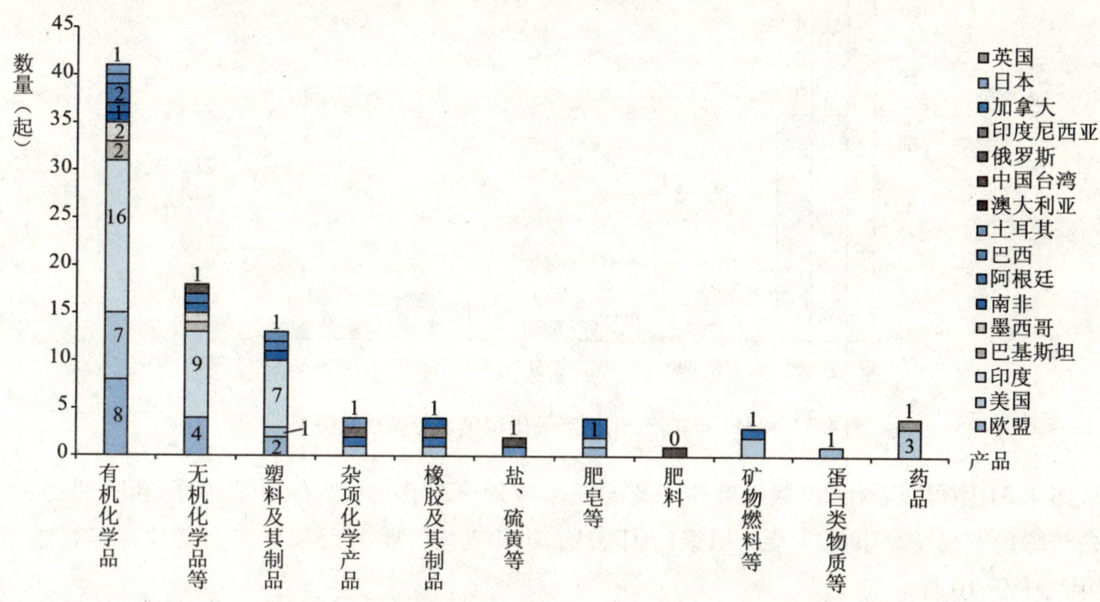

图 4.28 2011 年矿产、化工产品出口贸易壁垒产品分析

总的来说,2011 年遭遇贸易壁垒的矿产、化工类产品种类繁多,主要是各种有机和无机化学品,涉及国家广泛,未来有效规避贸易壁垒的难度相对较大。

5. 贸易壁垒形式分析

2011 年矿产、化工产品出口贸易壁垒事件涉及的贸易壁垒形式有反倾销、反补贴、保障措施、技术性贸易壁垒与绿色贸易壁垒。其中反倾销事件最多,为 69 起,占 73%;TBT 其次,为 14 起,占 15%,如图 4.29 所示。

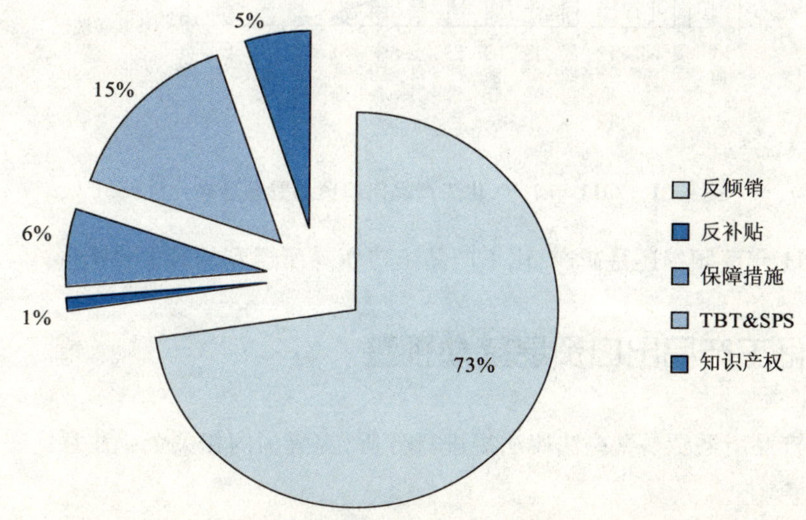

图 4.29 2011 年矿产、化工产品出口贸易壁垒形式分析(一)

由图4.30可以看出，与2010年相比，反倾销、TBT引起的贸易壁垒仍为最主要的两种贸易壁垒形式，反倾销事件有显著减少。

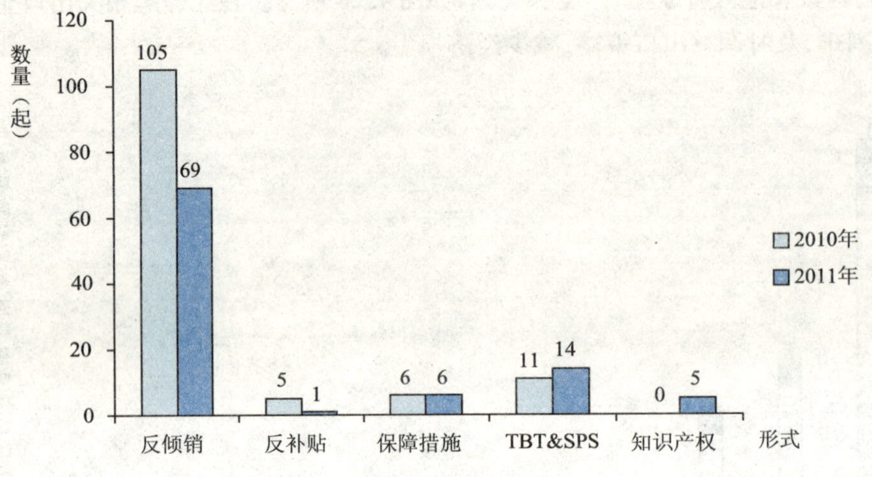

图4.30　2011年矿产、化工产品出口贸易壁垒形式分析(二)

从图4.31中可以看出，反倾销事件涉及的国家或地区较多，主要有印度、美国和欧盟；技术性贸易壁垒与绿色贸易壁垒事件涉及的国家(地区)有美国、欧盟、加拿大和日本。其他保障措施事件在2011年均少于10件。

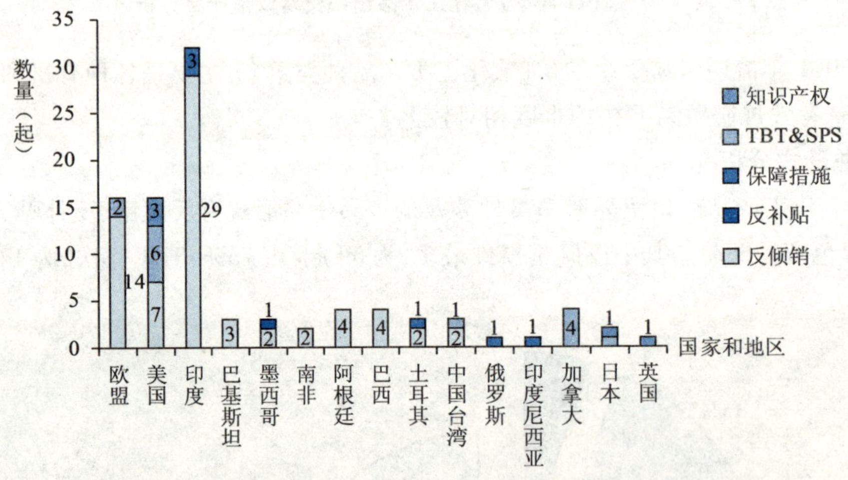

图4.31　2011年矿产、化工产品出口贸易壁垒形式分析(三)

总的来说，2011年反倾销还是矿产、化工产品出口贸易所遇到的最主要的形式。

五、矿产、化工产品出口贸易壁垒预警

对矿产、化工产品所遇贸易壁垒法律法规进行分析，提醒国内相关企业注意。

(一)法律法规

矿产、化工产品出口所遇贸易壁垒的法规包括2011年颁布已实施的、颁布未实施的和存在颁布意向的法律法规。其中颁布已实施的法律法规共107条、颁布未实施的法律法规共225条、存在颁布意向的法律法规共47条。

1. 颁布实施的法律法规

2011年矿产化工产品出口所遇贸易壁垒的法律法规中,已颁布实施的法律法规共107条。

(1)法律法规

1月

巴西发布关于杀虫剂氟环唑的通报

巴西2011年1月24日发布通报,公布杀虫剂氟环唑决议草案。拟批准日期:2011年1月。拟生效日期:2011年2月。

巴西发布关于杀虫剂枯草芽孢杆菌的通报

巴西2011年1月11日发布通报,公布枯草芽孢杆菌决议草案。拟批准日期:2011年2月。拟生效日期:2011年3月。

巴西发布关于杀虫剂醚菊酯的通报

巴西2011年1月11日发布通报,公布杀虫剂醚菊酯决议草案。拟批准日期:2011年2月。拟生效日期:2011年3月。

巴西发布关于杀虫剂噻虫嗪的通报

巴西2011年1月11日发布通报,公布杀虫剂噻虫嗪决议草案。拟批准日期:2011年2月。拟生效日期:2011年3月。

巴西发布关于杀虫剂霜霉威的通报

巴西2011年1月24日发布通报,公布杀虫剂霜霉威决议草案。拟批准日期:2011年1月。拟生效日期:2011年2月。

巴西发布关于杀虫剂唑菌胺酯的通报

巴西2011年1月24日发布通报,公布杀虫剂唑菌胺酯决议草案。拟批准日期:2011年1月。拟生效日期:2011年2月。

巴西发布关于石油及从沥青矿物提取的油的通报

巴西2011年1月28日发布通报,公布2010年12月29日国家石油管理局(ANP)部颁法案No. 52。拟批准日期:内河船用燃油的销售、生产进口符合规范及技术法规的期限是2012年6月30日。拟生效日期:2010年12月30日。

印度尼西亚发布关于药品、传统药物、营养补充剂及保健品的通报

印度尼西亚2011年1月19日发布通报,公布印尼国家药品食品管理局法规HK. 03. 1. 23. 06. 10. 5166/2010关于在药品、传统药物、补药及食品标签中包含特殊物质、酒精含量及有效期信息。拟批准日期:2011年6月30日。拟生效日期:2011年6月30日。

2 月

美国发布关于杀虫剂的通报

美国 2011 年 2 月 22 日发布 G/SPS/N/USA/2158 通报，公布关于(1,4)-苯二甲酸、二甲酯，带(1,4)-丁二醇、己二酸及六亚甲基二异氰酸酯免除残留限量的要求的最终法规。拟批准日期:2011年 2 月 11 日。拟生效日期:2011 年 2 月 11 日。

美国发布关于杀虫剂的通报

美国 2011 年 2 月 7 日发布 G/SPS/N/USA/2143 通报，公布关于规定柿子椒，非柿子椒类青椒；大米；谷物和番茄内/表唑吡嘧磺隆残留许可限量的最终法规。拟批准日期:2010 年 12 月 29 日。拟生效日期:2010 年 12 月 29 日。

美国发布关于杀虫剂的通报

美国 2011 年 2 月 7 日发布 G/SPS/N/USA/2145 通报，公布关于删除某些注册杀虫剂用途修改要求的获悉通知。拟生效日期:2011 年 2 月 11 日。

美国发布关于杀虫剂的通报

美国 2011 年 2 月 7 日发布 G/SPS/N/USA/2146 通报，公布关于讨论和确定的不同产品内/表氟啶胺残留制定许可限量的最终法规。拟批准日期:2011 年 1 月 19 日。拟生效日期:2011 年 1 月 19 日。

美国发布关于杀虫剂的通报

美国 2011 年 2 月 7 日发布 G/SPS/N/USA/2147 通报，公布关于暂停某些注册杀虫剂的意向通知。拟批准日期:2011 年 2 月 18 日。拟生效日期:2011 年 1 月 19 日。

美国发布关于杀虫剂的通报

美国 2011 年 2 月 7 日发布 G/SPS/N/USA/2150 通报，公布关于甲霜灵杀虫剂许可限量的最终法规。拟批准日期:2011 年 1 月 26 日。拟生效日期:2011 年 1 月 26 日。

美国发布关于杀虫剂的通报

美国 2011 年 2 月 3 日发布 G/SPS/N/USA/2137 通报，公布关于氟酰胺杀虫剂许可限量的最终法规。拟批准日期:2010 年 12 月 22 日。拟生效日期:2010 年 12 月 22 日。

美国发布关于杀虫剂的通报

美国 2011 年 2 月 3 日发布 G/SPS/N/USA/2138 通报，公布关于 Tetrahydro - 3,5 - dimethyl - 2H - 1,3,4 - thiadiazine - 2 - thione 终止或删除某些用途的修改案。拟批准日期:不适用。拟生效日期:2010 年 12 月 20 日。

美国发布关于杀虫剂的通报

美国 2011 年 2 月 3 日发布 G/SPS/N/USA/2140 通报，公布关于增加紧急免除许可限量(多种化学品)的最终法规。拟批准日期:2010 年 12 月 22 日。拟生效日期:2010 年 12 月 22 日。

美国发布关于杀虫剂的通报

美国 2011 年 2 月 3 日发布 G/SPS/N/USA/2133 通报，公布关于修订杀虫剂量一般限量的最终法规。拟批准日期:2011 年 2 月 7 日。拟生效日期:2011 年 2 月 7 日。

3 月

加拿大发布关于杀虫剂及有害生物的通报

加拿大 2011 年 3 月 31 日发布 G/SPS/N/CAN/463/Add. 1 通报，公布关于制定噻菌灵最大残留限量的法规。拟批准日期:2011 年 3 月 16 日。拟生效日期:2011 年 3 月 16 日。

加拿大发布关于杀虫剂及有害生物的通报

加拿大 2011 年 3 月 30 日发布 G/SPS/N/CAN/452/Add. 1 通报，公布关于制定异丙甲草胺最大残留限量的法规。拟批准日期:2011 年 3 月 16 日。拟生效日期:2011 年 3 月 16 日。

加拿大发布关于杀虫剂及有害生物的通报

加拿大 2011 年 3 月 30 日发布 G/SPS/N/CAN/453/Add. 1 通报，公布关于制定氟啶胺最大残留限量的法规。拟批准日期:2011 年 3 月 16 日。拟生效日期:2011 年 3 月 16 日。

加拿大发布关于杀虫剂及有害生物的通报

加拿大 2011 年 3 月 30 日发布 G/SPS/N/CAN/461/Add. 1 通报，公布关于制定丙硫菌唑最大残留限量的法规。拟批准日期:2011 年 3 月 16 日。拟生效日期:2011 年 3 月 16 日。

加拿大发布关于杀虫剂及有害生物的通报

加拿大 2011 年 3 月 30 日发布 G/SPS/N/CAN/462/Add. 1 通报，公布关于制定啶酰菌胺最大残留限量的法规。拟批准日期:2011 年 3 月 16 日。拟生效日期:2011 年 3 月 16 日。

加拿大发布关于杀虫剂及有害生物的通报

加拿大 2011 年 3 月 30 日发布 G/SPS/N/CAN/449/Add. 1 通报，公布关于制定氰霜唑最大残留限量的法规。拟批准日期:2011 年 3 月 14 日。拟生效日期:2011 年 3 月 14 日。

加拿大发布关于杀虫剂及有害生物的通报

加拿大 2011 年 3 月 29 日发布 G/SPS/N/CAN/451/Add. 1 通报，公布关于制定啶酰菌胺最大残留限量的法规。拟批准日期:2011 年 3 月 14 日。拟生效日期:2011 年 3 月 14 日。

加拿大发布关于杀虫剂及有害生物的通报

加拿大 2011 年 3 月 29 日发布 G/SPS/N/CAN/454/Add. 1 通报，公布关于制定甲磺草胺最大残留限量的法规。拟批准日期:2011 年 3 月 14 日。拟生效日期:2011 年 3 月 14 日。

加拿大发布关于杀虫剂及有害生物的通报

加拿大 2011 年 3 月 29 日发布 G/SPS/N/CAN/467/Add. 1 通报，公布关于制定 1 - 甲基环丙烯最大残留限量的法规。拟批准日期:2011 年 3 月 14 日。拟生效日期:2011 年 3 月 14 日。

加拿大发布关于杀虫剂及有害生物的通报

加拿大 2011 年 3 月 29 日发布 G/SPS/N/CAN/468/Add. 1 通报，公布关于制定仲甲醛最大残留限量的法规。拟批准日期:2011 年 3 月 14 日。拟生效日期:2011 年 3 月 14 日。

美国发布关于杀虫剂的通报

美国 2011 年 3 月 23 日发布 G/SPS/N/USA/2177 通报，公布关于过氧乙酸修改免除许可限量的要求的最终法规。拟批准日期:2011 年 3 月 4 日。拟生效日期:2011 年 3 月 4 日。

美国发布关于杀虫剂的通报

美国 2011 年 3 月 23 日发布 G/SPS/N/USA/2178 通报，公布关于次氯酸钾修改免除许可限量的要求的最终法规。拟批准日期:2011 年 3 月 2 日。拟生效日期:2011 年 3 月 2 日。

美国发布关于杀虫剂的通报

美国2011年3月23日发布G/SPS/N/USA/2180通报,公布关于苯甲酸钾修改免除许可限量的要求的最终法规。拟批准日期:2011年3月9日。拟生效日期:2011年3月9日。

巴西发布关于杀虫剂异丙甲草胺的通报

巴西2011年3月17日发布G/SPS/N/BRA/720通报,公布关于异丙甲草胺决议草案。拟批准日期:2011年4月。拟生效日期:2011年5月。

巴西发布关于杀虫剂腐霉利的通报

巴西2011年3月17日发布G/SPS/N/BRA/721通报,公布关于腐霉利决议草案。拟批准日期:2011年4月。拟生效日期:2011年5月。

巴西发布关于杀虫剂双草醚的通报

巴西2011年3月17日发布G/SPS/N/BRA/724通报,公布关于双草醚决议草案。拟批准日期:2011年4月。拟生效日期:2011年5月。

巴西发布关于杀虫剂氟啶胺的通报

巴西2011年3月17日发布G/SPS/N/BRA/725通报,公布关于氟啶胺决议草案。拟批准日期:2011年4月。拟生效日期:2011年5月。

巴西发布关于杀虫剂多杀菌素的通报

巴西2011年3月17日发布G/SPS/N/BRA/726通报,公布关于多杀菌素决议草案。拟批准日期:2011年4月。拟生效日期:2011年5月。

美国发布关于表面活性剂的通报

美国2011年3月1日发布G/SPS/N/USA/2160通报,公布关于含氨基烷氧基的聚合脂肪酸酯免除许可限量要求的最终法规。拟批准日期:2011年2月16日。拟生效日期:2011年2月16日。

美国发布关于杀虫剂的通报

美国2011年3月1日发布G/SPS/N/USA/2161通报,公布关于精吡氟禾草灵杀虫剂许可限量的最终法规。拟批准日期:2011年2月2日。拟生效日期:2011年2月2日。

美国发布关于杀虫剂的通报

美国2011年3月1日发布G/SPS/N/USA/2164通报,公布关于异丁烷免除许可限量要求的最终法规。拟批准日期:2011年2月2日。拟生效日期:2011年2月2日。

美国发布关于杀虫剂的通报

美国2011年3月1日发布G/SPS/N/USA/2165通报,公布关于甲磺草胺杀虫剂许可限量的最终法规。拟批准日期:2011年2月2日。拟生效日期:2011年2月2日。

美国发布关于杀虫剂的通报

美国2011年3月1日发布G/SPS/N/USA/2166通报,公布关于(S,S)-乙二胺二琥珀酸三钠盐免除许可限量的最终法规。拟批准日期:2011年2月4日。拟生效日期:2011年2月4日。

美国发布关于杀虫剂的通报

美国2011年3月1日发布G/SPS/N/USA/2167通报,公布关于辛醇和癸醇免除许可限量要求的最终法规。拟批准日期:2011年2月4日。拟生效日期:2011年2月4日。

美国发布关于杀虫剂的通报

美国 2011 年 3 月 1 日发布 G/SPS/N/USA/2168 通报，公布关于 N－alkyl（C8－C18）－beta－iminodipropionic acid 钠和钾盐免除许可限量要求的最终法规。拟批准日期：2011 年 2 月 4 日。拟生效日期：2011 年 2 月 4 日。

美国发布关于杀虫剂的通报

美国 2011 年 3 月 1 日发布 G/SPS/N/USA/2169 通报，公布关于暂停某些注册杀虫剂的意向通知。拟生效日期：2011 年 3 月 7 日。

瑞士发布关于活性物质的通报

瑞士 2011 年 3 月 7 日发布 G/TBT/N/CHE/132 通报，公布关于在生物灭杀制品中使用的活性物质注册的联邦公共卫生办公室条例草案。拟批准日期：2011 年 4 月 25 日。拟生效日期：2011 年 5 月 1 日。

4 月

巴西发布关于杀虫剂的通报

巴西 2011 年 4 月 29 日发布 G/SPS/N/BRA/746 通报，公布关于苯扎氯铵决议草案，将苯扎氯铵用于柑橘种植、大豆种植及玉米种植纳入法规。拟批准日期：2011 年 7 月。拟生效日期：2011 年 7 月。

美国发布关于大肠杆菌特异性噬菌体的通报

美国 2011 年 4 月 27 日发布 G/SPS/N/USA/2206 通报，公布关于大肠杆菌 O157：h7 的特异性噬菌体临时免除许可限量要求的最终法规。拟批准日期：2011 年 4 月 13 日。拟生效日期：2011 年 4 月 13 日。

美国发布关于杀虫剂的通报

美国 2011 年 4 月 27 日发布 G/SPS/N/USA/2207 通报，公布关于乙螨唑杀虫剂许可限量的最终法规。拟批准日期：2011 年 4 月 13 日。拟生效日期：2011 年 4 月 13 日。

美国发布关于杀虫剂的通报

美国 2011 年 4 月 19 日发布 G/SPS/N/USA/2197 通报，公布关于乙二胺四乙酸铁钠免除许可限量要求的最终法规。拟批准日期：2011 年 3 月 30 日。拟生效日期：2011 年 3 月 30 日。

美国发布关于杀虫剂的通报

美国 2011 年 4 月 19 日发布 G/SPS/N/USA/2200 通报，公布关于噻螨酮杀虫剂许可限量的最后通知。拟批准日期：2011 年 4 月 6 日。拟生效日期：2011 年 4 月 6 日。

美国发布关于杀虫剂的通报

美国 2011 年 4 月 19 日发布 G/SPS/N/USA/2201 通报，公布关于乙虫腈杀虫剂许可限量的最后通知。拟批准日期：2011 年 4 月 6 日。拟生效日期：2011 年 4 月 6 日。

美国发布关于杀虫剂的通报

美国 2011 年 4 月 19 日发布 G/SPS/N/USA/2202 通报，公布关于 Indaziflam 杀虫剂许可限量的最终通知。拟批准日期：2011 年 4 月 6 日。拟生效日期：2011 年 4 月 6 日。

美国发布关于杀虫剂的通报

美国 2011 年 4 月 19 日发布 G/SPS/N/USA/2203 通报，公布关于代森锰锌杀虫剂许可限量的最终通知。拟批准日期:2011 年 4 月 6 日。拟生效日期:2011 年 4 月 6 日。

美国发布关于杀虫剂的通报

美国 2011 年 4 月 19 日发布 G/SPS/N/USA/2204 通报,公布关于草甘膦杀虫剂许可限量的最终通知。拟批准日期:2011 年 4 月 8 日。拟生效日期:2011 年 4 月 8 日。

美国发布关于杀虫剂的通报

美国 2011 年 4 月 14 日发布 G/SPS/N/USA/2189 通报,公布关于玉米内苏云金芽孢杆菌 eCry 3.1Ab 蛋白临时免除许可限量要求的最终法规。拟批准日期:2011 年 3 月 16 日。拟生效日期:2011 年 3 月 16 日。

美国发布关于杀虫剂的通报

美国 2011 年 4 月 14 日发布 G/SPS/N/USA/2190 通报,公布关于获悉有关取消某些注册杀虫剂用途修改请求的通知。拟批准日期:2011 年 9 月 12 日。拟生效日期:2011 年 9 月 12 日。

美国发布关于杀虫剂的通报

美国 2011 年 4 月 14 日发布 G/SPS/N/USA/2192 通报,公布关于氟虫酰胺杀虫剂许可限量的最终法规。拟批准日期:2011 年 3 月 23 日。拟生效日期:2011 年 3 月 23 日。

巴西发布关于杀虫剂的通报

巴西 2011 年 4 月 29 日发布 G/SPS/N/BRA/744 通报,公布关于嘧苯胺磺隆决议草案。拟批准日期:2011 年 7 月。拟生效日期:2011 年 7 月。

日本发布关于药品的通报

日本 2011 年 4 月 6 日发布 G/TBT/N/JPN/354 通报,公布关于部分修订生物制品最低要求。拟批准日期:2011 年 5 月。拟生效日期:2011 年 5 月。

5 月

美国发布关于杀虫剂的通报

美国 2011 年 5 月 30 日发布 G/SPS/N/USA/2220 通报,公布关于噻螨酮杀虫剂许可限量的最终通知。拟批准日期:2011 年 4 月 6 日。拟生效日期:2011 年 4 月 6 日。

美国发布关于杀虫剂的通报

美国 2011 年 5 月 9 日发布 G/SPS/N/USA/2212 通报,公布关于三乙膦酸铝、丁草特、氯氧磷、烯草酮及其他杀虫剂许可限量的最终通知。拟批准日期:2011 年 4 月 27 日。拟生效日期:2011 年 4 月 27 日。

美国发布关于杀虫剂的通报

美国 2011 年 5 月 9 日发布 G/SPS/N/USA/2215 通报,公布关于吡唑解草酯杀虫剂许可限量的最终通知。拟批准日期:2011 年 4 月 29 日。拟生效日期:2011 年 4 月 29 日。

日本发布关于药品(30)的通报

日本 2011 年 5 月 19 日发布 G/TBT/N/JPN/358 通报,部分修订生物制品的最低要求。拟批准日期:2011 年 7 月。拟生效日期:2011 年 7 月。

6 月

美国发布关于杀虫剂的通报

美国 2011 年 6 月 23 日发布 G/SPS/N/USA/2230 通报,公布关于溴苯腈杀虫剂许可限量的最终法规。拟批准日期:2011 年 6 月 1 日。拟生效日期:2011 年 6 月 1 日。

美国发布关于杀虫剂的通报

美国 2011 年 6 月 23 日发布 G/SPS/N/USA/2231 通报,公布关于吡草醚杀虫剂许可限量的最终法规。拟批准日期:2011 年 6 月 1 日。拟生效日期:2011 年 6 月 1 日。

美国发布关于杀虫剂的通报

美国 2011 年 6 月 22 日发布 G/SPS/N/USA/2225 通报,公布关于丙环唑杀虫剂许可限量的最终法规。拟批准日期:2011 年 5 月 11 日。拟生效日期:2011 年 5 月 11 日。

美国发布关于杀虫剂的通报

美国 2011 年 6 月 22 日发布 G/SPS/N/USA/2226 通报,公布关于嘧啶肟草醚杀虫剂许可限量的最终法规。拟批准日期:2011 年 5 月 11 日。拟生效日期:2011 年 5 月 11 日。

美国发布关于杀虫剂的通报

美国 2011 年 6 月 22 日发布 G/SPS/N/USA/2227 通报,公布关于螺虫乙酯杀虫剂许可限量的最终法规。拟批准日期:2011 年 5 月 18 日。拟生效日期:2011 年 5 月 18 日。

巴西发布关于杀虫剂唑菌胺酯的通报

巴西 2011 年 6 月 14 日发布 G/SPS/N/BRA/751 通报,公布关于唑菌胺酯决议草案。拟批准日期:2011 年 8 月。拟生效日期:2011 年 8 月。

日本发布关于水净化骨炭的通报

日本 2011 年 6 月 9 日发布 G/SPS/N/JPN/277 通报,公布用于水净化骨炭动物的卫生要求。拟批准日期:2011 年 5 月 23 日。拟生效日期:2011 年 5 月 23 日。

美国发布关于杀虫剂的通报

美国 2011 年 6 月 23 日发布 G/SPS/N/USA/2229 通报,公布关于溴甲烷撤销某些终止土壤用途注册修改令。拟批准日期:2011 年 5 月 20 日。拟生效日期:2011 年 5 月 20 日。

美国发布关于杀虫剂的通报

美国 2011 年 6 月 22 日发布 G/SPS/N/USA/2228 通报,公布关于乙二醇免除许可限量要求的最终法规。拟批准日期:2011 年 7 月 1 日。拟生效日期:2011 年 7 月 1 日。

阿尔巴尼亚发布关于洗涤剂的标签和配料数据的通报

阿尔巴尼亚 2011 年 6 月 27 日发布 G/TBT/N/ALB/46 通报,公布关于洗涤剂标签和配料数据的部长理事会决议草案,确定提供给消费者的洗涤剂包装上的标签包含的数据,以及提供的洗涤剂中配料数据成分的信息。拟批准日期:2011 年 7 月。拟生效日期:2011 年 9 月。

7 月

美国发布关于杀虫剂的通报

美国 2011 年 7 月 18 日发布 G/SPS/N/USA/2237 通报,公布关于 C9 富芳香烃、C10 - 11 及 C11 - 12 富芳香烃免除残留限量要求的最终法规。拟批准日期:2011 年 6 月 22 日。拟生效日期:2011 年 6 月 22 日。

美国发布关于杀虫剂的通报

美国 2011 年 7 月 18 日发布 G/SPS/N/USA/2238 通报,公布关于二乙二醇单乙醚免除残留限量要求的最终法规。拟批准日期:2011 年 6 月 22 日。拟生效日期:2011 年 6 月 22 日。

美国发布关于杀虫剂的通报

美国2011年7月18日发布G/SPS/N/USA/2240通报,公布关于二乙二醇单乙醚免除残留限量要求的最终法规。拟批准日期:2011年6月29日。拟生效日期:2011年6月29日。

新西兰发布关于无机风险材料的通报

新西兰2011年7月21日发布G/SPS/N/NZL/461通报,公布关于进口任何国家无机风险材料的进口卫生标准。拟批准日期:2011年8月17日。拟生效日期:2011年8月17日。

巴西发布关于盐中的碘的通报

巴西2011年7月28日发布G/SPS/N/BRA/761通报,公布关于盐中的碘的浓度决议草案。拟批准日期:2011年10月。拟生效日期:通报后90天。

巴林发布关于硅酸盐水泥的通报

巴林2011年7月15日发布G/TBT/N/BHR/246通报,提议将海湾标准GSO 1914 2009的一部分作为强制性要求(技术法规)实施。本技术法规规定了适用于在巴林投放市场的,无论是国内生产或进口到巴林的,分类类型为硅酸盐水泥的安全要求。按照所附文件(硅酸盐水泥的要求)中规定的,本法规规定了化学成分、机械和物理要求拟批准日期:立即。拟生效日期:立即。

瑞士发布关于活性物质的通报

瑞士2011年7月8日发布G/TBT/N/CHE/135通报,公布关于依照瑞士有关生物灭杀制品的法令(OBP)附件1和2,在生物灭杀制品中使用的活性物质注册的联邦公共卫生办公室(OFOPH)的法令草案。拟批准日期:-。拟生效日期:2011年10月1日。

泰国发布关于危险物质的通报

泰国2011年7月13日发布G/TBT/N/THA/388通报,公布工业部关于危险物质清单的通知(No. 7),B. E. 2553(2010)。拟批准日期:2010年9月7日。拟生效日期:2010年11月4日。

8月

美国发布关于杀虫剂的通报

美国2011年8月11日发布G/SPS/N/USA/2255通报,公布羧甲基瓜尔胶、钠盐及羧甲基羟丙基瓜尔胶的免除许可限量要求的最终法规。拟批准日期:2011年7月27日。拟生效日期:2011年7月27日。

美国发布关于杀虫剂的通报

美国2011年8月11日发布G/SPS/N/USA/2256通报,公布氯虫酰胺杀虫剂许可限量的最终法规。拟批准日期:2011年7月27日。拟生效日期:2011年7月27日。

巴西发布关于杀虫剂的通报

巴西2011年8月16日发布G/SPS/N/BRA/763通报,公布棘孢木霉决议草案。拟批准日期:2011年9月。拟生效日期:2011年10月。

巴西发布关于杀虫剂的通报

巴西2011年8月16日发布G/SPS/N/BRA/765通报,公布克螨特决议草案。拟批准日期:2011年9月。拟生效日期:2011年10月。

中国台澎金马单独关税区发布关于中药药材的通报

中国台澎金马单独关税区2011年8月2日发布G/SPS/N/TPKM/236通报,公布商品检验法案公告通知,本技术法规草案涉及中药药材的质量安全。拟批准日期:待定。拟生效日期:2011 年 9 月 15 日。

韩国发布关于机动车辆轮胎的通报

韩国 2011 年 8 月 12 日发布 G/TBT/N/KOR/319 通报,公布关于测定机动车辆能效以及其等级和鉴定的法规草案。拟批准日期:2011 年 9 月,或稍后。拟生效日期:2011 年 9 月,或稍后。

日本发布关于可能对中枢神经系统有影响的物质的通报

日本 2011 年 8 月 22 日发布 G/TBT/N/JPN/364 通报,公布基于《药事法》(1960 年的第 145 号法律)的规定,指定"Sitei Yakubutsu"。拟批准日期:2011 年 9 月。拟生效日期:2011 年 9 月。

9 月

巴西发布关于杀虫剂的通报

巴西 2011 年 9 月 27 日发布 G/SPS/N/BRA/772 通报,公布代森联决议草案。拟批准日期:2011 年 11 月。拟生效日期:2011 年 11 月。

巴西发布关于杀虫剂的通报

巴西 2011 年 9 月 27 日发布 G/SPS/N/BRA/773 通报,公布可尼丁决议草案。拟批准日期:2011 年 11 月。拟生效日期:2011 年 11 月。

巴西发布关于杀虫剂的通报

巴西 2011 年 9 月 27 日发布 G/SPS/N/BRA/774 通报,公布可密灭汀议草案。拟批准日期:2011 年 11 月。拟生效日期:2011 年 11 月。

美国发布关于杀虫剂的通报

美国 2011 年 9 月 12 日发布 G/SPS/N/USA/2264 通报,公布噻虫嗪杀虫剂许可限量的最终法规。拟生效日期:2011 年 8 月 17 日。

10 月

美国发布关于 Chromobacterium subtsugae 杆菌的通报

美国 2011 年 10 月 5 日发布通报,公布 Chromobacterium subtsugae 杆菌 PRAA4 - 1/T/的免除许可限量要求的最终法规。拟生效日期:2011 年 9 月 7 日。

巴西发布关于阿维菌素的通报

巴西 2011 年 10 月 31 日发布通报,公布阿维菌素决议草案。拟批准日期:2011 年 12 月。拟生效日期:2011 年 12 月。

美国发布关于莠去津、地茂散、毒死蜱、苯哒嗪钾、硫丹杀虫剂的通报

美国 2011 年 10 月 5 日发布通报,公布莠去津、地茂散、毒死蜱、苯哒嗪钾、硫丹等许可限量的最终法规。拟生效日期:2011 年 9 月 14 日。

美国发布关于脂肪酶甘油三酯杀虫剂的通报

美国 2011 年 10 月 5 日发布通报,公布脂肪酶甘油三酯免除许可限量要求的最终法规。拟生效日期:2011 年 9 月 7 日。

日本发布关于药品的通报

日本 2011 年 10 月 24 日发布通报,公布部分修订生物制品最低要求。拟批准日期:2011 年 12 月。拟生效日期:2011 年 12 月。

11 月

美国发布关于杀虫剂的通报

美国 2011 年 11 月 25 日发布 G/SPS/N/USA/2297 通报，公布酰胺，C5 - C9，N - [3 -（二甲氨基）丙基]及酰胺，C6 - C12，N - [3（二甲氨基）丙基]的免除许可限量要求的最终法规。拟生效日期：2011 年 11 月 9 日。

巴西发布关于异丙甲草胺的通报

巴西 2011 年 11 月 4 日发布 G/SPS/N/BRA/779 通报，公布异丙甲草胺决议草案。拟批准日期：2011 年 12 月。拟生效日期：2011 年 12 月。

格鲁吉亚发布关于环境的质量现状的通报

格鲁吉亚 2011 年 11 月 11 日发布 G/TBT/N/GEO/37 通报，公布"关于批准环境质量等级标准"的格鲁吉亚劳动、卫生和社会事务部法令#297/N。拟批准日期：2001 年 8 月 16 日。拟生效日期：2001 年 8 月 16 日。

格鲁吉亚发布关于石油产品的通报

格鲁吉亚 2011 年 11 月 11 日发布 G/TBT/N/GEO/38 通报，公布"关于管理石油产品分销结算和税收的指令"的格鲁吉亚财政部法令#87。拟批准日期：2005 年 2 月 14 日。拟生效日期：2005 年 2 月 14 日。

12 月

巴拉圭发布关于废旧轮胎的通报

巴拉圭 2011 年 12 月 21 日发布 G/TBT/N/PRY/47 通报，禁止进口未经事先再制造直接重新使用的废旧轮胎的决议 No. 1078/11。拟批准日期：2011 年 2 月 22 日。拟生效日期：2011 年 2 月 22 日。

巴拉圭发布关于罗格列酮的通报

巴拉圭 2011 年 12 月 22 日发布 G/TBT/N/PRY/50 通报，决议 No. 95 禁止生产、销售、分销和分发含有活性成分罗格列酮作为单药或与其他物质结合的药物制剂，并且命令其从国内市场撤回。拟批准日期：2011 年 2 月 22 日。拟生效日期：2011 年 2 月 22 日。

巴拉圭发布关于三碘甲腺乙酸的通报

巴拉圭 2011 年 12 月 22 日发布 G/TBT/N/PRY/52 通报，发布禁止生产、销售、分销和分发包含活性成分三碘甲腺乙酸作为单药或与其他物质组合而成的药物制剂及命令将其从巴拉圭市场撤销的决议 No. 100。拟批准日期：2011 年 2 月 24 日。拟生效日期：2011 年 2 月 24 日。

巴拉圭发布关于水泥的通报

巴拉圭 2011 年 12 月 7 日发布 G/TBT/N/PRY/42 通报，发布法令 No. 7719 延长 2010 年 11 月 25 日关于撤销法令 No. 5094/10 和中止法令 No. 18352/02 第 1、5、6、7 条及制定水泥进口制度的法令 No. 5515 第 3 条规定的期限。拟批准日期：2011 年 11 月 22 日。拟生效日期：2011 年 11 月 22 日。

巴拉圭发布关于西布曲明的通报

巴拉圭 2011 年 12 月 22 日发布 G/TBT/N/PRY/48 通报，发布决议 No. 61，为了预防的原因，暂停生产、销售、分销和分发含有活性成分西布曲明作为单药或与其他物质结合的药物制剂，并且命令其从市场上撤回。拟批准日期：2011 年 2 月 9 日。拟生效日期：2011 年 2 月 9 日。

巴拉圭发布关于右丙氧芬的通报

巴拉圭2011年12月22日发布G/TBT/N/PRY/49通报,发布决议No.84禁止生产、销售、分销和分发含有活性成分右丙氧芬作为单药或与其他物质结合的药物制剂,并且命令其从国内市场撤回。拟批准日期:2011年2月18日。拟生效日期:2011年2月18日。

(2)分析

2011年矿产、化工产品颁布实施的法律法规分析包括国别分析和产品分析。

1)国别分析

2011年矿产、化工产品颁布实施的法律法规共107条,涉及的国家或地区共14个。最多的国家是美国,为52条。巴西居第2位,为23条。其次为加拿大、巴拉圭和日本,分别为10条、6条、5条。其他国家均少于3条,如图4.32所示。

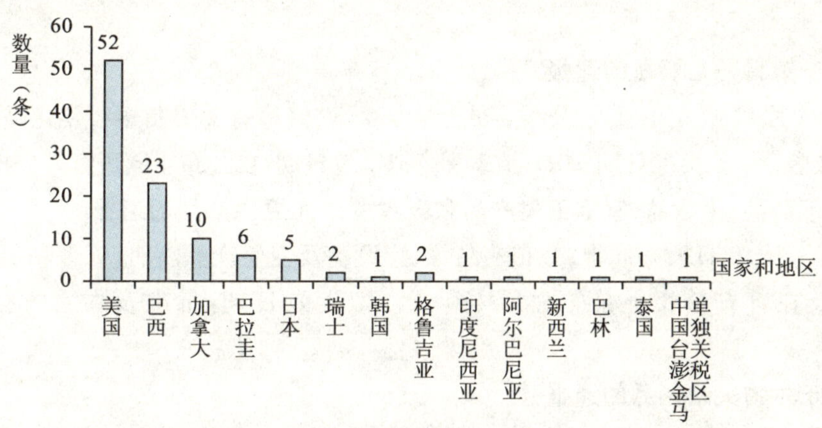

图4.32　2011年矿产、化工产品颁布实施的法律法规国别分析

总的来说,颁布已实施的法律法规的总数较多,涉及的国家(地区)也较多。

2)产品分析

2011年矿产、化工产品颁布实施的法律法规涉及的具体产品共9大类。其中最多的是化学产品(HS38),为87条;其次是药品(HS30),为10条;此外类产品均少于3条,如图4.33所示。

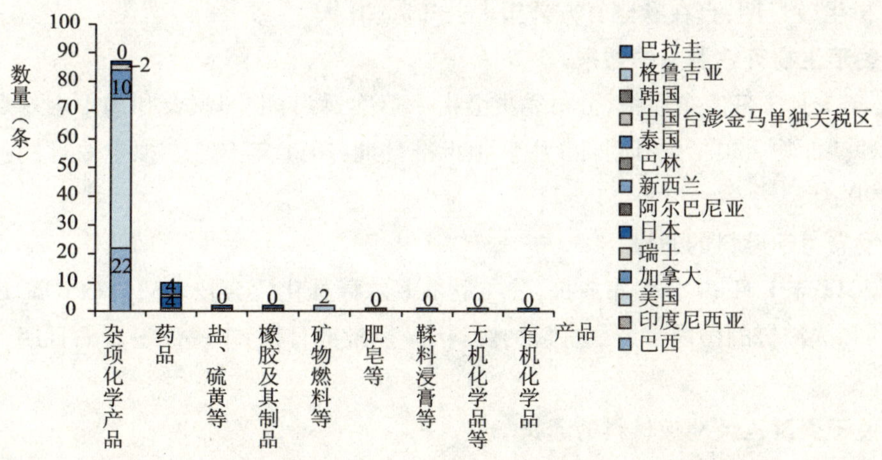

图4.33　2011年矿产、化工产品颁布实施的法律法规产品分析

总的来说，颁布实施的法律法规涉及的产品分布相对集中。

2. 颁布尚未实施的法律法规

2011年矿产化工产品出口所遇贸易壁垒的法律法规中，已颁布未实施的法律法规共225条。

(1)法律法规

1月

巴西发布关于软饮料固体制剂和合成饮料固体制剂的通报

巴西2011年1月7日发布通报，公布2010年12月8日第565号标准指令。拟批准日期：评议期结束后定。拟生效日期：待定。

巴林发布关于食盐的通报

巴林2011年1月12日发布通报，公布食盐技术法规草案。拟批准日期：待定。拟生效日期：待定。

欧盟发布关于塑料婴儿奶瓶的通报

欧盟2011年1月17日发布通报，公布委员会指令草案，修改有关限制塑料婴儿奶瓶使用双酚A的第2002/72/EC号指令。拟批准日期：2011年2月。拟生效日期：自公布于欧盟官方公报日起20天。

秘鲁发布关于药品、化妆品、家庭卫生产品和吸收型个人卫生产品的通报

秘鲁2011年1月10日发布通报，公布药品、医疗设备及卫生产品注册、管理和卫生监督法规。拟批准日期：批准及在官方公报上公布之后180天。拟生效日期：批准及在官方公报上公布之后180天。

欧盟发布关于生物灭杀制品的通报

欧盟2011年1月7日发布通报，公布委员会指令草案，修订欧洲议会和理事会指令98/8/EC，将阿维菌素作为一种活性物质包括到其附件I中。拟批准日期：2011年6月。拟生效日期：自在欧盟官方公报上公布起20天。

欧盟发布关于生物灭杀制品的通报

欧盟2011年1月7日发布通报，公布委员会指令草案，修订欧洲议会和理事会指令98/8/EC，将(4,5)-二氯-2-辛基-3(2H)-异噻唑酮作为一种活性物质包括到其附件I中。拟批准日期：2011年6月。拟生效日期：自在欧盟官方公报上公布起20天。

欧盟发布关于生物灭杀制品的通报

欧盟2011年1月7日发布通报，公布委员会指令草案，修订欧洲议会和理事会指令98/8/EC，将吡虫啉作为一种活性物质包括到其附件I中。拟批准日期：2011年6月。拟生效日期：自在欧盟官方公报上公布起20天。

厄瓜多尔发布关于燃料的通报

厄瓜多尔2011年1月17日发布通报，公布厄瓜多尔标准化协会技术法规(PRTE INEN) No. 028："在厄瓜多尔共和国销售的国内生产或进口的燃料"。拟批准日期：本决议签署的日期。拟生效日期：批准后6个月。

韩国发布关于聚氯乙烯地板材料的通报

韩国2011年1月27日发布通报，公布属于安全和质量标志的工业产品安全标准的法令提案。拟批准日期：2012年1月。拟生效日期：2012年1月。

欧盟发布关于某些可以作为爆炸物前体的化学物质和包含这些化学物质的混合物的通报

欧盟2011年1月10日发布通报,公布欧洲议会和理事会关于销售和使用爆炸物前体的法规提案[COM(2010)473]。拟批准日期:待定。拟生效日期:预知在欧洲议会和理事会批准后18个月生效。

欧盟发布关于生物灭杀制品的通报

欧盟2011年1月7日发布通报,公布关于不将某些物质包括进欧洲议会和理事会关于生物灭杀制品投放市场的指令98/8/EC附件Ⅰ、IA或IB中的委员会决议草案。拟批准日期:2011年6月。拟生效日期:2012年5月。

巴林发布关于食用盐的通报

巴林2011年1月12日发布通报,公布食用盐技术法规草案。拟批准日期:待定。拟生效日期:待定。

中国台澎金马单独关税区发布关于塑料食品器具、容器和包装用物的通报

中国台澎金马单独关税区2011年1月18日发布通报,公布管理塑料食品器具、容器和包装用物标签的法规草案。拟批准日期:待定。拟生效日期:待定。

巴西发布关于药品的通报

巴西2011年1月18日发布通报,公布2010年12月23日决议草案No. 116 – 药品标签和说明书中关于活性成分和赋形剂的警告语。拟批准日期:评议期结束后决定。拟生效日期:批准之日。

泰国发布关于油漆和清漆的通报

泰国2011年1月28日发布通报,公布关于磷酸锌底漆防腐涂料的泰国工业标准草案(TIS 2386 – 25XX)。拟批准日期:待定。拟生效日期:待定。

2月

尼加拉瓜发布关于食品添加剂的通报

尼加拉瓜2011年2月4日发布G/SPS/N/NIC/57通报,公布关于准许在中美洲地区营销的不同类型食品内食品添加剂和最大残留标准的强制技术法规。拟批准日期:待定。拟生效日期:待定。

危地马拉发布关于食品添加剂的通报

危地马拉2011年2月4日发布G/SPS/N/GTM/50通报,公布关于规定食品添加剂及其在中美洲地区销售的不同类食品中的允许最大许可限量的技术法规。拟批准日期:官方公报公布时。拟生效日期:无。

哥斯达黎加发布关于食品添加剂的通报

哥斯达黎加2011年2月10日发布G/SPS/N/CRI/100通报,公布关于规定在中美洲地区销售的食品添加剂及不同类食品内添加剂最大许可残留标准的技术法规。拟批准日期:待定。拟生效日期:无。

智利发布关于杀虫剂的通报

智利2011年2月21日发布G/SPS/N/CHL/347通报,公布关于更新豁免制定食品内杀虫剂最大残留许可限量第33/2010号决议。拟批准日期:官方公报公布时。拟生效日期:官方公报公布时。

美国发布关于杀虫剂的通报

美国2011年2月7日发布G/SPS/N/USA/2144通报,公布关于有关不同商品内/表杀虫剂化学残留的杀虫剂申请获悉的通知。

美国发布关于杀虫剂的通报

美国 2011 年 2 月 7 日发布 G/SPS/N/USA/2148 通报，公布关于自愿取消某些注册杀虫剂要求的获悉通知。

美国发布关于杀虫剂的通报

美国 2011 年 2 月 7 日发布 G/SPS/N/USA/2149 通报，公布关于不同商品内/表杀虫剂化学残留杀虫剂申请获悉通知。

美国发布关于杀虫剂的通报

美国 2011 年 2 月 7 日发布 G/SPS/N/USA/2151 通报，公布关于薄荷脑及胺丙畏的拟定注册审议决定。

美国发布关于杀虫剂的通报

美国 2011 年 2 月 7 日发布 G/SPS/N/USA/2152 通报，公布关于有关自愿取消某些注册杀虫剂要求的获悉通知。

美国发布关于杀虫剂的通报

美国 2011 年 2 月 3 日发布 G/SPS/N/USA/2139 通报，公布关于 Busan 74 和硝乙脲噻唑的拟定注册审议决定。

美国发布关于杀虫剂的通报

美国 2011 年 2 月 3 日发布 G/SPS/N/USA/2141 通报，公布关于获悉有关不同商品内/表杀虫剂化学残留的若干杀虫剂申请通知。

美国发布关于杀虫剂（洗手液、牙膏）的通报

美国 2011 年 2 月 1 日发布 G/SPS/N/USA/2132 通报，公布关于三氯生禁用申请。

美国发布关于杀虫剂的通报

美国 2011 年 2 月 1 日发布 G/SPS/N/USA/2134 通报，公布关于获悉有关不同商品内/表农药化学物残留的若干杀虫剂申请。

美国发布关于杀虫剂的通报

美国 2011 年 2 月 1 日发布 G/SPS/N/USA/2135 通报，公布关于丙酸和盐、尿素硫酸、杀扑磷及甲基对硫磷注册审议最终决定。

卡塔尔发布关于食用盐的通报

卡塔尔 2011 年 2 月 22 日发布通报，公布食用盐技术法规草案。拟批准日期：在官方公报上公布之日。拟生效日期：自官方公报上的实施日期起 6 个月。

阿曼发布关于食用盐的通报

阿曼 2011 年 2 月 7 日发布通报，公布"食用盐"技术法规草案。拟批准日期：待定。拟生效日期：待定。

哥斯达黎加发布关于危险化学品的通报

哥斯达黎加 2011 年 2 月 24 日发布通报，公布哥斯达黎加技术法规（RTCR）No. 450：2011：危险化学品的原材料通报及注册、进口、标签和管理法规。拟批准日期：待定。拟生效日期：待定。

哥伦比亚发布关于液化石油气的通报

哥伦比亚 2011 年 2 月 7 日发布通报，公布矿产能源部决议草案"发布适用于在圣安德烈斯、普罗维登西亚和圣卡塔利娜群岛用作为市民住宅供应液化石油气的储存设施的技术法规”。拟批准日期:本决议签署的日期。拟生效日期:在官方公报上公布的日期。

泰国发布关于油漆和清漆的通报

泰国2011年2月11日发布通报,公布泰国防锈底漆工业标准草案(TIS 2387 - 25XX)。拟批准日期:待定。拟生效日期:待定。

欧盟发布关于生物灭杀制品的通报

欧盟2011年2月28日发布通报,公布委员会指令草案,修订欧洲议会和理事会指令98/8/EC,将苏力菌以色列亚种血清型H14,菌株AM65 - 52作为一种活性物质包括到其附件I中。拟批准日期:2011年9月。拟生效日期:自在欧盟官方公报上公布起20天。

巴西发布关于杀虫剂的通报

巴西2011年2月18日发布通报,公布2011年1月25日决议草案No. 02 - 杀虫剂及其成分毒性评估标准与要求。拟批准日期:评议期结束后决定。拟生效日期:批准之日。

欧盟发布关于化妆品染发剂的通报

欧盟2011年2月11日发布通报,修订理事会关于化妆品的指令76/768/EEC附件III的委员会指令草案。拟批准日期:2011年4月。拟生效日期:自在欧盟官方公报上公布起20天。

巴西发布关于非水溶性介质的合成聚合物或化学改性聚合物油漆和清漆、水溶性介质的合成聚合物或化学改性聚合物油漆和清漆的通报

巴西2011年2月1日发布通报,公布2011年1月10日部颁法案No. 24。拟批准日期:2011年1月12日。拟生效日期:意见被考虑之后公布在官方公报上。

美国发布关于含有对乙酰氨基酚的处方药品的通报

美国2011年2月8日发布通报,公布针对含有对乙酰氨基酚的处方药品,减少意外过量肝损伤的行动措施。拟批准日期:待定。拟生效日期:待定。

美国发布关于燃料和燃料添加剂的通报

美国2011年2月8日发布通报,公布燃料和燃料添加剂法规:可供选择的汽油中烯烃的测试方法。拟批准日期:待定。拟生效日期:待定。

美国发布关于杀虫剂的通报

美国2011年2月4日发布通报,根据联邦杀虫剂、杀真菌剂及灭鼠剂法(FIFRA),宣布朊病毒为一种有害物(pest),并且修订了环保署关于有害物的法规定义,将朊病毒包括在内。拟批准日期:待定。拟生效日期:待定。

3月

美国发布关于杀虫剂的通报

美国2011年3月7日发布G/SPS/N/USA/2172通报,公布关于不同商品内/表杀虫剂化学残留的若干杀虫剂申请获悉通知。

美国发布关于杀虫剂的通报

美国2011年3月1日发布G/SPS/N/USA/2170通报,公布关于若干有关不同商品内/表杀虫剂化学残留的杀虫剂申请归档通知。

乌克兰发布关于杀虫剂、杀真菌剂、除草剂、灭鼠剂及类似方法的通报

乌克兰2011年3月9日发布G/SPS/N/UKR/57通报,公布关于"乌克兰国家植物保护检验有关签发2011年植物保护化学药物进口许可证的批准程序"的草案。拟批准日期:待定。拟生效日期:2011年第2季度。

加拿大发布关于兽药的通报

加拿大2011年3月10日发布G/SPS/N/CAN/518通报,公布关于拟定修改食品药物法规(1347-磺胺类药物)。拟批准日期:通常在公布于加拿大官方公报第I部分后5~8个月内生效。拟生效日期:措施批准时。

特立尼达和多巴哥发布关于汽车柴油燃料的通报

特立尼达和多巴哥2011年3月15日发布G/TBT/N/TTO/98通报,规定了打算在特立尼达和多巴哥销售的汽车柴油燃料的特性和测试方法。拟批准日期:按照标准法案的要求,由负责贸易工业的部长签署,在特立尼达和多巴哥官方公报的公告中公布的日期。拟生效日期:按照标准法案的要求,由负责贸易工业的部长签署,在特立尼达和多巴哥官方公报的公告中公布的日期。

欧盟发布关于生物灭杀制品的通报

欧盟2011年3月1日发布G/TBT/N/EEC/368通报,将氧化铜、氢氧化铜和碱式碳酸铜作为活性物质包括到可以在生物灭杀制品中使用的欧盟活性物质肯定列表中。拟批准日期:2011年9月。拟生效日期:自在欧盟官方公报上公布起20天(自2013年10月起实施)。

欧盟发布关于生物灭杀制品的通报

欧盟2011年3月1日发布G/TBT/N/EEC/369通报,将溴氰菊酯包括到可以在生物灭杀制品中使用的欧盟活性物质肯定列表中。拟批准日期:2011年9月。拟生效日期:自在欧盟官方公报上公布起20天(自2013年10月起实施)。

欧盟发布关于生物灭杀制品的通报

欧盟2011年3月1日发布G/TBT/N/EEC/370通报,将氟虫腈包括到可以在生物灭杀制品中使用的欧盟活性物质肯定列表中。拟批准日期:2011年9月。拟生效日期:自在欧盟官方公报上公布起20天(自2013年10月起实施)。

欧盟发布关于生物灭杀制品的通报

欧盟2011年3月1日发布G/TBT/N/EEC/371通报,将高效氯氟菊酯包括到可以在生物灭杀制品中使用的欧盟活性物质肯定列表中。拟批准日期:2011年9月。拟生效日期:自在欧盟官方公报上公布起20天(自2013年10月起实施)。

欧盟发布关于生物灭杀制品的通报

欧盟2011年3月1日发布G/TBT/N/EEC/372通报,将甲基壬基酮包括到可以在生物灭杀制品中使用的欧盟活性物质肯定列表中。拟批准日期:2011年9月。拟生效日期:自在欧盟官方公报上公布起20天(自2013年10月起实施)。

泰国发布关于颜料及体质染料的通报

泰国2011年3月18日发布G/TBT/N/THA/382通报,规定了酸性染料安全要求、包装、标志和标签、取样和合格评定与测试标准。拟批准日期:待定。拟生效日期:待定。

泰国发布关于颜料及体质染料的通报

泰国2011年3月17日发布G/TBT/N/THA/379通报，规定了直接染料安全要求、包装、标志和标签、取样和合格评定与测试标准。拟批准日期：待定。拟生效日期：待定。

泰国发布关于颜料及体质染料的通报

泰国2011年3月17日发布G/TBT/N/THA/380通报，规定了活性染料安全要求、包装、标志和标签、取样和合格评定与测试标准。拟批准日期：待定。拟生效日期：待定。

泰国发布关于颜料及体质染料的通报

泰国2011年3月17日发布G/TBT/N/THA/381通报，规定了硫化染料安全要求、包装、标志和标签、取样和合格评定与测试标准。拟批准日期：待定。拟生效日期：待定。

肯尼亚发布关于有机肥的通报

肯尼亚2011年3月1日发布G/TBT/N/KEN/277通报，规定了有机肥要求和检测方法。拟批准日期：由工业部部长在肯尼亚官方公报上宣布为强制标准之日。拟生效日期：由工业部部长在肯尼亚官方公报上宣布为强制标准之日。

肯尼亚发布关于有机肥的通报

肯尼亚2011年3月1日发布G/TBT/N/KEN/279通报，规定了IS 308：1988溶解乙炔（气）规范为CGA－510美国压缩气体协会AAS级别乙炔。拟批准日期：由工业部部长在肯尼亚官方公报上宣布为强制标准之日。拟生效日期：由工业部部长在肯尼亚官方公报上宣布为强制标准之日。

巴西发布关于化妆品的通报

巴西2011年3月10日发布G/TBT/N/BRA/424通报，本技术决议草案对在巴西卫生监督局（ANVISA）注册的驱虫类化妆品规定了安全、功效和标签最低技术要求。拟批准日期：评议期结束后决定。拟生效日期：批准之日。

肯尼亚发布关于化妆品的通报

肯尼亚2011年3月1日发布G/TBT/N/KEN/275通报，列出了化妆品可包含的防腐剂。拟批准日期：2011年6月。拟生效日期：工业部部长宣布之日。

肯尼亚发布关于化妆品的通报

肯尼亚2011年3月1日发布G/TBT/N/KEN/276通报，列出了化妆品可包含的紫外线防护剂。拟批准日期：2011年6月。拟生效日期：工业部部长宣布之日。

肯尼亚发布关于化妆品的通报

肯尼亚2011年3月1日发布G/TBT/N/KEN/271通报，列出了归类为化妆品的产品。拟批准日期：2011年6月。拟生效日期：由工业化部长在肯尼亚官方公报上宣布为强制性标准之日。

肯尼亚发布关于化妆品的通报

肯尼亚2011年3月1日发布G/TBT/N/KEN/272通报，列出了不得成为化妆品组分成分的物质。拟批准日期：2011年6月。拟生效日期：由工业化部长在肯尼亚官方公报上宣布为强制性标准之日。

肯尼亚发布关于化妆品的通报

肯尼亚2011年3月1日发布G/TBT/N/KEN/273通报，列出了化妆品不得含有的物质。拟批准日期：2011年6月。拟生效日期：由工业化部长在肯尼亚官方公报上宣布为强制性标准之日。

肯尼亚发布关于化妆品的通报

肯尼亚2011年3月1日发布G/TBT/N/KEN/274通报,列出了允许在化妆品中使用的着色剂列表。拟批准日期:2011年6月。拟生效日期:由工业化部长在肯尼亚官方公报上宣布为强制性标准之日。

加拿大发布关于含汞的产品的通报

加拿大2011年3月23日发布G/TBT/N/CAN/333通报,将禁止制造、进口和销售含汞的产品,一些没有可行替代方法的必不可少的产品(例如灯具、某些卫生、安全和研究方面的应用和牙科用汞合金)可以豁免。拟批准日期:通常在加拿大官方公报第I部分公布后5~8个月内。拟生效日期:本法规提案于2012年1月1日生效。

肯尼亚发布关于合成洗衣粉的通报

肯尼亚2011年3月21日发布G/TBT/N/KEN/283通报,规定了主要基于使用烷基芳基磺酸盐的机洗合成洗衣粉的要求和测试方法。拟批准日期:2011年6月30日。拟生效日期:由工业化部长宣布为强制性标准之日。

肯尼亚发布关于合成洗衣粉的通报

肯尼亚2011年3月21日发布G/TBT/N/KEN/284通报,规定了主要基于使用烷基芳基磺酸盐的工业用合成洗衣粉的要求和测试方法。拟批准日期:2011年6月30日。拟生效日期:由工业化部长宣布为强制性标准之日。

4月

美国发布关于杀虫剂的通报

美国2011年4月27日发布G/SPS/N/USA/2208通报,公布关于撤销不同商品内/表杀虫剂化学物的杀虫剂申请通知。

美国发布关于杀虫剂的通报

美国2011年4月27日发布G/SPS/N/USA/2209通报,公布关于链霉菌K61,木油和树胶的注册审议最终决定。

美国发布关于杀虫剂的通报

美国2011年4月19日发布G/SPS/N/USA/2196通报,公布关于获悉有关不同产品内/表杀虫化学剂残留的申请。

美国发布关于杀虫剂的通报

美国2011年4月19日发布G/SPS/N/USA/2198通报,公布关于环氧丙烷拟定杀虫剂许可限量的拟定法规。

美国发布关于杀虫剂的通报

美国2011年4月19日发布G/SPS/N/USA/2199通报,公布关于公开审评的杀虫剂文案、其他文案措施及可提供更新计划的注册审议。

美国发布关于杀虫剂的通报

美国2011年4月14日发布G/SPS/N/USA/2193通报,公布关于暂停和取消所有注册土壤熏蒸剂碘甲烷(甲基碘)的申请;可提供通知。

南非发布关于含双酚A的聚碳酸脂塑料婴儿奶瓶的通报

南非2011年4月20日发布G/TBT/N/ZAF/135通报，公布关于禁止生产、进口、出口和销售含双酚A的聚碳酸脂塑料婴儿奶瓶法规提案。拟批准日期：-。拟生效日期：最终法规公布之后6个月。

韩国发布关于化妆品的通报

韩国2011年4月13日发布G/TBT/N/KOR/308通报，公布关于化妆品标签和广告准则提案。拟批准日期：2011年7月1日。拟生效日期：待定。

以色列发布关于降低柴油发动机氧化氮排放的尿素水溶液的通报

以色列2011年4月1日发布G/TBT/N/ISR/487通报，涉及降低柴油发动机氧化氮排放的尿素水溶液质量要求的现行强制性标准SI 5852将宣布为强制性的。拟批准日期：待定。拟生效日期：通常在以色列官方公报的政府公告部分公布之后60天。

美国发布关于杀虫剂的通报

美国2011年4月26日发布G/TBT/N/USA/620通报，提议修订关于打算供出口的杀虫剂及装置标签的法规。拟批准日期：待定。拟生效日期：待定。

美国发布关于杀虫剂产品的通报

美国2011年4月26日发布G/TBT/N/USA/619通报，公布关于杀虫剂及装置的标签要求。拟批准日期：待定。拟生效日期：待定。

美国发布关于微生物杀虫剂的通报

美国2011年4月28日发布G/TBT/N/USA/627通报，规定微生物杀虫剂定义和适用性，发布关于检测指南草案声明和有效性的意见。拟批准日期：待定。拟生效日期：待定。

美国发布关于药品和化妆品的通报

美国2011年4月28日发布G/TBT/N/USA/625通报，公布关于太阳化学公司提交的色素添加剂请求书。拟批准日期：待定。拟生效日期：待定。

5月

加拿大发布关于未去纤维棉籽内/表杀虫剂三唑醇的通报

加拿大2011年5月31日发布G/SPS/N/CAN/530通报，拟定三唑醇最大残留限量。拟批准日期：正常在拟定MRL文件粘贴于加拿大卫生部网站（2011年5月25日）后4~5个月内批准。拟生效日期：措施批准日。

加拿大发布关于向日葵子内/表杀虫剂甲氧咪草烟的通报

加拿大2011年5月31日发布G/SPS/N/CAN/528通报，拟定甲氧咪草烟最大残留限量。拟批准日期：正常在拟定MRL文件粘贴于加拿大卫生部网站（2011年5月25日）后4~5个月内批准。拟生效日期：措施批准日。

美国发布关于杀虫剂的通报

美国2011年5月9日发布G/SPS/N/USA/2213通报，公布关于有关主动撤销某些注册杀虫剂申请的获悉通知。

阿拉伯联合酋长国发布关于表面活性剂的通报

阿拉伯联合酋长国2011年5月20日发布G/TBT/N/ARE/66通报，涉及清洁剂——服装和织物干洗剂（全氯乙烯），规定了产品定义、质量要求、取样、检验方法、运输、储存和标签要求。拟批准日期:待定。拟生效日期:待定。

阿拉伯联合酋长国发布关于表面活性剂的通报

阿拉伯联合酋长国2011年5月19日发布G/TBT/N/ARE/65通报,涉及清洁剂——服装和织物油斑去除剂,规定了产品定义、质量要求、取样、检验方法、运输、存储和标签要求。拟批准日期:待定。拟生效日期:待定。

阿拉伯联合酋长国发布关于化妆品的通报

阿拉伯联合酋长国2011年5月19日发布G/TBT/N/ARE/64通报,涉及面部和眼部卸妆乳,规定了产品定义、质量要求、取样、检验方法、运输、储存和标签要求。拟批准日期:待定。拟生效日期:待定。

阿根廷发布关于活性成分硫丹及其配方产品的通报

阿根廷2011年5月12日发布G/TBT/N/ARG/262通报,公布关于关于强制禁止活性成分硫丹及其配方产品的决议草案。拟批准日期:在官方公报上公布之日。拟生效日期:在官方公报上公布之日。

以色列发布关于农业和园艺用热塑性塑料薄膜覆盖物的通报

以色列2011年5月9日发布G/TBT/N/ISR/503通报,公布关于农业和园艺用热塑性塑料薄膜覆盖物的修正案,采用了欧洲标准EN 13655:2002年10月。拟批准日期:待定。拟生效日期:通常在以色列官方公报的政府公告部分公布之后60天。

以色列发布关于人类生活用水处理用化学药品硫酸的通报

以色列2011年5月9日发布G/TBT/N/ISR/505通报,公布关于人类生活用水处理用化学药品硫酸的修正案,采用了欧洲标准EN 899:2009年3月。拟批准日期:待定。拟生效日期:通常在以色列官方公报的政府公告部分公布之后60天。

以色列发布关于人类生活用水处理用化学药品碳酸钙的通报

以色列2011年5月9日发布G/TBT/N/ISR/506通报,公布关于人类生活用水处理用化学药品碳酸钙的修正案,采用了欧洲标准EN 1018:2006年7月及其2009年11月的AC。拟批准日期:待定。拟生效日期:通常在以色列官方公报的政府公告部分公布之后60天。

以色列发布关于人类生活用水处理用化学制品阳离子聚丙烯酰胺的通报

以色列2011年5月9日发布G/TBT/N/ISR/507通报,公布关于人类生活用水处理用化学药品阳离子聚丙烯酰胺的修正案,采纳了欧洲标准EN 1410:2008/01。拟批准日期:待定。拟生效日期:通常在以色列官方公报的政府公告部分公布之后60天。

以色列发布关于人类生活用水处理用化学制品阴离子和非离子聚丙烯酰胺的通报

以色列2011年5月9日发布G/TBT/N/ISR/508通报,公布关于人类生活用水处理用化学药品阴离子和非离子聚丙烯酰胺的修正案,采纳了欧洲标准EN 1407:2008/01。拟批准日期:待定。拟生效日期:通常在以色列官方公报的政府公告部分公布之后60天。

肯尼亚发布关于碳酸钠的通报

肯尼亚2011年5月3日发布G/TBT/N/KEN/287通报,规定了一般工业用技术级十水碳酸钠和无水碳酸钠检测及取样要求、方法。拟批准日期:由工业部部长在肯尼亚官方公报上宣布为强制标准之后。拟生效日期:由工业部部长在肯尼亚官方公报上宣布为强制标准之后。

厄瓜多尔发布关于天然橡胶乳胶避孕套的通报

厄瓜多尔 2011 年 5 月 27 日发布 G/TBT/N/ECU/70 通报，公布关于天然橡胶乳胶避孕套的技术法规草案。拟批准日期：自发布日期起 90 天。拟生效日期：批准后 6 个月。

萨尔瓦多发布关于药品的通报

萨尔瓦多 2011 年 5 月 9 日发布 G/TBT/N/SLV/153 通报，公布关于药品临床试验管理规范的强制标准。拟批准日期：在官方公报上公布之后。拟生效日期：在官方公报上公布之后 6 个月。

巴西发布关于药物的通报

巴西 2011 年 5 月 30 日发布 G/TBT/N/BRA/431 通报，规定了修改、包括、延缓、重新使用和取消已经在巴西卫生监督局（Anvisa）注册的药物的要求。拟批准日期：在磋商期结束后待定。拟生效日期：批准的日期。

越南发布关于药物的通报

越南 2011 年 5 月 17 日发布 G/TBT/N/VNM/15 通报，公布关于临床药物试验指导原则通知。拟批准日期：待定。拟生效日期：待定。

瑞士发布关于医疗产品的通报

瑞士 2011 年 5 月 19 日发布 G/TBT/N/CHE/133 通报，公布关于医疗产品和医疗器械的联邦法律修正草案。拟批准日期：2012 年 3 月。拟生效日期：2014 年底。

巴西发布关于植物源药物的通报

巴西 2011 年 5 月 30 日发布 G/TBT/N/BRA/432 通报，规定了修改、包括、延缓、重新使用和取消植物源药物的要求。拟批准日期：在磋商期结束后待定。拟生效日期：批准的日期。

6 月

加拿大发布关于盐和树枝状盐结晶的通报

加拿大 2011 年 6 月 7 日发布 G/SPS/N/CAN/534 通报，公布关于用亚铁氰化钾、三水合物作为盐防结块剂及生产树枝状盐结晶辅助剂的临时营业销许可。拟批准日期：本临时营业销售许可（IMA）立即批准。最终法规通常于本临时销售许可通知公布于 2011 年 5 月 28 日加拿大官方公报第 I 部分后 12 ~ 18 个月内批准。拟生效日期：本临时营业销售许可（IMA）立即生效。最终法规通常于本临时销售许可通知公布于 2011 年 5 月 28 日加拿大官方公报第 I 部分后 12 ~ 18 个月内生效。

美国发布关于杀虫剂的通报

美国 2011 年 6 月 23 日发布 G/SPS/N/USA/2232 通报，有关不同商品内/表杀虫剂化学物残留的杀虫剂归档申请。

美国发布关于杀虫剂的通报

美国 2011 年 6 月 23 日发布 G/SPS/N/USA/2233 通报，有关杀虫威定延长临时限时杀虫剂许可限量的最终法规。

南非发布关于肥料的通报

南非 2011 年 6 月 27 日发布 G/TBT/N/ZAF/136 通报，公布关于肥料、饲料、农业补偿和家畜补偿法规，涉及定义、肥料要求、注册申请、进口许可和广告、标签、支付、生产厂要求和保留记录及取样和分析。拟生效日期：待定。

智利发布关于燃油:火花点火发动机用汽油,B 级柴油,煤油,No. 5、No. 6 燃油的通报

智利 2011 年 6 月 16 日发布 G/TBT/N/CHL/173 通报,公布燃油质量规范,对以下燃油规定国家质量规范:火花点火发动机用汽油,B 级柴油,煤油,No. 5、No. 6 燃油。这些规范不适用于都市区。拟批准日期:评议期满将颁布相应法令。拟生效日期:评议期满将颁布相应法令。

哥斯达黎加发布关于生物药品的通报

哥斯达黎加 2011 年 6 月 17 日发布 G/TBT/N/CRI/118 通报,公布生物药品注册和管理法,规定了人用生物药品注册和管理要求及程序。包括所有哥斯达黎加国内生产或进口的药品。拟批准日期:在官方公报上公布之日。拟生效日期:在官方公报上公布之后 6 个月。

美国发布关于生物制品的通报

美国 2011 年 6 月 29 日发布 G/TBT/N/USA/633 通报,公布生物制品无菌试验要求修正案。拟批准日期:待定。拟生效日期:待定。

美国发布关于水银的通报

美国 2011 年 6 月 24 日发布 G/TBT/N/USA/632 通报,公布在气压表、压力表、湿度计/干湿计中使用的水银的重要新用途规则。拟批准日期:待定。拟生效日期:待定。

哥斯达黎加发布关于药品的通报

哥斯达黎加 2011 年 6 月 9 日发布 G/TBT/N/CRI/117 通报,公布关于制药企业储存、二次包装和分销药品良好行为规范的法规,适用于所有的制药企业,包括那些授权进行包装的企业,特别是属于由专利实验室和制造商授权,进行成品重新贴标签和对初级包装产品进行二次包装的企业。拟批准日期:在官方公报 La Gaceta 上公布的日期。拟生效日期:在官方公报 La Gaceta 上公布后 6 个月有效。

危地马拉发布关于药品的通报

危地马拉 2011 年 6 月 17 日发布 G/TBT/N/GTM/72 通报,规定了人用药品卫生注册条件和要求。拟批准日期:在官方公报上公布之日。拟生效日期:待定。

越南发布关于液化石油气的通报

越南 2011 年 6 月 1 日发布 G/TBT/N/VNM/17 通报,公布关于液化石油气的国家技术法规,规定了家庭取暖和道路车辆发动机燃料用液化石油气的技术要求和质量管理要求。拟批准日期:2011 年 8 月。拟生效日期:2012 年 1 月。

秘鲁发布关于医药产品的通报

秘鲁 2011 年 6 月 10 日发布 G/TBT/N/PER/34 通报,公布法案 No. 29459 第 10 条规定的 2 类药品注册及 2、3 类药品再注册所需效果和安全性技术信息提交管理卫生指令。拟批准日期:待定。拟生效日期:在官方公报上公布之后 6 个月。

秘鲁发布关于医药产品的通报

秘鲁 2011 年 6 月 10 日发布 G/TBT/N/PER/35 通报,公布法案 No. 29459 第 10 条规定的 3 类产品效果和安全性研究报告及其他证明文件提交管理卫生指令。拟批准日期:待定。拟生效日期:在官方公报上公布之后 6 个月。

哥伦比亚发布关于制动液、软管、气缸套、橡胶密封圈、摩擦材料的通报

哥伦比亚 2011 年 6 月 16 日发布 G/TBT/N/COL/159 通报,颁布在哥伦比亚使用或销售的进口、国产机动车或拖车制动系统元件技术法规。拟批准日期:决议签署之日。拟生效日期:在官方公报上公布之后6个月。

7月

菲律宾发布关于弹性接缝密封剂的通报

菲律宾2011年7月12日发布G/TBT/N/PHL/141通报，公布关于弹性接缝密封剂的标准规范，覆盖了适合于建筑物、广场、车辆或行人使用的甲板，以及除了公路、机场跑道和桥梁之外的建筑类型的密封、嵌缝或玻璃装配操作用硫化型单一或多组分冷应用弹性接缝密封剂的特性。拟批准日期：本命令应当在全面发行的官方公报上公布后15天生效。拟生效日期：本命令应当在全面发行的官方公报上公布后15天生效。

欧盟发布关于肥料的通报

欧盟2011年7月25日发布G/TBT/N/EEC/387通报，修订欧洲议会和理事会关于肥料的法规(EC)No.2003/2003，使其附件I和IV适应技术进步。拟批准日期：2012年1月。拟生效日期：自在欧盟官方公报上公布起20天。

韩国发布关于化妆品的通报

韩国2011年7月15日发布G/TBT/N/KOR/314通报，公布修订化妆品法案，确定化妆品初级或次级包装必须提供的强制性信息，要求化妆品生产商在初级包装上标明产品名称、生产商和上市许可人名称、生产批号、保质期或打开包装后的保存时间。拟生效日期：待定。

菲律宾发布关于结构密封剂的通报

菲律宾2011年7月27日发布G/TBT/N/PHL/151通报，确定结构密封剂拉伸黏结性能的标准试验方法。拟批准日期：本法令在全面发行的官方公报上公布之后15天生效。拟生效日期：本法令在全面发行的官方公报上公布之后15天生效。

美国发布关于聚乙烯醚类的通报

美国2011年7月19日发布G/TBT/N/USA/640通报，公布关于聚乙烯醚类重要新用途规则提案，要求打算生产、进口，或加工这些由本规则提案指定为重要新用途的化学物质业务的人，必须在该业务开始前至少90天向环保署通报。拟批准日期：待定。拟生效日期：待定。

中国台澎金马单独关税区发布关于劳工委员会负责的化学品目录未列出的新化学物质的通报

中国台澎金马单独关税区2011年7月4日发布G/TBT/N/TPKM/102通报，公布安全卫生法修订草案。拟批准日期：待定。拟生效日期：待定。

菲律宾发布关于密封带的通报

菲律宾2011年7月27日发布G/TBT/N/PHL/149通报，规定了确定密封带压缩恢复特性的实验室程序。拟批准日期：本法令在全面发行的官方公报上公布之后15天生效。拟生效日期：本法令在全面发行的官方公报上公布之后15天生效。

菲律宾发布关于密封剂背衬(填缝)料的通报

菲律宾2011年7月27日发布G/TBT/N/PHL/150通报，确定密封剂背衬和填缝料(以下称为背衬)吸水特性的实验室程序。拟批准日期：本法令在全面发行的官方公报上公布之后15天生效。拟生效日期：本法令在全面发行的官方公报上公布之后15天生效。

瑞典发布关于燃料的通报

瑞典2011年7月19日发布G/TBT/N/SWE/112通报，修订燃料法案。拟批准日期：2012年1月

1日。拟生效日期:待定。

美国发布关于燃料和燃料添加剂的通报

美国2011年7月19日发布G/TBT/N/USA/639通报,公布燃料和燃料添加剂法规:2012年的可再生燃料标准。拟批准日期:待定。拟生效日期:待定。

加拿大发布关于人用药品成分处方分类的通报

加拿大2011年7月13日发布G/TBT/N/CAN/338通报,公布《食品药品法规》修正提案(第1658号计划——目录F)。拟批准日期:通常在治疗产品理事会(TPD)网站张贴日期起8~10个月内。拟生效日期:该措施批准的日期。

加拿大发布关于人用药品成分处方分类的通报

加拿大2011年7月4日发布G/TBT/N/CAN/337通报,公布《食品药品法规》修正提案(第1659号计划——目录F)。拟批准日期:通常在治疗产品理事会(TPD)网站张贴日期起8~10个月内。拟生效日期:该措施批准的日期。

菲律宾发布关于溶剂释放型密封剂的通报

菲律宾2011年7月12日发布G/TBT/N/PHL/143通报,公布关于溶剂释放型密封剂的标准规范。拟批准日期:本命令应当在全面发行的官方公报上公布后15天生效。拟生效日期:本命令应当在全面发行的官方公报上公布后15天生效。

巴林发布关于药品的通报

巴林2011年7月20日发布G/TBT/N/BRA/439通报,规定验证以药品注册和注册后为目的的研究中使用的生物分析方法的要求。拟批准日期:磋商期结束后待定。拟生效日期:本决议公布后180天。

萨尔瓦多发布关于药品的通报

萨尔瓦多2011年7月1日发布G/TBT/N/SLV/154通报,公布中美洲技术法规(RTCA)No. 11. 03. 59:11:药品、人用药卫生注册要求。拟批准日期:在官方公报上公布之日。拟生效日期:在官方公报上公布之后6个月。

哥斯达黎加发布关于药品的通报

哥斯达黎加2011年7月13日发布G/TBT/N/CRI/119通报,公布中美洲技术法规(RTCA)No. 11. 03. 59:11:药品、人用药卫生注册要求。拟批准日期:在官方公报上公布之日。拟生效日期:在官方公报上公布之后6个月。

尼加拉瓜发布关于药品的通报

尼加拉瓜2011年7月6日发布G/TBT/N/NIC/116通报,公布尼加拉瓜强制性技术标准(NTON)No. 19 007 11/中美洲技术法规(RTCA)No. 11. 03. 59:11:药品、人用药品卫生注册要求。拟批准日期:在官方公报上公布之日。拟生效日期:待定。

洪都拉斯发布关于药品的通报

洪都拉斯2011年7月1日发布G/TBT/N/HND/69通报,公布中美洲技术法规(RTCA)No. 11. 03. 59:11:药品、人用药卫生注册要求。拟批准日期:待定。拟生效日期:待定。

欧盟发布关于液体燃料的通报

欧盟2011年7月26日发布G/TBT/N/EEC/389通报,公布修订关于船舶燃料含硫量的指令1999/32/EC的欧洲议会和理事会指令提案。拟批准日期:2011末至2012年初。拟生效日期:大约批准之后12个月。

厄瓜多尔发布关于油漆的通报

厄瓜多尔2011年7月25日发布G/TBT/N/ECU/77通报,公布厄瓜多尔标准协会技术法规草案(PRTE INEN)No.061:"油漆"。拟批准日期:在官方公报上公布之日。拟生效日期:批准之后6个月。

菲律宾发布关于预制密封带的通报

菲律宾2011年7月27日发布G/TBT/N/PHL/144通报,公布菲律宾国家标准草案(DPNS/ASTM C 765 -97(2007年重新批准)——预制密封带低温韧性标准试验方法。拟批准日期:本命令应当在全面发行的官方公报上公布后15天生效。拟生效日期:本命令应当在全面发行的官方公报上公布后15天生效。

菲律宾发布关于预制密封带的通报

菲律宾2011年7月27日发布G/TBT/N/PHL/145通报,公布菲律宾国家标准草案(DPNS/ASTM C 771 -03(2009年重新批准)——预制密封带受热老化后重量损失的标准试验方法。拟批准日期:本命令应当在全面发行的官方公报上公布后15天生效。拟生效日期:本命令应当在全面发行的官方公报上公布后15天生效。

菲律宾发布关于预制密封带的通报

菲律宾2011年7月27日发布G/TBT/N/PHL/146通报,公布菲律宾国家标准草案(DPNS/ASTM C 772 -03(2009重新批准)——预制密封带泛油(Oil Migration)或增塑剂泛出的标准试验方法。拟批准日期:本命令应当在全面发行的官方公报上公布后15天生效。拟生效日期:本命令应当在全面发行的官方公报上公布后15天生效。

菲律宾发布关于预制密封带的通报

菲律宾2011年7月27日发布G/TBT/N/PHL/147通报,公布菲律宾国家标准草案(DPNS/ASTM C 879 -03(2009重新批准)——与预制密封带一同使用的防粘纸的标准试验方法。拟批准日期:本命令应当在全面发行的官方公报上公布后15天生效。拟生效日期:本命令应当在全面发行的官方公报上公布后15天生效。

菲律宾发布关于预制密封带的通报

菲律宾2011年7月27日发布G/TBT/N/PHL/148通报,公布菲律宾国家标准草案[DPNS/ASTM C 908 -00(2006年重新批准)]——预制密封带屈服强度标准试验方法。拟批准日期:本命令应当在全面发行的官方公报上公布后15天生效。拟生效日期:本命令应当在全面发行的官方公报上公布后15天生效。

菲律宾发布关于预制密封带的通报

菲律宾2011年7月27日发布G/TBT/N/PHL/152通报,公布菲律宾国家标准草案[DPNS/ASTM C 1266 -02(2007年重新批准)]——预制密封带特性标准试验方法。拟批准日期:本命令应当在全面发行的官方公报上公布后15天生效。拟生效日期:本命令应当在全面发行的官方公报上公布后15天生效。

阿根廷发布关于原药及其配方产品的通报

阿根廷2011年7月19日发布G/TBT/N/ARG/263通报,公布补充农业、畜牧业、渔业和食品秘书处(SAGPyA)决议No.350/99:"规定在阿根廷共和国植物检疫产品注册的程序、标准和范围的指南"

的决议草案。拟批准日期:在官方公报上公布的日期。拟生效日期:在官方公报上公布后次日。

8月

美国发布关于杀虫剂的通报

美国2011年8月22日发布G/SPS/N/USA/2259通报,公布获悉有关不同商品内/表杀虫剂化学残留的杀虫剂申请。

美国发布关于杀虫剂的通报

美国2011年8月22日发布G/SPS/N/USA/2260通报,公布有关主动撤销某些注册杀虫剂申请的获悉通知。

美国发布关于杀虫剂的通报

美国2011年8月11日发布G/SPS/N/USA/2257通报,公布获悉不同商品内/表杀虫剂残留的若干杀虫剂申请。

加拿大发布关于链式羧甲基纤维素的通报

加拿大2011年8月23日发布G/SPS/N/CAN/554通报,公布加拿大卫生部有关修改食品药物法规,准许链式羧甲基纤维素用于食用片剂增甜剂的提案信息文件。拟批准日期:通常于本信息文件粘贴于加拿大卫生部网站后4~5个月内批准。拟生效日期:措施批准日。

以色列发布关于柴油发动机用粗柴油的通报

以色列2011年8月11日发布G/TBT/N/ISR/526通报,本修订标准草案采纳了欧洲标准EN 590:2009及其第1次修订A1:2010/02。拟批准日期:待定。拟生效日期:通常在官方公报政府公告部分公布之后60天。

菲律宾发布关于充气轮胎、安全玻璃的通报

菲律宾2011年8月4日发布G/TBT/N/PHL/154通报,公布2001系列部颁行政命令(DAO) No. 11-03——标题:强制性菲律宾国家标准。拟批准日期:本命令应当在全面发行的官方公报上公布后15天生效。拟生效日期:本命令应当在全面发行的官方公报上公布后15天生效。

特立尼达和多巴哥发布关于建筑涂料的通报

特立尼达和多巴哥2011年8月12日发布G/TBT/N/TTO/101通报,公布TTS 164:20XX-建筑涂料——一般要求,本标准对在特立尼达和多巴哥销售的建筑内外涂料规定了一般要求。拟批准日期:负责贸易和工业的部长通报之日,根据标准法案要求公布在特立尼达和多巴哥官方公报的公告中。拟生效日期:负责贸易和工业的部长通报之日,根据标准法案要求公布在特立尼达和多巴哥官方公报的公告中。

菲律宾发布关于胶粘剂的通报

菲律宾2011年8月4日发布G/TBT/N/PHL/153通报,公布菲律宾国家标准草案(DPNS/ASTM D 904-99(2008年重新批准)——胶粘剂试样在人工光中暴露的标准规范。拟批准日期:本命令应当在全面发行的官方公报上公布后15天生效。拟生效日期:本命令应当在全面发行的官方公报上公布后15天生效。

欧盟发布关于生物灭杀制品的通报

欧盟2011年8月8日发布G/TBT/N/EEC/391通报,公布关于不将某些物质包括进欧洲议会和理事会关于生物灭杀制品投放市场的指令98/8/EC附件I、IA或IB中的委员会决议草案。拟批准日期:2012 年 1 月。拟生效日期:自在欧盟官方公报上公布起 20 天(从 2013 年 2 月起实施)。

欧盟发布关于生物灭杀制品的通报

欧盟 2011 年 8 月 8 日发布 G/TBT/N/EEC/392 通报,公布关于不将氟虫脲包括进欧洲议会和理事会关于生物灭杀制品投放市场的指令 98/8/EC 附件 I、IA 或 IB 的产品种类 18 中的委员会决议草案。拟批准日期:2012 年 1 月。拟生效日期:自在欧盟官方公报上公布起 20 天(从 2013 年 2 月起实施)。

欧盟发布关于生物灭杀制品的通报

欧盟 2011 年 8 月 8 日发布 G/TBT/N/EEC/393 通报,公布委员会指令草案,修订欧洲议会和理事会指令 98/8/EC,将氟虫脲作为一种活性物质包括进其附件 I 的产品种类 8 中。拟批准日期:2012 年 1 月。拟生效日期:自在欧盟官方公报上公布起 20 天(从 2013 年 2 月起实施)。

欧盟发布关于生物灭杀制品的通报

欧盟 2011 年 8 月 8 日发布 G/TBT/N/EEC/394 通报,公布委员会指令草案,修订欧洲议会和理事会指令 98/8/EC,将恶虫威作为一种活性物质包括进其附件 I 中。拟批准日期:2012 年 1 月。拟生效日期:自在欧盟官方公报上公布起 20 天(从 2013 年 2 月起实施)。

阿拉伯联合酋长国发布关于塑料瓶的通报

阿拉伯联合酋长国 2011 年 8 月 31 日发布 G/TBT/N/ARE/88 通报,公布关于瓶装化学材料和产品使用的塑料瓶的阿拉伯联合酋长国(UAE)技术法规草案。拟批准日期:待定。拟生效日期:待定。

阿曼发布关于塑料瓶的通报

阿曼 2011 年 8 月 25 日发布 G/TBT/N/OMN/124 通报,公布关于阿曼瓶装化学材料和产品使用的塑料瓶技术法规草案。拟批准日期:待定。拟生效日期:待定。

巴西发布关于药品的通报

巴西 2011 年 8 月 30 日发布 G/TBT/N/BRA/444 通报,公布 2011 年 7 月 28 日决议草案 No. 40——发布药品登记证明和药品出口登记证明的电子规程。拟批准日期:评议期结束后决定。拟生效日期:批准之日。

韩国发布关于药品的通报

韩国 2011 年 8 月 25 日发布 G/TBT/N/KOR/324 通报,公布部分修订药事法,(引入续期制度)核准(注册)药品每 5 年收费续期要求。拟批准日期:待定。拟生效日期:待定。

韩国发布关于药物安全的通报

韩国 2011 年 8 月 2 日发布 G/TBT/N/KOR/318 通报,公布关于药品标签等的法规。拟批准日期:待定。拟生效日期:待定。

肯尼亚发布关于液体二氧化硫的通报

肯尼亚 2011 年 8 月 12 日发布 G/TBT/N/KEN/295 通报,公布 DKS 2342 - 1:2011 液体二氧化硫——规范。第 1 部分:技术级液体二氧化硫。拟批准日期:2012 年 6 月。拟生效日期:由工业部部长在肯尼亚官方公报上宣布为强制标准之日。

肯尼亚发布关于枕头的通报

肯尼亚 2011 年 8 月 15 日发布 G/TBT/N/KEN/297 通报,公布 DKS 1267 - 2:2011 家用枕头——规范第 2 部分:合成纤维填充。拟批准日期:2012 年 6 月。拟生效日期:由工业部部长在肯尼亚官方公报上宣布为强制标准之日。

肯尼亚发布关于枕头的通报

肯尼亚2011年8月15日发布G/TBT/N/KEN/298通报，公布DKS 1267－3:2011家用枕头——规范第3部分：羽毛填充。拟批准日期：2012年6月。拟生效日期：由工业部部长在肯尼亚官方公报上宣布为强制标准之日。

肯尼亚发布关于制冷级二氧化硫的通报

肯尼亚2011年8月15日发布G/TBT/N/KEN/296通报，公布DKS 2342－2:2011液体二氧化硫——规范第2部分：制冷级液体二氧化硫。拟批准日期：2012年6月。拟生效日期：由工业部部长在肯尼亚官方公报上宣布为强制标准之日。

9月

智利发布关于体外组织培养的通报

智利2011年9月2日发布G/SPS/N/CHL/366通报，公布2003年第633号决议修改案——"规定智利进口作为体外组织培养的植物材料要求"。拟批准日期：官方公报公布时。拟生效日期：官方公报公布日。

美国发布关于杀虫剂的通报

美国2011年9月13日发布G/SPS/N/USA/2267通报，公布获悉不同商品内/表杀虫剂化学物残留的杀虫剂申请。

美国发布关于碱式硫酸铜杀虫剂的通报

美国2011年9月20日发布G/SPS/N/USA/2270通报，公布暂停某些杀虫剂注册的意向通知。

欧盟发布关于商品中的富马酸二甲酯的通报

欧盟2011年9月15日发布G/TBT/N/EEC/403通报，公布欧盟委员会法规草案，修订欧洲议会和理事会关于化学品注册、评估、授权和限制的法规(EC) No. 1907/2006(REACH)附录XVII。拟批准日期：2012年3月。拟生效日期：2012年3月。

加拿大发布关于燃煤发电排放的通报

加拿大2011年9月21日发布G/TBT/N/CAN/344通报，公布减少燃煤发电二氧化碳排放法规提案。拟批准日期：通常在加拿大官方公报第I部分公布之后5~8个月内。拟生效日期：2013年1月1日。

巴西发布关于石油柴油燃料的通报

巴西2011年9月28日发布G/TBT/N/BRA/446通报，公布部颁法案草案：No. 27/2011，涉及石油柴油燃料的质量控制。拟批准日期：在考虑收到的评议意见后在官方公报上公布之日。拟生效日期：在最终文本中待定。

加拿大发布关于危险化学品和农药的通报

加拿大2011年9月1日发布G/TBT/N/CAN/343通报，公布出口控制列表上的物质出口的法规提案。拟批准日期：通常在加拿大官方公报第I部分公布后5~8个月内。拟生效日期：本措施批准的日期。

乌克兰发布关于烟火的通报

乌克兰2011年9月7日发布G/TBT/N/UKR/60通报，公布2011年8月3日乌克兰内阁决议No. 839"批准关于烟火产品的技术法规"。拟批准日期：2011年8月3日。拟生效日期：2012年2月

14 日。

10 月

美国发布关于杀虫剂的通报

美国 2011 年 10 月 25 日发布通报,公布杀虫剂文案以供评议及其他文案措施的注册审议。

美国发布关于杀虫剂的通报

美国 2011 年 10 月 25 日发布通报,公布获悉若干不同商品内/表杀虫剂化学残留的杀虫剂申请。

美国发布关于杀虫剂的通报

美国 2011 年 10 月 24 日发布通报,公布修改删除某些注册杀虫剂使用要求的获悉通知。

美国发布关于杀虫剂的通报

美国 2011 年 10 月 5 日发布通报,公布获悉有关不同商品内/表杀虫剂化学物残留的杀虫剂申请。

芬兰发布关于含磷酸盐的洗碗机洗涤剂和洗衣洗涤剂的通报

芬兰 2011 年 10 月 14 日发布通报,公布奥兰政府(Government of Å land)修订环境保护法的法令草案。拟批准日期:2012 年 1 月。拟生效日期:2012 年 2 月 1 日。

阿尔巴尼亚发布关于洗涤剂生物降解标准、测试方法和许可限值及洗涤剂表面活性材料风险评估的通报

阿尔巴尼亚 2011 年 10 月 17 日发布 G/TBT/N/ALB/48 通报,公布部长会议决议草案"洗涤剂生物降解标准、测试方法和许可限值及洗涤剂表面活性材料风险评估"。拟批准日期:2011 年 10 月。拟生效日期:2012 年 1 月。

科威特发布关于单独标准中包括的硅酸盐水泥的通报

科威特 2011 年 10 月 19 日发布 G/TBT/N/KWT/70 通报,公布单独标准中包括的硅酸盐水泥的强制标准。拟批准日期:待定。拟生效日期:在官方公报上公布之后 6 个月。

中国台澎金马单独关税区发布关于建筑物用涂料的通报

中国台澎金马单独关税区 2011 年 10 月 4 日发布 G/TBT/N/TPKM/108 通报,公布根据《商品检验法案》的公告。拟批准日期:2012 年 1 月 1 日。拟生效日期:2012 年 5 月 1 日。

欧盟发布关于生物灭杀制品的通报

欧盟 2011 年 10 月 17 日发布 G/TBT/N/EEC/409 通报,公布关于不将产品种类 18 的敌敌畏包括在欧洲议会和理事会关于生物灭杀制品投放市场的指令 98/8/EC 附件 I、IA 或 IB 中的委员会决议草案。拟批准日期:2012 年 4 月。拟生效日期:自在欧盟官方公报上公布起 20 天(自 2012 年 11 月起实施)。

欧盟发布关于生物灭杀制品的通报

欧盟 2011 年 10 月 17 日发布 G/TBT/N/EEC/410 通报,公布关于不将产品种类 18 的二溴磷包括在欧洲议会和理事会关于生物灭杀制品投放市场的指令 98/8/EC 附件 I、IA 或 IB 中的委员会决议草案。拟批准日期:2012 年 4 月。拟生效日期:自在欧盟官方公报上公布起 20 天(自 2012 年 11 月起实施)。

法国发布关于输送管道的通报

法国 2011 年 10 月 17 日发布 G/TBT/N/FRA/127 通报,公布关于气体、碳氢化合物或化学品输送管道公共事业单位的安全、授权和声明的法令草案。拟批准日期:2012 年 1 月 1 日。拟生效日期:

2012 年 1 月 1 日。

芬兰发布关于含磷酸盐的洗碗机洗涤剂和洗衣洗涤剂的通报

芬兰 2011 年 10 月 14 日发布 G/TBT/N/FIN/47 通报，公布奥兰政府(Government of land)修订环境保护法的法令草案。拟批准日期:2012 年 1 月。拟生效日期:2012 年 2 月 1 日。

肯尼亚发布关于合成洗涤剂的通报

肯尼亚 2011 年 10 月 28 日发布通报，公布 DKS 2345:2011 合成膏浆洗涤剂——规范。拟批准日期:由工业部部长宣布为强制标准之日。拟生效日期:由工业部部长宣布为强制标准之日。

肯尼亚发布关于合成洗涤剂的通报

肯尼亚 2011 年 10 月 28 日发布通报，本规范规定了免洗酒精洗手液的要求和测试方法。标准不包括非酒精洗手液。拟批准日期:由工业部部长宣布为强制标准之日。拟生效日期:由工业部部长宣布为强制标准之日。

美国发布关于化学物质的通报

美国 2011 年 10 月 12 日发布 G/TBT/N/USA/651 通报，公布某些化学物质重要新用途规则。拟批准日期:待定。拟生效日期:待定。

巴基斯坦发布关于食用碘盐的通报

巴基斯坦 2011 年 10 月 21 日发布 G/TBT/N/PAK/47 通报，公布使用碘盐标准。拟批准日期:WTO 秘书处通报之后 90 天。拟生效日期:WTO 秘书处通报之后 90 天。

欧盟发布关于生物灭杀制品的通报

欧盟 2011 年 10 月 17 日发布 G/TBT/N/EEC/407 通报，公布委员会指令草案，修订欧洲议会和理事会指令 98/8/EC，将楝子提取物(margosa extract)作为一种活性物质包括到其附件 I 中。拟批准日期:2012 年 4 月。拟生效日期:自在欧盟官方公报上公布起 20 天(自 2014 年 5 月起实施)。

欧盟发布关于生物灭杀制品的通报

欧盟 2011 年 10 月 17 日发布 G/TBT/N/EEC/408 通报，公布委员会指令草案，修订欧洲议会和理事会指令 98/8/EC，将盐酸作为一种活性物质包括到其附件 I 中。拟批准日期:2012 年 4 月。拟生效日期:自在欧盟官方公报上公布起 20 天(自 2014 年 5 月起实施)。

伯利兹发布关于液化石油气(2711)的通报

伯利兹 2011 年 10 月 28 日发布通报，公布关于液化石油气的伯利兹国家标准规范草案。拟批准日期:2011 年 12 月 5 日。拟生效日期:批准后一年。

科威特发布关于脂肪涂油和混合涂油标准的通报

科威特 2011 年 10 月 14 日发布 G/TBT/N/KWT/69 通报，公布单独标准中未包括的食用油脂标准。拟批准日期:待定。拟生效日期:在官方公报上公布之后 6 个月。

11 月

澳大利亚发布关于兽医疫苗、其他兽医疗法和体内兽医产品的通报

澳大利亚 2011 年 11 月 16 日发布 G/SPS/N/AUS/280 通报，公布通过兽医疫苗，其他体内兽医产品传播的传染性海绵状脑病(TSEs)的风险管理指南草案。拟批准日期:待通知。拟生效日期:约 2012 年 3 月。

美国发布关于所有农原料品的通报

美国2011年11月25日发布G/SPS/N/USA/2300通报，公布撤销各种商品内/表杀虫剂化学物残留的杀虫剂申请。

卡塔尔发布关于涂脂和混合涂脂的通报

卡塔尔2011年11月15日发布G/SPS/N/QAT/35通报，公布涂脂和混合涂脂的标准。拟批准日期：官方公报公布时。拟生效日期：待定。

多米尼加共和国发布关于柴油的通报

多米尼加共和国2011年11月22日发布G/TBT/N/DOM/134通报，公布多米尼加标准（NORDOM）：石油产品、柴油规范。拟批准日期：公布后6个月。拟生效日期：待定。

厄瓜多尔发布关于充气轮胎的通报

厄瓜多尔2011年11月28日发布G/TBT/N/ECU/83通报，公布厄瓜多尔标准协会技术法规草案（PRTE INEN）No. 067："充气轮胎翻新工艺"。拟批准日期：通报之后90天。拟生效日期：批准之后6个月。

以色列发布关于供水用塑料管道系统（3917. 23；3925. 90）的通报

以色列2011年11月7日发布G/TBT/N/ISR/535通报，公布SI 71452第1~3和5部分：压力供水、埋藏和地上排水和排污塑料管道系统——未增塑的聚乙烯（聚氯乙烯）（PVC－U）。拟批准日期：待定。拟生效日期：通常在以色列官方公报的政府公告部分公布之后60天。

巴基斯坦发布关于聚丙烯编织包装袋的通报

巴基斯坦2011年11月11日发布G/TBT/N/PAK/48通报，公布聚丙烯编织包装袋标准。拟批准日期：WTO秘书处通报之后90天。拟生效日期：WTO秘书处通报之后90天。

巴基斯坦发布关于冷水装置用未增塑聚氯乙烯压力管的通报

巴基斯坦2011年11月11日发布G/TBT/N/PAK/49通报，公布冷水装置用未增塑聚氯乙烯（PVC－U）压力管标准。拟批准日期：WTO秘书处通报之后90天。拟生效日期：WTO秘书处通报之后90天。

印度尼西亚发布关于散装化妆品和化妆品的通报

印度尼西亚2011年11月7日发布G/TBT/N/IDN/51通报，公布关于散装化妆品和化妆品的标题为NADFC RI No. HK. 03. 1. 23. 04. 11. 03724 2011年的法规。拟生效日期：待定。

多米尼加共和国发布关于水凝水泥的通报

多米尼加共和国2011年11月22日发布G/TBT/N/DOM/125通报，公布多米尼加标准（NORDOM）No. 180：水凝水泥。塑性稠度的泥浆和灰浆机械搅拌方法。拟批准日期：公布之后6个月。拟生效日期：待定。

多米尼加共和国发布关于水凝水泥的通报

多米尼加共和国2011年11月22日发布G/TBT/N/DOM/133通报，公布多米尼加标准（NORDOM）No. 366：水凝水泥。使用50毫米（2英寸）立方形样品测定砂浆的抗压强度。拟批准日期：公布之后6个月。拟生效日期：待定。

多米尼加共和国发布关于水凝水泥的通报

多米尼加共和国2011年11月22日发布G/TBT/N/DOM/127通报，公布多米尼加标准（NOR-

DOM)No. 212:水凝水泥。通过维卡特针法测定凝固时间。拟批准日期:公布之后6个月。拟生效日期:待定。

多米尼加共和国发布关于塑料包装材料的通报

多米尼加共和国2011年11月22日发布G/TBT/N/DOM/120通报,公布多米尼加标准(NORDOM)No. 83:2-003:塑料包装材料。在食品包装中使用塑料的一般准则。拟批准日期:公布之后6个月。拟生效日期:待定。

菲律宾发布关于塑料制品的通报

菲律宾2011年11月23日发布G/TBT/N/PHL/159通报,公布在环境中通过氧化和生物降解组合降解的暴露和测试塑料标准指南。拟批准日期:本法令在普通发行的官方公报上公布之后15天生效。拟生效日期:本法令在普通发行的官方公报上公布之后15天生效。

多米尼加共和国发布关于无铅汽油的通报

多米尼加共和国2011年11月22日发布G/TBT/N/DOM/137通报,公布多米尼加标准(NORDOM)No. 476:石油产品——无铅汽油——规范。拟批准日期:公布之后6个月。拟生效日期:待定。

厄瓜多尔发布关于稀释剂的通报

厄瓜多尔2011年11月22日发布G/TBT/N/ECU/82通报,公布厄瓜多尔标准协会技术法规草案(RTE INEN)No. 066:"稀释剂"。拟批准日期:通报之后90天。拟生效日期:批准之后6个月。

厄瓜多尔发布关于婴幼儿假奶嘴/安抚奶嘴的通报

厄瓜多尔2011年11月22日发布G/TBT/N/ECU/81通报,公布厄瓜多尔标准协会技术法规草案(RTE INEN)No. 065:"婴幼儿假奶嘴/安抚奶嘴"。拟批准日期:通报之后90天。拟生效日期:批准之后6个月。

12月

巴西发布关于氟磺胺草醚的通报

巴西2011年12月21日发布G/SPS/N/BRA/784通报,公布氟磺胺草醚决议草案。拟批准日期:2012年2月。拟生效日期:2012年2月。

加拿大发布关于用辛烯基琥珀酸酐改进的金合欢胶的通报

加拿大2011年12月13日发布G/SPS/N/CAN/573通报,公布加拿大卫生部有关修改食品药物法规提案的信息文件——批准用辛烯基琥珀酸酐(OSA)改进的金合欢胶(阿拉伯树胶)作为一种乳化剂。拟批准日期:通常于本信息文件粘贴在加拿大卫生部网站起4~5个月批准。拟生效日期:自加拿大官方公报第II部分批准当日,法规生效。

美国发布关于杀虫剂的通报

美国2011年12月20日发布G/SPS/N/USA/23 0 8通报,公布获悉某些主动要求取消注册杀虫剂的通知。

美国发布关于杀虫剂的通报

美国2011年12月20日发布G/SPS/N/USA/2309通报,公布许可限量作物归类计划III。

美国发布关于杀虫剂的通报

美国2011年12月20日发布G/SPS/N/USA/2311通报,公布除虫菊酯/拟除虫菊酯累积风险评估可提供通知。

美国发布关于杀虫剂的通报

美国2011年12月20日发布G/SPS/N/USA/2314通报，公布获悉有关不同商品内/表杀虫剂化学物残留许可限量的若干杀虫剂申请。

加拿大发布关于柴油燃料的通报

加拿大2011年12月22日发布G/TBT/N/CAN/352通报，公布柴油燃料法规中的硫的修正提案。拟批准日期：通常在加拿大官方公报第I部分公布5~8个月内。拟生效日期：2012年6月1日。

巴林发布关于低钠加碘食用盐的通报

巴林2011年12月7日发布G/TBT/N/BHR/254通报，公布低钠加碘食用盐的技术法规草案。拟批准日期：待定。拟生效日期：待定。

巴拉圭发布关于防晒霜的通报

巴拉圭2011年12月9日发布G/TBT/N/PRY/44通报，公布南方共同市场（MERCOSUR）决议No. 08/11：关于化妆品中防晒霜的南方共同市场技术法规。拟批准日期：2012年。拟生效日期：2012年。

巴拉圭发布关于个人卫生用品、化妆品和香水的通报

巴拉圭2011年12月7日发布G/TBT/N/PRY/38通报，南方共同市场集团（MERCOSUR）决议No. 19/11，关于个人卫生用品、化妆品和香水良好生产规范的南方共同市场集团法规。拟批准日期：2012年5月31日。拟生效日期：2012年5月31日。

巴拉圭发布关于个人卫生用品、化妆品和香水的通报

巴拉圭2011年12月7日发布G/TBT/N/PRY/40通报，南方共同市场集团（MERCOSUR）决议No. 24/11，规定不能在个人卫生用品、化妆品和香水中使用的物质（属于某些条件和限制的除外）列表的南方共同市场集团技术法规。拟批准日期：2012年5月31日。拟生效日期：2012年5月31日。

韩国发布关于化妆品的通报

韩国2011年12月22日发布G/TBT/N/KOR/344通报，公布《化妆品法案》执行法规修正案。拟批准日期：待定。拟生效日期：待定。

欧盟发布关于化妆品的通报

欧盟2011年12月9日发布G/TBT/N/EU/4通报，公布委员会执行指令草案，为了适应技术进步，修订关于化妆品的理事会指令76/768/EEC的附件II和III。拟批准日期：2012年2月。拟生效日期：自在欧盟官方公报上公布起20天。

中国台澎金马单独关税区发布关于摩托车轮胎的通报

中国台澎金马单独关税区2011年12月14日发布G/TBT/N/TPKM/116通报，公布根据《商品检验法案》的公告。拟批准日期：2012年2月1日。拟生效日期：2012年4月15日。

巴拉圭发布关于尼美舒利的通报

巴拉圭2011年12月22日发布G/TBT/N/PRY/51通报，发布禁止生产、销售、分销和分发包含活性成分尼美舒利作为单药或与其他物质组合而成的药物制剂及命令将其从国内市场撤销的决议No. 96。拟批准日期：2011年2月22日。拟生效日期：2011年2月22日。

日本发布关于汽油的通报

日本2011年12月2日发布G/TBT/N/JPN/374通报，公布部分修订关于汽油及其他燃料质量控制法案的法规。拟批准日期：2012年2月。拟生效日期：2012年4月。

瑞士发布关于人、兽用药的通报

瑞士2011年12月20日发布G/TBT/N/CHE/140通报，公布简化药品审批程序和报告义务的法令。拟批准日期：2012年下半年。拟生效日期：2012年末。

墨西哥发布关于碳氢化合物的通报

墨西哥2011年12月7日发布G/TBT/N/MEX/222通报，公布墨西哥官方标准草案NOM 076 SEMARNAT 1995规定从排气管排放的未燃烧的碳氢化合物、一氧化碳和氮氧化物，以及从使用汽油、液化石油气、天然气及其他替代燃料，并且打算驱动车辆毛重超过3,857千克的新机动车辆的燃料系统排放的蒸发碳氢化合物的最高允许限量。拟生效日期：作为最终标准在官方公报上公布后60天。

瑞典发布关于文身墨水的通报

瑞典2011年12月2日发布G/TBT/N/SWE/117通报，公布关于文身墨水的法令。拟批准日期：2012年3月。拟生效日期：2012年3月。

(2)分析

2011年矿产、化工产品颁布而未实施的法律法规分析包括国别分析和产品分析。

1)国别分析

2011年矿产、化工产品颁布未实施的法律法规共225条，涉及的国家或地区共42个。其中，最多的国家是美国，为47起。除图4.34中列出的国家(地区)，其余国家(地区)共发生38起。

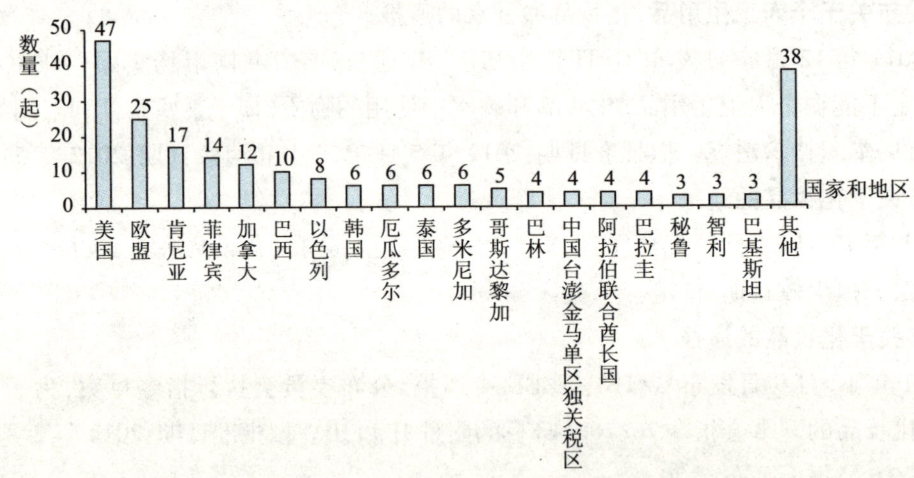

图4.34 2011年矿产、化工产品颁布未实施的法律法规国别分析

总的来说，颁布未实施的法律法规虽以美国、欧盟为主，但由于涉及国家或地区众多，长尾效应也不可忽视。

2)产品分析

2011年矿产、化工产品颁布未实施的法律法规涉及的产品共14大类，几乎覆盖了化工、矿产品的所有类别。其中，最多的产品是杂项化学产品(HS38)，为71条，涉及13个国家。其次是有药品类(HS30)，为30条，如图4.35所示。

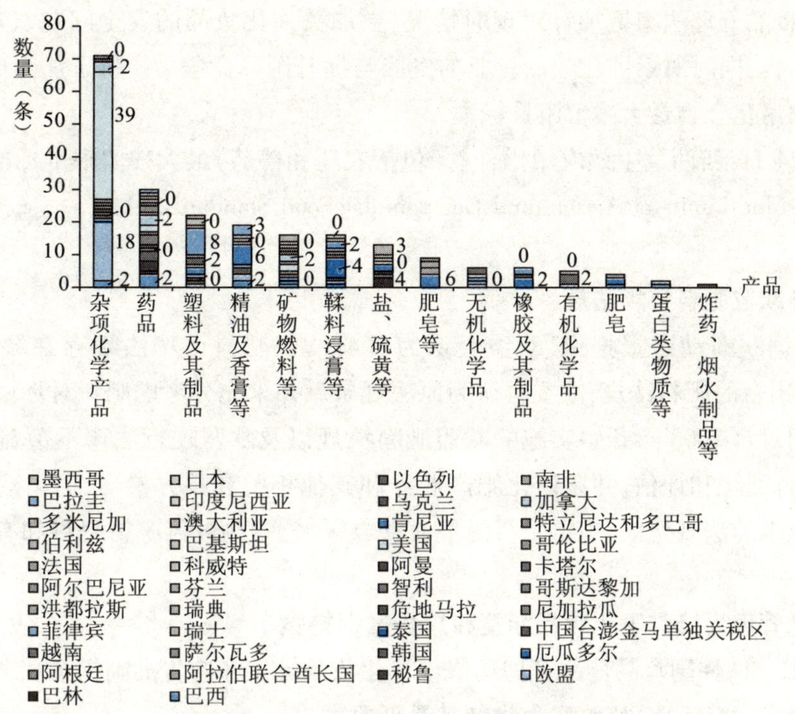

图 4.35　2011 年矿产、化工产品颁布未实施的法律法规产品分析

总的来说，颁布未实施的法律法规相对较为集中，前 5 种产品共 159 条。

3. 存在颁布意向的法律法规

2011 年矿产、化工产品存在颁布意向的法律法规共 47 条。

(1) 法律法规

1 月

厄瓜多尔标准协会关于充气轮胎合格评定程序草案的通报

2011 年 1 月 14 日厄瓜多尔标准协会通报的在厄瓜多尔共和国销售的国内生产或进口充气轮胎合格评定程序草案包括以下方面：引用的法律文件、法律基础、范围、定义、要求和检测方法、合格评定模式、标签及审议和更新。

欧盟出台双酚 A 禁令

2011 年 1 月 28 日，欧盟发布了关于修改 2002/72/EC 与婴儿奶瓶中双酚 A 限量的指令（2011/8/EU），该指令规定从 2011 年 3 月 1 日起，禁止在欧盟境内生产含双酚 A 成分婴儿奶瓶，并从 2011 年 6 月 1 日起，禁止将含双酚 A 成分婴儿奶瓶投放市场或进口。

欧盟拟修订欧洲议会和理事会指令 98/8/EC

2011 年 1 月 7 日欧盟发布通报，欧盟委员会公布修订欧洲议会和理事会指令 98/8/EC，将吡虫啉作为一种活性物质包括到其附件 I 中。该委员会指令草案将吡虫啉包括到可以在生物灭杀制品中使用的欧盟活性物质肯定列表中。

3 月

泰国卫生部出台新化妆品管理法

2011 年 3 月 2 日泰国《世界日报》报道，泰国卫生部长朱林已签署新版化妆品管理法，该法将提交内阁审议,新的化妆品管理法案更加针对现时情况,更加关注化妆品的安全问题,包括严格监督化妆品进行虚假夸大广告,同时对泰国化妆品行业的发展与提升国际竞争力提供了法律支持。

新西兰修订农用化合物最大残留限量标准

2011 年 3 月 24 日,新西兰生效农用化合物(包括农药和兽药)最大残留限量标准 2011[New Zealand (Maximum Residue Limits of Agricultural Compounds] Food Standards2011]。

4 月

欧委会拟完善欧盟肥料市场法规

2011 年 4 月,据欧洲动态报报道,欧委会认为目前欧盟肥料市场法规存在缺陷。欧盟陆续在 2003 年和 2008 年出台的肥料法规,欧委会认为原法规条款并未充分考虑肥料对环境的影响问题。欧委会专家拟在近期对自 2003 年开始实施的欧盟肥料法规以及欧盟现行法律不覆盖的成员国现行法律、规章和标准进行回顾和评估,并邀请化肥产业界和其他相关利益方参与,提出建立在充分协调基础上的基本安全要求的法规建议,规定肥料的最大重金属水平,并覆盖矿物肥料和有机肥料的原料和最终产品。

韩国食品药品管理局修订了化妆品标签和广告准则提案

2011 年 4 月 13 日,韩国食品药品管理局修订了化妆品标签和广告准则提案。

日本厚生劳动省(MHLW)修订了生物制品最低要求

2011 年 4 月 6 日,日本厚生劳动省(MHLW)修订了生物制品最低要求。生物制品最低要求将部分修订,修改关于“冻干抗 D(Rho)免疫球蛋白”的标准,此次修订的目的是,规定药品的制造程序、特性、质量、储存等,必须特别注意(生物制品)达到公众健康和卫生的目的。

5 月

加拿大拟修改化妆品中重金属的限制法规

2010 年 5 月 16 日,加拿大一环保组织 Environmental Defence 呼吁加拿大政府对化妆品行业制定更严格的法规,原因是此前 Environmental Defence 公布的一份报告显示加拿大境内许多化妆品含有大量的有毒重金属物质。

欧洲化学品管理局向授权候选物质清单增加 7 种高关注度物质

2011 年 5 月 31 日,欧洲化学品管理局(ECHA)网站消息,在赫尔辛基召开的 18 届会议上,经成员国委员会(MSC)一致通过,同意将 7 种高关注度物质(SVHC)添加至授权候选物质清单。

美国拟修订拜耳除草剂(Pyrasulfotole)的许可限量

2011 年 5 月 9 日美国发布通报,美国环保署拟修订拜耳除草剂(Pyrasulfotole)的许可限量。最终法规规定高粱草和畜产品内/表 Pyrasulfotole 的残留限量。Bayer CropScience LLC 公司要求将这些许可限量纳入联邦食品、药物和化妆品法案(FFDCA)。

阿根廷国家农业食品质量卫生局(SENASA)拟修订关于强制禁止活性成分硫丹及其配方产品的决议

2011 年 5 月 12 日,阿根廷国家农业食品质量卫生局(SENASA)提交关于强制禁止活性成分硫丹及其配方产品的决议草案。决议草案提出本措施生效后 5 年内完全禁止活性成分硫丹及其配方产品的使用、进口、生产(合成)、配制和销售。决议草案包括逐步淘汰时间表。决议草案还规定禁止基于硫丹的新产品、活性成分和配制产品注册。

美国拟修订噻螨酮杀虫剂许可限量

2011 年 5 月 30 日美国发布通报,美国环保署公布了噻螨酮(Hexythiazox)杀虫剂许可限量。最终法规规定带轴去皮甜玉米;甜玉米草料;干豆及嫩豆内/表残留许可限量。

美国拟修订多种杀虫剂活性成分残留限量

2011 年 5 月 9 日美国发布通报,美国环保署公布拟修订多种杀虫剂活性成分残留限量。美国环保署为了更清楚地说明许可限量的测定范围和内容,对许多杀虫剂活性成分残留限量表示方法做了小修改。

欧盟发布新的洗碗和洗衣用洗涤剂生态标签标准

2011 年 5 月,欧盟委员会在欧盟官方公报上发布了新的洗碗和洗衣用洗涤剂生态标签标准,并对特定的化学品制定了更为严格的使用限值,同时排除了洗涤剂中的化学成分磷酸盐(phosphates)。此次新标准的制定原因是此前欧盟委员会提出了完全禁止磷酸盐用于洗涤剂和限制其他含磷酸盐化合物用量的法规草案。新的生态标签标准取代了原先已于 2011 年 4 月 30 日到期的标准,有效期为 4 年。已被授予旧生态标签标准的制造商可继续使用该生态标签直到 2012 年 4 月 30 日。

欧盟修改化妆品相关指令 76/768/EEC 附件

2011 年 5 月 14 日,欧盟委员会在《欧盟官方公报》发布指令 2011/59/EU,宣布根据目前技术进步情况,对化妆品相关指令 76/768/EEC 的附件二及附件三进行修改。欧盟各成员国最晚应不迟于 2012 年 1 月 3 日前通过并发布须遵从本指令的法律、法规及管理规定,并从 2012 年 1 月 3 日起实施。

美国环保署公布代林联(Metiram);杀虫剂许可限量

2011 年 5 月 9 日美国发布通报,美国环保署公布代林联(Metiram);杀虫剂许可限量。最终法规规定香蕉和酿酒葡萄内/表代林联(Metiram)的残留限量。BASF 公司要求将这些许可限量纳入联邦食品、药物和化妆品法案(FFDCA)。

日本厚生劳动省修订部分生物制品的最低要求

2011 年 5 月 19 日,日本厚生劳动省提交部分修订生物制品的最低要求。生物制品的最低要求应当部分修订,增加新批准的 2 种疫苗的标准。

巴西卫生监督局(ANVISA)修订了注册的药物的要求

2011 年 5 月 30 日,巴西卫生监督局(ANVISA)提交了决议草案,其规定了修改、包括、延缓、重新使用和取消已经在巴西卫生监督局(Anvisa)注册的药物的要求。此法规草案规定了修改、包括、延缓、重新使用和取消已经在巴西卫生监督局(Anvisa)注册的药物的要求。此草案旨在分类张贴药物的注册变更,并且规定了巴西卫生监督局要求的文件和实验室测试。其适用于已经在巴西卫生监督局注册的所有药物。

巴西卫生监督局(ANVISA)修订了关于注册的植物源药物的要求

2011 年 5 月 30 日,巴西卫生监督局(ANVISA)提交了决议草案,其规定了修改、包括、延缓、重新使用和取消植物源药物的要求。本技术法规草案规定了修改、包括、延缓、重新使用和取消已经在巴西卫生监督局(Anvisa)注册的植物源药物的要求。本决议草案旨在分类张贴植物源药物的注册变更,并且规定了巴西卫生监督局要求的文件和实验室测试。其适用于已经在巴西卫生监督局注册的所有植物源药物。

6月

输欧产品需通报38种高度关注物质

2011年6月1日起，凡包含欧盟《化学品的注册、评估、授权和限制制度》(REACH法规)列为38种高度关注物质(SVHC)达到一定浓度、总量的产品，必须按规定程序进行申请通报，否则将无法进入欧盟市场。

加拿大拟建议修改用蜂蜜曲霉派生蛋白酶生产水解动物、乳及植物蛋白的相关法规

2011年6月7日加拿大发布通报，加拿大卫生部收到一个要求准许按符合良好制作规范使用标准，用具备将蛋白化为氨基酸和肽类较小成分功能的蜂蜜曲霉(Aspergillus melleus)派生蛋白酶生产水解动物、乳及植物蛋白的建议。加拿大卫生部拟建议修改法规，准许按符合良好制作规范的使用标准，用蜂蜜曲霉(Aspergillus melleus)派生蛋白酶生产水解动物、乳及植物蛋白。作为提高监管系统应答效率的手段之一，在履行修改法规监管程序的同时，特签发一临时营销许可，批准销售用蜂蜜曲霉(Aspergillus melleus)派生蛋白酶制作的上述食品。该拟定法规修改案可成为准许销售用蜂蜜曲霉(Aspergillus melleus)派生蛋白酶制作上述食品的批准措施。该修改案有安全评估的支持，且对经济与环境的影响不大。因此，该法规修改案可直接获得最终批准，并公布于加拿大官方公报第II部分。

加拿大拟修改将亚铁氰化钾、三水合物作为盐防结块剂及生产树枝状盐结晶辅助剂的相关法规

2011年6月7日加拿大发布通报，加拿大卫生部收到一个建议，它要求如按无水亚铁氰化钠计算，单独或与亚铁氰化钾、十水合物结合使用时，准许以亚铁氰化钾(potassium ferrocyanide)、三水合物作为盐防结块剂使用，总量不超过13ppm。该建议还包括一项请求，如按无水亚铁氰化钠计算，单独或与亚铁氰化钾、十水合物结合使用时，准许以亚铁氰化钾(potassium ferrocyanide)、三水合物作为一种辅助剂生产树枝状盐结晶，总量不超过13ppm。加拿大卫生部拟建议修改法规，准许如按无水亚铁氰化钠计算，单独或与亚铁氰化钾、十水合物结合使用时，以亚铁氰化钾(potassium ferrocyanide)、三水合物作为盐防结块剂使用，总量不超过13ppm。加拿大卫生部还拟建议修改法规，准许如按无水亚铁氰化钠计算，单独或与亚铁氰化钾、十水合物结合使用时，用亚铁氰化钾(potassium ferrocyanide)、三水合物作为一种辅佐剂，生产树枝状盐结晶，总量不超过13ppm。作为提高监管系统应答效率的手段之一，在履行修改法规监管程序的同时，特签发一临时营销许可，批准按上述方式，直接使用亚铁氰化钾(potassium ferrocyanide)、三水合物。该拟定法规修改案可成为准许销售含盐防结块剂的亚铁氰化钾(potassium ferrocyanide)、三水合物附加食品的批准措施。该修改案有安全评估的支持，且对经济与环境的影响不大。因此，该法规修改案可直接获得最终批准，并公布于加拿大官方公报第II部分。

7月

欧盟发布最新的不受EC470/2009号条例限制的物质清单

2011年7月，欧盟发布最新的不受EC470/2009号条例限制的物质清单，新增赋形剂：

Macrogol cetostearyl ether (CAS No: 68439-49-6): for administration by the intramammary route at doses of up to 0.95 mg/kg bw Sodium starch glycolate (CAS: 9063-38-1): for cutaneous use only

8月

日本ST标准修订塑化材料中邻苯二甲酸盐的含量

2011年8月23日，日本玩具安全标准(ST-2002第十版)就玩具化学属性的内容做了新的修订，修订后指定玩具的塑化材料中邻苯二甲酸盐的含量与新的《食品卫生法》保持一致。

加拿大拟定有关用羧甲基纤维素钠防止葡萄酒中酒石酸沉淀的临时营销许可

2011 年 8 月 16 日,加拿大发布通报,加拿大卫生部部收到一份提交评议,要求准许按最大 0.01% 使用标准用羧甲基纤维素钠(sodium Carboxymethyl cellulose)来防止葡萄酒中酒石酸沉淀。现有数据评估支持用羧甲基纤维素钠防止葡萄酒中酒石酸沉淀的安全有效性。因此,加拿大卫生部建议修改法规,准许按最大 0.01% 使用标准用羧甲基纤维素钠(sodium Carboxymethyl cellulose)来防止葡萄酒中酒石酸沉淀。作为提高监管机制应答效率的一种手段,特签发临时营销许可(IMA),在旅行修改法规程序的同时,准许按以上方式直接使用羧甲基纤维素钠。该拟定法规修改案将成为,防止酒石酸沉淀,批准销售含羧甲基纤维素钠附加食品销售的措施。以上修改案有安全评估的支持,对经济与环境不会产生多大影响。因此,法规修改案可直接获得最终批准,公布于加拿大官方公报第 II 部分。

美国拟定免除羧甲基瓜尔胶、钠盐及羧甲基羟丙基瓜尔胶许可限量要求

2011 年 8 月 11 日,美国发布通报,美国环保署公布拟定免除羧甲基(Carboxymethyl)瓜尔胶、钠盐及羧甲基羟丙基(Carboxymethyl - Hydroxypropyl)瓜尔胶许可限量要求。当羧甲基(Carboxymethyl)瓜尔胶、钠盐及羧甲基羟丙基(Carboxymethyl - Hydroxypropyl)瓜尔胶用于一种作物生长杀虫剂配方惰性成分时,该最终法规规定免除其残留许可限量要求。该法规免除规定羧甲基(Carboxymethyl)瓜尔胶、钠盐及羧甲基羟丙基(Carboxymethyl - Hydroxypropyl)瓜尔胶最大残留许可限量的必要。

欧盟拟定修改欧洲议会及理事会有关喹啉黄、落日黄及 4R 胭脂红使用条件和标准的第 EU 1333/2008 号法规附件 II

2011 年 8 月 19 日,欧盟发布通报,欧盟健康与消费者总司公布拟定修改欧洲议会及理事会有关喹啉黄、落日黄及 4R 胭脂红使用条件和标准的第 EU 1333/2008 号法规附件 II。该法规涉及欧洲议会和理事会第(EC)1333/2008 号法规附件 II 修改案——食品添加剂喹啉黄、落日黄及 4R 胭脂红修订使用条件和标准。欧洲食品安全局(EFSA)2009 年 9 月 23 日意见书对喹啉黄(E 104)、落日黄(E 110)及 4R 胭脂红(E 124) 的安全性进行了再评估,并建议将日允许摄入量(ADI)分别降到 0.5,1 及 0.7 mg/kg/日以下。此外,EFSA 认为,精确暴露估计值通常要大大高于 ADI 修订值。因此,目前适宜的是降低这些物质目前使用条件和标准,以保证不再超过新定 ADI 值。

印度发布最新的重金属、生物毒素和其他化学污染物限量标准(2011)

2011 年 8 月 5 日,印度最新的金属污染物、生物毒素和其他化学污染物限量标准生效。新标准对特定食品中金属污染物:铅、铜、砷、锡、锌、镉、汞、甲基汞、铬、镍的残留限量做了规定;对生物毒素:黄曲霉毒素、黄曲霉毒素 M1、棒曲霉素、赭曲霉毒素 A 的限量做了规定;对化学污染物 Agaric acid、Hydrocyanic acid、Hypericine、Saffrole 的限量做了规定。详细内容见标准原文。

印度发布最新的杀虫剂和抗生素残留限量标准(2011)

2011 年 8 月 15 日,印度最新的杀虫剂和抗生素残留限量标准(2011)生效。该标准对 149 种杀虫剂和 4 种抗生素的残留限量做了规定,并列出了禁用的抗生素和药理活性物质。

9 月

美国修订农药和兽药残留限量标准情况

2011 年 9 月,美国对农药和兽药的残留限量标准进行了修订,主要情况如下:农药:对 Methyl parathion; 2,4 - D; Endosulfan; Chloroneb; Atrazine; Dicamba; Tetrachlorvinphos; Methidathion; Chlorpyrifos; Fluazifop - P - butyl; Sulfur dioxide; Clofencet; Flubendiamide; Novaluron; Chlorantraniliprole; Mandipropamid; Amisulbrom;以及 § 180.940 Tolerance exemptions for active and inert ingredients for use in antimicrobial formulations (Food – contact surface sanitizing solutions). 和 § 180.1305 Chromobacterium subtsugae strain PRAA4 – 1T 章节的豁免物质进行了修订。兽药:对 Progesterone 和 Gamithromycin 的限量做了修订。

10 月

欧盟新增2种不受 EC470/2009 号条例限制的物质

2011 年 10 月 14 日,欧盟发布最新的不受 EC470/2009 号条例限制的物质清单,新增2种赋形剂:Copolymer of polyvinylpyrrolidone and vinyl acetate (CAS No: 25086 – 89 – 9): for cutaneous use only. Simethicone (CAS No: 8050 – 81 – 5)。

欧盟发布法规(EU) No 978/2011 修订农药残留限量

2011 年 10 月 3 日,欧盟发布法规 Commission Regulation (EU) No 978/2011 ,修订 Regulation (EC) No 396/2005 附件 II 和 III 中的农药残留限量,涉及以下药品:acetamiprid, biphenyl, captan, chlorantraniliprole, cyflufenamid, cymoxanil, dichlorprop – P, difenoconazole, dimethomorph, dithiocarbamates, epoxiconazole, ethephon, flutriafol, fluxapyroxad, isopyrazam, propamocarb, pyraclostrobin, pyrimethanil 和 spirotetramat 。

11 月

美国制定 C9 富芳香烃残留限量法规(G/SPS/N/USA/2237)

2011 年 11 月,美国对 C9 富芳香烃等免除残留限量要求(G/SPS/N/USA/2237)。美国环保署制定的该项最终法规规定:当作为农作物生长或初级农产品杀虫剂配方惰性成分时,免除 C9 富芳香烃、C10 – 11 富芳香烃及 C11 – 12 富芳香烃残留限量的要求;免除规定 C9、C10 – 11 及 C11 – 12 富芳香烃最大残留许可限量的必要。目前该通报已获批准并生效。

美国修订农药残留限量情况

2011 年 11 月,美国对 Prohexadione calcium, Trifloxystrobin, Flutriafol 和 Fenamidone 的残留限量做了修订。

土耳其发布化学品分类和标签法规草案

2011 年 11 月,为了使土耳其的化学品分类和标签规定与欧盟 CLP 法规接轨,土耳其国家新环境和城市化部日前制作了土耳其化学品分类和标签法规提案,并于近日向利益相关方发起了咨询。

欧盟批准 EDTA 铁钠作为铁强化剂

2011 年 11 月 15 日欧委会公布了(EU)No. 1161/2011 号法规,更新了可添加到食品中的矿物质名单,其中包括批准 EDTA 铁钠作为铁强化剂。据了解,此次纳入合法矿物质名单中的物质包括:磷酸亚铁铵(ferrous ammonium phosphate), EDTA 铁钠,硫酸钠,硫酸钾,吡啶甲酸铬(chromium picolinate)。该法规将于公布之日起20天后生效。

欧盟拟修订甲基嘧啶磷在多种作物中的最大残留限量

2011 年 11 月 15 日,鉴于农药甲基嘧啶磷(pirimiphos – methyl)的交叉污染风险,欧盟食品安全局对甲基嘧啶磷的最大残留限量进行了审查,经审查欧盟食品安全局建议对甲基嘧啶磷在多种作物中的最大残留限量进行修订。

丹麦拟限制在皮革制品中使用六价铬化合物

2011 年 11 月，丹麦向欧洲化学品管理局（ECHA）提交了一份限制议案，拟议限制在皮革制品中使用六价铬（chromium VI）及其化学物。根据 ECHA 的计划登记表，丹麦打算在 2012 年 1 月提交议案。此外，该表显示，荷兰也正计划将三种致癌、诱变或生殖毒性（CMR）化学物质归类为高关注度（SVHCs）物质。

以色列拟修订供水用塑料管道系统的强制性标准

2011 年 11 月 7 日以色列发布通报，以色列 WTO－TBT 咨询点公布了拟修订以色列强制性标准 SI 532，由 SI 71452 第 1、2、3 和 5 部分代替。

美国修订兽药依普菌素（Eprinomectin）残留限量

2011 年 11 月 25 日，美国更新兽药依普菌素（Eprinomectin）残留限量，将依普菌素在牛肝脏中的残留限量由 4. 8ppm 修订为 1. 5ppm。

澳大利亚公布通过兽医疫苗其他体内兽医产品传播的传染性海绵状脑病（TSEs）的风险管理指南草案

2011 年 11 月 16 日，澳大利亚政府农林渔业部发布通报公布澳大利亚政府农林渔部拟更新 2005 年澳大利亚生物安全局有关传染性海绵状脑病（TSEs）兽医疫苗、其他兽医疗法和体内兽医产品要求审议案。

挪威拟议修改有机物分析法

2011 年 11 月 28 日消息，挪威气候和污染署（Klif）发布一项关于国际产品法规的拟议修订提案，欲对涂料、清漆和汽车漆中挥发性有机化合物（VOC）的分析方法进行修改。

12 月

欧盟将 20 种物质正式归入第六批高关注度物质 SVHC 清单

2011 年 12 月 19 日，欧洲化学品管理署 ECHA 发布公告，正式公布第六批 20 项 SVHC。包括：铬酸铬，氢氧化铬酸锌钾，锌黄，硅酸铝耐火陶瓷纤维（RCF），氧化锆硅酸铝耐火陶瓷纤维（Zr－RCF），甲醛与苯胺的聚合物，邻苯二甲酸二甲氧乙酯，邻甲氧基苯胺，对特辛基苯酚，(1,2)－二氯乙烷，砷酸钙，砷酸、原砷酸，二乙二醇二甲醚。

欧盟法规（EU）276/2010（REACH）更新有机锡要求

2011 年 12 月，欧盟委员会更新了有机锡要求。

美国药典委员会发布首批十项新药质量标准

2011 年 12 月，美国药典委员会（UnitedStatesPharmacopeialConvention，简称“USP”）在 www. usp－mc. org 上发布了 USPMedicinesCompendium（MC）的首批十项标准，提供改善全球药品质量的新媒介。这些新审定的质量标准已获 USP 专家委员会的认可，面向用作抗艾滋病（HIV）药物、抗病毒药物、止痛剂、口服避孕药和抗寄生物药剂的药品。

菲律宾政府承认油漆中的铅对儿童存在风险

2011 年 12 月，菲律宾卫生部（DOH）以及环境与自然资源部（DENR）近日致信当地非政府组织 EcoWaste Coalition，对外承认油漆中的铅会对儿童产生一定的危害。

（2）分析

2011 年矿产、化工产品存在着颁布意向的法律法规分析包括国别分析和产品分析。

1)国别分析

2011年矿产、化工产品存在颁布意向的法律法规共47条,涉及的国家(地区)共17个。其中,欧盟最多,为15条,占全部的32%;其次为美国,10条,占21%。在此提醒各相关出口企业注意。其他国家(地区)相对较少,均少于5条,如图4.36所示。

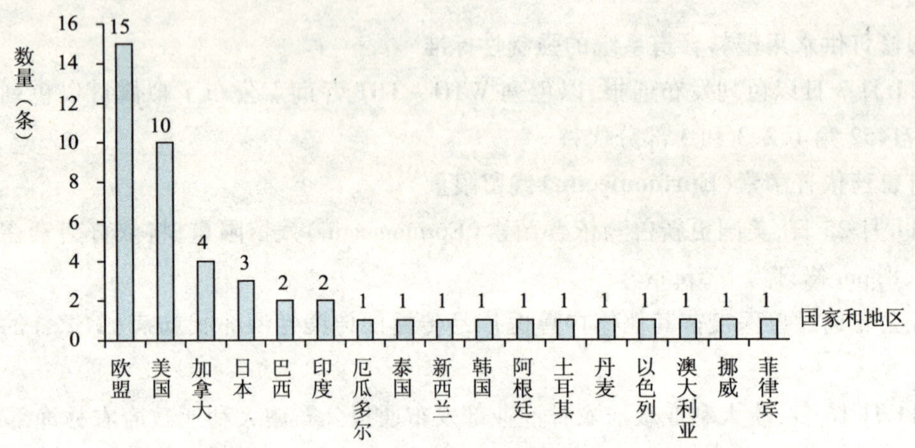

图4.36 2011年矿产、化工产品存在颁布意向的法律法规国别分析

总的来说,存在颁布意向法律法规的国家比较集中。

2)产品分析

2011年矿产、化工产品存在颁布意向的法律法规涉及的产品共10类。其中,最多的是杂项化学品(HS38),为12条;其次为药品(HS30),10条;再次是有机化学品(HS29),有6条发布。其余均不超过5条,如图4.37所示。

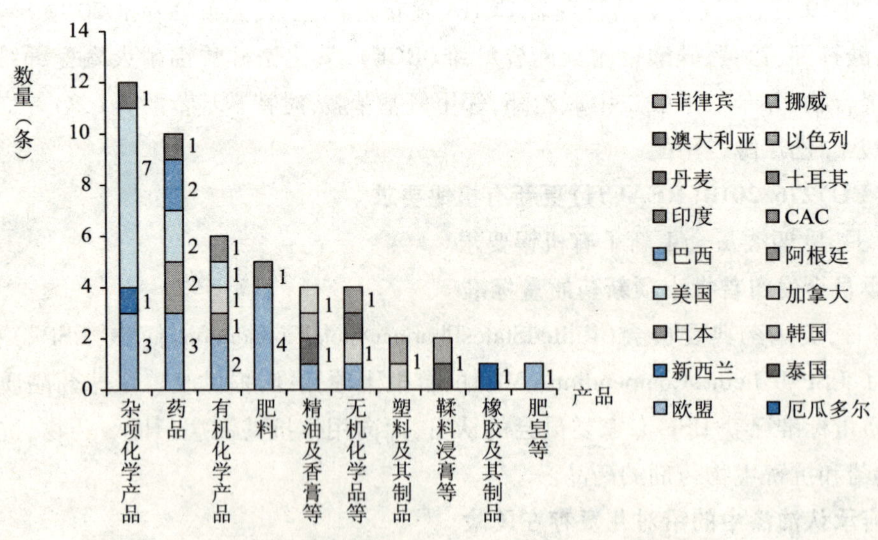

图4.37 2011年矿产、化工产品存在颁布意向的法律法规产品分析

总的来说,存在颁布意向的法律法规涉及的产品相对较为集中。

(二)法律法规综合分析

对矿产、化工产品出口所遇贸易壁垒法律法规进行综合分析,提出预警。该分析包括状态分析、国别分析、区域分析、产品分析和壁垒形式分析。

1. 状态分析

2011 年矿产、化工产品国外法律法规共 379 条。其中,颁布已实施的 107 条,占 59%;颁布未实施的 225 条,占 28%;存在颁布意向的 47 条,占 13%,如图 4.38 所示。

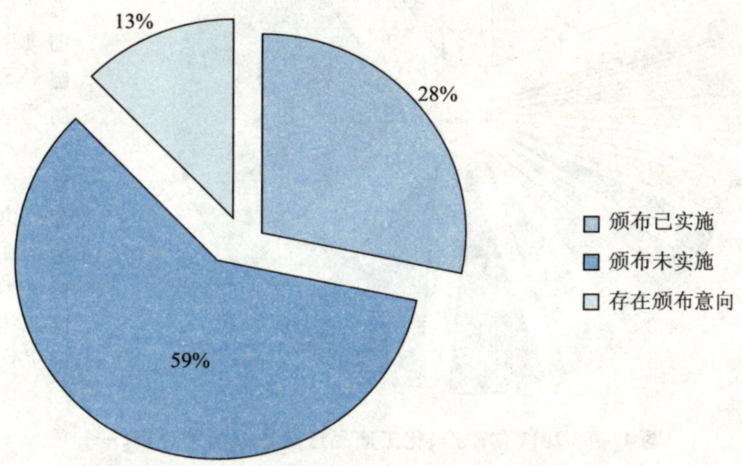

图 4.38 2011 年矿产、化工产品法律法规状态分析(一)

与 2010 年的 439 条相比,2011 年总体减少了 14%。其中,颁布未实施的法律法规有所增加,重点在美国和欧盟针对杂项化工产品公布了批量法律法规但是并没有在短期内实施。颁布已实施和存在颁布意向的法律法规都有所减少,如图 4.39 所示。

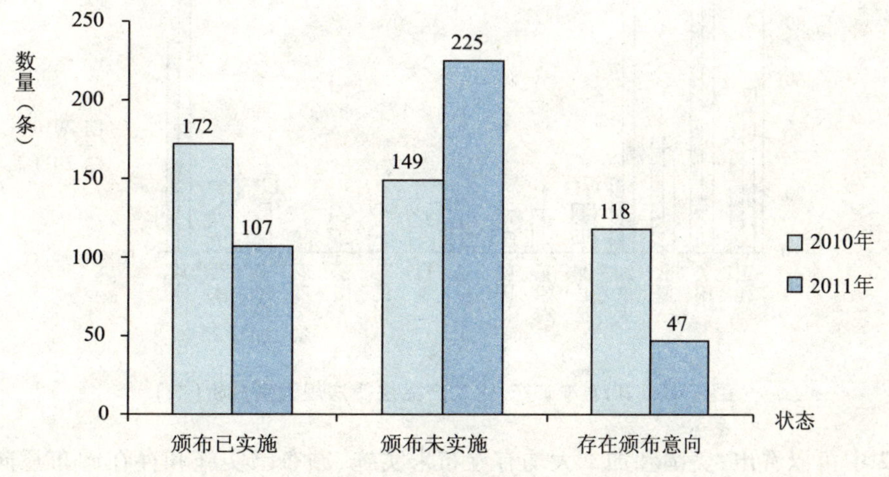

图 4.39 2011 年矿产、化工产品法律法规状态分析(二)

2. 国别分析

2011 年矿产、化工产品国外法律法规涉及的国家和地区共 48 个。其中美国所发起的数量最多,为109条,占29%。欧盟其次,40条,占11%;巴西第3,35条,占9%。巴西法律法规的颁布近几年都较密集,部分目的是为了减少巴西国内较大的贸易赤字。还有多个国家(地区)针对我国发布的法律法规均不超过5条,包括在其他一类中,如图4.40所示。

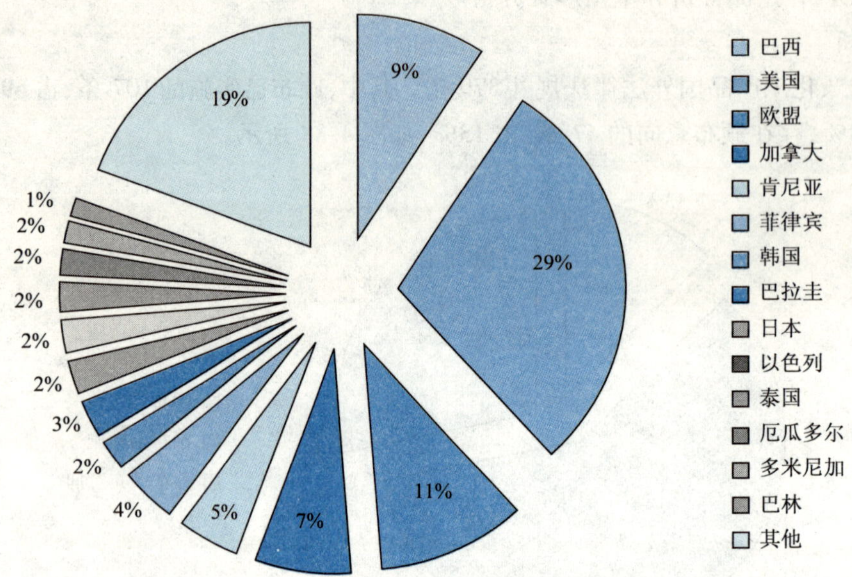

图4.40 2011年矿产、化工产品法律法规国别分析(一)

与2010年涉及的35个国家(地区)相比,2011年增加了13个。其中,加拿大发布法规数量大幅减少,如图4.41所示。

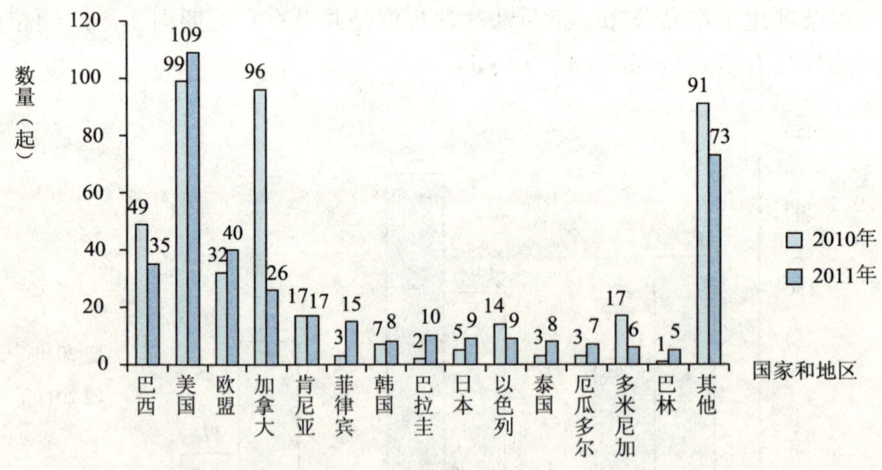

图4.41 2011年矿产、化工产品法律法规国别分析(二)

从图4.42中可以看出,美国和加拿大均有颁布未实施、颁布已实施和存在颁布意向的三种状态。其他国家多以颁布未实施的为主。

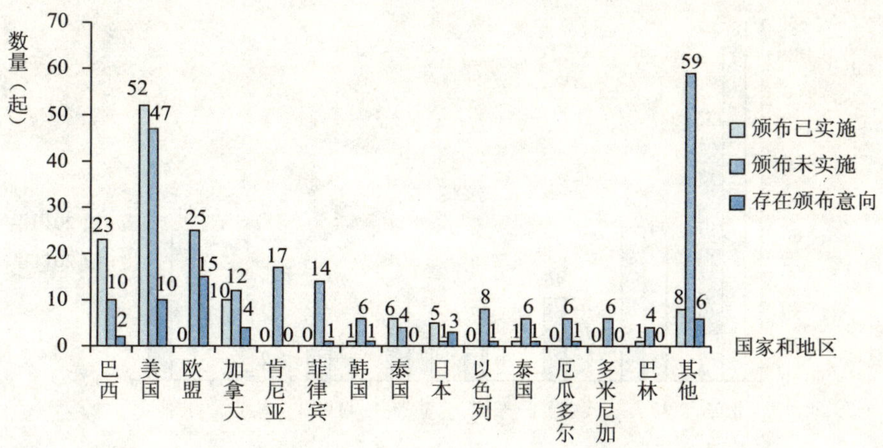

图 4.42　2011 年矿产、化工产品法律法规国别分析(三)

总的来说,2011 年颁布的法律法规比 2010 年有所减少,但涉及国家(地区)更为分散。从国家(地区)角度看,在其中巴西、美国、欧盟和加拿大占据绝大多数。

3. 区域分析

由图 4.43 可知,2011 年矿产、化工产品法律法规最多的地区是北美,为 135 条,占 36%;其次是拉美,为 85 条,占 22%;其他地区比较少。

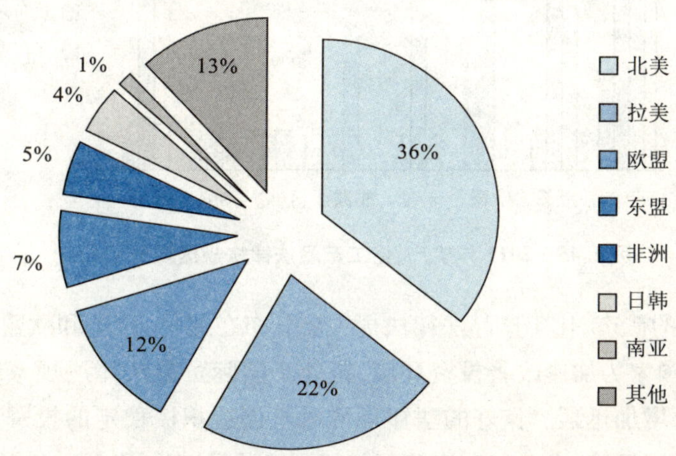

图 4.43　2011 年矿产、化工产品法律法规区域分析(一)

由图 4.44 可以看出,与 2010 年相比,北美地区法律法规的数量显著减少,从 185 条减少到 135 条。拉美、非洲、欧盟、东盟、日韩和南亚都有所增加,非洲和其他地区有所减少。

从图 4.45 中可以看出,北美、拉美、东盟和日韩这四个地区三种法律法规状态均有,且除北美地区外都以颁布未实施的为主。其他地区也均以颁布未实施的法律法规为主。

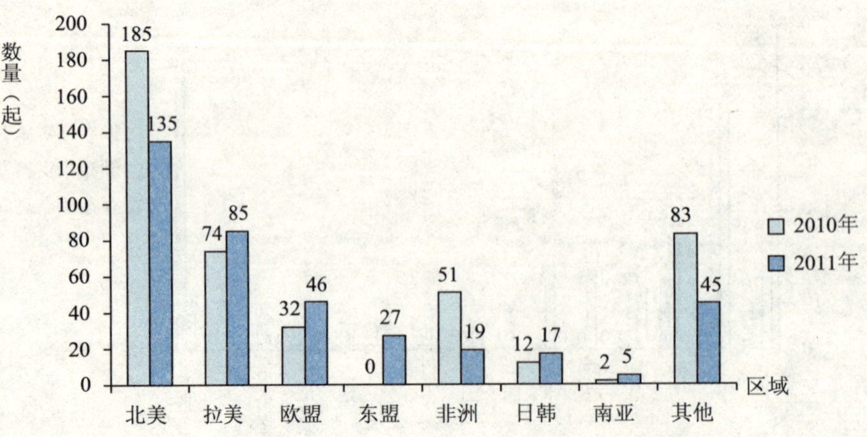

图 4.44　2011 年矿产、化工产品法律法规区域分析(二)

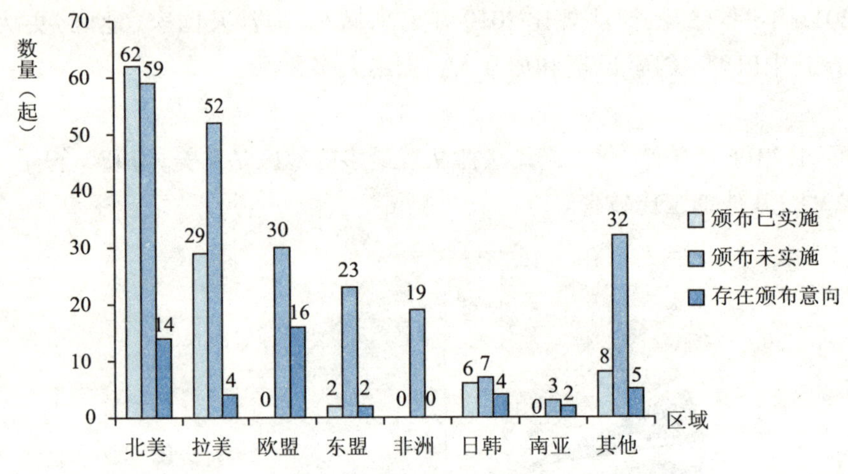

图 4.45　2011 年矿产、化工产品法律法规区域分析(三)

总的来说,2011 年的矿产、化工产品法律法规主要分布在北美、拉美和欧盟,并且主要是颁布未实施的类型。此外,非洲国家为加速改善投资环境,正处于国际贸易法律法规系统的建设完善过程中,各类法律法规的颁布都增加迅猛。良好的法律环境对于创造积极稳定的投资环境极其重要,我国企业与非洲的双边贸易发展迅速,企业和政府管理部门要给予足够重视。

4. 产品分析

2011 年矿产、化工产品法律法规涉及 14 个产品大类。其中,最多的产品是杂项化学产品(HS38),为 171 起;其次是药品(HS30),为 50 起;再次是塑料及其制品(HS39)和精油及香膏、芳香料制品及化妆盥洗品(HS33),分别为 25 起和 23 起。其余产品均不超过 20 起,如图 4.46 所示。

5. 贸易壁垒形式分析

2011 年国外矿产、化工产品法律法规主要是各种技术标准、安全标准、合格评定程序、计量方法和某些特殊要求,涉及的贸易壁垒形式主要是技术性贸易壁垒与绿色贸易壁垒。这与 2010 年相比,并无实质上的变化。

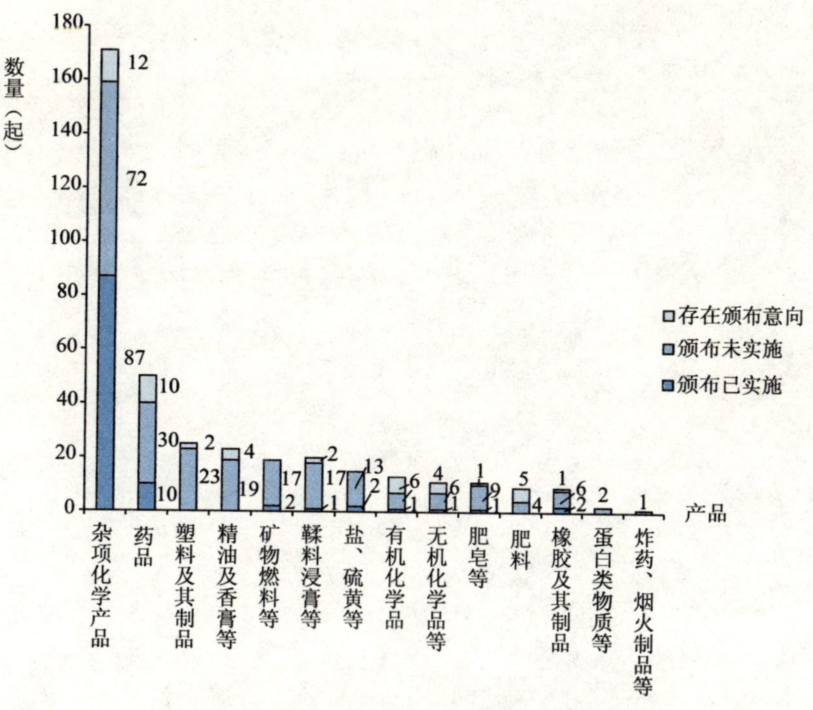

图 4.46　2011 年矿产、化工产品法律法规产品分析

（贾秋农、罗晓晓、贡昕昕）

第五章 皮革、木材及其制品出口贸易壁垒

本章分析国外对中国皮革、木材及其制品等方面的贸易壁垒。

按照海关商品分类目录,这些产品包括分类中的三大类产品。

第一类:生皮(皮毛除外)及皮革、皮革制品,鞍具及挽具,旅行用品、手提包及类似容器,动物肠线(蚕胶丝除外)制品,毛皮、人造毛皮及其制品。

第二类:木及木制品,木炭,软木及软木制品,稻草、秸秆、针茅或其他编结材料制品,篮筐及柳条编结品。

第三类:木浆及其他纤维状纤维素浆,回收(废碎)纸或纸板,纸及纸板,纸浆、纸或纸板制品,书籍、报纸、印刷图画及其他印刷品,手稿、打字稿及设计图纸。

注:根据海关商品分类目录(HS),其中木制家具归属家具类,木制玩具归属玩具类;类似商品均不属于本章内容。

一、皮革、木材及其制品出口贸易救济措施

2011 年我国皮革、木材及其制品出口所遭遇的贸易救济措施共计 17 起,以反倾销为主,共 16 起;反补贴 1 起。

(一)反倾销

2011 年我国皮革、木材及其制品出口所遇反倾销事件共 16 起,较 2010 年 20 起减少 4 起。涉及 8 个国家和地区,主要来自欧盟。

1. 事件

1 月

欧盟对华油鞣皮革发布反倾销即将到期公告

2011 年 1 月 20 日,欧盟发布公告称,对原产于中国的油鞣皮革的反倾销措施即将于 2011 年 9 月 15 日到期,有关利害关系方须在自本公告发布之日起,至正式到期日前 3 个月的时间内向欧盟委员会提交反倾销日落复审申请。涉案产品海关编码为 41141010、41141090。

2005 年 6 月,欧盟对原产于中国的油鞣皮革进行反倾销立案调查;2006 年 9 月,欧盟对此案作出肯定性终裁。

2月

欧盟对华胶合板作出反倾销日落复审终裁

2011年2月2日,欧盟对原产于中国的胶合板作出反倾销日落复审终裁,继续对中国产品征收反倾销税。涉案产品在欧盟合并关税编码ex44121310下。

2003年8月,欧盟对原产于中国的胶合板进行反倾销立案调查;2004年5月,欧盟对此案作出肯定性终裁;2009年11月,欧盟对原产于中国的胶合板进行反倾销日落复审立案调查。

3月

欧盟正式公告将终止对华皮鞋反倾销措施

欧委会发布公告,宣布针对自中国、越南进口以及澳门地区转运的皮鞋的反倾销措施将于2011年3月31日正式终止。

欧盟最早于2006年10月决定对我皮鞋征收为期两年16.5%的反倾销税;2008年10月,虽然大多数成员国反对,欧委会仍应产业申请发起日落复审,并于2009年12月决定延长反倾销措施15个月。

5月

欧盟对华铜版纸作出反倾销和反补贴终裁

2011年5月14日,欧盟对原产于中国的铜版纸作出反倾销和反补贴终裁。涉案产品在欧盟合并关税编码ex48101320、ex48101380、ex48101420、ex48101480、ex48101910、ex48101990、ex48102210、ex48102290、ex48102930、ex48102980、ex48109210、ex48109230、ex48109290、ex48109910、ex48109930、ex48109990下。

2010年2月,欧盟对原产于中国的铜版纸进行反倾销立案调查。2010年4月,欧盟对原产于中国的铜版纸进行反补贴立案调查。

美国对华复合木地板作出反倾销初裁和产业损害终裁

2011年5月20日,美国商务部发布公告,对原产于中国的复合木地板作出反倾销初裁。

2011年11月9日,美国国际贸易委员会对原产于中国的复合木地板作出反倾销和反补贴产业损害终裁:经投票决定,自中国进口的复合木地板的倾销和补贴行为对美国国内产业造成了实质性损害。根据该裁决,美国将对原产于中国的复合木地板征收反倾销税。

2010年11月,美国商务部对原产于中国的复合木地板进行反倾销和反补贴立案调查;2011年10月,美国商务部对此案作出肯定性终裁。

6月

土耳其对华复合木地板进行反倾销日落复审调查

2011年6月2日,应国内产业的申请,土耳其对原产于中国的复合木地板进行反倾销日落复审立案调查。涉案产品海关编码为4418.72.00.00.00。

2005年,土耳其对原产于中国的复合木地板进行反倾销立案调查;2006年,土耳其对此案作出肯定性终裁。

8月

阿根廷延长对原产于中国的铜版纸的反倾销调查期

2011年8月1日,阿根廷工业部贸易管理及政策副国务秘书处照会我驻阿使馆经商参处,通告阿方决定延长对原产于中国、美国、韩国、芬兰和奥地利的铜版纸的反倾销调查期。

泰国商业部对来自中国等地的五种进口商品启动反倾销调查

2011 年 8 月 8 日，泰国商业部宣布启动反倾销调查的五种商品包括：来自中国大陆、韩国、日本、印尼及中国台湾等地的铜版纸及纸板；来自中国大陆、韩国和中国台湾等地的冷卷钢板和镀锌、镀铝钢材；中国产热卷涂硼钢材，以及中国产摩托车用橡胶制品等。泰商业部官员表示，完成上诉调查约需 1 年时间，如调查结果显示存在价格倾销行为并对国内相关产业造成伤害，泰政府将相应征收反倾销税。

美国国际贸易委员会对华艺术画布进行快速日落复审调查并作出产业损害终裁

2011 年 8 月 5 日，美国国际贸易委员会发布公告称，经投票决定，对原产于中国的艺术画布以及对原产于日本的灰水泥和渣块进行快速反倾销日落复审调查。

2011 年 10 月 12 日，美国国际贸易委员会对原产于中国的艺术画布作出反倾销日落复审产业损害终裁：取消对原产于中国的艺术画布的反倾销措施将在可预见的时间内对美国国内产业造成的损害继续或者再发生。根据该裁决，美国将继续对原产于中国的艺术画布征收反倾销税。

9 月

欧盟对华非机动车鞍座发布反倾销即将到期公告

2011 年 9 月 1 日，欧盟发布公告称，对原产于中国的非机动车鞍座即将于 2012 年 6 月 22 日到期，有关利害关系方须在自本公告发布之日起，至正式到期日前 3 个月的时间内向欧盟委员会提交反倾销日落复审申请。

2006 年，欧盟对原产于中国的非机动车鞍座进行反倾销立案调查；2007 年，欧盟对此案作出肯定性终裁。

土耳其对华原木合板进行反倾销日落复审调查

2011 年 9 月 3 日，土耳其对原产于中国的原木合板进行反倾销日落复审立案调查。涉案产品海关编码为 4412.10、4412.31、4412.32、4412.39。

2006 年 2 月，土耳其对原产于中国的原木合板进行反倾销立案调查；2006 年 8 月，土耳其对此案作出肯定性终裁。

巴基斯坦终止对华纸张反倾销调查

2011 年 9 月 29 日，巴基斯坦对原产于中国、日本、印尼和泰国的纸张作出反倾销终裁：由于申诉方撤诉，因此决定取消对上述国家的反倾销调查。

2010 年 12 月，巴基斯坦对原产于中国、日本、印尼和泰国的纸张进行反倾销立案调查。

11 月

巴基斯坦对华涂布和未涂布书写/印刷纸进行反倾销调查

2011 年 11 月 10 日，应拉合尔 Packages Ltd. 的申请，巴基斯坦对原产于中国、印度尼西亚、日本和泰国的涂层和涂层书写印刷纸（不含浸渍纸）进行反倾销立案调查。涉案产品海关编码为 4802.5510、4802.5600、4802.5700、4802.6100、4802.6200、4810.1310、4810.1320、4810.1400、4810.1910、4810.1990。

本案的倾销调查期为 2010 年 7 月 1 日 ~2011 年 6 月 30 日，损害调查期为 2008 年 7 月 1 日 ~2011 年 6 月 30 日。

印度对华树脂或其他有机物质黏合的木材或木质纤维板进行反倾销调查

2011 年 11 月 11 日，应 Balaji Action Buildwell 的申请，印度商工部对原产于中国、印尼、马来西亚和斯里兰卡的厚度 6 毫米以下树脂或其他有机物质黏合的木材或木质纤维板（除绝缘板、层压纤维板和由树脂或其他有机物质黏合的板）进行反倾销立案调查。

本案的倾销调查期为 2010 年 4 月 1 日—2011 年 6 月 30 日，损害调查期包括 2007 年 4 月—2008 年 3 月、2008 年 4 月—2009 年 3 月、2009 年 4 月—2010 年 3 月和倾销调查期（2010 年 4 月 1 日—2011 年 6 月 30 日）。

12 月

巴基斯坦暂停对我国单面涂层纸板征收反倾销税

日前，巴基斯坦关税委员会（NTC）表示，巴即日起将暂停对原产于中国、印尼、韩国和中国台湾的单面涂层纸板（产品重量规格:230 ~ 400 克/平方米）征收反倾销税。

NTC 表示，上述案件初裁于 2009 年 12 月 21 日作出，后被诉至伊斯兰堡高等法院，法院经审理后于 2011 年 5 月 23 日裁决对上述反倾销案件进行重审。NTC 经研究决定，暂停征收上述反倾销税，并正在考虑根据 2009 年 5 月 27 日收到的反倾销调查申请开展重审；若重审启动将及时通知各利益相关方。

摩洛哥对自中国进口的胶合板反倾销案作出肯定性初裁

2011 年 12 月 13 日，摩洛哥外贸部公布对自中国进口的胶合板反倾销案初裁公告，称经过两次进口咨询委员会审核，初步认定存在倾销、存在重大和存在因果关系，考虑实施 25% 的临时反倾销税。

2. 分析

皮革、木材及其制品出口所遇反倾销事件分析包括按月份分析、国别分析和产品分析。

（1）月份分析

2011 年国外对我国皮革、木材及其制品发起的反倾销案件共 16 起，平均每个月发生 1.3 起。从图 5.1 所示的数量来看，8 月、9 月最多，有 3 起事件发生；5 月、11 月和 12 月有 2 起事件发生；1 月、2 月、3 月和 6 月各有 1 起事件发生；4 月、7 月和 10 月没有发生涉及皮革、木材及其制品反倾销的新案件。从全年来看，其中 9 个月份都有针对皮革、木材及其制品反倾销的案件，但每个月新发生的并不多。

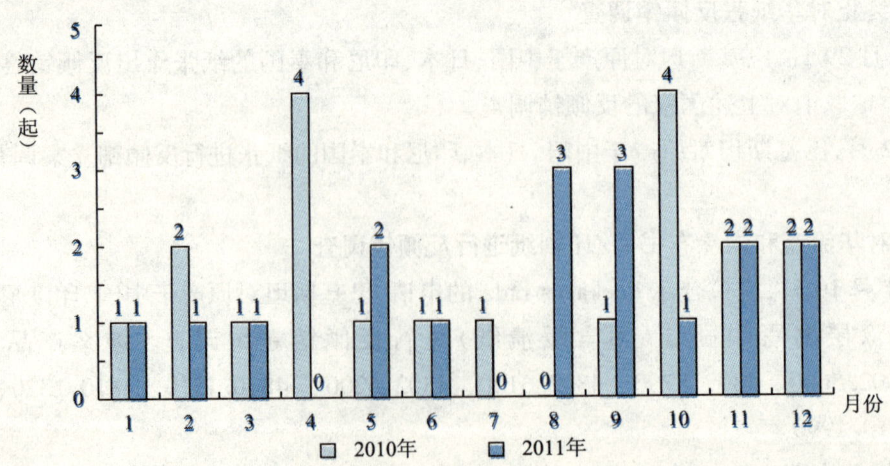

图 5.1 2011 年皮鞋、木材及其制品出口贸易反倾销月份分析

2010 年的案件主要分布在 2 月、4 月、10 月、11 月和 12 月，2011 年的案件主要集中在 5 月、8 月、9 月、11 月和 12 月。从两年发生案件的关系来看，2011 年部分案件属新案件，另一部分占多数的案件与上一年发生的案件有前后相继的关系。因此，必须积极及时应对每起反倾销案件，避免其处理时间较长给我国出口企业带来的长期不利影响。

(2)国别分析

2011 年我国皮革、木材及其制品反倾销壁垒涉及 8 个国家(地区)，其中欧盟 5 起，美国 2 起，巴基斯坦 3 起，土耳其 2 起，印度、阿根廷、摩洛哥、泰国各有 1 起，如图 5.2 所示。

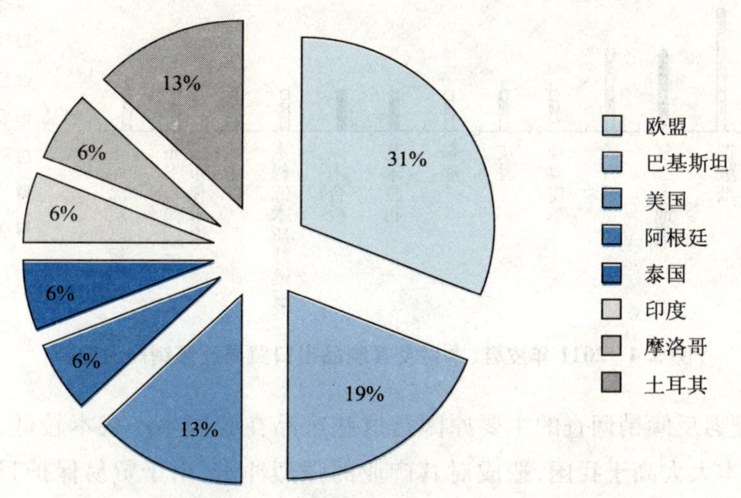

图 5.2　2011 年皮鞋、木材及其制品出口贸易反倾国别分析(一)

与 2010 年相比，2011 年我国皮革、木材及其制品反倾销壁垒涉及的国家(地区)更为分散，2010 年涉及 6 个国家(地区)，其中美国有 13 起，欧盟 3 起，澳大利亚、新西兰、阿根廷和巴基斯坦各 1 起，如图 5.3 所示。

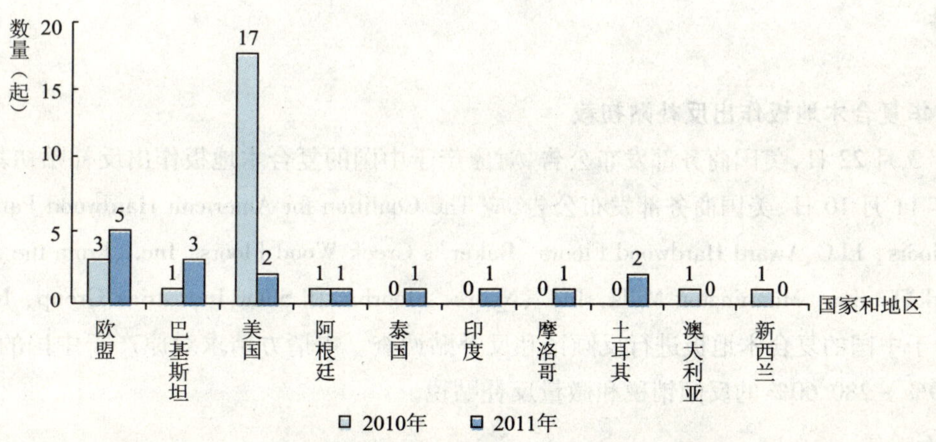

图 5.3　2011 年皮鞋、木材及其制品出口贸易反倾销国别分析(二)

2010 年美国和欧盟发起的反倾销调查数量都占到总数的 80%，2011 年下降到 40%。同时，巴基斯坦、土耳其对我国皮革、木材及其制品反倾销数量上升，印度、阿根廷、摩洛哥、泰国、土耳其、巴基斯坦这些发展中国家也开始采取反倾销调查,在全球贸易保护主义抬头的背景下,出口企业更应该加倍注意。

(3)产品分析

2011 年皮革、木材及其制品出口贸易反倾销事件共涉及产品 12 种。其中纸类产品,如铜版纸、纸张、单面涂层纸板等所占比重较大,发起国家有欧盟、阿根廷、泰国、巴基斯坦、印度。复合木地板、胶合板为其次,发起国均为两个国家。其余产品均涉及一个国家,如图 5.4 所示。

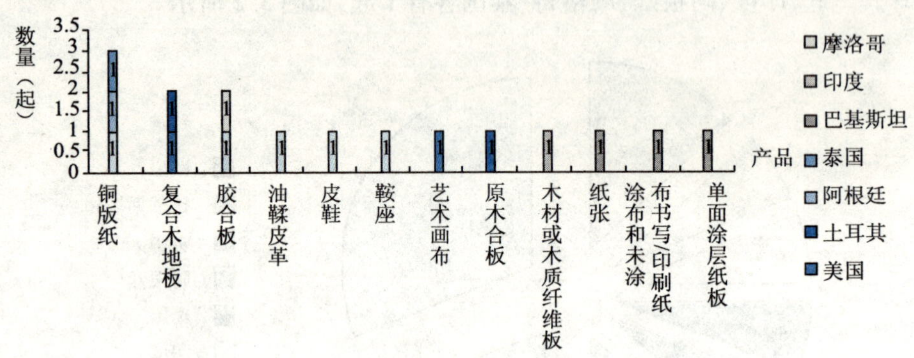

图 5.4 2011 年皮鞋、木材及其制品出口贸易反倾销产品分析

这些产品出口遭遇反倾销调查的主要原因是这些产品在我国生产成本较低,而出口主要针对发达国家,后者产品成本大大高于我国,造成对其产业的强烈冲击,出于贸易保护目的而采取反倾销措施。那些限制我国产品出口的发展中国家也是出于保护国内产业的目的,因此我国企业出口环境仍不容乐观。

(二)反补贴

2011 年皮革、木材及其制品出口所遭遇的反补贴有 1 起,来自美国。

1. 事件

3 月

美国对华复合木地板作出反补贴初裁

2011 年 3 月 22 日,美国商务部发布公告,对原产于中国的复合木地板作出反补贴初裁。

2010 年 11 月 10 日,美国商务部发布公告,应 The Coalition for American Hardwood Parity、Anderson Hardwood Floors, LLC、Award Hardwood Floors 、Baker's Creek Wood Floors, Inc. 、From the Forest 、Howell Hardwood Flooring 、Mannington Mills, Inc. 、Nydree Flooring 和 Shaw Industries Group, Inc. 的申请,决定对原产于中国的复合木地板进行反倾销和反补贴调查。申请方请求对原产于中国的复合木地板征收 194.49% ~280.60% 的反倾销税和微量反补贴税。

2. 分析

2011 年国外对我国皮革、木材及其制品发起的反补贴调查案件有 1 起,来自美国。这个案件实际上是 2010 年对原产于中国的复合木地板进行反倾销和反补贴调查所作出的裁决。

2010 年国外对我国皮革、木材及其制品发起的反补贴调查案件有 4 起,来自美国和欧盟。其中美国的 3 个案件实际上是一个事件的连锁效应,2010 年 3 月 2 日,美国商务部队原产于中国的铜版纸作出反补贴制裁,6 月 1 日,美国商务部队反补贴制裁进行修改,9 月 21 日,美国商务部作出反补贴终裁。

2009 年国外对我国皮革、木材及其制品发起的反补贴调查案件有 1 起,来自美国。2008 年国外对我国皮革、木材及其制品发起的反补贴调查案件有 3 起,美国、澳大利亚和加拿大各 1 起。2007 年和2006 年国外对我国皮革、木材及其制品发起的反补贴调查案件分别有3 起和2 起,都来自美国和加拿大。因此从这几年的情况看,国外对我国皮革、木材及其制品发起的反补贴调查的数量极少且主要来自于发达国家。

和反倾销案件不同,国外对我国的反补贴案件近几年才发生,且主要来自于发达国家,特别是美国。因此,我国企业在建立风险预警机制、调节企业生产销售行为、防范反倾销的同时,也应当警惕国外的反补贴。

(三)保障措施与特保措施

无

(四)皮革、木材及其制品出口贸易救济措施分析

皮革、木材及其制品出口所遇贸易救济措施分析包括月份分析、国别分析和产品分析。

1. 月份分析

2011 年皮革、木材及其制品贸易壁垒共有 17 起,比 2010 年减少了 7 起。8 月和 9 月各有 3 起发生,3 月、5 月、11 月和 12 月各有 2 起发生,1 月、2 月和 6 月各有 1 起发生,4 月、7 月和 10 月没有发生针对皮革、木材及其制品的贸易壁垒,如图 5.5 所示。

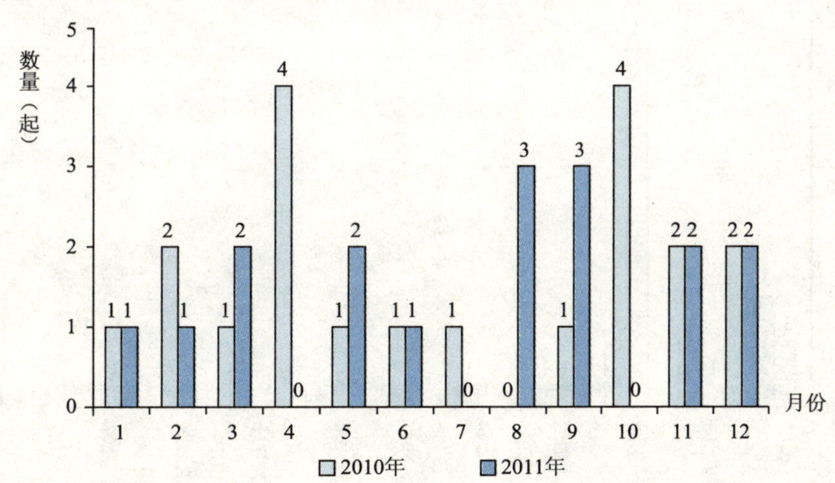

图 5.5　2011 年皮鞋、木材及其制品出口贸易救济措施月份分析

与 2010 年相比, 4 月、8 月、10 月变化较大,2 月、7 月有所减少,3 月、5 月、9 月有所增加,1 月、6 月、11 月与 12 月数量持平。

2. 国别分析

2011 年我国皮革、木材及其制品反倾销壁垒涉及 8 个国家(地区),其中欧盟5 起,美国3 起,巴基

斯坦3起,土耳其2起,印度、阿根廷、摩洛哥、泰国各有1起。由图5.6可知,欧盟和美国所占比重较大,约为50%,同时,巴基斯坦、土耳其反倾销案件数量增加,其中巴基斯坦占到17%,土耳其占到12%,这反映出发展中国家(地区)也开始采用反倾销措施来干预国际贸易。

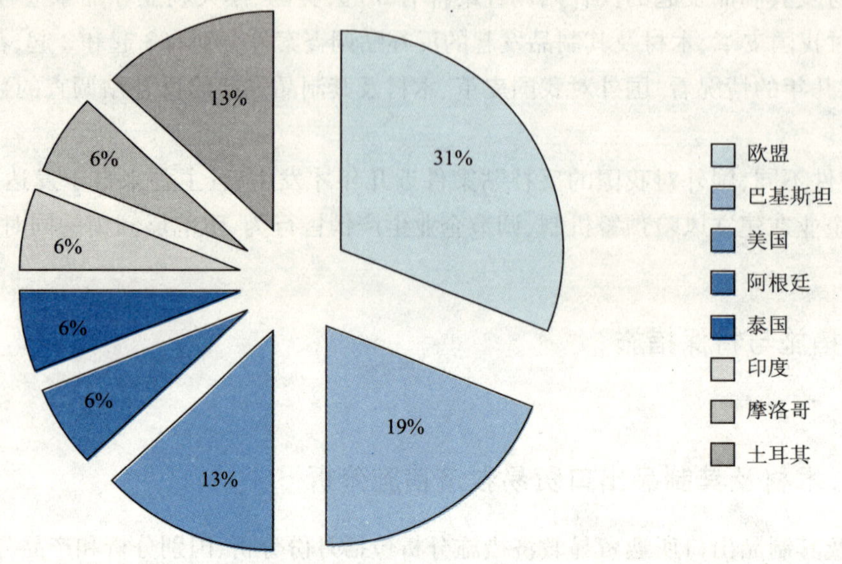

图5.6 2011年皮革、木材及其制品出口贸易救济措施国别分析(一)

由图5.7可知,在2010年,我国皮革、木材及其制品的贸易壁垒全部数量的84%来源于美国、欧盟等发达国家(地区),发展中国家所占比重较小,2011年发展中国家所占比重开始上升,几乎占了一半。

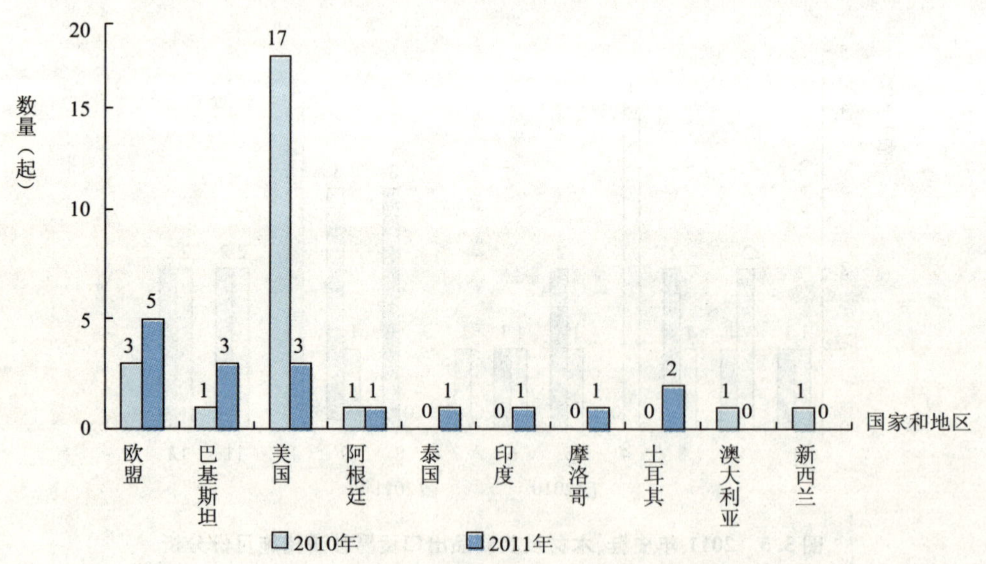

图5.7 2011年皮革、木材及其制品出口贸易救济措施国别分析(二)

与2010年相比,我国皮革、木材及其制品的贸易救济措施有小幅下降,且更为分散,来自发展中国家的比重上升。2011年对我国皮革、木材及其制品贸易救济措施的国家增加了泰国、印度、土耳其、摩洛哥,减少了澳大利亚和新西兰。

3. 产品分析

2011年皮革、木材及其制品出口贸易反倾销事件共涉及产品12种,种类有所增加,其中纸类产品,如铜版纸、纸张、单面涂层纸板等所占比重较大,如图5.8所示,发起国家有欧盟、阿根廷、泰国、巴基斯坦、印度。复合木地板、胶合板为也遭到了国外的出口贸易救济措施。

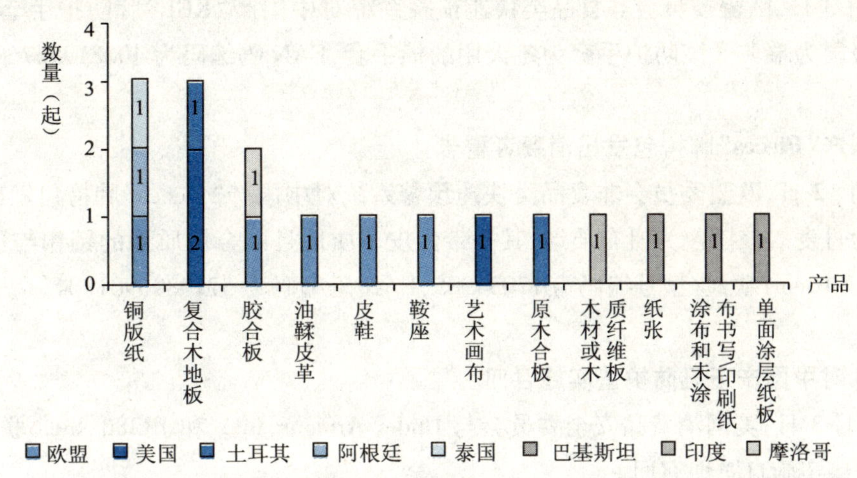

图5.8 2011年皮革、木材及其制品出口贸易救济措施产品分析

2010年皮革、木材及其制品出口贸易救济措施涉及的产品有8种。其中最多的是铜版纸,共8起,发起国家分别为美国、欧盟和阿根廷。其次为薄棉纸,共5起,发起国家主要是美国。

二、皮革、木材及其制品出口技术性贸易壁垒与绿色贸易壁垒

皮革、木材及其制品出口技术性贸易壁垒与绿色贸易壁垒的主要形式来自国外的技术标准和安全要求,我国皮革、木材及其制品出口所遇技术性贸易壁垒与绿色贸易壁垒共8起,主要来自美国、欧盟、加拿大。

(一)事件

1月

美国和加拿大对中国产滑雪背包实施召回

2011年1月5日,美国消费品安全委员会、加拿大卫生部与Black Diamond Equipment, Ltd. 联合宣布对中国产Avalung滑雪背包实施自愿性召回。

3月

美国CPSC对中国产儿童拼图实施召回

2011年3月10日,美国消费品安全委员会与Kid O Products, LLC联合宣布对中国产木制水果拼图实施自愿性召回。

4月

欧盟对中国产"RICO Design"牌皮带发出消费者警告

2011年4月8日,欧盟委员会非食品类快速预警系统对中国产"RICO Design"牌皮带发出消费者

警告。本案的通报国为德国。该皮带为黑棕色,银色金属带扣;EAN 码编码为 4050051671793;Item 码编码为 7090.60.30。

6 月

欧盟对中国产"KCL"牌防护手套发出消费者警告

2011 年 6 月 3 日,欧盟委员会非食品类快速预警系统对中国产"KCL"牌防护手套发出消费者警告。本案的通报国为瑞典。该防护手套为冬天用的棉手套,EAN 码编码为 4008198676009。

8 月

欧盟对中国产"Pieces"牌挎包发出消费者警告

2011 年 8 月 12 日,欧盟委员会非食品类快速预警系统对中国产"Pieces"牌挎包发出消费者警告。本案的通报国为丹麦。该挎包为帆布质地,其挎带为皮革质地且由金属质地的锁扣与包相连接,大小为 38cm×42cm×16cm;款式/型号编码为 17034905,EAN 码编码为 5710896901804。

11 月

美国 CPSC 对中国产下巴防护垫实施召回

2011 年 11 月 3 日,美国消费品安全委员会与 Under Armour,Inc. 和 JR286,Inc. 联合宣布对中国产 UA 下巴防护垫实施自愿性召回。

12 月

欧盟对中国产"Viaggi"牌女靴发出消费者警告

2011 年 12 月 9 日,欧盟委员会非食品类快速预警系统对中国产"Viaggi"牌女靴发出消费者警告。本案的通报国为保加利亚。此次通报的黑色真皮高跟女靴带有拉链;靴子外侧配有三个水钻装饰扣;编码为 1178-8-35。

(二)分析

2011 年,皮革、木材及其制品所遇技术性贸易壁垒与绿色贸易壁垒事件分析包括月份分析、国别分析和产品分析。

(1)月份分析

2011 年国外对我国皮革、木材及其制品所采取的技术性贸易壁垒和绿色贸易壁垒有 8 起,其中 3 月、4 月、6 月、8 月、11 月、12 月各有 1 起。

与 2010 年仅有 1 起相比,2011 年国外对我国皮革、木材及其制品所采取的技术性贸易壁垒和绿色贸易壁垒增加速度是非常快的。

(2)国别分析

2011 年美国对我国皮革、木材及其制品所采取的技术性贸易壁垒和绿色贸易壁垒有 3 起,加拿大有 1 起,欧盟有 4 起。

可以看出,对我国皮革、木材及其制品所采取的技术性贸易壁垒和绿色贸易壁垒主要来自发达国家(地区),这是因为美国、加拿大、欧盟有严格的技术标准、安全要求和环境保护相关的法律法规。

(3)产品分析

2011 年我国皮革、木材及其制品遭到国外技术性贸易壁垒和绿色贸易壁垒的产品主要有滑雪背包、儿童拼图、皮带、防护手套、挎包、下巴防护垫、女靴,产品的范围是比较广的。

三、其他贸易壁垒

无

四、皮革、木材及其制品出口贸易壁垒综合分析

针对皮革、木材及其制品所遇各类贸易壁垒和相关法律法规进行总体的综合分析,并提出预警。

皮革、木材及其制品出口所遇贸易壁垒的综合分析包括月份分析、国别分析、区域分析、产品分析和贸易壁垒形式分析。

(1)月份分析

2011 年皮革、木材及其制品出口贸易壁垒共有 25 起。8 月份有 4 起发生,1 月、3 月、9 月、11 月和 12 月各有 3 起,5 月、6 月各有 2 起,2 月、4 月各有 1 起,7 月份没有发生新的针对皮革、木材及其制品的出口贸易壁垒,如图 5.9 所示。

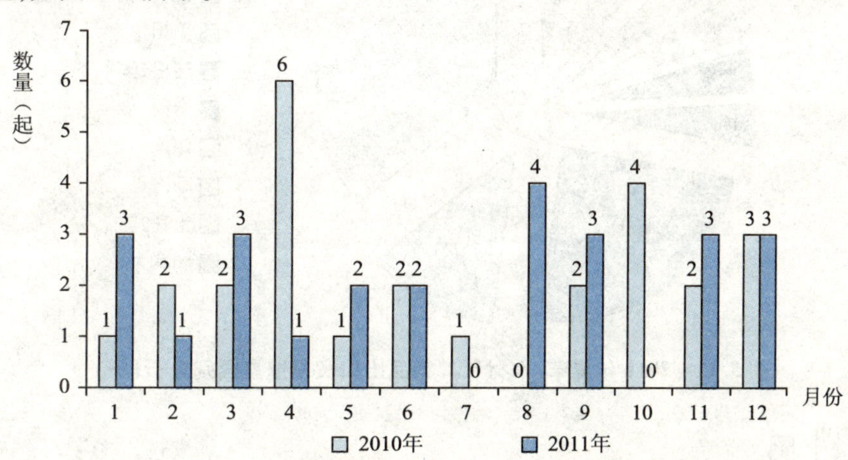

图 5.9　2011 年皮革、木材及其制品出口贸易壁垒月份分析(一)

由图 5.10 可知,2010 年,皮革、木材及其制品出口贸易壁垒主要集中在 4 月、10 月、12 月,其他月份较少。2011 年则集中在 3 月、8 月、11 月、12 月。

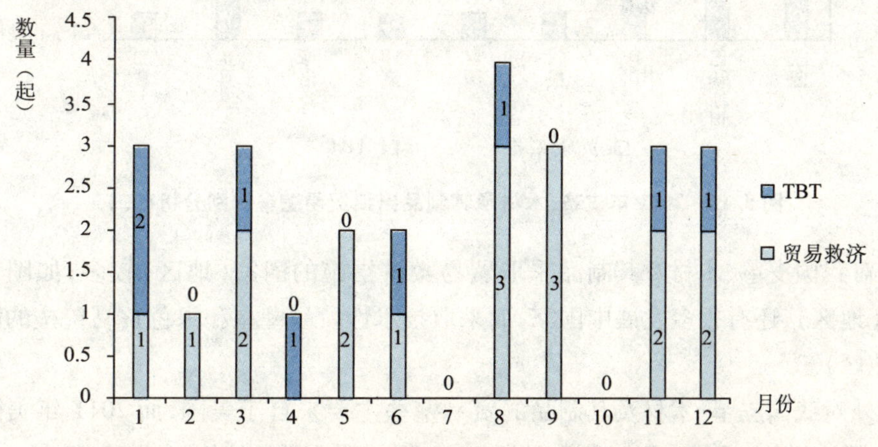

图 5.10　2011 年皮革、木材及其制品出口贸易壁垒月份分析(二)

皮革、木材及其制品大多数属于劳动密集型的初级产品，可替代物比较多，一旦一种产品遭受到贸易壁垒，厂商容易转到其他替代产品的生产及出口，进而引起其他的替代产品遭受到贸易壁垒。

总的来说，2011 年皮革、木材及其制品出口贸易壁垒事件随月份呈现波浪式变动的趋势。

(2)国别分析

2011 年我国皮革、木材及其制品主要受到 9 个国家(地区)的贸易壁垒，分别是欧盟 9 起，占总数的 36%；美国 6 起，占总数的 24%；巴基斯坦 3 起，占 12%；土耳其 2 起，占 8%；阿根廷、泰国、印度、摩洛哥、加拿大各 1 起。

从图 5.11 中可以看出，我国皮革、木材及其制品的贸易壁垒主要来自于发达国家(地区)，美国和欧盟占了一多半。

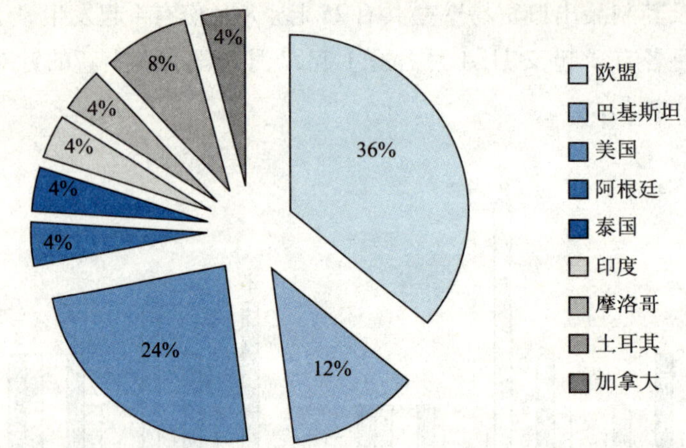

图 5.11 2011 年皮革、木材及其制品出口贸易壁垒国别分析(一)

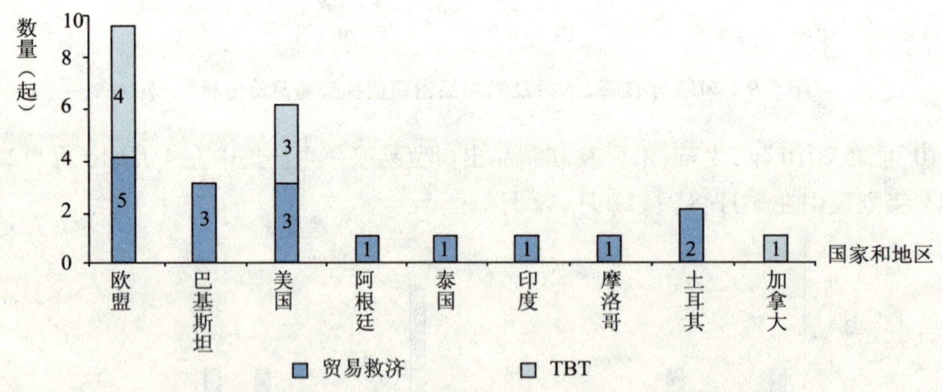

图 5.12 2011 年皮革、木材及其制品出口贸易壁垒国别分析(二)

2011 年针对我国皮革、木材及其制品采取贸易救济措施的国家(地区)较多，如图 5.12 可知，不仅有发达国家(地区)，还有很多发展中国家，而采取技术性贸易壁垒和绿色贸易壁垒的国家较少且均为发达国家(地区)。

2010 年国外对我国皮革、木材及其制品的贸易壁垒主要来自于美国，而 2011 年美国发起的贸易壁垒有所下降，欧盟增加，发展中国家如巴基斯坦、土耳其等也增长较快，见图 5.13。

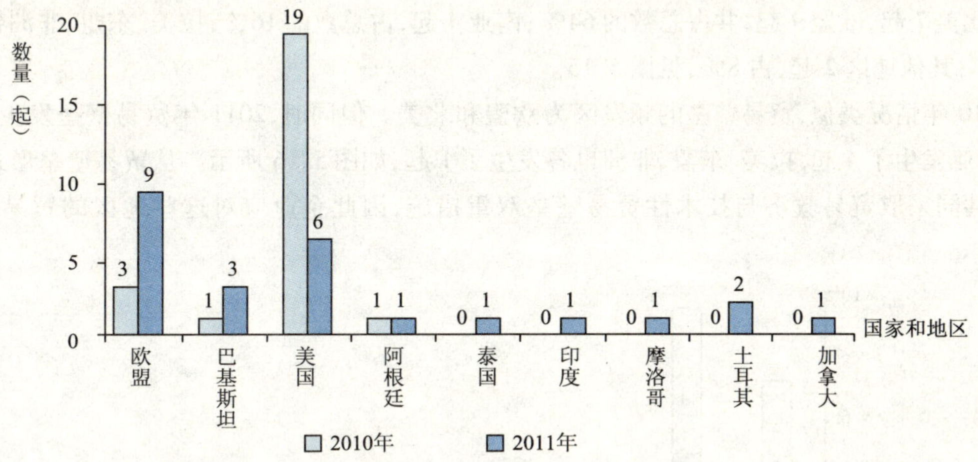

图 5.13 2011 年皮革、木材及其制品出口贸易壁垒国别分析(三)

(3)区域分析

2011 年我国皮革、木材及其制品的贸易壁垒区域主要集中在欧盟、北美和南亚三个区域，如图 5.14 所示。

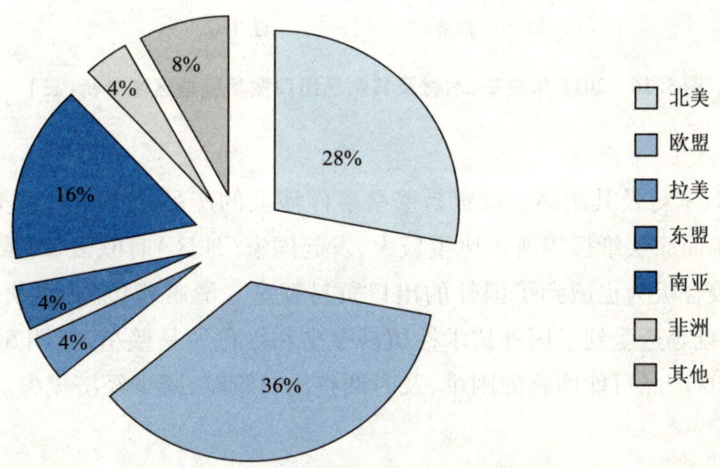

图 5.14 2011 年皮革、木材及其制品出口贸易壁垒区域分析(一)

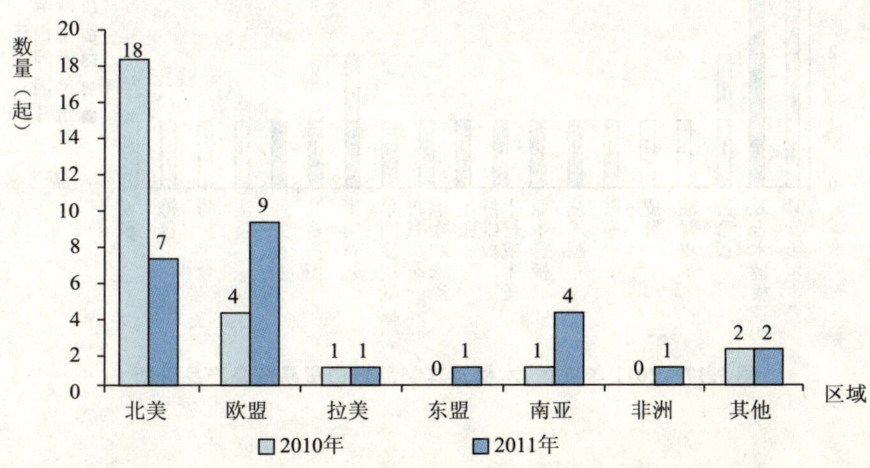

图 5.15 2011 年皮革、木材及其制品出口贸易壁垒区域分析(二)

其中北美7起,欧盟9起,共占总数的64%;南亚4起,占总数的16%;拉美、东盟、非洲各1起,占总数的4%;其他地区2起,占8%,见图5.15。

与2010年情况类似,贸易壁垒的频发区为欧盟和北美。但同时,2011年贸易壁垒发生的区域更为广泛,南亚发生了4起,拉美、东盟、非洲也各发生了1起,如图5.16所示。从贸易壁垒形式来看,北美与欧盟共同采取贸易救济与技术性贸易壁垒双重措施,因此企业应对这些地区的贸易情况密切关注。

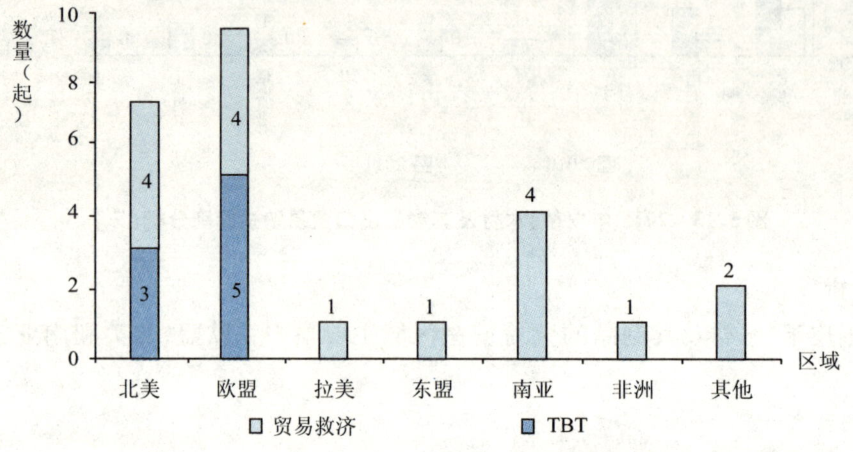

图5.16 2011年皮革、木材及其制品出口贸易壁垒区域分析(三)

(4)产品分析

2011年我国皮革、木材及其制品出口贸易壁垒事件涉及的产品共19种,种类繁多。其中纸类产品,如铜版纸、纸张、单面涂层纸板等所占比重较大,发起国家(地区)有欧盟、阿根廷、泰国、巴基斯坦、印度。复合木地板、胶合板为也遭到了国外的出口贸易壁垒。滑雪背包、儿童拼图、皮带、防护手套、挎包、下巴防护垫、女靴等遭受到了国外技术性贸易壁垒和绿色贸易壁垒,如图5.17所示。在此提醒相关出口企业注意各自产品可能面临的困难,及时调整出口策略,减少经济损失。

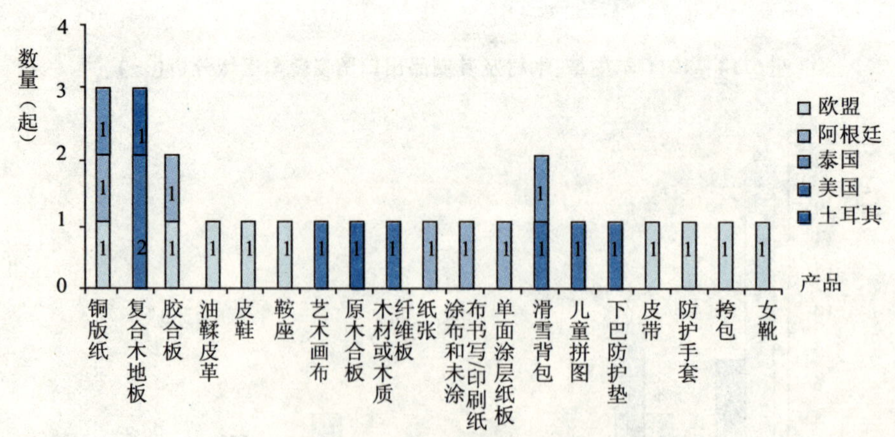

图5.17 2011年皮革、木材及其制品出口贸易壁垒产品分析

(5)贸易壁垒形式分析

2011 年我国皮革、木材及其制品出口贸易壁垒形式有 3 种,如图 5.18 所示。

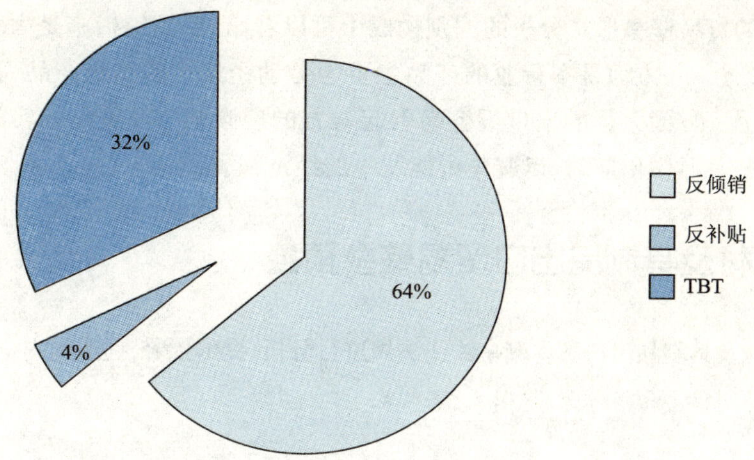

图 5.18　2011 年皮革、木材及其制品出口贸易壁垒形式分析(一)

这三种形式分别是反倾销、反补贴和 TBT。其中反倾销措施最多,有 16 起,占 64%;反补贴 1 起,占 4%;TBT 8 起,占 32%,如图 5.18 所示。

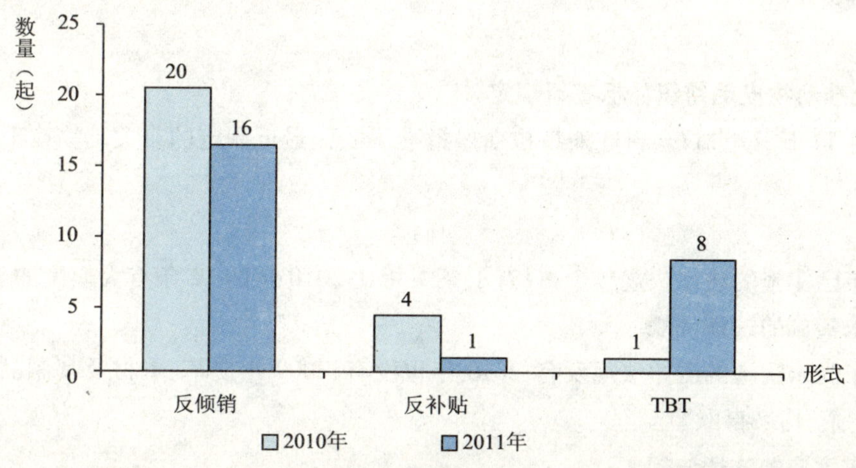

图 5.19　2011 年皮革、木材及其制品出口贸易壁垒形式分析(二)

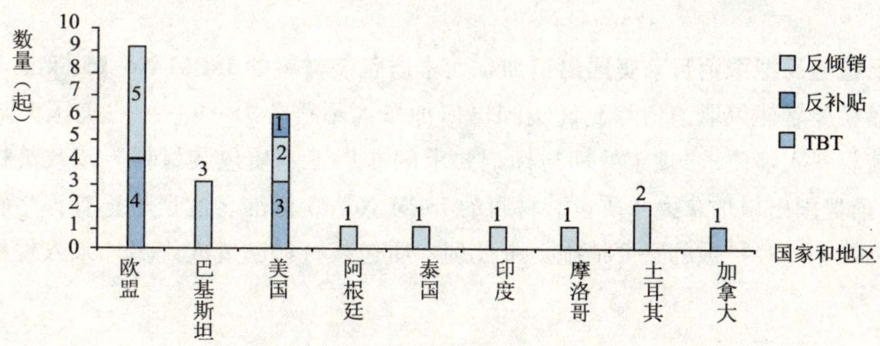

图 5.20　2011 年皮革、木材及其制品出口贸易壁垒形式分析

与2010年相类似,国外对我国皮革、木材及其制品出口贸易壁垒主要为反倾销,数量最多;反补贴数量有所下降;TBT案件数量有所增加,如图5.19所示。

从图5.19所示的贸易壁垒形式分析的国别构成中可以看出,反倾销措施是大多数国家在本行业最主要的贸易壁垒形式。一方面是本行业的产品主要为劳动密集型的初级产品,我国在此项产品上有较大的比较优势;另一方面大量的出口很容易引起对方的反倾销与反补贴的实施。我国相关企业应高度重视此类壁垒,及时做出应对,以避免可能发生的经济损失。

五、皮革、木材及其制品出口贸易壁垒预警

对我国皮革、木材及其制品出口贸易壁垒法律法规进行分析,提出预警,提醒国内企业注意,规避损失。

(一)法律法规

皮革、木材及其制品出口所遭遇的贸易壁垒法规包括2011年颁布已实施的、颁布尚未实施的和存在颁布意向的法律法规。

1. 颁布已实施的法律法规

(1)法律法规

5月

欧洲议会批准动物皮毛纺织品标签新规定

2011年5月11日,欧洲议会日在斯特拉斯堡批准了欧盟最近制定的有关动物皮毛纺织品标签的新规定。

(2)分析

2011年颁布已实施的法律法规较少,只有1条。相比2010年的12条有大幅度的下降。

2. 颁布尚未实施的法律法规

2011年颁布尚未实施的法律法规没有,2010年也没有,2009年皮革、木材及其制品颁布尚未实施的法律法规有3条,均来自欧盟。

3. 存在颁布意向的法律法规

(1)法律法规

1月

加拿大食品检验局拟取消目前美国出口加拿大木质包装材料的ISPM No.15标准

加拿大食品检验署建议取消免除允许美国出口加拿大不符合D-98——“美国大陆外所有地区生产的木质包装材料入境要求”规定处理与标记要求的非加工木质包装材料。该政策标题和内容已被更新,取消目前美国出口加拿大木质包装材料的ISPM No.15标准。这是防止有害生物通过美加木质包装材料贸易往来途径扩散的必要措施。未处理木质包装材料已造成许多外来入侵植物有害生物传入美加。

12月

墨西哥拟更新木质包装检疫标准

据宁波检验检疫局WTO办公室消息,墨西哥目前正就修订的木质包装及冰箱、冰柜两项拟议草

案开展意见征询活动。一是修订 PROY－NOM－015－ENER－2011 草案，拟对冰箱、冰柜的能效标准、测试程序、样本和标签要求进行更新，征询意见截止日期为 2011 年 12 月 24 日。二是更新 NOM－144－SEMARNAT－2004 标准，要求在国际贸易中实施国际认可的木质包装材料植物检疫措施，征询意见截止日期为 2011 年 12 月 17 日。

(2)分析

2011 年皮革、木材及其制品存在颁布意向的法律法规有 2 条，分别来自加拿大和墨西哥。

(二)法律法规综合分析

对皮革、木材及其制品出口所遭遇贸易壁垒法律法规进行综合分析，提出预警。该分析包括状态分析、国别分析、区域分析、产品分析和贸易壁垒形式分析。

1. 状态分析

2011 年国外针对皮革、木材及其制品制定法律法规共 3 条。其中，颁布已实施的法律法规有 1 条，存在颁布意向的 2 条，没有颁布未实施的法律法规，如图 5.21 所示。

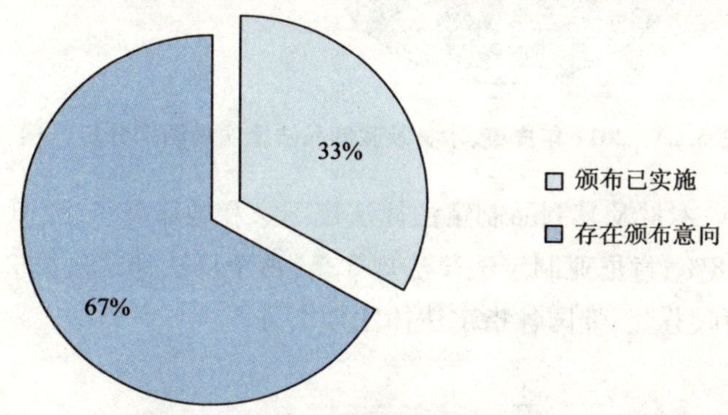

图 5.21　2011 年皮革、木材及其制品法律法规状态分析(一)

2010 年国外针对皮革、木材及其制品制定法律法规共 13 条。其中，颁布已实施的法律法规有 12 条，存在颁布意向的 1 条，没有颁布未实施的法律法规，如图 5.22 所示。

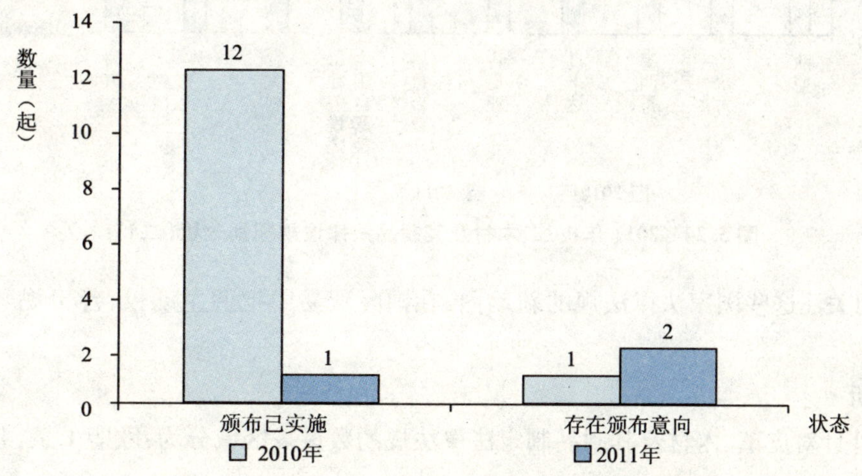

图 5.22　2011 年皮革、木材及其制品法律法规状态分析(二)

总体来看,2010 年和 2011 年均没有颁布未实施的法律法规。而且,国外针对皮革、木材及其制品制定法律法规是颁布实施的部分对实际的贸易影响最大。我国企业应密切关注颁布实施的法律法规并对其采取积极应对措施,提前做好准备。

2. 国别分析

2011 年国外针对皮革、木材及其制品制定法律法规国家和地区有 3 个,分别是欧盟、加拿大、墨西哥,所占比例如图 5.23 所示。

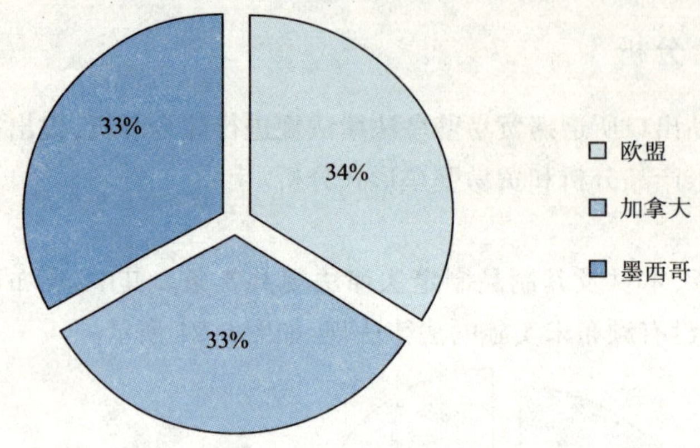

图 5.23　2011 年皮革、木材及其制品法律法规国别分析(一)

2010 年国外针对皮革、木材及其制品制定法律法规国家和地区有 7 个,其中乌干达制定法律法规 5 条,占全部法律法规的 38%;肯尼亚制定法律法规 3 条,占全部法律法规的 23%。格鲁吉亚、中国台澎金马单独关税区、意大利、芬兰、韩国各指定法律法规 1 条。

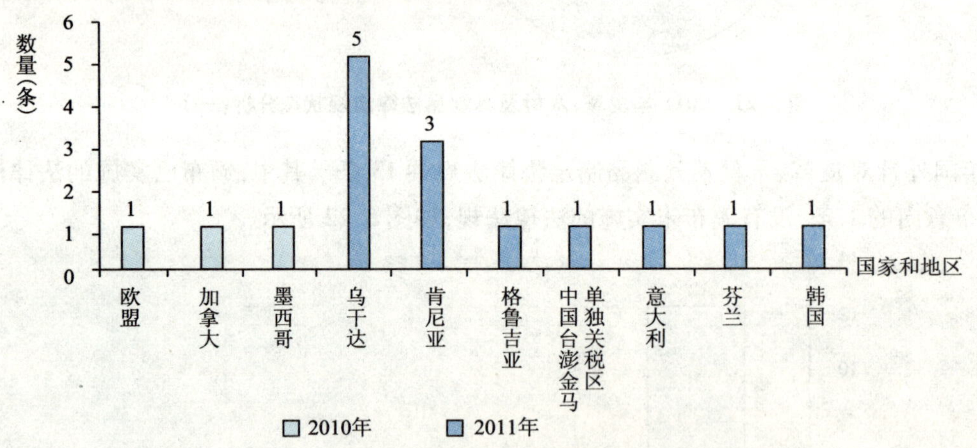

图 5.24　2011 年皮革、木材及其制品法律法规国别分析(二)

企业应密切关注这些国家法律法规的新动向,在国际贸易中把握主动权,善于规避风险,提高收益的稳定性。

3. 区域分析

2011 年国外针对皮革、木材及其制品制定法律法规的数量按区域分为:欧盟 1 条,北美 1 条,拉美 1 条。

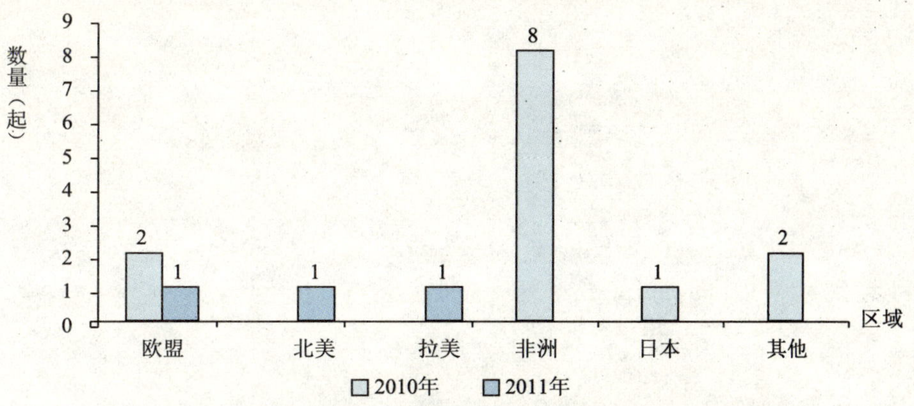

图 5.25 2011 年皮革、木材及其制品出口贸易壁垒区域分析

2010 年国外针对皮革、木材及其制品制定法律法规的数量按区域分为：非洲 8 条，欧盟 2 条，日韩 1 条，北美、拉美、南亚、东盟都没有，其他国家和地区有 2 条，如图 5.25 所示。

4. 产品分析

2011 年欧盟针对动物皮毛纺织品标签发布了新的标准，加拿大和墨西哥拟针对木质包装材料发布新标准。2011 年法律法规颁布较少，所以涉及的产品种类也较少。

2010 年皮革、木材及其制品法律法规涉及的产品较多，为 11 类。其中，最多的产品是木材和刨花板，各为 2 条；黏合剂及黏合木制品、胶合板、安全火柴、卫生巾、三聚氰胺装饰面板、高压装饰层压板、纺织品和皮革制品及鞋类、档案记录的材料、卫生纸和太阳镜及眼镜架均为 1 条。

5. 贸易壁垒形式分析

2011 年国外针对皮革、木材及其制品制定的法律法规主要归为技术贸易壁垒和绿色贸易壁垒。

在绿色贸易壁垒方面，主要的形式是以具体的技术标准为特征的绿色贸易壁垒，即颁布带有安全、环境、卫生标准的法律法规，目的是为了人类和环境的健康发展。其操作性比较强，相关产品一旦达不到标准就被禁止出口。

在技术贸易壁垒方面，主要包括绿色技术标准、绿色检疫制度，主要形式是通过对皮革、木材及其制品的技术标准给予明确的规定，如欧盟对于动物皮毛纺织品标签新规定。

（吕　晶）

第六章 纺织品、服装产品出口贸易壁垒

本章分析国外对中国纺织原料、纺织制品、鞋、帽、伞、杖、鞭、已加工的羽毛及其制品等方面的贸易壁垒。

按照海关商品分类目录，这些产品包括分类中的两大类产品。

第一类：纺织原料、纺织制品，包括蚕丝，羊毛、动物细毛或粗毛；马毛纱线及其机制物，棉花，其他植物纺织纤维；纸纱线及其机织物，化学纤维长丝，化学纤维短丝，絮胎、毡呢及无纺织物；特种纱线；线、绳、索、缆及其他制品，地毯及纺织材料的其他铺地制品，特种机织物；簇绒织物；花边；装饰毯；装饰带；刺绣品，浸渍、涂布、包覆或层压的纺织物；工业用纺织制品，针织物及钩编织物，针织或钩编的服装及衣着附件，非针织或非钩编的服装及衣着附件，其他纺织制成品；成套物品；旧衣着及旧纺织品；碎织物。

第二类：鞋、帽、伞、杖、鞭及其零件；已加工的羽毛及其制品；人造花；人发制品，主要包括：鞋靴、护腿和类似品及其零件，帽类及其零件，雨伞、阳伞、手杖、鞭子、马鞭及其零件，已加工羽毛、羽绒及其制品；人造花；人发制品。

一、纺织品、服装产品出口贸易救济措施

2011 年我国纺织品、服装产品出口所遭遇的贸易救济措施共计 16 起，以反倾销为主，共 14 起；保障措施，有 2 起。

（一）反倾销

2011 年纺织品、服装产品出口所遇反倾销事件共 14 起，涉及欧盟、土耳其、印度、巴西等 6 个国家或地区。

1. 事件

1 月

印度对华玻璃纤维及其制品作出反倾销终裁

2011 年 1 月 6 日，印度对原产于中国的玻璃纤维及其制品作出反倾销终裁，涉案产品海关编码为 7019。印度商工部给予常州市新长海玻纤制品有限公司和江苏长海复合材料股份有限公司以市场经济待遇，但未给予上述两家企业单独税率。

欧盟对华油鞣皮革发布反倾销即将到期公告

2011 年 1 月 20 日，欧盟发布公告称，对原产于中国的油鞣皮革的反倾销措施即将于 2011 年 9 月

15 日到期，有关利害关系方须在自本公告发布之日起，至正式到期日前 3 个月的时间内向欧盟委员会提交反倾销日落复审申请。涉案产品海关编码为 41141010、41141090。

2 月

欧盟对华玻璃纤维网格织物作出反倾销初裁

2011 年 2 月 17 日，欧盟对原产于中国的玻璃纤维网格织物作出反倾销初裁。涉案产品在欧盟合并关税编码 ex70194000、ex70195100、ex70195900、ex70199091、ex70199099 下。

印度对华粘胶纤维纱线进行反倾销日落复审调查

2011 年 2 月 25 日，印度对原产于中国的粘胶纤维纱线进行反倾销日落复审立案调查。涉案产品海关编码为 54033100、54033200、54033300、54034110、54034120、54034130、54034140、54034150、54034160、54034170、54034180、54034190。

4 月

巴西对中国产弹力针织布作出反倾销终裁

2011 年 4 月 5 日，巴西发展、工业和对外贸易部相关部门作出决定，巴西政府将对从中国进口的弹力针织布征收 4.10 美元/千克的进口附加税，执行征收附加税的期限为 5 年。

印度对华丝绸织物延长征收反倾销税

2011 年 4 月 21 日，印度海关决定对原产于中国的丝绸织物延长征收反倾销税，征税期延至 2011 年 12 月 5 日止。

2011 年 11 月 28 日，印度商工部反倾销局发布了对原产于中国的丝绸织物反倾销日落复审事实披露。在该披露中，反倾销局仍将中国视为非市场经济国家，并认可原审中采用结构价格来计算中国出口产品正常价值的做法。最终，中国产品的倾销幅度被认定为 60% ~70%。

2011 年 12 月 5 日，印度商工部对原产于中国的丝绸织物作出反倾销日落复审终裁。涉案产品海关编码为 5007.9000、5007.10.00、5007.20.00、5007.20.10、5007.20.90。

5 月

印度对华粘胶长丝延长征收反倾销税

2011 年 5 月 9 日，印度海关决定对原产于中国的粘胶长丝(Viscose Filament Yarn)延长征收反倾销税，征税期延至 2012 年 2 月 24 日止。

6 月

欧盟取消对华聚酯短纤维的反倾销措施

2011 年 6 月 9 日，欧盟对原产于中国的聚酯短纤维作出反倾销日落复审终裁：由于申诉方于 2011 年 3 月 7 日取消反倾销日落复审申请，因此决定自公告发布之日起取消对原产于中国的聚酯短纤维的反倾销措施。涉案产品海关编码为 55032000。

印度将召开对华尼龙长丝反倾销日落复审听证会

2011 年 6 月 17 日上午 11 点，印度商工部反倾销局在商工部 227 会议室就原产于中国大陆、中国台北、马来西亚、印尼、泰国和韩国的尼龙长丝反倾销日落复审举行听证会。各利害关系方可参会。

2011 年 8 月 9 日，印度海关发布第 73/2011 号公告，对原产于或自中国大陆、中国台湾、马来西亚、印度尼西亚、泰国和朝鲜出口的尼龙长丝纱线(包括小于 67 底泰克斯锦纶单丝，但不包括高强度的尼龙单丝或渔网尼龙线)延长征收反倾销税期限。

2011 年 11 月 9 日，印度商工部反倾销局发布了对原产于中国大陆、中国台北、马来西亚、泰国和韩国等国家和地区的尼龙长丝（Nylon Filament Yarn）反倾销日落复审事实披露。本案无中国企业应诉。

2011 年 11 月 19 日，印度对原产于中国大陆、中国台湾、马来西亚、印尼、泰国、韩国的尼龙长丝纱线作出反倾销日落复审终裁，涉案产品海关编码为 5402。

7 月

欧盟对华玻璃纤维织物进行反倾销立案调查

2011 年 7 月 28 日，应玻璃纤维织物防卫联盟（The Glass Fibre Fabrics Defence Coalition）的申请，欧盟对原产于中国的编制和/或缝合玻璃纤维织物进行反倾销立案调查。涉案产品在欧盟合并关税编码 ex70193900、ex70194000、ex70199099。

2011 年 8 月 9 日，欧盟对原产于中国的玻璃纤维网格织物作出反倾销终裁，涉案产品在欧盟合并关税编码 ex70195100、ex70195900 下。

2011 年 11 月 10 日，应欧盟 4 家玻璃纤维生产商——Saint - Gobain Adfors CZ s. r. o. , Tolnatext Fonalfeldolgozo es Muszakiszovet - gyarto Bt. , Valmieras“Stikla Skiedra”AS 和 Vitrulan Technical Textiles GmbH 的申请，欧盟对原产于中国的玻璃纤维网格织物进行反规避立案调查，此次调查针对自马来西亚转口（无论是否原产于马来西亚）的玻璃纤维网格织物。涉案产品在欧盟合并关税编码 ex70195100、ex70195900 下。

11 月

土耳其对印度和中国台湾的聚酯合成长丝纱线进行反倾销日落复审调查

2011 年 11 月 29 日，应国内产业申请，土耳其对原产于印度和中国台湾的聚酯合成长丝纱线进行反倾销日落复审立案调查。涉案产品海关编码为 540233。

12 月

中国台湾地区对自大陆进口毛巾产品作出反倾销日落复审终裁

2011 年 12 月 19 日，中国台湾地区有关部门发布公告，对自大陆进口毛巾产品反倾销日落复审作出终裁，裁定继续征收 204.1% 的反倾销税，自 2011 年 12 月 20 日起实施，征税期限为 5 年。

秘鲁终止对华牛仔布反倾销日落复审调查

2011 年 12 月 20 日，秘鲁竞争和知识产权保护局（INDECOPI）作出决议（No. 174 - 2011/CFD - INDECOPI），以行业无代表性、无损害为由裁定终止对源自中国进口牛仔布的反倾销日落复审调查。涉案产品描述为棉与化学纤维或人造纤维混纺织物，棉比重低于 85%，织物单位重量大于 200 克/平方米。涉案产品海关编码为 5211. 42. 00. 00。

印度对华由聚酯或玻璃纤维制成的土木栅格作出反倾销终裁

2011 年 12 月 19 日，印度商工部对原产于中国的由聚酯或玻璃纤维制成的土木栅格作出反倾销终裁：对原产于或自中国进口的涉案产品征收 0. 55 美元/平方米的反倾销税。涉案产品海关编码为 39021000、39140090、39201019、39269099、55034000、56031300、56039400、56041000、56049000、56089090、59031090、59039090、59111000、59113150、59113190、59119090、70194000、70195900、70199010、70199090。

2. 分析

纺织品、服装产品出口所遇反倾销事件分析包括按月份分析、国别分析和产品分析。

(1)月份分析

2011 年纺织品、服装产品出口贸易遭受的反倾销事件共 14 起，较 2010 年 28 起减少了一半。从月份上看，与 2010 年同期相比，在 2 月、3 月、5 月、6 月、7 月、8 月和 9 月事件数目有所减少。尤其是在 3 月、8 月、9 月和 10 月，发生反倾销事件减少为 0。另外，11 月和 12 月分别增加 1 起，如图 6.1 所示。

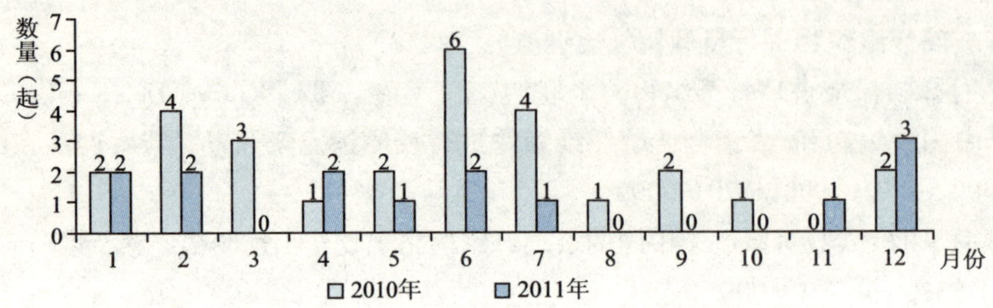

图 6.1　2011 年纺织品、服装产品出口贸易反倾销月份分析

与 2010 年相比，2011 年反倾销事件在 3 月、6 月、7 月、8 月、9 月、10 月减少幅度较大；11 月、12 月略有增加；1 月持平。

从全年的走势来看，纺织品、服装产品出口贸易反倾销事件的数量随月份变化呈现分布不均、起伏较大的状况。

(2)国别分析

从国别来看，2011 年纺织品、服装产品出口贸易反倾销事件涉及的国家共有 6 个。印度、欧盟的案件数量最多，分别为 6 起和 4 起，占到了总数的 72%。其他国家均为 1 起，如图 6.2 所示。

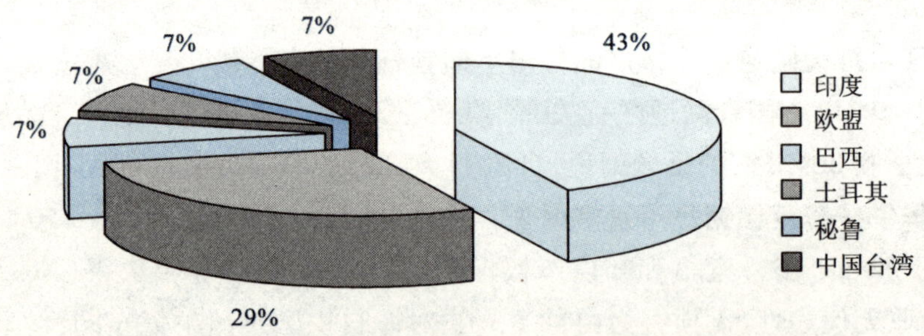

图 6.2　2011 年纺织品、服装产品出口贸易反倾销国别分析(一)

与 2010 年相比，主要的贸易救济措施发起国(地区)有所减少，各国对中国的贸易救济措施案件数量也有明显的下降。其中美国减少最多，达到了 0，土耳其其次，减少了 3 起，其他各国(地区)也都有不同程度的减少，如图 6.3 所示。

印度成为 2011 年对中国纺织品、服装发起反倾销调查的主要国家，主要原因在于与中国在优势出口行业上存在很大相似性和替代性，纺织品、服装行业的劳动力成本优势也日渐凸显。欧盟对我国采取的贸易救济措施数量与 2010 年持平，仍为 4 起。而美国虽然在 2011 年没有对中国采取反倾销调查，但其采用的新型贸易壁垒如技术性贸易壁垒对中国企业构成了巨大的威胁。

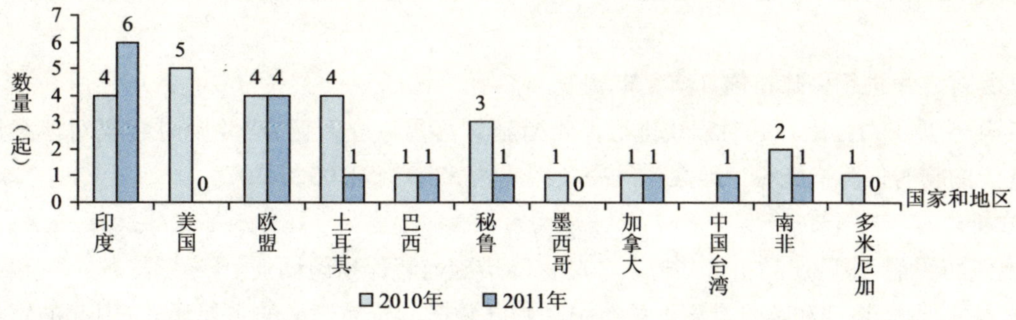

图 6.3　2011 年纺织品、服装产品出口贸易反倾销国别分析（二）

(3)产品分析

2011 年纺织品、服装产品出口贸易反倾销事件共涉及 4 类产品。涉及的具体产品有玻璃纤维、聚酯纤维、丝绸、油鞣皮革，其中玻璃和聚酯纤维类纺织品受反倾销事件占 57%，与其他的两类产品相比，占比相对较大，如图 6.4 所示。

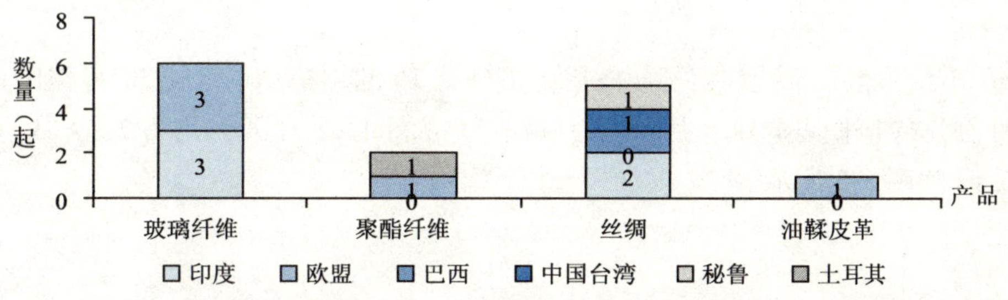

图 6.4　2011 年纺织品、服装产品出口贸易反倾销产品分析

与 2010 年相比，2011 年遭受反倾销的产品数量大幅下降、产品类别大幅减少。从产品类别来看，纺织品、服装产品出口遭遇反倾销事件的主要原因有两个方面：一是由于中国贸易规模庞大，中国商品在国际市场上的份额增长很快，而出口商品结构总体来看低价产品较多，本身就容易遭受反倾销，并且我国纺织品是出口项下的主力。二是由于贸易保护主义倾向在世界范围内抬头，导致我国和其他国家的贸易摩擦增多。

(二)反补贴

无

(三)保障措施与特保措施

2011 年纺织品、服装产品出口所遇保障措施与特保措施调查共 2 起，涉及国家为土耳其。

1. 事件

1 月

土耳其对服装及其配饰进行保障措施调查

2011 年 1 月 13 日，土耳其对服装及其配饰进行保障措施立案调查，并对涉案产品征收 27% ~ 40% 的临时保障措施关税。涉案产品海关编码为 61.01、61.02、61.03、61.04、61.05、61.06、61.07、

61.08、61.09、61.10、61.12、62.01、62.02、62.03、62.04、62.05、62.06、62.07、62.08 和 62.11。

6 月

土耳其对棉线进行保障措施日落复审调查

2011 年 6 月 11 日，土耳其对棉线进行保障措施日落复审立案调查，并同时建议对涉案产品征收为期 200 天的临时保障措施税。涉案产品海关编码为 52.05、52.06、52.07。

2. 分析

2011 年纺织品、服装产品出口共遭遇 2 起保障措施与特保措施调查。

总的来说，保障措施和特保措施不是纺织品和服装产品贸易壁垒的主要形式，引起的贸易壁垒事件和贸易争端较少，这几年我国遭遇的保障措施与特保措施事件情况，总体数量一直处于较低的水平。但是由于特保措施是针对中国入世后过渡期的特殊贸易壁垒，实施起来很灵活，而且发起特保调查的国家多为发展中国家，因此政府和企业也不应对此掉以轻心。

（四）纺织品、服装产品出口贸易救济措施分析

纺织品、服装产品出口所遇贸易救济措施分析包括月份分析、国别分析和产品分析。

1. 月份分析

2011 年纺织品、服装产品出口贸易救济措施事件共 16 起，与 2010 年的 30 起相比有了较大幅度的减少。从月份分布上来说，1 月、6 月和 12 月最多，均为 3 起，2 月、4 月均为 2 起，其他月份较少，在 1 起或 1 起以下，如图 6.5 所示。

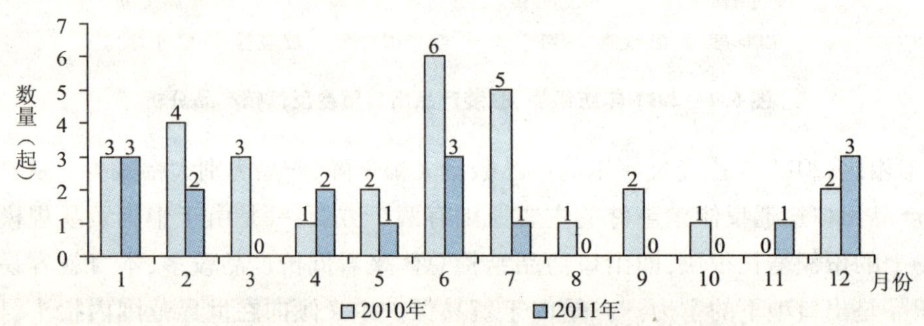

图 6.5　2011 年纺织品、服装产品出口贸易救济措施月份分析

2011 年全年纺织品、服装产品出口贸易救济措施事件共 16 起，与 2010 年的 30 起相比，2011 年贸易救济事件数量减少了 14 起。其中，7 月下降最多，达到了 4 起。另外，3 月、8 月、9 月和 10 月没有针对我国的贸易救济事件发生。总体来看，2011 年纺织品、服装产品出口贸易救济事件月度分布呈现前少后多、分布波动大、总体数量少的态势。

2. 国别分析

从国别看，2011 年纺织品、服装产品贸易救济事件涉及的国家（地区）共有 6 个，与 2010 年的 11 个相比，减少了 5 个。最多的是印度，为 6 起；其次是欧盟和土耳其，分别为 4 起和 3 起，三者占到了总体的 82%，如图 6.6 所示。

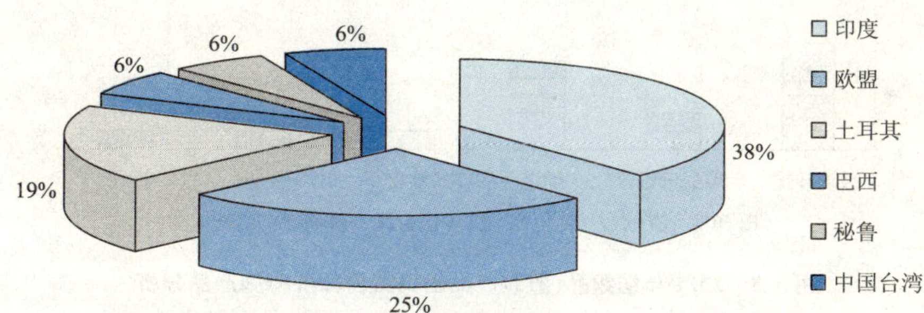

图 6.6　2011 年纺织品、服装产品出口贸易救济措施国别分析（二）

与 2010 年相比，主要的贸易救济措施发起国减少了美国和阿根廷，其他减少的国家还有南非、墨西哥、加拿大和多米尼加四国。除印度增加了 2 起外，各国对中国的贸易救济措施案件数量也有明显的下降，其中美国减少最多，达到了 5 起，直减为 0；秘鲁其次，减少了 2 起，其他各国（地区）也都有不同程度的减少，如图 6.7 所示。

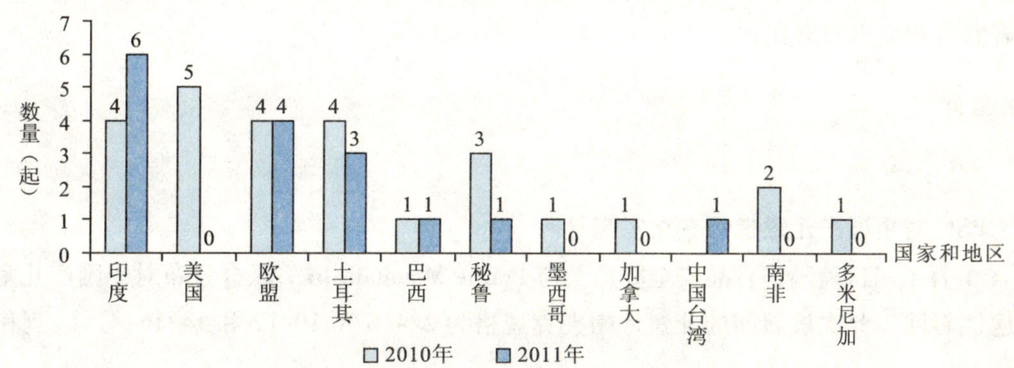

图 6.7　2011 年纺织品、服装产品出口贸易救济措施国别分析（二）

总体来看，发展中国家是纺织品、服装产品贸易救济的主要国家，印度、巴西和秘鲁等国数量较多，而发达国家中主要集中在欧盟和土耳其。首先，随着产品生命周期和纺织品产业的全球转移，同为发展中国家的印度、巴西等国利用国内廉价、充裕的劳动力资源大力发展纺织品等劳动密集型产业，这与作为传统纺织品大国的我国必然会产生越来越多的贸易摩擦；其次，国际贸易保护主义在各国均有不同程度的抬头，贸易救济事件仍是贸易摩擦的重要来源，需要引起我国政府主管部门和相关出口企业的高度重视。

3. 产品分析

从产品看，2011 年纺织品、服装产品出口贸易救济措施事件涉及的产品共 4 类，主要是反倾销事件涉及的产品，受保障措施影响的产品仅有服装和棉线两类，如图 6.8 所示。

总的来说，与反倾销事件的产品分类类似，2011 年纺织品、服装产品出口贸易救济措施事件涉及的主要产品最多的是玻璃纤维类，其次为丝绸制品类。

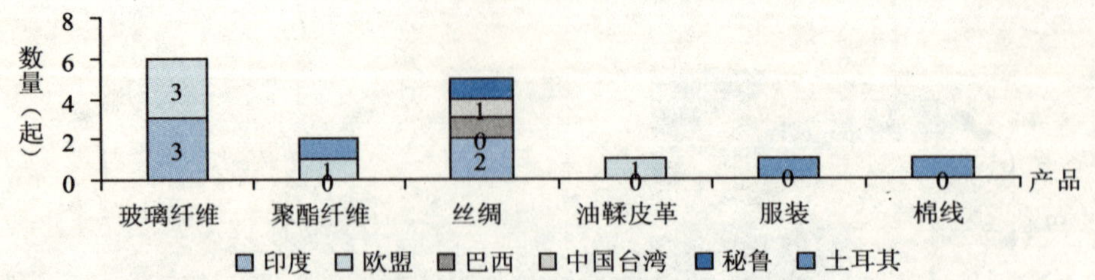

图 6.8 2011 年纺织品、服装产品出口贸易救济措施产品分析

二、纺织品、服装产品出口技术性贸易壁垒与绿色贸易壁垒

纺织品、服装产品出口技术性贸易壁垒与绿色贸易壁垒的主要形式来自国外的技术标准和安全要求。2011 年纺织品、服装产品出口遭遇技术性贸易壁垒和绿色贸易壁垒共 70 起，主要为欧盟、美国和加拿大，其中以欧盟最多，共 42 起，美国 24 起，加拿大 4 起。美国主要实施产品召回，而欧盟主要采取消费者警告和通报的形式。

（一）事件

1 月

美国 CPSC 对中国产儿童带帽夹克实施召回

2011 年 1 月 13 日，美国消费品安全委员会与 Prairie Mountain Inc. 联合宣布对中国产儿童带帽夹克实施自愿性召回。此次被召回的儿童带帽夹克规格为 2/4、6/8、10/12 和 14/16，分红、蓝和绿 3 种颜色。

美国对中国产儿童帽衫/夹克实施召回

2011 年 1 月 11 日，美国消费品安全委员会与 Mejoong Corp. 联合宣布对中国产儿童帽衫/夹克实施自愿性召回。此次被召回的儿童帽衫/夹克的规格为 2 ~ 12，品牌名称 MJC、Hot Kids 或 MJ Collection 标在领口处的标签上。

美国 CPSC 对中国产儿童帽衫实施召回

2011 年 1 月 13 日，美国消费品安全委员会与 Alpha Industries 公司联合宣布对中国产儿童帽衫实施自愿性召回。此次被召回的儿童帽衫纯棉质地，橄榄绿色，正面带有拉链、鹰的图案及“Hero by Choice”和“Alpha”，规格为 2T、3T、4T、5、6、7、8 和 10/12，“Alpha Industries”和 RN 码 35569 标在领口处的标签上。

美国 CPSC 对中国产婴幼儿连脚睡衣实施召回

2011 年 1 月 11 日，美国消费品安全委员会与 The Vermont Teddy Bear Co. Inc. 联合宣布对中国产 Hoodie Footie？婴幼儿连脚睡衣实施自愿性召回。此次被召回的 Hoodie Footie？婴幼儿连脚睡衣配有可拆卸帽子，正面有拉链，款式为“Winter Whimsy”，红色毛绒材质，有企鹅、雪人和雪花图案，婴儿规格为 0 ~ 18 个月，幼儿规格为 2T ~ 5T，“Hoodie Footie”、规格和编码 GPU#SUNHFH1 或 GPU#SUNHFH2 标在领口处的标签上。

2 月

美国 CPSC 对中国产成人上衣实施召回

2011 年 2 月 17 日,美国消费品安全委员会与 New Live 公司联合宣布对中国产成人上衣实施自愿性召回。召回原因为,该上衣不符合美国联邦纺织品阻燃性规定,有引发火灾的危险。

美国 CPSC 对中国产儿童冲锋衣实施召回

2011 年 2 月 9 日,美国消费品安全委员会与 MIKI HOUSE USA Inc. 联合宣布对中国产儿童冲锋衣实施自愿性召回,此次被召回的商品数量为 10 件。召回原因为,该冲锋衣帽子上的拉绳有致儿童颈部被勒的危险。

欧盟对中国产"Deisy"牌童装夹克发出消费者警告

2011 年 2 月 11 日,欧盟委员会非食品类快速预警系统对中国产"Deisy"牌童装夹克发出消费者警告,通报国为保加利亚。警告原因是,该童装脖领处装有系绳,存在致儿童窒息的危险,该产品不符合欧盟的相关标准 EN14682。

欧盟对中国产"FOX kids"牌童装运动衫发出消费者警告

2011 年 2 月 18 日,欧盟委员会非食品类快速预警系统对中国产"FOX kids"牌童装运动衫发出消费者警告,通报国为保加利亚。该运动衫的款式/型号编码为:Ite KGW10 – 7111,KGW10 – 7112;条形码编码为 834033280003,适合 7 岁儿童穿着,有吊牌,胸前有"FOX"标志。发出警告的原因是,该童装帽子上装有拉绳,存在致儿童被勒杀的危险,不符合欧盟的相关标准 EN14682。

欧盟对中国产"Kenvelo"棉夹克发出消费者警告

2011 年 2 月 25 日,欧盟委员会非食品类快速预警系统对中国产"Kenvelo"棉夹克发出消费者警告,通报国为保加利亚。该夹克的款式/型号编码为 30600636103,条形码编码为 2 050001 343314 和 2 050001 343307。发出警告原因为,该夹克帽子上装有帽绳,一旦儿童使用不当,存在致其被勒杀的危险,不符合欧盟的相关标准 EN14682。

3 月

加拿大召回中国等三国产轮滑鞋

2011 年 3 月 11 日,加拿大卫生部与 Rollerblade USA 公司联合宣布对中国、泰国和越南产某品牌轮滑鞋实施自愿性召回。召回原因为,该轮滑鞋的固定螺栓和滑轮上的轴螺栓易松动,有致使用者跌倒而受伤的危险。

美国 CPSC 对中国产女童牛仔裤实施召回

2011 年 3 月 16 日,美国消费品安全委员会与 Parigi Group, Ltd. 联合宣布对中国产女童牛仔裤实施自愿性召回。召回原因为,该牛仔裤后口袋上的装饰钻石和金属片易掉落,若被儿童放入口中,有致其窒息的危险。

美国 CPSC 对中国产童裙实施召回

2011 年 3 月 15 日,美国消费品安全委员会与 Matilda Jane LLC 联合宣布对中国产童裙实施自愿性召回。此次被召回的商品数量约为 1500 件,召回原因为,该童裙的扣子易脱落,若被儿童放入口中,有致其窒息的危险。

欧盟对中国产童装发出消费者警告

2011 年 2 月 25 日,欧盟委员会非食品类快速预警系统对中国产童装发出消费者警告,通报国为希腊。发出警告原因为，该童装脖颈处有系绳，且可以自由捆系，存在致儿童被勒杀的危险，不符合欧盟的相关标准 EN14682。

4 月

欧盟对中国产儿童 T 恤发出消费者警告

2011 年 4 月 8 日，欧盟委员会非食品类快速预警系统对中国产儿童 T 恤发出消费者警告，通报国为塞浦路斯。此次通报的儿童 T 恤的款式为 SPRING08，条形码编码为 3010201000490。由于该儿童 T 恤所用的偶氮燃料中释放的致癌物质(3,3′)－二甲氧基联苯胺和二氨基联苯分别高达 150mg/kg 和 100mg/kg，远超出欧盟规定的标准值 30 mg/kg，不符合欧盟的 REACH 法规。

2011 年 6 月 17 日，欧盟委员会非食品类快速预警系统对中国产儿童 T 恤发出消费者警告，通报国为匈牙利。该儿童 T 恤带有帽子，大小为 116cm。由于该儿童 T 恤帽子上带有帽绳，存在致儿童脖颈被勒而窒息的危险，不符合欧盟的相关标准 EN14682。

美国 CPSC 对中国产遮阳帐篷实施召回

2011 年 4 月 7 日，美国消费品安全委员会与 Active Leisure Inc. 联合宣布对中国产折叠遮阳帐篷实施自愿性召回，此次被召回的商品数量约为 1.9 万顶。召回原因为，该帐篷不符合美国联邦纺织品阻燃性标准，有引发火灾的危险。

欧盟对中国产"Linlinshijie"牌儿童 T 恤发出消费者警告

2011 年 4 月 8 日，欧盟委员会非食品类快速预警系统对中国产"Linlinshijie"牌儿童 T 恤发出消费者警告，通报国为塞浦路斯。此次通报的儿童 T 恤的款式为 SPRING08，条形码编码为 3010201000490。由于该儿童 T 恤所用的偶氮燃料中释放的致癌物质(3,3′)－二甲氧基联苯胺和二氨基联苯分别高达 150mg/kg 和 100mg/kg，远超出欧盟规定的标准值 30 mg/kg。该产品不符合欧盟的 REACH 法规。

欧盟对中国产儿童防护马甲发出消费者警告

2011 年 4 月 15 日，欧盟委员会非食品类快速预警系统对中国产儿童防护马甲发出消费者警告，通报国为比利时。该防护马甲为橘色，款式/型号编码为 558889，EAN 码编码为 4006485558889。由于该防护马甲的反光性不好，使使用者产生错误的安全防护感觉，一旦过于依赖，存在致使用者受伤的危险，不符合欧盟的个人防护指令(PPE)以及欧盟的相关标准 EN1150。

欧盟对中国产"Kik"牌牛仔裤发出消费者警告

2011 年 4 月 22 日，欧盟委员会非食品类快速预警系统对中国产"Kik"牌牛仔裤发出消费者警告，通报国为德国。该牛仔裤为深蓝色，EAN 码编码为 6444900443100000099 9。由于该牛仔裤中偶氮染料分解的芳香胺：二氨基联苯达 48mg/kg，(3,3′)－二甲氧基联苯胺达 615mg/kg，有致使用者化学中毒的危险，故不符合欧盟 RAECH 法规。

美国 CPSC 对中国产丝扣主锁和攀岩快挂实施召回

2011 年 4 月 21 日，美国消费品安全委员会与 CAMP USA Inc. 联合宣布对中国产丝扣主锁和丝扣攀岩快挂实施自愿性召回。此次被召回的商品数量约为 15500 个，召回原因为，在重力过大的情况下，该丝扣主锁会打开，有致攀岩者严重跌伤或死亡的危险。

5 月

美国 CPSC 对中国产婴幼儿连袜鞋实施召回

2011 年 5 月 11 日，美国消费品安全委员会与 Meijer Inc. 联合宣布对中国产 Bumble Bee 和 Lady Bug 婴幼儿连袜鞋实施自愿性召回。召回原因为，该连袜鞋上的毛绒球装饰物易脱落，若被婴幼儿误食，有致其窒息的危险。

欧盟对中国产儿童夹克发出消费者警告

2011 年 5 月 20 日，欧盟委员会非食品类快速预警系统对中国产儿童夹克发出消费者警告。本案的通报国为保加利亚。该套装适合 7 岁以上儿童穿着，款式/型号编码为 style No. 30600624 103 EK，条形码编码为 2 050001 327871。由于该童装的脖颈处设计有绳索，一旦儿童使用错误，有致其被勒而窒息的危险，不符合欧盟的相关标准 EN14682。

美国 CPSC 对中国产女童帽衫实施召回

2011 年 5 月 3 日，美国消费品安全委员会与 El Gringo Imports 公司联合宣布对中国产女童帽衫实施自愿性召回。此次被召回的女童帽衫为羊毛面料，手工编织，规格为 1 ~ 10，帽子上带有拉绳，拉绳底端为彩色毛绒球，正面带有拉链，“El Gringo Imports”标在领口处的标签上。此次被召回的商品数量约为 300 件，召回原因为，该帽衫帽子上的拉绳有致儿童颈部被勒而发生窒息的危险。

欧盟对中国产童裙发出消费者警告

2011 年 5 月 6 日，欧盟委员会非食品类快速预警系统对中国产童裙发出消费者警告，通报国为保加利亚。由于该童裙设计有绕颈绳索，一旦误用，存在致儿童窒息的危险，不符合欧盟的相关标准 EN14682。

欧盟对中国产玩具娃娃发出消费者警告

2011 年 5 月 20 日，欧盟委员会非食品类快速预警系统对中国产玩具娃娃发出消费者警告。本案的通报国为西班牙。该玩具的款式型号编码为 FTC 50179，BATCH 10/2010。由于该玩具娃娃中邻苯二甲酸二己酯（DEHP）的含量超过 0.2%，存在致人化学中毒的危险。

加拿大卫生部对中国产婴儿浴衣实施召回

2011 年 5 月 26 日，加拿大卫生部与 Kids Line LLC 联合宣布对中国产婴儿浴衣实施自愿性召回。此次被召回的商品数量约为 1200 件。召回原因为，该浴衣不符合加拿大儿童服装阻燃性标准。

6 月

美国 CPSC 对中国产儿童饰品实施召回

2011 年 6 月 7 日，美国消费品安全委员会与 EKSuccess Brands 公司联合宣布对中国产儿童饰品实施自愿性召回。此次被召回的儿童饰品为珍珠缎带手链套装，56 件/套，珍珠分粉、蓝、橙和白 4 种颜色，部分粉色珍珠上还绘有蝴蝶图案，丝带分橙、红、蓝和紫 4 种颜色。产品名称为 American Girl Crafts，SKU 码 30 – 585331 标在外包装背面右下方。此次被召回的商品数量约为 7.5 万套。召回原因为，珍珠表面涂层铅含量超标，违反了美国联邦含铅涂料标准。

美国 CPSC 和加拿大卫生部对中国产连衣裙实施召回

2011 年 6 月 15 日，美国消费品安全委员会和加拿大卫生部与美国马萨诸塞州佛明罕的 TJX 公司联合宣布对中国产 Emma Garden? 牌圆点连衣裙实施自愿性召回。此次被召回的商品数量为：美国大约 21000 件，加拿大大约 2600 件，召回原因为，衣服前面的装饰纽扣易脱落，造成致窒息的危险。

加拿大卫生部对中国产童裤实施召回

2011 年 6 月 24 日，加拿大卫生部与 Effigi Inc. / Autoroute 13 联合宣布对中国产裹腿童裤实施自愿性召回。此次被召回的裹腿童裤适合 0～24 个月的幼儿穿着，包括各种颜色，款式号码为 101879812。被召回的商品数量约为 876 条，召回原因为，裤子上的装饰性纽扣易脱落造成幼儿窒息。

7 月

欧盟对中国产儿童比基尼发出消费者警告

2011 年 7 月 11 日，欧盟委员会非食品类快速预警系统对中国产儿童比基尼发出消费者警告，通报国为塞浦路斯。该儿童比基尼适合 2～4 岁孩子穿着，款式/型号编码为 F626。由于该儿童比基尼上装有系绳，如果儿童使用错误，存在致其被勒窒息的危险，不符合欧盟的相关标准 EN14682。

欧盟对中国产"JUMBO"牌童装上衣发出消费者警告

2011 年 7 月 22 日，欧盟委员会非食品类快速预警系统对中国产"JUMBO"牌童装上衣发出消费者警告，通报国为保加利亚。该童装的主要成分为：棉 95%，氨纶 5%；Item 码编码为 S11－031；该童装大小分别为 12 号、18 号和 24 号，条形码编码分别为 7463713854507、7463713854477 以及 7463713854484。由于该童装上的装饰性人造水晶钻极易与主体分离，一旦儿童吞食，存在致其窒息的危险。

欧盟对中国产"Kenvelo"牌女童上衣发出消费者警告

2011 年 7 月 1 日，欧盟委员会非食品类快速预警系统对中国产"Kenvelo"牌女童上衣发出消费者警告。本案的通报国为保加利亚。该女童上衣为黑色，纯棉质地，脖领处装饰有弹性灯芯绒系绳；该童装的款式/型号编码为 No30100785 101U，条形码编码为 2050001191670、2050001191663、2050001191687。由于该童装脖领处装饰有系绳，一旦儿童使用错误，存在致其被勒而窒息的危险，不符合欧盟的相关指令 EN14682。

欧盟对中国产童装发出消费者警告

2011 年 7 月 22 日，欧盟委员会非食品类快速预警系统对中国产童装上衣发出消费者警告，通报国为保加利亚。该童装的主要成分为：棉 95%，氨纶 5%；Item 码编码为 S11－031；该童装大小分别为 12 号、18 号和 24 号，条形码编码分别为 7463713854507、7463713854477 以及 7463713854484。由于该童装上的装饰性人造水晶钻极易与主体分离，一旦儿童吞食，存在致其窒息的危险。

8 月

欧盟对中国产儿童凉鞋发出消费者警告

2011 年 8 月 5 日，欧盟委员会非食品类快速预警系统对中国产儿童凉鞋发出消费者警告，通报国为保加利亚。由于该童鞋上的装饰珠以及人造水晶钻极易脱落，且在检测试验中正好塞住试验用小部件汽缸，一旦儿童误食，有致其窒息的危险。

欧盟对中国产女士牛仔裤发出消费者警告

2011 年 8 月 12 日，欧盟委员会非食品类快速预警系统对中国产女士牛仔裤发出消费者警告。本案的通报国为波兰。此次通报的牛仔裤为蓝色，款式/型号编码为 OM215。由于该牛仔裤的甲醛含量高达 180mg/kg，存在致人化学过敏或中毒的危险，不符合欧盟的相关立法规定。

欧盟对中国产女鞋发出消费者警告

2011 年 8 月 19 日，欧盟委员会非食品类快速预警系统对中国产女鞋发出消费者警告。本案的通报国为法国。该鞋为浅褐色人造革芭蕾舞鞋，Ref. 码编码为 2056。由于该女鞋内底二甲基甲酰胺含量高达 1.5mg/kg,存在致人化学过敏的危险。二甲基甲酰胺是一种可致与其接触的皮肤部分产生强烈过敏反应的物质,根据欧委会决议 2009/251/EC 的规定,消费品种禁止含有该物质。

加拿大卫生部对中国产装饰品实施召回

2011 年 8 月 24 日,加拿大卫生部与 Polygroup Limited 和 Wal - Mart Canada Corp. 联合宣布对中国产会摇头的雪人和圣诞老人装饰品实施自愿性召回。此次被召回的商品数量约为 4287 个。召回原因为,该款装饰品中的电子元件易短路,造成火灾。

欧盟对中国产"DHG"牌玩具娃娃发出消费者警告

2011 年 8 月 5 日,欧盟委员会非食品类快速预警系统对中国产"DHG"牌玩具娃娃发出消费者警告。本案的通报国为西班牙。此次通报的玩具娃娃套装每盒有两个穿有不同服装的娃娃,外包装上贴有"CE"标志,款式/型号编码为 2002。由于该玩具中邻苯二甲酸 2 - 乙基己基酯的超出欧盟限值,存在致人化学过敏或中毒的危险,不符合欧盟 REACH 指令的相关规定。

美国 CPSC 和加拿大卫生部对中国产胸章实施召回

2011 年 8 月 4 日,美国消费品安全委员会和加拿大卫生部与 Build - A - Bear Workshop? 联合宣布对中国产 Love. Hugs. Peace 胸章实施自愿性召回。此次被召回的胸章直径为 1.5 英寸,地球图案上带有心形、熊头及和平图标,胸章底部有"Love. Hugs. Peace."字样。被召回的商品数量为:美国大约 26500 个,加拿大大约 2200 个。召回原因为,胸章表面颜料的铅含量超标。

欧盟对中国产益智地垫玩具发出消费者警告

2011 年 8 月 26 日,欧盟委员会非食品类快速预警系统对中国产益智地垫玩具发出消费者警告,通报国为西班牙。此次通报的地垫玩具分两种,一种是 36 片装,一种是 10 片装;且一种地垫上为数字图案,一种为字母图案;其条形码编码分别为 8300000201066 和 8300000201059。不可避免其含有小部件一旦被儿童吞食所引发的窒息危险,不符合欧盟的玩具安全指令以及欧盟的相关标准 EN71。

9 月

美国 CPSC 对中国产拉力绳实施召回

2011 年 9 月 8 日,美国消费品安全委员会与 Target Corporation 联合宣布对中国产拉力绳及套装实施自愿性召回。此次被召回的拉力绳及套装有:低强度拉力绳(绿色)、Embark 牌中等强度拉力绳(蓝色)、Embark 牌高强度拉力绳(黑色)和 Embark 牌拉力绳套装(包括上述 3 个强度的拉力绳)。此次被召回的商品数量约为 44.7 万个,召回原因为,该款拉力绳的门上固定装置上有一个黑色的塑料球。该球可能脱落并给消费者造成意外伤害。

欧盟对中国产"Jumbo"牌童裙发出消费者警告

2011 年 9 月 2 日,欧盟委员会非食品类快速预警系统对中国产童裙发出消费者警告,通报国为保加利亚。此次通报的童裙为 100% 棉,肩带设计,适合 1 ~ 1.5 岁儿童穿着,Item 码编码为 331842。由于该童裙的肩带太长,存在致儿童受伤的危险,不符合欧盟的相关标准 EN14682。

欧盟对中国产"Argos"牌珠帘发出消费者警告

2011 年 9 月 9 日,欧盟委员会非食品类快速预警系统对中国珠帘发出消费者警告。本案的通报国为爱尔兰。此次通报的珠帘为心形设计,粉色,款式/型号编码 119/4221。由于该珠帘连接线可能缠绕在一起而存在致人窒息的危险,并且由于该珠帘上的心形串珠边缘锋利,存在致人被割伤的危险。

欧盟对中国产"Mexller"牌童车发出消费者警告

2011年9月9日,欧盟委员会非食品类快速预警系统对中国产"Mexller"牌童车发出消费者警告,通报国为德国。由于该童车手把处含有致癌物,而其中苯并(a)芘的含量高达1405mg/kg(而规定值为56mg/kg)。

欧盟对中国产充气玩具动物发出消费者警告

2011年9月16日,欧盟委员会非食品类快速预警系统对中国产充气玩具动物发出消费者警告,通报国为德国。此次通报的充气玩具为多种动物形状,颜色各异,条形码编码为5901157678461。由于该玩具中邻苯二甲酸二(2-乙基己基)酯含量高达1%,且邻苯二甲酸二(2-乙基己基)酯、邻苯二甲酸二丁酯以及邻苯二甲酸丁卞酯的合计含量高达1.044%,存在致儿童化学过敏的危险,不符合欧盟REACH指令的相关规定。

欧盟对中国产男鞋发出消费者警告

2011年9月16日,欧盟委员会非食品类快速预警系统对中国产男鞋发出消费者警告,通报国为保加利亚。此次通报的男鞋为黑色系带款,由于该男鞋中二甲基甲酰胺的含量达85.6%,存在致使用者化学过敏的危险。

欧盟对中国产女士运动衫发出消费者警告

2011年9月23日,欧盟委员会非食品类快速预警系统对中国产女士运动衫发出消费者警告,通报国为丹麦。此次通报的女士运动衫装有金属拉锁,款式/型号编码为C41573004。由于该女士运动衫拉锁部分含氮染料释放的对氨基偶氮苯高达130mg/kg,远超出欧盟30mg/kg的限值,存在致消费者化学过敏的危险,不符合欧盟的REACH指令。

美国CPSC对中国产玩具车实施召回

2011年9月28日,美国消费品安全委员会与LM Import & Export, Inc. 和Mega Wholesales Corporation联合宣布对中国产玩具车实施自愿性召回。此次召回原因为,该款玩具车表面油漆涂料中的铅超标。

美国CPSC对美国和中国产玩具工具套装实施召回

2011年9月28日,美国消费品安全委员会与Little Tikes联合宣布对美国和中国产Little Tikes牌玩具车间工具套装中的玩具钉实施自愿性召回。召回原因为,该款玩具车间工具套装中的塑料钉体积过大,有对幼儿造成窒息的危险。

美国CPSC和加拿大卫生部对中国产洋娃娃实施召回

2011年9月8日,美国消费品安全委员会和加拿大卫生部与Pottery Barn Kids(Williams-Sonoma Inc. 的一个部门)联合宣布对中国产Chloe、Sophie和Audrey洋娃娃实施自愿性召回。

欧盟对中国产摇铃玩具发出消费者警告

2011年9月9日,欧盟委员会非食品类快速预警系统对中国产摇铃玩具发出消费者警告,通报国为芬兰。此次通报的摇铃玩具的Item码编码为YE1007029和YE1010024。由于该摇铃玩具极易破裂从而致使其中的小部件散落,一旦儿童吞食,存在致其窒息的危险;同时,由于该摇铃玩具边缘粗糙,存在致儿童被划伤或割伤的危险,不符合欧盟的玩具指令以及欧盟的相关标准EN71。

欧盟对中国产折叠式婴儿车发出消费者警告

2011 年 9 月 2 日，欧盟委员会非食品类快速预警系统对中国产折叠式婴儿车发出消费者警告。本案的通报国为英国。此次通报的折叠式婴儿车的条形码编码分别为：20100802 - 17、20101019 - 19、20101229 - 22、20110514 - 25、20101215 - 21、20101115 - 20、20100923 - 18。

10 月

欧盟对中国产“Lexibook”牌室外玩具球发出消费者警告

2011 年 10 月 21 日，欧盟委员会非食品类快速预警系统对中国产“Lexibook”牌室外玩具球发出消费者警告，通报国为法国。此次通报的玩具球直径 1.5m，黄色，球中心有洞且可装进 1 个 4 岁或 4 岁以上的小孩，其 Ref. 码编码为 GB001 - 02，条形码编码为 3380743009506。由于该玩具在特殊情况下可能着火，火苗可能迅速蔓延且可能产生残骸，存在致儿童受伤的危险。该产品不符合欧盟的相关标准 EN71 - 1 和 EN71 - 2。

欧盟对中国产“Moga Kid's”牌儿童 T 恤发出消费者警告

2011 年 10 月 21 日，欧盟委员会非食品类快速预警系统对中国产“Moga Kid's”牌儿童 T 恤发出消费者警告，通报国为匈牙利。该童装的款式/型号编码为 LD - 059，条形码编码为 5999552125220。由于该童装帽子上设计有系绳，一旦儿童使用错误，存在致其窒息的危险。该产品不符合欧盟的相关标准 EN14862。

欧盟对中国产“TUC”牌婴儿针织上衣发出消费者警告

2011 年 10 月 7 日，欧盟委员会非食品类快速预警系统对中国产“TUC”牌婴儿针织上衣发出消费者警告，通报国为西班牙。此次通报的婴儿针织上衣为粉色，领口处有系绳，适合 3 个月大婴儿穿着，100% 棉质；该针织上衣的 Ref 码编码为 41904，条形码编码为 8474190401336。由于该婴儿针织上衣颈部设计有两根系绳，一旦使用不当，存在致婴幼儿窒息的危险。该产品不符合欧盟的相关标准 EN14682。

欧盟对中国产“Vidal”牌玩具娃娃发出消费者警告

2011 年 10 月 14 日，欧盟委员会非食品类快速预警系统对中国产“Vidal”牌玩具娃娃发出消费者警告，通报国为斯洛文尼亚。此次通报的玩具娃娃为塑料质地，金发，EAN 码编码为 8432583167832，Item 码编码为 216783。由于该玩具娃娃中邻苯二甲酸二乙基己基酯和邻苯二甲酸二异壬酯的含量分别达 14% 和 3.2%，存在致使用者化学过敏的危险。该产品不符合欧盟 REACH 法规的相关规定。

11 月

美国 CPSC 对中国产女童鞋实施召回

2011 年 11 月 16 日，美国消费品安全委员会与 Collective Brands, Inc. 联合宣布对中国产 KEDS? “Know It All”系列女童鞋实施自愿性召回。此次被召回的 KEDS“Know It All”系列女童橡胶底鞋为黑色，上面有粉红色图案和绑带，头部为白色。“KEDS”印在鞋舌和鞋跟部；款号 KY40098A 印在鞋舌下端；尺码为 5 ~ 12，商品数量约为 4.5 万双。召回原因为，该款女童鞋鞋跟部分的装饰星星会松动，造成划伤的危险。

美国 CPSC 对中国产幼儿夹克实施召回

2011 年 11 月 3 日，美国消费品安全委员会与 Boy Scouts 联合宣布对中国产 Scout Wind Tech 幼儿夹克实施自愿性召回。此次被召回的 Scout Wind Tech 幼儿夹克为蓝色；尼龙与聚酯面料；长袖，开衫拉链款。Cub Scout 的狼头标志绣在夹克胸部的左上方，夹克吊牌上印有 SKU 码：73291、73292 和 73293。

欧盟对中国产“Sanrio License”牌儿童夹克发出消费者警告

2011 年 11 月 25 日，欧盟委员会非食品类快速预警系统对中国产“Sanrio License”牌儿童夹克发出消费者警告，通报国为拉脱维亚。此次通报的儿童夹克为红色，带帽，拉链款和两个口袋；前面印有“HELLO KITTY”的图案和字母；帽子上配有拉绳，拉绳底端有栓扣；夹克里面有印有进口商、EAN 码和尺寸(92)的标签；款式/型号为：EAN 5908213312109。由于该夹克帽子上配有拉绳，存在致人颈部被勒窒息的危险，不符合欧盟的 EN 14682 标准。

欧盟对中国产“Union－Star”牌女童比基尼发出消费者警告

2011 年 11 月 25 日，欧盟委员会非食品类快速预警系统对中国产“Union－Star”牌女童比基尼发出消费者警告。本案的通报国为匈牙利。此次通报的绿色女童比基尼上面绣有花朵，并装饰有亮片；颈部和胸部配有绳子可在儿童颈部和背部系上；尺码为 110；款式/型号为：HY535。由于该款比基尼为颈部和背部系带设计，存在致人窒息和受伤的危险，不符合欧盟标准 EN 14682。

欧盟对中国产儿童彩妆发出消费者警告

2011 年 11 月 11 日，欧盟委员会非食品类快速预警系统对中国产儿童彩妆发出消费者警告。本案的通报国为爱尔兰。该产品为水泡包装，5 种色彩/盒，批号 101210，Item 码编码 TA2212，条形码编码 5015931122122。由于该儿童彩妆中黄色涂料中铅含量高达 1690mg/kg，存在致儿童化学中毒的危险。该产品不符合欧盟的化妆品指令 76/768/EEC 的相关规定。

欧盟对中国产儿童棉衣发出消费者警告

2011 年 11 月 18 日，欧盟委员会非食品类快速预警系统对中国产儿童棉衣发出消费者警告，通报国为拉脱维亚。此次通报的儿童棉衣有两款，其中，品牌为“OHCCMIH”的棉衣为紫罗兰色，大小为 98、104 和 110；品牌为“ANERNUO”的棉衣型号为 1100A，黑色，大小为 120 和 130。由于该棉服帽子上带有拉绳，一旦使用不当，存在致儿童被勒窒息的危险，不符合欧盟的相关标准 EN14862。

欧盟对中国产运动衣发出消费者警告

2011 年 11 月 11 日，欧盟委员会非食品类快速预警系统对中国产运动衣发出消费者警告。本案的通报国为波兰。此次通报的运动衣为黄色，金属拉锁，带帽，胸前有紫色 Logo，款式/型号编码为 8810703。由于该运动服帽子上装有系绳，使用不当，存在致人被勒窒息的危险，不符合欧盟的相关标准 EN14682。

12 月

欧盟对中国产“So cute”牌儿童服装发出消费者警告

2011 年 12 月 31 日，欧盟委员会非食品类快速预警系统对中国产“So cute”牌儿童服装发出消费者警告，通报国为波兰。由于该款儿童服装腰部配有一条丝带，可能会给幼儿带来受伤的危险。该款产品不符合欧盟标准 EN14682。

欧盟对中国产“Diamond”牌儿童夹克发出消费者警告

2011 年 12 月 2 日，欧盟委员会非食品类快速预警系统对中国产“Diamond”牌儿童夹克发出消费者警告，通报国为保加利亚。此次通报的产品为儿童带帽夹克；型号为 JD08100CH，运动服编码为

3186，条码为3800824704507。由于该款夹克帽子上配有拉绳，存在使儿童窒息和伤害的危险，不符合不符合欧盟标准EN14682。

美国CPSC对中国产儿童睡衣实施召回

2011年12月23日，美国消费品安全委员会与Group Lemur Inc. 联合宣布对中国产儿童睡衣实施自愿性召回。此次被召回的商品为Petit Lem牌儿童睡衣两件套，短袖上衣和短裤，纯棉质地，规格为2~12，共4款，分别为蓝色碎花、白色碎花和圆点、黄色伞图案、粉色蝴蝶。召回原因为，该睡衣不符合美国联邦儿童睡衣阻燃性标准。

欧盟对中国产"D&F"牌儿童运动服发出消费者警告

2011年12月9日，欧盟委员会非食品类快速预警系统对中国产"D&F"牌儿童运动服发出消费者警告，通报国为波兰。此次通报的儿童运动服适合10~14岁儿童；为条纹帽衫并配有一条深色长裤；款式/型号为DF－1022。由于该款儿童运动服帽子上的绳子过长（每边均为260毫米），存在致人颈部被勒的危险，不符合欧盟标准EN 14682。

美国CPSC对中国产儿童抓绒睡袍实施召回

2011年12月23日，美国消费品安全委员会与C. F. L Commercial公司联合宣布对中国产儿童抓绒睡袍实施自愿性召回。此次被召回的儿童抓绒睡袍上有多种颜色的圆点，100%聚酯纤维，规格为（欧盟标准）80~150厘米（24个月~14岁），"款式号38310 Hanna Andersson"标在领口处的标签上，召回原因为，该睡袍不符合美国联邦儿童睡衣阻燃性标准。

美国和加拿大对中国产女鞋实施召回

2011年12月20日，美国消费品安全委员会、加拿大卫生部与Naturalizer公司联合宣布对中国产Naturalizer"Dare"女鞋实施自愿性召回。此次召回原因为，该鞋后跟易向一侧倾斜，有致穿鞋者跌倒的危险。

欧盟对中国产"BB FUN"牌玩偶发出消费者警告

2011年12月16日，欧盟委员会非食品类快速预警系统对中国产"BB FUN"牌玩偶发出消费者警告，通报国为西班牙。发出警告原因是，该款玩偶头部的邻苯二甲酸二（2－乙基）酯超过0.2%，存在化学危险。

欧盟对中国产"Kulör"牌运动衫发出消费者警告

2011年12月16日，欧盟委员会非食品类快速预警系统对中国产"Kulör"牌运动衫发出消费者警告，通报国为丹麦。该款运动衫由黑色、灰色和蓝色组成，型号为8810704。由于该款运动衫帽子和颈部配有拉绳，可能会对消费者造成窒息的危险，该款产品不符合欧盟标准EN 14682。

（二）分析

2011年纺织品、服装产品所遇技术性贸易壁垒与绿色贸易壁垒分析包括月份分析、国别分析和产品分析。

1. 月份分析

2011年纺织品、服装产品出口贸易技术性贸易壁垒与绿色贸易壁垒事件共70起，每个月均有发生。其中9月最多，为13起；6月最少，仅有3起；其他月份分布较均匀，在4起和8起范围内浮动，如图6.9所示。

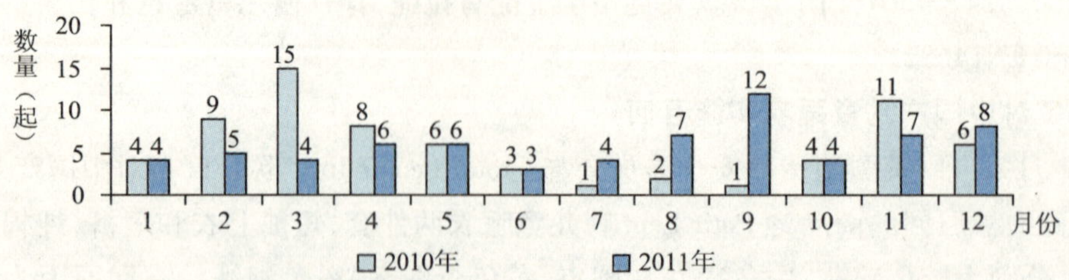

图 6.9　2011 年纺织品、服装产品出口贸易 TBT 与绿色贸易壁垒月份分析

与 2010 年相比，随着全球金融危机的局势的稳定，2011 年技术性贸易壁垒与绿色贸易壁垒事件数量基本保持稳定，总数不变。但 2010 年技术性贸易壁垒事件主要集中在上半年，而 2011 年则主要集中在下半年。

从月份来看，纺织品、服装产品所遇技术性贸易壁垒与绿色贸易壁垒事件随月份有增有减，其中 9 月增加幅度最大，增加了 11 起；其次是 8 月，增加了 5 起；1 月、5 月和 10 月与上年持平，保持不变；同时，3 月减幅最大，减少了 9 起。随着纺织品全球关税、配额的取消，技术性贸易壁垒和绿色贸易壁垒也正逐渐成为越来越多的国家采取的最常用的一种贸易壁垒形式，纺织品、服装产品遭遇技术性贸易壁垒也已成为我国纺织品出口贸易的常态，政府和企业应积极应对该类贸易壁垒，积累经验，引起高度重视。

2. 国别分析

2011 年纺织品、服装产品出口贸易技术性贸易壁垒与绿色贸易壁垒事件涉及的国家(地区)有欧盟、美国和加拿大，其中欧盟为最多，为 43 起，占 60%；美国 24 起，占 34%；加拿大 4 起，占 6%，如图 6.10 所示。

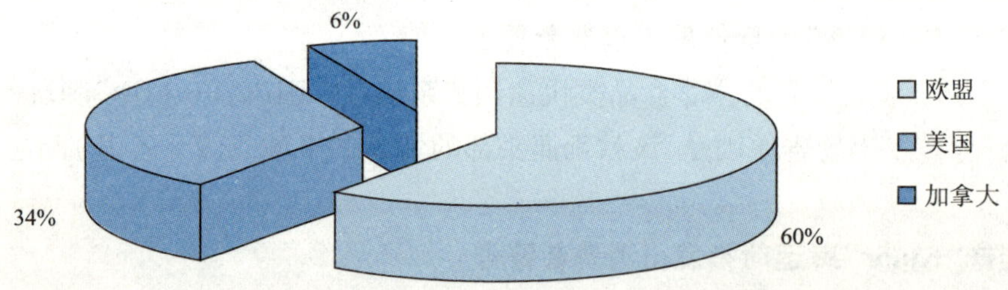

图 6.10　2011 年纺织品、服装产品出口贸易 TBT 和绿色贸易壁垒国别分析(一)

需要说明的是，中国的纺织品、服装出口遭遇技术性贸易壁垒在 2007 年起开始激增之后，在 2011 年数量维持了高位稳定，这说明北美和欧盟的技术与安全标准不断提高并趋于稳定，这些国家和地区已将其作为一种有效的常规性贸易壁垒来使用。同时也表明，随着全球化进程的加深，技术性贸易壁垒以其灵活性和隐蔽性等特点，越来越多地被运用，其影响逐渐增强。另外，尽管壁垒事件数量仍较多，但随着金融危机影响的慢慢减弱，贸易争端有了回稳的趋势。

由图 6.11 可知，与 2010 年相比，仍是欧盟、美国和加拿大三个国家和地区主要对我国纺织品、服装产品出口采取技术性贸易壁垒。涉及事件的数量方面，欧盟取代美国上升至第一位，加拿大数量有所减少，2011 年仅为 4 起。虽然总量与上年持平，但由涉案事件由北美向欧洲转移的新趋势应当引起政府主管部门和相关出口企业的注意。

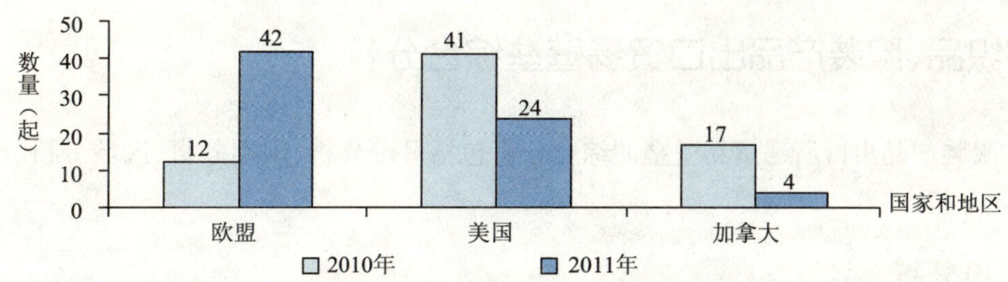

图 6.11　2011 年纺织品、服装产品出口贸易 TBT 和绿色贸易壁垒国别分析（二）

3. 产品分析

由图 6.12 可知，2011 年纺织品、服装产品出口贸易技术性贸易壁垒与绿色贸易壁垒事件共涉及 5 类产品：服装、鞋类、玩具、工具制品和窗帘等其他纺织物。与贸易救济措施涉及的产品不同，2011 年 TBT 与绿色贸易壁垒仍然像 2010 年一样，主要针对制成品，没有针对初级产品的。这主要是由于纺织品、服装类产品的制成品大多与人体有比较密切的接触，其材料和设计的安全性要求很高，容易引发他国采取技术性贸易壁垒进行限制。

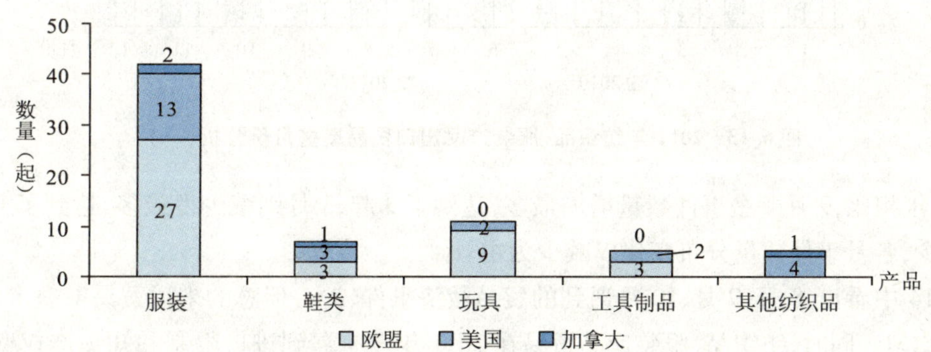

图 6.12　2011 年纺织品、服装产品出口贸易 TBT 与绿色贸易壁垒产品分析

总的来说，2010 年 TBT 与绿色贸易壁垒事件涉及的产品集中度很高，主要是有欧盟和美国，共同占到全部事件的 98%。

三、其他贸易壁垒

（一）事件

无

（二）分析

与 2010 年一样，2011 年纺织品、服装产品出口没有遭遇其他贸易壁垒。

四、纺织品、服装产品出口贸易壁垒综合分析

纺织品、服装产品出口所遇贸易壁垒的综合分析包括月份分析、国别分析、区域分析、产品分析和贸易壁垒形式分析。

(一)月份分析

2011年纺织品、服装产品出口贸易壁垒事件共86起,比2010年的100起减少了14起。主要为贸易救济事件数量16起,比2010年的30起减少了14起。其中,9月事件数量最多,达到了12起,其次是12月,11起,其他月份在4起和8起之间取值,如图6.13所示。

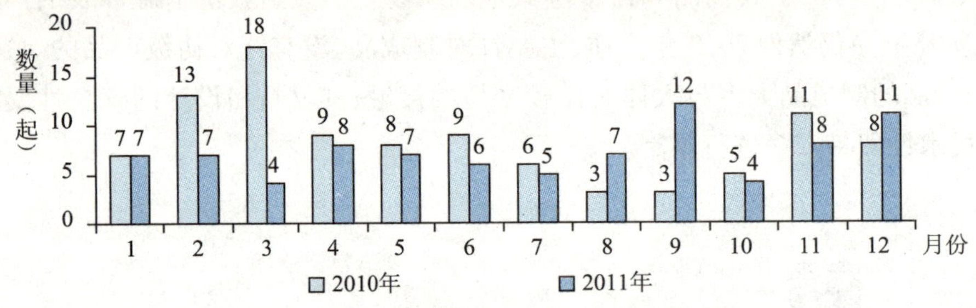

图6.13 2011年纺织品、服装产品出口贸易壁垒月份分析(一)

与2010年相比,9月壁垒事件数量增加最多,达到了9起,3月则减少得最多,达到了14起。由于总体数量减少,各月事件数量分布变化以减少为主。

从图6.14中看出,8月、9月、10月遇到的贸易救济事件较少,但总的来说贸易壁垒事件在全年各月份分布较均匀。同时,纺织品、服装产品贸易在2011年没有遇到进口限制和知识产权壁垒,我国纺织品出口项下继2009年以来已保持三年未遭受进口限制和知识产权壁垒。

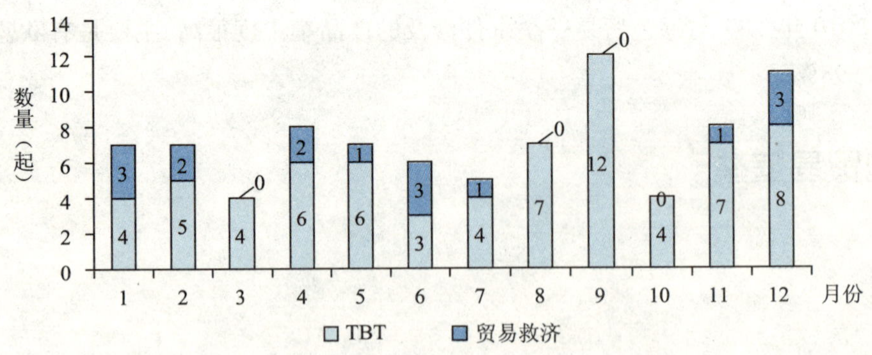

图6.14 2011年纺织品、服装产品出口贸易壁垒月份分析(二)

(二)国别分析

从图6.15所示国别分析来看,2011年纺织品、服装产品出口贸易壁垒事件涉及的国家(地区)共8个,与2010年的11个相比,减少了3个。其中,欧盟和美国数量较多,分别为46起和24起,各占

54%和28%，主要原因在于这两个国家（地区）的技术性贸易壁垒和绿色贸易壁垒事件远远大于其他国家。

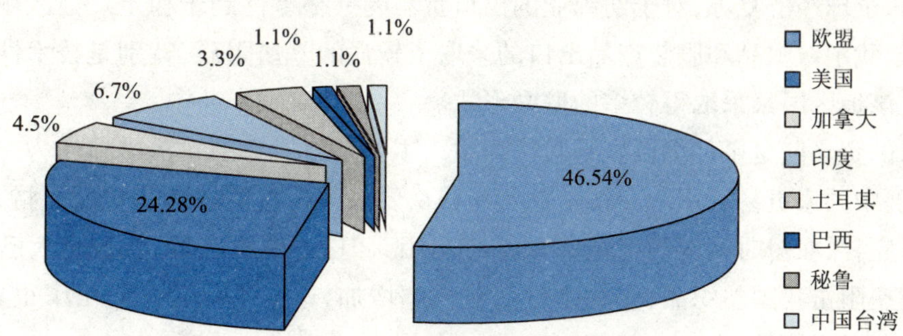

图6.15 2011年纺织品、服装产品出口贸易壁垒国别分析（一）

由图6.16可知，与2010年相比，2011年欧盟对中国的纺织品、服装产品出口贸易壁垒事件数量有较大幅度增长，从2010年的16起，增加到2011年的46起，增幅为187%，超过美国，成为2011年对中国的纺织品、服装产品出口贸易壁垒事件最多的地区。2010年涉及的墨西哥、阿根廷、南非和多米尼加在2010年没有对中国发起技术性贸易壁垒和绿色贸易壁垒，2011年涉及国家（地区）较2010年相比，增加了中国台湾，涉及壁垒事件1起。

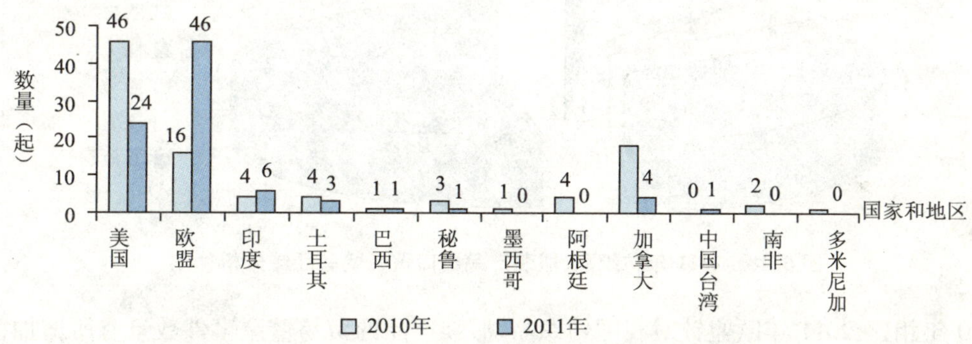

图6.16 2011年纺织品、服装产品出口贸易壁垒国别分析（二）

与2010年相比，2011年中国纺织品、服装产品出口遭遇各类壁垒的主要国家（地区）变化不太大，欧盟、美国等仍是主要国家（地区）。欧盟作为我国遭受各类壁垒最多的国家，事件数量从2010年的16起增加到46起，而美国有所减少，从2010年的46起减少到24起，另外除加拿大减少较多外，其他国家（地区）变化幅度不大。

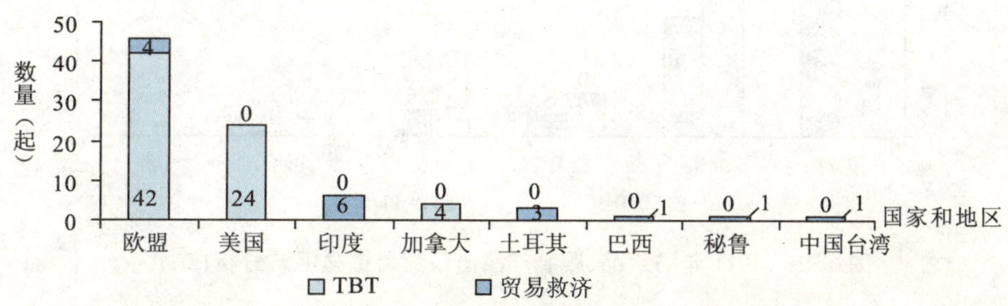

图6.17 2011年纺织品、服装产品出口贸易壁垒国别分析（三）

从图6.17中，可以得到各类贸易壁垒的国别情况，欧盟、美国和加拿大的贸易壁垒事件绝大部分都是技术性贸易壁垒和绿色贸易壁垒，而其他国家（地区）则全部为贸易救济壁垒。由于国际金融危机影响慢慢减弱，全球经济复苏，对于纺织业的出口贸易的壁垒事件趋于稳定。但区域的变动仍旧较大，北美市场对于我国纺织品和服装产品出口的采取了较强的壁垒阻碍，特别是技术性贸易壁垒和绿色贸易壁垒更是该地区国家采取得较多的壁垒形式。

发展中国家的贸易壁垒事件仍以贸易救济为主。主要是由于贸易救济措施作为一种使用时间相对久的措施，发展中国家更易利用。而技术性贸易壁垒要求国内有关技术法规的支持，发展中国家该类法律法规很不完善，在短时间内很可能无法系统运用。但是，也应该看到，加拿大已经开始效仿运用技术性贸易壁垒阻击我国纺织品，壁垒事件数量大幅增加，这为其他国家作出了很坏的榜样，相关部门和企业应该对其引起重视。

（三）区域分析

从区域来看，2010年纺织品、服装产品出口贸易壁垒事件涉及的区域有欧盟、北美、拉美、南亚和其他地区。其中欧盟最多，为46起，占53%；其次北美自由贸易区，28起，占33%；拉美地区保持不变，仍为5起；南亚地区为6起；非洲则没有针对我国的贸易壁垒事件发生，如图6.18所示。

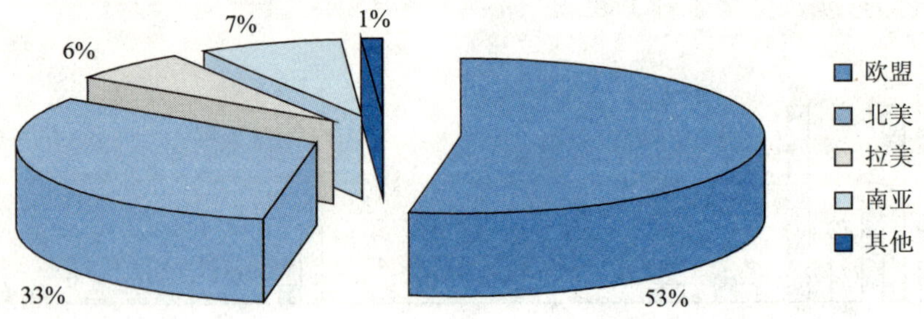

图6.18　2011年纺织品、服装产品出口贸易壁垒区域分析（一）

与2010年相比，2011年欧盟针对我国纺织品、服装产品的贸易壁垒事件数量有所增加，而北美自由贸易区事件数量在减少，而非洲地区在2011年没有壁垒事件发生，欧盟、北美、拉美和南亚仍为纺织品、服装产品遭遇贸易壁垒的主要区域。

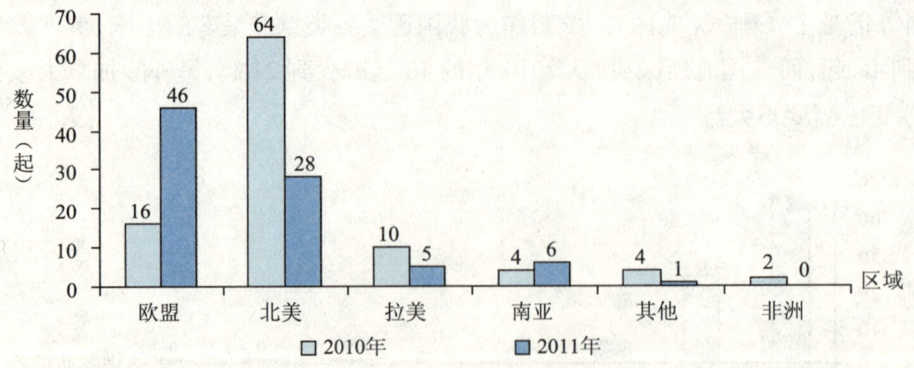

图6.19　2011年纺织品、服装产品出口贸易壁垒区域分析（二）

从图 6. 19 中可以看出，与 2010 年相比，欧盟对中国产纺织品、服装产品出口贸易壁垒事件数量有大幅度增加，由 16 起增加到 46 起，增幅达到 189%；而北美从 2010 年的 64 起减少到 28 起；拉美地区从 10 起减少至 5 起；除此之外，南亚和其他国家地区的变动幅度不大。值得注意的是，虽然北美地区的贸易壁垒事件数量有较大幅度减少，但仍是中国纺织品、服装产品出口贸易壁垒的主要区域，不可对其持过于乐观的态度。

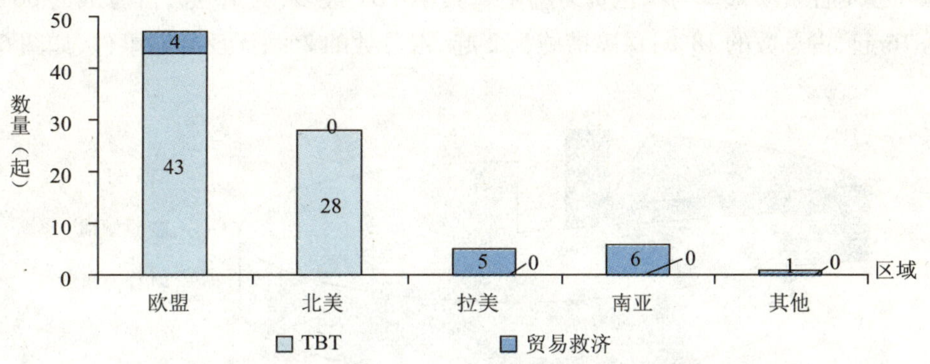

图 6. 20　2011 年纺织品、服装产品出口贸易壁垒区域分析（三）

由图 6. 20 可知，2011 年欧盟对中国纺织品、服装产品出口贸易壁垒事件最多，主要是由技术性贸易壁垒与绿色贸易壁垒导致。其次，北美自由贸易区贸易壁垒事件也同样并且全部是由技术性贸易壁垒组成。其余所有国家和地区则全部是贸易救济措施，且贸易救济措施事件数量不多，所以除欧盟和北美以外的其他国家和地区总体贸易壁垒事件数量较少。

总的来说，技术性贸易壁垒与绿色贸易壁垒在纺织品、服装产品中的实施范围比较集中，主要是在欧盟和北美自由贸易区，特别是欧盟，其他地区针对纺织品和服装产品的贸易壁垒仍为单一的贸易救济措施。

（四）产品分析

从产品来看，2011 年纺织品、服装产品出口贸易壁垒事件涉及的产品共 10 种：涉及的具体产品有玻璃纤维、聚酯纤维、丝绸、油鞣皮革、服装、棉线、鞋类、玩具、工具制品和其他纺织物。最多的是服装，有 43 起，大大超过其他各类产品；其次是玩具类，为 11 起；除去合并成一类的其他纺织物，剩下遭受贸易壁垒的产品类别，其数量都在 5 件以下，如图 6. 21 所示。

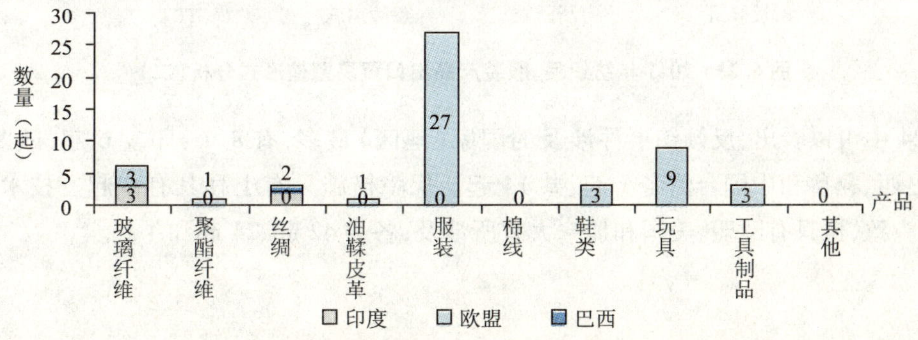

图 6. 21　2011 年纺织品、服装产品出口贸易壁垒产品分析

总体来看，与2010年基本相同，反倾销事件中初级制品遭遇更多的贸易壁垒，而技术性贸易壁垒和绿色贸易壁垒事件以制成品为主。

(五)贸易壁垒形式分析

从贸易壁垒形式来看，2011年纺织品、服装产品出口贸易壁垒事件涉及的贸易壁垒形式有反倾销、保障措施和技术性贸易壁垒与绿色贸易壁垒。其中TBT最多，为70起，占总数的80%；其次是反倾销事件，为16起，占总数的18%；保障措施为2起，占总数的2%；无反补贴事件，如图6.22所示。

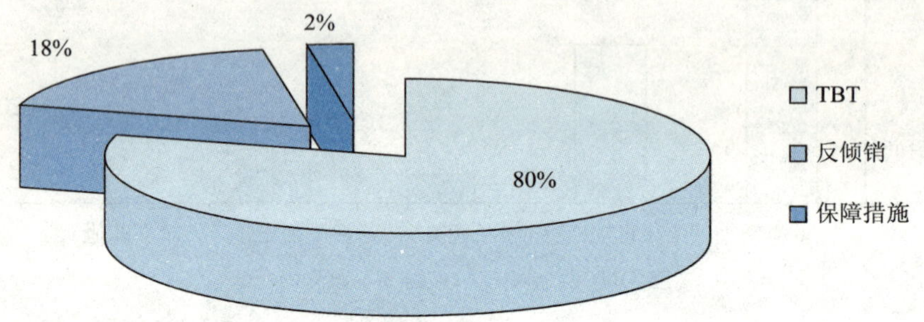

图6.22 2011年纺织品、服装产品出口贸易壁垒形式分析(一)

由图6.23可知，与2010年相比，2011年纺织品、服装产品遭遇的贸易壁垒中贸易救济数量进一步下降，技术性贸易壁垒和绿色贸易壁垒数量则维持稳定，并稳固了其作为最主要贸易壁垒形式的地位；反倾销作为传统的、使用时间较久的贸易壁垒形式，仍占据了一定的数量份额；反补贴和保障措施则与前两年数量相比波动幅度不大。技术性贸易壁垒数量较大，且趋于稳定，更为发达国家所熟练运用，在未来应引起更多的注意。

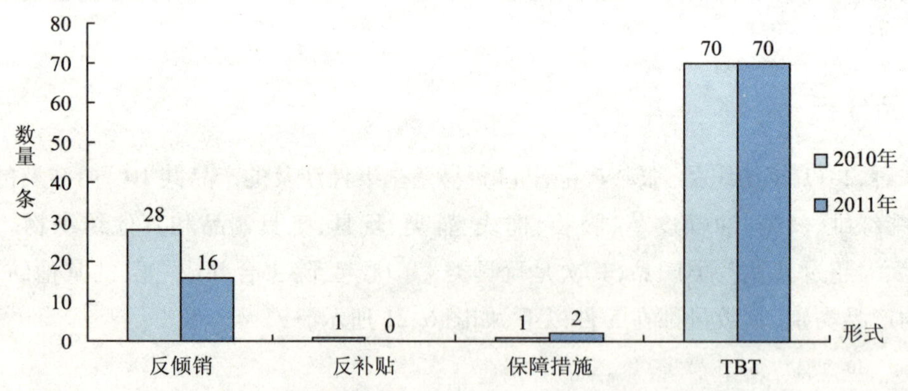

图6.23 2011年纺织品、服装产品出口贸易壁垒形式分析(二)

从图6.24中可以看出，反倾销事件涉及的国家(地区)最多，有8个：印度6起、欧盟4起，土耳其、加拿大、巴西、秘鲁和中国台湾各1起，共14起。保障措施只有土耳其有2起。技术性贸易壁垒与2010年相一致，也只有欧盟、美国和加拿大有所涉及，各为42起、24起和4起。

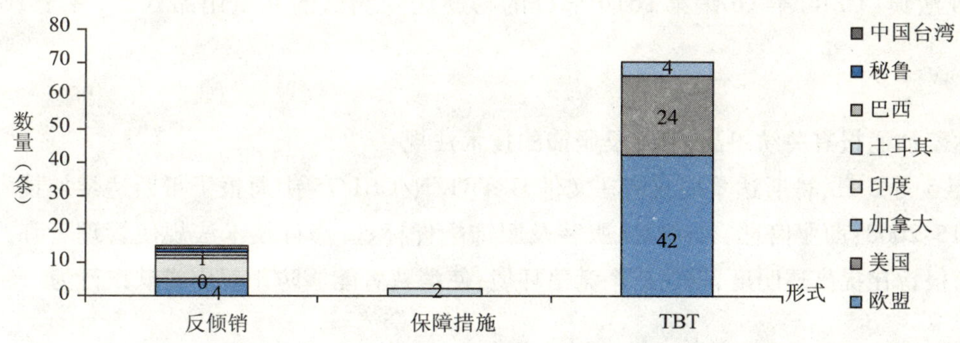

图 6.24 2011 年纺织品、服装产品出口贸易壁垒形式分析(三)

五、纺织品、服装产品出口贸易壁垒预警

对纺织品、服装产品所遇贸易壁垒法律法规进行分析，提出预警，提醒国内注意。

(一)法律法规

纺织品、服装产品出口所遇贸易壁垒的法规包括 2011 年颁布已实施的、颁布未实施的和存在颁布意向的法律法规。

1. 颁布已实施的法律法规

2011 年国外颁布已实施的法律法规共 7 条。

(1)法律法规

3 月

美国对进口纺织品服装必须加施标志或标签

2011 年 3 月 7 日，根据美国《纺织纤维产品识别法》及《羊毛产品标签法》的规定，美国对进口纺织品及服装要求必须加施标志或标签，标签必须采用英文标志。已批准。已生效。

4 月

欧盟委员会修订欧洲议会和理事会关于纺织品名称的指令

2011 年 4 月 8 日，欧盟委员会指令草案，为了适应技术进步，修订欧洲议会和理事会关于纺织品名称的指令 2008/121/EC 附件 I 和 V，根据纺织品名称和标签技术工作组最近的调查结果，为了使指令 2008/121/EC 适应技术进步，有必要将一种新纤维名称添加到该指令附件 I 和 V 中规定的纤维列表中。

欧盟委员会修订了欧洲议会和理事会关于二元混纺织物定量分析的某些方法的指令

2011 年 4 月 8 日，欧盟委员会指令草案，为了适应技术进步，修订欧洲议会和理事会关于二元混纺织物定量分析的某些方法的指令 96/73/EC，规定用于分析纺织品与标签上说明的纤维配比符合性的统一测试方法。

美国发布儿童用品和纺织服装的第三方合格评定机构的认可要求

2011 年 4 月 26 日，美国消费品安全委员会(“CPSC”)发布通告，修订术语，根据该术语其将接受在委员会接受第三方合格评定机构认可之前存在的，基于第三方合格评定机构(实验室)按照联邦法规法典(CFR)第16编第1610部分的易燃法规测试的儿童用品认证,并于2011年4月22日生效。

5月

哥斯达黎加通报有关纺织品、服装及服饰的技术法规

2011年5月2日,哥斯达黎加政府在文件G/TBT/N/CRI/75中通报了哥斯达黎加技术法规(RTCR) No. 415:2008:商业信息。纺织品、服装及服饰配件标签,修订技术法规使管理者和当事方易于执行。本通报旨在提高透明度,创建一个竞争环境,使消费者能够防止误导或欺诈行为。

9月

韩国发布有关纺织品安全和质量的标志标准修正草案

2011年9月26日,韩国技术标准局(KATS)依据条例:[X]2. 9. 2[ ]2. 10. 1[X]5. 6. 2[ ]5. 7. 1[ ]其他,提出了有关纺织品安全和质量标志标准的修正提案。HS编码:57;58;59;60;61;62。ICS编码:59;61。已批准。已生效。

日本发布关于含石棉产品的通报

2011年9月7日,日本补充禁止含石棉产品的生产、进口、转运、供应或使用,从生产等方面扩大了含石棉产品的禁止范围(日本通报G/TBT/N/JPN/166)。此外,日本政府拟禁止某些目前尚未禁止的含石棉产品的生产等,如包装材料等,这些产品现在被用于民用化工设备。

(2)分析

2011年国外颁布实施的法律法规分析包括国别分析和产品分析。

1)国别分析

2011年国外颁布并实施的纺织品、服装产品相关的法律法规共涉及5个国家(地区),其中美国和欧盟各颁布2条;韩国、日本和哥斯达黎加,各有1条。

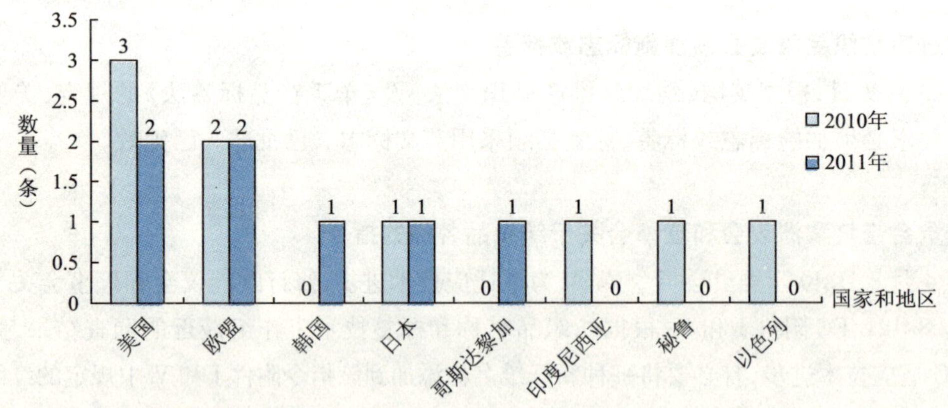

图6.25 2011年纺织品、服装产品颁布实施的法律法规国别分析

从图6.25看出,与2010年相比,2011年颁布和实施纺织品、服装产品法律法规的国家(地区)数量有所减少,但仍以发达国家(地区)为主,新增了韩国和哥斯达黎加两个国家,另外,2010年的印度尼西亚、秘鲁和以色列均无法律法规在2011年颁布实施。但发达国家(地区)的技术性法律法规体系较为完善,因此发展中国家(地区)颁布实施的法律法规数量的减少并不代表发展中国家(地区)壁垒程度的减缓,仍需我国政府和企业予以高度重视。

2）产品分析

2011 年国外涉及纺织品、服装产品的法律法规主要集中在儿童用品、纺织品和服装上，分别为 4 条、4 条和 2 条，如图 6.26 所示。这些法律法规主要从产品质量、技术、安全上进行了规定，并出现了对第三方认证机构设置要求的这种新型法律法规形式。

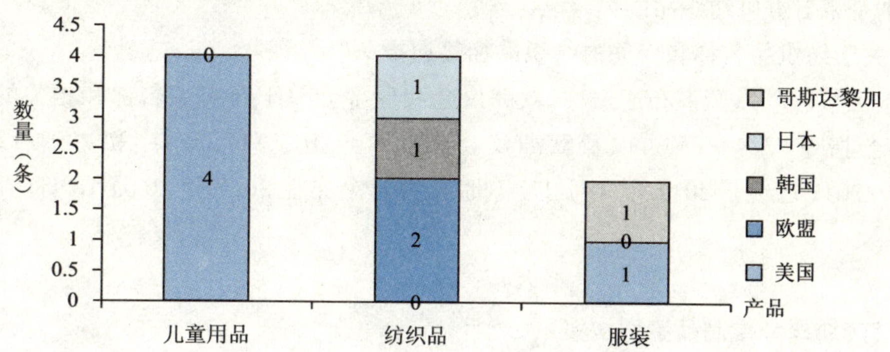

图 6.26　2011 年纺织品、服装产品颁布实施的法律法规产品分析

2. 颁布尚未实施的法律法规

2011 年国外颁布尚未实施的法律法规共 7 条。

（1）法律法规

8 月

肯尼亚强制标准规定有关手织桌布的有关要求

2011 年 8 月 12 日，肯尼亚强制标准规定了为避免桌子表面被烫、溅、划及为了美观而使用的手织桌布要求。拟批准日期 2012 年 12 月，拟生效日期：由工业部部长在肯尼亚官方公报上宣布为强制标准之日。

肯尼亚强制标准规定有关手织围巾的有关要求

2011 年 8 月 12 日，肯尼亚强制标准规定了作为男性和女性毛巾、围巾或头巾使用的、用来保暖的手织围巾要求。拟批准日期：2012 年 12 月。拟生效日期：由工业部部长在肯尼亚官方公报上宣布为强制标准之日。

肯尼亚强制标准规定有关手织厚棉布的有关要求

2011 年 8 月 12 日，肯尼亚强制标准规定了手织厚棉布要求。拟批准日期：2012 年 12 月。拟生效日期：由工业部部长在肯尼亚官方公报上宣布为强制标准之日。

9 月

约旦发布与食品接触的卫生纸安全指令草案 2011

2011 年 9 月 30 日，约旦发布与食品接触的卫生纸安全指令草案 2011，本指令包含与食品接触的卫生纸应符合的基本安全要求：测试和分析条件；回收和再利用；良好操作规范。拟批准日期：2011 年 11 月。拟生效日期：2012 年 2 月。

10 月

欧盟关于纺织品(包括衣服及床上用品)的化学物风险管理及监管

2011 年 10 月 21 日,芬兰环境学会发表一份详细报告,详述关于纺织品(包括衣服及床上用品)的化学物风险管理及监管。研究结果显示,现时全欧盟及各成员国独自实施的规则及政策不足以减低有关风险,特别是来自进口纺织品的风险。

欧盟发布关于纺织品名称和相关的纺织品标签通报

2011 年 10 月 31 日,欧盟发布通报称,欧洲议会和理事会关于纺织品名称和相关的纺织品标签,并且撤销理事会指令 73/44/EEC,以及欧洲议会和理事会指令 96/73/EC 和 2008/121/EC 的法规(EU) No. 1007/2011 已经于 2011 年 9 月 27 日批准,并且公布在 2011 年 10 月 18 日的欧盟官方公报 L 272 上。

11 月

美国拟修订《纺织纤维制品鉴别法案》

2011 年 11 月 21 日美国发布通报,美国联邦贸易委员会拟修订《纺织纤维制品鉴别法案》。委员会系统的审议了其所有的规则和指南,以确保这些规则和指南在没有过度的商业负担的情况下继续达到它们的预期目的。

(2)分析

2011 年国外颁布未实施的纺织品、服装产品法律法规分析包括国别分析和产品分析。

1)国别分析

2011 年国外纺织品、服装产品颁布尚未实施的法律法规共涉及 4 个国家(地区):肯尼亚 3 条,欧盟 2 条,美国和约旦各 1 条。与 2010 年相比,2011 年颁布未实施的法律法规方面,发展中国家(地区)超过了发达国家(地区),如图 6.27 所示。

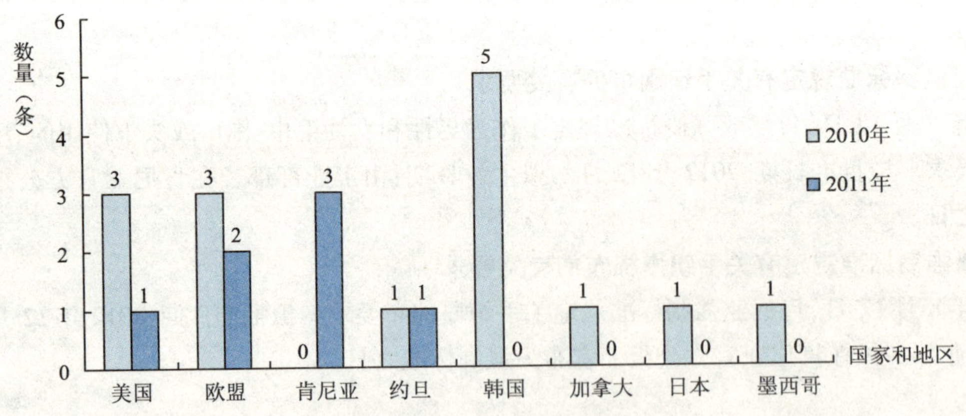

图 6.27　2011 年纺织品、服装产品颁布尚未实施的法律法规国别分析

2)产品分析

2010 年国外颁布尚未实施的纺织品、服装产品法律法规主要针对两类产品,即纺织品和布类,其中关于纺织品的法律法规为 4 条,布类为 3 条,如图 6.28 所示。

3. 存在颁布意向的法律法规

2011 年国外存在颁布意向的法律法规共 4 条。

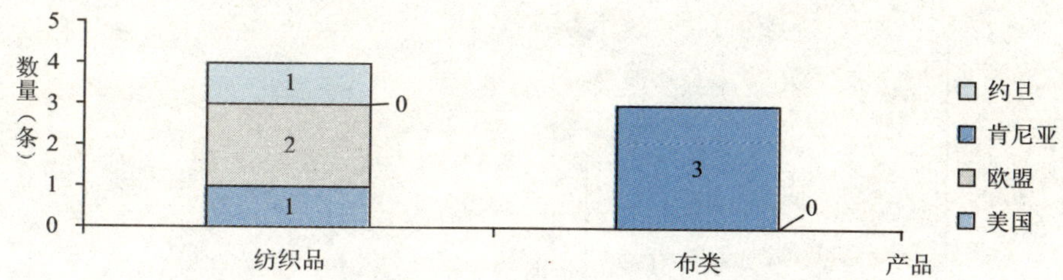

图 6.28 2011 年纺织品、服装产品颁布尚未实施的法律法规产品分析

(1)法律法规

11 月

美国 ASTM 发布儿童珠宝新标准 ASTM F 2923－2011

2011 年 11 月 17 日,美国测试与材料协会发布了一项关于儿童珠宝的新标准 ASTM F 2923－2011,旨在限制其中的多种重金属,包括镉、铅、镍、可溶性重金属。

以色列修订涉及经期用卫生棉条的强制性标准

2011 年 11 月 7 日，以色列修订涉及经期用卫生棉条的强制性标准 SI 1313。本标准修正草案采用了澳大利亚标准 AS 2869－2008。旧的版本与本新修订的标准草案之间的主要差别如下:增加了拉绳的防水性要求;增加了新的取样、测试方法及其最低要求。

韩国发布有关受安全和质量标志管辖的产品项目通报

2011 年 11 月 23 日,韩国技术与标准局(KATS) 修订受安全和质量标志管辖的床垫安全标准:反映引用标准如 KS 和 ISO 的最新信息;标签要求:增加了产品是否使用了可再生内部材料的说明,以及标签信息中删除了型号分类。

12 月

欧盟 REACH 委员会已通过 DMF 限制草案

2011 年 12 月 19 日近期,REACH 委员会已通过一项修订 REACH 法规附件 XⅦ,即将富马酸二甲酯(DMF)列入限制清单的法规草案。现在该草案正在等待欧洲议会和欧盟部长理事会的批准。

(2)分析

2011 年国外存在颁布意向的纺织品、服装产品法律法规分析包括国别分析和产品分析。

1)国别分析

2011 年国外纺织品、服装产品存在颁布意向的法律法规共涉及美国、欧盟、韩国和以色列 4 个国家(地区),各 1 条,2010 年的越南、肯尼亚和南非在 2011 年均无存在颁布意向的法律法规,如图 6.29 所示。

2)产品分析

2011 年国外存在颁布意向的纺织品、服装产品法律法规针对 3 类产品,即纺织品、儿童用品和床垫,各为 2 条、1 条和 1 条。这几类产品在前几类型的法律法规中也多次出现,请监管机构和相关企业引起足够重视。

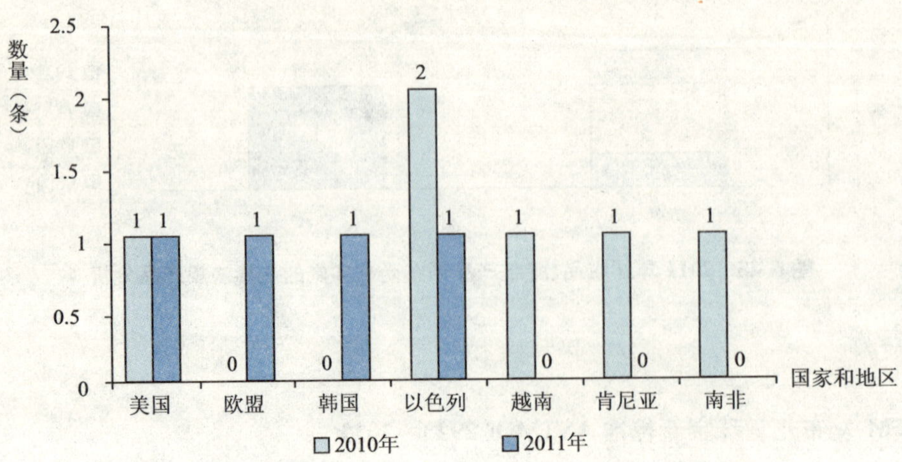

图 6.29　2011 年纺织品、服装产品存在颁布意向的法律法规国别分析

(二)法律法规综合分析

对纺织品、服装类产品出口所遇贸易壁垒法律法规进行综合分析,提出预警。该分析主要包括状态分析、国别分析、区域分析、产品分析和贸易壁垒形式分析。

1. 状态分析

从图 6.30 和图 6.31 中可以看出,2011 年国外与纺织品、服装产品相关的法律法规共 18 条:颁布已实施的 7 条,占 39%;颁布未实施的 7 条,占 39%;存在颁布意向的 4 条,占 22%。

总的来说,2011 年比 2010 年的 25 条减少了 7 条,颁布已实施的法律法规减少较多,达到了 8 条,颁布未实施的法律法规和存在颁布意向的法律法规数量相对维持稳定。法律法规的整体颁布数量这几年来波动较大,说明各国对本国的法律法规的颁布的水平不尽相同,掌控程度也深浅不一。

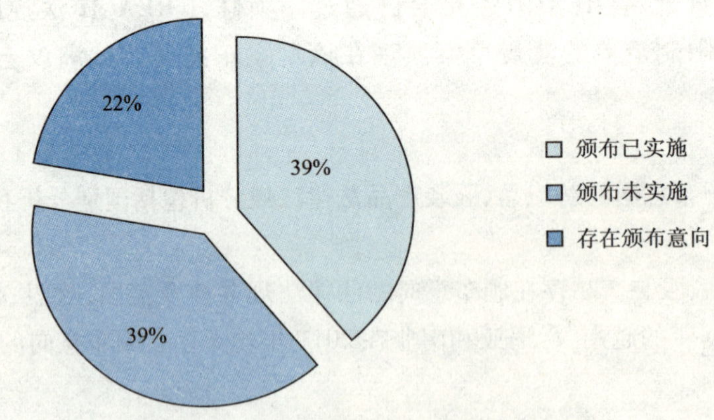

图 6.30　2011 年纺织品、服装产品法律法规状态分析(一)

2. 国别分析

2011 年纺织品、服装产品国外法律法规涉及的国家(地区)共 8 个。其中欧盟最多,为 5 条,占 28%;其次为美国,4 条,占 22%;肯尼亚 3 条,占 17%;韩国 2 条,占 11%;日本、哥斯达黎加、约旦和以色列各 1 条,各占 6%,如图 6.32 所示。

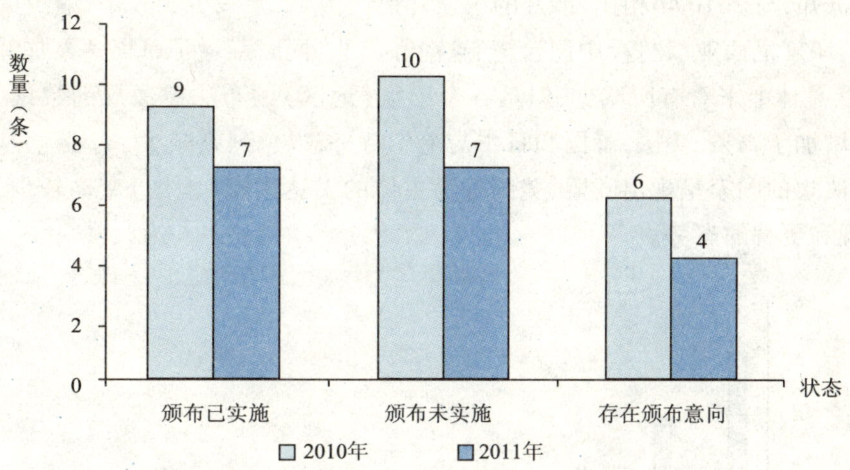

图 6.31 2011 年纺织品、服装产品法律法规状态分析（二）

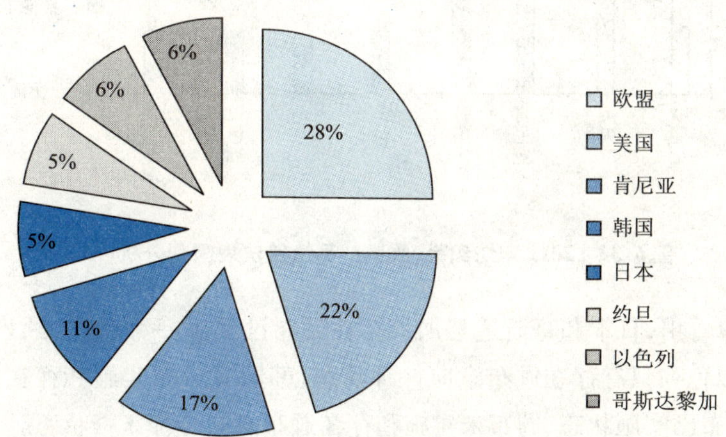

图 6.32 2011 年纺织品、服装产品法律法规国别分析（一）

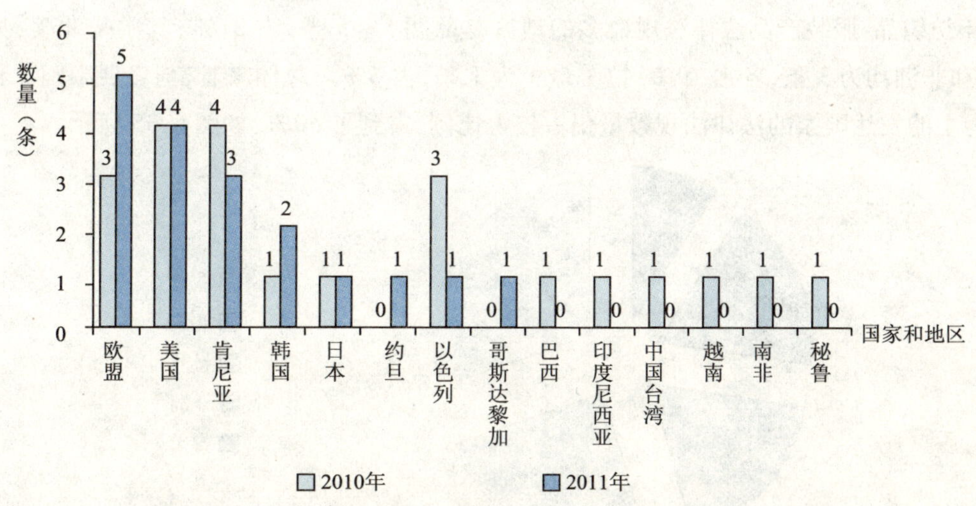

图 6.33 2011 年纺织品、服装产品法律法规国别分析（二）

由图 6. 33 可知，与 2010 年相比，涉及的国家和地区由 12 个减少到 8 个，减少的 6 个国家和地区分别是：巴西、印度尼西亚、秘鲁、中国台湾、越南和南非，同时新增了哥斯达黎加和约旦。虽然国家（地区）数量从总体上来看有所减少，但从各个国家（地区）颁布法律法规的数量上看，变化幅度不大，其中欧盟增加了 2 条，美国、韩国和日本与上年持平，以色列则减少了 2 起。从历年国别分析来看，颁布法律法规的国家呈现出欧盟、美国等为主体的发达国家（地区）变动较少，发展中国家和地区大批量出现和更替的态势。

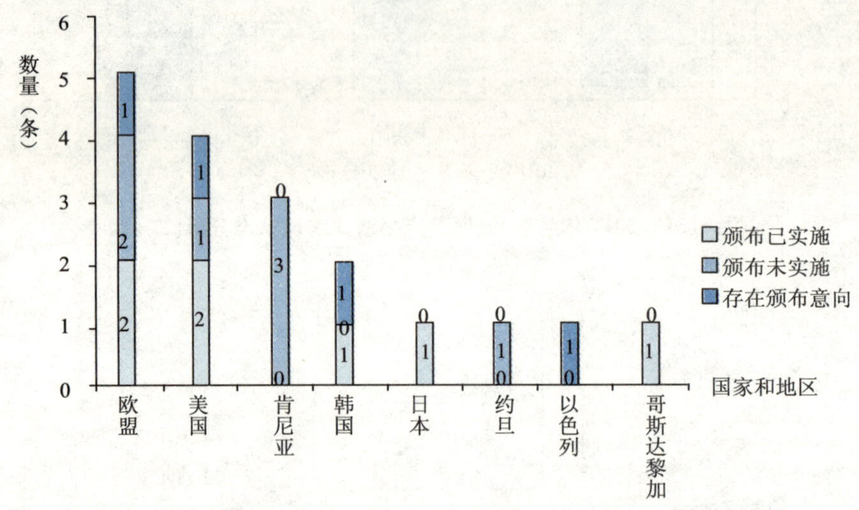

图 6. 34　2011 年纺织品、服装产品法律法规国别分析（三）

从图 6. 34 中可以看出，日本和哥斯达黎加只存在颁布已实施一种状态，约旦和肯尼亚只有颁布未实施一种状态，而以色列只有存在颁布意向一种状态，韩国有颁布实施和存在颁布意向两种状态，美国和欧盟包含了颁布已实施状态、颁布未实施和存在颁布意向全部 3 种状态。总的来说，2011 年颁布的纺织品、服装产品相关的法律法规比较分散。

3. 区域分析

2011 年纺织品、服装产品法律法规最多的地区是欧盟，为 5 条，占 31%；其次是北美，为 4 条，占 25%；日韩和非洲均为 3 条，各占 19%；拉美最少为 1 条，占 6%。总体来看，与发展中国家相比，以欧盟和北美为主的发达国家的法律法规数量仍占较大比例，占到了 50%，如图 6. 35 所示。

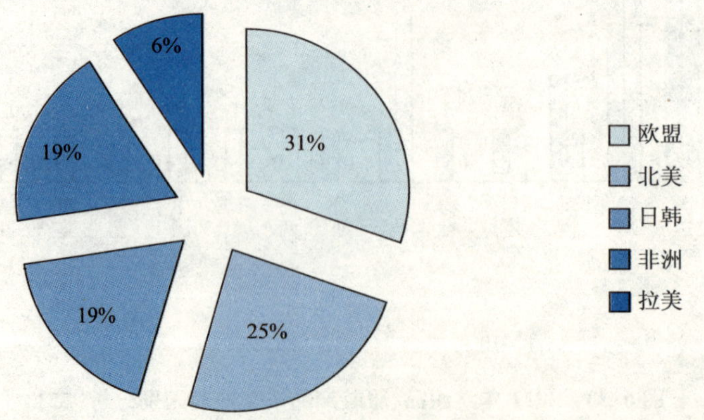

图 6. 35　2011 年纺织品、服装产品法律法规区域分析（一）

由图6.36可知,与2010年相比,除欧盟在2011年与纺织品、服装相关的法律法规增加了2条、日韩增加了1条外,美国与上年数量持平,而其他地区的法律法规数量都有所下降,拉美和东盟地区有大幅度的下降,各减少了3条,非洲和其他国家地区减少了2条。

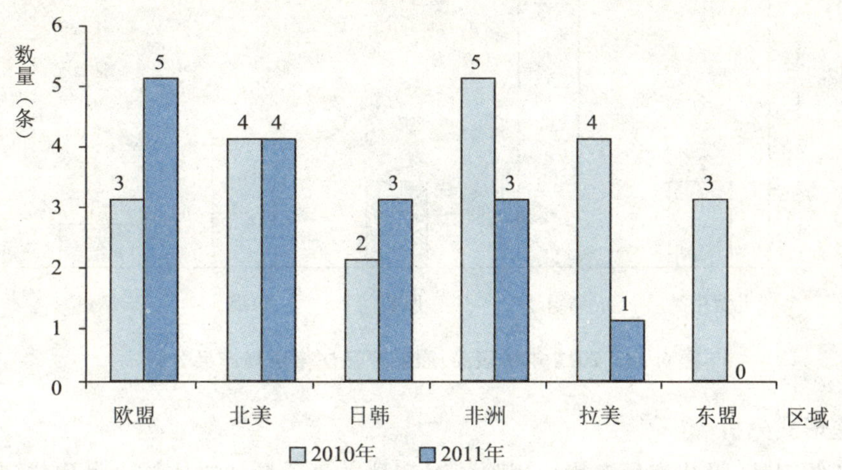

图6.36 2011年纺织品、服装产品法律法规区域分析(二)

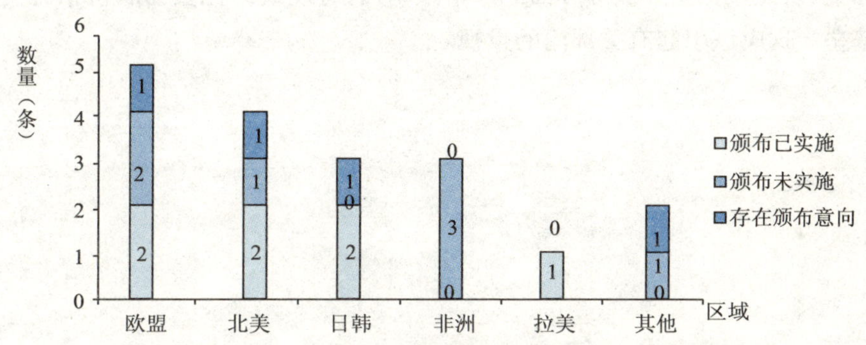

图6.37 2011年纺织品、服装产品法律法规区域分析(三)

在2011年,颁布已实施的法律法规方面,北美、欧盟和日韩数量较多,均为2条,而在颁布未实施的法律法规方面则是非洲和欧盟较多,各为3条和2条,并且非洲只有颁布未实施一种状态,拉美只有颁布已实施一种状态。从图中发现,存在纺织品相关领域法律法规的制定由发达国家和地区向发展中国家和地区转移的趋势。这种变化将会影响到我国企业向这些地区出口纺织品和服装,政府和各相关企业需要密切关注其变化。

4. 产品分析

2011年国外与纺织品、服装产品有关的新颁布法律法规或意向主要集中在五类产品:儿童用品、纺织品、服装、布类和床垫。

从图6.38中可以看出,与纺织品有关的颁布法律法规或意向最多,有8条,占了50%;布类3条;儿童用品和服装各2条;床垫1条。与2010年相比,产品集中度增强,主要集中在纺织品上,因此这类产品需要引起企业的高度重视。

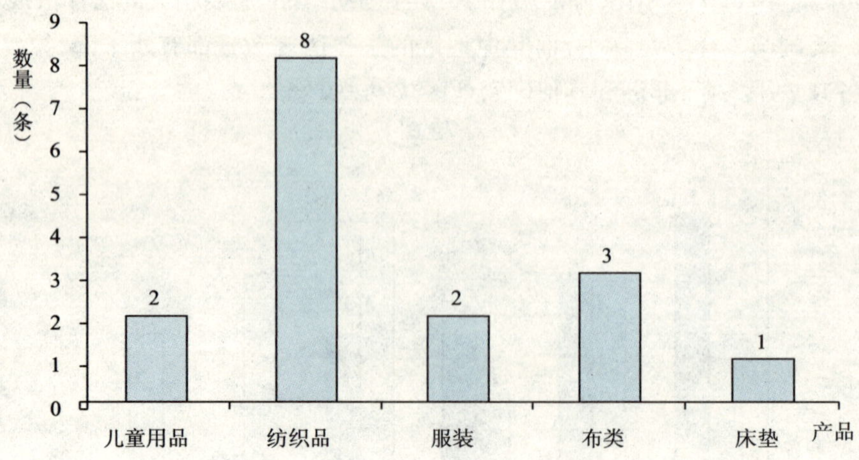

图 6.38　2011 年纺织品、服装产品法律法规产品分析

5. 贸易壁垒形式分析

2010 年国外纺织品、服装产品法律法规除了对产品本身质量和制作技术做出规定以外，许多国家开始关注标签和认证方法，并出现了对第三方认证机构、第三方检验程序等领域进行规定的法律法规。通过对其标签、认证及检测方法等方面的严格限制，有可能成为比贸易救济措施更隐蔽和更有效的技术性贸易壁垒。这应该引起有关部门的重视。

（魏兰霁）

第七章　金属、陶瓷、玻璃制品出口贸易壁垒

本章分析国外对中国金属、陶瓷、玻璃制品等方面的贸易壁垒。

按照海关商品分类目录，这些产品包括分类中的三大类产品。

第一类：石料、石膏、水泥、石棉、云母及类似材料的制品，陶瓷产品，玻璃及其制品；

第二类：天然或养殖珍珠、宝石或半宝石、贵金属、包贵金属及其制品，仿首饰，硬币；

第三类：钢铁，钢铁制品，铜及其制品，镍及其制品，铝及其制品，铅及其制品，锌及其制品，锡及其制品，其他贱金属、金属陶瓷及其制品、贱金属工具、器具、利口器、餐匙、餐叉及其零件，贱金属杂项制品。

一、金属、陶瓷、玻璃制品出口贸易救济措施

2011年金属、陶瓷、玻璃制品出口所遇贸易救济措施共101起，其中反倾销事件84起；反补贴事件15起；保障措施事件2起。其中“双反”事件12起。

（一）反倾销

2011年金属、陶瓷、玻璃制品出口所遇反倾销事件共84起，涉及17个国家和地区，多来自美国、加拿大、欧盟等国家和地区。

1. 事件

1月

美国对中国等5国（地区）产对接焊缝管管件进行反倾销快速日落复审

2011年1月4日，美国国际贸易委员会发布公告，对原产于中国大陆、中国台湾地区、巴西、日本和泰国的对接焊缝管管件进行反倾销快速日落复审调查。

2011年3月24日，美国国际贸易委员会发布公告，对原产于中国大陆、台湾地区、巴西、日本和泰国的对接焊缝管管件作出反倾销快速日落复审产业损害终裁。

根据该肯定性裁决，美国商务部现行对涉案产品的反倾销措施将继续有效。1991年5月30日，美国商务部对原产于中国的对接焊缝管管件进行反倾销调查，涉案产品海关编码为73079330。1992年5月18日，美国商务部作出终裁，裁定中国涉案企业的倾销幅度为35.06%～182.90%。

美国ITC对华搪瓷厨具进行反倾销快速日落复审

2011年1月4日，美国国际贸易委员会发布公告，对原产于中国的搪瓷厨具进行反倾销快速日落复审立案调查。

2011 年 2 月 16 日,美国国际贸易委员会发布公告,对原产于中国的搪瓷厨具作出反倾销日落复审产业损害终裁。

根据该肯定性裁决,现行对原产于中国的搪瓷厨具的反倾销措施将继续有效。

1985 年 12 月 31 日,美国商务部对原产于中国的搪瓷厨具进行反倾销调查,涉案产品海关编码为 73239200。1986 年 10 月 10 日,美国商务部对该案作出终裁,裁定中国涉案企业的倾销幅度为 66.65%。2010 年 10 月 1 日,美国商务部对该案进行日落复审调查。

美国对华钻管产品作出反倾销终裁

2011 年 1 月 4 日,美国商务部发布公告,对原产于中国的钻管产品作出反倾销终裁。

根据相关法律程序,美国国际贸易委员会将于 2011 年 2 月 17 日对该案作出反倾销产业损害终裁,若为肯定性裁决,美国商务部将对涉案产品发布反倾销征税令。

2010 年 1 月 27 日,美国商务部对原产于中国的钻管产品(包括铁制或钢制加重钻杆、钻铤和配钻杆接头的钻管,无论制成品或半成品,无论其原材料钢的具体化学成分如何)进行反倾销和反补贴立案调查,涉案产品海关编码为 73042200.30、73042200.45、73042200.60、73042330.00、73042360.30、73042360.45、73042360.60、84314380.40,同时该产品也通过 84314380.60、84314340.00、73043900.28、73043900.32、73043900.36、73043900.40、73043900.44、73043900.48、73043900.52、73043900.56、73044900.15、73044900.60、73045980.20、73045980.25、73045980.30、73045980.35、73045980.40、73045980.45、73045980.50 和 73045980.55 等税号入关。2010 年 8 月 18 日,美国商务部对该案作出反倾销初裁,裁定中国涉案企业的倾销幅度为 0.00% ~429.29%。

2011 年 2 月 7 日,美国国家贸易委员会发布公告,对原产于中国的钻管产品作出反倾销和反补贴产业损害终裁,6 位委员以 3 票支持 3 票反对的投票结果裁定涉案产品的倾销行为和补贴行为对美国国内产业造成了实质性损害威胁。

根据该肯定性裁决,美国商务部将对原产于中国的钻管产品发布反倾销和反补贴征税令。

阿根廷取消对华滚珠轴承反倾销措施

2011 年 1 月 5 日,阿根廷工业部贸易管理及政策副国务秘书处照会中国驻阿经商参处,通报其根据 2010 年 12 月 30 日官方公告中公布的第 259 号决议,决定将原产于中国的滚珠轴承(南共市税号为 84821010)排除在原生产部 2002 第 83 号及原经济和生产部 2006 年第 405 和 399 号决议涉及的反倾销措施对象产品之外。上述决议于 2010 年 12 月 30 日起生效。

印度对华玻璃纤维及其制品作出反倾销终裁

2011 年 1 月 6 日,印度对原产于中国的玻璃纤维及其制品作出反倾销终裁。涉案产品海关编码为 7019。

在本案中,印度商工部给予常州市新长海玻纤制品有限公司[Changzhou New Changhai Fiberglass Co. Ltd. ("NCH")]和江苏长海复合材料股份有限公司[Jiangsu Changhai Composite Materials Holding Co. Ltd. (OCH)]以市场经济待遇,但未给予上述两家企业单独税率。

2010 年 1 月,印度对原产于中国的玻璃纤维及其制品进行反倾销立案调查;2010 年 6 月,印度对此案作出肯定性初裁。

欧盟对华活页夹的贱金属附件发布反倾销即将到期公告

2011 年 1 月 8 日,欧盟发布公告称,对原产于中国的活页夹的贱金属附件的反倾销措施即将于

2011 年 7 月 28 日到期，成员国内企业须在自本公告发布之日起，至到期日前 3 个月的时间内向欧盟委员会提交反倾销日落复审申请。涉案产品在欧盟合并关税编码 ex83051000 下。

2005 年 4 月，欧盟对原产于中国的活页夹的贱金属附件进行反倾销立案调查；2006 年 7 月，欧盟对此案作出肯定性终裁。

2 月

墨西哥对华碳化钢管接头作出反倾销日落复审终裁

2011 年 2 月 2 日，墨西哥经济部在官方公报上发布公告，结束对原产于中国的碳化钢管接头（税号 73079301）的复审调查，决定在自 2009 年 8 月 5 日起的 5 年时间内，对其征收 1.05 美元/千克的反倾销税（原反倾销税率为 2.07 美元/千克）。该决议自 2 月 3 日起生效。

美国 ITC 对中国产盒装铅笔进行反倾销全面日落复审

2011 年 2 月 4 日，美国国际贸易委员会发布公告，对原产于中国的盒装铅笔进行反倾销全面日落复审调查，以确定在取消反倾销措施后，在合理的、可预见的期间内，涉案产品对美国国内产业造成的实质性损害是否继续或再度发生。

1993 年 11 月 7 日，美国商务部对原产于中国的盒装铅笔进行反倾销调查，涉案产品海关编码为 96091000。1994 年 11 月 8 日，美国商务部对该案作出反倾销终裁，裁定中国涉案企业的倾销幅度为 0.00% ~44.66%。2009 年 2 月 2 日，美国商务部对该案进行第 14 次反倾销行政复审。2010 年 11 月 1 日，美国商务部对该案进行反倾销日落复审调查。

美国对中国和俄罗斯产金属镁作出反倾销日落复审产业损害终裁

2011 年 2 月 10 日，美国国际贸易委员会发布公告，对原产于中国和俄罗斯的金属镁作出反倾销日落复审产业损害终裁。

根据不同的裁决结果，美国商务部将对进口自中国的金属镁继续实施反倾销措施，而取消对进口自加拿大的金属镁的反倾销措施。

2004 年 3 月 25 日，美国商务部对原产于中国的金属镁进行反倾销调查，涉案产品海关编码为 81041900 和 81043000。2005 年 2 月 17 日，美国商务部对该案作出反倾销终裁，裁定中国涉案企业的倾销幅度为 91.31% ~141.49%。2010 年 3 月 1 日，美国商务部对该案进行反倾销日落复审调查。2010 年 7 月 7 日，美国商务部对该案作出反倾销日落复审终裁，裁定中国涉案企业的倾销幅度为 49.66% ~141.49%。

俄罗斯对华彩钢进行反倾销调查

2011 年 2 月 12 日，俄罗斯对原产于中国的彩钢进行反倾销立案调查。涉案产品海关编码为 7210.708000、7210.903000、7210.908000、7212.408000、7212.408000、7212.600000、7225.990000。

哈萨克斯坦对华彩钢进行反倾销调查

2011 年 2 月 12 日，哈萨克斯坦对原产于中国的彩钢进行反倾销立案调查。涉案产品海关编码为 7210.708000、7210.903000、7210.908000、7212.408000、7212.408000、7212.600000、7225.990000。

白俄罗斯对华彩钢进行反倾销调查

2011 年 2 月 12 日，白俄罗斯对原产于中国的彩钢进行反倾销立案调查。涉案产品海关编码为 7210.708000、7210.903000、7210.908000、7212.408000、7212.408000、7212.600000、7225.990000。

加拿大对华碳钢焊接钢管作出反倾销期中复审终裁

2011 年 2 月 14 日，加拿大边境服务署发布公告，对原产于中国的碳钢焊接钢管作出反倾销和反补贴期中复审终裁，裁定涉案产品的正常价格为出口价格 ×179%，补贴额为 5280 元（人民币）/公吨。该裁决自 2011 年 2 月 14 日起正式生效。

2008 年 1 月 23 日，加拿大边境服务署对原产于中国的碳钢焊接钢管进行反倾销和反补贴调查，涉案产品海关编码为 73063010.14、73063090.14、73063090.29、73063010.24、73063090.19、73063090.34、73063010.34、73063090.24 和 73063090.39。2008 年 7 月 21 日，加拿大边境服务署对该案作出反倾销和反补贴终裁，裁定中国涉案企业的倾销幅度为 97% ~179%，补贴率为 25% ~113%。2010 年 10 月 8 日，加拿大边境服务署对该案进行反倾销期中复审调查。

墨西哥对中国产无缝钢管采取最终反倾销措施

2011 年 2 月 24 日，墨西哥经济部国际贸易惯例总局在《官方日报》上发布公告，结束对原产于中国的无缝钢管（涉案税号为 73041902、73041999、73043906 和 73043999，产品外径为 5 ~16 英寸，不含不锈钢材）的反倾销调查，当涉案产品进口价格低于 1772 美元/公吨时，对其征收税额为进口报关价与上述限价之间的差额乘以进口单据上注明的进口产品数量（公吨），但所征收反倾销税不得高于海关从价完税价格的 56%。

3 月

印度将召开冷轧平板不锈钢反倾销期中复审听证会

印度商工部反倾销局定于 2011 年 3 月 14 日下午 3 点在反倾销局 141 会议室就原产于中国、韩国、欧盟、南非、中国台北、泰国和美国的冷轧平板不锈钢（Cold Rolled Flat Products of Stainless Steel）反倾销期中复审调查举行听证会。各利害关系方可参会。

欧盟对华短切玻璃纤维作出反倾销终裁

2011 年 3 月 15 日，欧盟对原产于中国的短切玻璃纤维作出反倾销终裁：对常州市新长海玻纤制品有限公司和江苏长海复合材料股份有限公司（Changzhou New Changhai Fiberglass Co. Ltd. and Jiangsu Changhai Composite Materials Holding Co. Ltd. ,Tangqiao, Yaoguan Town, Changzhou City, Jiangsu）征收 7.3% 的反倾销税，对其他企业征收 13.8% 的反倾销税。涉案产品海关编码为 70191100、70191200、70191910 和 ex70193100。

2009 年 12 月，欧盟对原产于中国的短切玻璃纤维进行反倾销立案调查；2010 年 9 月，欧盟对此案作出肯定性初裁。

阿根廷对中国产卷尺继续征税

2011 年 3 月 15 日，阿根廷《官方日报》公布阿工业部 2011 年第 88 号决议，决定结束对中国产卷尺（南共市税号：90178010）的反倾销复审调查，对中国涉案产品采取 0.54 美元/米的 FOB 最低限价措施。该决定于 2011 年 3 月 16 日起生效，有效期 5 年。

欧盟对华瓷砖作出反倾销初裁

2011 年 3 月 17 日，欧盟对原产于中国的瓷砖作出反倾销初裁。涉案产品海关编码为 69071000、69079010、69079091、69079093、69079099、69081010、69081090、69089011、69089021、69089029、69089031、69089051、69089091、69089093、69089099。

2010 年 6 月，欧盟对原产于中国的瓷砖进行反倾销立案调查。

加拿大对中国产钢格板作出反倾销终裁

2011年3月21日,加拿大边境服务署对原产于中国的钢格板作出反倾销和反补贴终裁。

2010年9月20日,加拿大边境服务署发布公告,应 Fisher & Ludlow 的申诉请求,决定对原产于或进口自中国的钢格板进行反倾销和反补贴调查,涉案产品海关编码为73089090.10、73089090.20、73089090.30、73089090.40、73089090.50、73089090.60、73089090.91、73089090.92、73089090.93、73089090.94、73089090.95、73089090.96、73089090.99。2010年12月20日,加拿大边境服务署对该案作出初裁,裁定中国涉案企业的倾销幅度为20% ~91%,补贴率为6% ~129%。

2011年4月19日,加拿大国际贸易法庭发布公告,对原产于中国的钢格板作出反倾销和反补贴产业损害终裁,裁定涉案产品的倾销行为和补贴行为给加拿大国内产业造成了实质性损害。

美国对华产铝型材作出反倾销终裁

2011年3月29日,美国商务部发布公告,对原产于中国的铝型材作出反倾销终裁。

按照相关法律程序,美国国际贸易委员会将于2011年5月12日对该案作出反倾销产业损害终裁,若为肯定性裁决,美国商务部将对涉案产品发布反倾销征税令。

2010年4月21日,美国商务部对原产于中国的铝型材进行反倾销和反补贴立案调查,涉案产品海关编码为76042100.00、76042910.00、76042930.10、76042930.50、76042950.30、76042950.60、76082000.30、76082000.90,以及税则号在761010、761090、761519、761520、761599下的部分产品。2010年11月12日,美国商务部对该案作出反倾销初裁,裁定中国涉案企业的倾销幅度为59.31%。

2011年4月28日,美国国际贸易委员会发布公告,对原产于中国的铝型材作出反倾销和反补贴产业损害终裁,裁定除成品散热器外,其他铝型材的倾销行为和补贴行为对美国国内产业造成了实质性损害。

新西兰对华铁钉作出反倾销终裁

2011年3月18日,新西兰经济发展部决定暂不对原产于或出口自中国的铁钉产品(Wire Nails)采取反倾销措施,但同时决定暂不终止本案调查程序以核实相关数据。据新方调查,我9家应诉企业中6家产品不存在倾销,其余3家虽有倾销但对新出口量少于其进口总量的3%,不足以对新相关产业造成损害。

新方应国内产业申请于2011年11月15日对涉案产品展开反倾销调查。涉案产品新海关税则编码为7317.00.09.09D。

2011年6月14日,新西兰对原产于中国的铁钉作出反倾销终裁,但不对天津百胜金属制品有限公司(Tianjin Baisheng Metal Products Co. Ltd.)、天津天利华丰金属制品有限公司(Tianjin Tianli Huafeng Metal Production Co. Ltd.)、上海浦颖建筑五金有限公司(Shanghai Puying Architecture Hardware Co. Ltd.)征收反倾销税。涉案产品海关编码为7317.00.09.09D。

加拿大对中国等6国(地区)产热轧碳钢薄板作出双反日落复审终裁

2011年3月31日,加拿大边境服务署发布公告,对原产于中国大陆、中国台湾地区、巴西、乌克兰、南非和印度的热轧碳钢薄板作出反倾销日落复审终裁,对原产于印度的热轧碳钢薄板作出反补贴日落复审终裁,裁定若取消对原产于中国大陆、中国台湾地区、巴西、乌克兰和印度的热轧碳钢薄板的反倾销措施,或取消对原产于印度的热轧碳钢薄板的反补贴措施,涉案产品将对加拿大国内产业造成的实质性损害将继续或再度发生,但若取消对原产于南非的热轧碳钢薄板的反倾销措施,涉案产品将不会继续或再度对加拿大国内产业造成实质性损害。

2011 年 8 月 15 日,加拿大国际贸易法庭对原产于巴西、中国大陆、中国台湾、印度、南非和乌克兰的热轧碳钢薄板作出反倾销日落复审产业损害终裁:如果取消对原产于巴西、中国大陆、中国台湾、印度和乌克兰的热轧碳钢薄板的反倾销措施将会导致对国内产业的损害,因此决定继续对上述国家(地区)的热轧碳钢薄板征收反倾销税;但取消对原产于南非的热轧碳钢薄板将不会导致倾销的再次发生,因此决定取消对南非热轧碳钢薄板的反倾销措施。

4 月

加拿大对中国等 3 国产铜管件作出反倾销期中复审终裁

2011 年 4 月 8 日,加拿大边境服务署发布公告,对原产于中国、美国和韩国的铜管件作出反倾销期中复审终裁。

2006 年 6 月 8 日,加拿大边境服务署对原产于中国、美国和韩国的铜管件进行反倾销调查,同时对中国的铜管件进行反补贴调查,涉案产品海关编码为 74121000.11、74121000.19、74121000.20、74122000.11、74122000.12、74122000.19 和 74122000.20。2007 年 1 月 8 日,加拿大边境服务署对该案作出终裁,裁定中国合作企业的倾销幅度和补贴率均为 0,不合作企业的倾销幅度为 37% ~242%,补贴额为 17.73 元(人民币)/千克。2010 年 12 月 6 日,加拿大边境服务署对该案进行第 4 次反倾销期中复审调查。

美国 ITC 对中国产重锻造手工具进行反倾销快速日落复审

2011 年 4 月 8 日,美国国际贸易委员会发布公告,对原产于中国的重锻造手工具进行反倾销快速日落复审立案调查,以确定在取消反倾销措施后,在合理的、可预见的期间内,涉案产品对美国国内产业造成的实质性损害是否继续或再度发生。

2011 年 7 月 27 日,美国国际贸易委员会对原产于中国的重锻造手工具作出反倾销日落复审产业损害裁决,6 名委员一致认为,取消该反倾销措施在合理的、可预见的时间内实质性损害将继续或者再发生。根据该裁决,现存的反倾销措施将继续。

1990 年 5 月 2 日,美国商务部对原产于中国的重锻造手工具进行反倾销调查。涉案产品海关编码为 82052060、82055930、82013000 和 82014060。1991 年 1 月 3 日,美国商务部对该案作出终裁,裁定中国涉案企业的倾销幅度为 15.02% ~45.42%。

美国 ITC 对华曲别针进行反倾销快速日落复审

2011 年 4 月 8 日,美国国际贸易委员会发布公告,对原产于中国的曲别针进行反倾销快速日落复审立案调查,以确定在取消反倾销措施后,在合理的、可预见的期间内,涉案产品对美国国内产业造成的实质性损害是否继续或再度发生。

2011 年 6 月 29 日,美国国际贸易委员会对原产于中国的曲别针作出反倾销日落复审产业损害裁决:取消该措施将会在合理的、可预见的时间内对美国国内产业造成实质性损害。在本案中,6 个委员均投了赞成票。

1993 年 11 月 20 日,美国商务部对原产于中国的曲别针进行反倾销调查,涉案产品海关编码为 83059030.10。1994 年 9 月 30 日,美国商务部对该案作出终裁,裁定中国涉案产品的倾销幅度为 46.01% ~126.94%。

加拿大对华床垫用弹簧组件作出反倾销期中复审终裁

2011年4月18日，加拿大边境服务署发布公告，对原产于中国的床垫用弹簧组件作出反倾销期中复审终裁，裁定对提交了完整答卷回复的中国涉案企业佛山京信钢丝弹簧有限公司（Foshan Jingxin Steel Wire & Spring Co. Ltd.）、佛山骏景实业有限公司（Foshan Junjing Industrial Co. Ltd.）、上海慨诺加进出口有限公司（Keynor（Asia）Import/Export Co. Ltd.）企业的涉案产品的正常价值按照其提供的信息确定，对于未提交完整答卷回复的企业，其涉案产品的正常价值按照出口价格×147.4%确定。

2011年12月28日，加拿大国际贸易法庭发布公告，对原产于中国的床垫用弹簧组件进行反倾销期中复审立案调查，以确定若取消反倾销措施后，涉案产品是否仍在加拿大境内销售并对国内产业造成实质性损害。

2009年4月27日，加拿大边境服务署对原产于中国的床垫用弹簧组件进行反倾销调查，涉案产品海关编码为94041000.00、94042900.00和73202090.10。2009年10月26日，加拿大边境服务署对该案作出反倾销终裁，裁定中国涉案企业的倾销幅度为0.0%～147.4%。2011年12月7日，加拿大边境服务署发布公告，对原产于中国的床垫用弹簧组件进行反倾销期中复审调查，以重新确定涉案产品的正常价值和出口价格。

巴西对中国等4国产涂镀板进行反倾销调查

2011年4月18日，巴西发展工业和外贸部外贸秘书处公布2011年第16号公告，决定对原产于中国、澳大利亚、墨西哥、韩国和印度的涂镀板（南共市税号：72103010、72104910、72106100、72107010）进行反倾销调查。这是巴西今年对中国产品发起的第2起反倾销调查，涉案金额逾3亿美元，为巴西历史上对中国发起的涉案额最大的反倾销案。

美国对华钢制轮毂进行反倾销调查

2011年4月19日，美国商务部发布公告，应Accuride Corporation和Hayes Lemmerz International, Inc.申请，决定对原产于中国的钢制轮毂进行反倾销和反补贴调查，涉案产品海关编码为87087005.00、87087025.00、87087045.30和87087060.30。申请方要求对涉案产品征收30.25%～193.54%的反倾销税和微量反补贴税。

据统计，2010年，美国自中国进口的钢制轮毂的总价值为8040万美元。

根据相关法律程序，美国国际贸易委员会将于2011年5月16日对该案作出反倾销和反补贴产业损害初裁，若为肯定性裁决，美国商务部将对该案进行继续调查，并将于2011年9月作出反倾销和反补贴初裁。

2011年5月13日，美国国际贸易委员会发布公告，对原产于中国的钢制轮毂作出反倾销和反补贴产业损害初裁，裁定涉案产品的倾销行为和补贴行为对美国国内产业造成了实质性损害或实质性损害威胁。

美国对中国和墨西哥产镀锌钢丝进行反倾销调查

2011年4月20日，美国商务部发布公告，应Davis Wire Corporation、Johnstown Wire Technologies, Inc.、Mid－South Wire Company, Inc.、National Standard, LLC和Oklahoma Steel & Wire Company, Inc.申请，决定对原产于中国和墨西哥的镀锌钢丝进行反倾销和反补贴调查，涉案产品海关编码为72172030、72172045、72172030.00、72172045.10、72172045.20、72172045.30、72172045.40、

72172045.50、72172045.60、72172045.70 和 72172045.80。此外，涉案产品还可通过下列海关编码 72292000.15、72299050.08、72299050.16、72299050.31 和 72299050.51 入关。申请方要求对中国产镀锌钢丝征收 171.00%～235.00% 的反倾销税，对墨西哥产镀锌钢丝征收 166.00%～244.00% 的反倾销税。

2011 年 5 月 16 日，美国国际贸易委员会发布公告，对原产于中国和墨西哥镀锌钢丝作出反倾销和反补贴产业损害初裁，裁定涉案产品的倾销行为和补贴行为对美国国内产业造成了实质性损害。

根据该肯定性裁决，美国商务部将继续对涉案产品进行反倾销和反补贴调查。

2011 年 10 月 28 日，美国商务部对原产于中国和墨西哥的镀锌钢丝作出反倾销初裁。涉案产品海关编码为 72172030、72172045、72172030.00、72172045.10、72172045.20、72172045.30、72172045.40、72172045.50、72172045.60、72172045.70、72172045.80、72292000.15、72299050.08、72299050.16、72299050.31、72299050.51。

加拿大对中国大陆和中国台湾产碳钢和不锈钢紧固件进行反倾销期中复审

2011 年 4 月 28 日，加拿大边境服务署发布公告，对原产于中国大陆和中国台湾的碳钢和不锈钢紧固件进行反倾销期中复审调查，调查的主要内容为重新确定涉案产品的正常价值和出口价格。

2011 年 9 月 23 日，加拿大对原产于中国的碳钢和不锈钢紧固件作出反倾销期中复审终裁：对 6 家中国企业确定了其具体的正常价值，这 6 家中国企业是晋亿实业股份有限公司（Gem－Year Industrial Co. Ltd.）、JC Grand（China）Corporation、嘉兴丰建五金制品有限公司（Jiaxing Fengjian Hardware Products Co. Ltd.）、青岛尚冈工贸实业有限公司（Qingdao Top Steel Ind. Co. Ltd.）、罗百盛（嘉兴）有限公司［Robertson（Jiaxing）Inc.］、特普金属制品（上海）有限公司［Tapoo Metal Products（Shanghai）Co. Ltd.］；其他中国企业的正常价值由出口价格提高 170% 后确定。

2004 年 4 月 28 日，加拿大边境服务署对原产于中国大陆和中国台湾的碳钢和不锈钢紧固件进行反倾销和反补贴调查，涉案产品海关编码为 73181100、73181200、73181400、73181500 和 73181600。2004 年 12 月 9 日，加拿大边境服务署对该案作出终裁，裁定中国大陆涉案企业的倾销幅度为 3.46%～170.00%。

5 月

土耳其对华铰链（合叶）和轨道作出反倾销日落复审终裁

2011 年 5 月 3 日，土耳其对原产于中国的铰链（合叶）和轨道作出反倾销日落复审终裁：决定继续对自中国进口的涉案产品征收为期 5 年的反倾销税，税率为 1500 美元/吨。涉案产品海关编码为 73152000。

2010 年 5 月，土耳其对原产于中国铰链（合叶）和轨道进行反倾销日落复审立案调查。

新西兰对华铁钉反倾销案初步裁定存在倾销

2011 年 5 月 4 日，新西兰经济发展部公布了对原产于中国的铁钉的反倾销初裁报告。根据该报告，在本案调查期内，9 家被调查中国公司中 3 家不存在倾销，6 家存在倾销，倾销幅度为 5%～110%，且倾销使新西兰铁钉产业受到了实质性损害。涉案产品海关编码为 7317.00.09.09D。

相关利害关系方可于 2011 年 5 月 13 日前对该裁决报告提出意见。由于涉及倾销商品数量较少，不及进口总量的 3%，新西兰政府将暂不对该产品征收临时反倾销税。

南非对华钢铁制螺栓螺母作出反倾销日落复审终裁

日前，南非国际贸易管理委员会发布公告称，对原产于中国的钢铁制螺栓螺母作出反倾销日落复审终裁：继续对涉案产品征收反倾销税，其中，对自中国进口的螺纹直径大于等于6毫米、小于36毫米的钢铁制六角螺母（除无金属插入的圆顶螺母、不锈钢螺母、仅用于或主要用于航空器的螺母以及接头螺母之外）征收122.7%的反倾销税，对自中国进口的钢铁制螺栓[不锈钢螺栓、仅用于或主要用于航空器的螺栓、由宁波金鼎紧固件有限公司（Ningbo Jinding Piece Company Limited）生产的螺栓之外]征收55.4%的反倾销税。涉案产品海关编码为7318.16、7318.15。

2010年5月，南非对原产于中国的钢铁制螺栓螺母进行反倾销日落复审立案调查。

阿根廷对华钢管不采取最终反倾销措施

2011年5月12日，阿根廷《官方日报》公布阿工业部贸易管理及政策副国务秘书处2011年第144号决议，宣布结束对原产于中国的钢管（南共市税号：73042910、73042931、73042939、73042990和73062900）的反倾销调查，并决定不采取最终反倾销措施，同时保持对中国该产品进口情况的分析监测。

墨西哥对华钢钉作出反倾销日落复审终裁

2011年5月16日，墨西哥《官方日报》公布墨西哥经济部裁定，决定结束对中国产钢钉（税号：73170099）的反倾销日落复审调查，并征收0.54美元/千克的反倾销税，自2009年11月30日起征，为期5年。

欧盟对华钼丝进行反规避调查

2011年5月18日，应欧洲金属协会（The European Association of Metals）的申请，欧盟对原产于中国的钼丝进行反规避立案调查。申诉方认为，原产于中国的部分钼丝自马来西亚和瑞士转口（无论是否标明原产于马来西亚、瑞士）以规避反倾销措施。涉案产品在欧盟合并关税编码ex81029600下。

2009年4月，欧盟对原产于中国的钼丝进行反倾销立案调查；2010年6月，欧盟对此案作出肯定性终裁。

印度对华研磨球进行反倾销调查

2011年5月23日，应AIA Engineering Ltd. 和Welcast Steels Limited的申请，印度对原产于中国和泰国的研磨球进行反倾销立案调查。涉案产品海关编码为73259100。

本案的倾销调查期为2010年1月1日—12月31日，损害调查期包括2007年4月—2008年3月、2006年4月—2009年3月、2009年4月—2010年3月以及倾销调查期（2010年1月1日—12月31日）。

阿根廷对华向心轴承进行反倾销期中复审调查

2011年5月30日，应SKF Argentina S. A. 的申请，阿根廷对原产于中国的向心轴承进行反倾销期中复审立案调查。涉案产品海关编码为84821010。在本案中，阿根廷选择西班牙作为计算中国涉案产品正常价值的替代国。

2011年1月5日，阿根廷发布公告，将自中国进口的RST型滚珠轴承排除在反倾销措施对象产品之外。申诉方要求重新审查上述反倾销措施。

2001年，阿根廷对原产于中国的向心轴承进行反倾销立案调查；2002年，阿根廷对此案作出肯定性终裁。

土耳其对华贱金属制焊丝发布终裁披露

2011 年 5 月 27 日，土耳其对华贱金属制焊丝发布终裁披露。根据该披露，2 家中国应诉企业——上海林肯电气有限公司（Shanghai Lincoln Electric Co. Ltd.）和苏博泰克数据系统有限公司（Super Tech Co. Ltd.）的倾销幅度分别为 21.12% 和 28%。

2011 年 7 月 28 日，土耳其对原产于中国的贱金属制焊丝作出反倾销终裁，决定自公告之日起对贱金属制焊丝征收反倾销税，焊条产品被排除在措施之外。上海林肯公司和江苏昆山苏派特公司两家应诉企业均获得 21.12% 的单独税率，其他中国公司反倾销税率为 28.87%。

2010 年 8 月，土耳其对华贱金属制焊丝进行反倾销立案调查。

美国对华高压钢瓶进行反倾销调查

2011 年 5 月 31 日，美国商务部发布公告，应 Norris Cylinder Company 申请，决定对原产于中国的高压钢瓶进行反倾销和反补贴调查，涉案产品海关编码为 73110000.30、73110000.60 和 73110000.90。申诉方要求对涉案产品征收 17.04% ~176.28% 的反倾销税。

2011 年 6 月 24 日，美国国际贸易委员会对原产于中国的高压钢瓶作出反倾销产业损害初裁。

6 月

加拿大对中国、韩国和美国产铜管件进行反倾销和反补贴日落复审

2011 年 6 月 1 日，加拿大国际贸易法庭发布公告，对原产于中国、韩国和美国的铜管件进行反倾销日落复审立案调查，并对原产于中国的铜管件进行反补贴日落复审立案调查，以确定在取消反倾销和反补贴措施后，涉案产品对加拿大国内产业造成的实质性损害是否继续或再度发生。

2011 年 9 月 29 日，加拿大边境服务署发布公告称，已完成对原产于美国、韩国和中国的铜管件的反倾销日落复审调查，以及对原产于中国的铜管件的反补贴日落复审调查，认为取消上述反倾销和反补贴措施将会造成对国内产业的损害继续或再发生。根据此裁决，加拿大将继续对原产于美国、韩国的铜管件征收反倾销税，对原产于中国的铜管件征收反倾销和反补贴税。

2006 年 6 月 8 日，加拿大边境服务署对原产于中国大陆、美国和韩国的铜管件进行反倾销调查，同时对中国的铜管件进行反补贴调查，涉案产品海关编码为 74121000.11、74121000.19、74121000.20、74122000.11、74122000.12、74122000.19 和 74122000.20。2007 年 1 月 8 日，加拿大边境服务署对该案作出终裁，裁定中国合作企业的倾销幅度和补贴率均为 0，不合作企业的倾销幅度为 37% ~242%，补贴额为 17.73 元（人民币）/千克。

墨西哥对中国产塑料卷笔刀进行反倾销日落复审

2011 年 6 月 8 日，墨西哥《官方日报》公布墨西哥经济部公告，决定对原产于中国的塑料卷笔刀进行反倾销日落复审。涉案产品税号为 82141001，倾销调查期为 2010 年 4 月 1 日 ~2011 年 3 月 31 日，损害调查期为 2006 年 6 月 1 日 ~2011 年 3 月 31 日。调查期间，原反倾销税维持不变。

印度对华不锈钢冷轧平板作出反倾销期中复审终裁

2011 年 6 月 8 日，印度商工部对原产于中国大陆、日本、韩国、欧盟、南非、中国台湾、泰国和美国的不锈钢冷轧平板作出反倾销期中复审终裁。

2011 年 9 月 6 日，印度海关发布第 86/2011 号公告，对上述产品的规格作了进一步说明。公告称，该项反倾销税适用于宽度误差为（+）30mm、宽度为 1000mm 或以上但不超过 1250mm 的轧边冷轧不锈钢扁平材，以及宽度误差为（+）4mm、宽度为 1000mm 或以上的但不超过 1250mm 的冲边冷轧不锈钢扁平材。

2010 年 6 月，印度商工部对原产于中国大陆、日本、韩国、欧盟、南非、中国台湾、泰国和美国的不锈钢冷轧平板进行反倾销期中复审立案调查。

巴西对进口自中国的不锈钢餐具进行反倾销调查

2011 年 6 月 13 日，巴西发展工业外贸部外贸秘书处发布 2011 年第 31 号立案公告，决定对进口自中国的不锈钢餐具进行反倾销调查，涉案产品南共市关税号为 82111000、82119100、82152000 和 82159910。

阿根廷对华滚珠轴承进行反倾销日落复审

2011 年 6 日 13 日，阿根廷贸易政策与管理副国务秘书处在《官方日报》发布 2011 年第 172 号决议，决定对原产于中国的滚珠轴承（南共市税号为 84821010）进行反倾销日落复审，复审调查期间继续按阿经济生产部 2006 年所作出的决议征收反倾销税。阿调查机关拟选取西班牙作为本案替代国，相关利益方可自本决议发布之日起 10 个工作日内对此发表评论。

欧盟取消对华镁砖反倾销措施

2011 年 6 月 25 日，欧盟对原产于中国的镁砖作出反倾销新出口商复审和日落复审终裁：鉴于欧盟最大的镁碳砖生产企业——奥镁公司（RHI AG）的反对，其产量又超过盟内总产量的 50%，根据欧盟反倾销法规定，决定终止对我镁碳砖的反倾销日落复审调查，结束反倾销措施；同时，由于日落复审调查终止以及中国一家出口企业 TRL 提供证据证明其在调查期内确未对欧出口被调查产品，因此决定终止对该公司的新出口商复审调查。

2010 年 9 月，欧盟对原产于中国的镁砖进行反倾销新出口商复审立案调查。2010 年 10 月，欧盟对原产于中国的镁砖进行反倾销日落复审立案调查。

印度对华玻璃器具作出反倾销初裁

2011 年 6 月 27 日，印度对原产于中国和阿联酋的玻璃器具作出反倾销初裁。涉案产品海关编码为 7013。

2010 年 8 月，印度对原产于中国和阿联酋的玻璃器具进行反倾销立案调查。

2011 年 8 月 25 日，印度商工部对原产于中国和阿联酋的玻璃器具作出反倾销终裁。涉案产品海关编码为 7013。

2011 年 8 月 9 日，印度海关发布第 72/2011 号公告，对原产于或自中国、阿联酋出口的玻璃器具征收反倾销税。涉案产品海关编码为 7013。

公告称，生产商和出口商均为温州市汇顺达工贸有限公司的反倾销税为 0.82 美元/千克，其他中国企业的反倾销税为 0.98 美元/千克；阿联酋企业的反倾销税为 0.68 美元/千克。此项反倾销税自该公告发布之日起执行，为期 6 个月。征税货币为印度卢比。

印度将召开对华透明玻璃纸薄膜反倾销日落复审听证会

印度商工部反倾销局定于 2011 年 6 月 27 日上午 10 点 30 分在商工部 141 会议室就原产于中国的透明玻璃纸薄膜反倾销日落复审举行听证会。各利害关系方可参会。

欧盟对华无缝不锈钢管作出反倾销初裁

2011 年 6 月 29 日，欧盟对原产于中国的无缝不锈钢管作出反倾销初裁。涉案产品海关编码为 73041100、73042200、73042400、ex73044100、73044910、ex73044993、ex73044995、ex73044999、 ex73049000。在本案中，没有中国企业获得市场经济待遇。

2010年9月，欧盟对原产于中国的无缝不锈钢管进行反倾销立案调查。

2011年12月20日，欧盟对原产于中国的无缝不锈钢管作出反倾销终裁。涉案产品海关编码为73041100、73042200、73042400、ex73044100、73044910、ex73044993、ex73044995、ex73044999、ex73049000。

7月

美国国际贸易委员会对德国、意大利、日本、韩国、墨西哥和中国台湾的不锈钢板卷作出日落复审产业损害终裁

2011年7月8日，美国国际贸易委员会发布公告称，取消对原产于韩国的不锈钢板卷的反补贴措施，以及原产于日本、韩国和中国台湾不锈钢板卷的反倾销措施将在可预见的一段时间内导致实质性损害继续或再度发生；但取消对原产于德国、意大利和墨西哥的不锈钢板卷的反倾销措施将在可预见的一段时间内不会导致实质性损害继续或再度发生。根据该裁决，美国将继续对韩国的不锈钢板卷征收反倾销和反补贴税，对日本和中国台湾的不锈钢板卷征收反倾销税，取消对原产于德国、意大利和墨西哥的不锈钢板卷的反倾销措施。

2011年7月20日，美国国际贸易委员会对原产于比利时、意大利、韩国、南非和中国台湾的不锈钢板卷作出产业损害终裁：取消对比利时、韩国、南非和中国台湾的不锈钢板卷的反倾销措施，以及取消对南非不锈钢板卷的反补贴措施，将会在可预见的时间内导致实质性损害的继续或再发生；取消对意大利的不锈钢板卷的反倾销措施将不会在可预见的时间内导致实质性损害的继续或再发生。

2010年9月，美国国际贸易委员会对德国、意大利、日本、韩国、墨西哥和中国台湾不锈钢板卷进行反倾销和反补贴日落复审产业损害立案调查。

巴西对中国产保温瓶作出反倾销日落复审终裁

2011年7月11日，巴西贸易保护局公布巴西发展工业和外贸部外贸委员会2011年第46号决议，决定继续征收47%的从价税，为期5年。涉案产品海关编码为96170010。

印度对华石膏板进行反倾销调查

2011年7月21日，应Saint - Gobain Gyproc India Ltd. 的申请，印度商工部对原产于中国、印尼、泰国和阿联酋的石膏板进行反倾销立案调查。涉案产品海关编码为68091100。这是印度2011年对我新发起的第3起反倾销调查。

本案的倾销调查期为2010年1月1日—12月31日，损害调查期包括2007年4月—2008年3月、2008年4月—2009年3月、2009年4月—2010年3月和倾销调查期。

欧盟对华活页夹的贱金属附件进行反倾销日落复审调查

2011年7月23日，应Interkov spol. s. r. o、IML Industria Meccanica Lombardia S. r. l. 和Niko Metallurgical company d. d. Zelezniki的申请，欧盟委员会对原产于中国的贱金属附件进行反倾销日落复审调查。涉案产品在欧盟合并关税编码ex83051000（关税代码：8305. 10. 00. 50）下。

本案的倾销调查期为2010年7月1日—2011年6月30日。

欧盟对华钢铁制紧固件作出反规避终裁

2011年7月26日，欧盟对原产于中国的钢铁制紧固件作出反规避终裁：对由马来西亚转口（无论是否标明原产于马来西亚）的涉案产品征收85%的反倾销税，但8家马来西亚公司除外，分别是Acku Metal Industries（M）Sdn. Bhd、Chin Well Fasteners Company Sdn. Bhd、Jinfast Industries Sdn. Bhd、

Power Steel and Electroplating Sdn. Bhd、Sofasco Industries（M）Sdn. Bhd、Tigges Fastener Technology（M）Sdn. Bhd、TI Metal Forgings Sdn. Bhd、United Bolt and Nut Sdn. Bhd。涉案产品在欧盟合并关税编码 ex73181290、ex73181491、ex73181499、ex73181559、ex73181569、ex73181581、ex73181589、ex73181590、ex73182100、ex73182200 下。

2011 年 11 月 16 日，应马来西亚生产商 Andfast Malaysia Sdn. Bhd. 的申请，欧盟对原产于中国的钢铁制紧固件进行反规避期中复审立案调查。涉案产品在欧盟合并关税编码 ex73181290、ex73181491、ex73181499、ex73181559、ex73181569、ex73181581、ex73181589、ex73181590、ex73182100、ex73182200 下。

阿根廷对华瓷砖进行反倾销调查

2011 年 7 月 27 日，阿根廷《官方日报》公布阿工业部贸易管理及政策副国务秘书处 2011 年第 470 号决议，对原产于中国的未上釉地砖和饰面瓷砖进行反倾销调查。涉案产品海关编码为 6907.90.00。

哥伦比亚对华陶瓷餐具作出反倾销日落复审终裁

近日，哥伦比亚贸易工业和旅游部外贸司函告中方，该部已通过 2011 年 6 月 16 日颁布的第 342 号决议，结束了对中国产陶瓷餐具的反倾销五年期复审，并决定维持原有的反倾销税率。相关复审调查的实质性事实文件可在哥贸工部第 ED215－18－54 号档案中查阅。涉案产品海关编码为 6911100000、6912000000。

8 月

印度海关对华预取向丝延长征收反倾销税

2011 年 8 月 9 日，印度海关发布第 71/2011 号公告，对原产于或自中国出口的预取向丝延长征收反倾销税。涉案产品海关编码为 5402。

公告称，除另行发布公告提前撤销外，2007 年 9 月 3 日印度海关发布的第 92/2007 号公告对原产于或自中国出口的预取向丝征收反倾销税的执行期延长 1 年，至 2012 年 2 月 10 日。

阿根廷决定对原产于中国的不锈钢刀片不采取最终反倾销措施

2011 年 8 月 18 日，阿根廷工业部贸易管理及政策副国务秘书处照会中国驻阿使馆经商参处，通告根据阿工贸国务秘书处 2011 年第 508 号决议，阿方已结束对原产于中国和巴西的不锈钢刀片的反倾销调查，并决定不采取最终反倾销措施。该决议自 2011 年 8 月 10 日起生效。

2009 年 3 月，阿根廷对原产于中国的不锈钢刀片进行反倾销立案调查。

秘鲁对华瓷砖进行反倾销调查

2011 年 8 月 16 日，秘鲁竞争和知识产权保护署（INDECOPI）通过决议（Resolucion N 113－2011/CFD－INDECOPI），根据秘鲁两家瓷砖生产企业的申请，对来自中国的长和宽不超过 60 厘米的墙面瓷砖发起反倾销调查。

欧盟对华铝散热器进行反倾销调查

2011 年 8 月 12 日，应国际铝散热器生产商有限责任联盟（The International Association of Aluminium Radiator Manufacturers Limited Liability Consortium）的申请，欧盟委员会对原产于中国的铝散热器进行反倾销立案调查。涉案产品在欧盟合并关税编码 ex76169910、ex76151910、ex76151990、ex76169990 下。

本案的倾销调查期为2010年7月1日~2011年6月30日。在本案中,欧盟初步选定俄罗斯作为计算中国涉案产品正常价值的替代国。

澳大利亚对华铝型材作出反倾销期中复审终裁

2011年8月26日,澳大利亚对原产于中国的铝型材作出反倾销和反补贴期中复审终裁,肯定了澳大利亚在原裁决中部分裁决,并作出了两项新裁定,即(1)原铝的进口价格不能反映竞争激烈的市场成本,因此不应被用作建立正常价值的结构成本;(2)用作计算临时反倾销税和临时反补贴税的出口价格、正常价值和无损害价格应根据铝型材品种来确定;并且发现原裁决中关于广东肇庆新中亚铝业有限公司(Zhaoqing New Zhongya Aluminium Co. Ltd.)的正常价值的计算有错误,经更正后,该公司的倾销幅度小于2%,为微量。

9月

欧盟取消对华铸件的反倾销措施

2011年9月2日,欧盟对原产于中国的铸件作出反倾销期中复审和日落复审终裁:由于申诉方正式撤销其申请,因此决定终止对原产于中国的反倾销期中复审和日落复审调查,并取消对华铸件的反倾销措施,但会在未来24个月内对自中国进口的涉案产品进行监管。涉案产品海关编码为73251050、73251092、ex73251099、ex73259910。

2010年7月,欧盟对原产于中国的铸件进行反倾销日落复审立案调查;2010年12月,欧盟对原产于中国的铸件进行反倾销期中复审立案调查。

美国决定对华弹簧垫圈进行反倾销快速日落复审调查

2011年9月6日,美国国际贸易委员会发布公告称,经投票决定,对原产于中国大陆和中国台湾的弹簧垫圈进行反倾销快速日落复审调查。涉案产品海关编码为73182100.30。

2011年11月3日,美国国际贸易委员会发布公告称,在可预见的时间内,取消对原产于中国大陆和中国台湾的弹簧垫圈的反倾销措施对国内产业的损害将继续或再发生。根据此裁决,美国将继续对原产于中国和中国台湾的弹簧垫圈采取反倾销措施。

巴西决定对原产自中国的无缝钢管征收反倾销税

2011年9月8日,巴西外贸委员会公布2011年第63号决议,结束对原产自中国的无缝钢管(南共市税号:73041900)的反倾销调查,决定征收743美元/吨的反倾销税,为期5年。

加拿大对华石油管材短节进行反倾销调查

2011年9月12日,应Dover Corporation (Canada) Limited的申请,加拿大对原产于中国的石油管材短节进行反倾销和反补贴立案调查。涉案产品海关编码为7304.29.00.51、7304.29.00.59、7304.29.00.61、7304.29.00.69、7304.29.00.71、7304.29.00.79。

2011年11月14日,加拿大对原产于中国的石油管材短节作出反倾销和反补贴产业损害初裁:涉案产品的倾销行为和补贴行为给加拿大国内产业造成了实质性损害或阻碍,或者实质性损害威胁。

2011年12月12日,加拿大对原产于中国的石油管材短节作出反倾销和反补贴初裁。涉案产品海关编码为7304.29.00.51、7304.29.00.59、7304.29.00.61、7304.29.00.69、7304.29.00.71、7304.29.00.79。

2011年9月,加拿大对原产于中国的石油管材短节进行反倾销和反补贴立案调查。

欧盟对华瓷砖作出反倾销终裁

2011年9月15日,欧盟对原产于中国的瓷砖作出反倾销终裁。涉案产品海关编码为69071000、

69079010、69079091、69079093、69079099、69081010、69081090、69089011、69089021、69089029、69089031、69089051、69089091、69089093、69089099。

2010年6月，欧盟对原产于中国的瓷砖进行反倾销立案调查。

南非对华不锈钢和钢制螺纹杆进行反倾销调查

2011年9月23日，应南非紧固件生产商协会（The South African Fasteners Manufacturers Association）的申请，南非对原产于中国的不锈钢和钢制螺纹杆进行反倾销立案调查。涉案产品海关编码为7318.15.41、7318.15.35。

本案的倾销调查期为2010年1月1日—12月31日，损害调查期为2008年1月1日—2010年12月31日。

欧盟对华钢丝绳和钢缆进行反规避期中复审调查

2011年9月30日，应韩国生产商SEIL Wire and Cable的申请，欧盟对原产于中国的钢丝绳和钢缆进行反规避期中复审调查。涉案产品在欧盟合并关税编码ex73121081、ex73121083、ex73121085、ex73121089、ex73121098下。

申请方在申请书中指出，其在反规避调查期（2008年7月1日—2009年6月30日）内未向欧盟出口涉案产品，而且未规避相关反倾销措施。

1998年5月，欧盟对原产于中国的钢丝绳和钢缆进行反倾销立案调查；1999年8月，欧盟对此案作出肯定性终裁。2009年8月，欧盟对原产于中国、自韩国转口的钢丝绳和钢缆进行反规避立案调查；2010年5月，欧盟对此案作出肯定性终裁。

10月

欧盟对华预应力非合金钢丝和钢绞线进行反倾销期中复审调查

2011年10月4日，应西班牙进口商ECN Cable Group SL的申请，欧盟对原产于中国的预应力非合金钢丝和钢绞线进行反倾销期中复审立案调查。涉案产品在欧盟合并关税编码ex72171090、ex72172090、ex73121061、ex73121065、ex73121069下。

申诉方在申请书要求将部分涉案产品排除在征税范围外，这些产品为7根非合金钢组成的钢绞线，且镀或涂锌，含碳量超过0.6%、最大截面尺寸超过3毫米，符合国际标准IEC60888或欧洲/欧洲电工标准UNE - EN 50189。

澳大利亚对华浮法玻璃重新审查后作出征税裁决

2011年10月17日，澳大利亚对原产于中国、印尼和泰国的浮法玻璃反倾销案进行重新审查后作出裁决：自中国、印尼、泰国进口的涉案产品存在倾销，而且对国内产业造成了实质性损害。涉案产品海关编码为7005.29.00。根据该裁决，除中国信义超薄玻璃（东莞）有限公司外，其他中国企业均被征收11.4% ~26.4%的反倾销税。

2010年4月，澳大利亚边境服务署对原产于中国、印尼和泰国的浮法玻璃进行反倾销立案调查；2010年12月，澳大利亚边境服务署对此案作出无损害裁决，并终止对此案的调查。2011年1月20日，CSR Viridian Ltd（Viridian）向澳大利亚贸易措施复审办公室提交申请，要求审查澳大利亚边境服务署所做出的终止调查的裁决；2011年3月22日，澳大利亚贸易措施复审办公室作出裁决，要求撤销上述终止调查的裁决，因此澳大利亚边境服务署于2011年5月13日决定重新启动对原产于中国、印尼和泰国的浮法玻璃的反倾销调查。

2011 年 11 月 16 日，澳大利亚对原产于中国、印尼和泰国的浮法玻璃反倾销案发布征税通告。涉案产品海关编码为 7005. 29. 00。

加拿大对华不锈钢水槽进行反倾销和反补贴调查

2011 年 10 月 27 日，加拿大边境服务署对原产于中国的不锈钢水槽进行反倾销和反补贴立案调查。涉案产品海关编码为 7324. 10. 00. 11、7324. 10. 00. 19、7324. 10. 00. 21、7324. 10. 00. 29。

2011 年 12 月 28 日，加拿大国际贸易法庭发布公告，对原产于中国的不锈钢水槽作出反倾销和反补贴产业损害初裁，裁定涉案产品的倾销和补贴行为对加拿大国内产业造成了实质性损害或实质性损害威胁。

印度对华瓷砖进行反倾销新出口商复审调查

2011 年 10 月 19 日，应高要市将军陶瓷有限公司（生产商）[Gaoyao Marshal Ceramics Co. Ltd. China PR (producer)] 和佛山市帝海贸易发展有限公司（出口商）[Foshan Dihai Trading Development Co. Ltd. – China PR (exporter)] 的申请，印度商工部对原产于中国的瓷砖进行反倾销新出口商复审立案调查。

本案的调查期为 2011 年 9 月 1 日—2012 年 2 月 29 日。

11 月

美国国际贸易委员会决定对华硅锰合金进行全面反倾销日落复审产业损害调查

2011 年 11 月 4 日，美国国际贸易委员会发布公告称，经投票决定，对原产于巴西、中国和乌克兰的硅锰合金进行全面反倾销日落复审产业损害调查。

2011 年 8 月，美国商务部对原产于巴西、中国和乌克兰的硅锰合金进行反倾销日落复审立案调查。

美国国际贸易委员会决定对华圆锥滚子轴承进行全面反倾销日落复审产业损害调查

2011 年 11 月 4 日，美国国际贸易委员会发布公告称，经投票决定，对原产于中国的圆锥滚子轴承进行全面反倾销日落复审产业损害调查。

2011 年 8 月，美国商务部对原产于中国的圆锥滚子轴承进行反倾销日落复审立案调查。

澳大利亚对华铝制车轮进行反倾销和反补贴立案调查

2011 年 11 月 7 日，应 Arrowcrest Group Pty Ltd. 的申请，澳大利亚对原产于中国的铝制车轮进行反倾销和反补贴立案调查。涉案产品海关编码为 8708. 70. 91。

本案的倾销调查期为 2010 年 7 月 1 日—2011 年 6 月 30 日，损害调查期自 2006 年 7 月 1 日起。

巴西对华圆形铜管进行反倾销调查

2011 年 11 月 10 日，巴西发展工业外贸部外贸秘书处发布公告，决定对进口自中国的外径在 108 毫米以下的圆形精炼铜管进行反倾销立案调查。涉案产品南共市关税号为 7411. 10. 10 和 7411. 10. 90。

欧盟对华玻璃纤维网格织物进行反规避调查

2011 年 11 月 10 日，应欧盟 4 家玻璃纤维生产商——Saint – Gobain Adfors CZ s. r. o.，Tolnatext Fonalfeldolgozo es Muszakiszovet – gyarto Bt.，Valmieras ‘Stikla Skiedra’ AS 和 Vitrulan Technical Textiles GmbH 的申请，欧盟对原产于中国的玻璃纤维网格织物进行反规避立案调查，此次调查针对自马来西亚转口（无论是否原产于马来西亚）的玻璃纤维网格织物。涉案产品在欧盟合并关税编码 ex70195100、ex70195900 下。

2010 年 5 月,欧盟对原产于中国的玻璃纤维网格织物进行反倾销立案调查;2011 年 8 月,欧盟对此案作出肯定性终裁。

南非对华六角头螺丝进行反倾销立案调查

2011 年 11 月 18 日,应南非紧固件制造商协会(SAFMA)的申请,南非国际贸易管理委员会对从中国进口的六角头螺丝进行反倾销立案调查。涉案产品海关编码为 7318.15.39,倾销调查期为 2010 年 7 月 1 日—2011 年 6 月 30 日。本案申请方——南非紧固件制造商协会的产量占南部非洲关税联盟(SACU)总产量的 80%。

阿根廷对华手锯用高速钢锯条采取最终反倾销措施

2011 年 11 月 24 日,阿根廷工业部贸易管理及政策副国务秘书处照会我处,通报其根据 24 日官方公告中公布的该部 2011 年第 377 号决议,现已结束对原产于我国的手锯用高速钢锯条(南共市税号为 8202.91.00 和 8202.99.90)的反倾销调查,并决定采取征收 0.46 美元/件反倾销税的最终措施。

上述措施于 2011 年 9 月 8 日起生效,有效期 5 年。

泰国对来自中国的 H 型钢发起反倾销日落复审和情势变更复审

近日,泰国商业部外贸厅决定对来自中国的 H 型钢发起日落复审和情势变更复审,涉案产品税则号为 7216330000。

复审期间,泰国对该产品继续征收 13.905% 的反倾销税,但进口用于加工再出口的 H 型钢则不征收反倾销税。按照泰方要求,有关调查问卷答卷需在 12 月 7 日前提交泰商业部外贸厅。

俄白哈关税同盟对华冷轧不锈钢无缝钢管发起反倾销调查

2011 年 11 月 25 日,俄贸工部发布公告,对中国出口到俄白哈关税同盟的冷轧不锈钢无缝钢管发起反倾销调查。涉案产品海关编码为 7304410009。

据中国海关统计,2010 年,我国对俄、白、哈三国出口涉案产品总金额约 5129.6 万美元。利害关系方可在立案后 90 日内向调查机关提交评论意见。

阿根廷对华玻璃内胆保温瓶进行反倾销日落复审

2011 年 11 月 25 日,阿根廷工业部发布第 499/2011 号决议,对原产于中国的玻璃内胆保温瓶进行反倾销日落复审。

2000 年 10 月 27 日,阿根廷工业部对原产于中国的玻璃内胆保温瓶进行反倾销调查,涉案产品海关编码为 96170010。2001 年 10 月 29 日,阿根廷工业部作出终裁,裁定对中国涉案企业征收 215.03% 的反倾销税。2006 年 10 月 12 日,阿根廷工业部对该案进行第一次反倾销日落复审。

12 月

欧盟对华成卷铝箔进行反倾销调查

2011 年 12 月 20 日,应欧洲金属协会[The European Association of Metals (Eurometaux)]的申请,欧盟对原产于中国的成卷铝箔进行反倾销立案调查。涉案产品在欧盟合并关税编码 ex76071111、ex76071910 下。

本案的倾销调查期为 2010 年 10 月 1 日 ~2011 年 9 月 30 日。

欧盟对华有机涂层钢板进行反倾销调查

2011 年 12 月 21 日,应欧洲钢铁工业联盟(Eurofer)的申请,欧盟委员会对原产于中国的有机涂层钢板进行反倾销立案调查。涉案产品在欧盟合并关税编码 ex72107080、ex72124080、ex72259900、 ex72269970 下。

本案的倾销调查期为 2010 年 10 月 1 日—2011 年 9 月 30 日。欧盟委员会在立案中考虑选择加拿大或者南非作为计算中国涉案产品正常价值的替代国。

澳大利亚对华焊缝管作出反倾销初裁

2011 年 12 月 23 日,澳大利亚对原产于中国大陆、韩国、马来西亚、中国台湾和泰国的焊缝管作出反倾销初裁。涉案产品海关编码为 73063000、73066100、73066900。

2011 年 9 月,澳大利亚对原产于中国大陆、韩国、马来西亚、中国台湾和泰国的焊缝管进行反倾销立案调查。

欧盟取消部分进口商自中国进口自行车零部件的反规避措施

2011 年 12 月 23 日,欧盟委员会发布公告称,免除部分成员国进口商自中国进口自行车零部件的反规避措施,并取消部分成员国进口商自中国进口自行车零部件的反规避措施。涉案产品海关编码为 87149110、87149130、87149210、87149310。

1991 年,欧盟对原产于中国的自行车进行反倾销立案调查;1993 年,欧盟对此案作出肯定性终裁。1996 年,欧盟对原产于中国的自行车进行反规避立案调查;1997 年,欧盟作出终裁,将对华自行车的反倾销措施扩展至自行车零部件。

2. 分析

金属、陶瓷及玻璃制品类产品出口所遇反倾销事件分析包括月份分析、国别分析和产品分析。

(1) 月份分析

2011 年陶瓷、玻璃及金属制品类产品出口反倾销事件共 84 起,其中最多的月份有 9 起,最少的月份有 3 起,如图 7.1 所示。

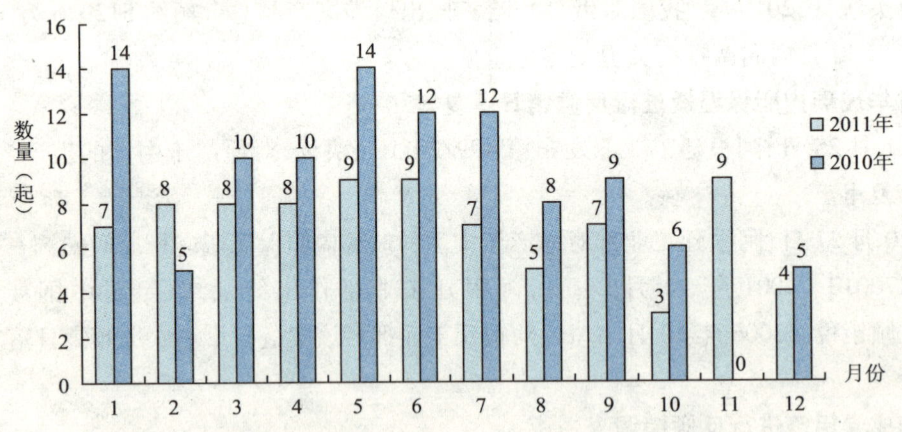

图 7.1　2011 年金属、陶瓷、玻璃制品出口贸易反倾销事件月份分析

与 2010 年相比,2011 年我国受到来自国外的反倾销事件的总数量与上年相比有所下降,减少了 21 起。

(2) 国别分析

2011 年对华反倾销的国家(地区)以欧盟、美国、加拿大为主,分别为 16 起、15 起和 11 起,如图 7.2 所示,较 2010 年美国对华反倾销数量有大幅减少,减少了一半。

对于陶瓷、玻璃和金属制品,欧盟、印度、阿根廷和巴西对华反倾销事件的数量都有所增长,另外

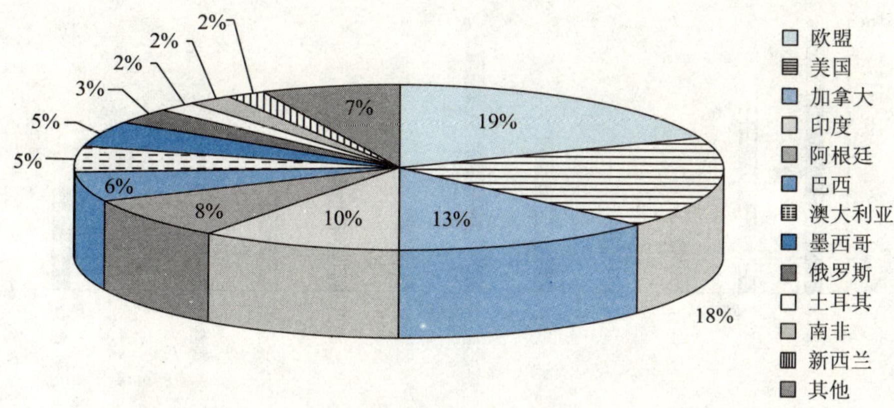

图 7.2　2011 年陶瓷、玻璃及金属制品反倾销事件国别分析(一)

新西兰新出现了 2 起对华反倾销事件。加拿大、澳大利亚、墨西哥、俄罗斯、南非和土耳其对华反倾销事件有不同幅度的减少,如图 7.3 所示。

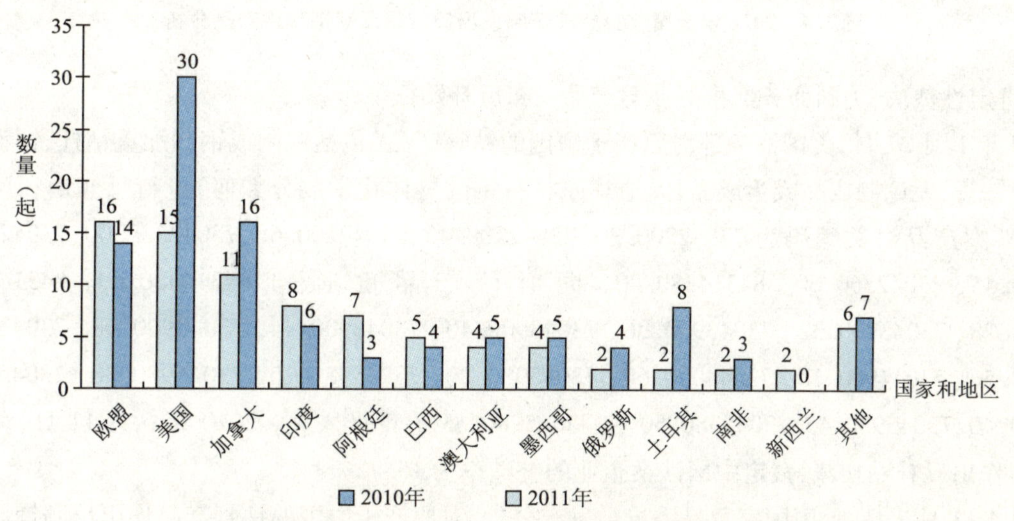

图 7.3　2011 年陶瓷、玻璃及金属制品反倾销事件国别分析(二)

(3)产品分析

2011 年陶瓷、玻璃及金属制品类产品出口贸易反倾销事件共涉及具体产品大致是 11 类。其中最多的为钢铁制品,为 59 起;陶瓷和玻璃类产品反倾销事件较少,分别为 7 起和 8 起,如图 7.4 所示。

(二)反补贴

1. 事件

2011 年陶瓷、玻璃及金属制品类产品出口遭受反补贴事件共 15 起。

1 月

美国对华钻管产品作出反补贴终裁

2011 年 1 月 4 日,美国商务部发布公告,对原产于中国的钻管产品作出反补贴终裁。

根据相关法律程序,美国国际贸易委员会将于 2011 年 2 月 17 日对该案作出反补贴产业损害终

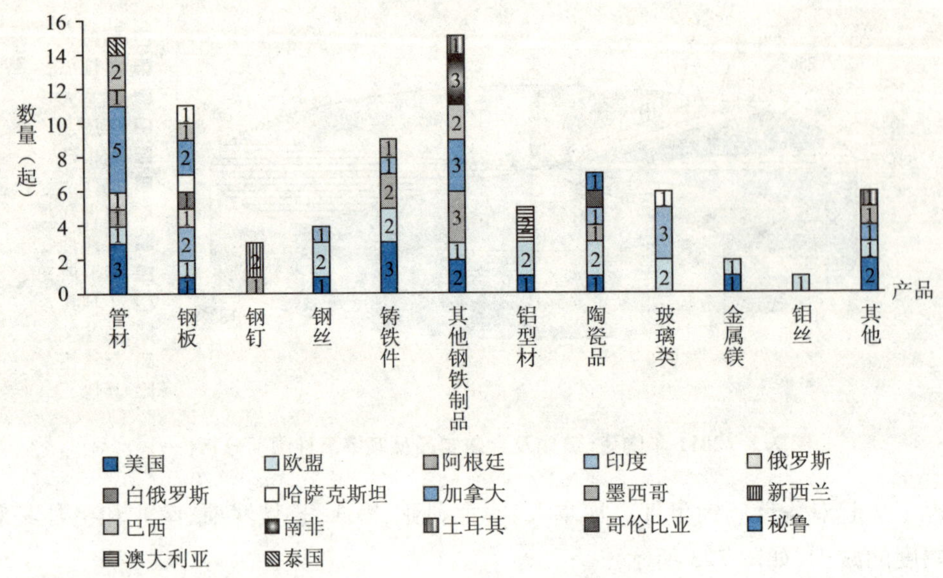

图 7.4 2011 年金属、陶瓷、玻璃制品出口贸易反倾销事件产品分析

裁，若为肯定性裁决，美国商务部将对涉案产品发布反补贴征税令。

2010 年 1 月 27 日，美国商务部对原产于中国的钻管产品（包括铁制或钢制加重钻杆、钻铤和配钻杆接头的钻管，无论制成品或半成品，无论其原材料钢的具体化学成分如何）进行反倾销和反补贴立案调查，涉案产品海关编码为 73042200.30、73042200.45、73042200.60、73042330.00、73042360.30、73042360.45、73042360.60、84314380.40，同时该产品也通过 84314380.60、84314340.00、73043900.28、73043900.32、73043900.36、73043900.40、73043900.44、73043900.48、73043900.52、73043900.56、73044900.15、73044900.60、73045980.20、73045980.25、73045980.30、73045980.35、73045980.40、73045980.45、73045980.50 和 73045980.55 等税号入关。2010 年 6 月 11 日，美国商务部对该案作出反补贴初裁，裁定中国涉案企业的补贴率为 15.72%。

2011 年 2 月 7 日，美国国家贸易委员会发布公告，对原产于中国的钻管产品作出反倾销和反补贴产业损害终裁，6 位委员以 3 票支持 3 票反对的投票结果裁定涉案产品的倾销行为和补贴行为对美国国内产业造成了实质性损害威胁。

根据该肯定性裁决，美国商务部将对原产于中国的钻管产品发布反倾销和反补贴征税令。

2 月

加拿大对华碳钢焊接钢管作出反补贴期中复审终裁

2011 年 2 月 14 日，加拿大边境服务署发布公告，对原产于中国的碳钢焊接钢管作出反倾销和反补贴期中复审终裁，裁定涉案产品的正常价格为出口价格 ×179%，补贴额为 5280 元（人民币）/公吨。该裁决自 2011 年 2 月 14 日起正式生效。

2008 年 1 月 23 日，加拿大边境服务署对原产于中国的碳钢焊接钢管进行反倾销和反补贴调查，涉案产品海关编码为 73063010.14、73063090.14、73063090.29、73063010.24、73063090.19、73063090.34、73063010.34、73063090.24 和 73063090.39。2008 年 7 月 21 日，加拿大边境服务署对该案作出反倾销和反补贴终裁，裁定中国涉案企业的倾销幅度为 97% ~179%，补贴率为 25% ~113%。

2010 年 10 月 8 日，加拿大边境服务署对该案进行反倾销期中复审调查。

3 月

加拿大对中国产钢格板作出反倾销和反补贴终裁

2011 年 3 月 21 日，加拿大边境服务署对原产于中国的钢格板作出反倾销和反补贴终裁。

2010 年 9 月 20 日，加拿大边境服务署发布公告，应 Fisher & Ludlow 的申诉请求，决定对原产于或进口自中国的钢格板进行反倾销和反补贴调查，涉案产品海关编码为 73089090.10、73089090.20、73089090.30、73089090.40、73089090.50、73089090.60、73089090.91、73089090.92、73089090.93、73089090.94、73089090.95、73089090.96、73089090.99。2010 年 12 月 20 日，加拿大边境服务署对该案作出初裁，裁定中国涉案企业的倾销幅度为 20% ~91%，补贴率为 6% ~129%。

2011 年 4 月 19 日，加拿大国际贸易法庭发布公告，对原产于中国的钢格板作出反倾销和反补贴产业损害终裁，裁定涉案产品的倾销行为和补贴行为给加拿大国内产业造成了实质性损害。

根据该肯定性裁决，加拿大边境服务署将对原产于中国的钢格板征收反倾销和反补贴税。

美国对华产铝型材作出反补贴终裁

2011 年 3 月 29 日，美国商务部发布公告，对原产于中国的铝型材作出反补贴终裁。

按照相关法律程序，美国国际贸易委员会将于 2011 年 5 月 12 日对该案作出反补贴产业损害终裁，若为肯定性裁决，美国商务部将对涉案产品发布反补贴征税令。

2010 年 4 月 21 日，美国商务部对原产于中国的铝型材进行反倾销和反补贴立案调查，涉案产品海关编码为 76042100.00、76042910.00、76042930.10、76042930.50、76042950.30、76042950.60、76082000.30、76082000.90，以及税则号在 761010、761090、761519、761520、761599 下的部分产品。2010 年 9 月 7 日，美国商务部对该案作出反补贴初裁，裁定中国涉案企业的补贴率为 6.18% ~137.65%。

2011 年 4 月 28 日，美国国际贸易委员会发布公告，对原产于中国的铝型材作出反倾销和反补贴产业损害终裁，裁定除成品散热器外，其他铝型材的倾销行为和补贴行为对美国国内产业造成了实质性损害。

根据该裁决，美国商务部将终止对成品散热器实施反倾销和反补贴措施，对其他涉案铝型材将发布反倾销和反补贴征税令。

加拿大对中国等 6 国（地区）产热轧碳钢薄板作出双反日落复审终裁

2011 年 3 月 31 日，加拿大边境服务署发布公告，对原产于中国大陆、中国台湾地区、巴西、乌克兰、南非和印度的热轧碳钢薄板作出反倾销日落复审终裁，对原产于印度的热轧碳钢薄板作出反补贴日落复审终裁，裁定若取消对原产于中国大陆、中国台湾地区、巴西、乌克兰和印度的热轧碳钢薄板的反倾销措施，或取消对原产于印度的热轧碳钢薄板的反补贴措施，涉案产品将对加拿大国内产业造成的实质性损害将继续或再度发生，但若取消对原产于南非的热轧碳钢薄板的反倾销措施，涉案产品将不会继续或再度对加拿大国内产业造成实质性损害。

4 月

美国对中国和墨西哥产镀锌钢丝进行反补贴调查

2011 年 4 月 20 日，美国商务部发布公告，应 Davis Wire Corporation、Johnstown Wire Technologies, Inc.、Mid – South Wire Company, Inc.、National Standard, LLC 和 Oklahoma Steel & Wire Company, Inc.

申请,决定对原产于中国和墨西哥的镀锌钢丝进行反倾销和反补贴调查,涉案产品海关编码为72172030、72172045、72172030.00、72172045.10、72172045.20、72172045.30、72172045.40、72172045.50、72172045.60、72172045.70和72172045.80。此外,涉案产品还可通下列海关编码72292000.15、72299050.08、72299050.16、72299050.31和72299050.51入关。申请方要求对中国产镀锌钢丝征收171.00%~235.00%的反倾销税,对墨西哥产镀锌钢丝征收166.00%~244.00%的反倾销税。

2011年5月16日,美国国际贸易委员会发布公告,对原产于中国和墨西哥的镀锌钢丝作出反倾销和反补贴产业损害初裁,裁定涉案产品的倾销行为和补贴行为对美国国内产业造成了实质性损害。

根据该肯定性裁决,美国商务部将继续对涉案产品进行反倾销和反补贴调查。

2011年8月30日,美国商务部对原产于中国的镀锌钢丝作出反补贴初裁。涉案产品海关编码为72172030、72172045、72172030.00、72172045.10、72172045.20、72172045.30、72172045.40、72172045.50、72172045.60、72172045.70、72172045.80、72292000.15、72299050.08、72299050.16、72299050.31、72299050.51。

美国对华钢制轮毂进行反补贴调查

2011年4月19日,美国商务部发布公告,应Accuride Corporation和Hayes Lemmerz International, Inc.申请,决定对原产于中国的钢制轮毂进行反倾销和反补贴调查,涉案产品海关编码为87087005.00、87087025.00、87087045.30和87087060.30。申请方要求对涉案产品征收30.25%~193.54%的反倾销税和微量反补贴税。

据统计,2010年,美国自中国进口的钢制轮毂的总价值为8040万美元。

2011年8月30日,美国商务部对原产于中国的钢制轮毂作出反补贴初裁。涉案产品海关编码为87087005.00、87087025.00、87087045.30、87087060.30。

2011年5月13日,美国国际贸易委员会发布公告,对原产于中国的钢制轮毂作出反倾销和反补贴产业损害初裁,裁定涉案产品的倾销行为和补贴行为对美国国内产业造成了实质性损害或实质性损害威胁。根据该肯定性裁决,美国商务部将继续对涉案产品进行反倾销和反补贴调查。

5月

美国对华高压钢瓶进行反补贴调查

2011年5月31日,美国商务部发布公告,应Norris Cylinder Company申请,决定对原产于中国的高压钢瓶进行反倾销和反补贴调查,涉案产品海关编码为73110000.30、73110000.60和73110000.90。申诉方要求对涉案产品征收17.04%~176.28%的反倾销税。

2011年6月24日,美国国际贸易委员会对原产于中国的高压钢瓶作出反倾销产业损害初裁:有明显的数据显示,美国国内产业因中国对美国出口的高压钢瓶在国内以低于正常价值销售和中国政府的补贴而遭受实质性损害。根据该裁决,美国商务部将继续对华高压钢瓶进行反倾销和反补贴调查。

在该案中,6名国际贸易委员会委员均投赞成票。

2011年10月12日,美国商务部对原产于中国的高压钢瓶作出反补贴初裁。涉案产品海关编码为73110000.30、73110000.60、73110000.90。

2011年5月,美国商务部对原产于中国的高压钢瓶进行反补贴立案调查。

6月

加拿大对中国产无缝钢制油气套管进行反补贴期中复审

2011年6月9日，加拿大边境服务署发布公告，对原产于中国的无缝钢制油气套管进行反补贴期中复审，此次复审的主要内容为重新确定涉案产品的补贴额。

2011年11月7日，加拿大对原产于中国的无缝钢制油气套管和石油管材产品作出反补贴期中复审终裁：合作企业无缝钢制油气套管和石油管材产品的补贴额为；不合作企业无缝钢制油气套管的补贴额为3381元（人民币）/吨，不合作企业石油管材产品的补贴额为4070元（人民币）/吨。

2007年8月13日，加拿大边境服务署对原产于中国的无缝钢制油气套管进行反补贴调查，涉案产品海关编码为7304290011、7304290019、7304290021、7304290029。2008年2月7日，加拿大边境服务署对该案作出反补贴终裁，裁定中国涉案企业的补贴率为2%～38%，补贴额为160～3381元（人民币）/吨。

2011年12月12日，加拿大对原产于中国的石油管材短节作出反倾销和反补贴初裁。涉案产品海关编码为7304.29.00.51、7304.29.00.59、7304.29.00.61、7304.29.00.69、7304.29.00.71、7304.29.00.79。

2011年9月，加拿大对原产于中国的石油管材短节进行反倾销和反补贴立案调查。

加拿大对中国、韩国和美国产铜管件进行反补贴日落复审

2011年6月1日，加拿大国际贸易法庭发布公告，对原产于中国、韩国和美国的铜管件进行反倾销日落复审立案调查，并对原产于中国的铜管件进行反补贴日落复审立案调查，以确定在取消反倾销和反补贴措施后，涉案产品对加拿大国内产业造成的实质性损害是否继续或再度发生。

2011年9月29日，加拿大边境服务署发布公告称，已完成对原产于美国、韩国和中国的铜管件的反倾销日落复审调查，以及对原产于中国的铜管件的反补贴日落复审调查，认为取消上述反倾销和反补贴措施将会造成对国内产业的损害继续或再发生。根据此裁决，加拿大将继续对原产于美国、韩国的铜管件征收反倾销税，对原产于中国的铜管件征收反倾销和反补贴税。

2006年6月8日，加拿大边境服务署对原产于中国、美国和韩国的铜管件进行反倾销调查，同时对中国的铜管件进行反补贴调查，涉案产品海关编码为74121000.11、74121000.19、74121000.20、74122000.11、74122000.12、74122000.19和74122000.20。2007年1月8日，加拿大边境服务署对该案作出终裁，裁定中国合作企业的倾销幅度和补贴率均为0，不合作企业的倾销幅度为37%～242%，补贴额为17.73元（人民币）/千克。

9月

加拿大对华铝型材进行反补贴期中复审调查

2011年9月19日，加拿大对原产于中国的铝型材进行反补贴期中复审立案调查。涉案产品海关编码为7604.10.11.10、7604.10.11.90、7604.10.12.11、7604.10.12.19、7604.10.12.21、7604.10.12.22、7604.10.12.23、7604.10.12.24、7604.10.12.29、7604.10.20.11、7604.10.20.19、7604.10.20.21、7604.10.20.29、7604.10.20.30、7604.21.00.10、7604.21.00.20、7604.29.11.10、7604.29.11.90、7604.29.12.11、7604.29.12.19、7604.29.12.21、7604.29.12.22、7604.29.12.23、7604.29.12.24、7604.29.12.29、7604.29.20.11、7604.29.20.19、7604.29.20.21、7604.29.20.29、7604.29.20.30、7608.10.00.10、7608.10.00.90、7608.20.00.10、7608.20.00.90、7610.10.00.10、7610.10.00.20、7610.10.00.30、7610.90.00.10、7610.90.00.20、7610.90.00.30、7610.90.00.40、7610.90.00.90。

澳大利亚对华铝型材作出反补贴期中复审终裁

2011年8月26日，澳大利亚对原产于中国的铝型材作出反倾销和反补贴期中复审终裁，肯定了澳大利亚在原裁决中部分裁决，并作出了两项新裁定，即(1)原铝的进口价格不能反映竞争激烈的市场成本，因此不应被用作建立正常价值的结构成本；(2)用作计算临时反倾销税和临时反补贴税的出口价格、正常价值和无损害价格应根据铝型材品种来确定；并且发现原裁决中关于广东肇庆新中亚铝业有限公司(Zhaoqing New Zhongya Aluminium Co. Ltd.)的正常价值的计算有错误，经更正后，该公司的倾销幅度小于2%，为微量。

加拿大对华石油管材短节进行反补贴调查

2011年9月12日，应Dover Corporation (Canada) Limited的申请，加拿大对原产于中国的石油管材短节进行反倾销和反补贴立案调查。涉案产品海关编码为7304.29.00.51、7304.29.00.59、7304.29.00.61、7304.29.00.69、7304.29.00.71、7304.29.00.79。

2011年11月14日，加拿大对原产于中国的石油管材短节作出反倾销和反补贴产业损害初裁：涉案产品的倾销行为和补贴行为给加拿大国内产业造成了实质性损害或阻碍，或者实质性损害威胁。

10月

加拿大对华不锈钢水槽进行反倾销和反补贴调查

2011年10月27日，加拿大边境服务署对原产于中国的不锈钢水槽进行反倾销和反补贴立案调查。涉案产品海关编码为7324.10.00.11、7324.10.00.19、7324.10.00.21、7324.10.00.29。

2011年12月28日，加拿大国际贸易法庭发布公告，对原产于中国的不锈钢水槽作出反倾销和反补贴产业损害初裁，裁定涉案产品的倾销和补贴行为对加拿大国内产业造成了实质性损害或实质性损害威胁。

11月

澳大利亚对华铝制车轮进行反倾销和反补贴立案调查

2011年11月7日，应Arrowcrest Group Pty Ltd. 的申请，澳大利亚对原产于中国的铝制车轮进行反倾销和反补贴立案调查。涉案产品海关编码为8708.70.91。

本案的倾销调查期为2010年7月1日—2011年6月30日，损害调查期自2006年7月1日起。

2. 分析

金属、陶瓷及玻璃制品类产品出口所遇反补贴事件分析包括月份分析、国别分析和产品分析。2011年的反补贴事件共15起，其中12起是反倾销和反补贴同时进行的“双反事件”。以上有12起事件在反倾销部分已有列出，但是为了读者阅读方便，在这里还是单独列出作分析。

(1)月份分析

2011年陶瓷、玻璃及金属制品类产品出口反补贴事件共计15起，每月在0~3起之间，如图7.5所示。

与2010年18起相比，2011年我国受到来自国外的反补贴事件的总数量与上年略有减少，为15起。3月和9月最多，各为3起；4月和6月各两起，1月、2月、5月、10月和11月各1起；而7月、8月和12月没有反补贴事件发生。

(2)国别分析

由图7.6可知，2011年对华反补贴的国家仍是以加拿大和美国为主，其中加拿大的比重超过美

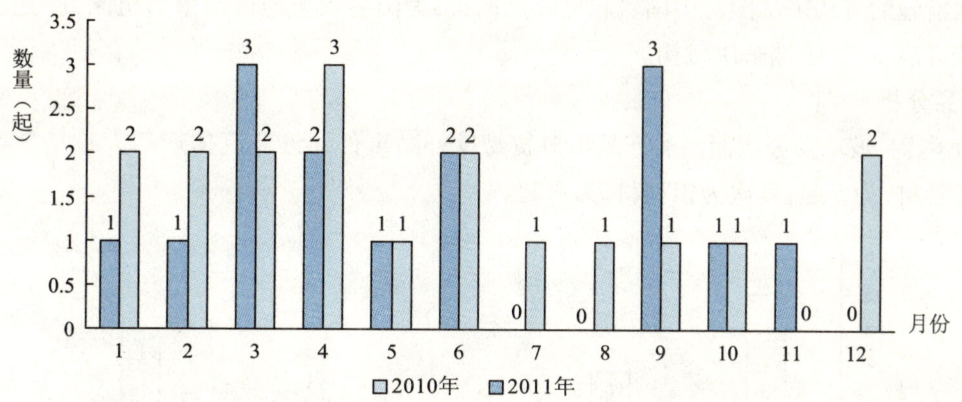

图 7.5　2011 年金属、陶瓷、玻璃制品出口贸易反补贴事件月份分析

国，较 2010 年有大幅上升。

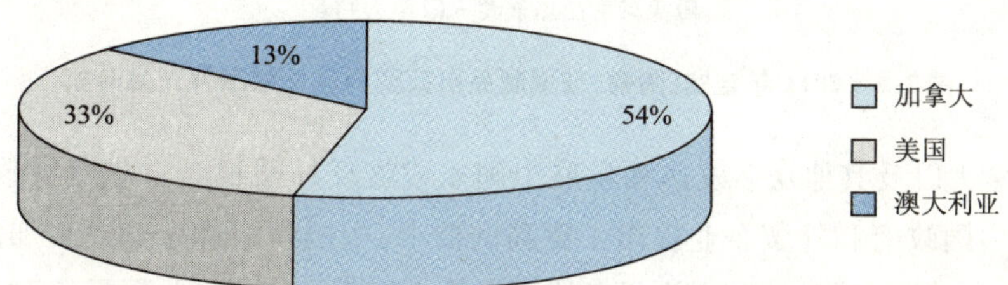

图 7.6　2011 年金属、陶瓷、玻璃制品出口贸易反补贴事件国别分析（一）

金属、陶瓷和玻璃制品领域，由图 7.7 可知，2011 年加拿大对华反补贴数量由 5 起增至 8 起，而美国则减少了一半，仅为 5 起；澳大利亚对华反补贴事件与 2010 年持平，仍为 2 起，欧盟 2011 年没有出现对华反补贴事件。

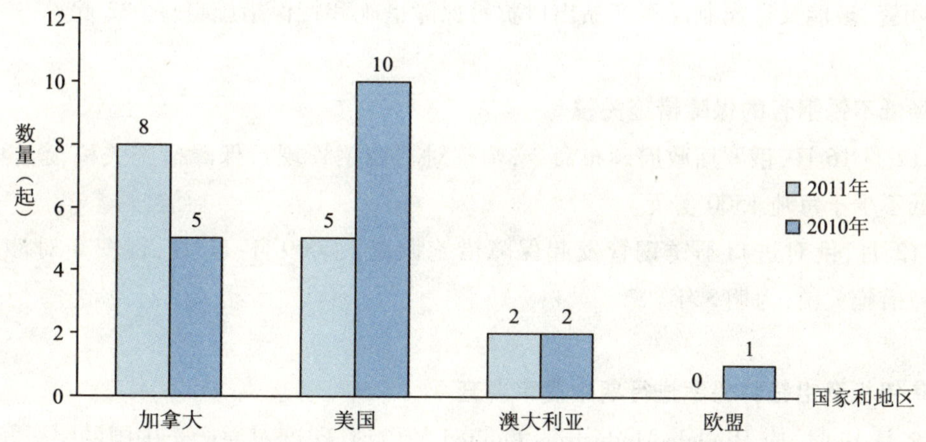

图 7.7　2011 年金属、陶瓷、玻璃制品出口贸易反补贴事件国别分析（二）

对华反补贴事件大多数都来自加拿大和美国这两个发达国家，与前两年的情况相似，反映了美国和加拿大近些年来有绕过反补贴不适用于“非市场经济”国家的 WTO 规则，加大对中国的反补贴调查的趋势。加拿大一直以来通过承认我国的碳钢管件、石油管材等行业的市场经济地位的方式，运用 WTO 规则对华采取反补贴措施。美国近些年来则往往采用修订国内法以适用于对“非市场经济”国

家的反补贴措施的方式来试图对中国提起反补贴调查，美国还频繁地诉诸多边机制，即更多地将中美反补贴争端诉诸WTO争端解决机构。

(3)产品分析

2011年陶瓷、玻璃及金属制品类产品出口贸易反补贴事件共涉及具体产品大致是5类。其中最多的为各种管材，为5起；其次为铝型材，为4起。

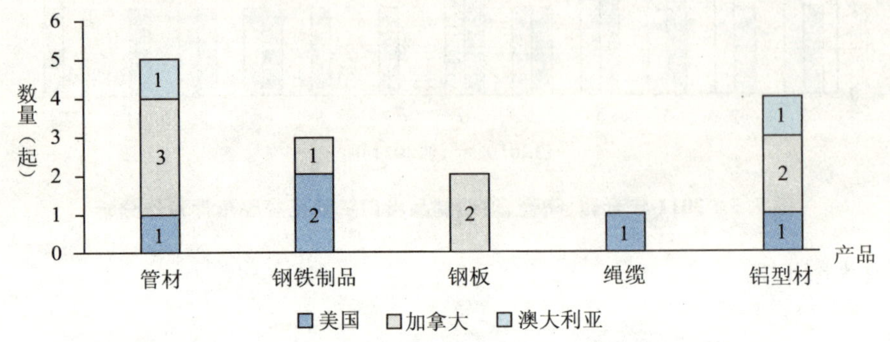

图7.8 2011年金属、陶瓷、玻璃制品出口贸易反补贴事件产品分析

未来美国、加拿大以及其他众多发达和发展中国家或将反补贴视为对华贸易政策的重要组成部分。当然，这就给中国政府和外贸企业提出了更高的要求，中国政府和企业要更加注重研究WTO规则乃至外国的国内法，提高对潜在反补贴调查的警惕性，政府要引导企业积极应对反补贴调查，企业自身也要转变出口战略。

(三)保障措施和特保措施

1. 事件

2011年陶瓷、玻璃及金属制品类产品出口贸易保障措施和特保措施事件共2起。

1月

俄罗斯降低不锈钢管的保障措施关税

2010年12月16日，俄罗斯政府颁布命令，调整对不锈钢管现行保障措施关税，新的关税税率为9.9%，但最低不少于每吨1500美元。

2007年12月，俄对进口不锈钢管发起保障措施调查。2009年11月，俄罗斯对涉案产品征收28.1%的保障措施关税，为期3年。

2月

印度对华铝板及铝箔特保案进行期中复审调查

2011年2月14日，应Hindalco Industries Limited的申请，印度对原产于中国的铝板及铝箔特别保障措施进行期中复审立案调查。涉案产品海关编码为76061110、76061190、76061200、76069110、76069120、76069190、76069210、76069290、76071110、76071190、76071910、76071991、76071992、76071993、76071994、76071995、76071999、76072010、76072090。

2011年10月13日，印度对华铝板及铝箔作出特别保障措施期中复审终裁：由于申诉方撤销申请，因此决定取消对华铝板及铝箔的特别保障措施期中复审调查。

在复审调查申请中，申诉方要求印度财政部取消对华铝板及铝箔的特别保障措施。2009年1月，印度对原产于中国的铝板及铝箔进行特别保障措施立案调查；2009年5月，印度对此案作出肯定性终裁：决定征收4年的特别关税。

2. 分析

金属、陶瓷及玻璃制品类产品出口所遇保障措施与特保措施事件分析包括月份分析、国别分析和产品分析。

（1）月份分析

2011年陶瓷、玻璃及金属制品类产品出口所遇保障措施与特保措施事件共计2起，分别为1月1起，2月1起。

与2010年12起相比，2011年我国受到来自国外保障措施与特保措施事件的总数量有大幅减少，除1月和2月之外，其他月份均没有出现国外保障措施和特保措施。

（2）国别分析

在金属、陶瓷和玻璃制品领域，2011年对我国采取保障措施与特保措施的国家有两个，分别是俄罗斯和印度，各1起。

俄罗斯和印度一直是对我国采取保障措施和特保措施的主要国家，2009年两国在金属、陶瓷和玻璃制品领域各对我国采取了3起保障措施和特保措施。

（3）产品分析

2011年陶瓷、玻璃及金属制品类产品出口贸易保障措施与特保措施事件共涉及2种产品，分别是不锈钢管和铝板及铝箔。

综上所述，特保措施的发生几率较小，随机性也较大，基本上没有什么规律可循。保障措施和特保措施而引起的贸易壁垒事件和贸易争端相较反倾销和反补贴来说仍然要少得多。

（四）金属、陶瓷和玻璃制品贸易救济措施分析

金属、陶瓷和玻璃制品出口所遇贸易救济措施分析包括月份分析、国别分析、区域分析和产品分析。

1. 月份分析

金属、陶瓷和玻璃制品出口领域，2011年发生的贸易救济措施事件共101起，相较2010年的135起，减少了34起；较2009年的112起，减少了11起。可见在金属、陶瓷和玻璃制品这个板块，我国的外贸环境较金融危机后的两年有所改善，如图7.9所示。

除11月外，2011年各月金属、陶瓷和玻璃制品出口遭遇的贸易救济措施都有不同程度的减少；尤其是1月份，较2010年同期减少了11起。从趋势来看，2011年上半年，贸易救济事件处于基本持平稳定状态，每月均为8到10起；自2011年7月起，贸易救济事件的发生频率出现了一些波动，但整体而言，上半年遭遇的贸易救济措施要多于下半年。

2. 国别分析

2011年对华采取贸易救济措施最多的国家（地区）前5位依次分别是：美国16起，占18%；欧盟16起，占18%；加拿大14起，占16%；印度9起，占10%；阿根廷7起，占8%。这5个国家（地区）的总量占2011年全年的70%，可见贸易救济措施的国家集中度是很高的，如图7.10所示。

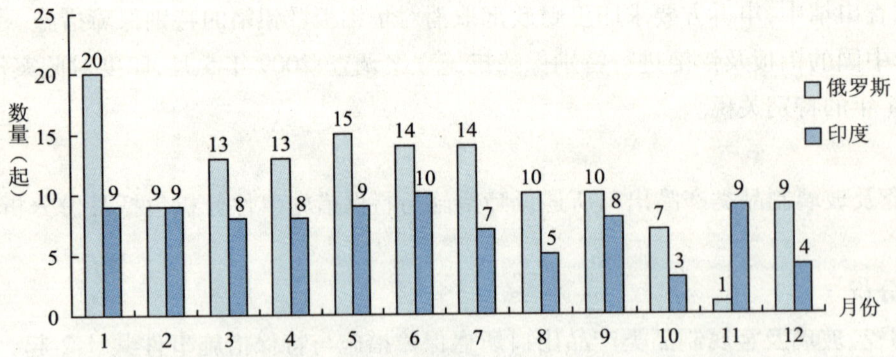

图 7.9　2011 年金属、陶瓷和玻璃制品出口贸易救济措施月份分析

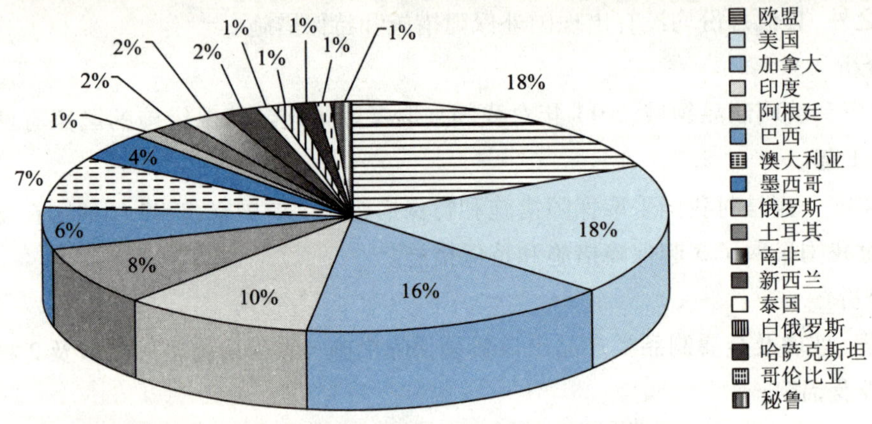

图 7.10　2011 年金属、陶瓷和玻璃制品出口贸易救济措施国别分析（一）

与 2010 年相比，在金属、陶瓷和玻璃制品领域，对华采取贸易救济措施最多的几个主要的国家（地区）略有变化，印度和阿根廷超过土耳其和澳大利亚，成为金属、陶瓷和玻璃制品领域对我国采取贸易救济措施前 5 位的国家。2010 年对我国采取贸易救济措施的印尼、乌克兰、菲律宾等国 2011 年没有采取对我国贸易救济措施。

由图 7.11 可知，与 2010 年相比，在金属、陶瓷和玻璃制品领域，美国、加拿大、澳大利亚、俄罗斯和土耳其对我国贸易救济事件的数量有大幅下降；而印度、阿根廷、巴西对我国贸易救济事件数量有一定幅度的上升；新西兰、白俄罗斯和哈萨克斯坦在 2011 年新出现了对我国贸易救济措施。

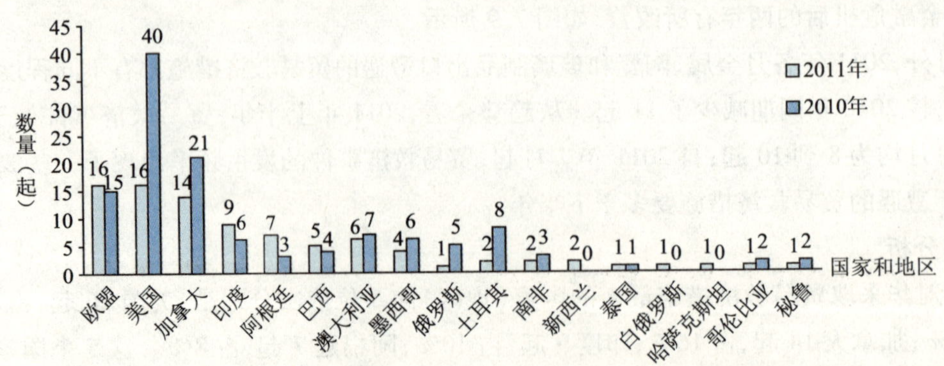

图 7.11　2011 年金属、陶瓷和玻璃制品出口贸易救济措施国别分析（二）

3. 区域分析

2011 年金属、陶瓷、玻璃制品板块对华采取贸易救济措施最多的地区依次为：北美地区、拉美地区和欧盟，这三个地区加起来占到了总数的 70% 以上，如图 7.12 所示。

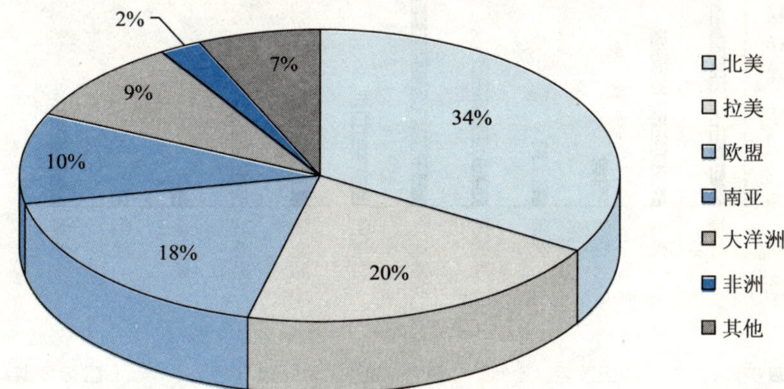

图 7.12 2011 年金属、陶瓷和玻璃制品出口贸易救济措施区域分析(一)

如图 7.13 可知，与 2010 年相比，北美、南亚和非洲地区对华贸易救济措施有大幅减少，其他地区基本保持平稳态势。

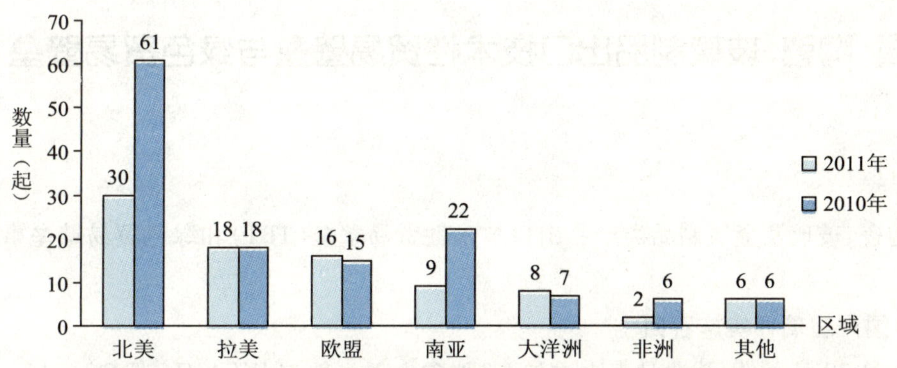

图 7.13 2011 年金属、陶瓷和玻璃制品出口贸易救济措施区域分析(二)

4. 产品分析

2011 年陶瓷、玻璃及金属制品类产品中，管材和钢铁类产品贸易救济事件最多。其中管材 17 起贸易救济事件，钢板、钢钉、钢丝、铸铁件和其他钢铁制品总共发生 45 起贸易救济事件。陶瓷和玻璃类制品贸易救济事件较少，分别为 7 起和 8 起，如图 7.14 所示。

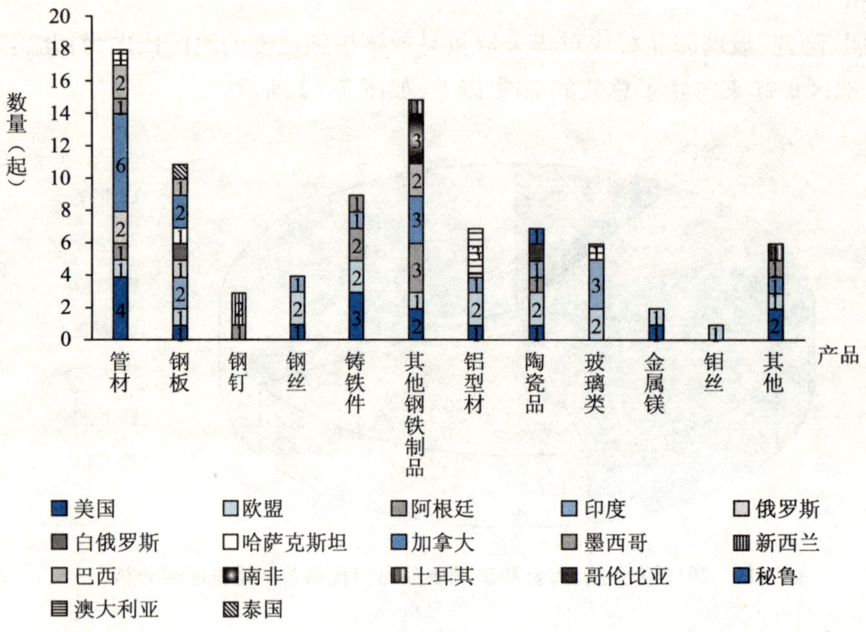

图 7.14 2011 年金属、陶瓷、玻璃制品出口贸易救济事件产品分析

二、金属、陶瓷、玻璃制品出口技术性贸易壁垒与绿色贸易壁垒

(一)事件

2011 年陶瓷、玻璃及金属制品类产品出口技术性贸易壁垒(TBT)和绿色贸易壁垒事件共 27 起。

1 月

美国对中国产玻璃杯实施召回

2011 年 1 月 20 日,美国消费品安全委员会、加拿大卫生部与 IKEA Home Furnishings 联合宣布对中国产 RUND 透明玻璃杯实施自愿性召回。召回原因为,该玻璃杯的内层玻璃易破碎,有致使用者被割伤的危险。

加拿大对中国产玻璃杯实施召回

2011 年 1 月 20 日,美国消费品安全委员会、加拿大卫生部与 IKEA Home Furnishings 联合宣布对中国产 RUND 透明玻璃杯实施自愿性召回。召回原因为,该玻璃杯的内层玻璃易破碎,有致使用者被割伤的危险。

2 月

欧盟对中国产“Polymark”牌钥匙链发出消费者警告

2011 年 2 月 18 日,欧盟委员会非食品类快速预警系统对中国产“Polymark”牌钥匙链发出消费者警告。本案的通报国为法国。由于该钥匙链上的小部件极易与主体分离,一旦吞食,存在致儿童窒息的危险。该产品不符合欧盟的玩具指令以及欧盟的相关标准 EN71。

欧盟对中国产“Primus”牌燃气烤肉架发出消费者警告

2011 年 2 月 18 日,欧盟委员会非食品类快速预警系统对中国产“Primus”牌燃气烤肉架发出消费者警告。本案的通报国为荷兰。此次通报的燃气烤肉架的款式/型号编码为:440011。由于在使用过程中高温可能引起燃气筒爆炸,且若火炉不能在 5 秒钟内点火完毕而未燃烧的燃气可能溢出,若遇火苗可能起火,该产品存在引发火灾的危险。该产品不符合欧盟的燃气具指令以及欧盟的相关标准 EN521。

美国 CPSC 对中国产玻璃锅盖实施召回

2011 年 2 月 23 日,美国消费品安全委员会与 Le Creuset of America Inc. 联合宣布对中国产 Le Creuset 玻璃锅盖实施自愿性召回。召回原因为,该玻璃锅盖在使用过程中易开裂或破碎,有致使用者被划伤的危险。

3 月

美国 CPSC 对中国产珠帘实施召回

2011 年 3 月 1 日,美国消费品安全委员会与 FAB/Starpoint LLC 联合宣布对中国产 Circo 珠帘实施自愿性召回。召回原因为,若儿童将珠帘缠绕其颈部,有致其窒息的危险。

欧盟对中国产“IKEA”牌玻璃杯发出消费者警告

2011 年 3 月 4 日,欧盟委员会非食品类快速预警系统对中国产“IKEA”牌玻璃杯发出消费者警告。本案的通报国为瑞典。该玻璃杯的 Art. 码编码为:#30155137(4 cl)、#30149679 (21 cl)、#50149678(40 cl)。由于该玻璃杯极易破裂,有致使用者嘴和手被割伤的危险。

欧盟对中国产“Kaufland”牌蔬菜刀发出消费者警告

2011 年 3 月 11 日,欧盟委员会非食品类快速预警系统对中国产“Kaufland”牌蔬菜刀发出消费者警告。本案的通报国为罗马尼亚。该蔬菜切刀为黑色,有 3 个替换刀片,EAN 码编码为 4300175834667。由于该切刀的小刀片极易与主体分离,且可能落入正准备的食物中,使用者若误食,有致其受伤的危险。

5 月

美国 CPSC 对中国产游泳池滤水罩实施召回

2011 年 5 月 26 日,美国消费品安全委员会与 Lawson Aquatics 公司联合宣布对中国产游泳池滤水罩实施自愿性召回。召回原因为,该游泳池滤水罩不能正确控制进水速度,有致游泳者被困水中的危险。

6 月

美国对中国产刀具实施召回

2011 年 6 月 14 日,美国消费品安全委员会、加拿大卫生部与 Calphalon Corporation 联合宣布对中国产 Calphalon Contemporary Cutlery 刀具实施召回。召回原因为,8 英寸的切片刀和/或 8 英寸的面包刀的尖端易刺破木制刀具槽的底端,有割伤使用者的危险。

加拿大对中国产刀具实施召回

2011 年 6 月 14 日,美国消费品安全委员会、加拿大卫生部与 Calphalon Corporation 联合宣布对中国产 Calphalon Contemporary Cutlery 刀具实施召回。召回原因为,8 英寸的切片刀和/或 8 英寸的面包刀的尖端易刺破木制刀具槽的底端,有割伤使用者的危险。

欧盟对中国产"Timbertech"牌链锯发出消费者警告

2011年6月17日,欧盟委员会非食品类快速预警系统对中国产"Timbertech"牌链锯发出消费者警告。本案的通报国为德国。该链锯为桔色,发动机排量为58cm^3,功率为2.6kw,链长50cm;该产品的款式/型号编码为KS58。由于当该链锯在使用中产生强烈反应时,链锯上的制动装置不能及时启动,存在致使用者受伤的危险。该产品不符合欧盟的机械指令以及欧盟的相关标准ISO13772。

7月

欧盟对中国产"Etto"牌自行车头盔发出消费者警告

2011年7月1日,欧盟委员会非食品类快速预警系统对中国产"Etto"牌自行车头盔发出消费者警告。本案的通报国为挪威。该产品的款式/型号编码为:URS:900501201~900503991,生产日期2009年5月;URS:901000001~901005593,生产日期2009年10月。由于该头盔减震能力不足,一旦遇到突发事件,存在致使用者受伤的危险。该产品不符合欧盟个人防护装置指令以及欧盟的相关标准EN1078。

欧盟对中国产自行车轮胎修理工具发出消费者警告

2011年7月8日,欧盟委员会非食品类快速预警系统对中国产自行车轮胎修理工具发出消费者警告。本案的通报国为西班牙。该产品的款式/型号编码为20118,条形码编码为5606868201181。由于该产品中苯含量高达70%,且甲苯含量也达6%,存在致使用者化学中毒危险。该产品不符合欧盟的REACH指令。

美国CPSC对中国产加热器实施召回

2011年7月13日,美国消费品安全委员会与Meijer Inc. 联合宣布对中国产Touch Point振荡陶瓷加热器实施自愿性召回。召回原因为,加热器中的振荡器易短路,容易造成火灾。

美国CPSC对中国产滑雪头盔实施召回

2011年7月21日,美国消费品安全委员会与Uvex Sports、Swix Sport USA联合宣布对中国产Uvex Funride滑雪头盔实施自愿性召回。召回原因为,滑雪头盔的减震性能和抗浸透性不够,可致头部受伤。

8月

欧盟对中国产"Bullitt"牌摩托车头盔发出消费者警告

2011年8月5日,欧盟委员会非食品类快速预警系统对中国产"Bullitt"牌摩托车头盔发出消费者警告。本案的通报国为法国。该摩托车头盔的Ref码编码为BS4022V GRADIENT 3509031009961。由于该头盔的减震功能不好且其固定系统不合适,在翻车的特殊情况下,驾驶者有被摔伤的危险。该产品不符合欧盟的UNECE Regulation No. 22的相关规定。

美国CPSC对中国产销锅实施召回

2011年8月18日,美国消费品安全委员会与Macy's Merchandising Group联合宣布对中国产Martha Stewart Collection搪瓷铸铁沙锅实施自愿性召回。召回原因为,该款铸铁沙锅在使用时,表面的搪瓷涂层会破裂,破裂的搪瓷碎片飞溅出去会对使用者或周围的人造成割伤和烧伤的危险。

欧盟对华刀具实施召回

2011年8月23日,由于铬、锰和镍物质迁移,且总迁移量超标,意大利当局宣布对华刀具实施召回。

欧盟对华燃气烧烤架实施召回

2011年8月24日，由于总迁移量超标，意大利当局宣布对华露营用餐具发出消费者警告。

9月

欧盟对中国产“Scorpion”牌摩托车头盔发出消费者警告

2011年9月16日，欧盟委员会非食品类快速预警系统对中国产“Scorpion”牌摩托车头盔发出消费者警告。本案的通报国为法国。此次通报的摩托车头盔颜色和型号各异，款式编码为Exo－400。由于该摩托车头盔的撞击吸收性较差，当遇到翻车等特殊情况时不足以防止驾驶员头部受到撞击，存在致其受伤的危险。该产品不符合欧盟的UNECE Regulation No. 22的相关规定。

加拿大卫生部对中国产滑雪头盔实施召回

2011年9月14日，加拿大卫生部与UVEX SPORTS Germany和Lanct? t Ltée以及UTC Sports Ltd. 联合宣布对中国产滑雪头盔实施自愿性召回。召回原因为，该款滑雪头盔不能提供足够的减震及穿透保护，给消费者带来头部受伤的危险。

加拿大卫生部对中国产千斤顶实施召回

2011年9月22日，加拿大卫生部与Canadian Tire Corporation Ltd. 联合宣布对中国产千磅旋转式千斤顶实施自愿性召回。召回原因为，该款千斤顶可能缺少合适的C型法兰，对消费者构成潜在的安全隐患。

11月

美国CPSC对中国产猎刀实施召回

2011年11月1日，美国消费品安全委员会与Gerber Legendary Blades联合宣布对中国产Winchester猎刀套装实施自愿性召回。召回原因为，该款猎刀用于扣紧刀片的装置容易突然松动，导致刀片从刀身脱落，致使消费者受伤。

美国CPSC对中国产玻璃花瓶实施召回

2011年11月15日，美国消费品安全委员会和加拿大卫生部与Michaels Stores Inc. 联合宣布对中国产Ashland玻璃花瓶实施自愿性召回。召回原因为，该款玻璃花瓶在使用时可能会打破或破裂，造成消费者被划伤的危险。

加拿大卫生部对中国产玻璃花瓶实施召回

2011年11月15日，美国消费品安全委员会和加拿大卫生部与Michaels Stores Inc. 联合宣布对中国产Ashland玻璃花瓶实施自愿性召回。召回原因为，该款玻璃花瓶在使用时可能会打破或破裂，造成消费者被划伤的危险。

12月

欧盟对中国产“Cod Events”牌灯链发出消费者警告

2011年12月9日，欧盟委员会非食品类快速预警系统对中国产“Cod Events”牌灯链发出消费者警告。本案的通报国为法国。此次通报的灯链上连有50个星星形状的灯泡；参考码为5VRA434，条码为3526780751828。由于该款灯链带电部分缺少充分的防电保护，容易造成消费者触电的危险。该款产品不符合低电压指令（LVD）和相关欧盟标准EN60598。

（二）分析

金属、陶瓷、玻璃制品类产品出口所遇技术性壁垒与绿色贸易壁垒分析包括月份分析、国别分析和产品分析。

1. 月份分析

2011 年金属、陶瓷、玻璃制品出口贸易遭遇的 TBT 和绿色贸易壁垒事件共 27 起，其中最多的是 7 月和 8 月，分别为 4 起；最少为 4 月和 10 月，没有 TBT 和绿色贸易壁垒事件发生。与 2010 年的 6 起相比，事件数量猛增；而与 2009 年的 18 起事件相比，增幅仍然很大，如图 7.15 所示。

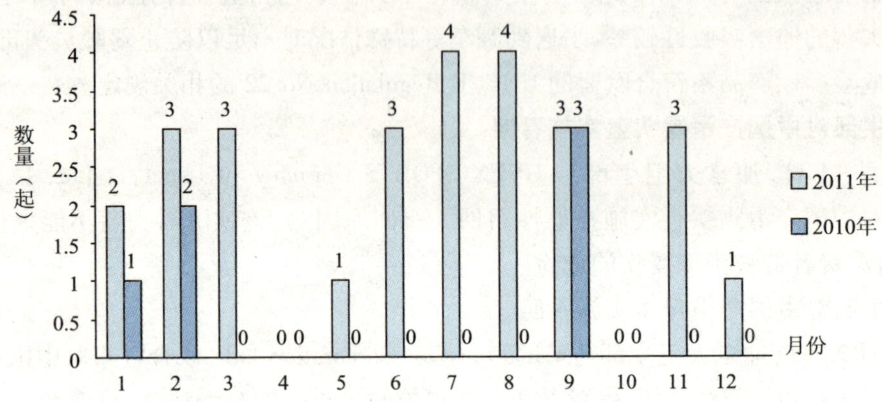

图 7.15　2011 年金属、陶瓷、玻璃制品出口贸易 TBT 与绿色贸易壁垒月份分析

2. 国别分析

2011 年金属、陶瓷、玻璃制品出口贸易技术性贸易壁垒与绿色贸易壁垒事件涉及的国家（地区）包括欧盟、美国和加拿大；在全年的 27 起事件中，欧盟 12 起，占 44%；美国 10 起，占 37%；加拿大 5 起，占 19%；其中美国和加拿大联合发起 3 起事件，如图 7.16 所示。

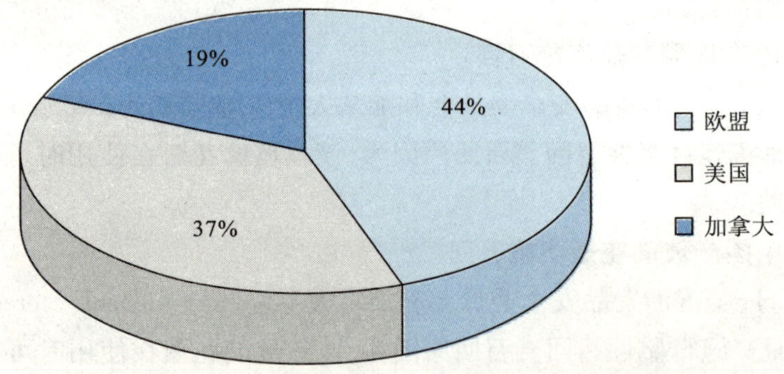

图 7.16　2011 年金属、陶瓷、玻璃制品出口贸易 TBT 与绿色贸易壁垒国别分析（一）

从图 7.17 中可以看出，2011 年 TBT 和绿色贸易壁垒的运用者主要是欧盟、美国和加拿大，这体现了欧盟、美国和加拿大对技术标准和安全要求较高以及中国产品的技术标准同欧美之间的差距。

2008 年 TBT 和绿色贸易壁垒事件总共只有 21 起，2009 年有所减少为 18 起，2010 年有较大幅度下降，为 6 起，而 2011 年又上升为 27 起。这体现了欧美发达国家在利用“双反”和保障措施等手段对中国产品进行调查的同时，同时重视不断推出更为隐蔽的技术性贸易壁垒和绿色贸易壁垒来对付中国产品，以维护本国利益。面对这种形势，我国政府应该客观细致地分析技术壁垒的类型，特别是欧美发达国家公布的技术法规、标准等，采取相应对策。我国企业要尽快熟悉、掌握并且知道如何应对技术壁垒协定的规则。我国还应加强产业升级和技术升级，提高产品的技术含量。

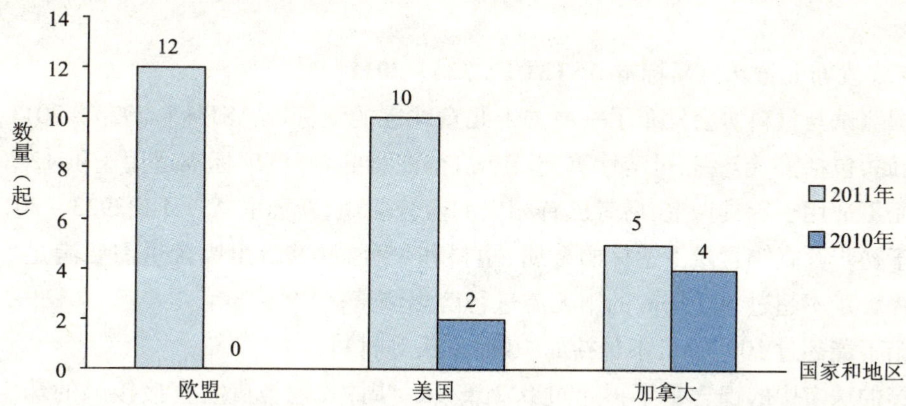

图 7.17 2011 年金属、陶瓷、玻璃制品出口贸易 TBT 与绿色贸易壁垒国别分析(二)

3. 产品分析

由图 7.18 可知,2011 年金属、陶瓷及玻璃制品类产品出口贸易技术性贸易壁垒与绿色贸易壁垒事件涉及的产品大致有 3 种,涉及金属制品案件 17 起,最主要是刀具等;涉及玻璃制品案件 9 起,主要是玻璃杯、玻璃花瓶等;涉及陶瓷制品案件 1 起,为砂锅产品。

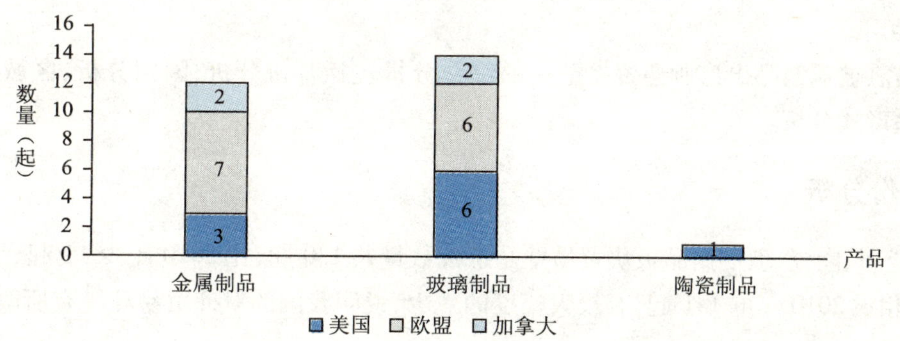

图 7.18 2011 年金属、陶瓷、玻璃制品出口贸易 TBT 与绿色贸易壁垒产品分析

三、其他贸易壁垒

2011 年金属、陶瓷、玻璃制品类产品出口贸易遇到其他贸易壁垒事件 2 起。

3 月

美国 ITC 对部分玻璃器具启动 337 调查

2011 年 3 月 21 日,美国国际贸易委员会(ITC)投票决定对部分玻璃器具启动 337 调查。涉案产品是喝水用玻璃杯。

2011 年 2 月 8 日,波士顿啤酒公司向美国 ITC 提出申请,指控美国进口及美国市场销售的部分玻璃器具侵犯了其专利权,要求启动 337 调查,并发布排除令和禁止令。

美国 ITC 最终决定将下列企业列为本案的强制应诉方:①1 Source Signature Glassware 公司;②Di Sciacca 公司;③San Tan Brewing 公司。

11 月

美国 ASTM 发布儿童珠宝新标准 ASTM F 2923 - 2011

近期,美国测试与材料协会发布了一项关于儿童珠宝的新标准 ASTM F 2923 - 2011,旨在限制其中的多种重金属,包括镉、铅、镍、可溶性重金属。值得注意的是,该项标准适用于供 12 岁及以下儿童使用的珠宝,而不适用于玩具珠宝,后者已有相应的监管法规,新标准 ASTM F 2923 - 2011 其中规定:

- 镉:对于初步筛查镉含量不达标的金属、塑料和聚合物,其溶出镉含量需要满足一定的限量要求,而金属中镉含量不超过 300 ppm 的则无需进行溶出测试;

- 铅:总铅不能超过 100 ppm,不包括如织物、木头等材料;

- 镍:刺穿的珠宝中的镍含量不得超过 0.2μg/cm^2/周,其他与皮肤直接接触的珠宝中的镍不得超过 0.5μg/cm^2/周;

- 可溶性重金属:锑为 60 ppm,铬为 60 ppm,砷为 25 ppm,汞为 60 ppm,钡为 1000 ppm,硒为 500 ppm,镉为 75 ppm。

以上两起其他贸易壁垒事件均来自于美国,涉及产品为玻璃器皿和儿童珠宝。

四、金属、陶瓷、玻璃制品出口贸易壁垒综合分析

金属、陶瓷、玻璃制品出口所遇贸易壁垒的综合分析包括月份分析、国别分析、区域分析、产品分析和贸易壁垒形式分析。

(一)月份分析

2011 年金属、陶瓷、玻璃制品板块贸易壁垒事件数量共 130 起,比 2010 年少 11 起,平均每月都将近有 10 起。相比 2010 年的 141 起,有较大幅度的减少,说明我国的对外贸易环境有所改善,具体数字见图 7.19 所示。

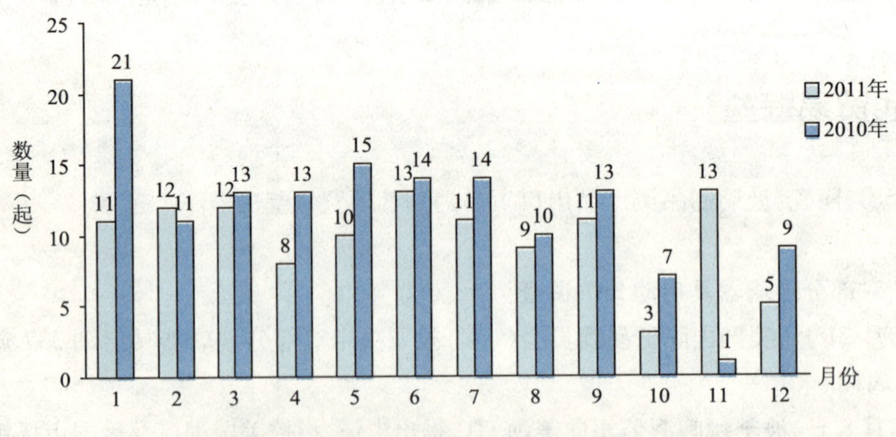

图 7.19　2011 年金属、陶瓷、玻璃制品出口贸易壁垒月份分析(一)

可以看出,2011 年全年中国遭遇的贸易壁垒有三种形式:贸易救济、技术性贸易壁垒和其他贸易壁垒。贸易救济达到了 101 起,技术性贸易壁垒全年共为 27 起,而其他贸易壁垒为 2 起,如图 7.20 所示。

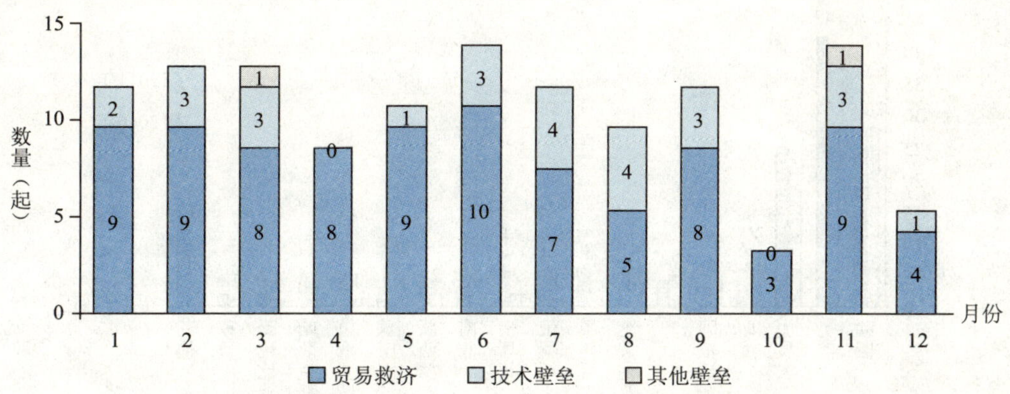

图 7.20 2011 年金属、陶瓷、玻璃制品出口贸易壁垒月份分析(二)

(二)国别分析

2011 年金属、陶瓷、玻璃制品板块,对华采取贸易壁垒措施最多的国家和地区是欧盟、美国和加拿大,分别占到2011 年贸易壁垒总事件比重的24%、24%和16%。此外,印度、阿根廷、巴西、澳大利亚、墨西哥和土耳其也是对华采取贸易壁垒的重要国家,如图 7.21 所示。

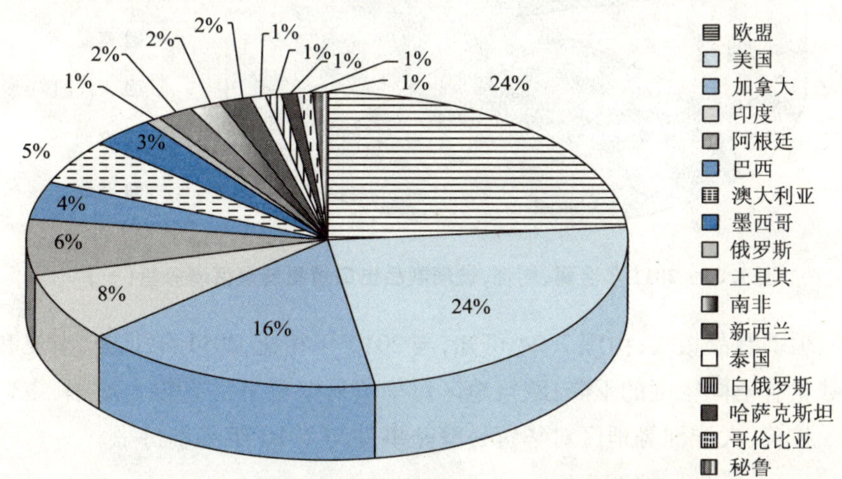

图 7.21 2011 年金属、陶瓷、玻璃制品出口贸易壁垒国别分析(一)

2011 年金属、陶瓷、玻璃制品板块,除欧盟、印度、阿根廷、巴西、新西兰、俄罗斯、哈萨克斯坦、白俄罗斯之外,其他国家对我国贸易壁垒事件都有不同幅度的减少,如图 7.22 所示。

(三)区域分析

2011 年金属、陶瓷、玻璃制品板块对我国采取贸易壁垒措施最多的地区依次为:北美、欧盟和拉美地区,这三个地区加起来占到了总数的将近 80% 左右,如图 7.23 所示。

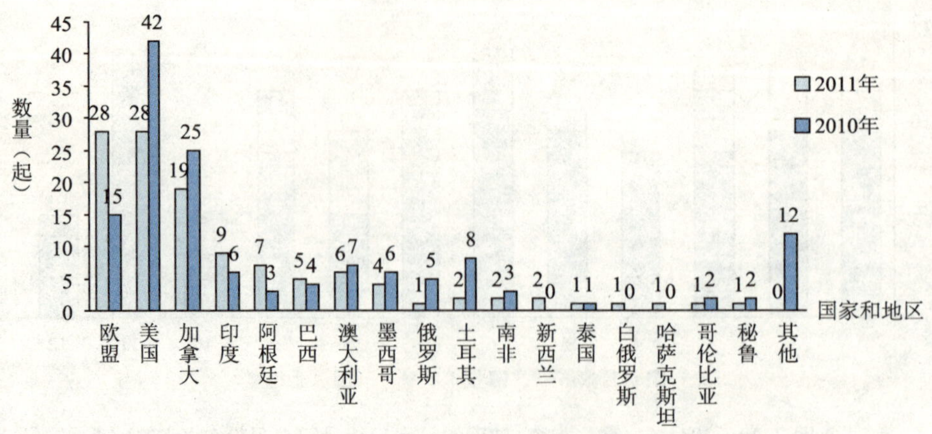

图 7.22　2011 年金属、陶瓷、玻璃制品出口贸易壁垒国别分析(二)

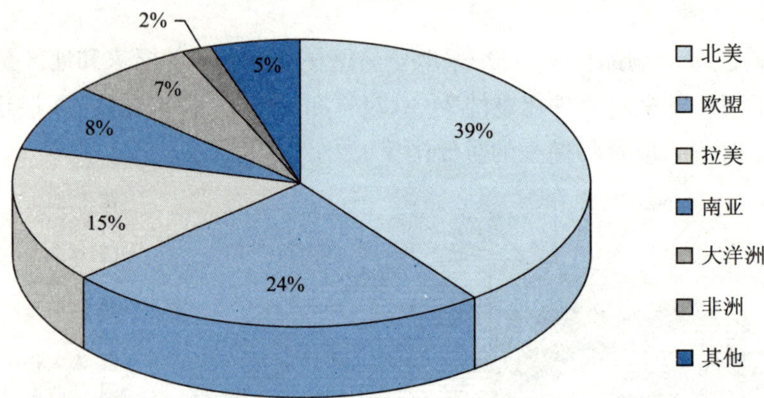

图 7.23　2011 年金属、陶瓷、玻璃制品出口贸易壁垒区域分析(一)

在金属、陶瓷、玻璃制品板块，由图 7.24 可知，与 2010 年相比，2011 年北美、南亚和非洲地区的贸易壁垒事件发生数量有不同幅度的下降；欧盟地区对华贸易壁垒事件有较大增幅，主要是因为技术性贸易壁垒的增加。拉美、大洋洲等地区对华贸易壁垒事件与 2010 年基本持平。

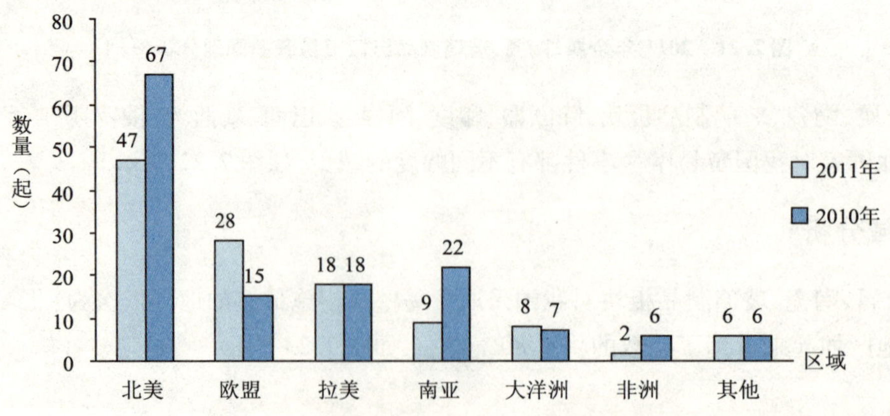

图 7.24　2011 年金属、陶瓷、玻璃制品出口贸易壁垒区域分析(二)

由图 7.25 所示，2011 年各地区对金属、陶瓷、玻璃制品主要采取的都是贸易救济形式，北美和欧盟地区采用了技术性贸易壁垒，此外仅有美国使用了其他贸易壁垒。

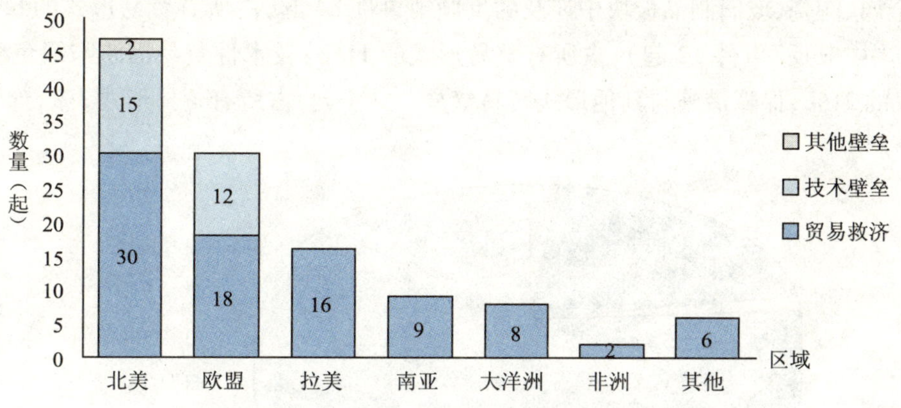

图 7.25　2011 年金属、陶瓷、玻璃制品出口贸易壁垒区域分析（三）

（四）产品分析

2011 年金属、陶瓷、玻璃制品出口贸易壁垒事件涉及到的产品种类可归纳为管材、钢板、钢钉、钢丝、铸铁件、其他钢铁制品、铝型材、陶瓷品、玻璃类产品、金属镁和钼丝等类别。由图 7.26 可知，遭遇贸易壁垒事件最多的产品为其他钢铁制品，全年发生 31 起事件；其次为玻璃类产品，全年发生 19 起事件。

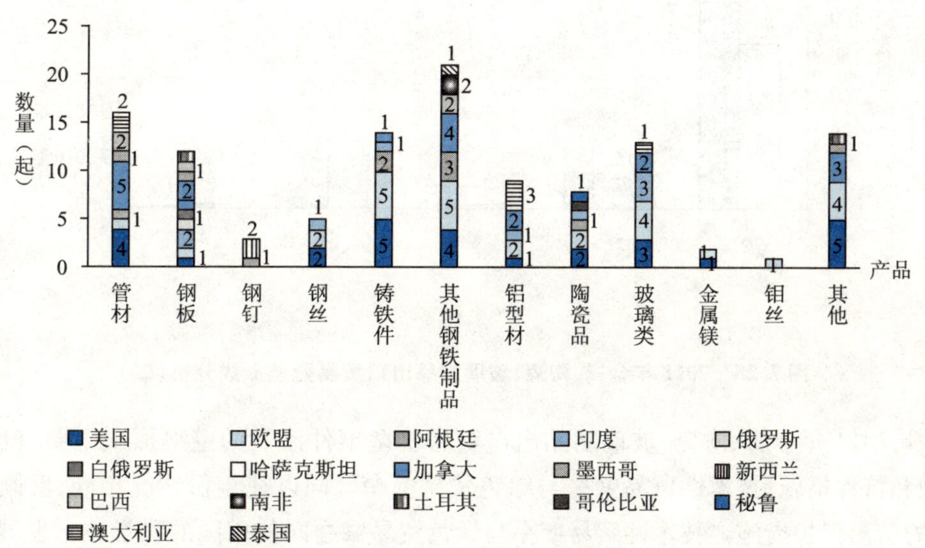

图 7.26　2011 年金属、陶瓷、玻璃制品出口贸易壁垒产品分析

分类中的管材类具体包括：可锻铸铁管附件、环形碳素管线、石油管材、无缝钢铁管、油井管、焊接肘管和弯管、管道附件等；玻璃类具体包括：玻璃砖、浮法玻璃、普通玻璃和玻璃纤维等；陶瓷品类具体包括：瓷砖和陶瓷餐具等。

(五)贸易壁垒形式分析

2011 年金属、陶瓷、玻璃制品板块中涉及的反倾销事件 84 起,占所有贸易形式的 65%;反补贴事件有 15 起(其中“双反”事件 12 起),占所有贸易形式的 11%;技术性贸易措施与绿色壁垒 27 起,占所有贸易形式的 21%;保障措施与其他形式贸易壁垒总共 4 起,占所有贸易形式 3%,如图 7. 27 所示。

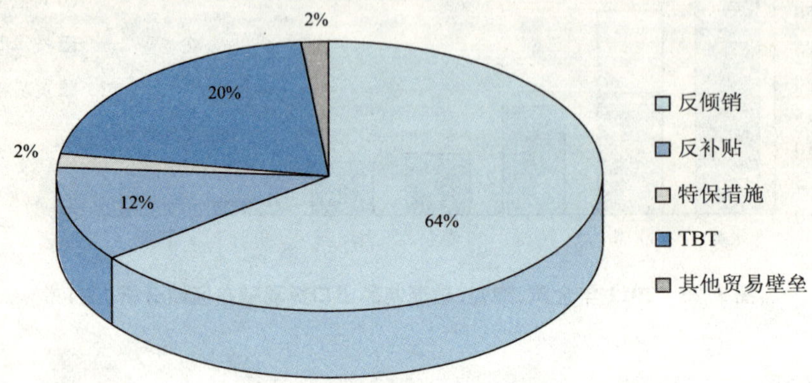

图 7. 27 2011 年金属、陶瓷、玻璃制品出口贸易壁垒形式分析(一)

由图 7. 28 可知,与 2010 年相比,2010 年的反倾销、反补贴、特障措施及其他保障措施事件数量均有不同程度的减少,①尤其是反倾销减少了 21 起,这说明我国外贸环境有所改善。

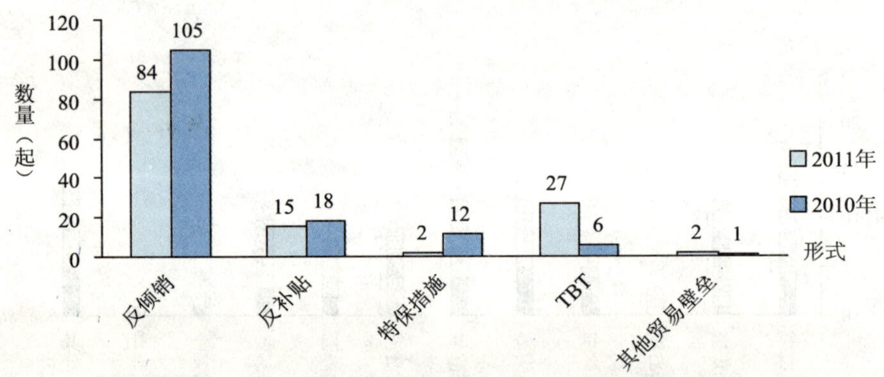

图 7. 28 2011 年金属、陶瓷、玻璃制品出口贸易壁垒形式分析(二)

总的来看,2011 年金属、陶瓷、玻璃制品出口贸易壁垒事件涉及的壁垒形式主要有反倾销、反补贴、保障措施和特保措施、技术性贸易壁垒与绿色贸易壁垒。同以往年份情况相同,反倾销依然是各国运用最多的贸易保护措施。技术性贸易壁垒与绿色贸易壁垒同使用国的科学技术发展水平密切相关,只有具备高技术水平的国家才能够灵活运用这种隐蔽性更强的贸易壁垒,目前技术性贸易壁垒事件主要源于北美和欧盟。由于遭遇的贸易壁垒事件总数减少,中国的对外贸易局势有所改善,但是仍应保持高度警惕。

① 此处统计的反倾销和反补贴措施中有 12 项属于“双反”措施,统计总数时,“双反”措施算作一次事件,而分别统计反倾销和反补贴事件时,算作两次事件。

五、金属、陶瓷、玻璃制品出口贸易壁垒预警

对金属、陶瓷和玻璃制品所遇贸易壁垒法律法规进行分析，提出预警，提醒国内相关行业企业和单位注意，提前做好应对措施。

(一)法律法规

金属、陶瓷和玻璃制品出口所遇贸易壁垒的法规包括2011年颁布实施的法律法规、颁布尚未实施的法律法规和存在颁布意向的法律法规。

1. 颁布已实施的法律法规

2011年金属、陶瓷和玻璃制品所遇贸易壁垒颁布实施的法律法规共18条。

(1)法律法规

1月

巴西确定陶瓷建筑用砖等尺寸的标准

2011年1月6日，巴西官方发布公告，规定了确定陶瓷建筑用砖等尺寸的标准以及贸易条件。本法规撤销2005年6月29日颁布的法案No. 127。

2月

印尼工业部关于黑色可锻铸铁螺纹管件的法令草案

印尼工业部颁布工业部关于强制性执行黑色可锻铸铁螺纹管件国家标准(SNI 0139; 2008)的法令草案，规定所有在本国生产的或进口的，在国内分销和销售的黑色可锻铸铁螺纹管件产品应当达到SNI的要求。

3月

泰国能源部规定节能玻璃窗太阳得热系数(SHGC)、太阳能增益比(LSG)和测试实验室的部颁通知

为促进能源节约及能效材料的使用；鼓励生产、销售和消费能效产品以提高国家的能耗效率，泰国能源部发布通知，通知包括规定节能玻璃窗太阳得热系数(SHGC)、太阳能增益比(LSG)和测试实验室。

特立尼达和多巴哥关于钢钉－硬化钢钉的通报

2011年3月15日，特立尼达和多巴哥发布关于钢钉和硬化钢钉的通报，通报包括机械性质和化学成分必须符合张力特性或强化焊接要求的钢筋混凝土配筋用变形和光面坯钢筋。

巴拉圭有关钢材的通报

巴拉圭发布决议No. 173"2008年11月20日的，创建钢材出口商和进口商注册并建立钢材出口前许可证制度的法规法令No. 897"。通报的决议规定了在钢材出口商和进口商注册中获得注册证明的要求，以及获得钢材出口前许可证的要求。生效日期2011年3月25日。

5月

意大利经济发展部关于材料和金属半成品的通报

2011年5月12日，意大利政府发布通报——整合并修订2009年2月20日法令No. 33转换指令

2006/117/ Euratom 放射性废物和废燃料运输监督和控制—材料和金属半成品放射性监督。该通报覆盖材料和金属半成品,生效日期为2011年5月。

6月

越南关于钢筋混凝土用钢材的国家技术法规的通报

2011年6月1日,越南发布钢筋混凝土用钢材的国家技术法规的通报,涉及钢筋混凝土用钢材、钢筋混凝土和预应力混凝土用钢材及钢筋混凝土用环氧树脂涂层钢。本法规规定了钢筋混凝土用钢材的技术要求,以及国产、进口和在市场上流通的钢筋混凝土用钢材的质量管理要求。2012年生效。

7月

菲律宾有关陶瓷管道附件的通报

2011年7月4日,贸易工业部产品标准局发布菲律宾国家标准(DPNS 2085:2010)草案——陶瓷管道附件—水箱式冲洗抽水马桶。

菲律宾有关抽水马桶的公报

2011年7月4日,菲律宾贸易工业部产品标准局发布菲律宾国家标准(DPNS 2084:2010)草案——配备双冲设备的六升抽水马桶。

欧盟有关聚酰胺和三聚氰胺厨具的通报

2011年7月7日,欧盟发布:(EU)委员会2011年3月22日第284/2011号法规——规定进口产/源于中国和中国香港特别行政区聚酰胺和三聚氰胺塑料厨具的具体条件和详细程序。生效日期2011年7月1日。

厄瓜多尔有关灰口展性铸铁的通报

2011年7月25日,厄瓜多尔发布厄瓜多尔标准协会技术法规草案(PRTE INEN) No. 062——"灰口展性铸铁"。通报的厄瓜多尔技术法规草案规定了灰口展性铸铁必须遵守的要求,以防止安全危险,保护人类生命及环境,防止可能误导用户的行为。

哥斯达黎加混凝土配筋用钢筋和钢丝有关产品的通报

2011年7月27日,哥斯达黎加发布哥斯达黎加技术法规(RTCR) No. 452:2011——混凝土配筋用钢筋和钢丝规范。

8月

日本有关钢管脚手架的材料和扣件的标准

2011年8月1日,日本发布"钢管脚手架的材料和扣件建筑标准"修正案,生效日期2011年4月1日。

特立尼达和多巴哥钢板-锌和铝锌合金镀层的通报

2011年8月18日,特立尼达和多巴哥发布 TTS 69:20XX——钢板—锌和铝锌合金镀层—用于屋面和一般用途的异型材—规范。

特立尼达和多巴哥有关适合建筑中应用的冷成型钢框架结构的通报

2011年8月28日,特立尼达和多巴哥发布有 TTS 598:20XX——适合建筑中应用的冷成型钢框架结构—规范,包括了对钢板、截面参数、构件特性、取样、测试、标签,以及验收标准的要求。

10 月

法国有关输送管道的规范

2011 年 10 月 17 日，法国发布关于气体、碳氢化合物或化学品输送管道公共事业单位的安全、授权和声明的法令草案。生效日期 2012 年 1 月。

12 月

多哥有关钢筋的通报

2011 年 12 月 7 日，多哥发布管理多哥共和国钢筋生产和进口的 2009 年 7 月 27 日部际命令 No. 12/09/MIAT/MEF/MTPT/MDPRCPSP。生效日期 2009 年 7 月 27 日。

哥伦比亚工业或医用气体的高压无缝气瓶通报

2011 年 12 月 2 日，哥伦比亚商业工业旅游部发布管理进口或国产的，在哥伦比亚销售或使用的工业或医用气体的高压无缝气瓶原始标志和物理性质技术法规的决议草案。

(2)分析

2011 年金属、陶瓷和玻璃制品颁布实施的法律法规分析包括国别分析和产品分析。

1)国别分析

2011 年金属、陶瓷和玻璃制品颁布实施的法律法规有较大幅度减少，总共有 18 条，相比 2010 年减少 8 条。总共涉及 15 个国家和地区，分别是特立尼达和多巴哥、菲律宾、巴西、印尼、泰国、巴拉圭、意大利、越南、欧盟、厄瓜多尔、哥斯达黎加、日本、法国、多哥和哥伦比亚。除特立尼达和多巴哥有 3 条法律法规，菲律宾有 2 条法律法规之外，其他各个国家均发布了 1 起，如图 7.29 所示。

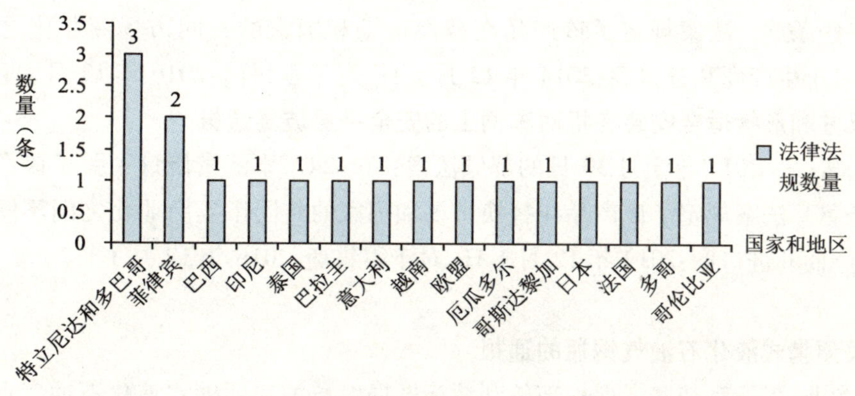

图 7.29　2011 年金属、陶瓷和玻璃制品颁布实施的法律法规国别分析

2)产品分析

2011 年金属、陶瓷和玻璃制品颁布实施的法律法规涉及的具体产品有 5 类，分别为钢及钢铁制品、家电产品、陶瓷制品、金属材料和玻璃制品，分别为 11 条、2 条、3 条、1 条和 1 条。各个国家基本都颁布了 1 条左右的法律法规，如图 7.30 所示。

总的来说，颁布实施的法律法规涉及的种类较为集中，主要是钢铁及钢铁制品、家用电器和陶瓷制品。

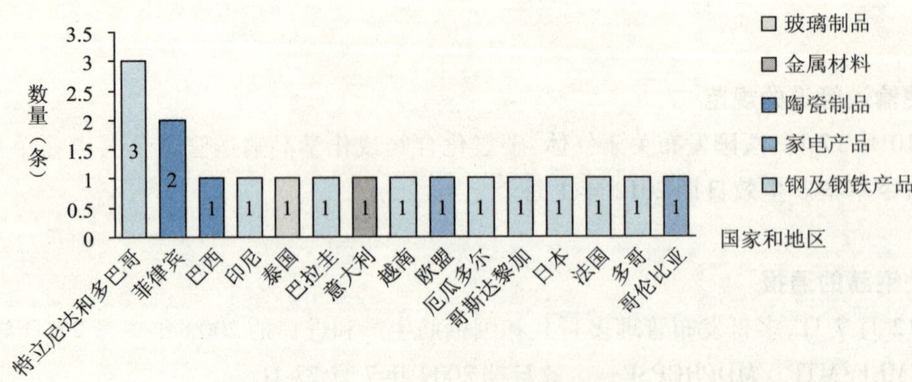

图 7.30　2011 年金属、陶瓷和玻璃制品颁布实施的法律法规产品分析

2. 颁布尚未实施的法律法规

(1)法律法规

4 月

肯尼亚发布钱币制作通报

2011 年 4 月 4 日,肯尼亚政府当局发布通报:FDKS 2285: 2010 – 金融服务 – 使用染料或烟雾染料的钱币防盗系统。

5 月

巴西发布尺寸和形状适合安装在机动车辆上的安全钢化玻璃通报

巴西当局发布通报——2011 年 5 月 30 日的部颁法案:No. 246,本法案修订了关于该产品合格评定程序原文的一些条款。法案规定了该产品在替换市场和国家的共同市场商业化之间不同的适应期。生效日期,对于生产商和进口商:2014 年 12 月 1 日,对于零售商:2016 年 12 月 1 日。

巴西发布尺寸和形状适合安装在机动车辆上的安全夹层玻璃通报

巴西发布公告——2011 年 5 月 30 日的部颁法案:No. 247,本法案修订了关于该产品合格评定程序原文的一些条款。法案规定了该产品在替换市场和国家的共同市场商业化之间不同的适应期。生效日期,对于生产商和进口商:2014 年 12 月 1 日,对于零售商:2016 年 12 月 1 日。

9 月

伯利兹有关便携式液化石油气钢瓶的通报

经济发展、商业、工业和消费者保护部伯利兹标准局发布关于便携式液化石油气钢瓶充装、操作、储存、运输和定位的伯利兹国家标准规范草案。生效日期 2012 年 12 月 19 日。

10 月

伯利兹有关气瓶的通报

伯利兹发布关于气瓶的标志和标签的伯利兹国家标准规范草案。生效日期 2012 年 12 月 19 日。

伯利兹有关液化石油气钢瓶的通报

伯利兹发布关于检查、测试和重新鉴定便携式液化石油气钢瓶的伯利兹国家标准规范草案。生效日期 2012 年 12 月 5 日。

(2)分析

2011 年金属、陶瓷和玻璃制品存在颁布尚未实施的法律法规分析包括国别分析和产品分析。

1)国别分析

2011 年金属、陶瓷和玻璃制品领域颁布未实施的法律法规共 6 条,比 2010 年的 12 条减少了一半。法律法规涉及 3 个国家,分别是肯尼亚、巴西、伯利兹,法律法规条数分别为 1 条、2 条和 3 条,如图 7.31。

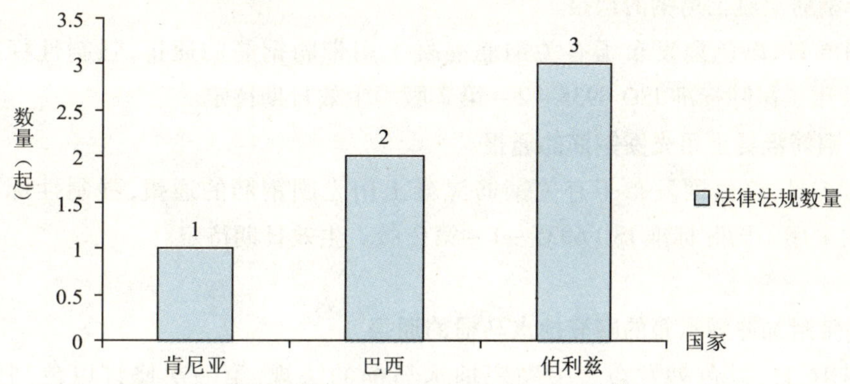

图 7.31　2011 年金属、陶瓷和玻璃制品存在颁布未实施的法律法规国别分析

总体来说,存在颁布未实施的法律法规数量不多,国家分布也比较分散。

2)产品分析

2011 年金属、陶瓷和玻璃制品存在颁布未实施的法律法规涉及的产品为 3 种。其中钢铁及钢铁制品 3 条,玻璃制品 2 条和金属材料 1 条,如图 7.32 所示。

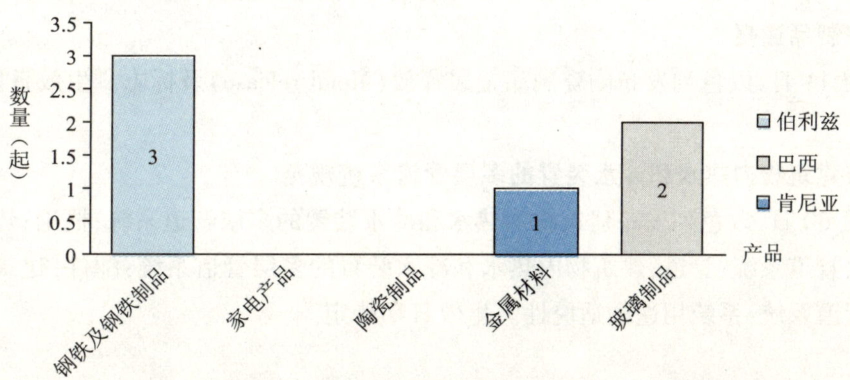

图 7.32　2011 年金属、陶瓷和玻璃制品存在颁布未实施的法律法规产品分析

3. 存在颁布意向的法律法规

2011 年金属、陶瓷和玻璃制品所遇贸易壁垒存在颁布意向的法律法规共 14 条。

(1)法律法规

2 月

泰国一般电气用铜及铜合金工业标准草案:铜条和铜棒

泰国发布一般电气用铜及铜合金工业标准草案:铜条和铜棒。本标准草案对以下横截面积和尺寸的一般电气用铜条和铜棒规定了包括电气特性及尺寸和外形公差在内的成分、特性要求。批准和生效日期待定。

3 月

巴拉圭有关钢材的通报

巴拉圭发布建立钢铁产品进口商登记和优先自动进口许可制度的决议草案。生效日期不详。

4 月

以色列关于钢筋混凝土用钢的通报

2011 年 4 月 6 日,以色列发布了有关钢筋混凝土用带肋钢筋的通报,强制性标准修订草案 SI 4466 第 3 部分采用了国际标准 ISO 6935 - 2 - 第 2 版。生效日期待定。

以色列关于钢筋混凝土用光圆钢筋的通报

2011 年 4 月 6 日,以色列发布了有关钢筋混凝土用光圆钢筋的通报,强制性标准修订草案 SI 4466 第 2 部分的采用了国际标准 ISO 6935 - 1 - 第 2 版。生效日期待定。

6 月

以色列有关带附加冲厕水箱的陶瓷抽水马桶的通报

2011 年 6 月 16 日,以色列发布有关陶瓷抽水马桶的法规,第一次修订以色列强制性标准 SI 1385。本修正案修改了第 3. 10 段及其涉及冲洗效率的有关附录。生效日期待定。

8 月

南非有关建筑用玻璃材料的规范

2011 年 8 月 8 日,南非贸工部发布建筑用安全玻璃材料强制规范提案。生效日期不详。

以色列有关空心结构钢型材的规范

2011 年 8 月 11 日,以色列发布有关空心结构钢型材的系列规范。生效日期待定。

以色列陶瓷制品通报

2011 年 8 月 11 日,以色列发布陶瓷制品金属释放(Metal release)及标志。生效日期待定。

9 月

以色列发布建筑物内热水和冷水装置的多层管道系统规范

2011 年 9 月 30 日,以色列发布建筑物内热水和冷水装置的多层管道系统:概论;建筑物内热水和冷水装置的多层管道系统:管道;建筑物内热水和冷水装置的多层管道系统:配件;建筑物内热水和冷水装置的多层管道系统:系统用途的适应性。生效日期待定。

11 月

多米尼加共和国混凝土和混凝土制品的通报

2011 年 11 月 22 日,多米尼加共和国发布多米尼加标准 No. 91:7002——混凝土和混凝土制品—混凝土及生产。通报的文件规定了工厂生产混凝土规范,无论是预制件形式还是在建筑工地生产的混凝土。生效日期待定。

多米尼加共和国混凝土和混凝土制品的通报

2011 年 11 月 22 日,多米尼加共和国发布多米尼加标准(NORDOM) No. 91:7009——混凝土及混凝土制品—测定混凝土坍落度的试验方法。该标准规定了建筑工地和在实验室中测定混凝土坍落度的方法。生效日期待定。

多米尼加共和国液化石油气瓶的通报

2011 年 11 月 22 日,多米尼加共和国发布多米尼加技术法规(RTD)No. 69 (第二版)——液化石油气(LPG)容器—液化石油气瓶(家用)。生效日期待定。

12月

英国发布贵金属制品通报

2011年12月9日,英国发布法律改革(检验印记)法令2012。本法令的主要规定是修订检验印记条例1973,扩大英国金属分析所的检验印记经营范围,使其能够经营海外业务。从而金属分析所有机会(目前拒绝)接受英国以外的当地检验印记业务。生效日期待定。

多米尼加共和国关于钢筋的通报

2011年12月22日,多米尼加共和国发布多米尼加技术法规(RTD) No. 458——建筑材料—钢筋混凝土用的螺纹钢筋和普通钢筋规范。生效日期待定。

(2)分析

2011年金属、陶瓷和玻璃制品存在颁布意向的法律法规分析包括国别分析和产品分析。

1)国别分析

2011年金属、陶瓷和玻璃制品存在颁布意向的法律法规共14条,涉及6个国家。其中,以色列发布的法律法规条数最多,为6条,其次是多米尼加,为4条,泰国、巴拉圭、南非和英国各1条,如图7.33所示。

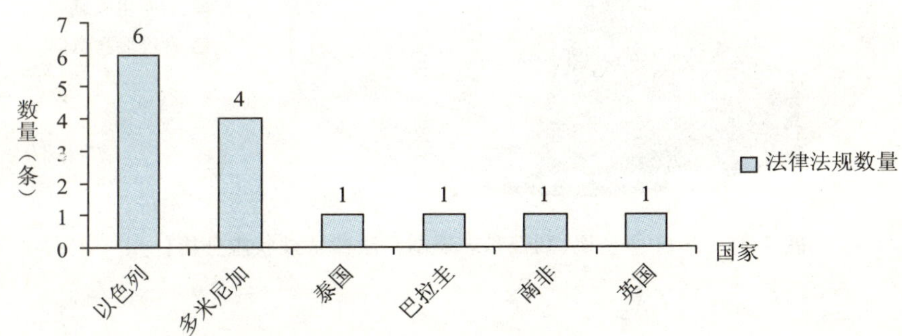

图7.33 2011年金属、陶瓷和玻璃制品存在颁布意向的法律法规国别分析

总体来说,存在颁布意向的法律法规数量不多,但比较集中。

2)产品分析

2011年金属、陶瓷和玻璃制品存在颁布意向的法律法规涉及的产品共4种。其中钢铁及钢铁制品9条,金属材料和陶瓷制品各2条,玻璃制品1条,如图7.34所示。

(二)法律法规综合分析

对金属、陶瓷和玻璃制品出口所遇贸易壁垒法律法规进行综合分析,提出预警。该分析包括状态分析、国别分析、区域分析、产品分析和贸易壁垒形式分析。

1. 状态分析

2011年金属、陶瓷、玻璃制品板块法律法规共38条。其中,颁布已实施的18条,占47%;颁布尚未实施的6条,占16%;存在颁布意向的14条,占37%,如图7.35所示。

2011年金属、陶瓷、玻璃制品板块法律法规总共38条,与2010年的58条相比有大幅下降。

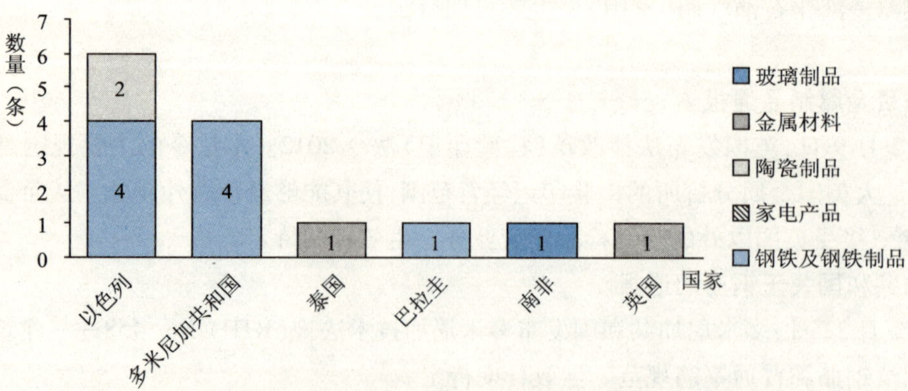

图 7.34　2011 年金属、陶瓷和玻璃制品存在颁布意向的法律法规产品分析

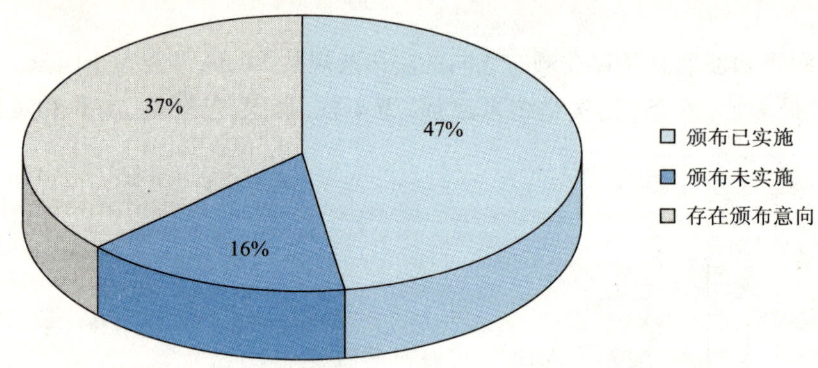

图 7.35　2011 年金属、陶瓷和玻璃制品法律法规状态分析(一)

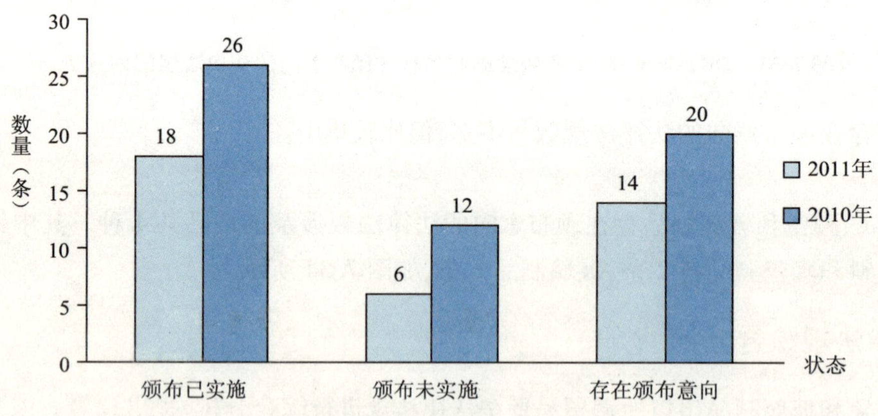

图 7.36　2011 年金属、陶瓷和玻璃制品法律法规状态分析(二)

2. 国别分析

2011 年金属、陶瓷、玻璃制品板块法律法规颁布最多的国家是以色列，共有 6 条，占据 16% 的份额；其次是巴西和多米尼加，分别有 4 条，分别占 11%，如图 7.37 所示。

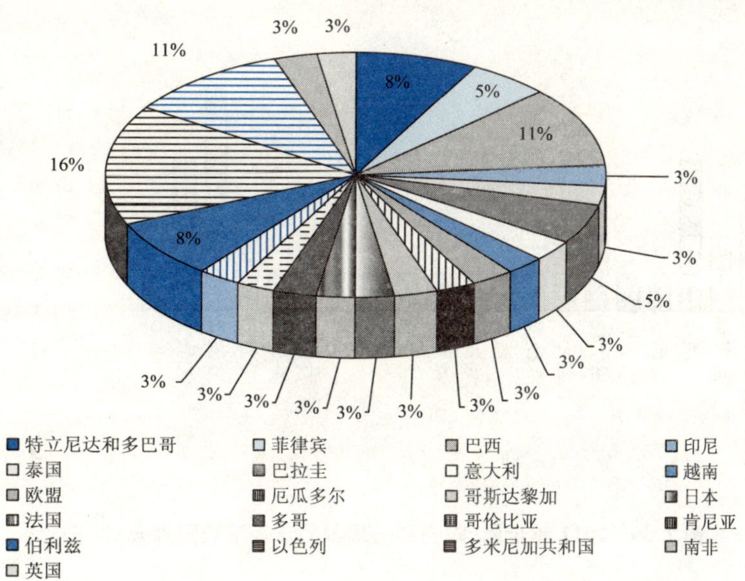

图 7.37　2011 年金属、陶瓷和玻璃制品法律法规国别分析(一)

从一些国家(地区)近两年颁布该板块的法律法规情况看,都具有较强的随机性,在部分年份会制定一些法律法规,但是部分年份没有。例如,2011 年新出现了一些国家指定了法律法规,例如巴拉圭、意大利、越南、哥斯达黎加、多哥、伯利兹、南非和英国,这些国家在 2010 年度并没有相应的法律法规出现,如图 7.38 所示。

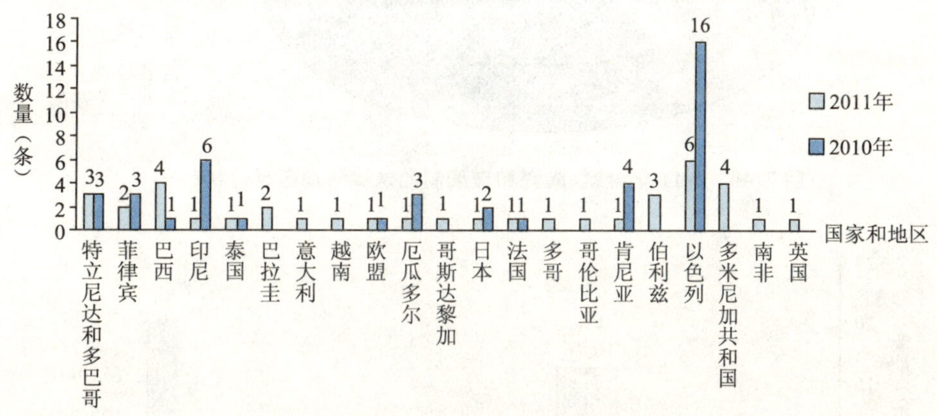

图 7.38　2011 年金属、陶瓷和玻璃制品法律法规国别分析(二)

从图 7.39 可以看出,2011 年金属、陶瓷和玻璃制品领域主要国家和地区的法律法规都集中在钢及钢铁制品领域,12 个国家和地区制定了针对钢及钢铁制品的法律法规。

3. 区域分析

2011 年,金属、陶瓷、玻璃制品板块颁布的 38 条法律法规中,拉美地区颁布最多,颁布 16 条,占比 46%;其次为东盟,颁布了 5 条法律法规,占比 14%,如图 7.40 所示。这说明拉美地区和东盟地区正在加速完善起外贸法律法规体系。

2011 年与 2010 年相比,除了欧盟和拉美之外,其他地区的法律法规都有不同程度的减少。北美 2009 年没有颁布法规,但 2010 年颁布了 4 条法规,而 2011 年也没颁布法规,如图 7.41 所示。

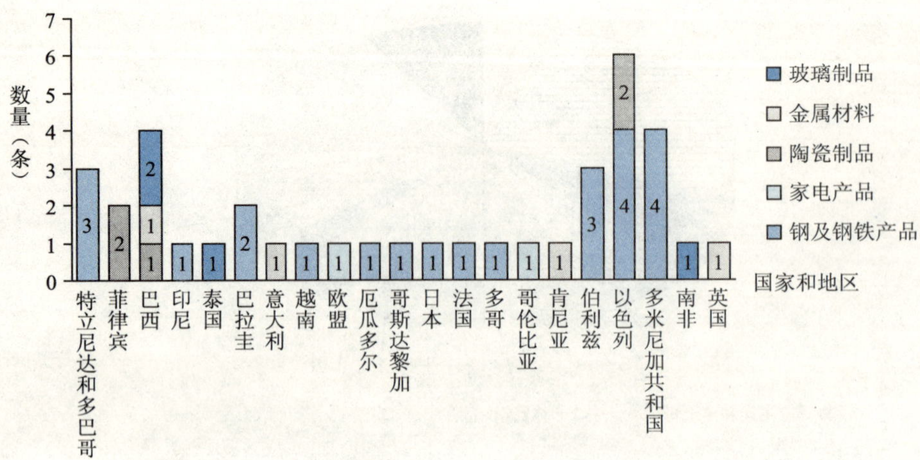

图 7.39　2011 年金属、陶瓷和玻璃制品法律法规国别分析(三)

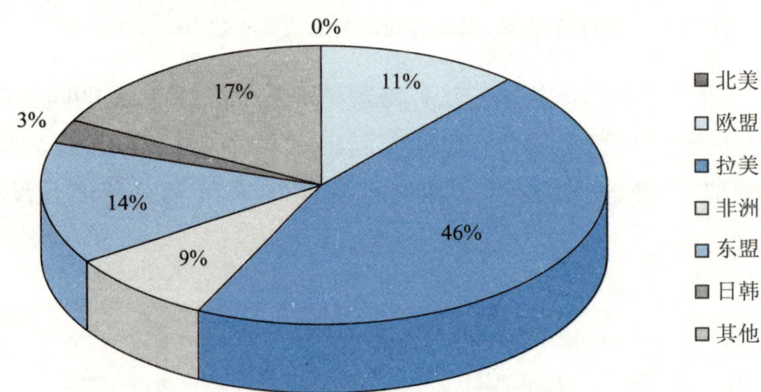

图 7.40　2011 年金属、陶瓷和玻璃制品法律法规区域分析(一)

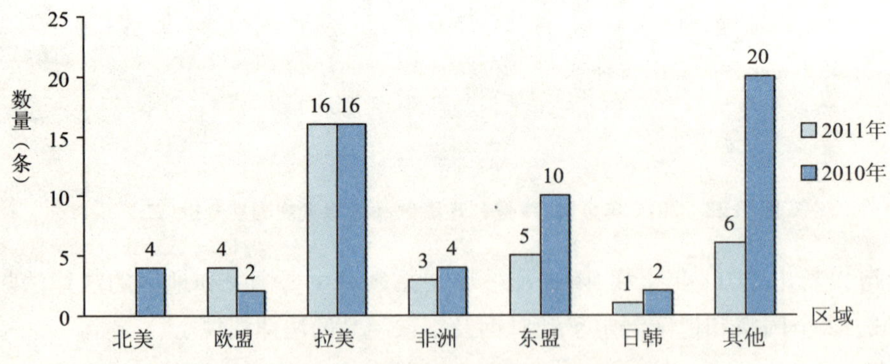

图 7.41　2011 年金属、陶瓷和玻璃制品法律法规区域分析(二)

从图 7.42 中看出,2010 年只有拉美地区和非洲颁布已实施、颁布未实施和存在颁布意向三种状态法律法规都有;欧盟、东盟、日韩等区域主要以颁布已实施的法律法规为主。

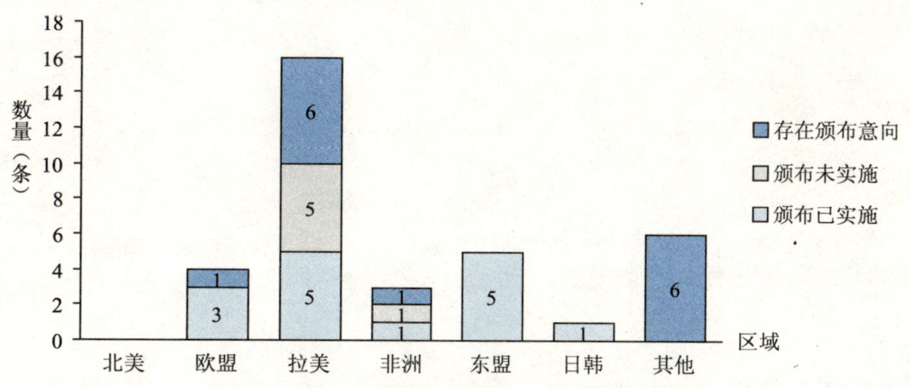

图 7.42　2011 年金属、陶瓷和玻璃制品法律法规区域分析(三)

4. 产品分析

2011 年金属、陶瓷、玻璃制品板块颁布法律法规共 38 条。其中,最多的产品是钢及钢铁类产品,为 23 条;其次是陶瓷制品,为 5 条,总体来说,法律法规涉及的产品较为分散,如图 7.43 所示。

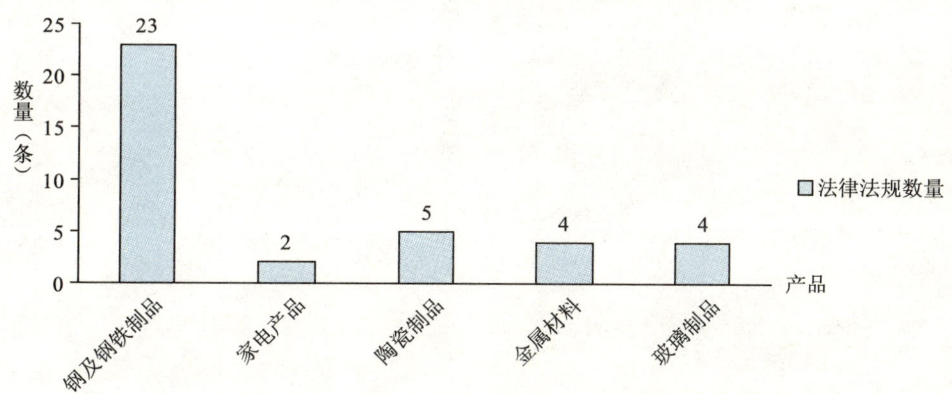

图 7.43　2011 年金属、陶瓷和玻璃制品法律法规产品分析

5. 贸易壁垒形式分析

从贸易壁垒形式看,2011 年金属、陶瓷、玻璃制品板块的出口贸易法律法规以各种技术法规、技术标准草案为主,日后都有可能形成技术性贸易壁垒和绿色贸易壁垒。还有一些法律法规的颁发实施可能会构成进口禁令或其他形式的贸易壁垒,这与 2010 年的情况比较相似。

（谭李、侍纪伟、苏奕）

第八章 机电产品出口贸易壁垒

本章分析国外对中国的机械、车辆、电气设备、电子产品、各种精密仪器等方面的贸易壁垒。

按照海关商品分类目录，这些产品包括分类中的三大类产品。

第一类：机器、机械器具、电气设备及其零件；录音机及放声机、电视图像、声音的录制和重放设备及其零件、附件；核反应堆、锅炉、机器、机械器具及其零件、电机、电气设备及其零件。

第二类：车辆、航空器、船舶及有关运输设备、铁道及电车道机车、车辆及其零件；铁道及电车道轨道固定装置及其零件、附件；各种机械（包括电动机械）、交通信号设备、车辆及其零件、附件（铁道及电车道车辆除外）；航空器、航天器及其零件、船航及浮动结构体。

第三类：光学、照相、电影、计量、检验、医疗或外科用仪器及设备、精密仪器及设备；钟表；乐器；上述物品的零件、附件。

一、机电产品出口贸易救济措施

机电产品出口所遇贸易救济措施共27起，其中反倾销事件为主，共24起；反补贴2起；保障措施1起。其中来自加拿大1起措施为反倾销和反补贴同时使用。

（一）反倾销

2011年机电产品出口所遇反倾销事件共24起，较2010年28起减少了4起，减少幅度14.3%。涉及8个国家和地区，大部分来自阿根廷、欧盟、印度和加拿大。

1. 事件

1月

土耳其对华空调作出反规避终裁

2011年1月4日，土耳其对原产于中国的空调作出反规避终裁：对自印尼、巴基斯坦、菲律宾、越南进口的涉案产品加征25%的关税，但不对埃及进口的涉案产品加征关税。涉案产品海关编码为8415.10.90、8415.81、8415.90。

2009年7月，土耳其对原产于中国的空调进行反规避立案调查，涉及印尼、巴基斯坦、菲律宾、越南和埃及进口的涉案产品。

阿根廷对华手动点火器不采取最终反倾销措施

2011年1月25日，阿根廷工业部贸易管理及政策副国务秘书处照会中国驻阿经商参处，通告根据该部2011年第9号决议，阿方已结束对原产于中国的手动点火器的反倾销调查，由于有关部门在反倾销调查中未发现来自中国的点火器有大量进口的记录，且阿国内产业仅占7%的市场份额，因此阿方将不对原产于中国的手动点火器实施最终反倾销措施。

2月

阿根廷对华空调设备采取最终反倾销措施

2011年2月18日，阿根廷工业及旅游部根据该部2011年第44号决议，结束对原产于中国的空调设备的反倾销调查复审，决议对南共市税号为8415.10.11、8415.10.19、8415.90.00的空调进行FOB最低限价措施，于2011年2月18日起生效，有效期5年。

加拿大对中国产自行车及车架进行反倾销期中复审

2011年2月22日，加拿大边境服务署发布公告，对原产于中国的自行车及车架进行反倾销期中复审调查，以重新确定涉案产品的正常价值和出口价格。

1992年5月15日，加拿大边境服务署对原产于中国大陆和中国台湾地区的自行车进行反倾销调查，涉案产品海关编码为87120000.12、87120000.20、87120000.30、87120000.40、87120000.50、87120000.90。1992年12月11日，加拿大边境服务署对该案作出反倾销终裁，裁定中国大陆涉案企业征收12%~46%的反倾销税，对中国台湾地区涉案企业征收13%的反倾销税。

3月

阿根廷对中国产单相交流发电机进行反倾销调查

2011年3月9日，阿根廷工业部贸易管理及政策副国务秘书处照会中国驻阿使馆经商参处，通告阿方根据工贸国务秘书处2011年第38号决议，对原产于中国的单相交流发电机启动反倾销调查。受调查产品南共市税号为85014019。

2011年7月26日，阿根廷工业部贸易管理及政策副国务秘书处照会中国驻阿使馆经商参处，告知其已通过对华单相交流发电机反倾销调查初裁报告。

2011年9月13日，阿根廷工业部照会中国驻阿使馆经商参处，通告阿方决定延长中国产单相交流发电机反倾销案的调查期限。

阿根廷对华电动离心泵不采取最终反倾销措施

2011年3月14日，阿根廷工业部贸易管理及政策副国务秘书处照会中国驻阿使馆经商参处，通告根据工贸国务秘书处2011年第46号决议，阿方已结束对原产于中国的电动离心泵的反倾销调查，并决定不采取最终反倾销措施。

欧盟重新审查对华空压机反倾销案

2011年3月30日，欧盟对原产于中国的空压机反倾销案进行重新审查，此次调查是欧盟委员会自动发起的。涉案产品在欧盟合并关税编码ex84144010、ex84148022、ex84148028、ex84148051下。

2006年12月，欧盟对原产于中国的空压机进行反倾销立案调查；2008年3月，欧盟对此案作出肯定性终裁。2009年10月22日，欧盟委员会对原产于中国的空气压缩机发布反倾销措施即将到期公告。2010年3月23日，欧盟委员会发布公告称，由于成员国内企业未对原产于中国的空气压缩机提起反倾销日落复审申请，因此决定自2010年3月21日起正式取消该反倾销措施。

4月

阿根廷对中国产眼镜进行反倾销调查

2011年4月7日，阿根廷工业部发布工贸国务秘书处2011年第75号决议，决定对原产于中国的太阳镜、眼镜镜框和矫正视力眼镜进行反倾销立案调查,涉案产品南共市税号为90031100、90031910、90031990、90041000和90049010。申请方请求对涉案产品征收3979.43%的反倾销税。在本案中,选定巴西作为第三方替代国。

印度发布对华缝纫机用针反倾销调查事实披露

2011年4月20日,印度商工部反倾销局发布了对原产于中国的缝纫机用针(Sewing Machine Needles)反倾销调查事实披露。最终,中国出口企业的倾销幅度被认定为2201%。该案没有中国企业应诉。

5月

阿根廷对华开关电压调节器不采取最终反倾销措施

2011年5月2日,阿根廷《官方日报》公布阿工业部贸易管理及政策副国务秘书处2011年第136号决议,宣布结束对原产于中国的开关电压调节器(南共市税号:85113020、85118030、85118090和90328911)的反倾销调查,并决定不采取最终反倾销措施,同时保持对中国该产品进口情况的分析监测。

阿根廷对原产于中国的电加热器征收反倾销税

2011年5月4日,阿根廷《官方日报》公布阿工业部2011年第148号决议,决定结束对中国产电加热器(南共市税号:8516.29.00)进行反倾销调查,并征收138.26%的反倾销税。该决定于2011年5月5日起生效,有效期5年。

印度对华轮胎硫化机进行反倾销期中复审调查

2011年5月23日,应Ralson India Ltd.的申请,印度商工部对原产于中国的轮胎硫化机进行反倾销期中复审立案调查。涉案产品海关编码为84775100。

2008年,印度对原产于中国的轮胎硫化机进行反倾销立案调查;2009年,印度对此案作出肯定性终裁。

6月

土耳其对华空调进行反倾销日落复审调查

2011年6月2日,应国内企业的申请,土耳其对原产于中国的空调进行反倾销日落复审立案调查。涉案产品海关编码为8415.10.90.00.00、8415.90.00.90.00。

2005年,土耳其对原产于中国的空调进行反倾销立案调查;2006年,土耳其对此案作出肯定性终裁。

墨西哥对中国产RG型同轴电缆进行反倾销调查

2011年6月8日,墨西哥经济部国际贸易惯例总局在《官方日报》上发布公告,决定对原产于中国的RG型同轴电缆(税号为85442001、85442002、85442099)进行反倾销调查。本案申请方为Conductores Monterrey, S. A. de C. V.,倾销调查期为2010年1月1日~2010年12月31日,行业损害分析期为2007年1月1日~2010年12月31日。

印度对华数字胶印印版进行反倾销调查

2011年6月11日,应Technova Imaging Systems (P) Ltd.的申请,印度商工部对原产于中国和日本的数字胶印印版进行反倾销立案调查。涉案产品海关编码为8442.5020、3701.3000、3704.0090、3705.1000、7606.9191、7606.9290。

阿根廷对华电扇采取最终反倾销措施

2011年6月13日，阿根廷工业部贸易管理及政策副国务秘书处照会中国驻阿使馆经商参处，通报其根据10日官方公告中公布的该部2011年第194号决议，现已结束对原产于中国的电扇的反倾销调查，并决定采取征收136.92%反倾销税的最终措施。上述措施于2011年6月1日起生效，有效期5年。

7月

加拿大对华自行车及其零部件作出反倾销期中复审终裁

2011年7月7日，加拿大对原产于中国的自行车及其零部件作出反倾销期中复审终裁，具体如下：若2010年款涉案产品的临时正常价值被严重低估，或者未能核实，那么该款产品的所有临时正常价值将被重新计算确定。最终确定的正常价值将追溯至2009年9月1日后被海关豁免的所有涉案产品。这将有可能对该产品反倾销税进行重新评估；对于那些尚未确定正常价值，或者海关尚未明确分类的涉案产品，其正常价值按照出口价格的64%确定；加拿大边境服务署将根据出口商提供的信息和要求，自2011年7月7日起发布2012年款涉案产品的临时正常价值。2012年款产品临时正常价值和出口价格的有效期至2012年8月31日。加拿大边境服务署将定期复审临时正常价值，并确保其正确。复审开始时将会通知进口商和出口商。

2011年2月，加拿大边境服务署对原产于中国大陆和中国台湾的自行车继续反倾销期中复审立案调查。

9月

澳大利亚对华电缆进行反倾销调查

2011年9月9日，应Advance Cables Pty Ltd.、Olex Cables Pty Ltd. 和Prysmian Power & Telecom Cables & Systems Pty Ltd. 的申请，澳大利亚对原产于中国的电缆进行反倾销立案调查。涉案产品海关编码为8544.49.20。本案的倾销调查期为2010年7月—2011年6月。

10月

加拿大对华半导体冷热箱进行反倾销和反补贴期中复审调查

2011年10月3日，加拿大对原产于中国的半导体冷热箱进行反倾销和反补贴期中复审立案调查。此次调查是对中国半导体冷热箱的正常价值、出口价格和补贴率进行审查。涉案产品海关编码为84186990.90、84185010.00、84186191.90、84189990.90。

2008年5月，加拿大对原产于中国的半导体冷热箱进行反倾销立案调查；2008年11月，加拿大对此案作出肯定性终裁。

欧盟将追溯返还对华微型空压机反倾销税

2011年10月4日，欧盟决定将追溯返还对我微型空压机征收的反倾销税。此前，欧盟已于2010年3月终止对我所有空压机的反倾销措施。此次，欧盟经调查又认定原有反倾销措施涉案产品范围过宽，决定将微型空压机排除在措施范围之外。

印度对华可刻录光盘进行反倾销日落复审调查

2011年10月4日，应Storage Media Products Manufacturers & Marketers Welfare Association的申请，印度商工部对原产于中国大陆、中国香港、中国台湾和新加坡的可刻录光盘进行反倾销日落复审立案调查。涉案产品海关编码为85239050。

欧盟对华手动叉车及其主要配件作出反倾销日落复审终裁

2011 年 10 月 13 日,欧盟对原产于中国的手动叉车及其主要配件作出反倾销日落复审终裁,并继续对原产于中国,自泰国转口(无论是否标明原产于泰国)的涉案产品征收 46.7% 的反倾销税。涉案产品在欧盟合并关税编码 ex84279000、ex84312000 下。

2010 年 7 月,欧盟对原产于中国的手动叉车及其主要配件进行反倾销日落复审立案调查。

11 月

美国对华晶体硅光伏电池进行反倾销和反补贴调查

2011 年 11 月 8 日,应美国太阳能工业公司[Solar World Industries America Inc. (OR)]的申请,美国商务部对原产于中国的晶体硅光伏电池(无论是否组装入模块)进行反倾销和反补贴立案调查。涉案产品海关编码为 8501. 61. 0000、8507. 20. 80、8541. 40. 6020、8541. 40. 6030。

根据美国商务部的统计,2010 年,美国自中国进口太阳能电池价值 15 亿美元。在立案公告中,美国商务部初步估计的中国产品的倾销幅度为 49. 88% ~249. 96%,补贴率在微量以上。

2011 年 12 月 2 日,美国国际贸易委员会发布公告,对原产于中国的晶体硅光伏电池作出反倾销和反补贴产业损害初裁。

根据该肯定性裁决结果,美国商务部将继续对涉案产品进行反倾销和反补贴调查,并将于 2012 年 1 月 12 日和 2012 年 3 月 22 日分别对该案作出反补贴初裁和反倾销初裁。

12 月

欧盟对华压缩机作出反倾销期中复审终裁

2011 年 12 月 15 日,欧盟委员会对原产于中国的压缩机作出反倾销期中复审终裁:微型压缩机,即无储气罐、且能在 12 伏电源下运行的压缩机,将不纳入征税范围。涉案产品在欧盟合并关税编码 ex84144010、ex84148022、ex84148028、ex84148051 下。

2011 年 3 月,欧盟对原产于中国的压缩机进行反倾销期中复审立案调查。

2. 分析

机电产品出口所遇反倾销事件分析包括月份分析、国别分析和产品分析。

(1)月份分析

2011 年机电产品出口所遇反倾销事件共 24 起,接近 2010 年情况。从月份分布上来看,6 月、10 月较多,8 月没有发生。与 2010 年相比,3 月和 7 月减少显著,而且除 4 月、5 月、6 月和 10 月多出上年同期以外,其余月份的反倾销发生数量均比同期有所下降或持平。从图 8. 1 所示的全年走势来看,机电产品出口贸易反倾销事件的数量分布较为平均。

(2)国别分析

由图 8. 2 可知,2011 年机电产品出口贸易反倾销事件涉及的国家共 8 个。最多的国家为阿根廷,有 8 起,约占 32%。连续两年,阿根廷对我国机电产品密集采取反倾销措施,根本原因是中国的优势产品和阿根廷希望重点发展的产品存在竞争力上的冲突。与上年相同,阿根廷、欧盟和印度是对中国发起反倾销事件最多的 3 个国家,它们一般不承认中国的市场经济地位,采用替代国制度,是中国机电产品发生反倾销事件的主要原因之一。

与 2010 年相比,各国的反倾销事件没有显著变动,欧盟、印度、美国、墨西哥等国略有降低,阿根廷、加拿大、土耳其等国相对增加。澳大利亚 2010 年没有反倾销事件,2011 年出现 1 起。阿根廷、欧盟、印度

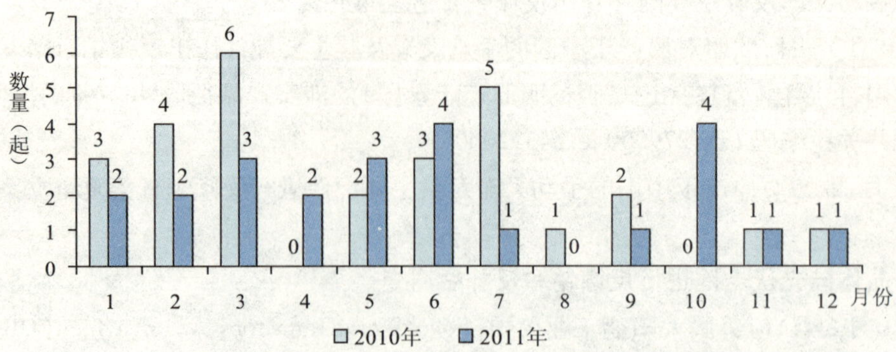

图 8.1　2011 年机电产品出口贸易反倾销月份分析

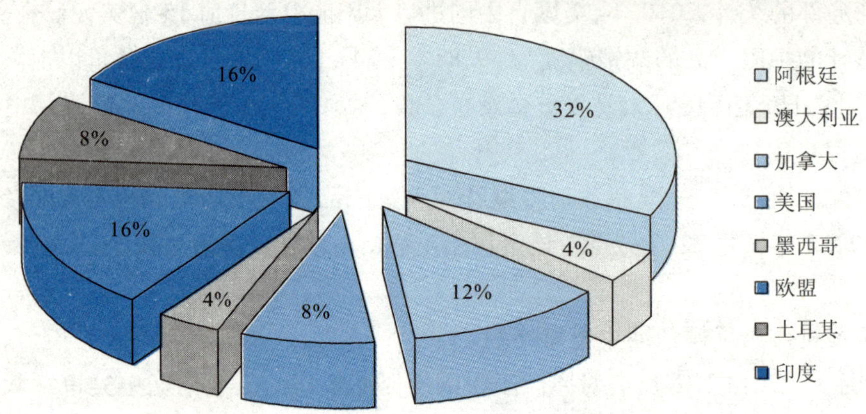

图 8.2　2011 年机电产品出口贸易反倾销国别分析(一)

已连续 5 年成为对中国反倾销事件最多的国家和地区,如图 8.3 所示。提醒政府主管部门和各机电类产品出口企业注意。

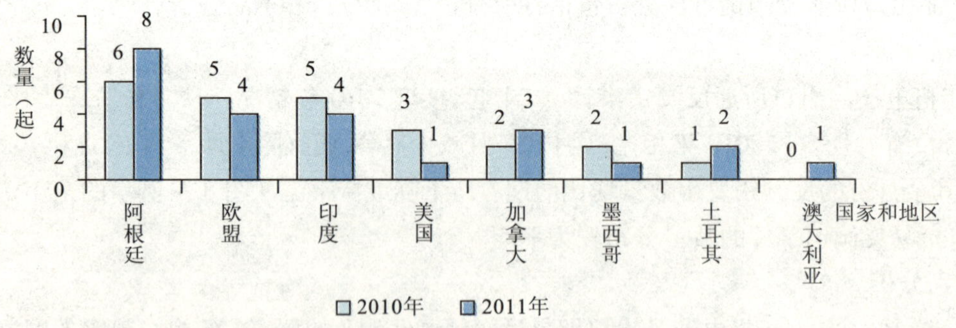

图 8.3　2011 年机电产品出口贸易反倾销国别分析(二)

(3)产品分析

由图 8.34 可知,2011 年机电产品出口贸易反倾销事件共涉及具体产品 19 种类别,分布较为分散,空调和电缆在两个不同国家出现,除电缆、空调、空压机和自行车及其配件其余产品出现两起外,其余产品均只出现一次。这些产品出口遭遇反倾销事件的主要原因:一方面这些机电产品主要出口到阿根廷、欧盟、印度等国,另一方面这些国家不承认中国的市场经济地位,采用替代国制度。

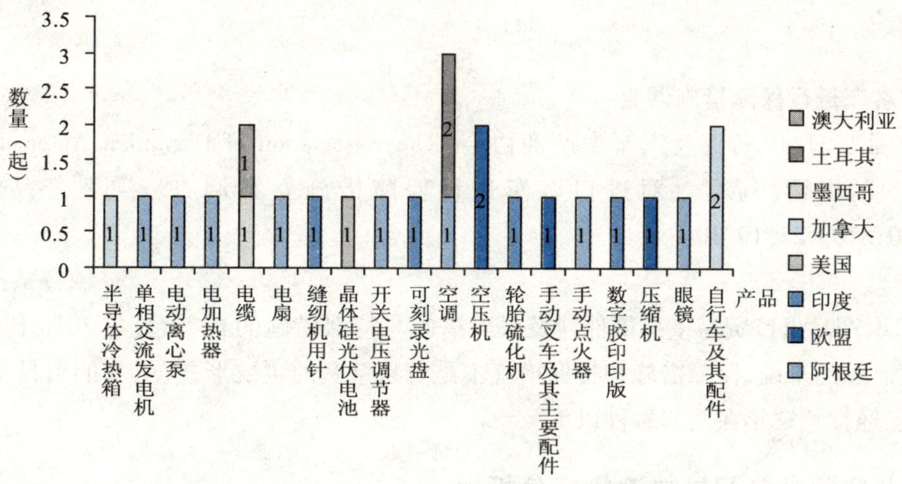

图 8.4　2011 年机电产品出口贸易反倾销国别分析(二)

(二)反补贴

2011 年机电产品出口所遇反补贴调查案有 2 起,加拿大一起是反倾销和反补贴的双反事件,另外一起来自美国。

1. 事件

2 月

美国商务部宣布撤销非公路用轮胎反补贴案行政复审调查

2011 年 2 月 7 日,美商务部宣布撤销对非公路用轮胎(New Pneumatic Off－the－Road Tires)反补贴案 2009 年的年度行政复审调查。2010 年,中国 9 家轮胎公司曾申请美商务部对该案进行行政复审,但随后这些公司全部撤回申请,由于目前已经无利害关系方对该案提出行政复审申请,美商务部因而决定撤销本次行政复审调查。

10 月

加拿大对华半导体冷热箱进行反倾销和反补贴期中复审调查

2011 年 10 月 3 日,加拿大对原产于中国的半导体冷热箱进行反倾销和反补贴期中复审立案调查。此次调查是对中国半导体冷热箱的正常价值、出口价格和补贴率进行审查。涉案产品海关编码为 84186990.90、84185010.00、84186191.90、84189990.90。

2008 年 5 月,加拿大对原产于中国的半导体冷热箱进行反倾销立案调查;2008 年 11 月,加拿大对此案作出肯定性终裁。

2. 分析

在 2010 年,美国对华没有出现机电产品类的反补贴事件。值得注意的是,2010 和 2011 连续两年,加拿大对华实施双反措施,针对相同的产品类别。

(三)保障措施与特保措施

2010 年机电产品出口所遇保障措施与特保措施调查只有 1 起,来自乌克兰。

1. 事件

7月

乌克兰对客车进行保障措施调查

2011年7月2日,应乌克兰汽车生产商协会(The Association of Ukrainian Automobile Producers "Ukravtoprom")的申请,乌克兰对进口客车进行保障措施立案调查。涉案产品海关编码为8703.22.10.00、8703.23.19.10。

2. 分析

2011年机电产品出口贸易壁垒事件涉及保障措施与特保措施的有1起,与2010年极为类似,实施国为乌克兰。总的来说,保障措施和特保措施不是贸易壁垒的主要形式,引起的贸易壁垒事件和贸易争端较少,已经持续三年在三起事件以下。

(四)机电产品出口贸易救济措施分析

机电产品出口所遇贸易救济措施分析包括月份分析、国别分析和产品分析。

1. 月份分析

2011年机电产品出口贸易救济措施事件共27起,与2010年的32起相比幅度下降近20%。从图8.5所示的月份分布上来说,3月、5月、6月和10月最多,分别为3起、3起、4起、6起,其他月份较少。与2010年相比,1月、2月、3月、7月数量有明显减少;10月比上年同期增加,其余月份,数量持平或下降。全年的总体趋势主要反映了反倾销事件的月份分布特征,因反补贴事件与保障措施事件仅占较少比例。

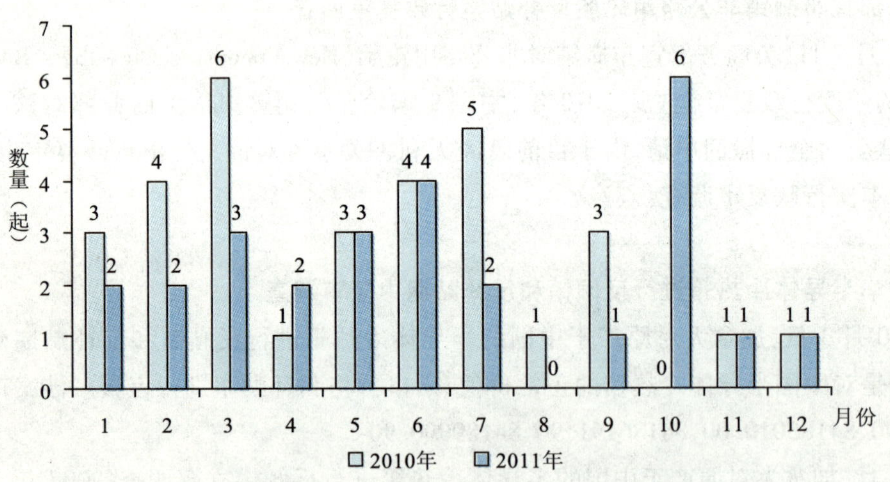

图8.5 2011年机电产品出口贸易救济措施月份分析

2. 国别分析

2011年机电产品贸易救济事件涉及的国家(地区)共有9个,与2010年12个国家(地区)相比,减少了3个。欧盟、阿根廷和印度这3个国家和地区超过了4起,其余国家(地区)相对较少,均在3起及以下。其中,阿根廷最多,为8起,占29%;欧盟与印度其次,各为6起,占15%,如图8.6所示。

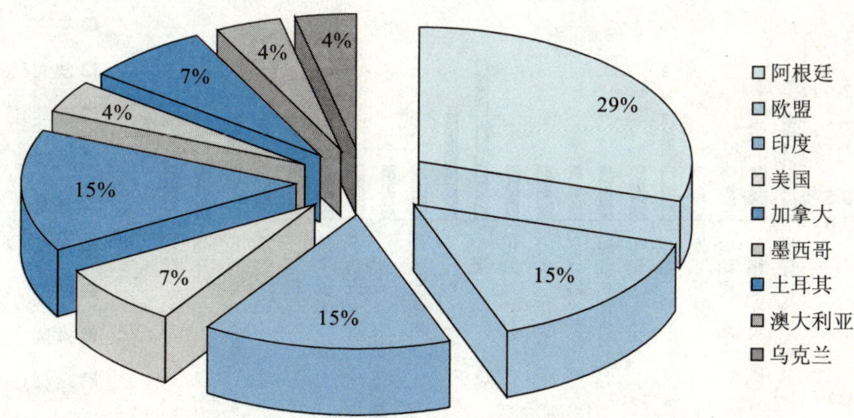

图 8.6 2011 年机电产品出口贸易救济措施国别分析(一)

由图8.7可知,与2010年相比,新出现澳大利亚发生1起贸易救济事件。除阿根廷与加拿大和土耳其数量增加之外,其余国家发生数量明显下降。总体来看,阿根廷、欧盟、印度这3个国家(地区)是涉及贸易救济措施最多的国家。在此提醒政府主管部门和机电类出口企业持续关注,尤其是阿根廷和印度这2个发展中国家,未来将与中国产品有较强的竞争性。

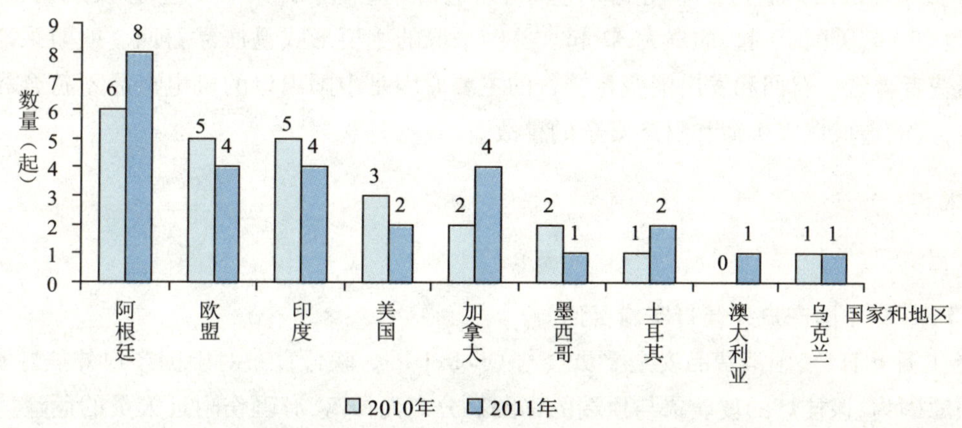

图 8.7 2011 年机电产品出口贸易救济措施国别分析(二)

3. 产品分析

2011年机电产品出口贸易救济措施事件涉及的产品共21种类别,主要是反倾销事件涉及的产品,受到反补贴和保障措施影响的产品有客车与轮胎。其中,半导体冷热箱涉及加拿大反倾销和反补贴两种措施同时作用,故按两起事件计算。总的来说,受反倾销事件的影响,2011年机电产品出口贸易救济措施事件涉及的主要产品为电缆、空调、空压机和自行车及其配件,共有9起,占全部贸易救济措施事件的42.9%,如图8.8所示。

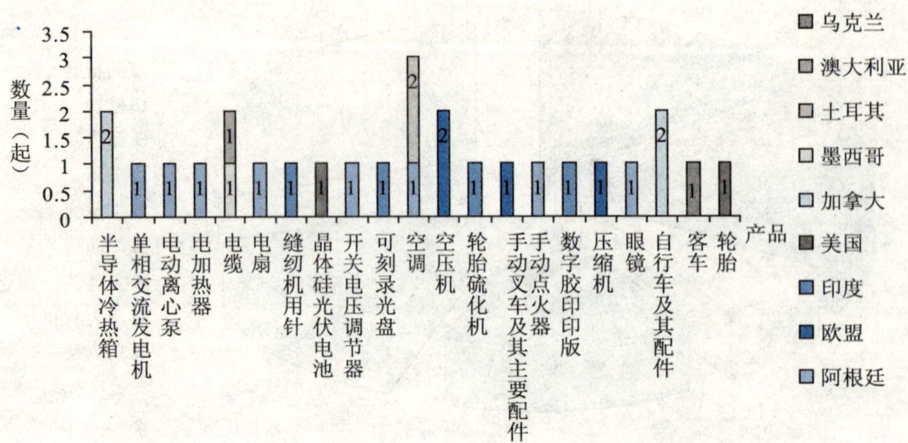

图 8.8　2011 年机电产品出口贸易救济措施产品分析

二、机电产品出口技术性贸易壁垒与绿色贸易壁垒

2011 年机电产品出口遭遇技术性贸易壁垒与绿色贸易壁垒事件共 178 起，涉及欧盟、美国和加拿大，其中欧盟 69 起，美国 79 起，加拿大 30 起。美国采取的主要形式是产品召回。欧盟采取的主要形式是发出消费者警告。召回和发出消费者警告的主要原因是中国出口的机电产品不符合相关的技术和安全标准，可能造成危害生命和财产安全的事故。

（一）事件

1 月

美国 CPSC 对中国产户外挂灯实施召回

2011 年 1 月 6 日，美国消费品安全委员会与 Quoizel Inc. 联合宣布对中国产户外挂灯实施自愿性召回。召回原因为，该挂灯的玻璃罩与顶端的钢圈易分离而掉落，有砸伤附近人员的危险。

美国 CPSC 对中国产烤箱保护架实施召回

2011 年 1 月 6 日，美国消费品安全委员会与 Christmas Tree 店联合发布公告对原产于中国的烤箱保护架实施自愿性召回。召回原因为，该烤箱保护架无法抵御高温，有引发火灾的危险。

美国 CPSC 对中国产排水泵实施召回

2011 年 1 月 6 日，美国消费品安全委员会与 ITT Water Technology，Inc. 联合宣布对中国产排水泵实施自愿性召回。召回原因为，该排水泵未配置防漏电地线断路器保护，有致使用者被电击或电死的危险。

美国 CPSC 对中国产除湿器实施召回

2011 年 1 月 11 日，美国消费品安全委员会与 GEA Products L. P. 、CEM Global LLC（Professional Series）联合宣布对中国广东美的制冷家电集团（GD Midea Air Conditioning Equipment Ltd. ）生产的除湿器实施自愿性召回。召回原因为，该除湿器的压缩机易短路，有引发火灾的危险。

美国 CPSC 对中国产婴儿摇铃实施召回

2011 年 1 月 12 日,美国消费品安全委员会与 Kid O Products,LLC 联合宣布对中国产婴儿摇铃实施自愿性召回。召回原因为,该摇铃上的珠子易脱落,若被婴儿放入口中,有致其窒息的危险。

美国和加拿大对中国产数控调温器实施召回

2011 年 1 月 12 日,美国消费品安全委员会、加拿大卫生部与 White - Rodgers 公司联合宣布对中国产数控调温器实施自愿性召回。召回原因为,用于驱动该数控调温器时钟的电池组经常超负荷,容易导致电池泄露,有引发火灾的危险。

美国 CPSC 对中国产变频器实施召回

2011 年 1 月 18 日,美国消费品安全委员会与 Schneider Electric 公司联合宣布对中国产 Xantrex Grid Tie 太阳光变频器实施自愿性召回。召回原因为,该变频器内部的配件易老化,致使配线箱内存在气体,若产生电弧,积聚的气体极会把配线箱盖冲开,有致周围使用者受伤或财产损失的危险。

美国 CPSC 对中国产 LED 灯实施召回

2011 年 1 月 19 日,美国消费品安全委员会与 Eco - Story 公司联合宣布对中国产 LED 灯实施自愿性召回。召回原因为,若在无 Class II 变压器的条件下使用,该 LED 灯易过热,有引发火灾的危险。

美国 CPSC 对中国产发电机实施召回

2011 年 1 月 20 日,美国消费品安全委员会与 Husqvarna Professional Products Inc. 联合宣布对中国产 Poulan Pro 发电机实施自愿性召回。召回原因为,该发电机的汽化器存在缺陷,导致汽油泄漏,有引发火灾的危险。

美国 CPSC 对中国产食品烘干机实施召回

2011 年 1 月 20 日,美国消费品安全委员会与 NESCO American Harvest 公司联合宣布对中国产 NESCO American Harvest Gardenmaster 食品烘干机实施自愿性召回。召回原因为,电子控制模块的电容器因存在缺陷易过热,食品烘干机有冒烟或引发火灾的危险。

欧盟对中国产"Fossil"和"Diesel"牌腕表发出消费者警告

2011 年 1 月 21 日,欧盟委员会非食品类快速预警系统对中国产"Fossil"和"Diesel"牌腕表发出消费者警告。由于检测发现,该腕表表链的镍含量为 0.546 ~ 1.011,可能使佩戴者皮肤产生过敏反应。该产品不符合欧盟标准 REACH。

2 月

美国 CPSC 对中国产电熨斗实施召回

2011 年 2 月 3 日,美国消费品安全委员会与 Sunbeam Products Inc. 联合宣布对中国产可转换电熨斗实施自愿性召回。召回原因为,该电熨斗易过热,导致电源线起火,有致使用者被灼伤的危险。

欧盟对中国产食品搅碎机发出消费者警告

2011 年 2 月 4 日,欧盟委员会非食品类快速预警系统对中国产"Selecline"牌迷你电子食品搅碎机发出消费者警告。本案的通报国为法国。由于搅拌器驱动轴长时间磨损可能致使切割刀片脱离而触及发动机部分,存在致使用者被割伤的危险。该产品不符合欧盟的低电压指令。

欧盟对中国产托马斯儿童自行车发出消费者警告

2011 年 2 月 4 日,欧盟委员会非食品类快速预警系统对中国产托马斯儿童三轮车发出消费者警告。本案的通报国为斯洛文尼亚。该童车被通报的原因主要为:①由于其极易翻倒,存在致儿童受伤的危险;②由于该童车上的小部件极易与车体分离,一旦儿童吞食,有致其窒息的危险。该产品不符合欧盟的玩具指令以及欧盟的相关标准EN71。

欧盟对中国产折叠式婴儿推车发出消费者警告

2011年2月4日,欧盟委员会非食品类快速预警系统对中国产"Phil & Teds"牌折叠式婴儿推车发出消费者警告。本案的通报国为爱尔兰。因为当折叠或打开推车时,操作者的手指可能被夹住,存在致其受伤的危险。

美国CPSC对中国产便携式电暖器实施召回

2011年2月8日,美国消费品安全委员会与Lasko Products Inc. 联合宣布对中国产便携式电暖器实施自愿性召回。召回原因为,该电暖器底座上的电子元件易过热而熔化或产生电流,有引发火灾的危险。

美国CPSC对中国产雪地自行车实施召回

2011年2月8日,美国消费品安全委员会与Tech 4 Kids Inc. 对中国产OUTER EDGE牌雪地自行车实施自愿性召回。召回原因为,因前雪橇易断裂,导致雪地自行车突然停止,有致使用者跌伤的危险。

美国CPSC对中国产LED夜灯实施召回

2011年2月9日,美国消费品安全委员会与American Tack & Hardware Co. Inc.(简称Amer Tac)联合宣布对中国产LED夜灯实施自愿性召回。召回原因为,该夜灯易短路而发生过热、冒烟、熔化,有致使用者灼伤或引发火灾的危险。

美国CPSC对中国产真空吸尘器实施召回

2011年2月9日,美国消费品安全委员会与Hoover Inc. 联合宣布对中国产Hoover Wind Tunnel卧式真空吸尘器实施自愿性召回。召回原因为,该真空吸尘器的电动吸尘嘴与连接杆之间的电源线易短路,有致使用者被电击或引发火灾的危险。

美国CPSC对中国产可充电电池实施召回

2011年2月11日,美国消费品安全委员会与Summer Infant公司联合宣布对中国产、随Slim and Secure婴儿视频监视器出售的可充电电池实施自愿性召回。召回原因为,该电池易过热和爆炸,有致使用者被灼伤的危险。

美国CPSC对中国产婴儿视频监视器实施召回

2011年2月11日,美国消费品安全委员会与Summer Infant公司联合宣布对中国产婴儿视频监视器实施自愿性召回。召回原因为,若该婴儿视频监视器中的摄像机与婴儿床距离过近,其电源线有可能缠绕儿童颈部,有致其窒息死亡的危险。

欧盟对中国产无线角磨机发出消费者警告

2011年2月11日,欧盟委员会非食品类快速预警系统对中国产无线角磨机发出消费者警告。本案的通报国为英国。此次通报的无线角磨机主要使用锂电池驱动,款式编码为CP5004,条形码编码为5051747509955。由于该角磨机的发动机的间歇性运动可能导致使用者不能有效关闭机器,而需要卸除电池方能使其停止运转,存在致使用者受伤的危险。

美国CPSC对中国产彩灯圣诞树实施召回

2011年2月16日,美国CPSC与Balsam Hill LLC联合宣布对中国产彩灯圣诞树实施自愿性召回。召回原因为,2010 年 12 月 21 日前该产品的广告上说,该圣诞树可用于室内外,但实质上,其提供的加长电源线仅能用于室内,若用于室外,有致使用者被电击的危险。

美国 CPSC 对中国产电暖器实施召回

2011 年 2 月 16 日,美国消费品安全委员会与 Atico International USA,Inc. 联合宣布对中国产 True Living 电暖风和 Quartz Radiant 电暖器实施自愿性召回。召回原因为,该电暖器易起火,有引发火灾的危险。

美国 CPSC 对中国产儿童手表实施召回

2011 年 2 月 16 日,美国消费品安全委员会与 Walt Disney Parks and Resorts 公司联合宣布对中国产儿童发光手表实施自愿性召回。召回原因为,该手表的镍电池有致对镍过敏的儿童皮肤过敏或产生烧灼感。

美国 CPSC 对中国产数控食品烘干机实施召回

2011 年 2 月 16 日,美国消费品安全委员会与 LEM Products 公司联合宣布对中国产数控食品烘干机实施自愿性召回。召回原因为,将发动机固定于食品烘干机背面的螺丝钉易松动,有致发动机掉落到发热电子元件上而引发火灾的危险。

欧盟对中国产儿童手推车发出消费者警告

2011 年 2 月 18 日,欧盟委员会非食品类快速预警系统对中国产儿童手推车发出消费者警告。本案的通报国为英国。此次通报的儿童手推车可折叠,款式编码为 376/5555。由于该童车在使用过程中,固定童车的螺丝钉可能松懈滑落,童车可能散架,存在致乘车婴幼儿受伤的危险。

欧盟对中国产儿童学步车发出消费者警告

2011 年 2 月 18 日,欧盟委员会非食品类快速预警系统对中国产儿童学步车发出消费者警告。本案的通报国为塞浦路斯。该学步车的条形码编码为 4135191342168。由于该学步车并无下楼时防止婴幼儿摔倒的制动装置,存在致儿童受伤的危险。

欧盟对中国产"Soho"牌台灯发出消费者警告

2011 年 2 月 18 日,欧盟委员会非食品类快速预警系统对中国产"Soho"牌台灯发出消费者警告。本案的通报国为匈牙利。该台灯由金属制成,其条形码编码为 6617000001018。该台灯存在使人触电的危险,因为:(1)该台灯上通常不带电的、使用者可轻易触及的金属零部件可能带电;(2)该台灯上的带电零部件,使用者极易触及。该产品不符合欧盟的低电压指令以及欧盟的相关标准 EN60598。

欧盟对中国产"Ikea Förstå"牌咖啡和茶兼容机发出消费者警告

2011 年 2 月 18 日,欧盟委员会非食品类快速预警系统对中国产"Ikea Förstå"牌咖啡和茶兼容机发出消费者警告。本案的通报国为罗马尼亚。该产品由玻璃和金属混合制成,容量 1 升。由于在使用过程中,该兼容机的不锈钢支撑环施压不当可能致使玻璃容器破裂,存在致使用者被灼伤或烫伤的危险。

欧盟对中国产迷你应急灯发出消费者警告

2011 年 1 月 28 日,欧盟委员会非食品类快速预警系统对中国产"AI XIN"牌迷你应急灯发出消费者警告。本案的通报国为卢森堡。此次通报的应急灯的款式/型号编码为:AX 509 (Ref:B070 - 1),EAN 码编码为 8300805080705;小狗外形,内部装有充电电池。由于该产品内置电线以及插头存在安全隐患,且带电零部件极易暴露于外部,再加上其小狗外形,可能诱使儿童触碰,存在致使用者触电的危险。该产品不符合欧盟的低电压指令以及欧盟的相关标准 EN60598。

美国 CPSC 对中国产自行车实施召回

2011 年 2 月 22 日，美国消费品安全委员会与 Felt Bicycles 公司联合宣布对中国广东 ADK Technology Limited 产 2011 款 Felt 成人自行车实施自愿性召回。召回原因为，该自行车的车闸易断裂，有致骑行者对车失去控制而跌伤的危险。

美国 CPSC 对中国产电子产品遥控器实施召回

2011 年 2 月 23 日，美国消费品安全委员会与 Niles Audio Corp. 联合宣布对中国产电子产品遥控器实施自愿性召回。召回原因为，若电池在使用过程中掉落，有可能导致遥控器冒烟、燃烧或爆炸，有引发火灾的危险。

美国和加拿大对中国产婴幼儿推车实施召回

2011 年 2 月 23 日，美国消费品安全委员会、加拿大卫生部与 B. O. B. Trailers Inc. 联合宣布对中国大陆和台湾地区产 B. O. B. 单人/双胞胎婴幼儿推车实施自愿性召回。召回原因为，该婴幼儿推车的拉绳可能缠绕儿童颈部，有致其窒息的危险。

欧盟对中国产"HJ"牌热水器发出消费者警告

2011 年 2 月 25 日，欧盟委员会非食品类快速预警系统对中国产"HJ"牌热水器发出消费者警告。本案的通报国为罗马尼亚。该热水器的款式/型号编码为：D－015；该热水器主要用于厨房，功率 500W，电压 220～240V。该热水器存在致使用者触电的危险，因为：电源线没有防扭曲功能以及绝缘功能欠佳。该产品不符合欧盟的低电压指令以及欧盟的相关标准 EN60335。

欧盟对中国产"Ibiza"牌激光迪斯科灯发出消费者警告

2011 年 2 月 25 日，欧盟委员会非食品类快速预警系统对中国产"Ibiza"牌激光迪斯科灯发出消费者警告。本案的通报国为法国。此次通报的激光迪斯科灯主要由黑金属制成，灯上装有悬浮支架；款式/型号编码为 LAS 130 RG multi。

该产品存在致使用者视力受损的危险，因为：(1)该激光灯为 3R 级激光产品；(2)未贴激光曝光警示标志；(3)无安全使用说明和警示。该产品不符合欧盟的相关法律以及欧盟相关标准 EN60825。

欧盟对中国产玩具灯发出消费者警告

2011 年 2 月 25 日，欧盟委员会非食品类快速预警系统对中国产玩具灯发出消费者警告。本案的通报国为奥地利。此次通报的玩具灯为花瓣形状，主要由硬塑料制成；条形码编码为 8711295830754。

由于该玩具灯上的瓢虫和蝴蝶装饰极易与主体分离，一旦吞食，有致儿童窒息的危险。该产品不符合欧盟的玩具指令以及欧盟的相关标准 EN71。

3 月

美国和加拿大对中国产婴幼儿推车弹跳座椅实施召回

2011 年 3 月 1 日，美国消费品安全委员会、加拿大卫生部与 Baby Jogger LLC 联合宣布对中国产婴幼儿推车弹跳座椅实施自愿性召回。召回原因为，若弹跳座椅未正确安装在指定位置，易从幼儿推车上掉落，有致幼儿跌伤的危险。

美国 CPSC 对中国产电炖锅实施召回

2011 年 3 月 2 日，美国消费品安全委员会与 Burlington Coat Factory 联合宣布对中国产电炖锅实施自愿性召回。召回原因为，该电炖锅控制面板易过热和熔化，有引发火灾的危险。

欧盟对中国产煎锅发出消费者警告

2011 年 3 月 4 日，欧盟委员会非食品类快速预警系统对中国产煎锅发出消费者警告。本案的通报国为法国。此次通报的煎锅有 3 种型号，即 20cm、25cm 和 30cm；条形码编码为 3491952583340，批号为 07/2009。

由于该煎锅设计不合理且缺少稳定性，烹饪过程中锅内的食物可能溢出，有致使用者被烫伤的危险。该产品不符合欧盟的相关标准 EN12983。

美国和加拿大对中国产户外壁炉实施召回

2011 年 3 月 8 日，美国消费品安全委员会、加拿大卫生部与 Sunjoy Industries Group Limited 联合宣布对中国产独立式钢制户外壁炉实施自愿性召回。召回原因为，该壁炉烟囱上的青铜磨砂装饰外层在使用过程中易起火，有引发火灾的危险。

美国 CPSC 对中国产浪涌电压保护器实施召回

2011 年 3 月 8 日，美国消费品安全委员会与 Milestone AV Technologies LLC 联合宣布对中国产 Low - profile 功率调节器/浪涌电压保护器实施自愿性召回。召回原因为，该功率调节器/浪涌电压保护器不正确的地线或不适当的绝缘有致使用者被电击的危险。

美国 CPSC 对中国产工作台组成部分实施召回

2011 年 3 月 9 日，美国消费品安全委员会与 Global Equipment Company 联合宣布对中国产 Global 工作台的 Power Risers、Power Aprons 和 Power Shelves 实施自愿性召回。召回原因为，该电动 Risers、Aprons 和 Shelves 插座布线错误，两极接反，有致使用者被电击的危险。

美国 CPSC 对中国产越野摩托车实施召回

2011 年 3 月 9 日，美国消费品安全委员会与 Baja Inc. 联合宣布对中国产越野摩托车实施自愿性召回。

美国 CPSC 对中国产红酒开瓶器实施召回

2011 年 3 月 9 日，美国消费品安全委员会与 Sunbeam Products Inc. 联合宣布对中国产红酒开瓶器实施自愿性召回。召回原因为，该开瓶器有可能导致酒瓶破碎，有致使用者被割伤的危险。

美国 CPSC 对中国产夜灯实施召回

2011 年 3 月 10 日，美国消费品安全委员会与 The Land of Nod 公司联合宣布对中国产“Camp Nod”灯笼形夜灯实施自愿性召回。召回原因为，该夜灯的电源线易短路，有引发火灾或致使用者被电击的危险。

欧盟对中国产“Yuqiang”牌充电应急灯发出消费者警告

2011 年 3 月 11 日，欧盟委员会非食品类快速预警系统对中国产“Yuqiang”牌充电应急灯发出消费者警告。本案的通报国为马耳他。此次通报的应急灯的款式/型号编码为 YQ - 198。由于该应急灯的表壳极易与主体分离，致使其带电零部件暴露于外部，一旦触及，存在致使用者触电的危险。该产品不符合欧盟的低电压指令。

加拿大卫生部对中国产烫/直发器实施召回

2011 年 3 月 24 日，加拿大卫生部与 R. E Royal Trading Inc. 联合宣布对中国产烫/直发器实施自愿性召回。召回原因为，该烫/直发器不符合加拿大产品标准，未进行安全性能测试，有引发火灾的危险。

4月

欧盟对中国产“FRIAC Evacuation”牌干洗机发出消费者警告

2011年4月1日，欧盟委员会对中国产干洗机发出消费者警告。本案的通报国为比利时。该干洗机为白色，内置洗衣桶为不锈钢制成，款式/型号编码为DK6002，条形码编码为107026002。由于在过度使用过程中，该干洗机的计时器可能过热，存在引发火灾的危险。该产品不符合欧盟的低电压指令以及欧盟的相关标准EN60335。

欧盟对中国产夜灯发出消费者警告

2011年4月1日，欧盟委员会非食品类快速预警系统对中国产夜灯发出消费者警告。本案的通报国为芬兰。此次通报的LED夜灯的款式/型号编码为LED-002，条形码编:6416485215992。由于该夜灯的防护外罩极易与主体分离，致使其带电零部件暴露于外部，一旦触及，有致人触电的危险。该产品不符合欧盟的低电压指令以及欧盟的相关标准EN60598。

美国和加拿大对中国产热巧克力壶实施召回

2011年4月6日，美国消费品安全委员会、加拿大卫生部与Williams-Sonoma Inc.联合宣布对中国产热巧克力壶实施自愿性召回。召回原因为，该热巧克力壶的壶把在使用过程中易断裂，有致使用者烫伤或割伤的危险。

欧盟对中国产“Pocket Karaoke”牌DVD播放器发出消费者警告

2011年4月8日，欧盟委员会非食品类快速预警系统对中国产DVD播放器发出消费者警告。本案的通报国为芬兰。此次通报的DVD播放器的款式/型号编码为PDV-100，条形码编码为6430022959057。由于该DVD主线圈和次级线圈间的主要变压器的间隔不符合规定，使用者极易触及带电零部件，存在致使用者触电的危险。该产品不符合欧盟的低电压指令以及欧盟的相关标准EN60065。

欧盟对中国产“Wahl”牌吹风机发出消费者警告

2011年4月15日，欧盟委员会非食品类快速预警系统对中国产“Wahl”牌吹风机发出消费者警告。本案的通报国为英国。此次通报的吹风机为黑色塑料质地，款式/型号编码为ZX778，条形码编码为5037127012956。由于该吹风机的转轴一旦阻塞，发动机可能过度运转而发热引燃吹风机的塑料外壳，有引发火灾的危险。

欧盟对中国产“Bluesky”牌电热扇发出消费者警告

2011年4月15日，欧盟委员会非食品类快速预警系统对中国产“Bluesky”牌电热扇发出消费者警告。本案的通报国为法国。该电热扇的功率为2000W，电压230V，温度可自动调节，款式/型号编码为CFH2000-10。由于该电热扇一旦使用不当，其带电零部件可能暴露于外部，一旦触及，有致使用者受伤的危险。该产品不符合欧盟的低电压指令以及欧盟的相关标准。

美国和加拿大对中国产锂离子电池实施召回

2011年4月19日，美国消费品安全委员会、加拿大卫生部与Datseplots Inc.联合宣布对中国深圳旻君电子有限公司(Shenzhen Minjun Electronic Co. Ltd.)产使用于Magicshine自行车灯的锂离子电池实施自愿性召回。召回原因为，该锂离子电池一过热，有引发火灾的危险。

美国CPSC对中国产鱼缸加热器实施召回

2011年4月21日，美国消费品安全委员会与United Pet Group联合宣布对中国产鱼缸加热器实施自愿性召回。召回原因为，由于电线故障，该鱼缸加热器在正常使用过程中，易过热和突然破裂，损坏鱼缸，有引发火灾或致使用者被割伤的危险。

美国和加拿大对中国产儿童车实施召回

2011 年 4 月 21 日，美国消费品安全委员会、加拿大卫生部与 Kiddieland Toys Limited 联合宣布对中国产 Disney Princess 塑料儿童三轮车实施自愿性召回。召回原因为，若儿童车翻倒，车把上的塑料卡通城堡和公主易将儿童划伤。

美国和加拿大对中国产儿童单脚滑行车实施召回

2011 年 4 月 21 日，美国消费品安全委员会、加拿大卫生部与 Kiddieland Toys Limited 联合宣布对中国产"Light and Sounds"儿童单脚滑行车实施自愿性召回。召回原因为，该滑行车的竖杆与滑板之间的铰链有致儿童手指受伤的危险。

欧盟对中国产激光指示器发出消费者警告

2011 年 4 月 22 日，欧盟委员会非食品类快速预警系统对中国产激光指示器发出消费者警告。本案的通报国为英国。该激光指示器为黑色，可发出绿色激光光束。由于该激光指示器为第三类 B 激光产品，而标准的激光产品的激光输出量为 63 毫瓦，该产品存在致使用者视力受损的危险。

欧盟对中国产直升机模型发出消费者警告

2011 年 4 月 22 日，欧盟委员会非食品类快速预警系统对中国产无线遥控直升机模型发出消费者警告。本案的通报国为英国。由于该飞机模型上的主转动轴刀片极易与主体分离，且可能在使用过程中飞出，存在致使用者受伤的危险。

欧盟对中国产"Delta"牌电饼铛发出消费者警告

2011 年 4 月 29 日，欧盟委员会非食品类快速预警系统对中国产"Delta"牌电饼铛发出消费者警告。本案的通报国为英国。该电饼铛的款式/型号为：TXW－9816，条形码编码为 25184662；此次仅 2011 年各批次的电饼铛受到通报。由于该电饼铛可能过热，而致手柄处塑料覆层熔化，存在灼伤使用者的危险。该产品不符合欧盟的低电压指令。

欧盟对中国产电热扇发出消费者警告

2011 年 4 月 29 日，欧盟委员会非食品类快速预警系统对中国产电热扇发出消费者警告。本案的通报国为英国。该电热扇的款式/型号编码为 515/2583 & 415/0190，国内产品编码为 458193。由于长久使用，灰尘可能集聚于电热扇的部分元器件上，影响空气流通，导致电热扇的元器件过热而引发火灾。同时，虽然由此引发的元器件过热尚不足于导致电热扇停止运行，但这种温度的急剧上升足可使其附近的塑料包装膜融化。

5 月

美国和加拿大对中国产浮力控制设备实施召回

2011 年 5 月 3 日，美国消费品安全委员会、加拿大卫生部与 Edge Dive Gear 公司联合宣布对中国产 Sea Elite 系列浮力控制设备实施自愿性召回。召回原因为，在阻止浮力控制设备释放空气的过程中，过压阀上的弹簧易腐蚀或开裂，有致使用者溺水的危险。

美国 CPSC 对中国产轨道磨光机实施召回

2011 年 5 月 5 日，美国消费品安全委员会与 One World Technologies，Inc. 联合宣布对中国产轨道磨光机实施自愿性召回。召回原因为，该轨道磨光机风扇装置上的组件易迸射飞出，有致使用者被割伤的危险。

欧盟对中国产婴儿学步车发出消费者警告

2011年5月6日,欧盟委员会非食品类快速预警系统对中国产婴儿学步车发出消费者警告。本案的通报国为保加利亚。该学步车为塑料质地,型号编码为6130,条形码编码为6936780300013。由于该学步车在使用过程中可能翻倒,存在致儿童受伤的危险。该产品不符合欧盟的相关标准EN1273。

美国CPSC对中国产电灯泡实施召回

2011年5月10日,美国消费品安全委员会与Telstar Products公司联合宣布对中国产电灯泡实施自愿性召回。召回原因为,该电灯泡易过热,有引发火灾的危险。

美国CPSC对中国产玩具飞机实施召回

2011年5月11日,美国消费品安全委员会与UJ Trading公司联合宣布对中国产Danbar Knight Hawk玩具直升飞机实施自愿性召回。召回原因为,该玩具飞机电池盒易过热,有引发火灾的危险。

美国CPSC对中国产婴幼儿推车实施召回

2011年5月12日,美国消费品安全委员会与Maclaren USA, Inc. 联合宣布对中国产Maclaren婴幼儿推车实施自愿性召回。召回原因为,在折叠或打开时,该推车的铰链易夹伤或割伤婴幼儿。

欧盟对中国产"Lumi"牌灯座发出消费者警告

2011年5月13日,欧盟委员会非食品类快速预警系统对中国产"Lumi"牌灯座发出消费者警告。本案的通报国为西班牙。该灯座主体部分为金属质地,款式型号编码为E27181502604029/1。由于该灯座的保护性外膜由金属制成且未安装有绝缘环,一旦金属保护外膜下端的陶瓷环松动,带电零部件将暴露于外部,一旦触及,存在致使用者触电的危险。

欧盟对中国产台灯发出消费者警告

2011年5月20日,欧盟委员会非食品类快速预警系统对中国产台灯发出消费者警告。本案的通报国为罗马尼亚。该台灯为橘色,功率为220V、10W;其款式/型号编码为042-2;031-2;031-3;042-1。因为台灯上的电线与电源线连接不合适,存在致使用者触电的危险。该产品不符合欧盟的低电压指令以及欧盟的相关标准EN60598。

美国和加拿大对中国产食品加工机实施召回

2011年5月25日,美国消费品安全委员会、加拿大卫生部与Walmart Stores Inc. 联合宣布对中国产General Electric食品加工机实施自愿性召回。召回原因为,该食品加工机的安全连锁装置失效,在无盖保护的情况下会启动,有割伤使用者的危险。

美国和加拿大对中国产锂离子电池实施扩大召回

2011年5月27日,美国消费品安全委员会、加拿大卫生部与Hewlett-Packard Company联合宣布对中国产用于惠普笔记本电脑的锂离子电池实施自愿性扩大召回。召回原因为,该锂离子电池易过热或破裂,有引发火灾或灼伤使用者的危险。

6月

美国和加拿大对中国产沙锤乐器实施召回

2011年6月2日,美国消费品安全委员会、加拿大卫生部与Woodstock Percussion Inc. 联合宣布对中国产Gripper沙锤乐器实施自愿性召回。召回原因为,该沙锤把手易脱落,粗糙的边缘有割伤使用者的危险,此外,把手脱落后,沙锤内部的小钢珠和塑料塞有致人窒息的危险。

欧盟对中国产吹风机发出消费者警告

2011 年 6 月 3 日,欧盟委员会非食品类快速预警系统对中国产吹风机发出消费者警告。本案的通报国为西班牙。该吹风机为 2000W、230V、50Hz,款式/型号编码为 897803,条形码编码为 8015361997519。由于该吹风机的吹风口可能移位,而致其带电零部件暴露于外部,一旦触及,有致使用者触电的危险。该产品不符合欧盟的低电压指令以及欧盟的相关标准 EN60335。

欧盟对中国产"Jumbo"牌婴儿学步车发出消费者警告

2011 年 6 月 3 日,欧盟委员会非食品类快速预警系统对中国产"Jumbo"牌婴儿学步车发出消费者警告。本案的通报国为塞浦路斯。此次通报学步车主体构架为粉色和黄色,座位主要为白底且印有褐色图案的针织布,车前面是一个音乐台;该学步车的条形码编码为 0255075000039。由于该学步车缺乏防止车子翻倒的制动装置,存在致婴幼儿受伤的危险。该产品不符合欧盟的相关标准 EN1273。

欧盟对中国产插座发出消费者警告

2011 年 6 月 10 日,欧盟委员会非食品类快速预警系统对中国产插座发出消费者警告。本案的通报国为西班牙。此次通报的插座的款式/型号为 21324/156,条形码编码为 8436003113249。由于该插座的弹性不够,当插座上的插头拔出时可能发出火花,引烧导线,可能引发火灾危险。该产品不符合欧盟的相关标准 UNE20315。

欧盟对中国产烘鞋器发出消费者警告

2011 年 6 月 10 日,欧盟委员会非食品类快速预警系统对中国产烘鞋器发出消费者警告。本案的通报国为德国。该烘鞋器为橘红色,款式/型号编码为 6941757104549 WW－768。该烘鞋器被通报的原因为:存在致使用者触电的危险。该产品不符合欧盟的低电压指令以及欧盟的相关标准 EN6033 和 EN50075。

美国 CPSC 对中国产空调/热泵实施召回

2011 年 6 月 14 日,美国消费品安全委员会与 General Electric 公司、Sharp Corp. 联合宣布对中国产 GE Zoneline 空调/热泵实施自愿性召回。召回原因为,该空调/热泵的加热系统的电子元件易出故障,有引发火灾的危险。

美国 CPSC 对中国产水族馆灯实施召回

2011 年 6 月 21 日,美国消费品安全委员会与 Christmas Tree Shops 公司联合宣布对中国产 Animated Safari and Aquarium 水族馆灯实施自愿性召回。召回原因为,该水族馆灯的电源线存在问题,易导致电源短路,有引发火灾或致使用者被电击的危险。

美国 CPSC 和加拿大卫生部对中国产婴儿车实施召回

2011 年 6 月 23 日,美国消费品安全委员会和加拿大卫生部与 Britax Child Safety Inc. 联合宣布对中国产 B－Nimble 婴儿车实施自愿性召回。召回原因为,当踩下刹车踏板时,刹车器虽然未起作用,但会给消费者已经刹车的假象。此时,婴儿车会给乘坐的儿童带来意外伤害。

美国 CPSC 对中国产便携式蓄电池发电机实施召回

2011 年 6 月 23 日,美国消费品安全委员会与 American Honda Motor Co. 联合宣布对中国产便携式蓄电池发电机实施自愿性召回。召回原因为,该款发电机电池上的危险标签是用日文而不是英文标注的，因此消费者在使用时无法读懂从而可能造成不必要的危险。

美国 CPSC 和加拿大卫生部对中国产多士炉实施召回

2011 年 6 月 30 日，美国消费品安全委员会和加拿大卫生部与 Hamilton Beach Brands Inc. 联合宣布对中国产“Hamilton Beach”牌铬合金两片式多士炉实施自愿性召回。召回原因为，该款多士炉的加热元件会不定时通电，点燃放置在里面的食物和周边易燃物，从而导致火灾。

7 月

欧盟对中国产“Philips”牌吹风机发出消费者警告

2011 年 7 月 1 日，欧盟委员会非食品类快速预警系统对中国产吹风机发出消费者警告。本案的通报国为马耳他。此次通报的吹风机可折叠，款式/型号编码为 HP4931&HP4940，生产日期为 2006 年 6 月 ~2011 年 4 月。由于在极少数情况，当该吹风机关闭或未使用时，该吹风机的电源插口可能过热，存在引发火灾的危险。该产品不符合欧盟的低电压指令。

欧盟对中国产“Unicon”牌台灯发出消费者警告

2011 年 7 月 1 日，欧盟委员会非食品类快速预警系统对中国产“Unicon”牌台灯发出消费者警告。本案的通报国为斯洛伐克。该台灯有乌龟和蜗牛两种形状，金属质地；其款式/型号编码分别为：TORT 和 SNL。由于该台灯保护盖可能脱落，而致带电零部件暴露于外部，一旦触及，可能存在致人触电的危险；同时，该台灯的保护盖因为过热，存在致人被灼伤的危险。该产品不符合欧盟的低电压指令，以及欧盟的相关标准 EN60598。

美国 CPSC 对中国产原木切割机实施召回

2011 年 7 月 7 日，美国消费品安全委员会与 Changzhou Globe Tool Group Co. Ltd. 和 LG Sourcing, Inc. 联合宣布对中国产 Task Force 5 吨电动原木切割机实施自愿性召回。召回原因为，此款原木切割机有一个液压臂，在使用时依靠手柄下的滑座进行移动，此时，容易将使用者放在手柄上的手割伤，甚至切除。

欧盟对中国产自行车轮胎修理工具发出消费者警告

2011 年 7 月 8 日，欧盟委员会非食品类快速预警系统对中国产自行车轮胎修理工具发出消费者警告。本案的通报国为西班牙。该产品的款式/型号编码为 20118，条形码编码为 5606868201181。由于该产品中苯含量高达 70%，且甲苯含量也达 6%，存在致使用者化学中毒危险。该产品不符合欧盟的 REACH 指令。

美国 CPSC 对中国产加热器实施召回

2011 年 7 月 13 日，美国消费品安全委员会与 Meijer Inc. 联合宣布对中国产 Touch Point 振荡陶瓷加热器实施自愿性召回。召回原因为，加热器中的振荡器易短路，从而造成火灾。

欧盟对中国产“Opal”牌充电器发出消费者警告

2011 年 7 月 15 日，欧盟委员会非食品类快速预警系统对中国产“Opal”牌旅行充电器发出消费者警告。本案的通报国为芬兰。该产品两种功能，一是作为旅行适配器使用，一是作为 USB 插口充电器使用；其款式/型号编码为 190111，条形码编码为 6413821901113。由于该产品在使用时，可能仅有一边的插头插入电源插孔，而暴露于外部的带电插头极易被人触及，存在致人被电击的危险。

美国 CPSC 对中国产儿童台灯实施召回

2011 年 7 月 20 日，美国消费品安全委员会与 Target Corporation 联合宣布对中国产 Circo 儿童台灯实施自愿性召回。召回原因为,台灯可能过热,造成灯座内的黏合剂熔化,并流至灯泡部位,冷却的黏合剂黏着在灯泡底部,使灯泡难于取出致灯泡碎裂,会对消费者造成割伤危险。

美国 CPSC 对中国产儿童安全锁及插座罩实施召回

2011 年 7 月 27 日,美国消费品安全委员会与 Prime – Line 联合宣布对中国产 Child Safe 安全锁及插座罩实施自愿性召回。召回原因为,安全锁的螺钉及插座罩易松脱/断裂,致幼儿碰触电源插座或发生其他危险。

欧盟对中国产吹风机发出消费者警告

2011 年 7 月 29 日,欧盟委员会非食品类快速预警系统对中国产吹风机发出消费者警告。本案的通报国为英国。此次通报的吹风机于 2010 年 10 月售出,款式/型号编码为 55 – 37 – 029。由于该吹风机坏掉的内部组件极易从吹风机管口喷出,在某种情况下,可能击伤使用者。目前,已收到 1 例未成年人面部被击伤的事故报告。

加拿大卫生部对中国产电动修剪机实施召回

2011 年 7 月 29 日,加拿大卫生部与 Fiskars Canada, Inc. 联合宣布对中国产丙烷四冲程曲轴修剪机实施自愿性召回。召回原因为,使用过程中,发动机振动可引起丙烷罐转动,致油路磨损,丙烷气泄露,存在起火风险;且高温蔓延至机器下部,可使切刀的塑料护罩软化、变形以至脱落,对消费者造成灼伤及割伤危险。

加拿大卫生部对中国产家庭音响及电源设备实施召回

2011 年 7 月 29 日,加拿大卫生部与 Dana Trading Co. 联合宣布对中国产 Pyle and Pyramid 家庭音响及电源设备实施自愿性召回。召回原因为,该款产品未进行加拿大产品安全标准检测,无法确定是否对消费者存在安全风险。

欧盟对中国产"BRINK"牌酒精测试仪发出消费者警告

2011 年 7 月 29 日,欧盟委员会非食品类快速预警系统对中国产"BRINK"牌酒精测试仪发出消费者警告。本案的通报国为法国。该酒精检测器为黑色,款式/型号编码为 BR004。由于该酒精检测器不能用于检测阳性血液酒精含量,一旦驾驶员在高酒精状态下驾驶,存在致其受伤的危险。该产品不符合欧盟的相关国家立法。

8 月

美国 CPSC 和加拿大卫生部对中国产文件共享设备实施召回

2011 年 8 月 2 日,美国消费品安全委员会和加拿大卫生部与 Cloud Engines 联合宣布对中国产 Pogoplug Video 文件共享设备实施自愿性召回。召回原因为,设备可能过热、过度散热、打火、冒烟或起火。

美国 CPSC 对中国产手电筒电池实施召回

2011 年 8 月 3 日,美国消费品安全委员会与 Nex Torch, Inc. 联合宣布对中国产 Nex Torch NT123A 手电筒电池实施自愿性召回。召回原因为,电池可能过热、开裂,造成起火,有致消费者烧伤的危险。

欧盟对中国产"Rango"牌水冷却器发出消费者警告

2011 年 8 月 5 日,欧盟委员会非食品类快速预警系统对中国产"Rango"牌水冷却器发出消费者警告。本案的通报国为英国。该水冷却器的款式/型号为 PMS384,输出功率 12V/3Amps。由于该冷却器的输入线路与电源内的低电压输出线路间的绝缘功能不到位,存在致使用者触电的危险。该产品不符合欧盟的低电压指令以及欧盟的相关标准 EN60950。

美国 CPSC 对中国产紧急出口指示灯实施召回

2011 年 8 月 9 日,美国消费品安全委员会与 Best Lighting Products 和 Lithonia Lighting 联合宣布对中国产 LHQM 紧急出口 LED 指示灯实施自愿性召回。召回原因为,该款指示灯在电力中断时,应急灯无法提供照明。

欧盟对中国产吹风机发出消费者警告

2011 年 8 月 19 日,欧盟委员会非食品类快速预警系统对中国产吹风机发出消费者警告。本案的通报国为英国。此次通报的吹风机为紫色,功率 900W,款式/型号编码 FC－9820。该吹风机被通报的原因为:存在触电危险。因为,①该吹风机防护措施不当,使用者极易从前端吹风口触及带电零部件;②该吹风机机械强度不达标,吹风机主体极易分裂而致使用者可能触及其带电零部件;③该吹风机电源线不达标。该产品不符合欧盟的低电压指令以及欧盟的相关标准 EN60335。

欧盟对中国产"Tecstar"牌烤箱发出消费者警告

2011 年 8 月 19 日,欧盟委员会非食品类快速预警系统对中国产烤箱发出消费者警告。本案的通报国为英国。该烤箱主体为银色,底盘为黑色塑料质地,功率为 220～240V/50～60Hz,款式/型号编码为 TB－228WST101。由于该烤箱的机械强度不达标,烤箱底盘可能与主体分离而使带电零部件暴露于外部,存在致使用者触电的危险。该产品不符合欧盟的低电压指令以及欧盟的相关标准 EN60335。

美国 CPSC 对中国产修剪机实施召回

2011 年 8 月 23 日,美国消费品安全委员会与 Fiskars Brands, Inc. 联合宣布对中国产 Fiskars Smart Power 流线型修剪机实施自愿性召回。召回原因为,该款修剪机在使用过程中,发动机振动可引起丙烷罐磨损,导致丙烷泄露。

欧盟对中国产单脚滑行车发出消费者警告

2011 年 8 月 26 日,欧盟委员会非食品类快速预警系统对中国产单脚滑行车发出消费者警告。本案的通报国为德国。此次通报的单脚滑行车为金属质地,粉色,款式/型号编码为 NO. 18。由于该单脚滑行车中邻苯二甲酸二(2－乙基己)酯(DEHP)的含量达 10. 37mg/kg,存在化学危险。而根据欧盟 REACH 指令的相关规定,DEHP、DBP 以及 BBP 禁止用于儿童玩具及儿童护理产品中,而 DINP、DIDP 以及 DNOP 禁止用于可能被儿童放入口中的玩具及儿童护理产品中。

欧盟对中国产搅拌机发出消费者警告

2011 年 8 月 26 日,欧盟委员会非食品类快速预警系统对中国产搅拌机发出消费者警告。本案的通报国为英国。此次通报的食物搅拌器机身为塑料质地,装食物的壶身部分为玻璃质地,功率 220～240V/50Hz、250W,其款式/型号为 MX－T2GM。由于该搅拌机电源线尺寸不符合规定,且无任何固定电源线的锚点,同时其电源线对于触及带电零部件无足够的防护措施,因此该搅拌机存在致使用者触电和受伤危险。该产品不符合欧盟的低电压指令以及欧盟的相关标准 EN60335。

欧盟对中国产台灯发出消费者警告

2011 年 8 月 26 日,欧盟委员会非食品类快速预警系统对中国产台灯发出消费者警告。本案的通报国为英国。此次通报的台灯为塑料灯罩,灯泡为 25W。由于该台灯的电源线不符合规定,且其电源线对于触及带电零部件无足够的防护措施,存在致使用者触电的危险。该产品不符合欧盟的低电压指令以及欧盟的相关标准 EN60335 和 BS1363。

9 月

美国 CPSC 对中国产 LED 夜灯实施召回

2011 年 9 月 2 日,美国消费品安全委员会与 Corvest Acquisition Inc.(现为 Camsing Global LLC)联合宣布对中国产 LED 夜灯实施自愿性召回。召回原因为,该款 LED 夜灯会发生过热、燃烧和熔化的情况,导致消费者轻微烫伤。

欧盟对中国产电烤架发出消费者警告

2011 年 9 月 2 日,欧盟委员会非食品类快速预警系统对中国产电烤架发出消费者警告。本案的通报国为法国。此次通报的电烤架功率 2000W,电压 220/240V、50Hz,不粘锅涂层;款式/型号编码为 HPG239 -9,条形码编码为 3606605638739。由于该电烤架的插座部分缺乏防触电设计,使用者极易触及带电零部件,存在致使用者触电的危险。该产品不符合欧盟的低电压指令以及欧盟的相关标准。

欧盟对中国产电热扇发出消费者警告

2011 年 9 月 2 日,欧盟委员会非食品类快速预警系统对中国产电热扇发出消费者警告。本案的通报国为法国。此次通报的电热扇为黑色和白色,主要用于浴室,功率 2000W;款式/型号编码 HPH200M -10,EAN 码编码为 3608142463164。由于该电热扇防潮和防水设计不符合规定,存在致使用者触电的危险。该产品不符合欧盟的低电压指令。

欧盟对中国产"Mexller"牌童车发出消费者警告

2011 年 9 月 9 日,欧盟委员会非食品类快速预警系统对中国产"Mexller"牌童车发出消费者警告。本案的通报国为德国。由于该童车手把处含有致癌物,而其中苯并(a)芘的含量高达 1405mg/kg(规定值为 56mg/kg)。

欧盟对中国产电热扇发出消费者警告

2011 年 9 月 9 日,欧盟委员会非食品类快速预警系统对中国产电热扇发出消费者警告。本案的通报国为爱尔兰。此次通报的电热扇的款式/型号编码为 H900,条形码编码为 10062977。该电热扇存在致使用者触电的危险,因为:带电电线可能触及金属加热盘而熔化,电热扇内部锋利的金属边可能划坏其内部电源线,电热扇的接地电源线不够安全且极易松动,而电热扇的黑色塑料底盘无防火设计。该产品不符合欧盟的低电压指令以及欧盟的相关标准 EN60335。

美国 CPSC 对中国产搅拌机实施召回

2011 年 9 月 15 日,美国消费品安全委员会与 Target Corporation 和 Select Brands 联合宣布对中国产"Chefmate"牌 6 速搅拌机实施自愿性召回。召回原因为,该款搅拌机在运作时,塑料罩会破裂,露出底层的旋转刀片,易造成消费者受伤。

欧盟对中国产直发器发出消费者警告

2011 年 9 月 16 日,欧盟委员会非食品类快速预警系统对中国产直发器发出消费者警告。本案的通报国为西班牙。该直发器为银白色,Ref 码编码为 HHC94 -10(HC -94),产品系列号 1005015378,条形码编码 3608141589681。由于该直发器主电缆绝缘层放热能力欠佳,一旦其与过热部件接触极易脱落,致使带电零部件暴露于外,人体一旦触及,存在致其触电的危险。该产品不符合欧盟的低电压指令以及欧盟的相关标准 EN60335。

美国 CPSC 对中国产自行车实施召回

2011 年 9 月 22 日,美国消费品安全委员会与 Bridgeway International 联合宣布对中国产自行车实施自愿性召回。召回原因为，该款自行车的车链断裂后会造成消费者失去控制，从车上摔落。

欧盟对中国产“RJE”牌电热水器发出消费者警告

2011年9月23日，欧盟委员会非食品类快速预警系统对中国产“RJE”牌电热水器发出消费者警告。本案的通报国为罗马尼亚。此次通报的电热水器包装在塑料袋中，电压220V～240V，功率500W。

该产品存在致使用者触电的危险，因为：(1)该电热水器插头由两部分组成，如果操作不当水可能进入插头内部；(2)电源线由两根导线组成，但其绝缘设计不合格；(3)该电热水器缺少接地导线。该产品不符合欧盟的低电压指令以及欧盟的相关标准EN60335。

欧盟对中国产泛光灯发出消费者警告

2011年9月23日，欧盟委员会非食品类快速预警系统对中国产泛光灯发出消费者警告。本案的通报国为芬兰。此次通报的泛光灯的款式/型号编码为FL－105，条形码编码为6405422745715。

该产品存在火灾危险，因为：(1)接近灯泡的装备表层的温度可能高达188°C，而欧盟规定的最大温度限值为90°C；(2)接近反射镜的内部导线的温度可能高达365°C，而欧盟规定的最大温度限值为180°C。该产品不符合欧盟的低电压指令以及欧盟的相关标准EN90589。

加拿大卫生部对中国产LED夜灯实施召回

2011年9月23日，加拿大卫生部与Staples Promotional Products和Trane联合宣布对中国产LED夜灯实施自愿性召回。召回原因为，该款LED夜灯通电后会出现过热、燃烧或熔化的情况，可能会导致消费者轻微烫伤。

加拿大卫生部对中国产迷你涂胶枪实施召回

2011年9月23日，加拿大卫生部与Jiande Tongyu Electrical Appliance Tools Plant和CTG Brands Inc.联合宣布对中国产迷你涂胶枪实施自愿性召回。召回原因为，该款涂胶枪尚未接受安全评估以确保其符合加拿大产品安全标准；它同时拥有一个未经授权的CUL（Canadian Underwriters Laboratories Inc.）标志，因此存在一定的安全隐患。

加拿大卫生部对中国产雪橇实施召回

2011年9月27日，加拿大卫生部与Yongkang Hwatye Co.和ERA Group联合宣布对中国产高性能金属框架3系滑雪雪橇实施自愿性召回。召回原因为，该款雪橇黑色金属架涂层中的钡含量超标，会对消费者健康造成不良影响，如恶心、呕吐、腹泻和痉挛，以及更严重的中毒症状。

加拿大卫生部对中国产玩具工具套装实施召回

2011年9月28日，加拿大卫生部与Little Tikes联合宣布对中国产玩具车间工具套装中的玩具钉实施自愿性召回。召回原因为，该款玩具车间工具套装中的塑料钉体积过大，有对幼儿造成窒息的危险。

美国CPSC对中国产玩具车实施召回

2011年9月28日，美国消费品安全委员会与LM Import & Export，Inc.和Mega Wholesales Corporation联合宣布对中国产玩具车实施自愿性召回。召回原因为，该款玩具车表面油漆涂料中的铅含量超标。

10月

加拿大卫生部对中国产紫外线灯实施召回

2011年10月3日，加拿大卫生部与Creative Nail Design，Inc.联合宣布对中国产紫外线灯实施自愿性召回。召回原因为，该款紫外线灯尚未接受评估以确保其符合加拿大产品安全标准，因此存在一定的安全隐患。

欧盟对中国产LED灯发出消费者警告

2011年10月7日,欧盟委员会非食品类快速预警系统对中国产LED灯发出消费者警告。本案的通报国为芬兰。此次通报的LED灯的款式编码为LB231,条形码编码为6438168049939。由于该LED灯供给电压与人体易触及的金属导体间的爬电距离不符合规定,因此在某些情况下,使用者可能受到致命电击的危险。该产品不符合欧盟的低电压指令以及欧盟的相关标准EN60968。

欧盟对中国产电蒸汽熨斗发出消费者警告

2011年10月7日,欧盟委员会非食品类快速预警系统对中国产电蒸汽熨斗发出消费者警告。本案的通报国为西班牙。此次通报的电蒸汽熨斗为蓝白相间,大小为40×20.5×25cm,功率2000~2400W,电压220/240V;其款式/型号编码为HSG2200-10,条形码编码为3608142630245。由于在使用中,该电蒸气熨斗可能漏气,存在灼伤使用者的危险。

美国CPSC和加拿大卫生部对中国大陆和中国台湾产婴儿车实施召回

2011年10月11日,美国消费品安全委员会和加拿大卫生部与B. O. B. Trailers Inc. 联合宣布对中国大陆和中国台湾产“B. O. B”. 牌单人和双人婴儿车实施自愿性召回。召回原因为,该款婴儿车顶棚上的刺绣标志垫布容易脱落,有造成婴幼儿窒息的危险。

加拿大卫生部对中国产原木切割机实施召回

2011年10月14日,加拿大卫生部与Changzhou Globe Tool Group Co. Ltd. 和Lowe´s Companies Canada联合宣布对中国产电动原木切割机实施自愿性召回。召回原因为,该款原木切割机在使用时,液压臂会滑动至把手处,从而切断使用者握在把手上的指尖或割破手指。

欧盟对中国产“KMT”自行车修理工具发出消费者警告

2011年10月14日,欧盟委员会非食品类快速预警系统对中国产“KMT”自行车修理工具发出消费者警告。本案的通报国为西班牙。此次通报的自行车修理工具由6部分组成,款式/型号编码为K100562,条形码编码为8433384005194。由于该修理套装固定胶中二氯乙烷含量达67%,苯含量达11%,甲苯含量达4%,存在致使用者化学过敏的危险。该产品不符合欧盟REACH法规的相关规定。

欧盟对中国产“Ysheng”牌直发器发出消费者警告

2011年10月14日,欧盟委员会非食品类快速预警系统对中国产“Ysheng”牌直发器发出消费者警告。本案的通报国为西班牙。此次通报的直发器的款式/型号编码为YS-218,条形码编码为6948256082187和8695752101154。

该产品存在致使用者触电的危险,因为:①该直发器插头不符合规定尺寸,致其不能正好插入插座,偶尔会有带电零部件暴露于外;②导线太薄;③导线的锚点不够坚固。该产品不符合欧盟的低电压指令以及欧盟的相关标准EN60335。

美国CPSC对中国和墨西哥产一氧化碳探测器实施召回

2011年10月20日,美国消费品安全委员会与Sensor System和ADT Security Services Inc. 联合宣布对中国和墨西哥产型号为CO 1224T的一氧化碳探测器实施自愿性召回。召回原因为,该款一氧化碳探测器在使用寿命到期时,会向消费者的监控系统面板上传递信号,并发出警示声响,同时也向ADT公司报警监控中心发出信号,以便消费者和ADT公司进行及时更换。但部分一氧化碳探测器由于接线问题,不能连接至ADT监控系统,致使消费者和ADT公司均不能在该产品使用寿命到期时接到报警信号,进行及时更换,从而存在消费者一氧化碳中毒的危险。

美国 CPSC 对中国产镍氢电池启动充电器实施召回

2011 年 10 月 20 日,美国消费品安全委员会与 Horizon Hobby Inc. 联合宣布对中国产 Losi 镍氢电池启动充电器实施自愿性召回。召回原因为,该款镍氢电池和充电器可释放过多热量,有导致烧伤和火灾的危险。

美国 CPSC 对中国产电池实施召回

2011 年 10 月 21 日,美国消费品安全委员会与 Electric Motion Systems LLC 联合宣布对中国产可充电锂电池实施自愿性召回。召回原因为,该款电池易过热起火。

欧盟对中国产"HQ"牌适配器发出消费者警告

2011 年 10 月 21 日,欧盟委员会非食品类快速预警系统对中国产"HQ"牌适配器发出消费者警告。本案的通报国为芬兰。此次通报的适配器主要用于笔记本电脑,型号为 P. SUP. NBT120 - A,条形码编码为 5412810127078。由于该适配器主次线圈间的变压器的爬电距离不符合规定,在某种情况下一旦使用者使用错误触及输出连接线,存在致其触电的危险。该产品不符合欧盟的低电压指令以及欧盟的相关标准 EN60950。

欧盟对中国产台灯发出消费者警告

2011 年 10 月 21 日,欧盟委员会非食品类快速预警系统对中国产台灯发出消费者警告。本案的通报国为西班牙。此次通报的台灯基座为小狗形状,条形码编码为 8034048037430。由于该台灯开关的绝缘设计不符合规定,且人体易触及的部分温度可能过高,因此存在致使用者触电或被灼伤的危险。该产品不符合欧盟的低电压指令以及欧盟的相关标准 EN60598。

美国 CPSC 和加拿大卫生部对美国、中国大陆和中国台湾产手推车实施召回

2011 年 10 月 27 日,美国消费品安全委员会和加拿大卫生部与 Harper Trucks Inc. 联合宣布对美国、中国和中国台湾产手推车实施自愿性召回。召回原因为,当该款手推车的轮胎过度膨胀时,将发生爆炸,造成轮毂分离或断裂,并弹出轮毂碎片,使周围的人受伤。

美国 CPSC 和加拿大卫生部对中国产自行车实施召回

2011 年 10 月 27 日,美国消费品安全委员会和加拿大卫生部与 Trek Bicycle Corporation 联合宣布对中国产 Trek 2012 FX 款及城市休闲自行车实施自愿性召回。召回原因为,该款自行车用于固定车座的螺栓容易脱落,从而造成消费者从车上摔落的危险。

欧盟对中国产"Delta"牌蒸汽清洁器发出消费者警告

2011 年 10 月 28 日,欧盟委员会非食品类快速预警系统对中国产"Delta"牌蒸汽清洁器发出消费者警告。本案的通报国为英国。该产品的款式编码为 GT - DR - 01,条形码编码为 25231052。由于在某些情况下,该蒸汽清洁器的喷口可能脱落,致使蒸汽溢出而穿过指关节,存在致使用者手或胳膊被灼伤的危险。该产品不符合欧盟的低电压指令。

欧盟对中国产激光笔发出消费者警告

2011 年 10 月 28 日,欧盟委员会非食品类快速预警系统对中国产激光笔发出消费者警告。本案的通报国为卢森堡。此次通报的产品为激光指示器钢笔且笔尾带有可调节的透镜。由于该激光指示器中的激光大于 2M,存在致使用者视力受损的危险。

11 月

美国 CPSC 对中国产童车实施召回

2011 年 11 月 1 日,美国消费品安全委员会与 Kiddieland Toys Limited 联合宣布对中国产 Disney Fairies 系列塑料儿童三轮车实施自愿性召回。召回原因为,该款儿童三轮车把手上的仙女造型过于凸出,如果儿童不慎跌落在上面容易受伤。

欧盟对中国产"IDK"牌烟雾报警器发出消费者警告

2011 年 11 月 4 日,欧盟委员会非食品类快速预警系统对中国产"IDK"牌烟雾报警器发出消费者警告。本案的通报国为法国。该产品的款式编码为 DET 010/KD - 107,条形码编码为 3539290007651。由于该烟雾报警器并不能探测到普通类型火灾,且其报警声音不足而不能及时提醒附近的人们采取相应措施避免火灾危险。该产品不符合欧盟建筑产品指令以及欧盟相关标准 EN14604。

欧盟对中国产"Oxelo"牌单脚滑行车发出消费者警告

2011 年 11 月 4 日,欧盟委员会非食品类快速预警系统对中国产"Oxelo"牌单脚滑行车发出消费者警告。本案的通报国为波兰。此次通报的产品的销售日期为 2010 年 11 月 7 日 ~2011 年 2 月 12 日,款式/型号编码为 1282678。由于该产品的手把极易破裂或骤停,存在致儿童受伤的危险。

美国 CPSC 对中国产电烤架/面包片烘烤器实施召回

2011 年 11 月 10 日,美国消费品安全委员会与 W. P. Appliances Inc. 和 YouO Electric Appliances Co. Ltd. 联合宣布对中国产 Wolfgang Puck 电烤架/面包片烘烤器实施自愿性召回。召回原因为,该款电烤架/面包片烘烤器的电路缺陷使产品过热、熔化,造成消费者触电的危险。

欧盟对中国产"Fakang"牌电吹风发出消费者警告

2011 年 11 月 11 日,欧盟委员会非食品类快速预警系统对中国产"Fakang"牌电吹风发出消费者警告。本案的通报国为西班牙。此次通报的电吹风的型号编码为 3000 - No. 28667,条形码编码为 8436046286672。由于该电吹风的外壳可能变形,致使其内的带电零部件暴露于外部,一旦触及,存在致人触电的危险。该产品不符合欧盟的低电压指令以及欧盟的相关标准 EN60335。

美国 CPSC 对中国产锂电池实施召回

2011 年 11 月 16 日,美国消费品安全委员会与 Columbia Sportswear Company 联合宣布对中国产 Omni - Heat 可充电锂电池实施自愿性召回。召回原因为,该款电池易过热,引发火灾。

欧盟对中国产"Kinpow"牌角钻发出消费者警告

2011 年 11 月 18 日,欧盟委员会非食品类快速预警系统对中国产"Kinpow"牌角钻发出消费者警告。本案的通报国为立陶宛。该角钻的款式/型号编码为 SIM - ZZ03 - 125A,条形码编码为 6926649100038。由于该角钻的机械强度不符合规定,在使用过程中可能会突然停止,存在致人受伤的危险。该产品不符合欧盟的机械指令以及欧盟的相关标准 EN60745。

欧盟对中国产"Prestige"牌电烤箱发出消费者警告

2011 年 11 月 18 日,欧盟委员会非食品类快速预警系统对中国产"Prestige"牌电烤箱发出消费者警告。本案的通报国为英国。此次通报的两款电烤箱的款式/型号为:2 slice 电烤箱为 54881(褐色)和 54966(红色),4 slice 电烤箱为 54198(黑色);销售日期为 2010 年 9 月 ~2011 年 10 月。由于该电烤箱内部线路存在问题,其外部可能带电,存在致人触电的危险。

欧盟对中国产"DONGFANGHONG"牌打火机发出消费者警告

2011年11月25日,欧盟委员会非食品类快速预警系统对中国产"DONGFANGHONG"牌"Juicy Fruit"新奇打火机发出消费者警告。本案的通报国为爱沙尼亚。此次通报的电子打火机是用彩色塑料制成的口香糖形状,款式/型号为:69628801。由于该款打火机容易吸引儿童,存在致人烧伤和火灾的危险。该款产品不符合欧盟的2006/502/EC决定。

美国CPSC对中国产iPod Touch外置充电电池实施召回

2011年11月30日,美国消费品安全委员会与Mophie LLC联合宣布对中国产iPod Touch外置充电电池实施自愿性召回。召回原因为,该电池易过热,有灼伤使用者的危险。

美国和加拿大对中国产苹果手机电池实施召回

2011年11月30日,美国消费品安全委员会、加拿大卫生部与Best Buy Co. Inc.联合宣布对中国产用于苹果iPhone 3G或3GS的Rocketfish Model RF-KL12手机电池实施自愿性召回。召回原因为,该电池在充电过程中易过热,有引发火灾的危险。

12月

美国CPSC对中国产投影手电筒实施召回

2011年12月1日,美国消费品安全委员会与Nygala Corp.联合宣布对中国产万圣节投影手电筒实施自愿性召回。召回原因为,该手电筒易过热或者熔化,有引发火灾或灼伤使用者的危险。

欧盟对中国产"Mag Safe"牌电源适配器发出消费者警告

2011年12月2日,欧盟委员会非食品类快速预警系统对中国产"Mag Safe"牌电源适配器发出消费者警告。本案的通报国为英国。此次通报的电源适配器由白色塑料制成,60瓦,三项插头,包装于一个黑色纸盒内;型号为A1184,用于App60w笔记本电脑。由于该款电源适配器绝缘不足,同时插头大小不正确,易使插座过热和放电,有造成电击和火灾的危险。该款产品不符合欧盟低电压指令(LVD)和EN60335以及其他相关标准。

美国和加拿大对中国产椭圆机实施召回

2011年12月6日,美国消费品安全委员会、加拿大卫生部与Nautilus Inc.联合宣布对中国产Schwinn 460椭圆机实施自愿性召回。召回原因为,该椭圆机的脚踏板在使用过程中易断裂,有致使用者跌伤的危险。

欧盟对中国产"TPA"牌燃气用低压稳定器发出消费者警告

2011年12月9日,欧盟委员会非食品类快速预警系统对中国产"TPA"牌燃气用低压稳定器发出消费者警告。本案的通报国为马耳他。此次通报的低压稳定器用于连接燃气灶具与燃气罐;款式/型号为LR 2522。由于该款低压稳定器的尺寸不符合标准,密封性较差,有导致燃气泄漏、着火的危险。该款产品不符合欧盟的相关标准EN12864。

美国CPSC对中国产按摩器实施召回

2011年12月13日,美国消费品安全委员会与Fourstar Group USA Inc.和Dongguan City Liwang Battery Co. Ltd.(battery)、Dongguan City Qingxi Shangpin Electrical Working Shop(massager)联合宣布对中国产手持宠物形状按摩器实施自愿性召回。召回原因为,该款按摩器的电池会泄露,造成消费者灼伤或对皮肤有刺激的危险。

美国 CPSC 对中国产烤面包机实施召回

2011 年 12 月 15 日，美国消费品安全委员会与 Hamilton Beach Brands Inc. 联合宣布对中国产 Hamilton Beach 烤面包机实施自愿性召回。召回原因为，初次接入电源，即使烘烤开关杆处于关闭或者上的位置，该烤面包机的发热器依然会过热，有致附近可燃物过热而引发火灾的危险。

欧盟对中国产“Euroflex”牌旅行熨斗发出消费者警告

2011 年 12 月 16 日，欧盟委员会非食品类快速预警系统对中国产“Euroflex”牌旅行熨斗发出消费者警告。本案的通报国为法国。此次通报的旅行熨斗的款式/型号为 Y－816。由于该款旅行熨斗带电导体和接地导体之间易断开；且带电导体的股线易被触碰，造成消费者电击的危险。该款产品不符合欧盟的低电压指令（LVD）和 EN60335 标准。

欧盟对中国产“Leiva Electricidad”牌夜灯发出消费者警告

2011 年 12 月 16 日，欧盟委员会非食品类快速预警系统对中国产“Leiva Electricidad”牌夜灯发出消费者警告。本案的通报国为西班牙。此次通报的白色插入式夜灯为透明泡罩包装；条形码为 8431487132021；Ref. 码为 13202。由于该款夜灯绝缘不足且易打破，露出带电部分，造成消费者电击的危险。该款产品不符合欧盟的低电压指令（LVD）和 EN60598 标准。

美国 CPSC 对中国产电池组实施召回

2011 年 12 月 21 日，美国消费品安全委员会与 Batteries Plus LLC 联合宣布对中国产 Rayovac NI－CD 电池组实施自愿性召回。召回原因为，该电池组会意外爆炸，有致使用者严重受伤的危险。

欧盟对中国产“Tesco”牌电热器发出消费者警告

2011 年 12 月 23 日，欧盟委员会非食品类快速预警系统对中国产“Tesco”牌电热器发出消费者警告。本案的通报国为英国。此次通报的立式卤素电热器分为 1200 瓦和 1600 瓦；款式/型号为SAAME－120Y2S 和 SAAME－160Y2 年。由于该款电热器内部电路连接较差，易过热或造成火灾的危险。该款产品不符合欧盟低电压指令（LVD）。

欧盟对中国产“KXD 50”牌迷你摩托车发出消费者警告

2011 年 12 月 23 日，欧盟委员会非食品类快速预警系统对中国产“KXD 50”牌迷你摩托车发出消费者警告。本案的通报国为芬兰。此次通报的迷你越野摩托车型号为 DB705，序列号为 JLM20100608139，发动机序号为 JLM201008139，生产年份为 2010 年。由于该款摩托车的脚踏板边缘过于锋利，且与车身连接的紧固件不能让其纵向收起，导致消费者下车时易受到伤害。该款产品不符合欧盟机械安全指令。

欧盟对中国产“New Casty”插座发出消费者警告

2011 年 12 月 31 日，欧盟委员会非食品类快速预警系统对中国产“New Casty”牌插座发出消费者警告。本案的通报国为西班牙。此次通报的双极插座装在一个透明塑料袋中，塑料袋上端用纸板和金属钉封装，纸板上带有标签；条形码为 8300000102097。该款插座上没有防护装备，将造成消费者触电的危险。该款产品不符合欧盟标准 UNE20315。

（二）分析

2011 年机电产品所遇技术性贸易壁垒与绿色贸易壁垒事件分析包括月份分析、国别分析和产品分析。

1. 月份分析

2011 年机电产品出口技术性贸易壁垒与绿色贸易壁垒事件共 178 起,其中 2 月最多为 27 起,4 月、9 月、10 月,分别为 18 起、19 起和 15 起,其余月份均超过 10 起。与 2010 年 99 起相比,2011 年所遇到的技术性贸易壁垒和绿色贸易壁垒有了明显增加,幅度达 79.8%。2011 年技术性贸易壁垒与绿色贸易壁垒事件数量分布呈现比较均匀地分布,如图 8.9 所示。受金融危机影响,2010 年的数量有明显下降,而 2011 年开始恢复到 2009 年的水平,说明新型贸易壁垒为主的保护手段体现出上升趋势,值得引起注意。

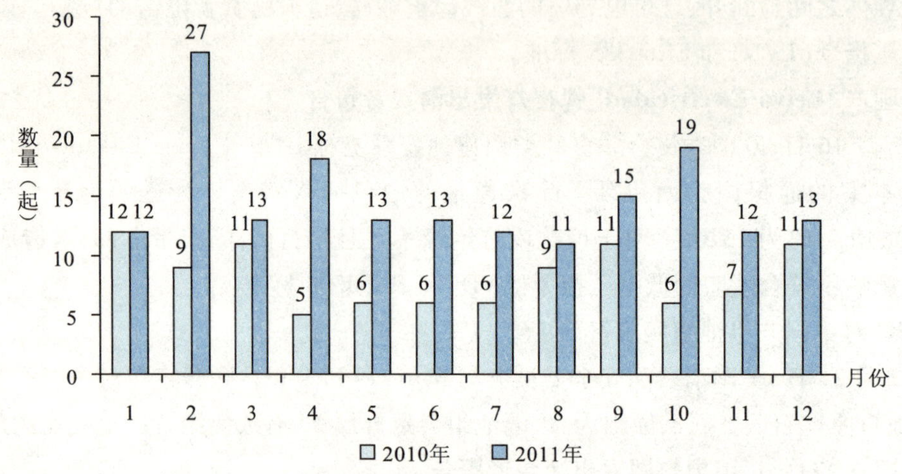

图 8.9 2011 年机电产品出口贸易 TBT 与绿色贸易壁垒月份分析

2. 国别分析

2011 年机电产品出口贸易技术性贸易壁垒与绿色贸易壁垒事件涉及的国家(地区)有美国、加拿大和欧盟 3 个。其中美国 79 起,占 44%;加拿大 30 起,占 17%;欧盟 69 起,占 39%,如图 8.10 所示。

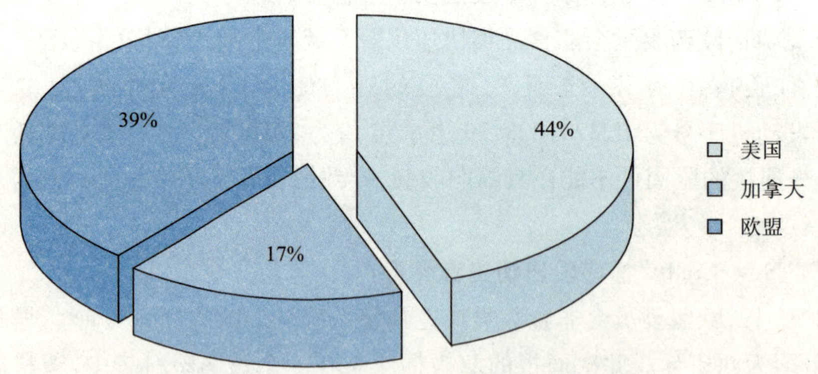

图 8.10 2011 年机电产品出口贸易 TBT 与绿色贸易壁垒国别分析(一)

由图 8.11 可知,与 2010 年相比,2011 年中 3 个国家和地区的技术性贸易壁垒和绿色贸易壁垒数量均呈现出较大幅度的提高。总的来看,美国连续 3 年成为中国机电产品出口遇到技术性贸易壁垒和绿色贸易壁垒最多的国家,这主要是由于美国采用了相对较高的技术标准和安全要求,这种因高技术标准和要求导致的壁垒会在将来一段时间内继续保持增长,并有可能在其他发达国家或地区间形成，在此提醒政府主管部门和机电类出口企业注意。

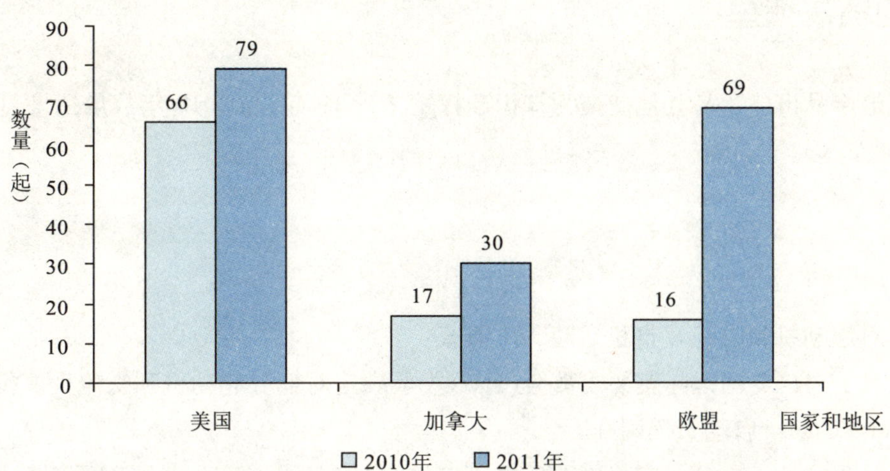

图 8.11　2011 年机电产品出口贸易 TBT 与绿色贸易壁垒国别分析(二)

3. 产品分析

2011 年机电产品出口贸易技术性贸易壁垒与绿色贸易壁垒事件涉及的产品分类共 27 种类别。涉及的具体产品多为家用生活电器，灯具，婴儿及儿童用车，电池及电源以及生产用机电机械等类型产品，主要原因是因为这些产品容易不符合相关安全和技术标准，且容易造成人身和财产危害，造成难以补救的损失。图 8.12 中省略了仅发生 1 起的事件，涉及的产品包括报警器、变频器、打火机、电压保护器等。

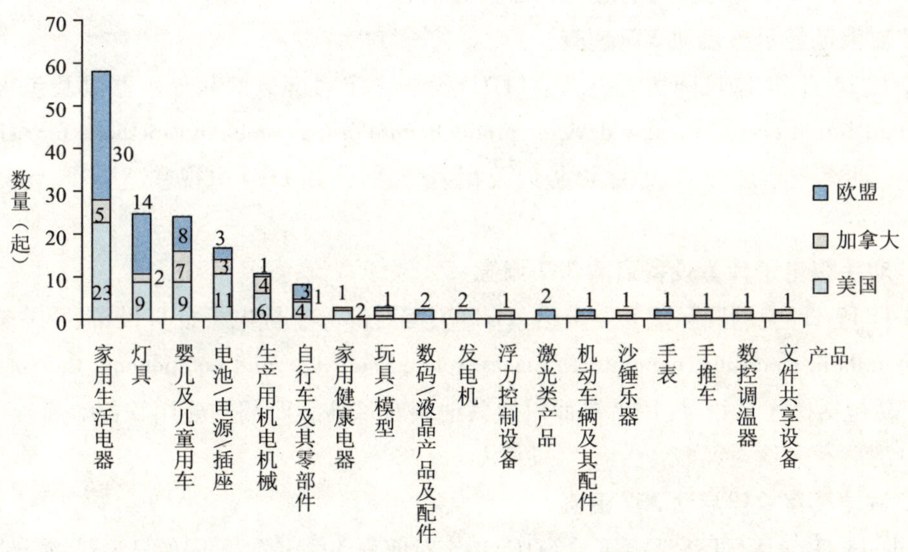

图 8.12　2011 年机电产品出口贸易 TBT 与绿色贸易壁垒产品分析

三、其他贸易壁垒

2011 年机电产品出口贸易其他壁垒为知识产权壁垒计 19 起，与 2010 年数量持平，均来自美国的 337 调查。

（一）事件

1 月

美国 ITC 对起动机和交流发电机启动 337 调查

2011 年 1 月 13 日，美国国际贸易委员会（ITC）投票决定对部分起动机和交流发电机[certain starter motors and alternators]启动 337 调查。

2011 年 1 月 3 日，Remy 公司向美国 ITC 提出申请，指控美国进口及美国市场销售的部分起动机和交流发电机侵犯了其专利权，要求启动 337 调查，并发布排除令和禁止令。此次申请是对该公司 2010 年 12 月 9 日提出的相关申请的修正。

2 月

美国 ITC 对分娩模拟器启动 337 调查

2011 年 2 月 1 日，美国国际贸易委员会（ITC）对部分分娩模拟器及其相关系统[certain birthing simulators and associated systems]启动 337 调查。该涉案产品是与实物大小一样的交互式人体模型，并以此模仿人类的分娩经历以用于训练相关接生人员。美国 ITC 最终决定将上海弘联医学仪器发展有限公司和上海 Evenk 国际贸易公司确定为强制应诉企业。

美国 ITC 对液晶显示器启动 337 调查

2011 年 2 月 24 日，美国国际贸易委员会（ITC）投票决定对部分液晶显示器以及包含该产品的相关产品等（certain liquid crystal display devices, products containing same, and methods for using the same）启动 337 调查。涉案产品是 LCD 模块、面板以及相关产品，诸如 LCD 电视和监视器。

4 月

美国 ITC 对手提电子计算设备启动 337 调查

2011 年 4 月 19 日，美国国际贸易委员会（ITC）决定对部分手提电子计算设备、相关软件及其同类组件（certain handheld electronic computing devices, related software, and components thereof）启动 337 调查。该涉案产品包括操作系统、使用者界面以及其他装有该涉案产品的应用软件。

5 月

美国 ITC 对动感声效器启动 337 调查

2011 年 5 月 13 日，美国国际贸易委员会（ITC）决定对部分动感声效器、图像显示器、零部件及其同类产品（certain motion - sensitive sound effects devices, and image display devices, and components, and products containing same）启动 337 调查。涉案产品包括各类电子设备，如手机、计算机、玩具以及视频游戏机。

6 月

美国 ITC 对照明遥控装置启动 337 调查

2011 年 6 月 10 日，美国国际贸易委员会（ITC）决定对部分装有调光器的照明遥控装置及其同类产品[certain lighting control devices including dimmer switches and parts thereof]启动337调查。涉案产品是家用及商用的调光灯。

美国ITC对电子设备保护壳启动337调查

2011年6月24日,美国国际贸易委员会(ITC)决定对部分保护壳及其同类产品[certain protective cases and components thereof]启动337调查。涉案产品是手机、笔记本电脑等电子设备的保护壳。

美国ITC对微处理器启动337调查

2011年6月30日,美国国际贸易委员会(ITC)决定对部分微处理器及其同类产品(certain microprocessors,components thereof,and products containing same)启动337调查。涉案产品主要用于改良电力输送。

美国ITC决定对液晶显示器启动337调查

2011年6月30日,美国国际贸易委员会(ITC)决定对部分液晶显示器以及包含该类产品的相关产品(certain liquid crystal display devices (LCDs) and products containing the same)启动337调查。涉案产品是液晶显示器以及包含液晶显示器的相关产品,如笔记本电脑、监控器以及液晶电视。

7月

美国ITC对集成电路启动337调查

2011年7月11日,美国国际贸易委员会(ITC)对部分集成电路、芯片及含有该产品的相关产品(certain integrated circuits,chipsets,and products containing same)启动337调查。

美国ITC对电子壁炉启动337调查

2011年7月15日,美国国际贸易委员会(ITC)对部分电子壁炉及其同类产品,制作过程(certain electric fireplaces,components thereof,certain processes for manufacturing or relating to same,and certain products containing same)启动337调查。涉案产品是电子壁炉,及其相关的使用手册和电子壁炉组件。

美国ITC对USB存储器启动337调查

2011年7月14日,美国国际贸易委员会(ITC)决定对部分USB存储器,包括USB闪存器及其同类产品(certain universal serial bus(USB) portable storage devices,including USB flash drives and components thereof)启动337调查。涉案产品是以电子形式储存信息的便携式存储器。

8月

美国ITC对便携式电子设备启动337调查

2011年8月8日,美国国际贸易委员会(ITC)决定对部分便携式电子设备及相关软件(certain portable electronic devices and related software)启动337调查。涉案产品是用于移动通信装置等各种便携式电子设备上的硬件和软件。

美国ITC对无线设备启动337调查

2011年8月25日,美国国际贸易委员会(ITC)决定对部分具有3G功能的无线设备及其同类产品启动337调查。

美国ITC对LED摄影照明设备启动337调查

2011年8月31日,美国国际贸易委员会(ITC)决定对部分LED摄影照明设备及其同类产品(certain LED photographic lighting devices and components thereof)启动337调查。

美国 ITC 对动态随机存储器启动 337 调查

2011 年 8 月 31 日，美国国际贸易委员会（ITC）决定对部分动态随机存储器、NAND 闪存器及其同类产品（certain dynamic random access memory, and NAND flash memory devices, and products containing same）启动 337 调查。涉案产品主要用于个人电脑、服务器、USB 储存器、储存卡、MP3 播放器、移动电话以及数码相机等电子设备。

9 月

美国 ITC 对数字相框及成像设备启动 337 调查

2011 年 9 月 21 日，美国国际贸易委员会（ITC）决定对部分数字相框、成像设备及其同类产品（certain digital photo frames, and image display devices, and components thereof）启动 337 调查。

11 月

美国 ITC 对车用雨刷启动 337 调查

2011 年 11 月 22 日，美国国际贸易委员会（ITC）决定对部分车用雨刷（certain wiper blades）启动 337 调查。涉案产品是"条形"汽车用雨刷。

12 月

美国 ITC 对电子设备启动 337 调查

2011 年 12 月 16 日，美国国际贸易委员会（ITC）决定对部分装有交互式节目指南和父母监控技术的产品（certain products containing interactive program guide and parental controls technology）启动 337 调查。涉案产品是一种装有交互式节目指南和父母监控技术的设备，如电视机和游戏机。

（二）分析

2011 年机电产品出口所遇的其他贸易壁垒共 19 起，都是由美国发起的 337 调查，所涉及的产品较分散，其中高新技术的数码/液晶类产品共占 10 起，值得政府部门和相关厂家注意。

四、机电产品出口贸易壁垒综合分析

机电产品出口所遇贸易壁垒的综合分析包括月份分析、国别分析、区域分析、产品分析和贸易壁垒形式分析。

（一）月份分析

2011 年机电产品出口贸易壁垒事件共 224 起，比 2010 年 150 起相比增幅为 49.3%。其中 2 月、4 月、6 月、10 月份较多，在 20 起以上，2 月份最多为 32 起。其他月份相对较少。与 2010 年相比，除 3 月份有所下降外，其他月份壁垒事件数量都有较明显的提高。2011 年事件数量与 2009 年的 245 起相仿，达到了较高的水平，如图 8.13 所示。

从图 8.14 我们可以看出，2011 年机电产品贸易壁垒主要来源于技术性贸易壁垒和绿色贸易壁垒。2011 年所遇到的技术性贸易壁垒和绿色贸易壁垒比 2010 年提高将近 50%，带动了整体贸易壁垒数目的增加。总体而言，2011 年机电产品出口贸易壁垒事件呈现较为均匀地分布，与其他年份相比没有太明显规律可循。

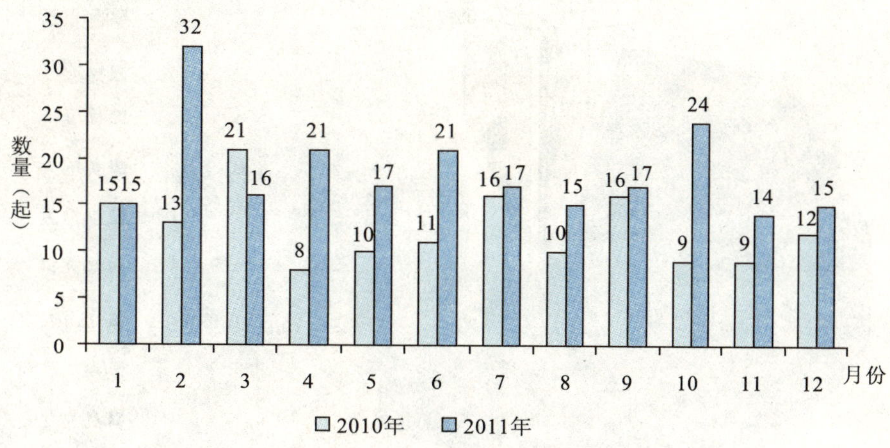

图 8.13　2011 年机电产品出口贸易壁垒月份分析(一)

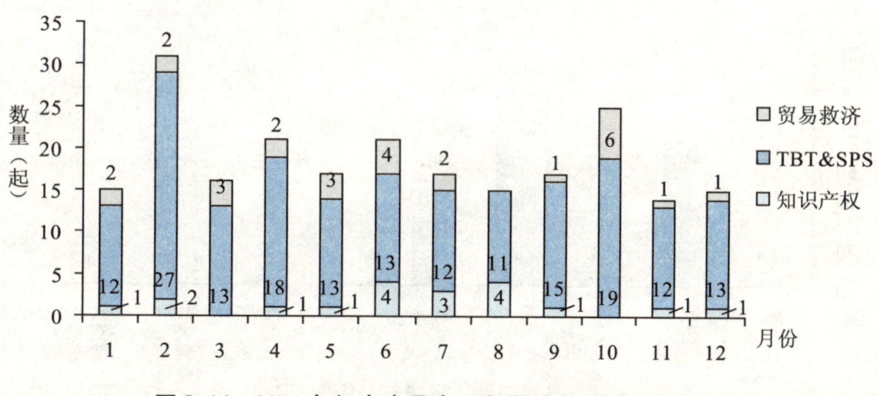

图 8.14　2011 年机电产品出口贸易壁垒月份分析(二)

(二)国别分析

2011 年机电产品出口贸易壁垒事件涉及 9 个国家(地区),比 2010 年的 12 个国家(地区)减少 3 个。其中,美国、欧盟、加拿大较多。美国最多,为 100 起,占 45%;欧盟其次,为 73 起,占 33%,如图 8.15 所示。美国、欧盟的贸易壁垒事件较多,主要是由于它们的技术性贸易壁垒与绿色贸易壁垒和美国的 337 调查程序引起的。阿根廷的贸易壁垒事件主要是由于贸易救济措施引起的,并且反倾销是其中最主要的形式。

由图 8.16 可知,与 2010 年相比,美国、欧盟、加拿大仍是中国机电产品出口遭遇各类壁垒的主要国家(地区),其他国家(地区)的贸易壁垒事件分布零散,在 10 起以下,其中,澳大利亚在 2010 年没有实施对华贸易壁垒。

总的来看,2011 年机电产品出口贸易遭遇壁垒较多的国家(地区)为美国、欧盟、加拿大、阿根廷,其中美国主要的贸易壁垒形式有反倾销、技术性贸易壁垒与绿色贸易壁垒;欧盟与加拿大主要有反倾销、技术性贸易壁垒与绿色贸易壁垒。本年的保障措施发生在乌克兰,其他国家(地区)的贸易壁垒形式均为反倾销或反补贴,如图 8.17 所示。

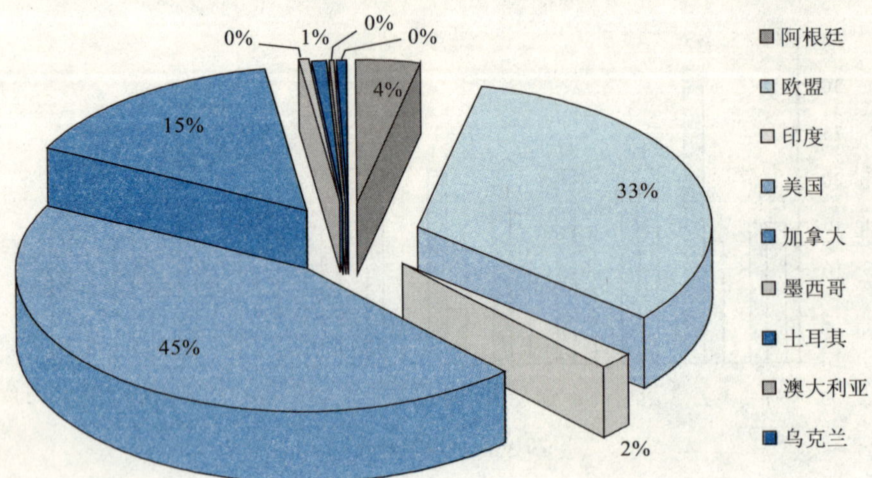

图 8.15　2010 年机电产品出口贸易壁垒国别分析(一)

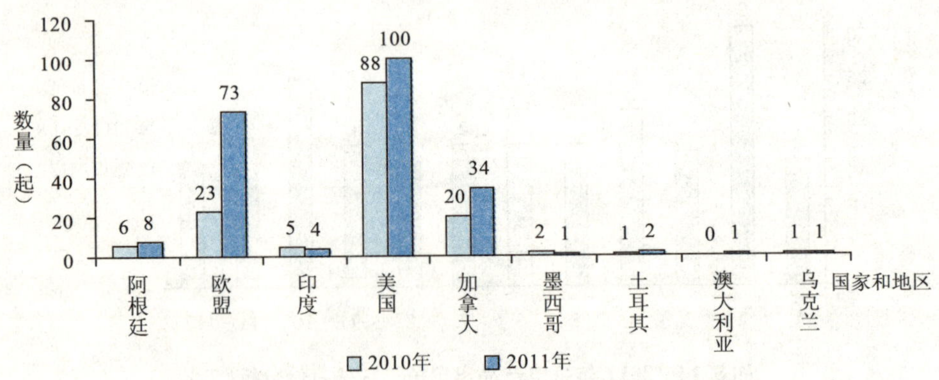

图 8.16　2011 年机电产品出口贸易壁垒国别分析(二)

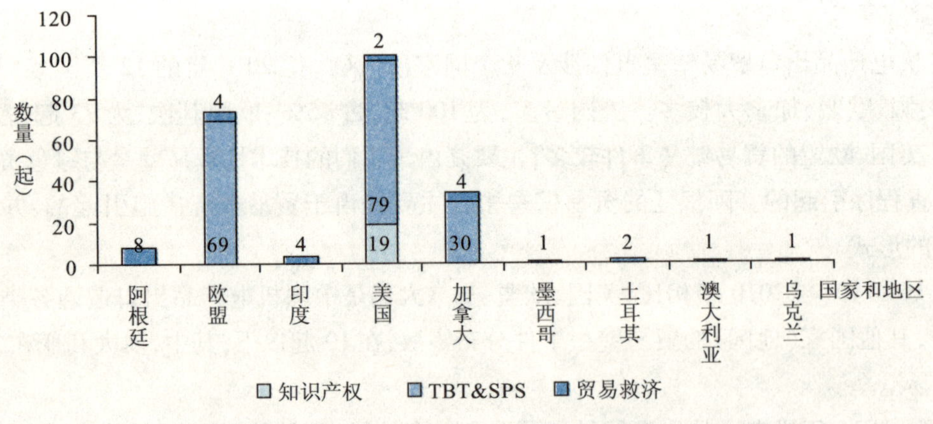

图 8.17　2011 年机电产品出口贸易壁垒国别分析(三)

(三)区域分析

2011 年机电产品出口贸易壁垒事件涉及的区域有北美、拉美、欧盟、南亚和除非洲、日韩、东盟以外的其他地区。其中北美自由贸易区最多,为 134 起,占 60%;欧盟地区次之,73 起,占 32%;拉美和南亚地区再次之，分别为9起和4起，占4%和2%；其他地区为4起，占2%，如图8.18所示。

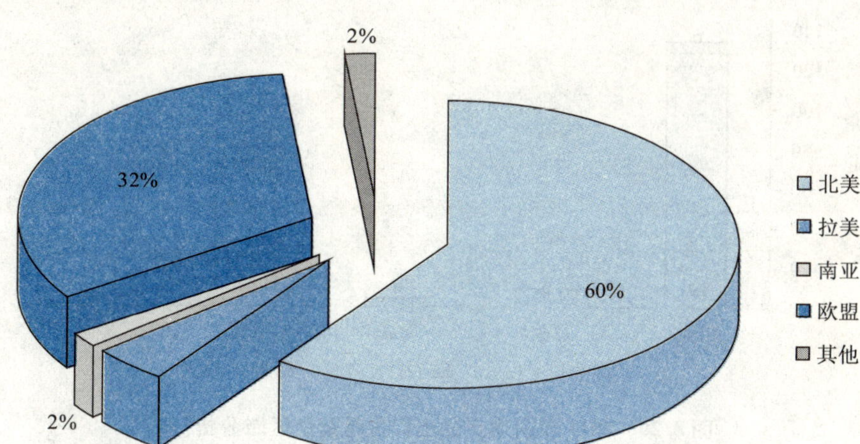

图8.18　2011年机电产品出口贸易壁垒区域分析(一)

由图8.19可知，与2010年相比，欧盟地区增加最为明显，为73起。南亚地区略降1起，拉美地区降低2起。与2010年相同，北美、欧盟、拉美是机电产品遇到贸易壁垒事件最多的区域。

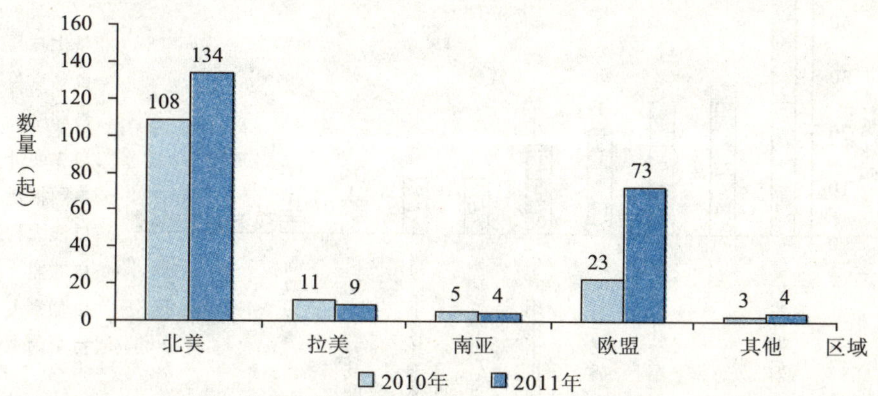

图8.19　2011年机电产品出口贸易壁垒区域分析(二)

从图8.20可以看出，北美自由贸易区壁垒事件最多，由贸易救济措施、技术性贸易壁垒与绿色贸易壁垒，以及知识产权壁垒共同导致；欧盟壁垒事件主要是由贸易救济措施和技术性贸易壁垒与绿色贸易壁垒引起；拉美、南亚和其他地区壁垒事件均由贸易救济措施引起。

(四)产品分析

2011年机电产品出口贸易壁垒事件涉及的产品共38种类别。最多的是家用生活电器，为66起，发起国家以欧盟和美国为主，各为30起和24起，主要由于技术性贸易壁垒和绿色贸易壁垒引起；其次是灯具，27起，发起国家和地区有美国、加拿大和欧盟；婴儿及儿童用车事件数量有24起，由美国、加拿大和欧盟分别发起。图8.21报告仅出现3次及以上的产品的国别分布。家用电器、婴幼儿用品以及车辆类产品最易遭受贸易壁垒，而2011年中，数码/液晶等高科技产品的发起次数比往年有明显提升，提醒相关政府部门与企业注意。

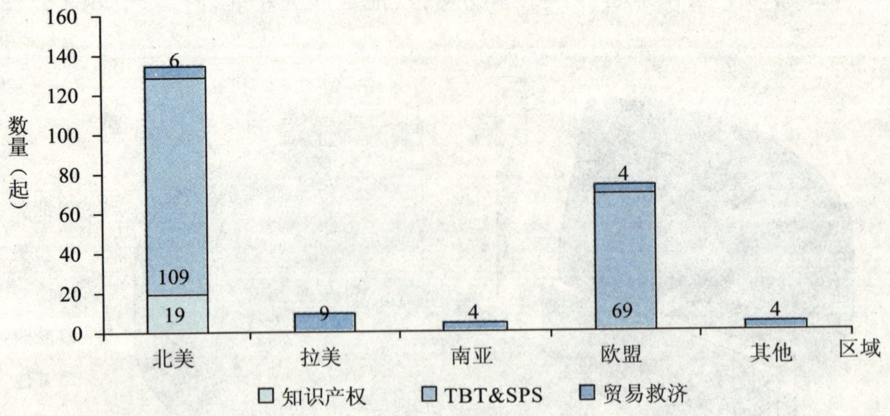

图 8.20　2011 年机电产品出口贸易壁垒区域分析(三)

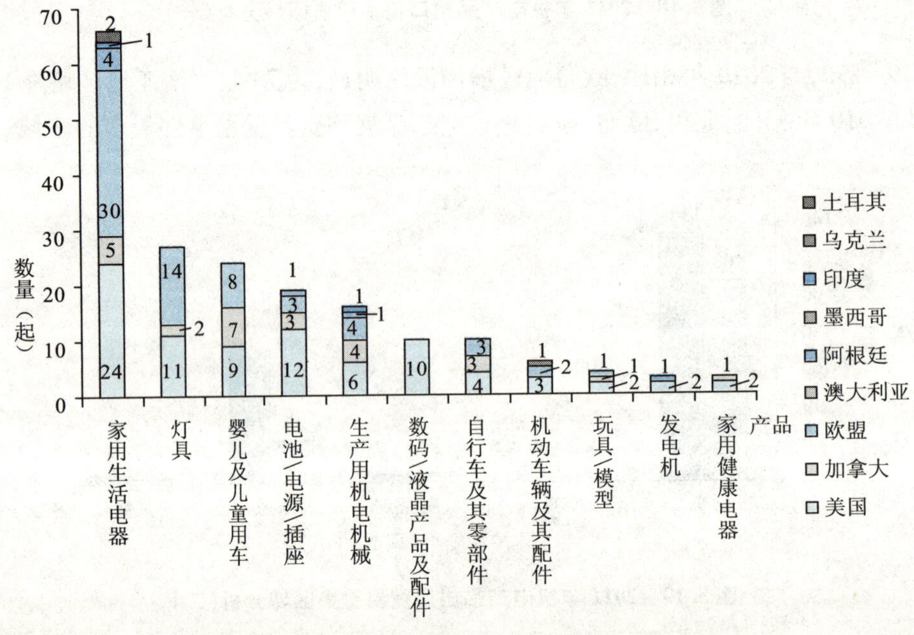

图 8.21　2011 年机电产品出口贸易壁垒产品分析

(五)贸易壁垒形式分析

2011 年机电产品出口贸易壁垒事件涉及的贸易壁垒形式有反倾销、反补贴、保障措施、技术性贸易壁垒与绿色贸易壁垒、知识产权引起的贸易壁垒。其中 TBT 事件最多，为 178 起，占 79%；反倾销其次，24 起，占 11%；其他 3 种形式较少，如图 8.22 所示。

由图 8.23 可知，与 2010 年相比，TBT、反倾销、知识产权引起的贸易壁垒仍是最主要的 3 种贸易壁垒形式。TBT、反倾销、保障措施所引起的贸易壁垒均有所提升。其中，TBT 引起的贸易壁垒增幅最大，达 178 起；反倾销引起的贸易壁垒事件减少 4 起；知识产权事件、反补贴与保障措施与 2010 年大概持平。

从图 8.24 可以看出，涉及技术性贸易壁垒与绿色贸易壁垒事件的国家和地区有美国、加拿大和欧盟；反补贴事件由欧盟和加拿大发起，其中有 1 起为加拿大采取的“双反”措施；知识产权壁垒事件

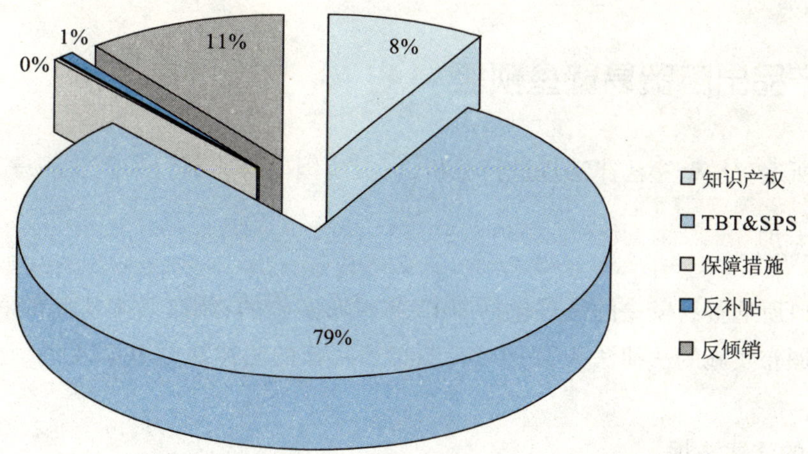

图 8.22 2011 年机电产品出口贸易壁垒形式分析(一)

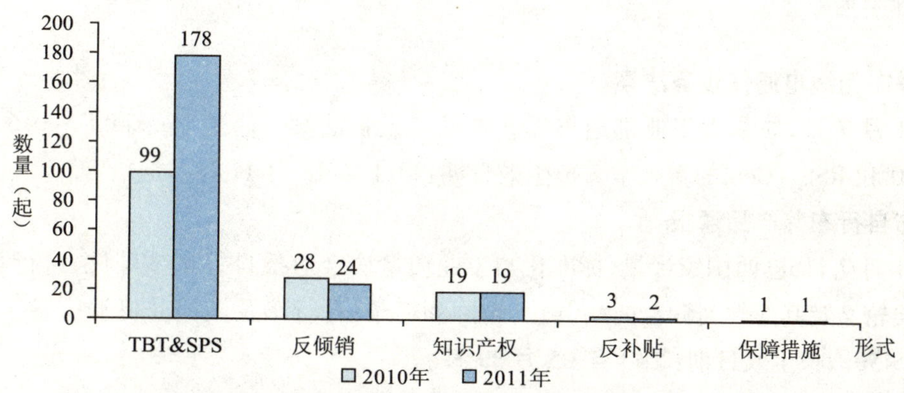

图 8.23 2011 年机电产品出口贸易壁垒形式分析(二)

全部由美国发起;唯一一起保障措施事件来自乌克兰;反倾销事件涉及国家较多,除乌克兰外,在其余国家均有发生。总的来说,2011 年情况与 2010 年类似,技术性贸易壁垒与绿色贸易壁垒、反倾销、知识产权仍是机电产品贸易中遇到的 3 种主要阻碍形式。

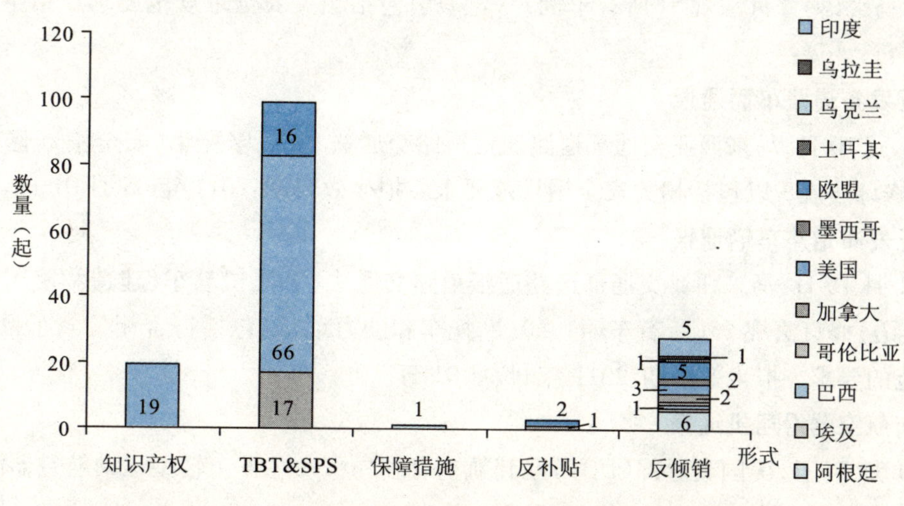

图 8.24 2011 年机电产品出口贸易壁垒形式分析(三)

五、机电产品出口贸易壁垒预警

对机电产品所遇贸易壁垒法律法规进行分析,以提醒国内有关部门和企业注意。

(一)法律法规

机电产品出口所遇贸易壁垒的法规包括2011年颁布实施的、颁布尚未实施的和存在颁布意向的法律法规。其中颁布实施的法律法规共91条、颁布未实施的法律法规共224条、存在颁布意向的法律法规共9条。

1. 颁布实施的法律法规

2011年颁布实施的法律法规共91条。比2010年96条减少了5条。

(1)法律法规

1月

加拿大发布无线电通信设备法案

2011年1月7日,加拿大工业部通报无线电通信设备法案—通告 No. SMSE - 016 - 10 - RSS - 210、RSS - 310和RSS - Gen的新版本。拟生效日期:2011年12月11日。

巴西发布自行车等产品通报

2011年1月7日,巴西国家计量、标准化与工业质量协会通报自行车零部件;自行车充气橡胶轮胎;车闸;车架轮叉及其部件;脚蹬、曲柄链轮;轮圈和辐条;自行车及其他非机动脚踏车、运货三轮车部颁法案 No. 450。拟生效日期:2011年05月29日。

马来西亚发布道路车辆通报

2011年1月10日,马来西亚运输部发布道路车辆—安全装置通报。拟生效日期:2011年07月01日。

马来西亚发布道路车辆通报

2011年1月10日,马来西亚交通部道路通报道路交通法1987,机动车(安全带)(修订)法规2008(2页,英语和马来语)修订法规5(所有车辆)一览表以包括相关安全带规范要求。拟生效日期:2011年05月01日。

马来西亚发布道路车辆通报

2011年1月10日,马来西亚交通部道路通报道路交通法1987,摩托车(安全帽)(修订)法规2010(2页,英语)修订法规3以包括相关安全帽规范要求。拟生效日期:2011年05月01日。

马来西亚发布道路车辆通报

2011年1月10日,马来西亚交通部道路通报道路交通法1987,机动车(建造和使用)(修订)法规2011(3页,英语)修订法规15(所有车辆)、30(摩托车和助力车)以包括符合相关刹车系统、刹车片和充气轮胎规范的要求。拟生效日期:2011年05月01日。

美国发布航空器滑翔机通报

2011年1月14日,美国交通部(DOT)联邦航空管理局(FAA)发布轻型运动航空器滑翔机的活叶螺旋桨系统通报。拟生效日期:2011年03月04日。

德国发布汽灯等产品通报

2011 年 1 月 21 日，德国联邦环境、自然保护及核安全部通报某些汽灯[gas glue lights (Gasglühstrümpfe)]；防雷系统；玻璃器具；手表。添加了放射性核素 H－3 的消费品。拟生效日期：2011 年 07 月。

2 月

瑞士发布电信设备通报

2011 年 2 月 8 日，瑞士联邦通信办公室发布部分修订联邦通信办公室关于电信设备的法令(OO-IT)。拟生效日期：2011/05/01。

墨西哥发布热水器通报

2011 年 2 月 11 日，墨西哥能源部通报墨西哥官方标准草案 PROY NOM 003 ENER 2010：家用及商用热水器热效率限值、检测方法和标签。拟生效日期：在官方公报上公布之后 60 天。

阿尔巴尼亚发布户外设备环境噪声辐射基本要求和合格评定

2011 年 2 月 28 日，阿尔巴尼亚经济贸易及能源部发布户外设备环境噪声辐射基本要求和合格评定。拟生效日期：2011 年 05 月。

3 月

肯尼亚发布机动车辆通报

2011 年 3 月 1 日，肯尼亚标准局(KEBS)发布 G/TBT/N/KEN/268 机动车辆用最高公路行驶速度限速器—第 1 部分：安装要求规范。拟批准日期：2011 年 03 月 10 日，拟生效日期：由工业化部长在肯尼亚官方公报上宣布为强制性标准之日。

肯尼亚发布原电池和原电池组通报

2011 年 3 月 1 日，肯尼亚标准局(KEBS)发布 G/TBT/N/KEN/269 原电池组—规范。第 1 部分：通用。拟批准日期：2011 年 03 月 10 日，拟生效日期：由工业化部长在肯尼亚官方公报上宣布为强制性标准之日。

肯尼亚发布原电池和原电池组通报

2011 年 3 月 1 日，肯尼亚标准局(KEBS)发布 G/TBT/N/KEN/270 原电池组—规范。第 2 部分：物理和电气规范。拟批准日期：2011 年 03 月 10 日，拟生效日期：由工业化部长在肯尼亚官方公报上宣布为强制性标准之日。

泰国发布空气调节器通报

2011 年 3 月 7 日，泰国替代能源发展与效率局(DEDE)发布 G/TBT/N/THA/368 高效空气调节器能源效率比(EER)、测试实验室、能源效率比测定标准和方法的部颁通告 B. E. 2552(2009)。拟生效日期：2010 年 02 月 02 日。

泰国发布电冰箱通报

2011 年 3 月 7 日，泰国替代能源发展与效率局(DEDE)发布 G/TBT/N/THA/369 高效电冰箱能源效率比(EER)、测试实验室、能源效率比测定标准和方法的部颁通告 B. E. 2552(2009)。拟生效日期：2009 年 02 月 02 日。

泰国发布交流电扇通报

2011 年 3 月 7 日，泰国替代能源发展与效率局(DEDE)发布 G/TBT/N/THA/370 高效台扇、吊扇和立扇能源效率比(EER)、测试实验室、能源效率比测定标准和方法的部颁通告 B. E. 2552(2009)。拟生效日期:2010 年 02 月 02 日。

泰国发布电饭煲通报

2011 年 3 月 7 日,泰国替代能源发展与效率局(DEDE)发布 G/TBT/N/THA/371 高效电饭煲能源效率比(EER)、测试实验室、能源效率比测定标准和方法的部颁通告 B. E. 2552(2009)。拟生效日期:2010 年 02 月 02 日。

泰国发布电热水器通报

2011 年 3 月 8 日,泰国替代能源发展与效率局(DEDE)发布 G/TBT/N/THA/373 高效电热水器能源效率比(EER)、测试实验室、能源效率比测定标准和方法的部颁通告 B. E. 2553(2010)。拟生效日期:2010 年 11 月 20 日。

泰国发布电热水瓶通报

2011 年 3 月 8 日,泰国替代能源发展与效率局(DEDE)发布 G/TBT/N/THA/374 高效电热水瓶能源效率比(EER)、测试实验室、能源效率比测定标准和方法的部颁通告 B. E. 2553(2010)。拟生效日期:2010 年 11 月 20 日。

欧盟发布电子电器设备通报

2011 年 3 月 9 日,欧盟委员会发布 G/TBT/N/EEC/373 修订欧洲议会和理事会指令 2002/95/EC 附件中关于含铅或镉应用的豁免。拟生效日期:大约 2011 年 6 月通过通报各成员国生效。

加拿大发布通信设备通报

2011 年 3 月 21 日,加拿大工业部通报 G/TBT/N/CAN/331 无线电通信法案——公告 No. SMSE - 003 - 11—新版本 RSS - 123。拟生效日期:2011 年 02 月 26 日。

乌克兰发布洗衣机通报

2011 年 3 月 25 日,乌克兰能效及能源节约管理局通报 G/TBT/N/UKR/54 关于批准家用洗衣机能效标签的技术法规。拟生效日期:自 2011 年 2 月 16 日起 6 个月。

乌克兰发布冰箱通报

2011 年 3 月 25 日,乌克兰能效及能源节约管理局通报 G/TBT/N/UKR/55 关于批准家用冰箱、冷柜及组合冰箱能效标签的技术法规。拟生效日期:自 2011 年 2 月 16 日起 6 个月。

欧盟发布机动车辆通报

2011 年 3 月 25 日,欧盟委员会发布 G/TBT/N/EEC/374 修订欧洲议会和理事会关于轮胎的湿地抓地力等级、滚动阻力测定及鉴定程序的法规(EC) No. 1222/2009。拟生效日期:自在欧盟官方公报上公布起 20 天(大约批准后一个月)。本法规草案将自生效后 6 个月起实施。

加拿大发布通信设备通报

2011 年 3 月 30 日,加拿大工业部通报 G/TBT/N/CAN/334 无线电信法——通报 No. SMSE - 004 - 11 - 新版本 RSS - 170。拟生效日期:2011 年 03 月 12 日。

4 月

新加坡发布空调、冰箱通报

2011 年 4 月 1 日,新加坡国家环境署发布 G/TBT/N/SGP/12 空调器、冰箱通报,现行环境保护与管理法及环境保护与管理(节能)条例将被修订,以便 2011 年 9 月 1 日起在新加坡执行注册空调及电冰箱最低能效标准。拟生效日期:2011/09/01。

智利发布热水器通报

2011年4月1日,智利能源部通报G/TBT/N/CHL/164燃料产品分析和/或测试规程PC No.115。拟批准日期:评议期满,拟生效日期:评议期满将颁布相应法令。

智利发布热水器通报

2011年4月1日,智利能源部通报G/TBT/N/CHL/165热水器燃气产品能效分析和/或测试规程PC No.6/12。拟批准日期:评议期满,拟生效日期:评议期满将颁布相应法令。

智利发布热水器通报

2011年4月1日,智利能源部通报G/TBT/N/CHL/166热水器燃料产品分析和/或测试规程PC No.6/1。拟批准日期:评议期满,拟生效日期:评议期满将颁布相应法令。

智利发布荧光灯镇流器通报

2011年4月1日,智利能源部通报G/TBT/N/CHL/167电气产品安全分析和/或测试规程PE No.5/03。拟批准日期:评议期满,拟生效日期:评议期满将颁布相应法令。

以色列发布车辆装备通报

2011年4月1日,以色列WTO-TBT咨询点G/TBT/N/ISR/484通报移动或可移动的千斤顶和车辆维修设备。拟生效日期:通常在官方公报政府公告部分公布之后60天。

以色列发布工作平台通报

2011年4月1日,以色列WTO-TBT咨询点G/TBT/N/ISR/485通报车辆提升机。拟生效日期:通常在官方公报政府公告部分公布之后60天。

以色列发布工作平台通报

2011年4月1日,以色列WTO-TBT咨询点G/TBT/N/ISR/486通报移动式升降工作平台—设计计—稳定性标准—结构—安全—检验和测试。拟生效日期:通常在官方公报政府公告部分公布之后60天。

以色列发布自行车通报

2011年4月1日,以色列WTO-TBT咨询点G/TBT/N/ISR/488通报自行车:山地车—安全要求和检测方法。拟生效日期:通常在官方公报政府公告部分公布之后60天。

以色列发布自行车通报

2011年4月1日,以色列WTO-TBT咨询点G/TBT/N/ISR/489通报自行车:赛车—安全要求和检测方法。拟生效日期:通常在官方公报政府公告部分公布之后60天。

以色列发布自行车通报

2011年4月1日,以色列WTO-TBT咨询点G/TBT/N/ISR/490通报自行车:电动助力车(EPAC自行车)—安全要求和检测方法。拟生效日期:通常在官方公报政府公告部分公布之后60天。

以色列发布电池通报

2011年4月6日,以色列WTO-TBT咨询点G/TBT/N/ISR/491通报原电池:通用。拟生效日期:通常在官方公报政府公告部分公布之后60天。

以色列发布电池通报

2011年4月6日,以色列WTO-TBT咨询点G/TBT/N/ISR/492通报原电池:物理和电气规范。

拟生效日期:通常在官方公报政府公告部分公布之后60天。

以色列发布交流断路器通报

2011年4月6日,以色列WTO-TBT咨询点G/TBT/N/ISR/495通报电器配件—家庭及类似装置过流保护断路器:交流断路器。拟生效日期:通常在官方公报政府公告部分公布之后60天。

以色列发布调压阀通报

2011年4月6日,以色列WTO-TBT咨询点G/TBT/N/ISR/496通报液化石油气调压阀和自动切换调压阀。拟生效日期:通常在官方公报政府公告部分公布之后60天。

智利发布DVD等产品通报

2011年4月6日,智利能源部通报G/TBT/N/CHL/168电器产品-DVD光盘、蓝光光盘和微型元件能源效率分析和/或测试规程。拟批准日期:评议期满,拟生效日期:评议期满将颁布相应法令。

智利发布DVD等产品通报

2011年4月6日,智利能源部通报G/TBT/N/CHL/169电气产品安全分析和/或测试规程-DVD、蓝光光碟和小型组件。拟批准日期:评议期满,拟生效日期:评议期满将颁布相应法令。

巴西发布压力机通报

2011年4月8日,巴西国家计量、标准化与工业质量协会通报G/TBT/N/BRA/427加工金属用的偏心式机械压力机的部颁法案。拟生效日期:最终文本公布后12个月。

智利发布洗衣机通报

2011年4月13日,智利能源部通报G/TBT/N/CHL/170电气产品能效分析和/或测试规程—洗衣机。拟批准日期:评议期满,拟生效日期:评议期满将颁布相应法令。

韩国发布婴儿车通报

2011年4月13日,韩国技术标准局(KATS)G/TBT/N/KOR/307通报属于自我监管安全确认的婴儿车、化学家居用品、购物车和湿巾的安全标准修正草案。拟生效日期:2011年06月。

以色列发布电缆通报

2011年4月20日,以色列WTO-TBT咨询点G/TBT/N/ISR/497通报电线和绝缘导线。拟生效日期:通常在官方公报政府公告部分公布之后60天。

以色列发布家用电器通报

2011年4月20日,以色列WTO-TBT咨询点G/TBT/N/ISR/498通报家用及类似用途电器的安全:通用要求。拟生效日期:通常在官方公报政府公告部分公布之后60天。

以色列发布太阳镜通报

2011年4月20日,以色列WTO-TBT咨询点G/TBT/N/ISR/499通报太阳镜和时尚眼镜:安全要求。拟生效日期:通常在官方公报政府公告部分公布之后60天。

中国台澎金马发布自行车通报

2011年4月26日,中国台澎金马单独关税区"台湾经济部标准检验局"通报G/TBT/N/TPKM/99儿童自行车安全、稳定性和强度要求。拟生效日期:2011年09月01日。

5月

肯尼亚发布限速器通报

2011年5月3日,肯尼亚标准局通报G/TBT/N/KEN/286机动车辆最高车速限制器－第2部分:系统和部件要求规范。拟批准日期:2011/05/30,拟生效日期:由工业部部长宣布为强制标准之日。

日本发布升降机通报

2011年5月3日,日本厚生劳动省G/TBT/N/JPN/356通报安装在特定行业工作场所的升降机。拟生效日期:2011年09月30日。

丹麦发布电器元件和插座通报

2011年5月6日,丹麦安全技术局通报G/TBT/N/DNK/88大电流法规6C部分。拟生效日期:2011年08月15日。

墨西哥发布储罐车通报

2011年5月6日,墨西哥交通部G/TBT/N/MEX/213通报墨西哥官方标准草案PROY NOM 023 SCT2/2011:运输危险物质、材料和废物使用的公路储罐车、移动式储罐和金属中型散装容器(IBC)附带的技术标志牌信息要求。拟生效日期:在官方公报上公布之后60天。

以色列发布电器开关通报

2011年5月9日,以色列WTO－TBT咨询点G/TBT/N/ISR/509通报电器开关:一般要求。拟生效日期:通常在官方公报政府公告部分公布之后60天。

日本发布道路车辆通报

2011年5月17日,日本国土交通省通报G/TBT/N/JPN/357部分修订道路车辆安全法规并宣布规定道路车辆安全法规的详细资料。拟生效日期:2011年06月23日。

厄瓜多尔发布紧凑型荧光灯通报

2011年5月31日,厄瓜多尔标准协会通报G/TBT/N/ECU/73厄瓜多尔标准协会合格评定程序草案(PEC INEN) No.005:"紧凑型荧光灯,CFLs"。拟批准日期:决议签署之日,拟生效日期:批准之后。

6月

加拿大发布电动车通报

2011年6月8日,加拿大交通部通报G/TBT/N/CAN/335技术标准文件No.305:电解液溢出保护和防电击保护－修订版2。拟生效日期:2011年11月21日。在过渡期间制造的车辆可以遵照修订版1或修订版2的要求。

墨西哥发布设备和电器能耗通报

2011年6月15日,墨西哥能源部通报G/TBT/N/MEX/214生产商、进口商、批发商和零售商必须提供能耗信息的设备和电器目录。拟生效日期:2011年09月11日。

以色列发布插头和插座通报

2011年6月16日,以色列WTO－TBT咨询点G/TBT/N/ISR/510通报家用及类似用途插头和插座:16安培以下的单相插头和插座—通用要求。拟生效日期:通常在官方公报政府公告部分公布之后60天。

加拿大发布通信设备通报

2011年6月16日，加拿大工业部通报G/TBT/N/CAN/336无线电通信设备法案——通告No. SMSE－007－11－新版本RSS－119。拟生效日期：2011年6月4日。

菲律宾发布电子电气产品通报

2011年6月22日，菲律宾贸易工业部产品标准局通报G/TBT/N/PHL/138部颁行政命令（DAO）No. ___ 关于各种电子电气产品的强制性菲律宾国家标准。拟生效日期：本命令应当在全面发行的官方公报上公布后15天生效。

智利发布公路车辆通报

2011年6月27日，智利环境部通报G/TBT/N/CHL/175为控制火花点火（奥托循环）公路车辆NOx（氮氧化物）排放，本草案修订交通部2006年法令No. 149规定的NO（氧化氮）、HC（碳氢化合物）和CO（一氧化碳）排放标准。拟生效日期：评议期满将颁布相应法令。

欧盟发布航空设备通报

2011年6月29日，欧盟委员会通报G/TBT/N/EEC/383欧盟委员会机载防撞系统通用使用要求和操作程序法规草案。拟生效日期：2011年09月。

7月

澳大利亚发布洗衣机和干衣机通报

2011年7月1日，澳大利亚联邦可持续、环境、水、污染和社区部通报G/TBT/N/AUS/69标题：AS/NZS 6400：2005（编入修订Nos 1，2，3，4和5）：水效产品—等级和标签和澳大利亚水管工程准则第3卷，依照水效标签和标准法2005经2011年10月1日部颁决定确定为强制标准。拟生效日期：2011年10月01日。

日本发布无线电设备通报

2011年7月1日，日本总务省通报G/TBT/N/JPN/360部分修订无线电细则与无线电设备规定：使用915～930MHz频段的RFID标签系统。拟生效日期：2011/11。

瑞士发布电信设备通报

2011年7月6日，瑞士联邦通信办公室通报G/TBT/N/CHE/134联邦通信办公室关于电信设备的法令（OOIT）。拟生效日期：2011年10月01日。

瑞典发布电栅栏设备通报

2011年7月13日，瑞典国家电气安全委员会通报G/TBT/N/SWE/111国家电气安全委员会关于电栅栏设备及电栅栏连接设备的法规。拟生效日期：根据指令98/34/EC缓冲期一结束就生效。

哥斯达黎加发布医疗设备通报

2011年7月13日，哥斯达黎加经济工业贸易部与管理改善和技术法规局通报G/TBT/N/CRI/120哥斯达黎加技术法规（RTCR）No. 451：2011：计量、人用血压测量设备、非侵入式机械血压计—无液、压力和数字。拟生效日期：在官方公报上公布之日。

智利发布卤钨灯通报

2011年7月20日，智利能源部通报G/TBT/N/CHL/176电气产品安全分析和/或测试规程No. PE 5/16。拟生效日期：评议期满将颁布相应法令。

智利发布电气产品通报

2011 年 7 月 20 日，智利能源部通报 G/TBT/N/CHL/177 电气产品能效分析和/或测试规程 PE No. 5/16/1。拟生效日期:评议期满将颁布相应法令。

韩国发布电器通报

2011 年 7 月 27 日，韩国技术标准局通报 G/TBT/N/KOR/317《电器安全控制法案》修正提案。拟生效日期:2012/01/01(对于电动清洗装置,2012 年 04 月 01 日)。

8 月

欧盟发布无线设备通报

2011 年 8 月 15 日，欧盟委员会通报 G/TBT/N/EEC/399 委员会执行决议草案，修订关于统一短距离设备使用的无线电频谱的决议 2006/771/EC。拟生效日期:2011 年 10 月底。

日本发布燃气设备等产品通报

2011 年 8 月 12 日，日本经济产业省通报 G/TBT/N/JPN/362“关于燃气设备和器具技术要求的省颁条例”和“关于液化石油气(LPG)设备和器具技术要求的省颁条例”。拟生效日期:2011 年 10 月。

韩国发布网络电视通报

2011 年 8 月 22 日，韩国通信委员会通报 G/TBT/N/KOR/322 网络电视技术标准。拟生效日期:2011 年 10 月 31 日。

泰国发布制冷技术通报

2011 年 8 月 22 日，泰国工业建设部(DIW)安全技术局通报 G/TBT/N/THA/390 关于工厂氨制冷系统安全措施的部颁法规 B. E. 2554(2011)。拟生效日期:在泰国皇家政府公报上公布之后 180 天(2011 年 10 月 11 日)

智利发布住宅器具通报

2011 年 8 月 22 日，智利环境部通报 G/TBT/N/CHL/178 议的燃烧木柴或其他生物质燃料的住宅器具排放标准最终草案。拟生效日期:一旦分析评议意见需要的时间结束，将发布相应的决议。

韩国发布割草机通报

2011 年 8 月 26 日，韩国技术标准局(KATS)通报 G/TBT/N/KOR/329 属于安全认证的一种产品:便携式割草机的叶片。拟生效日期:2011 年 11 月，或稍后。

9 月

智利发布燃气器具通报

2011 年 9 月 5 日，智利能源部通报 G/TBT/N/CHL/179 燃气产品分析和/或测试规程 PC No. 25:连接家用燃气器具的金属软管安全阀。拟生效日期:评议期满将颁布相应决议。

墨西哥实施新的能耗标签标示法规

2011 年 9 月 10 日起，墨西哥新的能耗标签标示法规将正式开始实施，186 项电子电器产品输往墨西哥将遭遇能效壁垒。

所有于 2011 年 9 月 10 日起在墨西哥境内新销售的电子电器产品须依型号登记注册，按相关法规要求进行能耗测试，并以西班牙文在产品上表示每小时有多少瓦或多少千瓦的能耗，以让消费者可以选择购买较好的产品。若规管产品未标示相应能耗标签，墨西哥政府将会对制造商、进口商或零售商处以每个型号约 10 万美元的罚款。值得注意的是，能耗标签只限于主产品本身(不含转接器或配件），因此假如产品附有交流电转接器，则此交流电转接器不需标示能耗标签，但假如该转接器是作为备用品分开销售的，则须有其自身的标签。

越南规定电子产品有毒物质含量标准

越工贸部下发30/2011号通知，自2011年9月23日起，企业生产和进口电器、电子产品须确保铅（Pb）、汞（Hg）、铊（Cr）、多溴联苯（PBB）、多溴联苯醚（PBDE）等有毒物质含量不得超过0.1%，尤其是镉（Cd）含量不得超过0.01%。本规定适用于大小型家电设备（如洗衣机、微波炉、风扇、冰箱、锅、刀、钟表）、信息和通信技术设备（如计算机、电话）、日用设备（电视机、音响、摄像机）、照明设备、电器电子工具、玩具、休闲运动设备、自动度量器具等。

以色列发布灭火器通报

2011年9月30日，以色列WTO－TBT咨询点通报G/TBT/N/ISR/528一次性灭火器。拟生效日期：通常在官方公报政府公告部分公布之后60天。

以色列发布电子设备通报

2011年9月30日，以色列WTO－TBT咨询点通报G/TBT/N/ISR/533音频、视频及类似电子设备—安全要求。拟生效日期：通常在官方公报政府公告部分公布之后60天。

以色列发布信息设备通报

2011年9月30日，以色列WTO－TBT咨询点通报G/TBT/N/ISR/534信息技术设备—安全：一般要求。拟生效日期：通常在官方公报政府公告部分公布之后60天。

10月

越南发布机动车辆通报

2011年10月4日，越南交通部通报G/TBT/N/VNM/18关于新制造、组装和进口的机动车辆排放标准执行法规的总理决议。拟生效日期：2011年10月18日。

韩国发布电信设备通报

2011年10月11日，韩国国家无线电研究所（RRA）通报G/TBT/N/KOR/334广播通信设备合格评定公告。拟生效日期：2011年11月。

智利发布机动车辆通报

2011年10月12日，智利环境部通报G/TBT/N/CHL/181根据交通部最高法令No.55/1994制定的重型车辆排放标准初步草案。拟生效日期：评议期满将颁布相应法令。

加拿大发布电信设备通报

2011年10月19日，加拿大工业部通报G/TBT/N/CAN/346《电信法案》《无线电通信法案》－通告No. SMSE－014－11－CB－01，第4版；CB－02，第6版；DES－CB，第3版；以及DES－LAB（E），第5版。拟生效日期：2011年10月08日。

11月

格鲁吉亚发布计量仪器通报

2011年11月11日，格鲁吉亚国家标准、技术法规和计量局通报G/TBT/N/GEO/42关于法定计量工具基本和定期校正技术法规的格鲁吉亚经济与可持续发展部法令No.1－1/793。拟生效日期：2006年08月15日。

坦桑尼亚发布拖拉机通报

2011 年 11 月 25 日,坦桑尼亚标准局通报 G/TBT/N/TZA/37 农用设备:四轮拖拉机—规范。拟生效日期:2011 年 12 月 15 日。

坦桑尼亚发布圆盘犁通报

2011 年 11 月 25 日,坦桑尼亚标准局通报 G/TBT/N/TZA/38 农用设备:圆盘犁—规范。拟生效日期:2011 年 12 月 15 日。

坦桑尼亚发布拖拉机通报

2011 年 11 月 25 日,坦桑尼亚标准局通报 G/TBT/N/TZA/44 农业设备:农用手扶拖拉机—规范。拟生效日期:2011 年 12 月 15 日。

(2)分析

2011 年机电产品颁布实施的法律法规分析包括国别分析和产品分析。

1)国别分析

2011 年机电产品颁布实施的法律法规共 91 条,比 2010 年减少 4 条,涉及的国家和地区共 27 个。最多的国家为以色列,18 条,其次是智利,13 条。再次是泰国、加拿大、韩国,分别在 5 条及以上。其他国家(地区)均颁布实施 1 ~4 条法律法规,如图 8. 25 所示。总的来说,2011 年颁布实施的法律法规总数比 2010 年相比没有明显差异,然而在国别分布上应当特别关注以色列和智利,两国的法律法规数量表现出显著的提升。

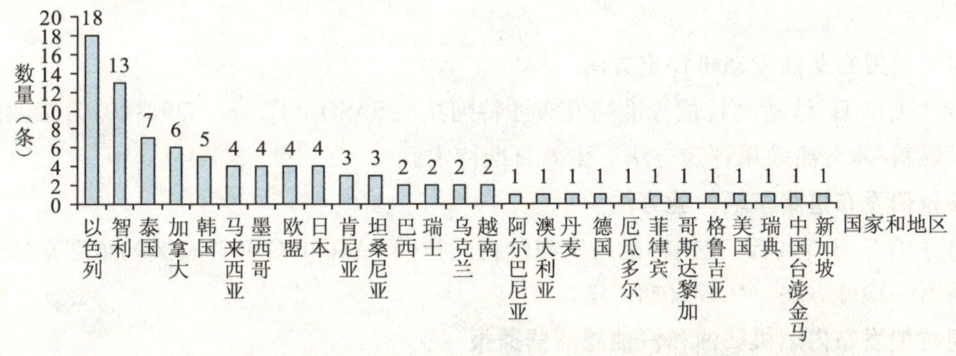

图 8. 25　2011 年机电产品颁布实施的法律法规国别分析

2)产品分析

2011 年机电产品颁布实施的法律法规涉及的产品大类共计 15 种。其中最多的是家用及类似用途电器,32 条,多来自智利和泰国;其次是机动车辆及其配件,有 16 条,主要由马来西亚颁布实施;再次是信息技术设备,12 条,主要由加拿大颁布实施。电池/电源/插座、自行车及其零部件和灯具及其镇流器分别为 7 条、6 条、5 条,如图 8. 26 所示。总的来说,2011 年颁布实施的法律法规涉及的产品种类仍然比较分散。其中前 3 位的家用及类似用途电器、机动车辆及其配件,以及信息技术设备所占比重最多,应引起有关企业或者部门的重视。

2. 颁布尚未实施的法律法规

2011 年颁布尚未实施的法律法规 224 条,比 2010 年的 355 条减少了 131 条。

(1)法律法规

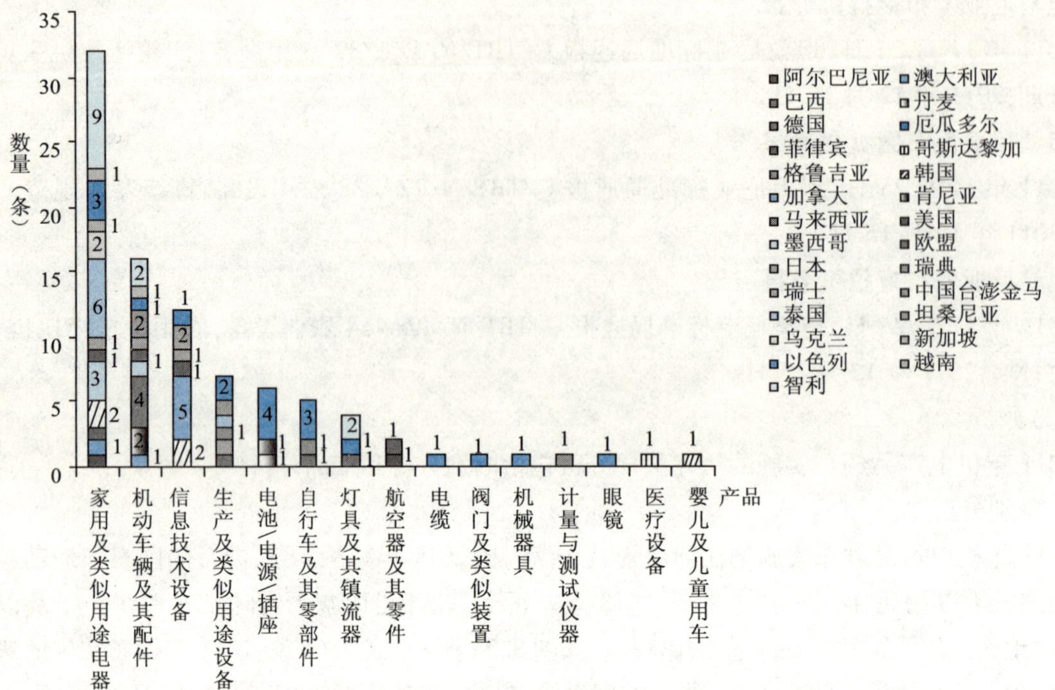

图 8.26　2011 年机电产品颁布实施的法律法规产品分析

1 月

沙特阿拉伯发布柴油发动机评定方法

2011 年 1 月 7 日，沙特阿拉伯标准局发布沙特阿拉伯 SASO ISO/TS 16332：2010；柴油发动机—燃油滤清器—燃料/水分离效果评定方法。生效日期待定。

沙特阿拉伯发布道路车辆检验方法

2011 年 1 月 7 日，沙特阿拉伯标准局发布沙特阿拉伯 SASO ISO 4020：2009；道路车辆—柴油发动机燃油滤清器—检验方法。生效日期待定。

沙特阿拉伯发布内燃机柴油和汽油滤清器通报

2011 年 1 月 7 日，沙特阿拉伯标准局发布沙特阿拉伯 SASO ISO 19438：2010；内燃机柴油和汽油滤清器—用粒子计数和污物滞留量测定过滤效率通报。生效日期待定。

沙特阿拉伯发布道路车辆通报

2011 年 1 月 7 日，沙特阿拉伯标准局发布道路车辆—刹车片摩擦材料—目视检测通报。生效日期待定。

沙特阿拉伯发布道路车辆通报

2011 年 1 月 7 日，沙特阿拉伯标准局发布道路车辆—刹车片—压缩应变试验方法。生效日期待定。

沙特阿拉伯发布机动车辆通报

2011 年 1 月 7 日，沙特阿拉伯标准局更新 GSO40/2005 机动车辆—碰撞强度。生效日期待定。

沙特阿拉伯发布液压动力系统通报

2011 年 1 月 7 日，沙特阿拉伯标准局通报沙特阿拉伯 SASO ISO 2942：2029；液压动力系统—滤芯—结构完整性验证和初始冒泡点的确定。生效日期待定。

日本发布电真空吸尘器等产品通报

2011 年 1 月 7 日,日本经济产业省发布电真空吸尘器、发光二极管(LED)灯和锂离子电池通报。生效日期待定。

阿拉伯联合酋长国发布家用空气调节器通报

2011 年 1 月 10 日,阿拉伯联合酋长国标准化与计量局通报关于标签的技术法规草案—电器的能源效率标签。第 1 部分:家用空气调节器。生效日期待定。

马来西亚发布道路车辆通报

2011 年 1 月 10 日,马来西亚运输部发布道路车辆—座椅固定件(ICS 43.040;HS 87.08)、照明设备(ICS 43.040;HS 85.12)、公共服务车辆的结构(ICS 43.040;HS 87.08)通报。拟生效日期:2012 年 01 月 01 日。

阿曼发布机动车辆通报

2011 年 1 月 11 日,阿曼商业工业部标准计量总局发布多用途车辆、卡车、公共汽车和拖车的轮胎通报。生效日期待定。

阿曼发布机动车辆通报

2011 年 1 月 11 日,阿曼商业工业部标准计量总局发布“多用途车辆、卡车、公共汽车和拖车的轮胎。第 3 部分:通用要求。生效日期待定。

捷克共和国发布实验室糖度计通报

2011 年 1 月 11 日,捷克共和国工业贸易部发布草案——一般性措施,规定了指定测量装置的计量和技术要求,包括指定测量装置的型式批准和校验测试方法:“增量 0.1 % 的实验室糖度计”。生效日期待定。

捷克共和国发布实验室糖度计通报

2011 年 1 月 11 日,捷克共和国工业贸易部发布草案——一般性措施,规定了指定测量装置的计量和技术要求,包括指定测量装置的型式批准和校验测试方法:“增量 0.2kg/hl－1 的实验室糖度计”。生效日期待定。

捷克共和国发布实验室酒精计通报

2011 年 1 月 11 日,捷克共和国工业贸易部发布草案——一般性措施,规定了指定测量装置的计量和技术要求,包括指定测量装置的型式批准和校验测试方法:“增量小于或等于 0.2% 的实验室酒精计”。生效日期待定。

捷克共和国发布实验室乳汁比重计通报

2011 年 1 月 11 日,捷克共和国工业贸易部发布草案——一般性措施,规定了指定测量装置的计量和技术要求,包括指定测量装置的型式批准和校验测试方法:“增量小于或等于 0.5 kg/m－3 的实验室乳汁比重计”。生效日期待定。

捷克共和国发布放射性测量仪通报

2011 年 1 月 11 日,捷克共和国工业贸易部发布草案——一般性措施,规定了指定测量仪器的计量和技术要求,包括指定的测量仪器型式批准和校验测试方法:“适用于在患者体内进行诊断和治疗安排的放射性测量仪”。生效日期待定。

美国发布维护车辆通报

2011 年 1 月 14 日，美国交通部（DOT）联邦航空管理局（FAA）发布铁路或轨道维修或维护车辆通报。生效日期待定。

南非发布撤销贸易计量法修订提案

2011 年 1 月 18 日，南非贸工部发布测量设备，国家关税税目：测量或检查液体、气体流量、液位、压力及其他参数的仪器仪表（如流量计、液位计、压力计、热量计）提案。生效日期待定。

巴西发布燃气热水器合格评定标准

2011 年 1 月 20 日，巴西国家计量、标准化与工业质量协会发布即热式/储水式燃气热水器合格评定标准。草案对产品规定了最低能效水平及适当安全级别。生效日期待定。

美国发布含汞温度计通报

2011 年 1 月 20 日，美国环保署编入经修订的提供使用含汞温度计替代品灵活性的美国实验与材料协会（ASTM）标准；征求关于在环保署法规中要求使用含汞温度计的公众评议意见。生效日期待定。

日本发布修订水净化器通告

2011 年 1 月 21 日，日本消费者事务局部分修订根据《家庭用品质量标签法》的省颁通告，依照日本工业标准 S3201 的修订版，修改了要求作为水净化器应遵守事宜的一部分。生效日期待定。

美国发布机车安全标准

2011 年 1 月 21 日，美国交通部（DOT）联邦航空管理局（FAA）发布机车安全标准。生效日期待定。

阿拉伯联合酋长国发布机动车辆通报

2011 年 1 月 28 日，阿拉伯联合酋长国标准化与计量局修订阿拉伯联合酋长国机动车辆技术法规——一般要求（UAE. S GSO 42:2003）。生效日期待定。

泰国发布关于不间断电源系统的泰国工业标准草案

2011 年 1 月 28 日，泰国工业部工业标准协会规定关于不间断电源系统的泰国工业标准草案。第 1 部分：通用和安全要求［TIS 1291 第 1 部分 -2553（2010）］。生效日期待定。

泰国发布关于不间断电源系统的泰国工业标准草案

2011 年 1 月 28 日，泰国工业部工业标准协会规定关于不间断电源系统的泰国工业标准草案。第 2 部分：电磁兼容要求［TIS 1291 第 2 部分 -2553（2010）］。生效日期待定。

2 月

澳大利亚发布轻型车辆行人安全通报

2011 年 2 月 1 日，澳大利亚交通部车辆安全标准局发布监管行人安全影响声明。澳大利亚政府现通过澳大利亚设计规则（ADR）检查轻型客车和轻型货车行人安全性能监管案件。提议制定的 ADR 采纳了国际标准全球技术法规 No. 9 行人安全，但减小了范围。生效日期待定。

阿拉伯联合酋长国发布车辆识别码通报

2011 年 2 月 7 日，阿拉伯联合酋长国标准计量局通报阿拉伯联合酋长国和海湾合作委员会机动车辆技术法规 - 车辆识别码（VIN）- 要求。生效日期待定。

欧盟发布空气调节器和舒适风扇通报

2011 年 2 月 16 日，欧盟委员会通报欧洲议会和理事会关于空气调节器和舒适风扇生态设计要求的指令 2009/125/EC 的委员会法规草案。拟生效日期：自在欧盟官方公报上公布起 20 天。基本的要求将从 2012 年 1 月 1 日起实施。

捷克共和国发布流程气相色谱仪通报

2011 年 2 月 17 日，捷克共和国工业贸易部通报一般性质的措施草案，规定了指定的测量装置的计量和技术要求，包括指定的测量装置："测定天然气能含量的流程气相色谱仪"型式批准和校验的测试方法。生效日期待定。

捷克共和国发布测量设备通报

2011 年 2 月 17 日，捷克共和国工业贸易部通报一般性质的措施草案，规定了指定测量装置的计量和技术要求，包括指定测量装置："测定医疗放射诊断剂量的测量设备"型式核准和校验的测试方法。生效日期待定。

捷克共和国发布测量装置通报

2011 年 2 月 17 日，捷克共和国工业贸易部通报一般性质的措施草案，规定了指定的测量装置的计量和技术要求，包括指定的测量装置："测定医疗照射期间治疗剂量的测量装置"型式批准和校验的测试方法。生效日期待定。

欧盟发布空气调节器通报

2011 年 2 月 18 日，欧盟委员会授权补充欧洲议会和理事会关于空气调节器能效标签的指令 2010/30/EU 的委员会法规草案。拟生效日期：自在欧盟官方公报上公布起 20 天。基本的要求将从 2012 年 1 月 1 日起实施。

智利发布公共和工业照明设备通报

2011 年 2 月 21 日，智利环境部通报控制光污染的排放标准修正案。生效日期待定。

智利发布轻型和中型车辆及摩托车噪声排放标准

2011 年 2 月 21 日，智利环境部通报的标准草案初稿规定了新的轻型和中型车辆及摩托车的噪声排放限量。为了降低城镇和城市的环境噪声水平，本草案的目的是减少由这些噪声声源产生的噪声排放。生效日期待定。

沙特阿拉伯发布电子镇流器通报

2011 年 2 月 21 日，沙特阿拉伯标准、计量与质量组织通报沙特阿拉伯王国/沙特标准、计量与质量组织(SASO)/灯控装置—第 2 ~ 3 部分：交流电源的荧光灯用电子镇流器特殊要求。生效日期待定。

沙特阿拉伯发布电缆通报

2011 年 2 月 21 日，沙特阿拉伯标准、计量与质量组织通报沙特阿拉伯王国/沙特标准、计量与质量组织(SASO)/额定电压 450/750 V 以下的电缆—使用指南。生效日期待定。

沙特阿拉伯发布高压钠蒸气灯通报

2011 年 2 月 21 日，沙特阿拉伯标准、计量与质量组织通报沙特阿拉伯王国/沙特标准、计量与质量组织(SASO)/高压钠蒸气灯。生效日期待定。

沙特阿拉伯发布管形荧光灯镇流器通报

2011 年 2 月 21 日，沙特阿拉伯标准、计量与质量组织通报沙特阿拉伯王国/沙特标准、计量与质量组织(SASO)/管形荧光灯镇流器—性能要求。生效日期待定。

沙特阿拉伯发布机动车辆车灯通报

2011年2月21日,沙特阿拉伯标准、计量与质量组织通报沙特阿拉伯王国/沙特标准、计量与质量组织(SASO)/道路机动车辆车灯-性能要求。生效日期待定。

沙特阿拉伯发布静态转换系统通报

2011年2月21日,沙特阿拉伯标准、计量与质量组织通报沙特阿拉伯王国/沙特标准、计量与质量组织(SASO)/静态转换系统(STS)—第1部分:通用和安全要求。生效日期待定。

沙特阿拉伯发布静态转换系统通报

2011年2月21日,沙特阿拉伯标准、计量与质量组织通报沙特阿拉伯王国/沙特标准、计量与质量组织(SASO)/静态转换系统(STS)—第3部分:确定性能的方法和测试要求。生效日期待定。

沙特阿拉伯发布螺口灯座通报

2011年2月21日,沙特阿拉伯标准、计量与质量组织通报沙特阿拉伯王国/沙特标准、计量与质量组织(SASO)/螺口灯座。生效日期待定。

沙特阿拉伯发布医疗电气设备通报

2011年2月21日,沙特阿拉伯标准、计量与质量组织通报沙特阿拉伯王国/沙特标准、计量与质量组织(SASO)/医疗电气设备—第1~3部分:基本安全和主要性能通用要求—并列标准:诊断X射线设备辐射保护。生效日期待定。

沙特阿拉伯发布医疗电气设备通报

2011年2月21日,沙特阿拉伯标准、计量与质量组织通报沙特阿拉伯王国/沙特标准、计量与质量组织(SASO)/医疗电气设备—第1~2部分:基本安全和主要性能通用要求—并列标准:电磁兼容性—要求和测试。生效日期待定。

沙特阿拉伯发布医疗电气设备通报

2011年2月21日,沙特阿拉伯标准、计量与质量组织通报沙特阿拉伯王国/沙特标准、计量与质量组织(SASO)/医疗电气设备—第1~6部分:基本安全和基本性能一般要求—并行标准:适用性。生效日期待定。

沙特阿拉伯发布医疗电气设备通报

2011年2月21日,沙特阿拉伯标准、计量与质量组织通报沙特阿拉伯王国/沙特标准、计量与质量组织(SASO)/医疗电气设备—第2~31部分:带内部电源的体外心脏起搏器基本安全和基本性能特殊要求。生效日期待定。

沙特阿拉伯发布荧光灯启辉器通报

2011年2月21日,沙特阿拉伯标准、计量与质量组织通报沙特阿拉伯王国/沙特标准、计量与质量组织(SASO)/荧光灯启辉器。生效日期待定。

卡塔尔发布机动车辆通报

2011年2月22日,卡塔尔环境部与标准计量局通报多用途车辆、卡车、公共汽车和拖车—轮胎第1部分:术语、名称、标志、尺寸、载重能力和充气压力。生效日期待定。

卡塔尔发布机动车辆通报

2011年2月22日,卡塔尔环境部与标准计量局通报多用途车辆、卡车、公共汽车和拖车—轮胎第

3 部分:通用要求。生效日期待定。

欧盟发布农用拖拉机通报

2011 年 2 月 25 日,欧盟委员会通报欧洲议会和理事会指令提案,修订关于应用窄轮距拖拉机排放阶段的指令 2000/25/EC。拟批准日期:2011 年 12 月底,拟生效日期:自在欧盟官方公报上公布起 20 天(大约批准后一个月)。拟议的实施日期:自 2013 年 1 月 1 日起。

欧盟发布柴油发动机通报

2011 年 2 月 25 日,欧盟委员会通报欧洲议会和理事会指令提案,修订关于根据适应性计划投放市场的拖拉机规定的指令 2000/25/EC [COM(2010) 607]。拟批准日期:2011 年 12 月底,拟生效日期:自在欧盟官方公报上公布起 20 天(大约批准后一个月)。拟议的实施日期:自 2013 年 1 月 1 日起。

3 月

加拿大发布发动机通报

2011 年 3 月 1 日,加拿大环境部发布 G/TBT/N/CAN/327 非道路压燃式发动机排放法规修订提案。生效日期待定。

泰国发布电熨斗通报

2011 年 3 月 8 日,泰国替代能源发展与效率局(DEDE)通报 G/TBT/N/THA/375 草案,包括高效电熨斗定义并且规定了能源效率比(EER)及能源效率比计算公式。生效日期待定。

智利发布 LED 模块通报

2011 年 3 月 4 日,智利能源部通报 G/TBT/N/CHL/159 电气产品—普通照明用 LED 模块安全和性能分析和/或测试规程。生效日期待定。

泰国发布电炉通报

2011 年 3 月 8 日,泰国替代能源发展与效率局(DEDE)通报 G/TBT/N/THA/376 草案,包括高效电炉定义并且规定了能源效率比(EER)及能源效率比计算公式。生效日期待定。

泰国发布电微波炉通报

2011 年 3 月 8 日,泰国替代能源发展与效率局(DEDE)通报 G/TBT/N/THA/377 草案,包括高效微波炉定义并且规定了能源效率比(EER)及能源效率比计算公式。生效日期待定。

泰国发布电热水壶通报

2011 年 3 月 8 日,泰国替代能源发展与效率局(DEDE)通报 G/TBT/N/THA/378 草案,包括高效电热水壶定义并且规定了能源效率比(EER)及能源效率比计算公式。生效日期待定。

沙特阿拉伯发布辉光启动器通报

2011 年 3 月 17 日,沙特阿拉伯标准、计量与质量组织通报 G/TBT/N/SAU/237 沙特阿拉伯王国/沙特标准、计量与质量组织(SASO)/荧光灯用辉光启动器。生效日期待定。

沙特阿拉伯发布道路车辆用灯通报

2011 年 3 月 17 日,沙特阿拉伯标准、计量与质量组织通报 G/TBT/N/SAU/238 沙特阿拉伯王国/沙特标准、计量与质量组织(SASO)/道路车辆用灯—性能要求。生效日期待定。

沙特阿拉伯发布镇流器通报

2011 年 3 月 17 日,沙特阿拉伯标准、计量与质量组织通报 G/TBT/N/SAU/239 沙特阿拉伯王国/沙特标准、计量与质量组织(SASO)/管形荧光灯镇流器—性能要求。生效日期待定。

沙特阿拉伯发布螺口灯座通报

2011 年 3 月 17 日，沙特阿拉伯标准、计量与质量组织通报 G/TBT/N/SAU/240 沙特阿拉伯王国/沙特标准、计量与质量组织（SASO）/螺口灯座。生效日期待定。

沙特阿拉伯发布医疗电子设备通报

2011 年 3 月 21 日，沙特阿拉伯标准、计量与质量组织通报 G/TBT/N/SAU/241 沙特阿拉伯王国/沙特标准、计量和质量组织（SASO）/医疗电子设备第 1～2 部分：基本安全和基本性能一般要求—并行标准：电磁兼容性—要求和测试。生效日期待定。

沙特阿拉伯发布医疗电子设备通报

2011 年 3 月 21 日，沙特阿拉伯标准、计量与质量组织通报 G/TBT/N/SAU/242 沙特阿拉伯王国/沙特标准、计量和质量组织（SASO）/医疗电子设备—第 1～6 部分：基本安全和基本性能一般要求—并行标准：适用性。生效日期待定。

沙特阿拉伯发布医疗电子设备通报

2011 年 3 月 21 日，沙特阿拉伯标准、计量与质量组织通报 G/TBT/N/SAU/243 沙特阿拉伯王国/沙特标准、计量和质量组织（SASO）/医疗电子设备—第 2～31 部分：带内部电源的体外心脏起搏器基本安全和基本性能特殊要求。生效日期待定。

中国台澎金马发布信息技术设备通报

2011 年 3 月 25 日，中国台澎金马单独关税区经济事务部标准计量检验局通报 G/TBT/N/TPKM/98 由标准计量检验局（BSMI）和预先调整的安全测试标准 CNS 14336 管理的，属于强制性检验的信息技术设备、多媒体设备及类似的产品。生效日期待定。

4 月

吉尔吉斯斯坦发布医疗产品通报

2011 年 4 月 8 日，吉尔吉斯斯坦经济规则部通报 G/TBT/N/KGZ/20 法案标题：“医疗产品安全”。生效日期待定。

美国发布制冰机通报

2011 年 4 月 26 日，美国能源部通报 G/TBT/N/USA/618 某些商业和工业设备能源效率计划：自动商业制冰机的测试程序。生效日期待定。

美国发布荧光灯镇流器通报

2011 年 4 月 27 日，美国能源部通报 G/TBT/N/USA/624 能源节约计划：荧光灯镇流器的能源节约标准。生效日期待定。

5 月

中国台澎金马发布网络服务器通报

2011 年 5 月 3 日，中国台澎金马单独关税区“台湾经济部标准检验局”通报 G/TBT/N/TPKM/101 ITE 或网络使用的服务器、路由器、桥接器、交换器和集线器，根据商品检验法发布公告。拟生效日期：2012/01/01。

韩国发布汽车通报

2011 年 5 月 3 日，韩国环境部通报 G/TBT/N/KOR/310《清洁空气保护法案》实施细则修正草案。拟批准日期：2011 年 6 月 1 日，拟生效日期：2013 年 1 月 1 日（重型车辆）；2014 年 1 月 1 日（轻型汽油和燃气车辆的蒸发排放)；2014 年 1 月 1 日［汽油直喷(GDI)车辆的定期维修(PM)］；2012 年 1 月 1 日［轻型柴油车辆的颗粒物数量(PN)］；2014 年 9 月 1 日(轻型柴油车辆)；2015 年 1 月 1 日(建筑机械)。

肯尼亚发布三轮车通报

2011 年 5 月 3 日，肯尼亚标准局通报 G/TBT/N/KEN/288 三轮车—规范 KS 2312:2011。生效日期待定。

美国发布商用制冷设备等产品通报

2011 年 5 月 4 日，美国能源部(DOE)能源效率与可再生能源办公室通报 G/TBT/N/USA/628 能源节约计划：消费品及商业和工业设备认证、遵守和执行。生效日期待定。

马来西亚发布家用电器通报

2011 年 5 月 16 日，马来西亚能源委员会通报 G/TBT/N/MYS/24 电力供应法案 1990，电力法(修订)2011。生效日期待定。

科威特发布液压传动—滤芯通报

2011 年 5 月 24 日，科威特标准计量局通报 G/TBT/N/KWT/56 海湾阿拉伯国家合作委员会技术法规草案 GSO 2942/2011“液压传动—滤芯—结构完整性验证和第一气泡点测定”。生效日期待定。

科威特发布道路车辆通报

2011 年 5 月 24 日，科威特标准计量局通报 G/TBT/N/KWT/57 道路车辆—柴油机用燃油滤清器—试验方法。生效日期待定。

科威特发布燃油滤清器通报

2011 年 5 月 24 日，科威特标准计量局通报 G/TBT/N/KWT/58 柴油发动机—燃油滤清器—燃料/水分离效果评定方法。生效日期待定。

科威特发布柴油和汽油滤清器通报

2011 年 5 月 24 日，科威特标准计量局通报 G/TBT/N/KWT/59 内燃机柴油和汽油滤清器。生效日期待定。

科威特发布道路车辆通报

2011 年 5 月 24 日，科威特标准计量局通报 G/TBT/N/KWT/60 道路车辆—刹车片摩擦材料—目视检测。生效日期待定。

厄瓜多尔发布电器面板等产品通报

2011 年 5 月 27 日，厄瓜多尔标准化协会通报 G/TBT/N/ECU/71 电器面板、控制盒、分线盒、照明设备接线盒及机架和机架配件。拟批准日期：自发布日期起 90 天，拟生效日期：批准后 6 个月。

巴西发布医疗设备通报

2011 年 5 月 30 日，巴西卫生监督局—ANVISA 通报 G/TBT/N/BRA/434 医疗设备注册综合材料详细标准。拟批准日期：磋商期结束后决定，拟生效日期：批准之日。

6 月

阿曼发布摩托车通报

2011 年 6 月 6 日，阿曼标准计量总局通报 G/TBT/N/OMN/120 部颁决议草案“禁止进口发动机排量 70cm^3 的摩托车”。拟生效日期：2012 年初。

新西兰发布用能产品通报

2011 年 6 月 7 日,新西兰经济发展部通报 G/TBT/N/NZL/55 能源效率(用能产品)法规 2002 的目录 1 和 2 修正提案。拟批准日期:不早于 2011/07/22,拟生效日期:不早于 2011/08/28。

欧盟发布医疗设备通报

2011 年 6 月 8 日,欧盟委员会通报 G/TBT/N/EEC/381 关于医疗设备使用的电子说明书的委员会法规草案。拟生效日期:2011/12/14。实施日期:一年以后。

欧盟发布铁路货车通报

2011 年 6 月 10 日,欧盟委员会通报 G/TBT/N/EEC/382 全欧常规铁路系统“铁路货车”子系统互通性技术规范(TSI)修订草案。拟生效日期:2012 年底至 2013 年初生效。

马来西亚发布家用电器通报

2011 年 6 月 16 日,马来西亚能源委员会通报 G/TBT/N/MYS/25 电力供应法 1990,电力法(修订)2011。生效日期待定。

泰国发布机动车辆通报

2011 年 6 月 16 日,泰国工业标准协会通报 G/TBT/N/THA/385 泰国点燃式发动机机动车辆工业标准草案:安全要求;发动机排放,级别 8 (TIS 2540 - 25XX)。生效日期待定。

泰国发布机动车辆通报

2011 年 6 月 16 日,泰国工业标准协会通报 G/TBT/N/THA/386 泰国轻型压燃式发动机机动车辆工业标准草案:安全要求;发动机排放,级别 7。生效日期待定。

美国发布机动车辆通报

2011 年 6 月 16 日,美国环保署(EPA)通报 G/TBT/N/USA/631 控制新的公路车辆和发动机的排放;环保署关于使用选择性催化还原技术的重型柴油发动机的认证要求指南。生效日期待定。

哥伦比亚发布机动车辆通报

2011 年 6 月 16 日,哥伦比亚商业工业旅游部与法规局通报 G/TBT/N/COL/159 商业工业旅游部决议草案“颁布在哥伦比亚使用或销售的进口、国产机动车或拖车制动系统元件技术法规”。拟生效日期:在官方公报上公布之后 6 个月。

美国发布倾转旋翼通报

2011 年 6 月 29 日,美国联邦航空管理局(FAA)通报 G/TBT/N/USA/634 倾转旋翼的噪音认证标准。生效日期待定。

7 月

美国发布炉具等产品通报

2011 年 7 月 6 日,美国能源部(DOE)能源效率与可再生能源办公室(OEERE)通报 G/TBT/N/USA/635 能源节约计划:关于住宅用炉具和住宅中央空气调节器及热泵的能源节约标准。生效日期待定。

美国发布风扇、风机通报

2011 年 7 月 6 日,美国能源部(DOE)能源效率与可再生能源办公室(OEERE)通报 G/TBT/N/USA/636 关于消费品和某些商业和工业设备的能源节约计划:拟议确定商业和工业风扇、风机,以及通风橱为所覆盖的设备。生效日期待定。

美国发布隐形眼镜通报

2011 年 7 月 6 日，美国食品药品管理局（FDA）通报 G/TBT/N/USA/637 酷柏光学有限公司；提交色素添加剂请求。生效日期待定。

美国发布隐形眼镜通报

2011 年 7 月 6 日，美国食品药品管理局（FDA）通报 G/TBT/N/USA/638 酷柏光学有限公司；提交色素添加剂请求。生效日期待定。

巴西发布微波炉通报

2011 年 7 月 8 日，巴西国家计量、标准化与工业质量协会通报 G/TBT/N/BRA/438 部颁法案 No. 262。拟生效日期：在最终文本中待定。

沙特阿拉伯发布灯泡通报

2011 年 7 月 8 日，沙特阿拉伯标准、计量与质量组织通报 G/TBT/N/SAU/249 沙特阿拉伯王国/沙特标准、计量与质量组织（SASO）/微型灯泡。生效日期待定。

沙特阿拉伯发布电缆通报

2011 年 7 月 8 日，沙特阿拉伯标准、计量与质量组织通报 G/TBT/N/SAU/250 沙特阿拉伯王国/沙特标准、计量与质量组织（SASO）/同轴通信电缆—第 1 部分：通用规范—总则、定义和要求。生效日期待定。

沙特阿拉伯发布灯具通报

2011 年 7 月 8 日，沙特阿拉伯标准、计量与质量组织通报 G/TBT/N/SAU/251 沙特阿拉伯王国/沙特标准、计量与质量组织（SASO）/灯具—第 2 ~ 13 部分：特殊要求—地面嵌入式灯具。生效日期待定。

沙特阿拉伯发布灯座通报

2011 年 7 月 8 日，沙特阿拉伯标准、计量与质量组织通报 G/TBT/N/SAU/252 沙特阿拉伯王国/沙特标准、计量与质量组织（SASO）/卡口灯座。生效日期待定。

沙特阿拉伯发布灯具通报

2011 年 7 月 8 日，沙特阿拉伯标准、计量与质量组织通报 G/TBT/N/SAU/253 沙特阿拉伯王国/沙特标准、计量与质量组织（SASO）/灯具—第 2 ~ 14 部分：特殊要求—冷阴极管式放电灯（氖管）及类似设备用照明设备。生效日期待定。

沙特阿拉伯发布荧光灯通报

2011 年 7 月 8 日，沙特阿拉伯标准、计量与质量组织通报 G/TBT/N/SAU/255 沙特阿拉伯王国/沙特标准组织（SASO）/双端荧光灯—性能规范。生效日期待定。

沙特阿拉伯发布医疗电子设备通报

2011 年 7 月 8 日，沙特阿拉伯标准、计量与质量组织通报 G/TBT/N/SAU/256 沙特阿拉伯王国/沙特标准组织（SASO）/医疗电子设备—第 1 ~ 11 部分：基本安全和基本性能一般要求—并行标准：家庭保健环境使用的医疗电子设备和医疗电子系统要求。生效日期待定。

沙特阿拉伯发布医疗电子设备通报

2011 年 7 月 8 日，沙特阿拉伯标准、计量与质量组织通报 G/TBT/N/SAU/257 沙特阿拉伯王国/沙特标准组织（SASO）/医疗电子设备—第 1 ~ 10 部分：基本安全和基本性能一般要求—并行标准：生理闭环控制器开发要求。生效日期待定。

沙特阿拉伯发布医疗电子设备通报

2011 年 7 月 8 日，沙特阿拉伯标准、计量与质量组织通报 G/TBT/N/SAU/258 沙特阿拉伯王国/沙特标准组织（SASO）/医疗电子设备—第 2～45 部分：乳腺 X 射线设备和乳房立体定位设备安全特殊要求。生效日期待定。

沙特阿拉伯发布机动车辆通报

2011 年 7 月 8 日，沙特阿拉伯标准、计量与质量组织通报 G/TBT/N/SAU/259 沙特阿拉伯王国/沙特标准组织（SASO）/公路机动车辆车灯—尺寸、光电性能要求。生效日期待定。

瑞典发布激光和脉冲光通报

2011 年 7 月 8 日，瑞典辐射安全组织通报 G/TBT/N/SWE/110 瑞典辐射安全局关于激光和脉冲光的法规与建议。拟生效日期：2012/01/01。

沙特阿拉伯发布电缆通报

2011 年 7 月 11 日，沙特阿拉伯标准、计量与质量组织通报 G/TBT/N/SAU/254 沙特阿拉伯王国/沙特标准组织（SASO）/额定电压 18/30KV 以下纸绝缘金属护套电缆（铜或铝导线并且不包括压气电缆和充油电缆）—第 1 部分：电缆及其附件的试验。生效日期待定。

阿曼发布机动车辆通报

2011 年 7 月 13 日，阿曼通报 G/TBT/N/OMN/121 机动车辆—卡车和拖车后下部防护装置及其检验方法。生效日期待定。

阿曼发布机动车辆通报

2011 年 7 月 13 日，阿曼通报 G/TBT/N/OMN/122 机动车辆—卡车前下部防护装置及其检验方法。生效日期待定。

阿曼发布机动车辆通报

2011 年 7 月 13 日，阿曼通报 G/TBT/N/OMN/123 机动车辆—卡车和拖车侧面防护装置及其检验方法。生效日期待定。

美国发布灯、反光装置通报

2011 年 7 月 20 日，美国交通部（DOT）国家公路交通安全管理局通报 G/TBT/N/USA/641 联邦机动车辆安全标准；灯、反光装置及相关设备。生效日期待定。

巴西发布医疗设备通报

2011 年 7 月 20 日，巴西卫生监督局（ANVISA）通报 G/TBT/N/BRA/440 决议草案 No. 34—旧的、翻新的、出租和出借的医疗设备。生效日期待定。

欧盟发布干衣机通报

2011 年 7 月 20 日，欧盟委员会通报 G/TBT/N/EEC/385 执行欧洲议会和理事会指令 2009/125/EC，关于家用滚筒干衣机生态设计要求的委员会法规草案。拟批准日期：2012 年初，拟生效日期：自在欧盟官方公报上公布起 20 天。

欧盟发布干衣机通报

2011 年 7 月 20 日，欧盟委员会通报 G/TBT/N/EEC/386 授权补充欧洲议会和理事会指令 2010/30/EU，关于家用滚筒干衣机能源标签的委员会法规草案。拟批准日期：2012 年初，拟生效日期：自在欧盟官方公报上公布起 20 天。基本的要求将在本法规生效后 12 个月实施。

欧盟发布水泵通报

2011 年 7 月 25 日,欧盟委员会通报 G/TBT/N/EEC/388 执行欧洲议会和理事会指令 2009/125/EC,关于水泵生态设计要求的委员会法规草案。拟生效日期:自在欧盟官方公报上公布起 20 天。基本的要求将从 2013 年 1 月 1 日起实施。

厄瓜多尔发布交通灯通报

2011 年 7 月 25 日,厄瓜多尔标准协会通报 G/TBT/N/ECU/75 厄瓜多尔标准协会技术法规草案(RTE INEN) No. 004:"交通标志—第 5 部分:交通灯"。拟批准日期:在官方公报上公布之日,拟生效日期:批准之后 6 个月。

8 月

南非发布测量设备通报

2011 年 8 月 8 日,南非贸工部通报 G/TBT/N/ZAF/138 贸易计量法第 II 部分第 47 条修订提案。生效日期待定。

南非发布机动车辆通报

2011 年 8 月 8 日,南非贸工部通报 G/TBT/N/ZAF/139 O1/O2 类机动车强制规范修订提案。生效日期待定。

美国发布加热设备通报

2011 年 8 月 8 日,美国能源部通报 G/TBT/N/USA/642 能源节约计划:直接加热设备节能标准。生效日期待定。

新西兰发布空调和热泵通报

2011 年 8 月 8 日,新西兰经济发展部通报 G/TBT/N/NZL/56 澳大利亚/新西兰联合标准草案 DR3823. 2(委员会 EL – 015)电器性能—空调和热泵第 2 部分:能效标签和最低能源性能标准(MEPS)要求(修订 AS/NZS 3823. 2:2009)。生效日期待定。

中国台澎金马发布机动车辆通报

2011 年 8 月 12 日,中国台澎金马单独关税区交通部通报 G/TBT/N/TPKM/104 根据车辆安全测试指南发布公告。拟生效日期:L、M 和 N 类车辆车载信息与通信系统:对于新车种生效日期是 2013/01/01,对于所有车种生效日期是 2015/01/01。

美国发布电动车辆通报

2011 年 8 月 12 日,美国交通部(DOT)国家公路交通安全管理局通报 G/TBT/N/USA/644 联邦机动车辆安全标准—电动车辆—电解液溢出及电击防护。生效日期待定。

沙特阿拉伯发布清洁设备通报

2011 年 8 月 12 日,沙特阿拉伯标准、计量与质量组织通报 G/TBT/N/SAU/260 沙特标准局 SASO ISO 5011:2007。内燃机和压缩机空气进气清洁设备—性能测试。生效日期待定。

巴西发布医疗设备通报

2011 年 8 月 16 日,巴西国家计量、标准化与工业质量协会通报 G/TBT/N/BRA/441 部颁法案:No. 288:一次性使用无菌注射针头和橡胶针头。生效日期待定。

巴西发布医疗设备通报

2011 年 8 月 16 日,巴西国家计量、标准化与工业质量协会通报 G/TBT/N/BRA/442 部颁法案 No. 287:一次性使用的输液器,重力输液式和使用输液泵输液式。生效日期待定。

巴西发布医疗设备通报

2011 年 8 月 16 日,巴西国家计量、标准化与工业质量协会通报 G/TBT/N/BRA/443 部颁法案 No. 2286:一次性使用的无菌皮下注射器。生效日期待定。

瑞士发布电器通报

2011 年 8 月 15 日,瑞士联邦能源办公室通报 G/TBT/N/CHE/136 能源法令修订草案。拟生效日期:2012/07/01 或 2013/01/01。

瑞士发布机动车辆通报

2011 年 8 月 17 日,瑞士联邦能源办公室通报 G/TBT/N/CHE/137 关于减少乘用车 CO_2 排放的条例草案。拟生效日期:2012/05/05。

美国发布医疗设备通报

2011 年 8 月 17 日,美国健康与人类服务部(HHS)食品药品管理局 G/TBT/N/USA/647 经颅电刺激治疗仪上市前批准要求的生效日期。生效日期待定。

美国发布医疗设备通报

2011 年 8 月 17 日,美国健康与人类服务部(HHS)食品药品管理局 G/TBT/N/USA/648 心血管永久性起搏器电极上市前批准要求的生效日期。生效日期待定。

韩国发布电子电气等产品通报

2011 年 8 月 22 日,韩国环境部资源回收利用司通报 G/TBT/N/KOR/321 修订《电气/电子产品和汽车的资源回收利用法案》。拟生效日期:2013/01/01。

韩国发布手机通报

2011 年 8 月 22 日,韩国紧急事务管理委员会通报 G/TBT/N/KOR/323《灾害及安全管理基本法》第 38 条修正草案。拟生效日期:2013/01/01。

沙特阿拉伯发布电器和电动工具通报

2011 年 8 月 24 日,沙特阿拉伯标准、计量与质量组织通报 G/TBT/N/SAU/261 沙特阿拉伯王国/沙特标准、计量与质量组织(SASO)/涉及 2010 年 8 月 31 日的,同意在沙特阿拉伯王国商业和住宅用途使用的配电电压从(127/220 伏)转换到国际电压(230/400 伏)的部长理事会法令 No. 324,以及水电部关于不允许将 127 伏电器和电动工具进口到沙特阿拉伯王国的相关公告。生效日期待定。

9 月

韩国发布电动车通报

2011 年 9 月 6 日,韩国技术标准局(KATS)通报 G/TBT/N/KOR/326 制定电动车 AC 传导充电系统的新安全标准。拟生效日期:2012/01/01。

欧盟发布游艇通报

2011 年 9 月 14 日,欧盟委员会通报 G/TBT/N/EEC/402 欧洲议会和理事会关于娱乐游艇和私人船只的指令提案[COM(2011) 456]。拟批准日期:2012 年底,拟生效日期:自在欧盟官方公报上公布起 20 天(大约批准后一个月)。

美国发布灯具通报

2011年9月19日，美国能源部(DOE)能效与可再生能源办公室通报G/TBT/N/USA/649能源节约计划：关于普通照明用荧光灯、普通照明用白炽灯以及白炽反光灯的测试程序。生效日期待定。

巴西发布微波炉通报

2011年9月21日，巴西国家计量、标准化与工业质量协会通报G/TBT/N/BRA/445部颁法案No. 360。生效日期待定。

吉尔吉斯斯坦发布装卸设备通报

2011年9月26日，吉尔吉斯斯坦经济规则部通报G/TBT/N/KGZ/25装卸设备安全及其操作程序。生效日期待定。

乌克兰发布拖拉机通报

2011年9月26日，乌克兰农业政策和食品部通报G/TBT/N/UKR/61关于轮式农林拖拉机驾驶员感知噪声等级的技术法规草案。拟生效日期：公布之后6个月。

乌克兰发布拖拉机通报

2011年9月26日，乌克兰农业政策和食品部通报G/TBT/N/UKR/62关于农林拖拉机、挂车、可互换牵引机械、系统、部件和单独技术单元型式批准的技术法规草案。拟生效日期：公布之后6个月。

乌克兰发布拖拉机通报

2011年9月26日，乌克兰农业政策和食品部通报G/TBT/N/UKR/63关于轮式农林拖拉机某些部件和特性的技术法规草案。拟生效日期：公布之后6个月。

日本发布家用电器通报

2011年9月26日，日本经济产业省通报G/TBT/N/JPN/368修订《合理利用能源法案》的执行法规和经济产业省的省颁通告。拟生效日期：2012/04标签的宽限期：大约一年。达到本标准的目标财政年度：FY2016。

瑞士发布电信设备通报

2011年9月28日，瑞士联邦通信办公室通报G/TBT/N/CHE/138关于电信设备的联邦通信办公室法令(OOIT)。拟生效日期：2012/01/01。

泰国发布机动车辆通报

2011年9月28日，泰国工业部工业标准协会通报G/TBT/N/THA/391天然气或液化石油气燃料点燃式发动机轻型机动车辆泰国工业标准草案：安全要求—发动机排放，级别1(TIS 2555-25XX)。生效日期待定。

中国台澎金马发布热水器通报

2011年9月28日，中国台澎金马单独关税区经济事务部能源局通报G/TBT/N/TPKM/107即热燃气热水器的能源消耗和能源效率等级标签和检查要求。拟生效日期：2012年年底。

泰国发布电信设备通报

2011年9月30日，泰国国家广播电信委员会(NBTC)通报G/TBT/N/THA/392草案：电信终端设备电磁兼容性技术标准。生效日期待定。

泰国发布电力线通信通报

2011年9月30日，泰国国家广播电信委员会(NBTC)通报G/TBT/N/THA/394草案：电力线通信

(PLC)技术标准。生效日期待定。

10 月

欧盟发布医疗器械通报

2011 年 10 月 4 日,欧盟委员会通报 G/TBT/N/EEC/405 委员会法规草案,涉及关于有源植入医疗器械和利用动物源性组织生产的医疗器械的理事会指令 90/385/EEC 和 93/42/EEC 中规定的要求的特殊要求。拟生效日期:2012/04。实施日期:一年后。

哥斯达黎加发布电气产品通报

2011 年 10 月 14 日,哥斯达黎加经济工业贸易部技术法规局通报 G/TBT/N/CRI/122 为了生命和财产安全,正式确定哥斯达黎加电气规范的法规。拟生效日期:在官方公报 La Gaceta 上公布后 6 个月。

墨西哥发布计量仪器通报

2011 年 10 月 14 日,墨西哥经济部通报 G/TBT/N/MEX/219 官方标准草案 PROY NOM 005 SCFI 2011,计量和加汽油及其他液体燃料的系统—规范,以及测试和鉴定方法。拟生效日期:作为最终标准在官方公报上公布后 60 天。

哥伦比亚发布机动车辆通报

2011 年 10 月 14 日,哥伦比亚交通部通报 G/TBT/N/COL/164 决议草案"颁布公共运输车辆技术法规及批准其他规定"。拟生效日期:在官方公报上公布之后 6 个月。

加拿大发布机动车辆通报

2011 年 10 月 19 日,加拿大交通部通报 G/TBT/N/CAN/347 技术标准文件 No. 305:电解液溢出保护和防电击保护—修订版 3。拟生效日期:2012/04/08。

中国台澎金马发布电机通报

2011 年 10 月 21 日,中国台澎金马单独关税区"经济事务部标准计量检验局"通报 G/TBT/N/TPKM/110 根据《商品检验法案》的公告。拟生效日期:2013/01/01。

中国台澎金马发布木工圆锯机、研磨机及类似设备通报

2011 年 10 月 21 日,中国台澎金马单独关税区"经济事务部标准计量检验局"通报 G/TBT/N/TPKM/111 根据《商品检验法案》的公告。拟生效日期:2012/07/01。

瑞典发布拖拉机通报

2011 年 10 月 24 日,瑞典交通署通报关于全地形车的法规。生效日期待定。

瑞典发布拖拉机通报

2011 年 10 月 24 日,瑞典交通署通报关于拖拉机的法规。生效日期待定。

阿曼发布发动机通报

2011 年 10 月 28 日,阿曼通报公路车辆—柴油发动机燃油滤清器—测试方法。生效日期待定。

阿曼发布发动机通报

2011 年 10 月 28 日,阿曼通报柴油发动机 - 燃油滤清器—燃油/水分离效能评估方法。生效日期待定。

阿曼发布滤清器通报

2011 年 10 月 28 日,阿曼通报内燃机用柴油和汽油滤清器—用粒子计数和容尘量测定过滤效率。

生效日期待定。

阿曼发布滤清器通报

2011 年 10 月 28 日，阿曼通报液压传动—滤清器—结构完整性验证和初始冒泡点的确定。生效日期待定。

卡塔尔发布发动机通报

2011 年 10 月 28 日，卡塔尔环境部标准计量局通报卡塔尔/海湾合作委员会技术法规草案更新 GSO ISO 16332/2011 柴油发动机—滤清器—燃油/水分离效能评估方法。生效日期待定。

卡塔尔发布机动车辆通报

2011 年 10 月 28 日，卡塔尔环境部标准计量局通报公路车辆—柴油发动机燃油滤清器。生效日期待定。

卡塔尔发布机动车辆通报

2011 年 10 月 28 日，卡塔尔环境部标准计量局通报公路车辆—制动片摩擦材料。生效日期待定。

卡塔尔发布机动车辆通报

2011 年 10 月 28 日，卡塔尔环境部标准计量局通报机动车辆—卡车和拖车的前下部防护装置及其测试方法。生效日期待定。

卡塔尔发布机动车辆通报

2011 年 10 月 28 日，卡塔尔环境部标准计量局通报机动车辆—卡车和拖车的侧面防护装置及其测试方法。生效日期待定。

卡塔尔发布机动车辆通报

2011 年 10 月 28 日，卡塔尔环境部标准计量局通报机动车辆—卡车和拖车的后下部防护装置及其测试方法。生效日期待定。

卡塔尔发布滤清器通报

2011 年 10 月 28 日，卡塔尔环境部标准计量局通报卡塔尔/海湾合作委员会技术法规草案 GSO ISO 19438/2011 内燃机用柴油和汽油滤清器—用粒子计数和容尘量测定过滤效率。生效日期待定。

卡塔尔发布滤清器通报

2011 年 10 月 28 日，卡塔尔环境部标准计量局通报卡塔尔/海湾合作委员会技术法规草案 GSO ISO 2942/2011 液压传动—滤清器—结构完整性验证和初始冒泡点的确定。生效日期待定。

特立尼达和多巴哥发布电瓶通报

2011 年 10 月 28 日，特立尼达和多巴哥标准局通报 TTS/IEC 60095 - 1:20XX 铅酸启动电瓶—第 1 部分:一般要求和测试方法。拟生效日期:负责贸易和工业的部长通报之日，根据标准法案要求公布在特立尼达和多巴哥官方公报的公告中。

肯尼亚发布滤清器通报

2011 年 10 月 28 日，肯尼亚标准局通报 KS 294:2011 空气滤清器规范。拟生效日期:由工业部部长在肯尼亚官方公报上宣布为强制标准之日。

肯尼亚发布滤清器通报

2011 年 10 月 28 日，肯尼亚标准局通报 KS 334:2011 燃油滤清器规范。拟生效日期:由工业部部长在肯尼亚官方公报上宣布为强制标准之日。

肯尼亚发布医疗设备通报

2011 年 10 月 28 日，肯尼亚标准局通报 KS 2349:2011 矫形器规范。拟生效日期：由工业部部长在肯尼亚官方公报上宣布为强制标准之日。

欧盟发布内河船舶通报

2011 年 10 月 28 日，欧盟委员会通报委员会指令草案，修订欧洲议会和理事会规定内河船舶技术要求的指令 2006/87/EC 的附件。拟生效日期：在欧盟官方公报上公布之日（大约批准后一个月）。欧盟各成员国应当最迟于 2012 年 6 月 30 日使符合本指令的法律生效

阿曼发布发机动车辆通报

2011 年 10 月 31 日，阿曼通报公路车辆—制动片摩擦材料—目视检验。生效日期待定。

瑞典发布机动车辆通报

2011 年 10 月 31 日，瑞典交通署发布关于电力驱动的机动车辆的法规。生效日期待定。

11 月

墨西哥发布家用电器通报

2011 年 11 月 1 日，墨西哥能源部通报 G/TBT/N/MEX/220 墨西哥官方标准草案 PROY NOM 015 ENER 2011：家用冰箱和冷冻柜能效限值、测试方法和标签。拟生效日期：在官方公报上公布之后 90 天。

日本发布电子电器通报

2011 年 11 月 2 日，日本经济产业省通报 G/TBT/N/JPN/371 涉及根据经济产业省《消费品安全法案》中规定的产品安全要求的省颁条例。拟生效日期：2012 年 07 月。

法国发布燃料装置通报

2011 年 11 月 2 日，法国内政部民防与民事安全局通报 G/TBT/N/FRA/128 部际法令，修订 1990 年 1 月 9 日关于对公众开放的浮动设施、固定船舶及依靠锚停泊在内河的船舶安全规定的法令。拟生效日期：2012 年 03 月。

中国台澎金马发布气瓶阀通报

2011 年 11 月 2 日，中国台澎金马单独关税区台湾经济部标准计量检验局通报 G/TBT/N/TPKM/112 根据商品检验法发布公告：液化石油气瓶阀。拟生效日期：2012 年 03 月 01 日。

瑞典发布机动车辆通报

2011 年 11 月 3 日，瑞典国家测量测试局通报 G/TBT/N/SWE/116 辅助装置（出租车计价器）指南和建议。拟生效日期：2012 年 02 月 15 日。

以色列发布水表通报

2011 年 11 月 7 日，以色列 WTO－TBT 咨询点 G/TBT/N/ISR/536 封闭满管道中水流量的测量—饮用冷水水表和热水水表：规范。拟生效日期：通常在官方公报政府公告部分公布之后 60 天。

以色列发布水表通报

2011 年 11 月 7 日，以色列 WTO－TBT 咨询点 G/TBT/N/ISR/537 封闭满管道中水流量的测量—饮用冷水水表和热水水表：测试方法和设备。拟生效日期：通常在官方公报政府公告部分公布之后 60 天。

以色列发布荧光灯通报

2011 年 11 月 7 日，以色列 WTO－TBT 咨询点 G/TBT/N/ISR/538 普通照明用管形荧光灯。拟生效日期：通常在官方公报政府公告部分公布之后 60 天。

以色列发布电机通报

2011年11月7日,以色列WTO-TBT咨询点G/TBT/N/ISR/540通报旋转电机:额定值和性能。拟生效日期:通常在官方公报政府公告部分公布之后60天。

以色列发布荧光灯通报

2011年11月7日,以色列WTO-TBT咨询点G/TBT/N/ISR/541通报双端荧光灯—安全规范。拟生效日期:通常在官方公报政府公告部分公布之后60天。

以色列发布荧光灯通报

2011年11月7日,以色列WTO-TBT咨询点G/TBT/N/ISR/542通报单端荧光灯—安全规范。拟生效日期:通常在官方公报政府公告部分公布之后60天。

中国台澎金马发布家用电器通报

2011年11月7日,中国台澎金马单独关税区"台湾经济部标准检验局"通报G/TBT/N/TPKM/113根据商品检验法发布公告:煤气炉、煤气灶和即热式燃气热水器。拟生效日期:2012年04月01日。

加拿大发布机动车辆通报

2011年11月11日,加拿大环境部通报G/TBT/N/CAN/350道路车辆和发动机排放法规修正提案(重型发动机车载诊断系统及其他修正案)。拟批准日期:通常在加拿大官方公报第I部分公布5~8个月内,拟生效日期:本措施批准的日期。

中国台澎金马发布机动车辆通报

2011年11月17日,中国台澎金马单独关税区"交通部"通报G/TBT/N/TPKM/114根据车辆安全测试指南发布公告。拟生效日期:L1和L3种类车辆的排气速度:对于新车种2012/7/1,对于所有车种2014/1/1。

中国台澎金马发布机动车辆通报

2011年11月17日,中国台澎金马单独关税区"交通部"通报G/TBT/N/TPKM/115根据车辆安全测试指南发布公告。生效日期待定。

哥伦比亚发布船舶通报

2011年11月18日,哥伦比亚社会福利部通报G/TBT/N/COL/165制定捕捞、冷冻或加工渔业产品的渔船必须遵守的卫生要求及获得欧盟渔船HACCP系统认证程序的技术法规。拟生效日期:在官方公报上公布之后6个月。

美国发布制冷产品通报

2011年11月25日,美国能源部(DOE)能源效率与可再生能源办公室通报G/TBT/N/USA/661消费品能源节约计划:将无压缩机住宅制冷产品作为覆盖产品处理的决定提案。生效日期待定。

墨西哥发布医疗器械通报

2011年11月28日,墨西哥卫生部通报G/TBT/N/MEX/221墨西哥官方标准草案PROY NOM 241 SSA1 2011:从事医疗器械生产的企业的良好生产规范。拟生效日期:在官方公报上公布后180天。

12月

韩国发布机动车辆通报

2011年12月2日,韩国国土、运输及海洋事务部通报G/TBT/N/KOR/340"机动车辆安全法"修订草案。生效日期待定。

韩国发布机动车辆通报

2011年12月2日,韩国国土、运输及海洋事务部通报G/TBT/N/KOR/341“韩国机动车辆安全标准”修订草案。生效日期待定。

韩国发布机动车辆通报

2011年12月2日,韩国国土、运输及海洋事务部通报G/TBT/N/KOR/342“机动车辆控制法的法令和法规”修订草案。生效日期待定。

日本发布乘用车通报

2011年12月2日,日本经济产业省(METI)和国土交通省(MLIT)通报G/TBT/N/JPN/375修订《关于合理利用能源法案》的经济产业省(METI)和国土交通省(MLIT)通告。拟生效日期:标签的宽限期:大约一年。达到本标准的目标财政年度:FY2020。

巴拉圭发布医疗产品通报

2011年12月7日,巴拉圭公共卫生和社会福利部国家卫生监测局通报G/TBT/N/PRY/39南方共同市场集团(MERCOSUR)决议No. 20/11:关于医疗产品和体外诊断产品良好生产规范的南方共同市场集团技术法规[撤销南方共同市场集团(MERCOSUR)决议Nos. 04/95、38/96、65/96和131/96]。拟生效日期:2012年。

巴拉圭发布机动车辆通报

2011年12月7日,巴拉圭工业贸易部通报G/TBT/N/PRY/41南方共同市场(Mercosur)决议No. 25/11:从事国际货物运输的机动车辆中的卧铺车厢。拟生效日期:2012/03/31。

加拿大发布机动车辆通报

2011年12月8日,加拿大交通部通报G/TBT/N/CAN/351根据《机动车辆安全法案》制定的某些法规的修正提案。拟批准日期:通常在加拿大官方公报第I部分公布5~8个月内。拟生效日期:本措施批准的日期。过渡性条款:本提案提议,到2013年9月1日为止,机动车辆的制造商将允许遵守关于机动车辆安全标准213.4拟议的要求(关于内置约束系统和内置儿童座椅)或该标准以前的要求。

巴拉圭发布插头和插座通报

2011年12月9日,巴拉圭工业贸易部通报G/TBT/N/PRY/43南方共同市场(MERCOSUR)决议草案No. 01/11:关于插头和插座的南方共同市场技术法规。拟生效日期:2013年。

韩国发布电信设备通报

2011年12月9日,韩国国家无线电研究所通报G/TBT/N/KOR/343广播通信设备合格评定的公告。拟生效日期:2012年07月。

美国发布飞机螺旋桨通报

2011年12月9日,美国联邦航空委员会通报G/TBT/N/USA/664飞机螺旋桨的关键部件。生效日期待定。

美国发布互联网信息通报

2011年12月9日,美国联邦通信委员会通报G/TBT/N/USA/666互联网提供视频节目隐藏式字幕的协议:执行《2010年的二十一世纪通信与视频无障碍功能法案》。生效日期待定。

新西兰发布信息技术设备通报

2011 年 12 月 14 日，新西兰经济发展部通报 G/TBT/N/NZL/58 标准草案 DR5813.1 信息技术设备。拟生效日期：按照新西兰法规，标准 2012 年 10 月 1 日生效（计算机及计算机监视器最低能源性能标准），2013 年 4 月 1 日生效（计算机监视器强制能源性能标签）。

墨西哥发布热水器通报

2011 年 12 月 15 日，墨西哥能源部通报 G/TBT/N/MEX/225 墨西哥官方标准草案 PROY NOM 011 SESH 2011：以液化石油气或天然气加热的家用和商用热水器—安全要求、规范、测试方法、标志，以及商业信息。拟生效日期：在官方公报上公布后 90 天。

沙特阿拉伯发布家用电器通报

2011 年 12 月 20 日，沙特阿拉伯标准、计量和质量组织通报 G/TBT/N/SAU/262 沙特阿拉伯王国/沙特标准、计量和质量组织（SASO）/家用及类似用途电器—安全—第 2～51 部分：加热和供水设施用固定式循环泵特殊要求。生效日期待定。

沙特阿拉伯发布灯座通报

2011 年 12 月 20 日，沙特阿拉伯标准、计量和质量组织通报 G/TBT/N/SAU/263 沙特阿拉伯王国/沙特标准、计量和质量组织（SASO）/杂类灯座—第 1 部分：一般要求和试验。生效日期待定。

沙特阿拉伯发布灯座通报

2011 年 12 月 20 日，沙特阿拉伯标准、计量和质量组织通报 G/TBT/N/SAU/264 沙特阿拉伯王国/沙特标准、计量和质量组织（SASO）/杂类灯座—第 2～2 部分：特殊要求—发光二极管用连接器。生效日期待定。

沙特阿拉伯发布灯座通报

2011 年 12 月 20 日，沙特阿拉伯标准、计量和质量组织通报 G/TBT/N/SAU/265 沙特阿拉伯王国/沙特标准、计量和质量组织（SASO）/杂类灯座—第 2 部分：特殊要求—第 1 章：S14 灯座。生效日期待定。

沙特阿拉伯发布灯具通报

2011 年 12 月 20 日，沙特阿拉伯标准、计量和质量组织通报 G/TBT/N/SAU/266 沙特阿拉伯王国/沙特标准、计量和质量组织（SASO）/灯具—第 2～20 部分：特殊要求—灯串。生效日期待定。

沙特阿拉伯发布热电器通报

2011 年 12 月 20 日，沙特阿拉伯标准、计量和质量组织通报 G/TBT/N/SAU/267 沙特阿拉伯王国/沙特标准、计量和质量组织（SASO）/家用及类似用途电器—安全—第 2～17 部分：电热毯、电热垫、电热服和类似柔性加热电器特殊要求。生效日期待定。

沙特阿拉伯发布吸尘器通报

2011 年 12 月 20 日，沙特阿拉伯标准、计量和质量组织通报 G/TBT/N/SAU/268 沙特阿拉伯王国/沙特标准、计量和质量组织（SASO）/家用及类似用途电器—安全—第 2～69 部分：工业和商业用带电动刷的湿式和干式真空吸尘器特殊要求。生效日期待定。

南非发布衡器通报

2011 年 12 月 20 日，南非贸工部通报 G/TBT/N/ZAF/145 贸易计量法 No.77/1973 第 2 部分修订提案。生效日期待定。

瑞士发布测量仪器通报

2011 年 12 月 20 日，瑞士联邦计量办公室通报 G/TBT/N/CHE/139 关于废气分析的联邦司法和警察局(FDJP)条例修正草案。拟生效日期:2012/04/01。

美国发布机动车辆通报

2011 年 12 月 20 日，美国交通部(DOT)国家公路交通安全管理局通报 G/TBT/N/USA/668 联邦机动车辆安全标准—防盗和防溜车。生效日期待定。

日本发布无线电设备通报

2011 年 12 月 20 日，日本内务省通报 G/TBT/N/JPN/376 省颁条例修正提案概要。拟生效日期:2012 年 3 月底。

日本发布探测通知系统通报

2011 年 12 月 20 日，日本内务省通报 G/TBT/N/JPN/377 省颁条例修正提案概要。拟生效日期:2012 年 3 月底。

捷克发布测量装置通报

2011 年 12 月 21 日，捷克共和国工业贸易部通报 G/TBT/N/CZE/152 草案——一般性质的措施，规定了指定的测量装置的计量和技术要求，包括指定的测量装置:“电表”的型式批准和鉴定的测试方法。拟生效日期:2012/05。

捷克发布测量装置通报

2011 年 12 月 21 日，捷克共和国工业贸易部通报 G/TBT/N/CZE/153 草案——一般性质的措施，规定了指定的测量装置的计量和技术要求，包括指定的测量装置:“用于测量气体流量的实验室测量装置”型式批准和鉴定的测试方法。拟生效日期:2012/05。

捷克发布压力计通报

2011 年 12 月 21 日，捷克共和国工业贸易部通报 G/TBT/N/CZE/154 草案——一般性质的措施，规定了指定的测量装置的计量和技术要求，包括指定的测量装置:“道路机动车辆轮胎压力计，由机动车辆的用户专门用于测量轮胎压力的压力计除外”型式批准和鉴定的测试方法。拟生效日期:2012/05。

阿根廷发布插头和插座通报

2011 年 12 月 21 日，阿根廷南方共同市场(MERCOSUR)工作分组 No. 3 通报 G/TBT/N/ARG/266 共同市场集团决议草案:“关于插头和插座的南方共同市场技术法规”。生效日期待定。

中国台澎金马发布摩托车通报

2011 年 12 月 21 日，中国台澎金马单独关税区“交通部”通报 G/TBT/N/TPKM/117 根据车辆安全测试指令的公告。拟生效日期: VSTD42 - 2 和 56 - 1:2013/01/01，适合于 L2 和 L5 种类车辆。VSTD43 - 1:2013/01/01，适合 L5 种类车辆。其他:颁布时生效。

美国发布灯具通报

2011 年 12 月 22 日，美国美国能源部(DOE)能源效率与可再生能源办公室(OEERE)通报 G/TBT/N/USA/669 某些商业和工业设备的能源节约计划:高密度放电灯的测试程序。生效日期待定。

(2)分析

2011 年机电产品颁布尚未实施的法律法规分析包括国别分析和产品分析。

1)国别分析

2011 年机电产品颁布未实施的法律法规共 224 条,涉及 34 个国家(地区)。从图 8.27 可以看出,最多的国家(地区)是沙特阿拉伯,47 条;其次是美国,23 条;再次是欧盟,12 条;阿曼、捷克、中国台澎金马和泰国各为 11 条。其他国家(地区)相对较少,均在 10 条及以下。图 8.27 给出了颁布尚未实施法律法规 2 条以上的国家(地区)。总的来说,颁布未实施的法律法规较为集中,涉及的国家(地区)主要是沙特阿拉伯、美国、欧盟、阿曼、捷克、中国台澎金马和泰国等国家和地区,这 12 个国家和地区颁布尚未实施的法律占到了全部法律法规一半以上。

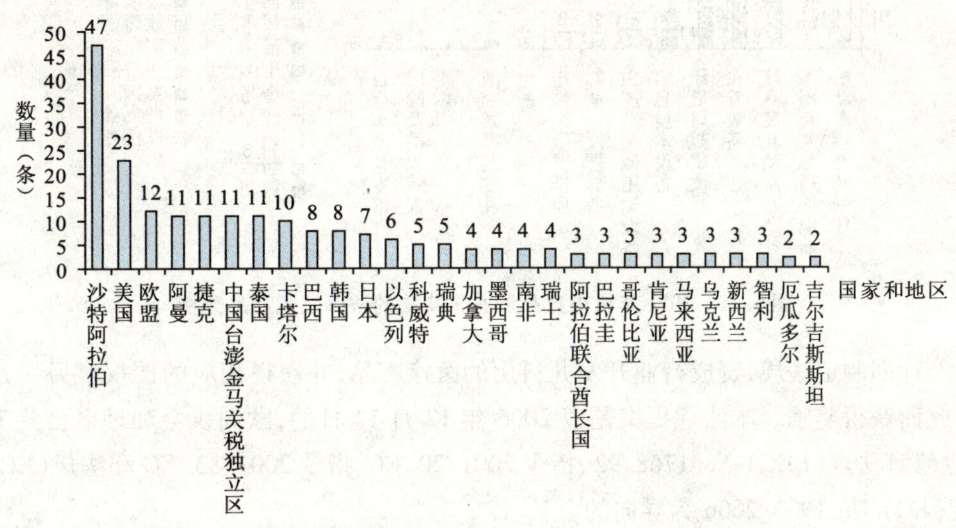

图 8.27　2011 年机电产品颁布未实施的法律法规国别分析

2)产品分析

2011 年机电产品颁布未实施的法律法规涉及的产品大类共计 14 种。其中,最多的产品是机动车辆及其配件,共涉及 79 条,颁布的主要国家和地区为阿曼、卡塔尔和沙特阿拉伯等;家用及类似用途电器为 41 条,颁布的主要国家为美国和沙特阿拉伯等;灯具及其镇流器有 25 条,颁布的主要国家为沙特阿拉伯;医疗设备和计量与测试仪器各占 23 和 20 条。其他产品相对较少,均少于 10 条(含 10 条)。总的来说,2010 年颁布未实施的法律法规相对集中,前 4 类产品共 168 条,占全部的 75%,如图 8.28 所示。

3. 存在颁布意向的法律法规

2011 年存在颁布意向的法律法规 9 条,比 2010 年增加 5 条。

(1)法律法规

5 月

韩国食品药品管理局拟修订医疗器械生物学评价标准

2011 年 5 月 10 日,韩国食品药品管理局提交医疗器械生物学评价标准修正提案。为了进一步和国际协调,本修正提案旨在使现行的医疗器械生物学评价标准与国际标准化组织(ISO)的标准相一致。

瑞士联邦公共卫生办公室拟修订关于医疗产品和医疗器械的联邦法律

2011 年 5 月 19 日,瑞士联邦公共卫生办公室提交关于医疗产品和医疗器械的联邦法律修正草案。

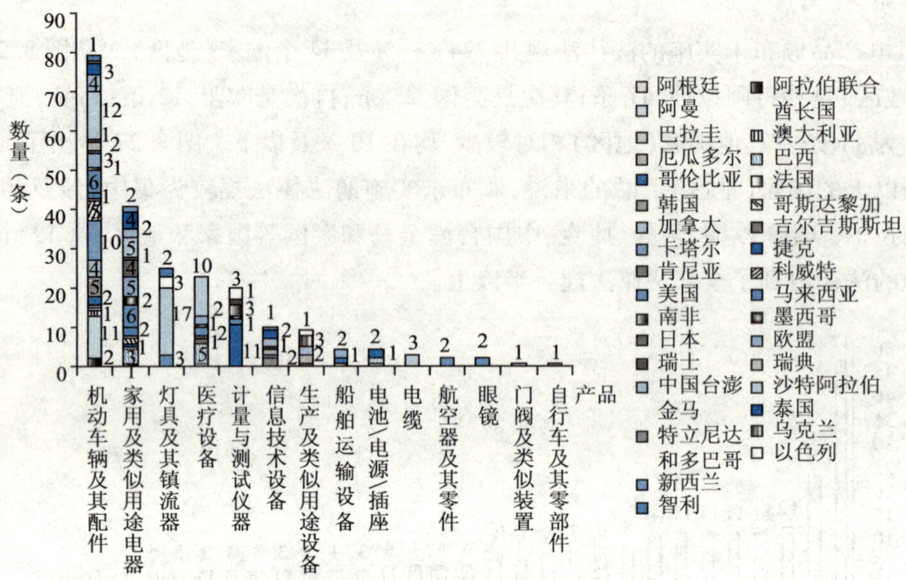

图 8.28　2011 年机电产品颁布未实施的法律法规产品分析

瑞士已经计划制定法规，责成行业开发儿科用的医疗产品，并获得相应的授权。另一方面行业应当有可能因此而获得奖励。本法规提案是以 2006 年 12 月 12 日的，欧洲议会和理事会关于儿科用治疗产品，并且修订法规（EEC）No. 1768/92、指令 2001/20/EC、指令 2001/83/EC 和法规（EC）No. 726/2004 的法规（EC）No. 1901/2006 为导向的。

欧盟出台相关的轮胎标签法规

2011 年 5 月 25 日，欧盟出台相关的轮胎标签法规——EC1222/2009，由 2012 年 11 月 1 日起，要求在欧盟销售的轿车胎、轻卡胎、卡车胎及公共汽车轮胎必须加贴标签，标示出轮胎的燃油效率、滚动噪声和湿抓地力的等级，目标是到 2020 年欧洲能源消耗减少 20%。

这一法规规定对轮胎三大性能进行了标准化规定：燃油经济性（即轮胎滚动阻力要求），分为 A 到 G 共 7 个等级；潮湿路面抓地力等级，分为 A 到 F 共 6 个等级；道路噪声等级，按照规定测试噪声值分为 3 个等级：$N \leq LV-3$，$LV-3 < N \leq LV$，$N > LV$，并用黑色标签来表示。此改革对车辆提出新的技术要求，增加具有先进安全技术的部件和装备。此外，由于 EC1222/2009 法规本身更多在于强制厂商按照统一的规范向终端消费者去标示自己产品的性能。

11 月

中国台澎金马单独关税区根据商品检验法发布公告

2011 年 11 月 2 日，中国台澎金马单独关税区发布通报，中国台湾“经济部标准计量检验局”根据商品检验法发布公告。液化石油气瓶阀 1972 年 11 月 15 日被宣布为须经强制检验。标准计量检验局（BSMI）拟批准与 JIS B 8245:2004 保持一致的修订标准 CNS 1324“液化石油气瓶阀”（2010 年 6 月 7 日颁布），作为新的测试和检验标准，取代与 JIS B 8245:1994 保持一致的现行标准 CNS 1324（2005 年 9 月 12 日颁布）。标准计量检验局提出自 2012 年 3 月 1 日起，检验范围包括的液化石油气瓶阀进口或上市时必须符合相关 CNS 标准。

中国台澎金马单独关税区根据商品检验法发布煤气炉、煤气灶和即热煤气热水器类产品检验公告

2011年11月7日,中国台澎金马单独关税区发布通报,中国台湾"经济部标准检验局"公布煤气炉、煤气灶和即热煤气热水器须经标准检验局(BSMI)强制检验。标准检验局(BSMI)拟批准修订标准CNS 13603"家用煤气热水器"和CNS 13604"家用煤气烹饪器具"(2011年3月25日颁布),作为新的测试和检验标准,取代现行标准CNS 13603和CNS 13604(2003年9月9日颁布)。标准检验局(BSMI)提出自2012年4月1日起,检验范围包括的煤气炉、煤气灶和即热煤气热水器进口或上市时必须符合修订标准。

加拿大拟修订道路车辆和发动机排放法规

2011年11月11日,加拿大发布通报,加拿大环境部公布拟修订道路车辆和发动机排放法规。以G/TBT/N/CAN/32通报的道路车辆和发动机排放法规于2004年1月1日生效。这些法规的目的是制定减少促成烟雾形成排放的空气污染的标准。道路车辆和发动机排放法规修正提案旨在与美国联邦重型发动机车载诊断(OBD)要求相一致。2009年2月24日,美国环保署(U.S. EPA)公布了一项最终法规,将OBD系统扩展到用于或打算在额定车辆总重(GVWR)6350千克以上的重型车辆(包括小型公共汽车、校车、公路牵引车和自动倾卸卡车)上使用的重型发动机的车载诊断系统。

美国将推行新的家用中央空调器和热泵产品能效标准

美国能源部已经接受采纳针对家用中央空调器和热泵产品的联邦节能标准,该新能效标准将于2015年1月实施。美国能源部重新确认了针对美国境内生产或进口到美国的家用壁炉、中央空调器和热泵产品的能效标准。同时,该标准也设立了北部、南部和西南部地区标准,并将于2015年1月1日实行。

12月

乌兹别克斯坦内阁将出台进口机电产品新规定

自2012年1月1日起,乌兹别克斯坦将对进口机电产品进行强制标志。该规定由乌内阁出台,规定指出,将对一些进口商品进行专门控制识别标志。商品包括烹饪用品、空调、带有温控和湿度控制的通风设备、电冰箱、冰柜、吸尘器、电磁炉、DVD影碟机、餐具清洗机等。乌政府禁止存放及销售未进行标志的机电产品。根据规定,不对此类商品进行标志视为违反贸易规则。乌内阁还规定,对于2012年1月1日以前进口的机电产品可以于2012年7月1日以后进行标识。

加拿大延长灯泡符合新能源效益标准截止日期

2011年12月,加拿大当局近日宣布,将通用灯泡(如40、60、70和100瓦的灯泡)符合新的能源效益标准的截止时间延长两年。该新的能效标准由加拿大自然资源和环境部在2007年提出,于2008年12月正式采纳。在日期延长后,75瓦和100瓦的灯泡必须从2014年1月1日起符合新能效法规,而40瓦和60瓦的灯泡则从2014年12月31日起开始符合标准。

根据不同灯泡的瓦数,此次延迟生效时间的举措使加拿大标准的实施日程比美国晚了一至两年。一旦生效,法规将禁止进口和跨省/区/市销售不符合新能效标准的产品。

加拿大延长截止日期,旨在引进更为先进的技术,通过更娴熟的技术解决与紧凑型荧光灯(CFLs)有关的健康和汞含量事项。

(2)分析

2011年机电产品存在颁布意向的法律法规分析包括国别分析和产品分析。

1)国别分析

2011 年机电产品存在颁布意向的法律法规共 9 条,涉及 7 个国家和地区。其中,加拿大与中国台澎金马各有 2 条,其余国家和地区分别为 1 条,如图 8.29 所示。

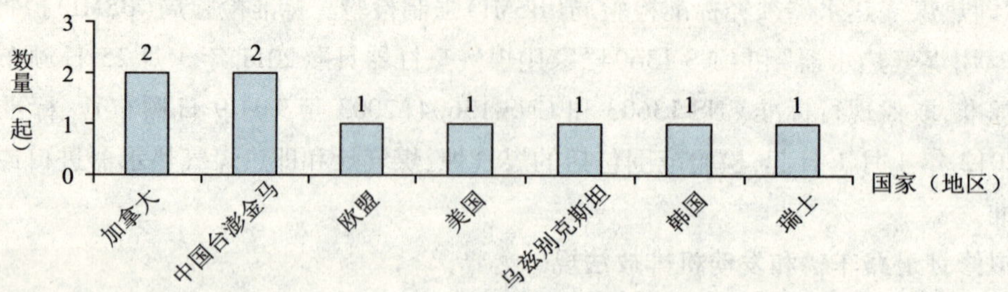

图 8.29　2011 年机电产品存在颁布意向的法律法规国别分析

2)产品分析

2011 年机电产品颁布未实施的法律法规涉及的产品大类共计 5 种。其中,家用及类似用途电器,涉及 3 条,其余产品分布没有集中的趋势,如图 8.30 所示。

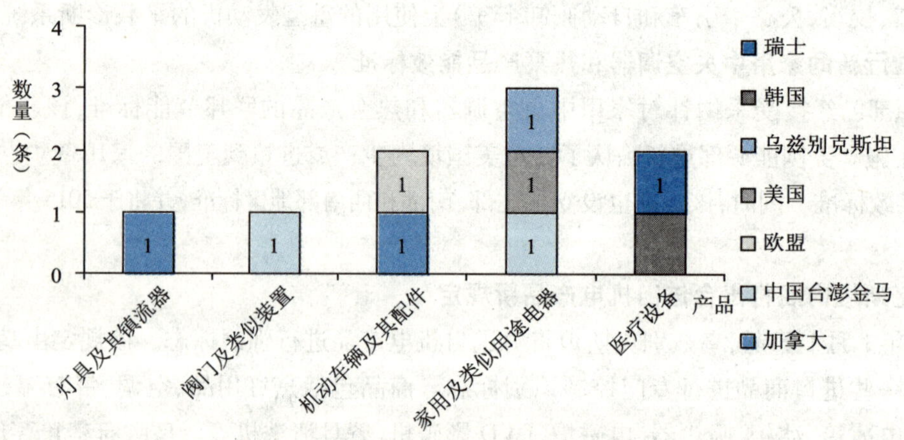

图 8.30　2011 年机电产品存在颁布意向的法律法规产品分析

(二)法律法规综合分析

对机电产品出口所遇贸易壁垒法律法规进行综合分析,提出预警。该分析包括状态分析、国别分析、区域分析、产品分析和贸易壁垒形式分析。

1. 状态分析

2011 年机电产品国外法律法规共 324 条。其中,颁布已实施的 91 条,占 28%;颁布未实施的 224 条,占 69%;存在颁布意向的 9 条,占 3%,如图 8.31 所示。

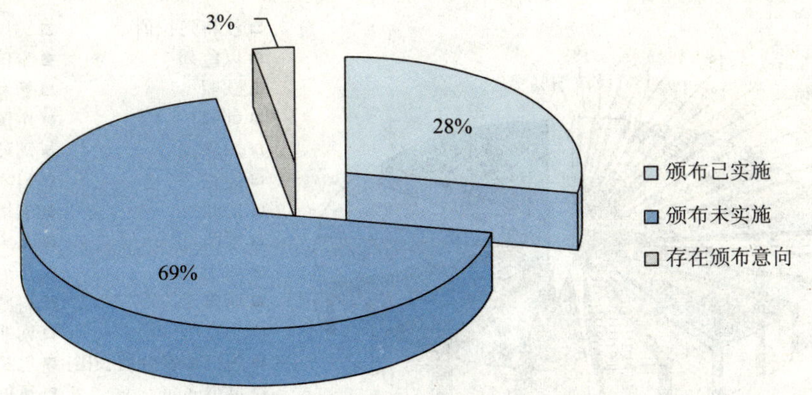

图 8.31 2011 年机电产品法律法规状态分析(一)

由图 8.32 可知,与 2010 年的 455 条相比,2011 年的法律法规数量减少了 131 条。其中,颁布已实施的法律法规减少了 5 条;颁布未实施的法律法规减少 131 条;存在颁布意向的法律法规增加 5 条。总体来看,2011 年机电产品国外法律法规与前几年相似,主要是颁布未实施的法律法规,这些法律法规大多会在 2012 年和 2013 年实施。提醒机电类各出口企业及时关注相关法律法规,以免造成不必要的经济损失。

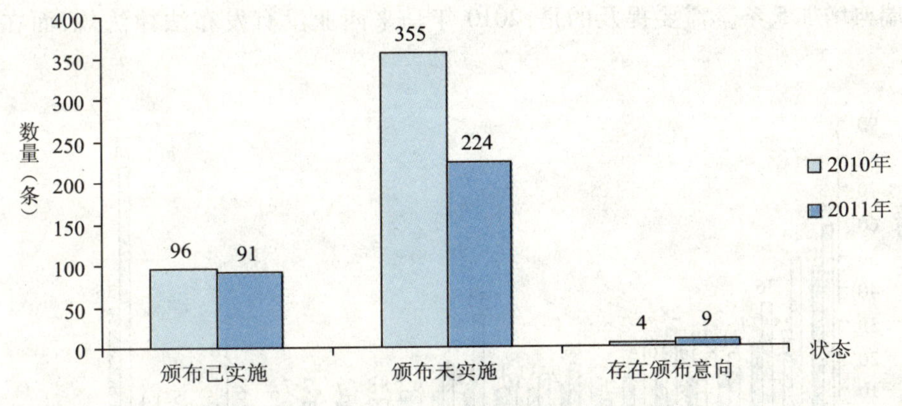

图 8.32 2011 年机电产品法律法规状态分析(二)

2. 国别分析

2011 年机电产品国外法律法规涉及的国家(地区)共 42 个。图 8.33 仅报告涉及法律法规 2 条以上的 32 个国家(地区)。其中沙特阿拉伯涉及 47 条,占 15%;美国 25 条,占 8%;以色列 24 条,占 8%;泰国 18 条,占 6%;欧盟和智利各有 17 和 16 条,约占 5%。其余来自阿曼、捷克、日本、巴西、卡塔尔、墨西哥、马来西亚、瑞士、肯尼亚、瑞典、科威特、乌克兰、南非、阿拉伯联合酋长国、巴拉圭、厄瓜多尔、哥伦比亚、坦桑尼亚、新西兰、澳大利亚、哥斯达黎加、吉尔吉斯斯坦、越南、阿尔巴尼亚、阿根廷、丹麦、德国、法国、菲律宾、格鲁吉亚、特立尼达和多巴哥、乌兹别克斯坦、韩国、中国台澎金马和加拿大等国家和地区共有 177 条,占 50% 以上。

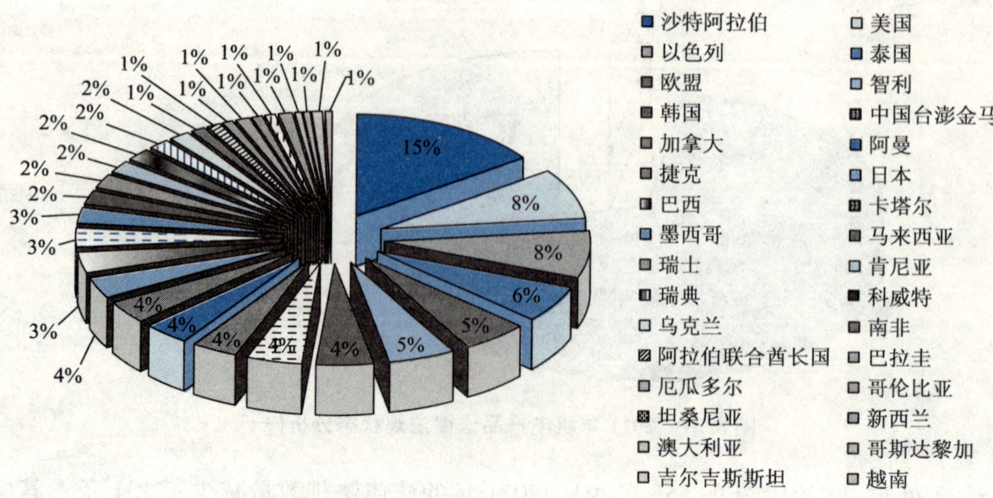

图 8.33 2011 年机电产品法律法规国别分析(一)

与 2010 年涉及的 52 个国家和地区相比,2011 年减少 10 个。图 8.34 反映了 2011 年法律法规在 4 条及以上的国家和地区,小于 4 条法律法规的国家和地区归纳为其余国家和地区。其中,沙特阿拉伯、智利和以色列都分别减少 12 条,美国减少 24 条,日本减少 22 条,科威特减少 13 条。中国台澎金马增加 7 条,瑞典增加 5 条。需要提及的是,2010 年马来西亚没有发布法律法规,而在 2011 年发布 7 条。

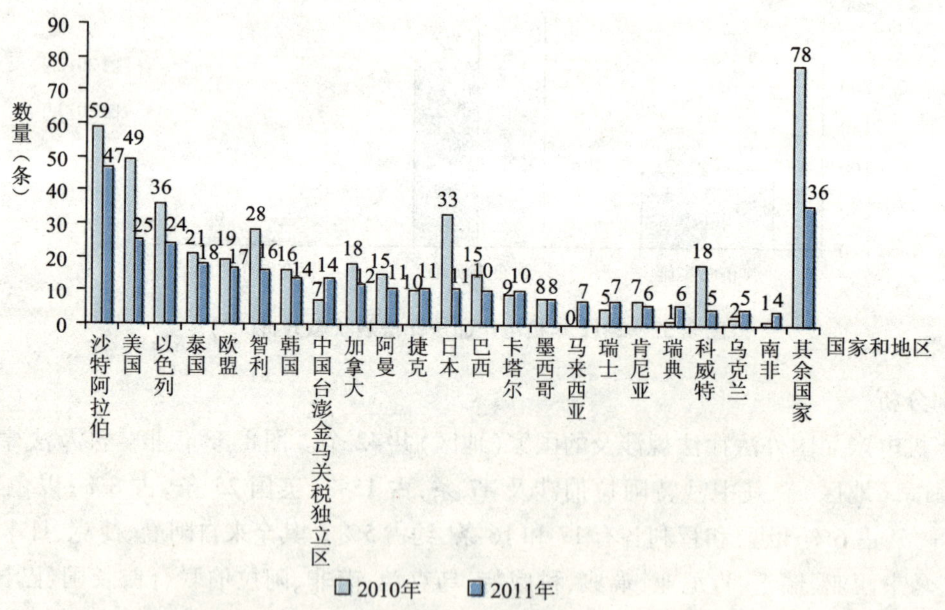

图 8.34 2011 年机电产品法律法规国别分析(二)

图 8.35 略去了涉及法律法规小于 4 条的国家,包括阿拉伯联合酋长国、巴拉圭、厄瓜多尔、哥伦比亚、坦桑尼亚、新西兰、澳大利亚、哥斯达黎加、吉尔吉斯斯坦、越南、阿尔巴尼亚、阿根廷、丹麦、德国、法国、菲律宾、格鲁吉亚、特立尼达和多巴哥、乌兹别克斯坦和新加坡。由图可见,阿曼、巴西、美国、欧盟、沙特阿拉伯等国家和地区多以颁布未实施的法律法规为主,加拿大、以色列和智利的法律法

规则多已实施。

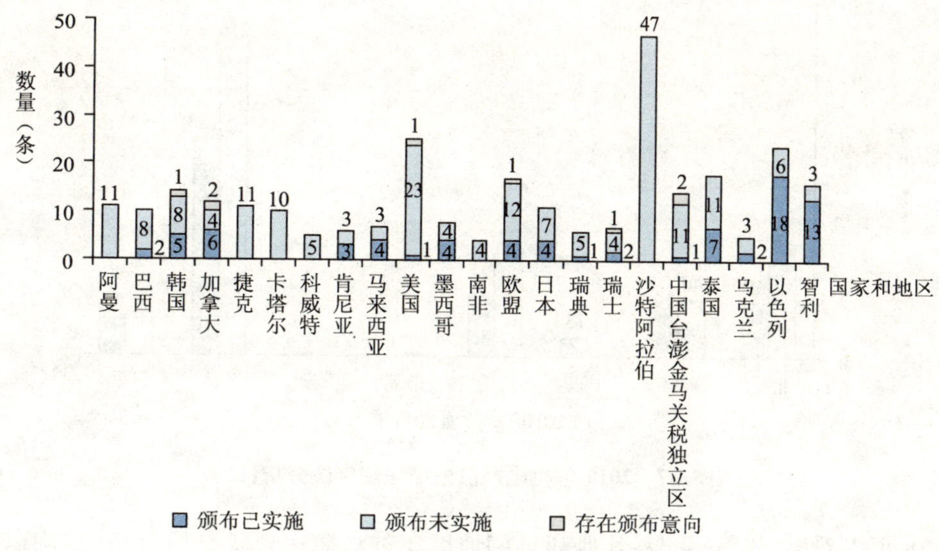

图 8.35　2011 年机电产品法律法规国别分析(三)

3. 区域分析

2011 年机电产品法律法规最多的地区是其他地区，为 152 条，占 47%。主要因沙特阿拉伯、以色列等国的集中发布而导致了其他地区法律法规数量偏多；拉美地区次之，45 条，占 14%；北美地区 39 条，占 12%；东盟 29 条，占 9%；日韩 25 条，占 8%；欧盟地区 20 条，占 6%；非洲地区 13 条，占 4%；南亚地区不涉及法律法规，如图 8.36 所示。

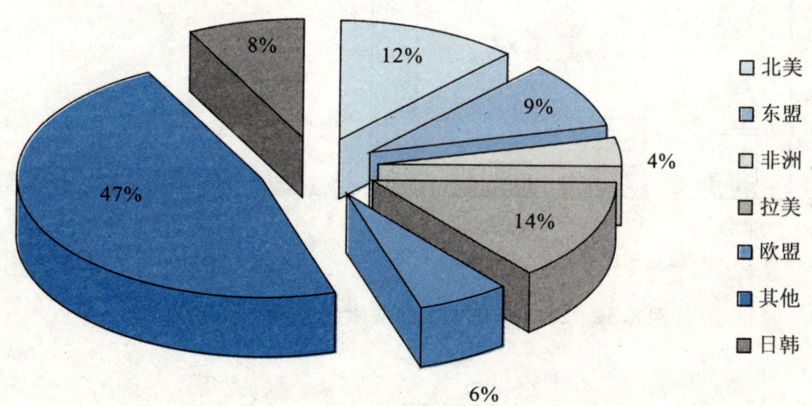

图 8.36　2011 年机电产品法律法规区域分析(一)

由图 8.37 可知，与 2010 年相比，北美、东盟、拉美、其他、日韩地区的数量均有下降，只有非洲地区比 2010 年略有提高。其他地区降幅最大，减少 63 条，拉美地区减少 27 条。

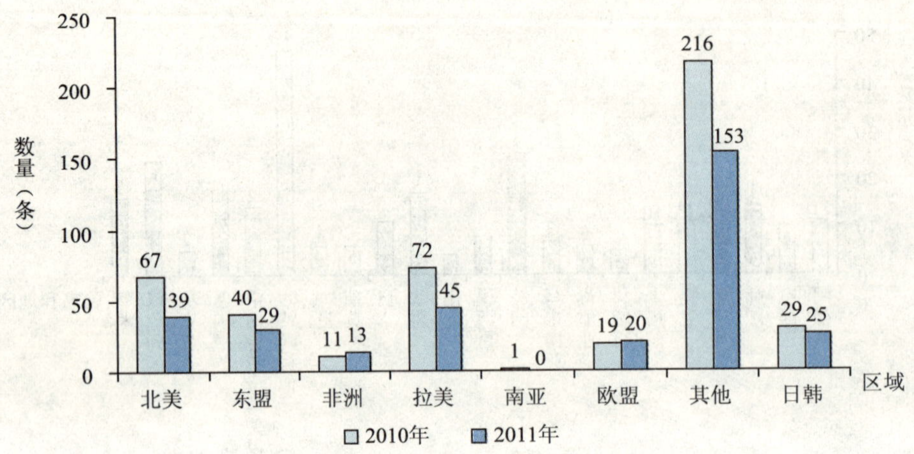

图 8.37　2010 年机电产品法律法规区域分析(二)

由图 8.38 可以看出,北美、欧盟、其他和日韩地区 3 种法律法规状态均有,并且均以颁布未实施为主;东盟和非洲涉及的法律法规有颁布未实施和颁布已实施两种状态。总体来说,2011 年的机电产品法律法规主要分布在北美、拉美、欧盟、其他、日韩、东盟和非洲地区,以颁布未实施的法律法规形式为主,与往年趋势大体一致。

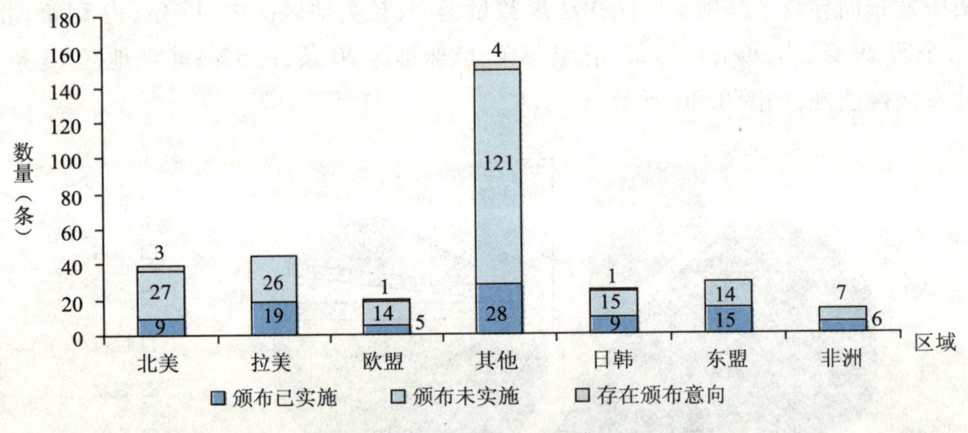

图 8.38　2011 年机电产品法律法规区域分析(三)

4. 产品分析

2011 年机电产品法律法规涉及的产品计 16 个大类。其中,最多的产品是机动车辆及其配件,97 条;其次是家用及类似用途电器,78 条;再次是灯具及其镇流器,28 条;医疗设备、计量与测试仪器、信息技术设备分别为 26 条、21 条和 22 条,如图 8.39 所示。总体看来,法律法规涉及的产品较为集中,前三大类产品共 203 条,占全部 324 条的 62.7%。各相关出口企业应当特别注意涉及机动车辆、家用及类似用途电器、灯具及其镇流器、信息技术设备、医疗设备和计量与测试仪器等相关的法律法规,避免不必要的经济损失。

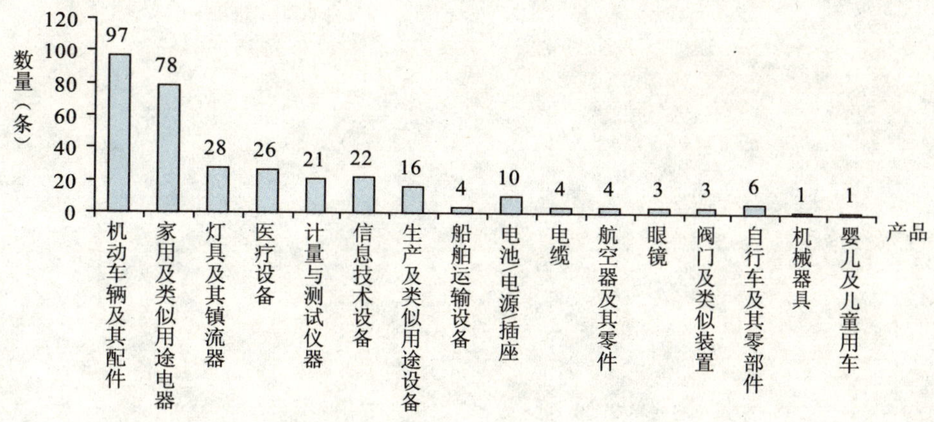

图 8.39　2011 年机电产品法律法规产品分析

5. 贸易壁垒形式分析

2011 年国外机电产品法律法规主要是各种技术标准、安全标准、合格评定程序、计量方法、节能要求和某些特殊要求，涉及的贸易壁垒形式主要是技术性贸易壁垒与绿色贸易壁垒。这与 2010 年相比，并无实质上的变化。

（陈诚、全雪晖、杨一丹）

第九章 其他产品出口贸易壁垒

本章分析国外对中国武器、弹药、杂项制品、艺术品、未分类商品等方面的贸易壁垒。

按照海关商品分类目录，这些产品包括分类中的三大类产品：

第一类：武器、弹药及其零件、附件；

第二类：杂项制品、家具、寝具、褥垫、弹簧床垫、软坐垫及类似的填充制品、未列名灯具及照明装置、发光标志、发光铭牌及类似品、活动房屋、玩具、游戏品、运动用品及其零件、附件；

第三类：艺术品、收藏品及古物、特殊交易品及未分类商品。

一、其他产品出口贸易救济措施

2011 年其他产品出口所遇贸易救济措施共 10 起，其中以反倾销事件为主，共 7 起；反补贴 2 起；保障措施 1 起。

（一）反倾销

2011 年其他产品出口所遇反倾销事件共 7 起，较 2010 年的 39 起减少 32 起，降幅为 82%。其中来自美国和欧盟的反倾销事件分别有 2 起。

1. 事件

3 月

欧盟取消对华数据卡的反倾销调查

2011 年 3 月 3 日，欧盟对原产于中国的数据卡作出反倾销和反补贴终裁：由于申诉方比利时无线网络设备生产商 Option 于 2010 年 10 月 26 日取消对原产于中国的数据卡的反倾销和反补贴调查申请，因此决定自公告发布之日起正式取消该反倾销和反补贴调查。涉案产品在欧盟合并关税编码 ex85176200、ex84718000 下。

阿根廷对中国产塑料皮下注射器征收反倾销税

2011 年 3 月 15 日，阿根廷《官方日报》公布阿工业部 2011 年第 89 号决议，决定结束对中国产塑料皮下注射器的（南共市税号：90183111 和 90183119）反倾销调查，并征收 17.67% 的反倾销税。对已达成价格承诺协议的温州五洲进出口公司，根据不同产品规格执行 0.0179 ~ 0.4629 美元/件不等的 FOB 最低限价。该决定于 2011 年 3 月 16 日起生效，有效期 5 年。

美国对华盒装铅笔作出反倾销日落复审产业损害终裁

2011 年 3 月 7 日，美国商务部作出反倾销日落复审终裁，裁定对涉案产品征收 0.00% ~ 53.65%

的反倾销税。2011 年 6 月 13 日,美国国际贸易委员会发布公告,对原产于中国的盒装铅笔作出反倾销日落复审产业损害终裁,6 位委员投票一致认定,若取消反倾销措施,在合理的、可预见的期间内,涉案产品对美国国内产业造成的实质性损害将继续或再度发生。根据该肯定性裁决,美国商务部对涉案产品现行的反倾销措施将继续有效。

6 月

欧盟取消对华聚酯短纤维的反倾销措施

2011 年 6 月 9 日,欧盟对原产于中国的聚酯短纤维作出反倾销日落复审终裁:由于申诉方于 2011 年 3 月 7 日取消反倾销日落复审申请,因此决定自公告发布之日起取消对原产于中国的聚酯短纤维的反倾销措施。涉案产品海关编码为 55032000。

7 月

土耳其对华拉链进行反规避调查

2011 年 7 月 15 日,土耳其经济部发布公告,决定对原产于中国的拉链产品进行反规避调查。

10 月

美国对华复合木地板作出反倾销终裁

2011 年 10 月 12 日,美国对原产于中国的复合木地板作出反倾销终裁(见表 1)。涉案产品海关编码为 4412. 31. 0520、4412. 31. 0540、4412. 31. 0560、4412. 31. 2510、4412. 31. 2520、4412. 31. 4040、4412. 31. 4050、4412. 31. 4060、4412. 31. 4070、4412. 31. 5125、4412. 31. 5135、4412. 31. 5155、4412. 31. 5165、4412. 31. 3175、4412. 31. 6000、4412. 31. 9100、4412. 32. 0520、4412. 32. 0540、4412. 32. 0560、4412. 32. 2510、4412. 32. 2520、4412. 32. 3125、4412. 32. 3135、4412. 32. 3155、4412. 32. 3165、4412. 32. 3175、4412. 32. 3185、4412. 32. 5600、4412. 39. 1000、4412. 39. 3000、4412. 39. 4011、4412. 39. 4012、4412. 39. 4019、4412. 39. 4031、4412. 39. 4032、4412. 39. 4039、4412. 39. 4051、4412. 39. 4052、4412. 39. 4059、4412. 39. 4061、4412. 39. 4062、4412. 39. 4069、4412. 39. 5010、4412. 39. 5030、4412. 39. 5050、4412. 94. 1030、4412. 94. 1050、4412. 94. 3105、4412. 94. 3111、4412. 94. 3121、4412. 94. 3131、4412. 94. 3141、4412. 94. 3160、4412. 94. 3171、4412. 94. 4100、4412. 94. 5100、4412. 94. 6000、4412. 94. 7000、4412. 94. 8000、4412. 94. 9000、4412. 94. 9500、4412. 99. 0600、4412. 99. 1020、4412. 99. 1030、4412. 99. 1040、4412. 99. 3110、4412. 99. 3120、4412. 99. 3130、4412. 99. 3140、4412. 99. 3150、4412. 99. 3160、4412. 99. 3170、4412. 99. 4100、4412. 99. 5100、4412. 99. 5710、4412. 99. 6000、4412. 99. 7000、4412. 99. 8000、4412. 99. 9000、4412. 99. 9500、4418. 71. 2000、4418. 71. 9000、4418. 72. 2000、4418. 72. 9500。

表 1　美国商务部对原产于中国的复合木地板作出的反倾销终裁结果

生产商/出口商	反倾销税率(%)
浙江裕华木业有限公司(Zhejiang Yuhua Timber Co. Ltd.)	0
浙江良友木业有限公司(Zhejiang Layo Wood Industry Co. Ltd.)	3. 98
山林集团(The Samling Group)	2. 63
单独税率(见附件)*	3. 31
普遍	58. 84

11 月

埃及对华铅笔和彩笔进行反倾销日落复审调查

近期,埃及工贸部发布公告对原产于中国的铅笔和彩笔发起反倾销日落复审立案调查。2011 年 11 月 24 日,埃及对原产于中国的铅笔和彩笔作出反倾销终裁,征税 5 年。

2. 分析

其他产品出口所遇反倾销事件分析包括月份分析、国别分析和产品分析。

(1)月份分析

从月份来看,2011 年其他产品出口反倾销事件共 7 起,相较于 2010 年明显减少,其中 3 月较多,共有 3 起,6 月、7 月、10 月和 11 月分别各有 1 起。2011 年各月其他产品出口的反倾销事件均明显少于 2010 年各月,如图 9.1 所示。

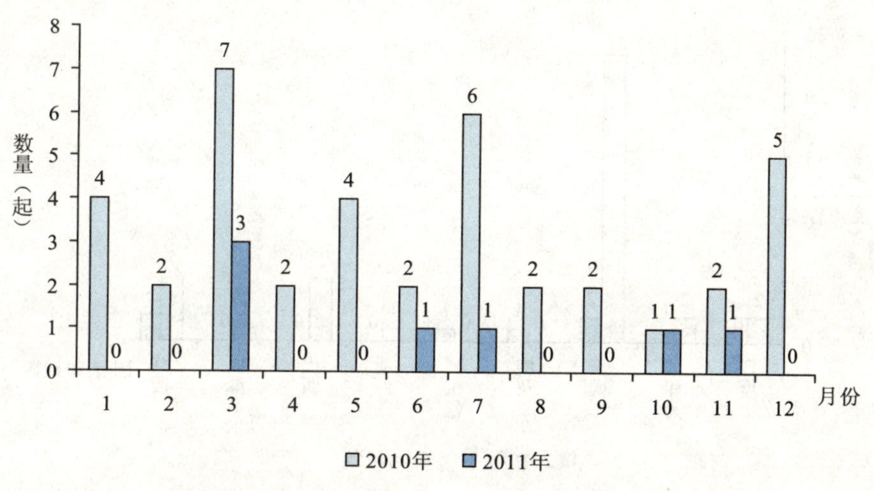

图 9.1　2011 年其他产品出口所遇反倾销事件月份分析

与 2010 年相同,2011 年其他产品出口反倾销事件在 3 月出现最多。与 2010 年明显不同的是,2011 年 1 月、2 月、4 月、5 月、8 月、9 月、12 月这 7 个月均未出现其他产品出口反倾销事件。总的来说,2011 年其他产品出口反倾销事件在月份的分布上并没有表现出明显的规律性,但在总体数量上明显少于 2010 年。

(2)国别分析

从国别来看,欧盟和美国是对中国发起反倾销调查最多的国家(地区)。2011 年其他产品遭遇反倾销事件涉及的国家(地区)共有 5 个,少于 2010 年的 7 个。美国、欧盟分别为 2 起,各占 29%;阿根廷、土耳其和埃及各为 1 起,各占 14%,如图 9.2 所示。

与 2010 年相比,美国、欧盟仍是对我国其他产品出口发起反倾销事件最多的国家(地区),但反倾销事件的数量都大幅下降,美国下降了 91%,欧盟下降了 60%。土耳其由 2010 年的 2 起减少到 2011 年的 1 起。埃及、阿根廷 2010 年没有发生反倾销事件,而在 2011 年分别出现了 1 起。印度、新西兰、巴西、厄瓜多尔在 2011 年都没有对我国其他产品出口发起反倾销事件。

总的来看,美国、欧盟为 2011 年对我国其他产品出口发起反倾销事件最主要的国家(地区),与 2010 年的情况相似,如图 9.3 所示。这需要我国相关政府部门和企业继续对此进行监控,并关注其在未来几年的变化情况。

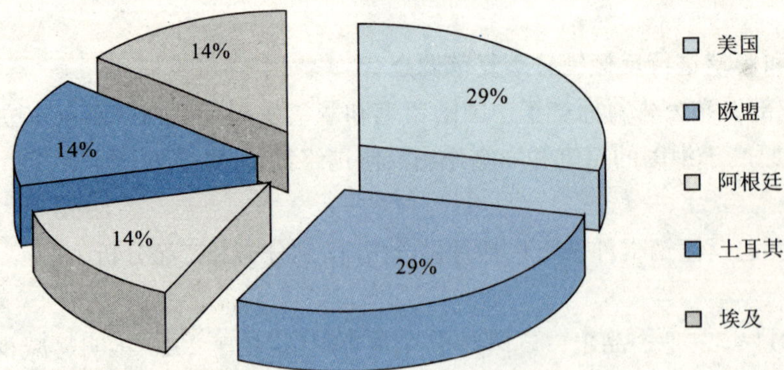

图 9.2　2011 年其他产品出口所遇反倾销事件国别分析(一)

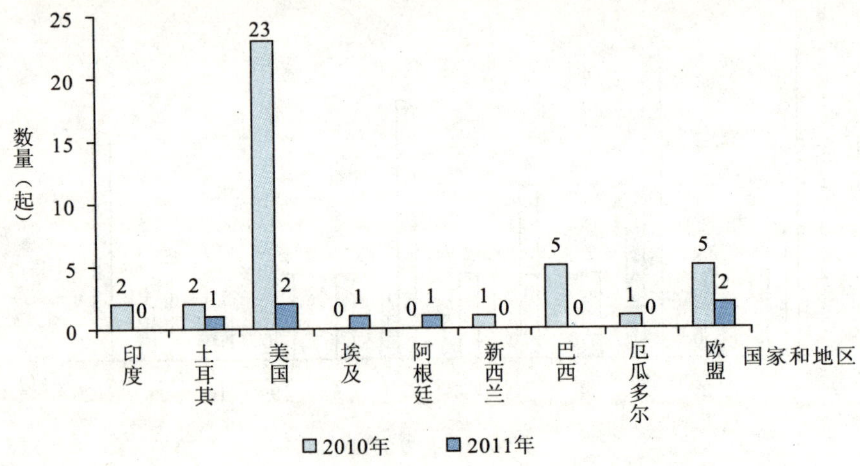

图 9.3　2011 年其他产品出口所遇反倾销事件国别分析(二)

(3)产品分析

从产品上看,2011 年其他产品出口所遇反倾销事件涉及的产品共有 6 种。其中,铅笔是在其他产品出口中涉及反倾销事件最多的产品,共 2 起,其他产品均为 1 起,如图 9.4 所示。

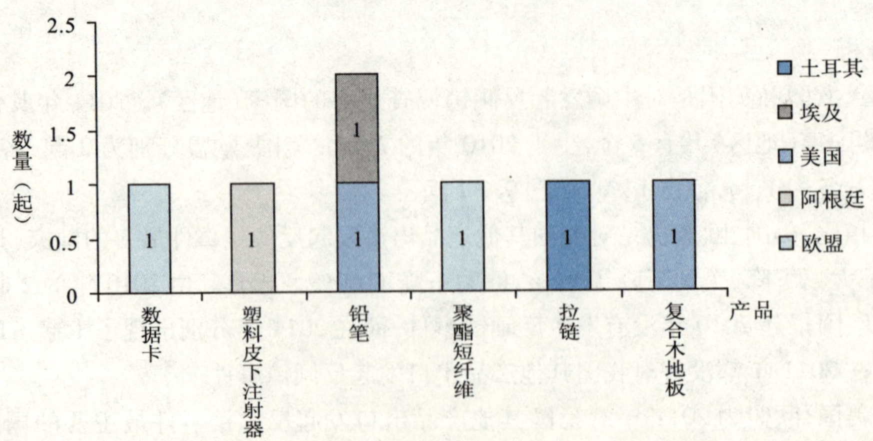

图 9.4　2011 年其他产品出口所遇反倾销事件产品

(二)反补贴

2011年,我国其他产品出口所遇反补贴事件共2起,分别来自欧盟和美国。

1. 事件

3月

欧盟取消对华数据卡的反补贴调查

2011年3月3日,欧盟对原产于中国的数据卡作出反倾销和反补贴终裁:由于申诉方比利时无线网络设备生产商Option于2010年10月26日取消对原产于中国的数据卡的反倾销和反补贴调查申请,因此决定自公告发布之日起正式取消该反倾销和反补贴调查。涉案产品在欧盟合并关税编码ex85176200、ex84718000下。

10月

美国对华复合木地板作出反补贴终裁

2011年10月12日,美国对原产于中国的复合木地板作出反补贴终裁(见表2)。涉案产品海关编码为4412.31.0520、4412.31.0540、4412.31.0560、4412.31.2510、4412.31.2520、4412.31.4040、4412.31.4050、4412.31.4060、4412.31.4070、4412.31.5125、4412.31.5135、4412.31.5155、4412.31.5165、4412.31.3175、4412.31.6000、4412.31.9100、4412.32.0520、4412.32.0540、4412.32.0560、4412.32.2510、4412.32.2520、4412.32.3125、4412.32.3135、4412.32.3155、4412.32.3165、4412.32.3175、4412.32.3185、4412.32.5600、4412.39.1000、4412.39.3000、4412.39.4011、4412.39.4012、4412.39.4019、4412.39.4031、4412.39.4032、4412.39.4039、4412.39.4051、4412.39.4052、4412.39.4059、4412.39.4061、4412.39.4062、4412.39.4069、4412.39.5010、4412.39.5030、4412.39.5050、4412.94.1030、4412.94.1050、4412.94.3105、4412.94.3111、4412.94.3121、4412.94.3131、4412.94.3141、4412.94.3160、4412.94.3171、4412.94.4100、4412.94.5100、4412.94.6000、4412.94.7000、4412.94.8000、4412.94.9000、4412.94.9500、4412.99.0600、4412.99.1020、4412.99.1030、4412.99.1040、4412.99.3110、4412.99.3120、4412.99.3130、4412.99.3140、4412.99.3150、4412.99.3160、4412.99.3170、4412.99.4100、4412.99.5100、4412.99.5710、4412.99.6000、4412.99.7000、4412.99.8000、4412.99.9000、4412.99.9500、4418.71.2000、4418.71.9000、4418.72.2000、4418.72.9500。

表2 美国商务部对原产于中国的复合木地板作出的反补贴终裁结果

生产商/出口商	补贴税率(%)
上海伟佳家具有限公司、伟刚木业(通化)有限公司、[Fine Furniture (Shanghai) Ltd.; Great Wood (Tonghua) Ltd.; Fine Furniture Plantation (Shishou) Ltd.]	1.5
浙江良友木业有限公司、嘉兴Brilliant进出口有限公司(Zhejiang Layo Wood Industry Co. Ltd.; Jiaxing Brilliant Import & Export Co. Ltd.)	0.33(微量)
浙江裕华木业有限公司(Zhejiang Yuhua Timber Co., Ltd.)	0.47(微量)
惩罚关税(见附件)**	26.73
普遍	1.5

2. 分析

2011年,欧盟针对中国其他产品出口发起1起反补贴事件,而2010年则没有发起反补贴事件。

2011年,美国针对中国其他产品出口发起1起反补贴事件,相较于2010年的5起反补贴事件,数量大幅下降。2011年其他产品出口遭遇反补贴事件涉及的产品是数据卡和复合木地板,国内相关企业要引起重视。值得注意的是,2011年10月12日美国对中国复合木地板的反补贴终裁是反倾销反补贴同时进行的"双反"事件,也是2011年中国其他产品出口所遭遇的唯一一起"双反"调查事件。

(三)保障措施

2011年中国其他产品出口所遇保障措施共1起,来自欧盟。

1月

欧盟取消对华数据卡保障措施调查

2011年1月26日,欧盟委员会发布公告称,由于申诉方于2010年10月29日提交了撤销保障措施调查的申请,因此决定终止对数据卡的保障措施调查。涉案产品在欧盟合并关税编码ex85176200、ex84718000下。

(四)其他产品出口贸易救济措施分析

其他产品出口所遇贸易救济措施分析包括月份分析、国别分析和产品分析。

1. 月份分析

2011年其他产品出口所遇贸易救济措施事件共10起,与2010年的45起相比在数量上大幅减少。从月份分布看,3月最多,共有4起;其次是10月,共有2起;1月、6月、7月和11月各有1起;而其他月份则没有发生贸易救济措施事件,见图9.5。

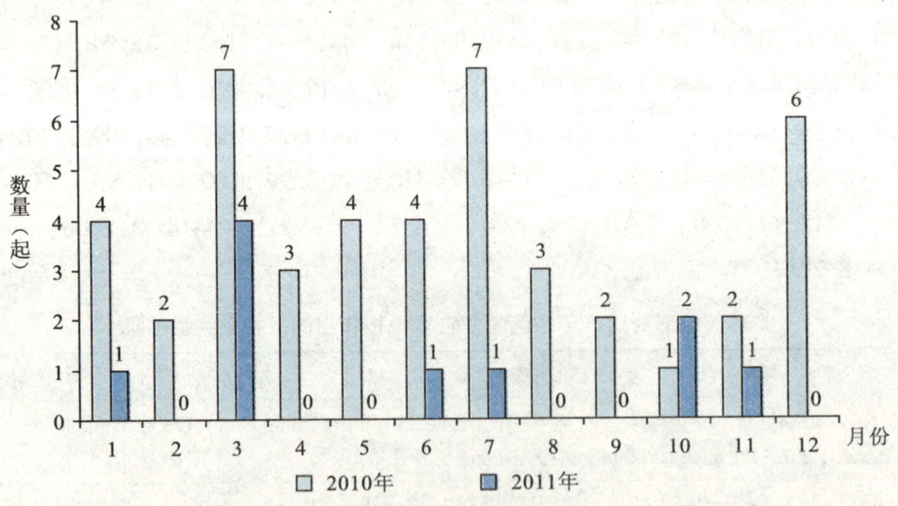

图9.5　2011年其他产品出口贸易救济措施月份分析

与2010年相比,2011年各月的贸易救济措施事件数量都明显减少;3月仍然是贸易救济措施事件发生最多的月份;7月是贸易救济措施事件数量减少幅度最大的月份。2011年没有发生贸易救济措施事件的月份共有6个月,而2010年每个月均有发生。

总体来看,2011年贸易救济措施事件主要集中分布于3月,其他各月的分布则无明显趋势。各月的贸易救济措施事件仍主要由反倾销事件构成。

2. 国别分析

2011 年其他产品贸易救济事件涉及的国家和地区共有 5 个，与 2010 年相比减少了 2 个，涉及国家和地区更为集中。欧盟和美国在 2011 年我国其他产品出口贸易救济事件中所占比例较大，分别为 40% 和 30%。其他三个国家阿根廷、土耳其、埃及则分别占 10%，见图 9.6。

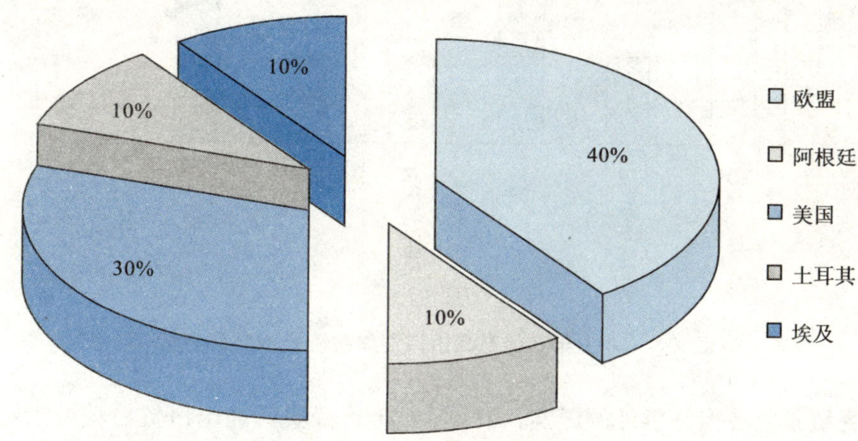

图 9.6 2011 年其他产品出口贸易救济措施国别分析(一)

与 2010 年相比，2011 年发生贸易救济事件的主要国家(地区)仍是欧盟和美国，但国家(地区)分布的集中度下降幅度较大。2010 年，巴西发生的贸易救济事件较多，共有 5 起，而 2011 年则没有发生此类事件。印度、新西兰、巴西、厄瓜多尔四国在 2010 年发生了贸易救济事件，而在 2011 年没有发生此类事件。阿根廷和埃及在 2010 年没有发生贸易救济事件，而在 2011 年则各有 1 起，见图 9.7。

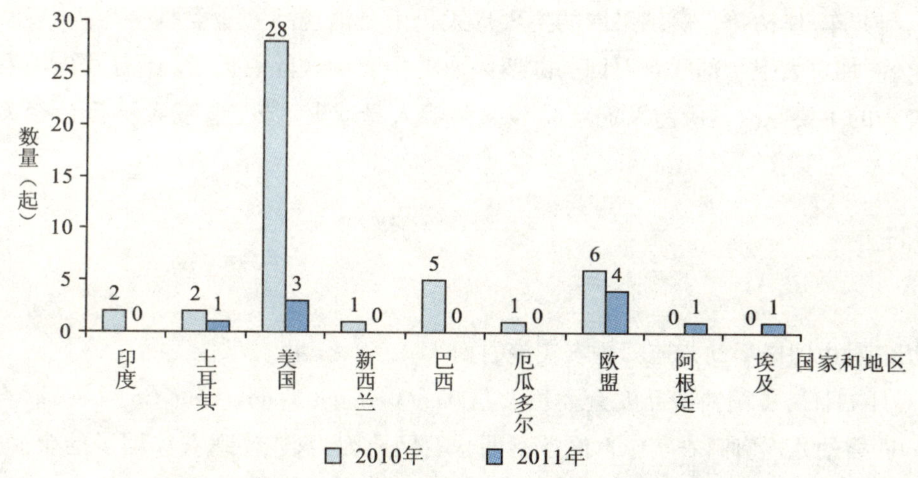

图 9.7 2011 年其他产品出口贸易救济措施国别分析(二)

从总体上来看，欧盟、美国是 2011 年我国其他产品出口涉及贸易救济措施较多、分布较集中的国家(地区)，有关政府主管部门和相关出口企业应对这一情况给予关注。

3. 产品分析

2011 年其他产品出口贸易救济措施事件涉及的产品共有 6 种，其中涉及反倾销事件的产品共有 6 种，受反补贴措施影响的产品共有 2 种，受保障措施影响的产品有 1 种，见图 9.8。

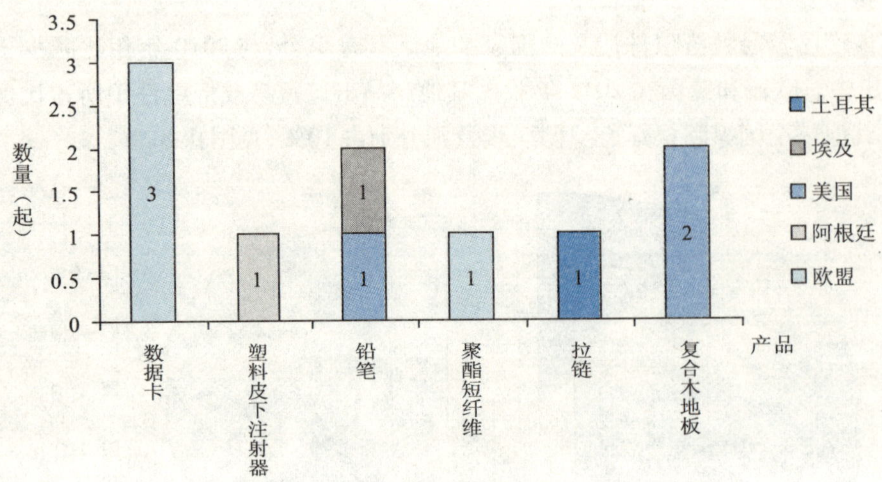

图 9.8　2011 年其他产品出口贸易救济措施产品分析

总的来说，受贸易救济措施事件的影响，2011 年其他产品类产品出口贸易救济措施事件涉及的主要产品为数据卡、铅笔和复合木地板。

二、其他产品出口技术性贸易壁垒与绿色贸易壁垒

2011 年其他产品出口所遇技术性贸易壁垒与绿色贸易壁垒事件共 113 起，比 2010 年的 131 起减少 18 起，降幅为 13.7%。此类事件涉及的国家和地区仍是美国、欧盟和加拿大。涉及的主要产品为玩具、婴儿床、婴儿车、座椅等。美国采取的主要形式仍由是消费品安全委员会与进口商、经销商联合召回，有时也会同加拿大卫生部联合召回。欧盟采取的主要形式除召回外，还有发出消费者警告。召回和消费者警告的主要原因是所涉及的产品容易影响人身或财产安全，或者不符合相关的技术规范和安全标准。

（一）事件

1 月

美国 CPSC 对中国产婴幼儿连脚睡衣实施召回

2011 年 1 月 11 日，美国消费品安全委员会与 The Vermont Teddy Bear Co. Inc. 联合宣布对中国产 Hoodie Footie 婴幼儿连脚睡衣实施自愿性召回。召回原因为，连接睡衣和帽子的金属搭扣易脱落，若被婴幼儿放入口中，有致其窒息的危险。

美国对中国产玩具手机实施召回

2011 年 1 月 12 日，美国消费品安全委员会、加拿大卫生部与 Discovery Toys LLC 联合宣布对中国产玩具手机实施自愿性召回。此次召回仅限于产品型号为 1231 的玩具手机。召回原因为该手机的透明塑料天线易破碎，碎片若被儿童误食，有致其窒息的危险。

加拿大对中国产玩具手机实施召回

2011 年 1 月 12 日，美国消费品安全委员会、加拿大卫生部与 Discovery Toys LLC 联合宣布对中国

产玩具手机实施自愿性召回。此次召回仅限于产品型号为1231的玩具手机。召回原因为该手机的透明塑料天线易破碎,碎片若被儿童误食,有致其窒息的危险。

欧盟对中国产"Jamina"牌玩具狗发出消费者警告

2011年1月21日,欧盟委员会非食品类快速预警系统对中国产"Jamina"牌玩具狗发出消费者警告。该玩具不符合欧盟的玩具指令以及欧盟的相关标准EN71。由于该玩具狗含有一些小部件,且极易与主体分离,儿童在玩耍过程中一旦吞食,存在致其窒息的危险。

欧盟对中国产"Marvel - Spider man"牌标记笔发出消费者警告

2011年1月21日,欧盟委员会非食品类快速预警系统对中国产"Marvel - Spider man"牌标记笔发出消费者警告。由于根据欧盟相关标准EN71 -9,玩具不应含有可接触到的液体,例如钢笔墨水,而根据欧盟的相关指令1999/45/EEC,该类玩具被归入危险级别,因此该标记笔存在化学危险。

欧盟对中国产"Winner"牌电子打火机发出消费者警告

2011年1月28日,欧盟委员会非食品类快速预警系统对中国产"Winner"牌电子打火机发出消费者警告。由于该打火机并未加装防止儿童开启装置(即CR装置),存在致儿童被灼伤或引发火灾的危险,而根据欧委会指令2006/502/EC,欧盟成员国仅应准许加装有CR装置的打火机投放市场。

欧盟对中国产"Target"牌电剃须刀发出消费者警告

2011年1月28日,欧盟委员会非食品类快速预警系统对中国产"Target"牌电剃须刀发出消费者警告。由于该剃须刀充电插座上的带电零部件极易被触及,存在致使用者被电击的危险。该产品不符合欧盟的低电压指令以及欧盟的相关标准EN60335。

2月

美国CPSC对中国产滑梯秋千组合实施召回

2011年2月8日,美国消费品安全委员会与Escalade Sports of Evansville, Inc. 联合宣布对中国产户外儿童滑梯秋千组合实施自愿性召回。召回原因为,该秋千座椅在使用过程中易产生裂缝或从中间断裂,有致儿童跌伤的危险。

美国CPSC对中国产儿童座椅实施召回

2011年2月16日,美国消费品安全委员会与Kristi G Company和SwimWays Corp. 联合宣布对中国产Kristi G Go & Grow儿童座椅实施自愿性召回。召回原因为,该座椅易倾翻,有致儿童跌伤的危险。

美国CPSC对中国产吊环实施召回

2011年2月17日,美国消费品安全委员会与Perfect Fitness公司联合宣布对中国产吊环实施自愿性召回。召回原因为,该吊环的塑料把柄易断裂,有致使用者跌伤的危险。

欧盟对中国产"Yika"牌气枪发出消费者警告

2011年2月11日,欧盟委员会非食品类快速预警系统对中国产"Yika"牌气枪发出消费者警告。该产品不符合欧盟的相关标准60825以及欧盟国内法律的相关规定。

3月

美国CPSC对中国产健身拉力管实施召回

2011年3月1日,美国消费品安全委员会与Dick's Sporting Goods Inc. 联合宣布对中国产健身拉力管实施自愿性召回。召回原因为,固定拉力管与手柄的塑料夹子易断裂,产生的碎片或弹回的手柄有致使用者受伤的危险。

美国 CPSC 对中国和美国产蜡烛实施召回

2011 年 3 月 1 日,美国消费品安全委员会与 Tommy Bahama Group Inc. 联合宣布对中国和美国产袖珍蜡烛旅行套装实施自愿性召回。召回原因为,该蜡烛火焰过宽,有灼伤使用者的危险。

美国对中国产婴儿摇铃实施召回

2011 年 3 月 3 日,美国消费品安全委员会、加拿大卫生部与 Rhino Toys, Inc. 联合宣布对中国产 Oball Links & Mini 婴儿摇铃实施自愿性召回。召回原因为,该婴儿摇铃软塑料链底端的 C 型塑胶环易破裂,若被儿童误食,有致其窒息的危险。

加拿大对中国产婴儿摇铃实施召回

2011 年 3 月 3 日,美国消费品安全委员会、加拿大卫生部与 Rhino Toys, Inc. 联合宣布对中国产 Oball Links & Mini 婴儿摇铃实施自愿性召回。召回原因为,该婴儿摇铃软塑料链底端的 C 型塑胶环易破裂,若被儿童误食,有致其窒息的危险。

美国 CPSC 对中国产婴儿围栏实施召回

2011 年 3 月 3 日,美国消费品安全委员会与 AOSOM LLC 联合宣布对中国产婴儿围栏实施自愿性召回。召回原因为,该婴儿围栏易断裂,若婴幼儿将掉落的五金小配件、碎木屑放入口中,有致其窒息的危险。此外,若围栏安装颠倒,产生的空隙极易将婴儿身体卡住。

美国对中国产益智玩具实施召回

2011 年 3 月 3 日,美国消费品安全委员会、加拿大卫生部与 Manhattan Group LLC 联合宣布对中国产 Parents Busy Time Activity Centers 实施自愿性召回。召回原因为,玩具上木琴的木钉易脱落,若被儿童放入口中,有致其窒息的危险。

加拿大对中国产益智玩具实施召回

2011 年 3 月 3 日,美国消费品安全委员会、加拿大卫生部与 Manhattan Group LLC 联合宣布对中国产 Parents Busy Time Activity Centers 实施自愿性召回。召回原因为,玩具上木琴的木钉易脱落,若被儿童放入口中,有致其窒息的危险。

美国对中国产咖啡杯/茶杯实施召回

2011 年 3 月 3 日,美国消费品安全委员会、加拿大卫生部与 IKEA Home Furnishings 联合宣布对中国产 FöRSTÄ 咖啡杯/茶杯实施自愿性召回。召回原因为,按压金属过滤网产生的压力可致咖啡杯/茶杯突然开裂,有致使用者灼伤或割伤的危险。

加拿大对中国产咖啡杯/茶杯实施召回

2011 年 3 月 3 日,美国消费品安全委员会、加拿大卫生部与 IKEA Home Furnishings 联合宣布对中国产 FöRSTÄ 咖啡杯/茶杯实施自愿性召回。召回原因为,按压金属过滤网产生的压力可致咖啡杯/茶杯突然开裂,有致使用者灼伤或割伤的危险。

欧盟对中国产“Sun Fun”牌杂耍玩具发出消费者警告

2011 年 3 月 4 日,欧盟委员会非食品类快速预警系统对中国产“Sun Fun”牌杂耍玩具发出消费者警告。由于该玩具中杂耍球中邻苯二甲酸二(2 - 乙基己基)酯(DEHP)的含量高达 19% ~21%,存在致儿童化学中毒的危险。

美国 CPSC 对中国产壁挂式壁炉实施召回

2011 年 3 月 10 日,美国消费品安全委员会与 Southern Enterprises Inc. 联合宣布对中国产 Colin Cowie 凝胶燃料壁炉实施自愿性召回。召回原因为,该壁炉产生的热气可致塑胶螺钉变形而使壁炉从墙上掉落,有砸伤使用者或引发火灾的危险。

美国 CPSC 对中国产弹簧高跷实施召回

2011 年 3 月 16 日,美国消费品安全委员会与 Bravo Sports 公司联合宣布对中国产儿童弹簧高跷实施自愿性召回。召回原因为,该弹簧高跷钢管底部易破碎或开裂,固定弹簧的钢销易脱落,有致使用者受伤的危险。

4 月

欧盟对中国产装饰葡萄发出消费者警告

2011 年 4 月 1 日,欧盟委员会非食品类快速预警系统对中国产装饰葡萄发出消费者警告。由于该装饰葡萄极其像真正的葡萄,一旦被儿童误食,有致其窒息的危险。

美国对中国产玩具货车实施召回

2011 年 4 月 4 日,美国消费品安全委员会、加拿大卫生部与 Infantino LLC 公司联合宣布对中国产玩具货车实施自愿性召回。召回原因为,由于塑料管易断裂,管上的塑料珠易脱落,若被儿童放入口中,有致其窒息的危险。

加拿大对中国产玩具货车实施召回

2011 年 4 月 4 日,美国消费品安全委员会、加拿大卫生部与 Infantino LLC 公司联合宣布对中国产产玩具货车实施自愿性召回。召回原因为,由于塑料管易断裂,管上的塑料珠易脱落,若被儿童放入口中,有致其窒息的危险。

美国 CPSC 对中国产婴儿床实施召回

2011 年 4 月 5 日,美国消费品安全委员会与 Arm's Reach Concepts Inc. 联合宣布对中国产婴儿床实施自愿性召回。召回原因为,若未铺床帏或床帏铺的不合适,婴儿有可能从凸起的床垫上跌落到松散的床帏中,或者婴幼儿身体被卡在床垫和床主体形成的空隙中,有致其窒息的危险。

欧盟对中国产"Baby Love"牌儿童摇铃发出消费者警告

2011 年 4 月 8 日,欧盟委员会非食品类快速预警系统对中国产"Baby Love"牌儿童摇铃发出消费者警告。由于该摇铃中吉他和星星形状的部分不符合欧盟有关部分玩具形状和大小的要求,一旦儿童吞食,存在致其窒息的危险。该产品不符合欧盟的玩具指令以及欧盟的相关标准 EN71。

美国对中国产婴儿腕部摇铃和婴儿鞋实施召回

2011 年 4 月 14 日,美国消费品安全委员会、加拿大卫生部与 Midwest - CBK Inc. 联合宣布对中国产婴儿腕部摇铃和婴儿鞋实施自愿性召回。召回原因为,该婴儿腕部摇铃和婴儿鞋上的毛绒球易脱落,若被婴儿误食,有致其窒息的危险。

加拿大对中国产婴儿腕部摇铃和婴儿鞋实施召回

2011 年 4 月 14 日,美国消费品安全委员会、加拿大卫生部与 Midwest - CBK Inc. 联合宣布对中国产婴儿腕部摇铃和婴儿鞋实施自愿性召回。召回原因为,该婴儿腕部摇铃和婴儿鞋上的毛绒球易脱落,若被婴儿误食,有致其窒息的危险。

欧盟对中国产"Brand Art"牌玩具球发出消费者警告

2011 年 4 月 15 日,欧盟委员会非食品类快速预警系统对中国产"Brand Art"牌玩具球发出消费者警告。由于该玩具球邻苯二甲酸(2 - 乙基己基)酯(DEHP)的含量达 0.187%,存在致儿童化学中毒的危险。

美国 CPSC 对中国产丝扣主锁和攀岩快挂实施召回

2011 年 4 月 21 日,美国消费品安全委员会与 CAMP USA Inc. 联合宣布对中国产丝扣主锁和丝扣攀岩快挂实施自愿性召回。召回原因为,在重力过大的情况下,该丝扣主锁会打开,有致攀岩者严重跌伤或死亡的危险。

欧盟对中国产玩具镖盘发出消费者警告

2011 年 4 月 22 日,欧盟委员会非食品类快速预警系统对中国产玩具镖盘发出消费者警告。由于该玩具镖盘中飞镖上的磁体部分极易与主体分离,有致使用者受伤的危险,且其磁通指数大于 50 kG2mm2。该玩具不符合欧盟的玩具指令以及欧盟的相关标准 EN71。

欧盟对中国产玩具笔发出消费者警告

2011 年 4 月 29 日,欧盟委员会非食品类快速预警系统对中国产玩具笔发出消费者警告。由于该玩具笔中嗜氧性微生物的含量高于 3 × 105 CFU/g,存在致儿童细菌感染的危险。

5 月

美国 CPSC 对中国产玩具保龄球套装实施召回

2011 年 5 月 5 日,美国消费品安全委员会与 G. A. Gertmenian and Sons, LLC 联合宣布对中国产玩具保龄球套装实施自愿性召回。召回原因为,部分玩具保龄球上的红色涂料使用量超过了美国联邦涂料标准规定的最大量。

美国 CPSC 对中国产玩具飞机实施召回

2011 年 5 月 11 日,美国消费品安全委员会与 UJ Trading 公司联合宣布对中国产玩具直升机实施自愿性召回。召回原因为,该玩具飞机电池盒易过热,有引发火灾的危险。

美国 CPSC 对中国和美国产游泳池/温泉过滤罩实施召回

2011 年 5 月 26 日,美国消费品安全委员会与 8 家公司联合宣布对中国和美国产游泳池/温泉过滤罩实施自愿性召回。召回原因为,该游泳池滤水罩不能正确控制进水速度,有致游泳者被困水中的危险。

欧盟对中国产婴儿摇铃发出消费者警告

2011 年 5 月 27 日,欧盟委员会非食品类快速预警系统对中国产婴儿摇铃发出消费者警告。由于该摇铃上装有小部件,一旦儿童吞食,存在致其窒息的危险。

美国对中国产航模实施召回

2011 年 5 月 31 日,美国消费品安全委员会、加拿大卫生部与 Horizon Hobby Inc. 联合宣布对中国产"Blade"牌航模实施自愿性召回。召回原因为,操作过程中,该航模的旋翼毂的动叶片和主旋翼夹片易脱落,产生的碎片有致操作者或旁观者被割伤的危险。

加拿大对中国产航模实施召回

2011 年 5 月 31 日,美国消费品安全委员会、加拿大卫生部与 Horizon Hobby Inc. 联合宣布对中国产"Blade"牌航模实施自愿性召回。召回原因为,操作过程中,该航模的旋翼毂的动叶片和主旋翼夹片易脱落，产生的碎片有致操作者或旁观者被割伤的危险。

6 月

欧盟对中国产月亮椅发出消费者警告

2011 年 6 月 3 日，欧盟委员会非食品类快速预警系统对中国产月亮椅发出消费者警告。由于该月亮椅的座位和主体支架的连接点比较薄弱，存在致使用者被摔伤或手指被夹伤的危险。

欧盟对中国产音乐玩具发出消费者警告

2011 年 6 月 10 日，欧盟委员会非食品类快速预警系统对中国产音乐玩具发出消费者警告。由于该玩具极易破裂，而致小部件暴露于外部，一旦儿童吞食，有致其窒息的危险。

欧盟对中国产烘鞋器发出消费者警告

2011 年 6 月 10 日，欧盟委员会非食品类快速预警系统对中国产烘鞋器发出消费者警告。该烘鞋器存在致使用者触电的危险。该产品不符合欧盟的低电压指令以及欧盟的相关标准 EN6033 和 EN50075。

美国 CPSC 对中国产玩具飞机实施召回

2011 年 6 月 10 日，美国消费品安全委员会与 Excite USA 公司联合宣布对中国产玩具军事直升机实施自愿性召回。召回原因为，该玩具直升机的塑料旋翼桨叶易断裂，有割伤使用者的危险。

美国 CPSC 对中国产腹肌拉力带实施召回

2011 年 6 月 14 日，美国消费品安全委员会与 Harbinger Fitness 公司联合宣布对中国产腹肌拉力带实施自愿性召回。召回原因为，该腹肌拉力带的塑料搭扣易破裂，有致使用者跌伤的危险。

美国 CPSC 对中国产儿童加高座椅实施召回

2011 年 6 月 15 日，美国消费品安全委员会与明尼苏达州 Minneapolis 的 Target 公司联合宣布对中国产"Circo"牌儿童加高座椅实施自愿性召回。召回原因为，该款加高座椅的安全扣会意外松开，有使儿童从椅子上跌落从而受伤的危险。

欧盟对中国产玩具枪发出消费者警告

2011 年 6 月 17 日，欧盟委员会非食品类快速预警系统对中国产玩具枪发出消费者警告。由于该玩具手枪射弹上的粉色吸盘极易与主体分离，一旦儿童吞食，存在致其窒息的危险。

欧盟对中国产塑料水杯发出消费者警告

2011 年 6 月 17 日，欧盟委员会非食品类快速预警系统对中国产塑料水杯发出消费者警告。由于该水杯饮水口内的塑料塞极易与主体分离，以致过量水可能自瓶口留出，存在致使用者窒息的危险。

美国 CPSC 对中国产网球拍实施召回

2011 年 6 月 23 日，美国消费品安全委员会与 GAMMA Sports 公司联合宣布对中国产 Quick Kids 少年网球拍实施自愿性召回。召回原因为，该款网球拍手柄处橙色胶带中含有高浓度铅，如果吸入将对儿童健康产生影响。

欧盟对中国产拖拉玩具马发出消费者警告

2011 年 6 月 24 日，欧盟委员会非食品类快速预警系统对中国产拖拉玩具马发出消费者警告。由于该玩具上的小部件极易与主体分离，一旦儿童吞食，存在致其窒息的危险。

欧盟对中国产"Zim"牌塑料玩具发出消费者警告

2011 年 6 月 24 日，欧盟委员会非食品类快速预警系统对中国产"Zim"牌塑料玩具发出消费者警告。由于该玩具摇铃手柄处的凸起太多，且不符合欧盟关于该类玩具形状和大小的规定，存在致儿童窒息的危险。

美国 CPSC 对中国产罗马帘安装工具包实施召回

2011 年 6 月 30 日，美国消费品安全委员会与 Wm. Wright Co. 联合宣布对中国产罗马帘安装工具包实施自愿性召回。召回原因为，若儿童将其颈部放入暴露在外的内置拉绳与帘身中间，或者将拉绳缠绕颈部，均会导致儿童窒息危险。

7 月

美国 CPSC 对中国产拼接套装玩具实施召回

2011 年 7 月 7 日，美国消费品安全委员会与 Edushape Ltd. 联合宣布对中国产迷你星星拼接套装玩具实施自愿性召回。召回原因为，该玩具中星星上的圆形组成部分会脱落，有导致幼儿窒息的危险。

欧盟对中国产"Nickelodeon"牌拼图垫发出消费者警告

2011 年 7 月 11 日，欧盟委员会非食品类快速预警系统对中国产"Nickelodeon"牌拼图垫发出消费者警告。由于该拼图垫上的小部件极易与主体分离，一旦吞食，存在致儿童窒息的危险。

欧盟对中国产"Brikais"新奇打火机发出消费者警告

2011 年 7 月 11 日，欧盟委员会非食品类快速预警系统对中国产"Brikais"新奇打火机发出消费者警告。由于该新奇打火机的外形极易吸引儿童玩耍，一旦使用不当，存在引发火灾并被灼伤的危险。

加拿大卫生部对中国产婴儿床实施召回

2011 年 7 月 12 日，加拿大卫生部与 B? – Bébé of St – Laurent 公司联合宣布对中国产婴儿床实施自愿性召回。召回原因为，该婴儿床提供的说明书对消费者安装此床产生误导，对婴儿造成潜在的安全危险。

欧盟对中国产"Safari Sub"牌塑料沙滩玩具发出消费者警告

2011 年 7 月 15 日，欧盟委员会非食品类快速预警系统对中国产"Safari Sub"牌塑料沙滩玩具发出消费者警告。由于该塑料玩具中含有小部件，一旦儿童吞食，存在致其窒息的危险。

欧盟对中国产"Qunxing"玩具车发出消费者警告

2011 年 7 月 15 日，欧盟委员会非食品类快速预警系统对中国产"Qunxing"玩具车发出消费者警告。因为该玩具车轮胎中邻苯二甲酸二丁酯（DBP）以及邻苯二甲酸二（2 – 乙基己）酯（DEHP）的含量高达 4.2%，而邻苯二甲酸二异壬酯（DINP）和邻苯二甲酸二癸酯（DIDP）的含量也高达 2.6%，存在致儿童化学中毒或过敏的危险。该产品不符合欧盟 REACH 指令的相关规定。

加拿大卫生部对中国产婴儿床实施召回

2011 年 7 月 19 日，加拿大卫生部与 Dongying Shenghui Woodenware Co. Ltd. 和 Groupe Dutailier of St – Pie 联合宣布对中国产侧边可翻婴儿床实施自愿性召回。召回原因为，该款婴儿床重复使用多次后，侧边栏的板条可从床体轨道上脱离。

美国 CPSC 对中国产地面清洁器附件实施召回

2011 年 7 月 21 日，美国消费品安全委员会和加拿大卫生部与 Homelite Consumer Products Inc. 联合宣布对中国产 Homelite 地面清洁器附件实施自愿性召回。召回原因为，该款地面清洁器附件的喷嘴和喷气阀易破碎、脱落，从而打破机体塑料外壳。破碎的喷嘴、喷气阀和塑料碎片有割伤消费者的危险。

加拿大卫生部对中国产地面清洁器附件实施召回

2011 年 7 月 21 日，美国消费品安全委员会和加拿大卫生部与 Homelite Consumer Products Inc. 联合宣布对中国产 Homelite 地面清洁器附件实施自愿性召回。召回原因为，该款地面清洁器附件的喷嘴和喷气阀易破碎、脱落，从而打破机体塑料外壳。破碎的喷嘴、喷气阀和塑料碎片有割伤消费者的危险。

欧盟对中国产玩具汽车发出消费者警告

2011 年 7 月 22 日，欧盟委员会非食品类快速预警系统对中国产玩具汽车发出消费者警告。该玩具车胎中邻苯二甲酸二己酯(DEHP)含量达 32.7%，而根据欧盟 REACH 指令的规定，所有的玩具以及儿童护理产品中均不得含有邻苯二甲酸二己酯(DEHP)、邻苯二甲酸二丁酯(DBP)以及邻苯二甲酸苯基丁酯(BBP)

欧盟对中国产儿童摇铃发出消费者警告

2011 年 7 月 22 日，欧盟委员会非食品类快速预警系统对中国产儿童摇铃发出消费者警告。由于该摇铃玩具中的吉他摇铃中小部件含量较多，且不符合欧盟关于部分玩具的大小和形状的规定，一旦儿童吞食，存在致其窒息的危险。

美国 CPSC 对中国产婴儿车实施召回

2011 年 7 月 28 日，美国消费品安全委员会和加拿大卫生部与 phil&teds USA Inc. 联合宣布对中国产 Explorer、Hammerhead 婴儿车实施自愿性召回。召回原因为，婴儿车的制动系统可能失灵，造成人员伤害。

加拿大卫生部对中国产婴儿车实施召回

2011 年 7 月 28 日，美国消费品安全委员会和加拿大卫生部与 phil&teds USA Inc. 联合宣布对中国产 Explorer、Hammerhead 婴儿车实施自愿性召回。召回原因为，婴儿车的制动系统可能失灵，造成人员伤害。

加拿大卫生部对中国产婴儿床实施召回

2011 年 7 月 28 日，加拿大卫生部与 CTTX Imports Inc.、Michael Rossy Ltd. 联合宣布对中国产 Olmitos Marine 婴儿围栏床实施自愿性召回。召回原因为，该款产品不符合婴儿床的标准要求，有致婴儿卡伤、勒伤或窒息的危险。

欧盟对中国产玩具泡泡枪发出消费者警告

2011 年 7 月 29 日，欧盟委员会非食品类快速预警系统对中国产玩具泡泡枪发出消费者警告。由于该玩具泡泡枪的泡泡液中嗜氧菌含量达 300000CFU/g，远超欧盟限值，且儿童的嘴、眼、手极易触及该泡泡液，存在致使用者微生物污染的危险。

欧盟对中国产"Phil&Teds"牌旅行椅发出消费者警告

2011 年 7 月 29 日，欧盟委员会非食品类快速预警系统对中国产"Phil&Teds"牌旅行椅发出消费者警告。由于固定旅行椅的螺丝钉可能松动，因此该旅行椅有掉落的可能，坐在旅行椅中的儿童有被摔伤的危险。

美国 CPSC 对中国产弹簧单高跷实施召回

2011 年 7 月 29 日，美国消费品安全委员会与 Bravo Sports(为迪斯尼注册品牌)联合宣布对中国产弹簧单高跷实施自愿性召回。召回原因为，高跷底部的橡胶头容易老化，致使用者跌伤，且手把两端的胶套可能脱落，露出尖角，可致使用者划伤。

8 月

美国 CPSC 对中国产玩具钥匙实施召回

2011 年 8 月 2 日，美国消费品安全委员会和加拿大卫生部与 Maison Joseph Battat Ltd. 联合宣布对中国产 Battat B. 玩具钥匙/Parents Magazine 电子钥匙实施自愿性召回。召回原因为，金属玩具钥匙与塑料钥匙环可能断开，对幼儿造成窒息危险。

加拿大卫生部对中国产玩具钥匙实施召回

2011 年 8 月 2 日，美国消费品安全委员会和加拿大卫生部与 Maison Joseph Battat Ltd. 联合宣布对中国产 Battat B. 玩具钥匙/Parents Magazine 电子钥匙实施自愿性召回。召回原因为，金属玩具钥匙与塑料钥匙环可能断开，对幼儿造成窒息危险。

欧盟对中国产“BHC”牌摇铃发出消费者警告

2011 年 8 月 12 日，欧盟委员会非食品类快速预警系统对中国产“BHC”牌摇铃发出消费者警告。由于该摇铃的声级高达 87.9 分贝，存在致儿童听力受损的危险；同时，由于该摇铃极易裂开，其散落的小部件正好塞住试验用的小部件汽缸，一旦儿童吞食，存在致其窒息的危险。

美国 CPSC 对中国产儿童夹式座椅实施召回

2011 年 8 月 17 日，美国消费品安全委员会与 Phil&Teds USA Inc. 联合宣布对中国产 metoo 儿童夹式座椅实施自愿性召回。召回原因为，该款夹式座椅的老虎钳护套若遗失或磨损，可能导致座椅从不同材质的桌面上脱落，从而造成儿童摔伤的危险。同时，当座椅从桌子上脱落时，儿童的手指可能会夹在金属横梁和加紧装置中间，造成截肢的危险。另外，该款夹式座椅的使用说明书不够详尽，需要增加因消费者使用不当而发生的可能性说明。

美国 CPSC 对中国产座椅实施召回

2011 年 8 月 18 日，美国消费品安全委员会和加拿大卫生部与 Office Depot Inc. 和 Huichang Furniture Co. Ltd. 联合宣布对中国产 Realspace PRO 3000 系列座椅实施自愿性召回。召回原因为，该款座椅调节倾斜度的装置易夹到消费者手指。

加拿大卫生部对中国产座椅实施召回

2011 年 8 月 18 日，美国消费品安全委员会和加拿大卫生部与 Office Depot Inc. 和 Huichang Furniture Co. Ltd. 联合宣布对中国产 Realspace PRO 3000 系列座椅实施自愿性召回。召回原因为，该款座椅调节倾斜度的装置易夹到消费者手指。

加拿大卫生部对中国产空气清新剂实施召回

2011 年 8 月 19 日，加拿大卫生部与 Liquidation World Inc. 联合宣布对中国产空气清新剂实施自愿性召回。召回原因为，该款空气清新剂没有加拿大法律规定的强制性标签，且缺乏相关化学品的警示符号，易使消费者无意接触这些化学物质，并导致疾病或其他伤害。

欧盟对中国产益智地垫玩具发出消费者警告

2011 年 8 月 26 日，欧盟委员会非食品类快速预警系统对中国产益智地垫玩具发出消费者警告。虽然该玩具包装上注明不适合 36 个月以下儿童玩耍且含有小部件，但仍不可避免其含有小部件一旦被儿童吞食所引发的窒息危险。该产品不符合欧盟的玩具安全指令以及欧盟的相关标准 EN71。

美国 CPSC 对中国产秋千实施召回

2011 年 8 月 30 日，美国消费品安全委员会与 Pacific Cycle Inc. 联合宣布对中国产 Playsafe Dartmouth 秋千实施自愿性召回。召回原因为，该款产品中的吊索式秋千座椅会出现断裂，造成使用者摔伤。

9 月

欧盟对中国产折叠式婴儿车发出消费者警告

2011 年 9 月 2 日，欧盟委员会非食品类快速预警系统对中国产折叠式婴儿车发出消费者警告。由于该婴儿车的座椅未经过防火处理，一旦有烟头或火星触及，可能致其引燃，存在致婴幼儿被灼伤的危险。

美国 CPSC 对中国产洋娃娃实施召回

2011 年 9 月 8 日，美国消费品安全委员会和加拿大卫生部与 Pottery Barn Kids（Williams - Sonoma Inc. 的一个部门）联合宣布对中国产 Chloe、Sophie 和 Audrey 洋娃娃实施自愿性召回。召回原因为，洋娃娃的部分头发是由一根线绳折叠构成，将此线绳拉开可形成一个圆环，正好可以容纳一个儿童的头部和颈部；洋娃娃的头发上配有发带。当发带变松时，可以形成一个圆环，正好可以容纳一个儿童的头部和颈部。上述两种情况均可会对孩子造成窒息的危险。

加拿大卫生部对中国产洋娃娃实施召回

2011 年 9 月 8 日，美国消费品安全委员会和加拿大卫生部与 Pottery Barn Kids（Williams - Sonoma Inc. 的一个部门）联合宣布对中国产 Chloe、Sophie 和 Audrey 洋娃娃实施自愿性召回。召回原因为，洋娃娃的部分头发是由一根线绳折叠构成，将此线绳拉开可形成一个圆环，正好可以容纳一个儿童的头部和颈部；洋娃娃的头发上配有发带。当发带变松时，可以形成一个圆环，正好可以容纳一个儿童的头部和颈部。上述两种情况均可会对孩子造成窒息的危险。

美国 CPSC 对中国产拉力绳实施召回

2011 年 9 月 8 日，美国消费品安全委员会与 Target Corporation 联合宣布对中国产"Embark"牌拉力绳及套装实施自愿性召回。召回原因为，该款拉力绳的门上固定装置上有一个黑色的塑料球。该球可能脱落并给消费者造成意外伤害。

欧盟对中国产"Argos"牌珠帘发出消费者警告

2011 年 9 月 9 日，欧盟委员会非食品类快速预警系统对中国产"Argos"牌珠帘发出消费者警告。由于该珠帘连接线可能缠绕在一起而存在致人窒息的危险。此外，由于该珠帘上的心形串珠边缘锋利，存在致人被割伤的危险。

欧盟对中国产摇铃玩具发出消费者警告

2011 年 9 月 9 日，欧盟委员会非食品类快速预警系统对中国产摇铃玩具发出消费者警告。由于该摇铃玩具极易破裂从而致使其中的小部件散落，一旦儿童吞食，存在致其窒息的危险；同时，由于该摇铃玩具边缘粗糙，存在致儿童被划伤或割伤的危险。

欧盟对中国产充气玩具动物发出消费者警告

2011 年 9 月 16 日，欧盟委员会非食品类快速预警系统对中国产充气玩具动物发出消费者警告。由于该玩具中邻苯二甲酸二（2 - 乙基己基）酯含量高达 1%，且邻苯二甲酸二（2 - 乙基己基）酯、邻苯二甲酸二丁酯以及邻苯二甲酸丁卞酯的合计含量高达 1.044%，存在致儿童化学过敏的危险。

欧盟对中国产玩具娃娃发出消费者警告

2011年9月23日，欧盟委员会非食品类快速预警系统对中国产玩具娃娃发出消费者警告。由于该玩具娃娃脸部邻苯二甲酸二乙基己基酯的含量达34%，且玩具娃娃所穿鞋中含有邻苯二甲酸二丁酯，存在致人化学过敏的危险。

美国CPSC对中国产玩具工具套装实施召回

2011年9月28日，美国消费品安全委员会与Little Tikes联合宣布对中国产"Little Tikes"牌玩具车间工具套装中的玩具钉实施自愿性召回。召回原因为，该款玩具车间工具套装中的塑料钉体积过大，有对幼儿造成窒息的危险。

美国CPSC对中国产玩具车实施召回

2011年9月28日，美国消费品安全委员会与LM Import & Export, Inc. 和Mega Wholesales Corporation联合宣布对中国产玩具车实施自愿性召回。召回原因为，该款玩具车表面油漆涂料中的铅超标。截至目前，美国消费品安全委员会尚未收到任何事故报告。

10月

欧盟对中国产建筑玩具发出消费者警告

2011年10月7日，欧盟委员会非食品类快速预警系统对中国产建筑玩具发出消费者警告。由于该产品含有小部件，且正好塞住试验用的小部件汽缸，一旦儿童吞食，存在致其窒息的危险。

欧盟对中国产游泳圈发出消费者警告

2011年10月7日，欧盟委员会非食品类快速预警系统对中国产游泳圈发出消费者警告。由于该产品中邻苯二甲酸二乙基己基酯的含量达23%，存在致人化学过敏的危险。同时，该游泳圈的充气口极易与主体分离，一旦儿童吞食，存在致其窒息的危险。

欧盟对中国产"Vidal"牌玩具娃娃发出消费者警告

2011年10月14日，欧盟委员会非食品类快速预警系统对中国产"Vidal"牌玩具娃娃发出消费者警告。由于该玩具娃娃中邻苯二甲酸二乙基己基酯和邻苯二甲酸二异壬酯的含量分别达14%和3.2%，存在致使用者化学过敏的危险。

美国CPSC对中国产玩具实施召回

2011年10月20日，美国消费品安全委员会与Guidecraft Inc. 联合宣布对中国产Twist and Sort玩具实施自愿性召回。召回原因为，该款玩具四个支柱中有三个支柱上的小木栓容易脱落，有造成幼儿窒息的危险。

美国CPSC对中国产面具实施召回

2011年10月21日，美国消费品安全委员会与Target Corp. 联合宣布对中国产儿童青蛙面具实施自愿性召回。召回原因为，该款面具由厚绒布制成，当戴在儿童脸上时，其不通风性容易造成窒息的危险。

欧盟对中国产"Lexibook"牌室外玩具球发出消费者警告

2011年10月21日，欧盟委员会非食品类快速预警系统对中国产"Lexibook"牌室外玩具球发出消费者警告。由于该玩具在特殊情况下可能着火，火苗可能迅速蔓延且可能产生残骸，存在致儿童受伤的危险。

11 月

欧盟对中国产“Poundstretcher”牌椅子发出消费者警告

2011 年 11 月 4 日，欧盟委员会非食品类快速预警系统对中国产“Poundstretcher”牌椅子发出消费者警告。由于该椅子表面覆盖物以及内部填充物极易燃烧，存在引发火灾的危险。

欧盟对中国产塑料娃娃玩具发出消费者警告

2011 年 11 月 11 日，欧盟委员会非食品类快速预警系统对中国产玩具娃娃发出消费者警告。由于该产品中邻苯二甲酸二乙基己基酯(DEHP)的含量达 10%，不符合欧盟 REACH 法规的相关规定，存在致使用者化学过敏的危险。

美国 CPSC 对中国产玩具中的游泳圈实施召回

2011 年 11 月 16 日，美国消费品安全委员会和加拿大卫生部与 Build - A - Bear Workshop 联合宣布对中国产玩具中的游泳圈实施自愿性召回。召回原因为，该款玩具中的游泳圈会卡住小孩子的头部，导致窒息的危险。

加拿大卫生部对中国产玩具中的游泳圈实施召回

2011 年 11 月 16 日，美国消费品安全委员会和加拿大卫生部与 Build - A - Bear Workshop 联合宣布对中国产玩具中的游泳圈实施自愿性召回。召回原因为，该款玩具中的游泳圈会卡住小孩子的头部，导致窒息的危险。

欧盟对中国产“YAN FA”牌玩具电话发出消费者警告

2011 年 11 月 18 日，欧盟委员会非食品类快速预警系统对中国产“YAN FA”牌玩具电话发出消费者警告。由于该玩具电话的电话线长约 350mm，超出了欧盟关于适于不足 18 个月儿童玩耍的玩具电话线不得长于 220mm 以及适于小于 3 岁儿童玩耍的玩具电话线不得长于 300mm 的相关规定，存在致儿童窒息的危险。

欧盟对中国产“Nano”牌婴儿学步车发出消费者警告

2011 年 11 月 25 日，欧盟委员会非食品类快速预警系统对中国产“Nano”牌婴儿学步车发出消费者警告。由于该款婴儿学步车可在不经意间折叠，导致座椅被撕破，存在致人受伤的危险。

欧盟对中国产“Bam！Toyz”牌飞盘发出消费者警告

2011 年 11 月 25 日，欧盟委员会非食品类快速预警系统对中国产“Bam！Toyz”牌“Stickin´Ninja Star”飞盘发出消费者警告。由于该款飞盘的吸盘容易脱落，存在致人窒息的危险。

12 月

欧盟对中国产“MEIYU”牌玩具手机发出消费者警告

2011 年 12 月 2 日，欧盟委员会非食品类快速预警系统对中国产“MEIYU”牌玩具手机发出消费者警告。由于该款玩具手机音频过高(91.1 分贝)，存在使儿童听力受损的危险。

欧盟对中国产“TRUMPT”牌塑料小号发出消费者警告

2011 年 12 月 2 日，欧盟委员会非食品类快速预警系统对中国产“TRUMPT”牌塑料小号发出消费者警告。由于该款塑料小号的喉舌部分较小，且易脱落，存在使儿童吞咽并造成窒息的危险。

欧盟对中国产“QUATRO”牌婴儿学步车发出消费者警告

2011 年 12 月 2 日，欧盟委员会非食品类快速预警系统对中国产“QUATRO”牌婴儿学步车发出消费者警告。由于该款婴儿学步车座位太低，且不够稳定，易使婴儿从座椅上跌落受伤。

欧盟对中国产"Crivit Sports"牌蹦床发出消费者警告

2011年12月9日,欧盟委员会非食品类快速预警系统对中国产"Crivit Sports"牌带安全网的蹦床发出消费者警告。如果该款蹦床处理不当(如冬天将蹦床放置在户外),易使蹦床的安全网破裂,存在致人摔伤的危险。

美国CPSC对中国产婴儿摇铃实施召回

2011年12月13日,美国消费品安全委员会与Toys Distribution Inc. 和Winning Key (WK) Manufacturing、Topwin Toys (HK)联合宣布对中国产婴儿摇铃实施自愿性召回。召回原因为,该款婴儿摇铃可分解成小块,有造成幼儿窒息的危险,违反美国摇铃安全要求。同时,该款摇铃的手柄过小,可以直接进入婴儿的嘴中,如果伸向喉咙会造成窒息或割伤的危险。

欧盟对中国产"Baby Play Center"牌摇铃发出消费者警告

2011年12月16日,欧盟委员会非食品类快速预警系统对中国产"Baby Play Center"牌摇铃发出消费者警告。由于该款摇铃手环的形状和尺寸不符合要求,如进入婴儿嘴中易被卡住,造成窒息的危险。

欧盟对中国产"BB FUN"牌玩偶发出消费者警告

2011年12月16日,欧盟委员会非食品类快速预警系统对中国产"BB FUN"牌玩偶发出消费者警告。由于该款玩偶头部的邻苯二甲酸二(2-乙基)酯超过0.2%,存在化学危险。

欧盟对中国产玩具武器套装发出消费者警告

2011年12月23日,欧盟委员会非食品类快速预警系统对中国产玩具武器套装发出消费者警告。由于该款玩具的子弹过短,且吸盘容易脱离,若被儿童吞噬易造成窒息的危险。

美国对中国产泰迪熊实施召回

2011年12月23日,美国消费品安全委员会、加拿大卫生部与Build-A-Bear Workshop Inc. 联合宣布对中国产泰迪熊实施自愿性召回。召回原因为,该泰迪熊的眼睛易脱落,若被儿童误放入口中,有致其窒息的危险。

加拿大对中国产泰迪熊实施召回

2011年12月23日,美国消费品安全委员会、加拿大卫生部与Build-A-Bear Workshop Inc. 联合宣布对中国产泰迪熊实施自愿性召回。召回原因为,该泰迪熊的眼睛易脱落,若被儿童误放入口中,有致其窒息的危险。

欧盟对中国产"Deluxe Swim Easy"牌手臂浮圈发出消费者警告

2011年12月23日,欧盟委员会非食品类快速预警系统对中国产"Deluxe Swim Easy"牌手臂浮圈发出消费者警告。由于该款手臂浮圈未用保加利亚文标注应有的警示与使用说明,因此存在使消费者溺水的危险。

欧盟对中国产"Nille"牌画笔发出消费者警告

2011年12月31日,欧盟委员会非食品类快速预警系统对中国产"Nille"牌画笔发出消费者警告。该款画笔中含有过量的苯。其中,红色画笔中含有31 mg/kg;灰色画笔中含有29 mg/kg,将给消费者造成化学危险。

(二)分析

2011年其他产品出口所遇技术性贸易壁垒与绿色贸易壁垒事件分析包括月份分析、国别分析和产品分析。

1. 月份分析

2011 年,其他产品出口贸易技术性贸易壁垒与绿色贸易壁垒事件共有 113 起,比 2010 年的 131 起减少 18 起,降幅为 13.7%。相较于 2010 年,2011 年此类事件在各个月份的分布更为均匀。此类事件发生最多的月份为 7 月,共有 17 起;3 月、6 月、12 月次之,各有 12 起;4 月再次之,有 11 起。此外,9 月有 10 起,而其他各月均少于 10 起,其中 2 月最少,为 4 起,如图 9.9 所示。

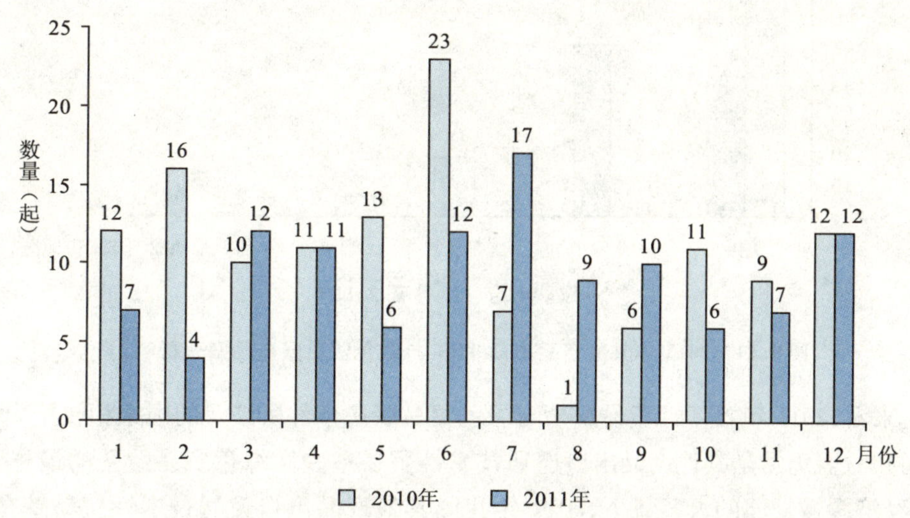

图 9.9　2011 年其他产品出口 TBT 与绿色贸易壁垒月份分析

总的来说,与 2010 年相比,2011 年其他产品出口 TBT 与绿色贸易壁垒事件除 3 月、7 月、8 月和 9 月 4 个月份有所增加以外,其他月份均有所减少或与上年持平。2011 年此类事件出现减少的趋势可能与西方发达国家,尤其是美国、欧盟的经济逐渐回暖有关。

2. 国别分析

2011 年其他类产品出口贸易技术性贸易壁垒与绿色贸易壁垒事件涉及的国家和地区主要有美国、欧盟和加拿大。与 2010 年不同,欧盟超过加拿大和美国,成为 2011 年技术性贸易壁垒和绿色贸易壁垒事件涉及数量最多的地区。涉及欧盟的此类事件共有 52 起,占 46%;美国共有 43 起,占 38%;加拿大共有 18 起,占 16%,如图 9.10 所示。

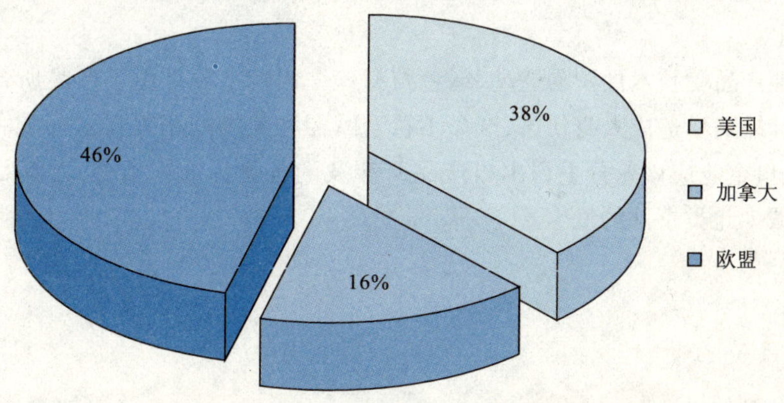

图 9.10　2011 年其他产品出口 TBT 与绿色贸易壁垒国别分析(一)

与2010年相比,2011年涉及美国的此类事件大幅减少,降幅为53%。而与之相反的是,2011年涉及欧盟的此类事件却大幅增加,数量增长了近4倍。涉及加拿大的此类事件变化不大,数量略有减少,如图9.11所示。

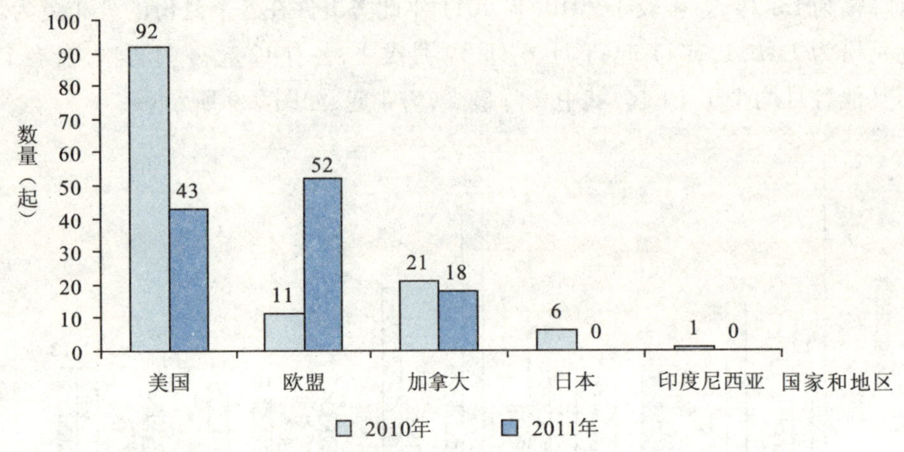

图9.11 2011年其他产品出口TBT与绿色贸易壁垒国别分析(二)

从总体上来看,2011年技术性贸易壁垒与绿色贸易壁垒事件所涉及的国家相较于2010年分布更为均匀。美国和欧盟仍然是其他产品出口遭遇技术性贸易壁垒和绿色贸易壁垒的最主要的国家(地区)。在全球经济缓慢复苏的大背景下,2011年我国其他产品出口遭遇技术性贸易壁垒和绿色贸易壁垒事件相较于2010年略有减少,但我国企业所面临的国际市场环境依然不容乐观。发达国家为了保护国内市场、支持本国企业,制定了较为严格的安全标准、提出了较高的环保要求,因此我国出口企业应该对此给予高度关注。

3. 产品分析

从产品方面来看,2011年其他产品出口技术性贸易壁垒和绿色贸易壁垒事件主要涉及玩具、婴儿摇铃、婴儿床、婴儿车和座椅。其中,涉及玩具的事件约占全部事件总数的43%。

2011年其他产品出口贸易技术性贸易壁垒和绿色贸易壁垒事件涉及的产品共32种。其中涉及玩具的此类事件共49起,分别为美国15起,欧盟27起,加拿大7起。除玩具外,涉及婴儿摇铃、座椅、婴儿床、婴儿车的事件也较多,分别为10起、8起、5起、5起。除这5种产品之外,其他产品所遭遇的技术性贸易壁垒和绿色贸易壁垒事件都不超过3起。可以看出,此类事件所涉及产品种类的集中度很高如图9.12所示。

总的来看,其他产品受技术性贸易壁垒、绿色贸易壁垒影响主要是由于产品所含化学成分不符合相关标准、产品设计缺陷易造成人身伤害、产品不符合欧盟和美国的相关安全标准和指令。我国相关政府监管部门和出口企业应该充分重视出口产品所涉及的各类标准和指令,尤其是欧盟和美国的相关标准,从而尽量减少此类事件的发生。

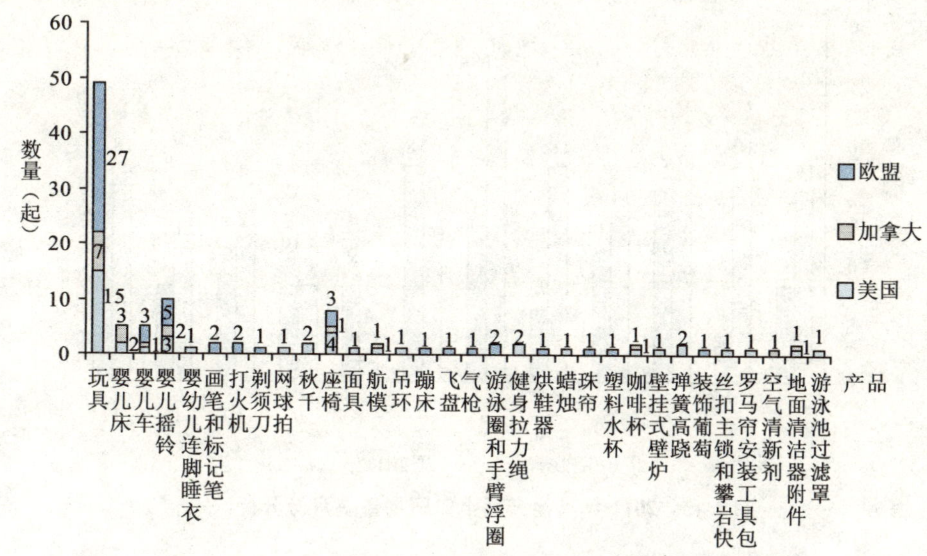

图 9.12　2011 年其他产品出口 TBT 与绿色贸易壁垒产品分析

三、其他贸易壁垒

（一）事件

10 月

智利禁止用带皮木制作的家具、器皿、工具、玩具、工艺品和其他物品进口。

2011 年 10 月 12 日，智利禁止用带皮木制作的家具、器皿、工具、玩具、工艺品和其他物品进口。拟批准日期：官方公报公布时。拟生效日期：通报传达日后 80 天。

（二）分析

2011 年其他产品出口所遇其他贸易壁垒事件有 1 起，属于进口禁令，来自智利。2011 年没有发生知识产权贸易壁垒案件。相较于 2010 年的 2 起，2011 年其他贸易壁垒事件减少了 1 起。

四、其他产品出口贸易壁垒综合分析

其他产品出口所遇贸易壁垒综合分析包括月份分析、国别分析、区域分析、产品分析和形式分析。

（一）月份分析

2011 年其他产品出口贸易壁垒事件共 124 起，与 2010 年的 178 起相比，减少了 54 起，减幅为 30.5%。每个月份都有贸易壁垒事件发生，并且主要集中在 3 月、4 月、6 月、7 月和 12 月 5 个月份，2 月最少，为 4 起，但整体上没有体现出明显的规律性，如图 9.13 所示。

从各月分布来看，2011 年贸易壁垒事件比 2010 年分布得更为均匀。与 2010 年相比，1 月、2 月、5

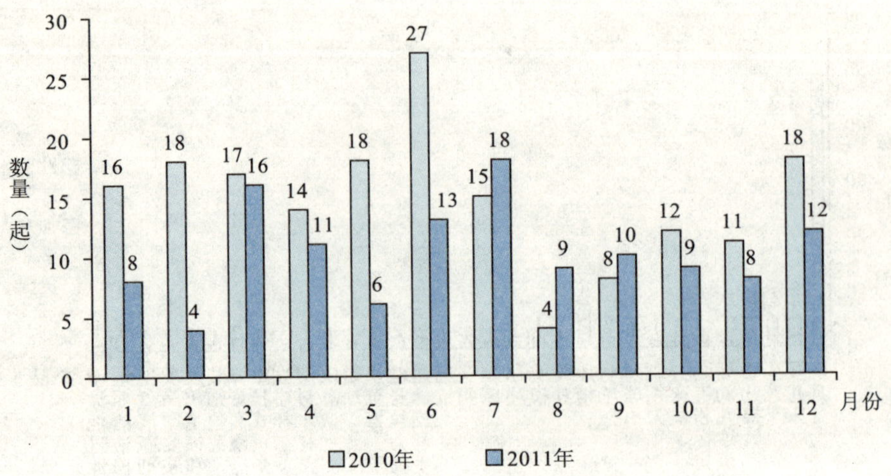

图 9.13 2011 年其他产品出口贸易壁垒月份分析(一)

月、6 月有比较明显的减少,降幅大于或接近50%。相较于2010 年,贸易壁垒事件增长的月份有7 月、8 月、9 月,但增幅都不大。其中,7 月是 2011 年贸易壁垒事件发生最多的月份,这与 7 月技术性贸易壁垒和绿色贸易壁垒事件发生最多有关,如图 9.14 所示。

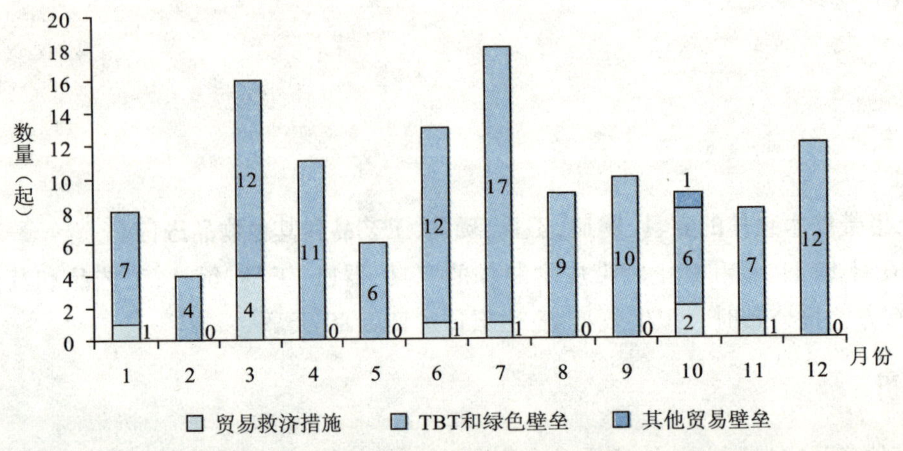

图 9.14 2011 年其它产品出口贸易壁垒月份分析(二)

总体来看,2011 年其他产品出口贸易壁垒事件总体数量有较为明显减少的趋势,在每个月份都有分布,但在各月的分布上没有表现出明显的规律性特征。

(二)国别分析

2011 年其他产品出口贸易壁垒事件涉及的国家(地区)共 7 个,与 2010 年的 10 个相比,少了 3 个。2011 年贸易壁垒事件涉及的国家(地区)为美国、欧盟、加拿大、阿根廷、土耳其、埃及、智利。其中涉及欧盟的事件最多,为 56 起,占 56.45%;美国其次,为 46 起,占 46.37%;加拿大再次,为 18 起,占 18.14%。阿根廷、土耳其、埃及和智利分别均有 1 起,如图 9.15 所示。

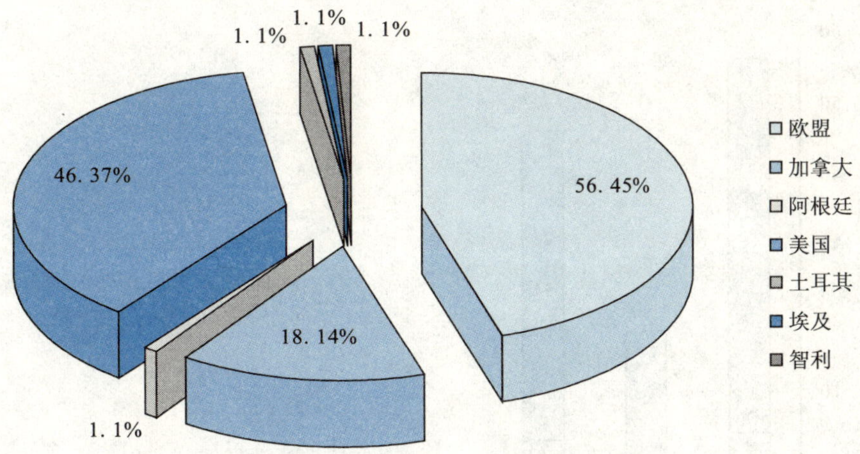

图 9.15 2011 年其他产品出口贸易壁垒国别分析(一)

与 2010 年相同,欧盟、美国、加拿大仍然是其他产品出口贸易壁垒事件涉及最多的国家和地区。但与 2010 年相比,美国减少 76 起;欧盟增加 39 起;加拿大减少 3 起。其他国家和地区数量相对较少,变化也不大,见图 9.16。

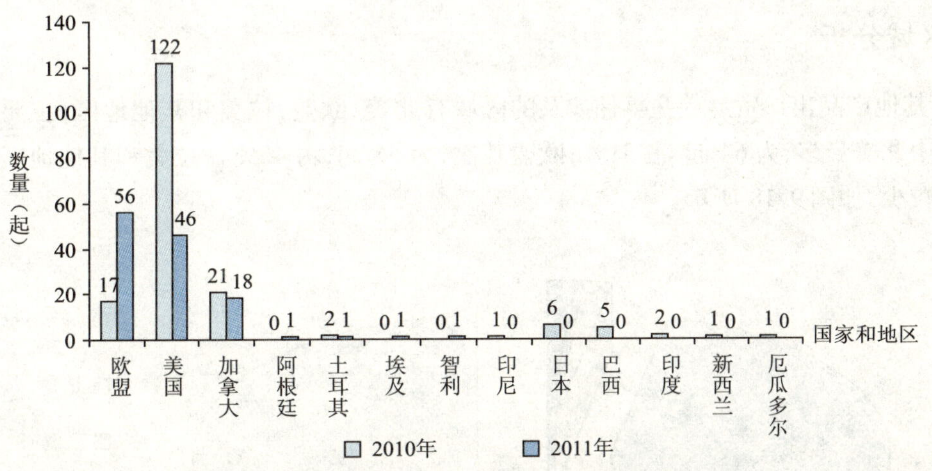

图 9.16 2011 年其他产品出口贸易壁垒国别分析(二)

2011 年,欧盟涉及事件数量增长幅度较大的原因是其涉及的技术性贸易壁垒和绿色贸易壁垒事件数量大幅增加,如图 9.17 所示。其主要原因是欧盟在 2011 年新制定并实行了较为严格的技术与安全标准。同时可以看出,2011 年欧盟、美国和加拿大三个涉及事件最多的国家和地区仍以技术性贸易壁垒和绿色贸易壁垒事件为主。

总的来看,2011 年其他产品出口贸易壁垒事件涉及的国家(地区)的分布比 2010 年更为集中。其中,欧盟是发起贸易壁垒事件最多的国家(地区)。

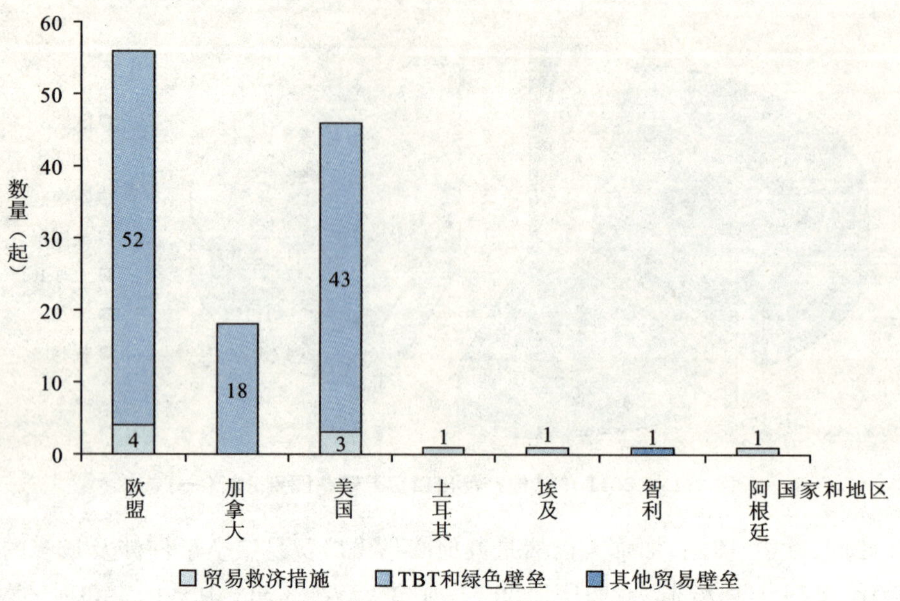

图 9.17　2011 年其他产品出口贸易壁垒国别分析(三)

(三)区域分析

2011 年其他产品出口贸易壁垒事件涉及的区域有北美、欧盟、拉美和其他地区,主要集中在北美和欧盟。其中北美最多,为 64 起,占 51%;欧盟其次,为 56 起,占 45%。拉美和其他地区涉及的此类事件则相对较少,如图 9. 18 所示。

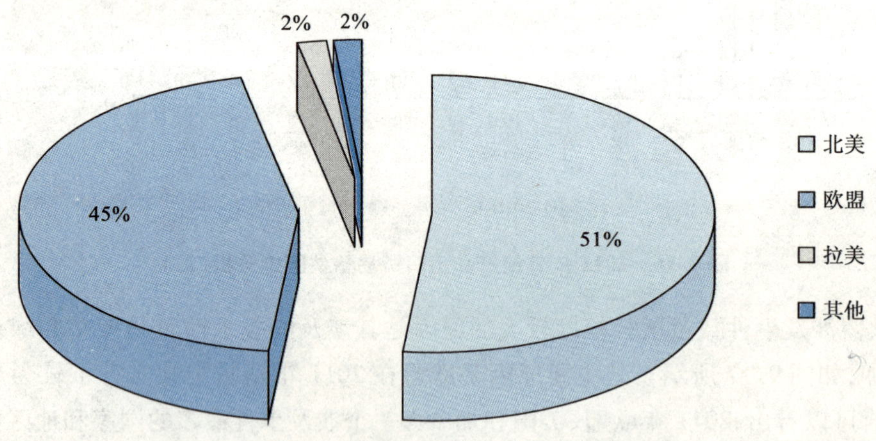

图 9.18　2011 年其他产品出口贸易壁垒区域分析(一)

与 2010 年相比,北美地区减少幅度较大,共减少 83 起,降幅为 56%。欧盟涉及的贸易壁垒事件数量显著增加,共增长 42 起,增幅为 300%。拉美和其他地区涉及的事件数量仍然较少。值得注意的是,2011 年其他产品出口贸易壁垒事件在亚洲没有分布,如图 9. 19 所示。

由图 9. 20 可知,2011 年出口贸易壁垒事件分布最集中的北美、欧盟 2 个地区,仍以技术性贸易壁垒与绿色贸易壁垒事件为主。这一情形与往年相同。在全球经济缓慢复苏的大背景下,这一情况更

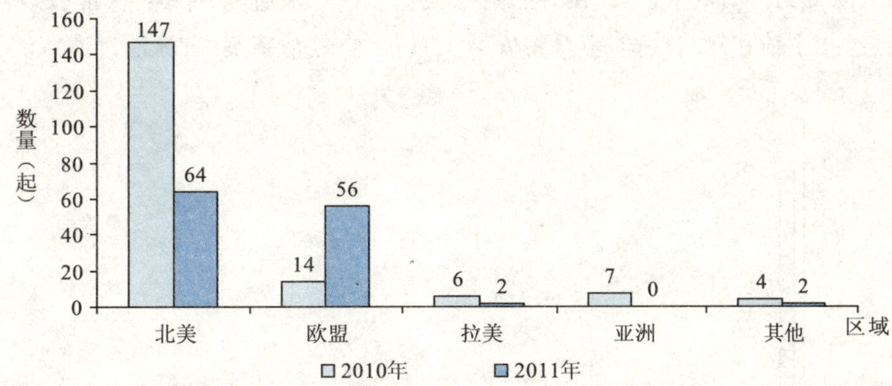

图 9.19　2011 年其他产品出口贸易壁垒区域分析(二)

需要引起我国相关政府部门和出口企业的高度重视,并针对这一情况采取相应的措施和应对策略,尽量减少此类贸易壁垒事件的发生,减少贸易损失。

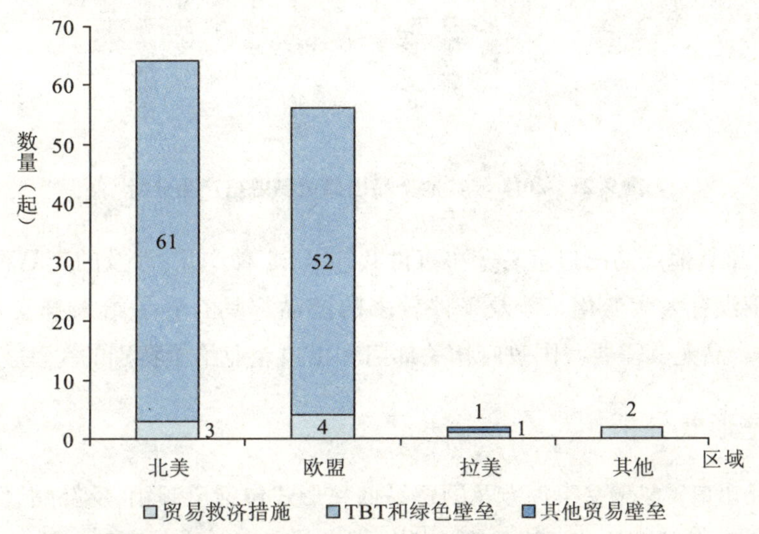

图 9.20　2011 年其他产品出口贸易壁垒区域分析(三)

总的来看,2011 年其他产品出口贸易壁垒事件的区域分布更为集中,所涉及的区域有北美、欧盟、拉美以及其他地区,主要集中在北美和欧盟,在亚洲没有分布。其中,北美自由贸易区和欧盟仍然是我国其他产品出口所遇贸易壁垒事件最多、最集中的两个区域,如图 9.20 所示。

(四)产品分析

2011 年其他产品出口贸易壁垒事件涉及的产品共有 38 种。为了图示分析的可观性,图 9.21 中只标示出了涉及事件数量等于或多于 2 起的产品,少于 2 起的产品没有在图 9.21 中标出。在事件涉及的所有产品中,涉及最多的产品为玩具,共 49 起,其中美国 15 起、欧盟 27 起、加拿大 7 起。婴儿床、婴儿车、婴儿摇铃、座椅也是贸易壁垒事件涉及较多的产品。涉及 2 起事件的产品分别是铅笔、复合木地板、画笔和标记笔、打火机、秋千、航模、游泳圈和手臂浮圈、健身拉力绳、咖啡杯、弹簧高跷、地面清洁器附件。未在图 9.21 中标示出,只涉及 1 起事件的产品有拉链、聚酯短纤维、塑料皮下注射器、婴幼儿连脚睡衣、剃须刀、网球拍、面具、吊环、蹦床、飞盘、气枪、烘鞋器、蜡烛、珠帘、塑料水杯、壁挂式壁炉、装饰葡萄、丝扣主锁和攀岩快挂、罗马帘安装工具包、空气清新剂、游泳池过滤罩。

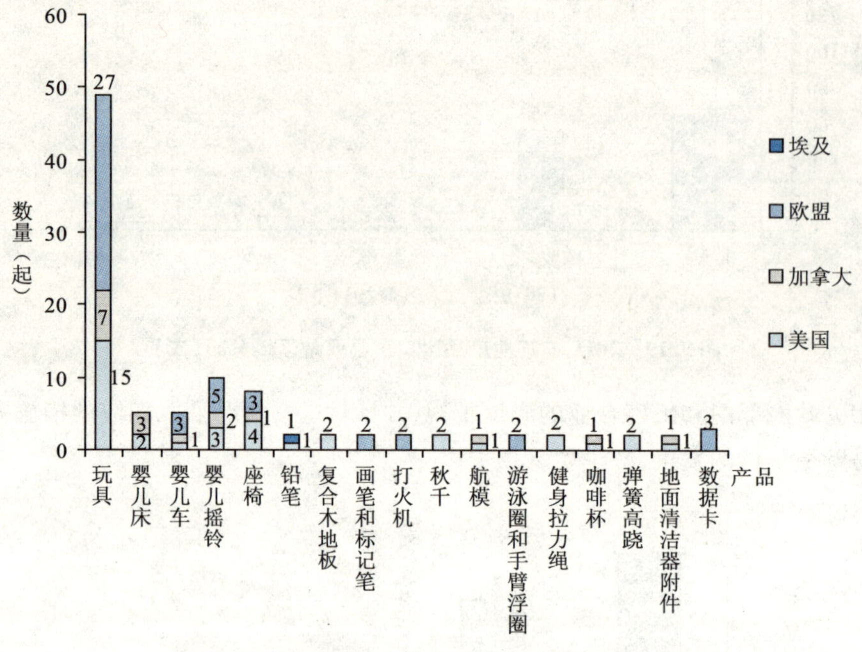

图 9.21　2011 年其他产品出口贸易壁垒产品分析

总的来说,2011 年其他产品出口贸易壁垒事件共涉及 38 种产品,涉及的产品种类与 2010 年基本持平。涉及产品范围没有太大变化。涉及事件较多的产品都具有容易给人身安全造成危险这一特征,因此这些类别的产品尤其需要我国政府相关部门和出口企业给予特别的关注。

(五)贸易壁垒形式分析

2011 年其他产品出口贸易壁垒事件涉及的贸易壁垒形式包括反倾销、反补贴、保障措施、技术性贸易壁垒和绿色贸易壁垒、其他贸易壁垒等 5 种。其中,技术性贸易壁垒与绿色贸易壁垒事件为 113 起,占 91%;反倾销事件为 7 起,占 6%;涉及其他形式的贸易壁垒事件较少,所占比重很小,如图 9.22 所示。

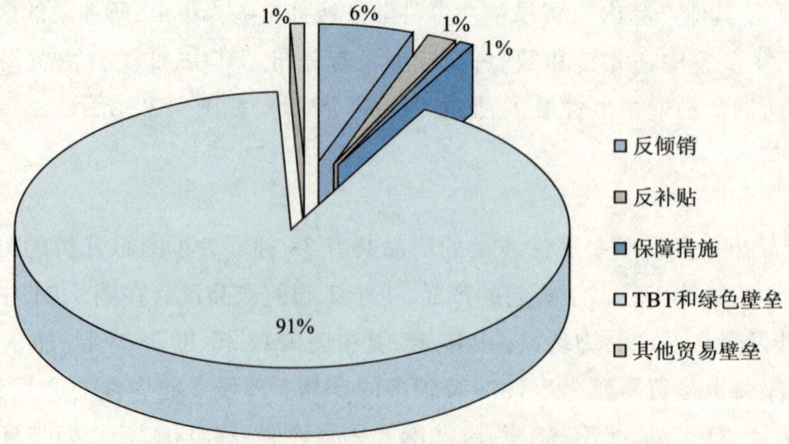

图 9.22　2011 年其他产品出口贸易壁垒形式分析(一)

与2010年相比,2011年各种形式的贸易壁垒事件均有所减少或持平。其中,反倾销事件减少幅度最大,降幅达82%。技术性贸易壁垒事件和绿色贸易壁垒事件在2011年虽稍有减少,但降幅不大,而且仍然是涉及最多的贸易壁垒事件,如图9.23所示。这一特征与近年来出口贸易壁垒中反倾销、反补贴等传统非关税贸易壁垒措施逐渐减少,技术性壁垒、绿色壁垒等更具有隐蔽性的贸易壁垒措施不断增加的趋势相符。

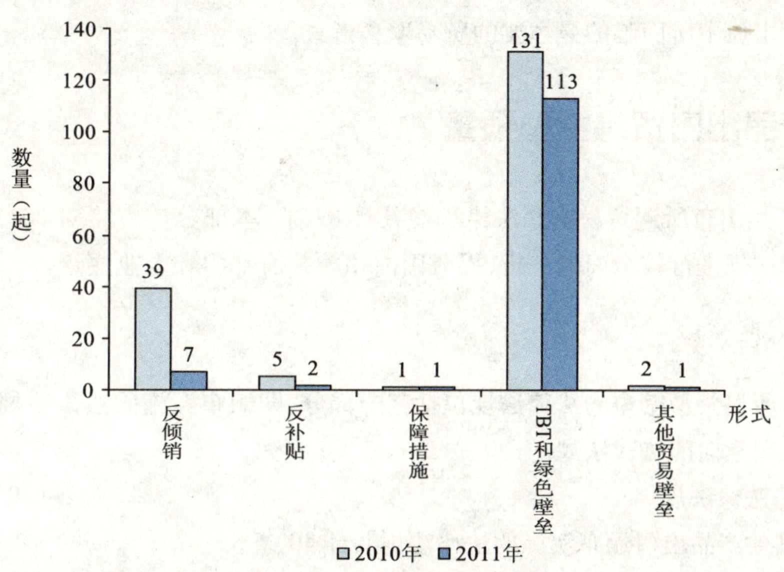

图9.23 2011年其他产品出口贸易壁垒形式分析(二)

同时应该注意的是,贸易壁垒事件所采取的形式与国家和地区有很大的相关性。如图9.24所示,欧盟、美国、加拿大等发达国家和地区均采取以技术性贸易壁垒和绿色贸易壁垒为主的贸易壁垒

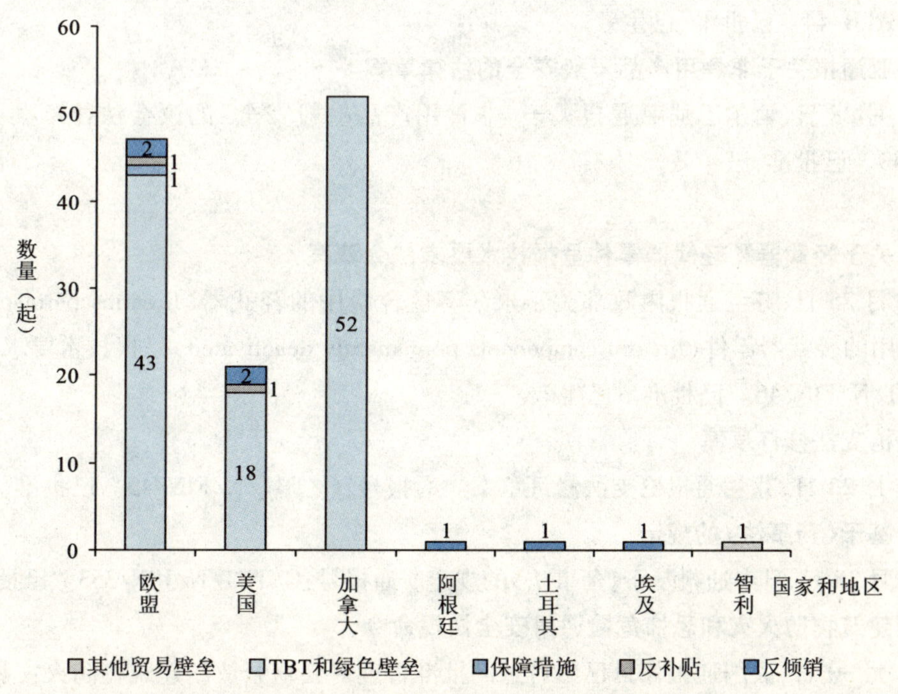

图9.24 2011年其他产品出口贸易壁垒形式分析(三)

措施，反倾销、反补贴事件所占比例很低。而这一点在发展中国家则不同，阿根廷、土耳其、埃及和智利仍采取的是传统的反倾销、反补贴、保障措施等非关税贸易壁垒措施。因此，对于出口企业来说，应该根据出口国的不同做好相应的规避贸易壁垒的预防措施。

总的来说，2010 年其他产品出口贸易壁垒事件涉及的贸易壁垒形式有反倾销、反补贴、保障措施、技术性贸易壁垒和绿色贸易壁垒以及其他贸易壁垒。从数量上来看，技术性贸易壁垒与绿色贸易壁垒仍然是其他产品出口中所面临的最主要的贸易壁垒形式。

五、其他产品出口贸易壁垒预警

2011 年其他产品出口所遇贸易壁垒法律法规共计 87 条，本部分内容将对 2011 年其他产品出口所遇贸易壁垒法律法规进行较全面的分析，提醒国内相关政府部门和企业注意。

(一) 法律法规

其他产品出口所遇贸易壁垒的法律法规包括三个部分，即颁布实施的法律法规、颁布尚未实施的法律法规和存在颁布意向的法律法规。

1. 颁布实施的法律法规

2011 年涉及其他产品出口颁布实施的法律法规共计 40 条。

(1) 法律法规

1 月

阿尔巴尼亚通报关于非食用产品销售及市场监督的法律草案

2011 年 1 月 28 日，阿尔巴尼亚通报关于“非食用产品销售及市场监督”的议会法律草案。通报号：G/TBT/N/ALB/44。已批准，已生效。

阿尔巴尼亚通报关于非食用产品一般安全的法律草案

2011 年 1 月 28 日，阿尔巴尼亚通报关于“非食用产品一般安全”的议会法律草案。通报号：G/TBT/N/ALB/43。已批准，已生效。

3 月

芬兰通报关于轻武器及轻武器零件呈报技术要求法令草案

2011 年 3 月 25 日，芬兰通报内政部关于永久不适合使用的轻武器(firearms permanently unfit for use)及永久停用的轻武器零件(firearm components permanently deactivated)呈报技术要求的法令草案。通报号：G/TBT/N/FIN/46。已批准。已生效。

芬兰通报枪支法修订草案

2011 年 3 月 25 日，芬兰通报枪支法修订草案。通报号：G/TBT/N/FIN/45。已批准。已生效。

日本通报基于《药事法》的规定

2011 年 3 月 25 日，日本通报基于《药事法》的规定。通报号：G/TBT/N/JPN/353。已批准。已生效。

法国通报建筑物防火灾和恐怖危险通用安全法规命令

2011 年 3 月 30 日，法国通报修订已修订过的批准管理对公众开放的建筑物防火灾和恐怖危险通用安全法规命令的命令。通报号：G/TBT/N/FRA/123。已批准。已生效。

4 月

乌克兰通报关于修订合格评定机构认可法律草案

2011 年 4 月 8 日，乌克兰通报“修订某些关于合格评定机构认可的乌克兰法律”的法律草案。通报号:G/TBT/N/UKR/56。已批准。已生效。

中国台澎金马单独关税区根据计量法发布公告

2011 年 4 月 28 日，中国台澎金马单独关税区根据计量法发布公告，覆盖产品为预包装商品中的洗衣粉和香皂。通报号:G/TBT/N/TPKM/100。已批准。已生效。

5 月

美国公布番茄斑潜蝇寄主材料联邦进口检疫令

2011 年 5 月 19 日美国发布通报，美国农业部动植物检验局公布了番茄斑潜蝇寄主材料联邦进口检疫令。

加拿大出台儿童用品 6 种邻苯二甲酸酯类化合物检测新规

2011 年 5 月 25 日，加拿大政府宣布，将实行新的规定以限制在儿童玩具和儿童护理产品中 6 种邻苯二甲酸酯类化合物的含量。新规定适用于出口到加拿大以及在加拿大出售的儿童玩具和儿童护理产品。

法国新环保法案要求产品贴碳标签

2011 年 5 月 25 日，法国政府出台的“新环保法案”要求法国市场上销售的产品将被强制性要求披露产品的环境信息，这其中包括要标示其整个生命周期(即从原料、制造、储运、废弃到回收的全过程)及其包装的碳含量。

瑞典通报国家住房建筑规划委员会关于消防安全的法规修订

2011 年 5 月 31 日，瑞典通报修订瑞典国家住房建筑规划委员会(Boverket)关于消防安全的法规。通报号:G/TBT/N/SWE/108。已批准。已生效。

瑞典通报消防安全工程的瑞典国家住房建筑规划委员会一般建议

2011 年 5 月 31 日，瑞典通报关于消防安全工程的瑞典国家住房建筑规划委员会(Boverket)的一般建议。通报号:G/TBT/N/SWE/109。已批准。已生效。

6 月

美国环境健康中心敦促婴儿产品制造商停止使用阻燃剂

2011 年 6 月 2 日，美国非政府组织环境健康中心(CEH)近日敦促婴儿产品制造商停止使用有毒阻燃剂化学品。原因是在近期的一项科学研究中发现包括婴儿背带、婴儿汽车座椅以及护理枕等在内的婴儿产品中阻燃剂化学物质已达到不安全水平。

乌克兰通报关于修订涉及废除生产商合格声明注册法律的法律草案

2011 年 6 月 7 日，乌克兰通报“关于修订某些涉及废除生产商合格声明注册的乌克兰法律”的法律草案。通报号:G/TBT/N/UKR/58。已批准。已生效。

沙特阿拉伯通报检验机构认可规定

2011 年 6 月 14 日，沙特阿拉伯通报关于检验机构认可的规定。通报号:G/TBT/N/SAU/244。已批准。已生效。

澳大利亚通报节水产品等级和标签及管道工程法规

2011年6月23日,澳大利亚通报AS/NZS 6400:2005——节水产品等级和标签及澳大利亚管道工程法规。通报号:G/TBT/N/AUS/68。已批准。已生效。

美国开始执行更严格的婴儿床标准

2011年6月28日起,将开始执行由CPSC一致投票通过的全球最严格的强制性婴儿床标准。全美所有进口商、分销商、制造商和零售商只允许提供符合CPSC最新标准的婴儿床。

7月

欧盟通报聚酰胺和三聚氰胺塑料厨具的具体条件和详细程序

2011年7月7日,欧盟通报第284/2011号法规——规定进口产/源于中国和中国香港特别行政区聚酰胺和三聚氰胺塑料厨具的具体条件和详细程序。通报号:G/SPS/N/EEC/406。已批准。已生效。

欧盟玩具安全新指令正式开始实施

2011年7月20日,欧盟2011年新版《玩具安全新指令》正式开始实施,取代了1988年版《玩具安全指令》,被认为在物理、化学、机械、电气、卫生等诸项领域里做出了“世界上最严格的规定”。它对玩具的制造、进口以及销售环节明确了更细致、更广泛的责任,实行“可追溯制”,任何玩具必须标有厂名、地址和生产数量信息。

8月

法国通报建筑物安全法规

2011年8月8日,法国通报批准某些补充和修订控制向公众开放的建筑物、小旅馆防火和反恐危险安全法规的某些规定的命令。通报号:G/TBT/N/FRA/126。已批准。已生效。

日本通报有毒有害物质命令修正案

2011年8月12日,日本通报指定有毒有害物质的命令修正案。通报号:G/TBT/N/JPN/363。已批准。已生效。

美国消费品安全委员会宣布儿童产品铅含量新限值

2011年8月14日起,美国消费品安全改进法(CPSIA)提出的铅含量新限值要求将针对儿童产品开始生效,即儿童产品的生产商、进口商、零售商和分销商需要符合这一新总铅含量限值的要求。

菲律宾通报家具强度和稳定性国家标准草案

2011年8月17日,菲律宾通报国家标准草案(DPNS BS 4875-5:2011)——家具强度和稳定性——第五部分:家用和公司用桌子及手推车强度、耐久性和稳定性要求。通报号:G/TBT/N/PHL/158。已批准。已生效。

菲律宾通报居室家具桌子国家标准草案

2011年8月17日,菲律宾通报国家标准草案(DPNS BS EN 1730:2011)——居室家具桌子——测定强度、耐久性和稳定性的试验方法。通报号:G/TBT/N/PHL/157。已批准。已生效。

菲律宾通报居室家具座椅国家标准草案

2011年8月17日,菲律宾通报国家标准草案(DPNS BS EN 1022:2011)——居室家具——座椅——稳定性的测定方法。通报号:G/TBT/N/PHL/156。已批准。已生效。

菲律宾通报家具用工程竹子国家标准草案

2011 年 8 月 17 日，菲律宾通报国家标准草案（DPNS 2090:2011）——学校家具用工程竹子（Engineered bamboo）规范。通报号：G/TBT/N/PHL/155。已批准。已生效。

墨西哥通报关于危险废物管理标准草案

2011 年 8 月 22 日，墨西哥通报官方标准草案 PROY NOM 160 SEMARNAT 2011——制定危险废物管理计划要点和程序。通报号：G/TBT/N/MEX/215。已批准。已生效。

墨西哥通报关于特殊管理废物和城市固体废物管理标准草案

2011 年 8 月 25 日，墨西哥通报官方标准草案 PROY NOM 161 SEMARNAT 2011——制定特殊管理废物和城市固体废物管理计划要点和程序。通报号：G/TBT/N/MEX/216。已批准。已生效。

9 月

乌克兰通报关于合格评定模式技术法规的决议

2011 年 9 月 16 日，乌克兰通报关于修订 2003 年 10 月 7 日的关于合格评定模式技术法规的乌克兰部长内阁决议，本技术法规提案规定了由相关的技术法规要求的合格评定程序的实施。通报号：G/TBT/N/UKR/59。已批准。已生效。

阿尔巴尼亚通报耗能及其他相关资源产品标准草案

2011 年 9 月 26 日，阿尔巴尼亚通报"耗能及其他相关资源产品标签显示和标准产品信息"议会法案草案。通报号：G/TBT/N/ALB/47。已批准。已生效。

韩国通报玩具安全标准修订提案

2011 年 9 月 26 日，韩国通报属于自律安全确认的玩具安全标准的修订提案。通报号：G/TBT/N/KOR/328。已批准。已生效。

10 月

英国标准协会公布 EN71-8:2011 家庭娱乐用玩具标准

2011 年 10 月 31 日，英国标准协会（BSI）发布了新标准《EN71-8:2011 家庭娱乐用玩具》。可认定为符合该标准即等同符合新的玩具安全指令 2009/48/EC 的相关规定。

11 月

格鲁吉亚通报关于发放建筑物许可证及其授权条件法规

2011 年 11 月 11 日，格鲁吉亚通报"关于发放建筑物许可证及其授权条件法规"的格鲁吉亚政府法令。通报号：G/TBT/N/GEO/39。已批准。已生效。

格鲁吉亚通报关于发放非碘盐进口授权命令和条件法规

2011 年 11 月 11 日，格鲁吉亚通报"关于发放非碘盐进口授权的命令和条件法规"的格鲁吉亚政府法令。通报号：G/TBT/N/GEO/40。已批准。已生效。

格鲁吉亚通报关于产品和服务认证法规

2011 年 11 月 11 日，格鲁吉亚通报"关于产品和服务认证"的格鲁吉亚法规。通报号：G/TBT/N/GEO/41。已批准。已生效。

泰国通报危险物质登记证明标准及程序法规

2011 年 11 月 21 日，泰国通报依照泰国农业部职责确定的危险物质登记证明的登记、颁发和续期细则、标准及程序法规。通报号：G/TBT/N/THA/394。已批准。已生效。

美国通报儿童用品测试认证要求标准

2011 年 11 月 25 日，美国通报儿童用品依靠组成部件的测试或认证标准，或另一方成品的测试或认证，达到测试和认证要求的条件和要求。通报号：G/TBT/N/USA/660。已批准。已生效。

12 月

欧盟禁止制造商在珠宝、塑料以及合金焊料中使用镉

自 2011 年 12 月起，欧盟将禁止制造商在珠宝、塑料以及合金焊料中使用镉。

(2)分析

2011 年涉及其他产品出口颁布已实施的法律法规分析包括国别分析和产品分析。

1)国别分析

2011 年其他产品出口颁布已实施的法律法规共 40 条，从数量上看有明显减少的趋势，与 2010 年的 195 条相比减少了 155 条，降幅为 79%。美国颁布实施的法律法规最多，为 5 条，占 12.5%；菲律宾其次，为 4 条，占 10%；阿尔巴尼亚、法国、乌克兰、欧盟、格鲁吉亚再次，分别为 3 条，各占 7.5%。其他国家(地区)的法律法规相对较少，如图 9.25 所示。美国颁布并实施法律法规最多的原因是其对产品安全性的需求较高。2011 年颁布并实施的法律法规将在 2012 年对相应产品的出口产生影响，因此需要我国相关出口企业给予高度重视。

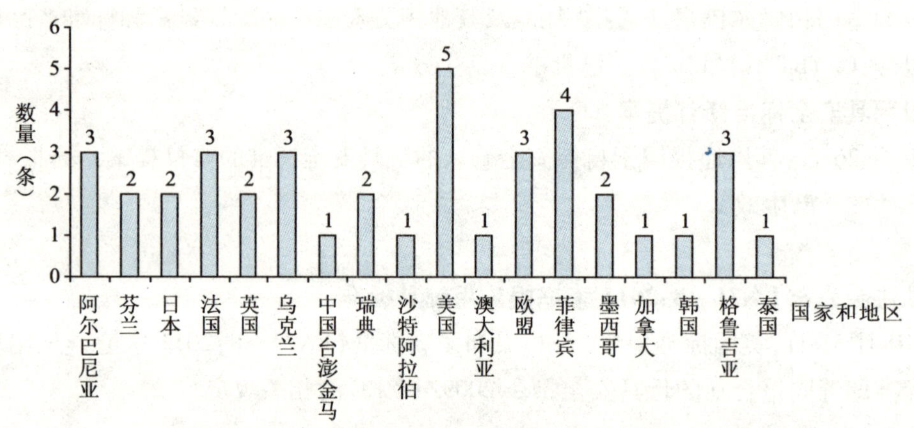

图 9.25　2011 年其他产品颁布实施的法律法规国别分析

2)产品分析

2011 年涉及其他产品出口所颁布实施的法律法规共覆盖了 16 种产品。由图 9.26 可知，其中涉及标准类的法律法规数量最多，共 7 条；其次为建筑产品，共 5 条；再次为玩具和家具，分别为 4 条；涉及危险废物的法律法规也较多，共 3 条；涉及非食用产品、武器、标签、授权条件、婴儿产品的法律法规分别有 2 条；其余产品只有 1 条法律法规涉及。由于针对建筑产品、玩具和家具的法律法规较多，因此我国相关的出口企业应该充分重视，并采取相应的应对措施规避可能的风险。

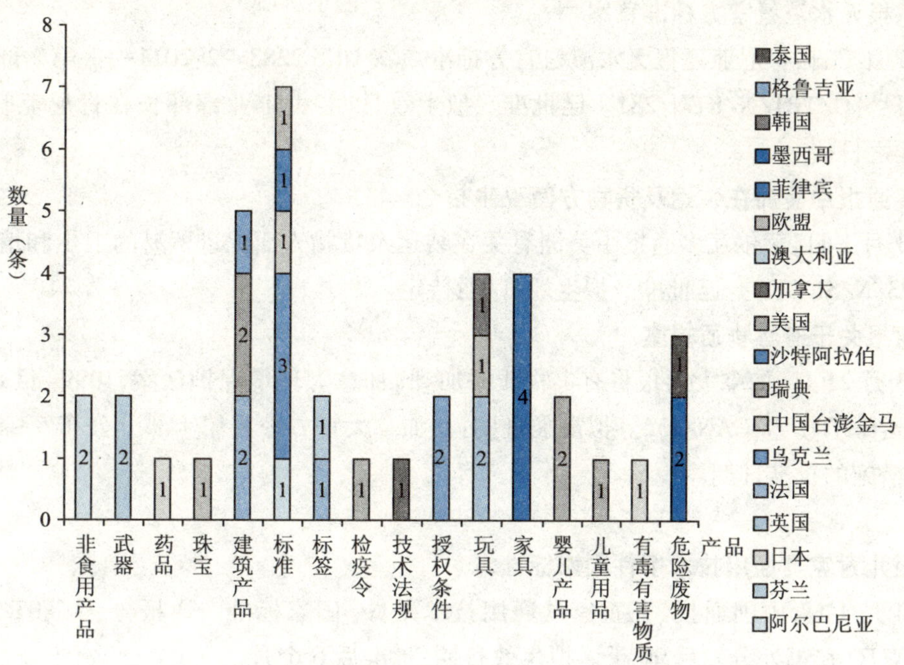

图 9.26 2011 年其他产品颁布实施的法律法规产品分析

2. 颁布尚未实施的法律法规

2011 年涉及其他产品出口颁布尚未实施的法律法规共有 17 条。

(1)法律法规

2 月

菲律宾通报家具国家标准草案

2011 年 2 月 24 日，菲律宾通报国家标准草案(DPNS 2086:2010)——家具儿童整体椅规范。通报号:G/TBT/N/PHL/133。已批准。拟生效日期:在全面发行的官方公报上公布后 15 天生效。

菲律宾通报装订夹规范

2011 年 2 月 8 日，菲律宾通报装订夹规范。通报号:G/TBT/N/PHL/131。已批准。拟生效日期:在全面发行的官方公报上公布后 15 天生效。

墨西哥通报放射性材料官方标准草案

2011 年 2 月 15 日，墨西哥通报官方标准草案 PROY NOM 039 NUCL 2010——电离放射源使用规程免除规范及规程涉及的放射源部分或全部管制免除规范。通报号:G/TBT/N/MEX/210。已批准。拟生效日期:在官方公报上公布之后 60 天生效。

3 月

肯尼亚通报无水液氨官方标准草案

2011 年 3 月 1 日，肯尼亚通报无水液氨官方标准草案 KS 2288 - 1:2011——高纯度无水液氨规范第 1 部分:技术级无水液氨。通报号:G/TBT/N/KEN/280。已批准。拟生效日期:由工业部部长在肯尼亚官方公报上宣布为强制标准之日。

肯尼亚通报无水液氨官方标准草案

2011年3月1日,肯尼亚通报无水液氨官方标准草案 DKS 2288 -2:2011——第2部分:冷冻级无水液氨。通报号:G/TBT/N/KEN/281。已批准。拟生效日期:由工业部部长在肯尼亚官方公报上宣布为强制标准之日。

萨尔瓦多通报中美洲在装运及货物方面卫生指令

2011年3月1日,萨尔瓦多通报中美洲有关在装运及货物方面促进贸易的卫生和植物卫生指令。通报号:G/SPS/N/SLV/97。已批准。拟生效日期:待定。

加拿大通报关于有毒物质提案

2011年3月21日,加拿大通报将有毒物质添加到《加拿大环境保护法案,1999》目录1中的命令提案。通报号:G/TBT/N/CAN/332。拟批准日期:在加拿大官方公报第I部分公布5~8个月内。拟生效日期:本措施的批准日期。

4月

中国通报儿童家具通用技术条件国家标准

2011年4月4日,中国通报《儿童家具通用技术条件》国家标准。通报号:G/TBT/N/CHN/805。拟批准日期:WTO秘书处分发后90天。拟生效日期:批准后6个月。

瑞典通报修订国家住房、建筑与规划委员会法规强制规定

2011年4月18日,瑞典通报修订瑞典国家住房、建筑与规划委员会法规(BFS 1993:57)强制规定和一般建议。通报号:G/TBT/N/SWE/106。已批准。拟生效日期:待定。

6月

泰国通报关于规定许可证检查标准的通知

2011年6月1日,泰国通报泰国工业标准协会关于规定许可证检查标准的通知。通报号:G/TBT/N/THA/383。已批准。拟生效日期:待定。

7月

加拿大通报座椅头枕技术标准

2011年7月20日,加拿大通报座椅头枕技术标准文件No. 202。通报号:G/TBT/N/CAN/339。已批准。拟生效日期:2012年9月1日。

韩国通报工业产品新安全标准

2011年7月22日,韩国通报关于2种将指定为属于自我监管安全确认工业产品的产品新安全标准。通报号:G/TBT/N/KOR/315。已批准。拟生效日期:2012年10月或稍后。

9月

牙买加通报安全火柴标准规范

2011年9月2日,牙买加通报安全火柴标准规范。通报号:G/TBT/N/JAM/26。已批准。拟生效日期:在牙买加官方公报增刊公告、规章和法规上公布之后6个月。

吉尔吉斯斯坦通报玩具安全技术法规

2011年9月26日,吉尔吉斯斯坦通报“玩具安全”技术法规。通报号:G/TBT/N/KGZ/26。已批准。拟生效日期:待定。

11 月

美国 CPSC 发布玩具中监管物质检测法规最终版

2011 年 11 月,美国消费品安全委员会(CPSC)发布了两项关于玩具中监管物质检测、认证和标签的法规最终版。第一项法规将于2011 年12 月8 日生效,涉及玩具检测和认证的条件及要求。第二项法规涉及与产品认证相关的检测和标签要求,将于 2012 年 2 月 8 日生效。

12 月

乌干达通报加固土块规范

2011 年 12 月 7 日,乌干达通报 FDUS 849 加固土块规范。通报号:G/TBT/N/UGA/189。已批准。拟生效日期:旅游、贸易和工业部长宣布为强制标准之日。

乌克兰通报关于转基因生物的国家生物安全制度草案

2011 年 12 月 20 日,乌克兰通报"关于转基因生物生产、测试、运输和使用的国家生物安全制度"的法律修订草案。通报号:G/TBT/N/UKR/64。已批准。拟生效日期:待定。

(2)分析

2011 年涉及其他产品出口颁布尚未实施的法律法规分析包括国别分析和产品分析。

1)国别分析

2011 年其他产品国外颁布尚未实施的法律法规共 17 条,与 2010 年的 29 条相比减少了 12 条,降幅为 41%。加拿大、肯尼亚和菲律宾三国颁布尚未实施的法律法规数量最多,分别为 2 条,其他国家均只有 1 条颁布尚未实施的法律法规。结合图 9. 27 可以看出,2011 年各国颁布尚未实施的法律法规数量差别不大,此类法律法规的国别分布较为均匀。此类法律法规中将有一部分法律法规会在 2012 年开始实施,因此应该引起我国相关政府部门和出口企业的重视。

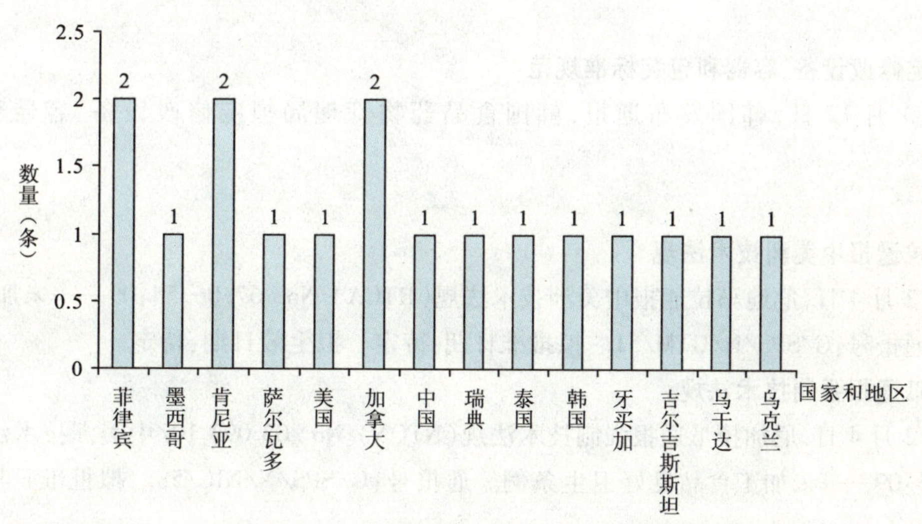

图 9. 27　2011 年其他产品颁布尚未实施法律法规国别分析

2)产品分析

2011 年涉及其他产品出口颁布尚未实施的法律法规共覆盖了 11 种产品。其中涉及标准类的法律法规最多,共有 4 条,所占比例为 24%。涉及家具、玩具、无水液氨的法律法规也较多,分别为 2 条,所占比例为 12%。涉及其他 7 类产品的法律法规数量较少,分别为 1 条,这些产品包括装订夹、放射性材料、有毒物质、卫生指令、建筑产品、火柴和转基因生物，如图9.28所示。我国出口企业应密切关注涉及其所出口产品的此类法律法规。

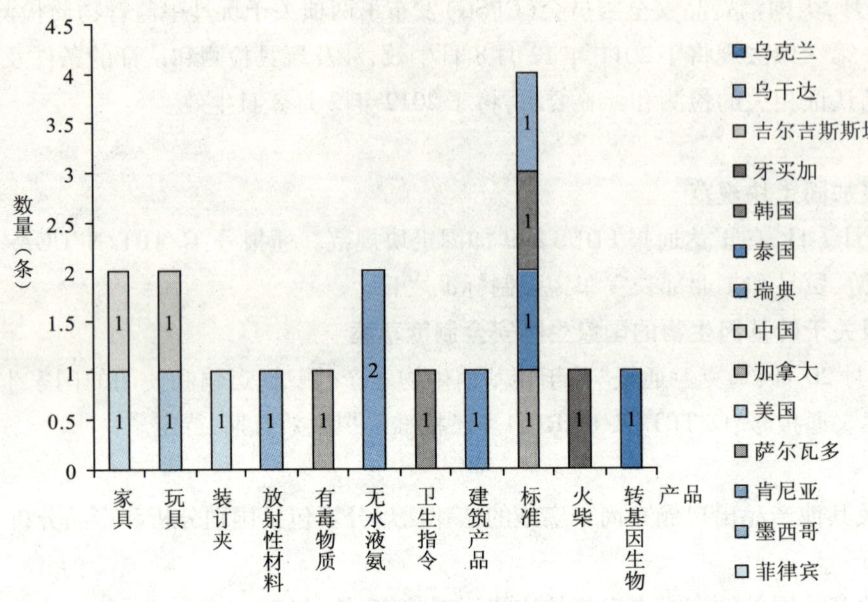

图9.28 2011年其他产品颁布尚未实施法律法规产品分析

3. 存在颁布意向的法律法规

2011年涉及其他产品出口存在颁布意向的法律法规共有38条。

(1)法律法规

1月

韩国拟定修改设备、容器和包装标准规范

2011年1月12日，韩国发布通报，韩国食品药物管理局拟定修改设备、容器和包装标准规范。

2月

危地马拉通报中美洲技术法规

2011年2月4日，危地马拉通报中美洲技术法规(RTCA) No. 67.06.55:09——未加工食品良好卫生条例。通报号:G/SPS/N/GTM/51。拟批准日期:待定。拟生效日期:待定。

尼加拉瓜通报强制技术法规

2011年2月4日，尼加拉瓜通报强制技术法规(NTON) No . 03 093 10/中美洲技术法规(RTCA) No. 67.06.55:09——未加工食品良好卫生条例。通报号:G/SPS/N/NIC/58。拟批准日期:待定。拟生效日期:待定。

3月

立陶宛通报关于受控建筑产品列表的法令草案

2011年3月25日，立陶宛通报关于受控建筑产品列表的法令草案。通报号:G/TBT/N/LTU/16。拟批准日期:待定。拟生效日期:待定。

4 月

智利通报修订食品卫生法标题最高法令

2011 年 4 月 1 日，智利通报修订食品卫生法标题“XXIV 刺激性产品或使人愉悦产品”最高法令 No. 977/96。通报号：G/TBT/N/CHL/163。拟批准日期：待定。拟生效日期：评议期满将颁布相应法令。

越南通报关于废品回收与处理的总理决议草案

2011 年 4 月 1 日，越南通报关于废品回收与处理的总理决议草案。通报号：G/TBT/N/VNM/14。拟批准日期：待定。拟生效日期：待定。

美国通报便携式床栏安全标准

2011 年 4 月 26 日，美国通报便携式床栏安全标准。通报号：G/TBT/N/USA/623。拟批准日期：待定。拟生效日期：待定。

5 月

以色列通报玩具安全标准

2011 年 5 月 3 日，以色列通报“玩具安全：秋千、滑梯及类似的家用室内和室外活动玩具”相关标准。通报号：G/TBT/N/ISR/501。拟批准日期：待定。拟生效日期：在以色列官方公报的政府公告部分公布之后 60 天生效。

以色列通报玩具安全标准

2011 年 5 月 3 日，以色列通报“玩具安全：机械和物理性能”相关标准。通报号：G/TBT/N/ISR/500。拟批准日期：待定。拟生效日期：在以色列官方公报的政府公告部分公布之后 60 天生效。

巴西通报医疗设备企业许可证颁发标准

2011 年 5 月 30 日，巴西通报“商业医疗设备公司企业许可证颁发标准”决议草案。通报号：G/TBT/N/BRA/433。拟批准日期：磋商期结束后决定。拟生效日期：批准之日。

8 月

加拿大通报有毒物质禁用法规提案

2011 年 8 月 12 日，加拿大通报部分有毒物质禁用法规提案。通报号：G/TBT/N/CAN/340。拟批准日期：待定。拟生效日期：措施批准之后 3 个月。

肯尼亚通报工业液氯规范

2011 年 8 月 12 日，肯尼亚通报 DKS 2341：2011——工业液氯规范。通报号：G/TBT/N/KEN/294。拟批准日期：2012 年 6 月。拟生效日期：由工业部部长在肯尼亚官方公报上宣布为强制标准之日。

加拿大通报修订环境保护法提案

2011 年 8 月 15 日，加拿大通报修订《加拿大环境保护法案（1999）》一览表 3 的法令提案。通报号：G/TBT/N/CAN/341。拟批准日期：待定。拟生效日期：措施批准之后。

美国通报婴幼儿用品消费者登记草案

2011 年 8 月 17 日，美国通报耐用婴幼儿用品的消费者登记草案。通报号：G/TBT/N/USA/646。拟批准日期：待定。拟生效日期：待定。

加拿大通报关于有毒物质法令提案

2011 年 8 月 18 日，加拿大通报添加有毒物质至《加拿大环境保护法案（1999）》一览表 1 的法令提案。通报号:G/TBT/N/CAN/342。拟批准日期:在加拿大官方公报第I部分公布之后5~8个月内。拟生效日期:被批准之日。

9月

加拿大通报出口控制列表上的物质出口法规提案

2011年9月1日,加拿大通报出口控制列表上的物质出口的法规提案。通报号:G/TBT/N/CAN/343。拟批准日期:在加拿大官方公报第I部分公布5~8个月内。拟生效日期:本措施的批准日期。

欧盟通报营销标准理事会法规修订

2011年9月14日,欧盟通报修订欧洲议会和理事会关于营销标准的理事会法规的提案。通报号:G/TBT/N/EEC/401。拟批准日期:2012年。拟生效日期:在欧盟官方公报上公布后7天(约批准后一个月)。

墨西哥通报预包装产品标准草案

2011年9月20日,墨西哥通报官方标准草案PROY NOM 002 SCFI 2011——预包装产品净含量公差和鉴定方法。通报号:G/TBT/N/MEX/217。拟批准日期:待定。拟生效日期:在官方公报上公布后60天。

墨西哥通报建筑物隔热材料标准草案

2011年9月20日,墨西哥通报官方标准草案PROY NOM 018 ENER 2011——建筑物隔热材料特性和测试方法。通报号:G/TBT/N/MEX/218。拟批准日期:待定。拟生效日期:在官方公报上公布后60天。

韩国通报工业产品的质量管理和安全控制法案修正提案

2011年9月26日,韩国通报《工业产品的质量管理和安全控制法案》执行法令和执行法规分别的修正提案。通报号:G/TBT/N/KOR/331。拟批准日期:2012年6月,或稍后。拟生效日期:2012年6月,或稍后。

10月

欧盟通报关于物质和混合物分类、标签和包装的法规修订

2011年10月14日,欧盟通报修订欧洲议会和理事会关于物质和混合物分类、标签和包装的法规草案。通报号:G/TBT/N/EEC/406。拟批准日期:2012年第一季度。拟生效日期:在欧盟官方公报上公布起20天(约批准后一个月)。

中国台澎金马单独关税区通报含虫草菌丝体食品标签要求

2011年10月17日,中国台澎金马单独关税区通报含有虫草菌丝体的食品标签要求。通报号:G/TBT/N/TPKM/109。拟批准日期:待定。拟生效日期:待定。

加拿大通报关于有毒物质法令提案

2011年10月19日,加拿大通报将有毒物质添加到《加拿大环境保护法案(1999)》目录1中的法令提案。通报号:G/TBT/N/CAN/345。拟批准日期:在加拿大官方公报第I部分公布5~8个月内。拟生效日期:本措施的批准日期。

11月

哥斯达黎加通报关于炼乳的技术法规

2011年11月2日,哥斯达黎加通报454:2011号技术法规(RTCR)——适用于供直接消费或按本法规第3.1节规定进一步加工的炼乳的技术法规。通报号:G/SPS/N/CRI/114。拟批准日期:官方公报公布后6个月。拟公布日期:待定。

法国通报关于建筑热特性和能源性能法令

2011年11月2日,法国通报关于建筑热特性和能源性能的2010年10月26日法令第2条未包括的建筑热特性和能源性能法令。通报号:G/TBT/N/FRA/129。拟批准日期:2012年2月1日。拟生效日期:2013年1月1日。

法国通报关于新建筑和新建筑构件热特性和能源性能法令

2011年11月2日,法国通报关于新建筑和新建筑构件热特性和能源性能的2010年10月26日法令第2条未包括的建筑热特性和能源性能法令。通报号:G/TBT/N/FRA/130。拟批准日期:2012年2月1日。拟生效日期:2013年1月1日。

韩国拟修订受安全和质量标志管辖的床垫安全标准

2011年11月23日,韩国发布通报,韩国技术与标准局公布拟修订受安全和质量标志管辖的床垫安全标准。

法国通报关于建筑和装饰产品环境影响的法令

2011年11月23日,法国通报关于"建筑和装饰产品环境影响"的法令。通报号:G/TBT/N/FRA/131。拟批准日期:2012年4月1日。拟生效日期:2013年7月1日。

法国通报关于建筑和装饰产品环境影响的法令

2011年11月23日,法国通报关于"建筑和装饰产品环境影响"的法令。通报号:G/TBT/N/FRA/132。拟批准日期:2012年4月1日。拟生效日期:2013年7月1日。

韩国通报受安全和质量标志管辖的产品项目草案

2011年11月23日,韩国通报受安全和质量标志管辖的产品项目草案。通报号:G/TBT/N/KOR/337。拟批准日期:2012年1月,或之后。拟生效日期:2012年1月,或之后。

美国通报儿童用品第三方测试要求标准

2011年11月25日,美国通报儿童用品第三方测试要求的应用标准。通报号:G/TBT/N/USA/659。拟批准日期:待定。拟生效日期:待定。

美国通报用于儿童用品测试的样品产品认证测试和标签

2011年11月25日,美国通报用于儿童用品定期测试的具有代表性的样品产品认证的测试和标签。通报号:G/TBT/N/USA/658。拟批准日期:待定。拟生效日期:待定。

12月

阿拉伯联合酋长国通报关于硅酸盐水泥的技术法规草案

2011年12月9日,阿拉伯联合酋长国和海湾合作委员会通报关于硅酸盐水泥的技术法规草案。通报号:G/TBT/N/ARE/92。拟批准日期:待定。拟生效日期:待定。

美国通报车辆温室气体排放和企业平均燃料经济性标准

2011年12月9日,美国通报2017及随后型号年轻型车辆温室气体排放和企业平均燃料经济性标准。通报号:G/TBT/N/USA/665。拟批准日期:待定。拟生效日期:待定。

阿拉伯联合酋长国通报关于营养标签准则的技术法规草案

2011年12月14日,阿拉伯联合酋长国通报关于营养标签准则的阿拉伯联合酋长国(UAE)海湾合作委员会(GCC)技术法规草案。通报号:G/TBT/N/ARE/94。拟批准日期:待定。拟生效日期:待定。

巴林通报与食品接触材料和物品通用要求

2011 年 12 月 20 日,巴林通报"打算与食品接触的材料和物品"的通用要求。通报号:G/TBT/N/BHR/263。拟批准日期:待定。拟生效日期:待定。

挪威通报关于限制化学品和其他危害健康与环境产品的产品管理法案

2011 年 12 月 20 日,挪威通报关于限制化学品和其他危害健康与环境产品的生产、进口、出口、销售和使用的产品管理法。通报号:G/TBT/N/NOR/17/Rev.1。拟批准日期:2012 年春。拟生效日期:2012 年 7 月 1 日。

加拿大通报关于有毒物质法令提案

2011 年 12 月 22 日,加拿大通报将有毒物质添加到《加拿大环境保护法案(1999)》目录 1 中的命令提案。通报号:G/TBT/N/CAN/355。拟批准日期:在加拿大官方公报第 I 部分公布 5 ~ 8 个月内。拟生效日期:本措施批准的日期。

(2)分析

2011 年涉及其他产品出口颁布已实施的法律法规分析包括国别分析和产品分析。

1)国别分析

2011 年涉及其他产品出口存在颁布意向的法律法规共有 38 条,与 2010 年的 86 条相比减少了 48 条,降幅为 56%。加拿大、美国、韩国和法国是存在颁布意向的法律法规最多的国家,分别为 6 条、5 条、4 条、4 条,所占比例分别为 15.7%、13%、10.5%、10.5%。其他国家和地区均少于或等于 2 条,如图 9.29 所示。存在颁布意向的法律法规均已向世界贸易组织通报,虽然批准日期和生效日期尚未确定,但绝大多数法律法规可能会在近两年颁布并开始实施。因此,我国相关政府部门和出口企业需要对此类法律法规的状态进行跟踪,以便提前做好相应准备,规避出口中的风险。

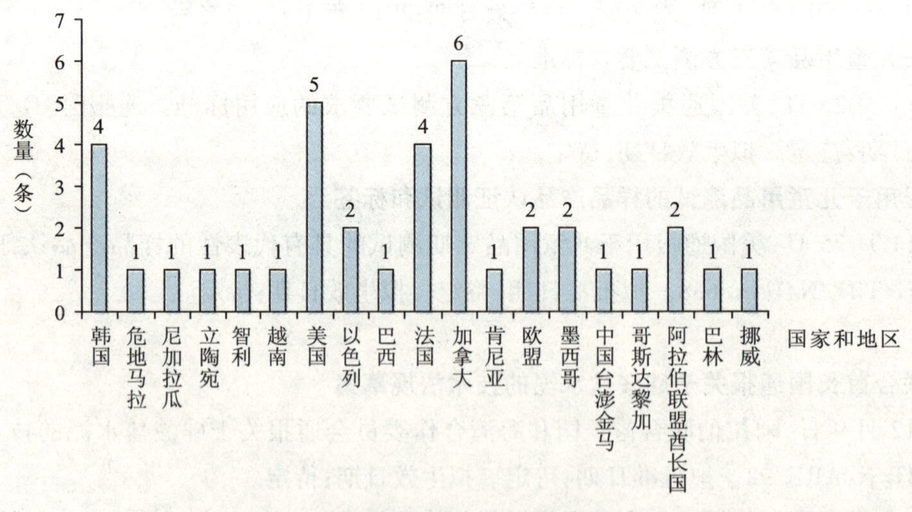

图 9.29 2011 年其他产品存在颁布意向法律法规国别分析

2)产品分析

2011 年涉及其他产品出口的存在颁布意向法律法规所覆盖的产品共有 13 种。其中,涉及标准类的法律法规最多,共有 9 条;其次是涉及技术法规的法律法规,共有 8 条;再次是涉及建筑产品的法律法规,共有 6 条。涉及有毒物质的法律法规也较多,共有 4 条。涉及玩具和儿童用品的法律法规分别有 2 条,其他 7 种产品则分别只有 1 条法律法规涉及。

从图 9. 30 可以看出,存在颁布意向的法律法规在产品分布上较为集中,其中标准、技术法规、建筑产品、玩具仍是我国出口企业应重点关注的涉及存在颁布意向的法律法规的产品类别。我国政府部门和出口企业对存在颁布意向的法律法规也应当给予重视,提前做好应对措施,以规避产品出口中可能面临的潜在的风险。

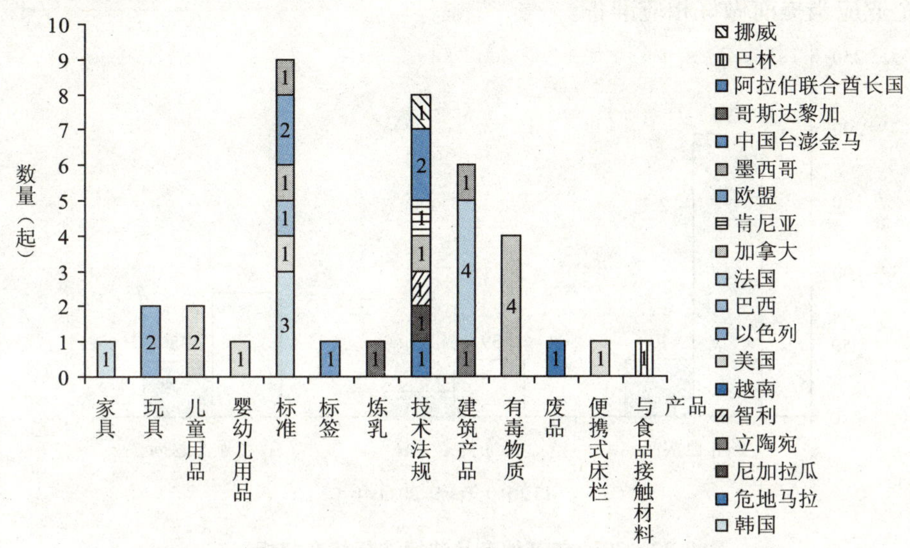

图 9. 30　2011 年其他产品存在颁布意向法律法规产品分析

(二) 法律法规综合分析

这一部分将对 2011 年其他产品出口所遇法律法规进行综合分析并提出预警。综合分析包括以下五个方面,即状态分析、国别分析、区域分析、产品分析和贸易壁垒形式分析。

1. 状态分析

2011 年其他产品国外法律法规共 95 条。其中,颁布已实施的法律法规 40 条,占 42% ;颁布尚未实施的法律法规 17 条,占 18% ;存在颁布意向的法律法规 38 条,占 40% ,如图 9. 31 所示。

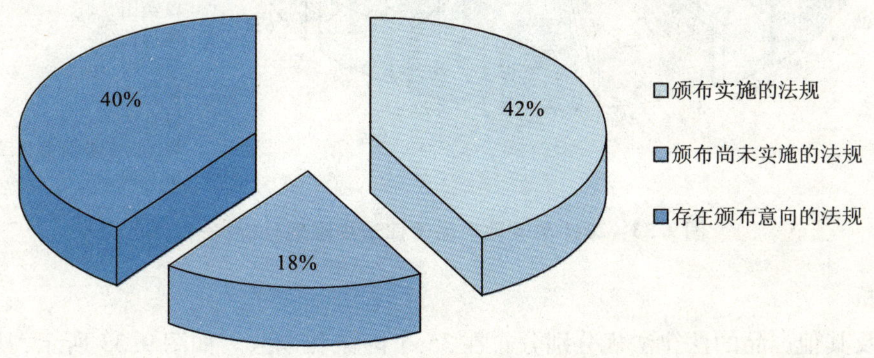

图 9. 31　2011 年其他产品法律法规状态分析(一)

由图 9.32 可知，与 2010 年的 310 条相比，2011 年涉及其他产品出口法律法规总数减少了 215 条，降幅为 69%。其中，颁布并实施的法律法规数量大幅减少，降幅为 79%；颁布尚未实施和存在颁布意向的法律法规数量也显著减少，降幅分别为 56% 和 55%。法律法规数量总体上明显减少的趋势说明 2011 年我国其他产品出口的国际市场环境有一定程度的改善，但出口企业仍然不能放松警惕，需要密切关注涉及其产品的相关法律法规。同时应该注意，虽然 2011 年颁布尚未实施和存在颁布意向的法律法规并未对目前相应产品的出口产生影响，但绝大多数的法律法规都会在未来两到三年内颁布并实施，企业应当提前做好相应准备。

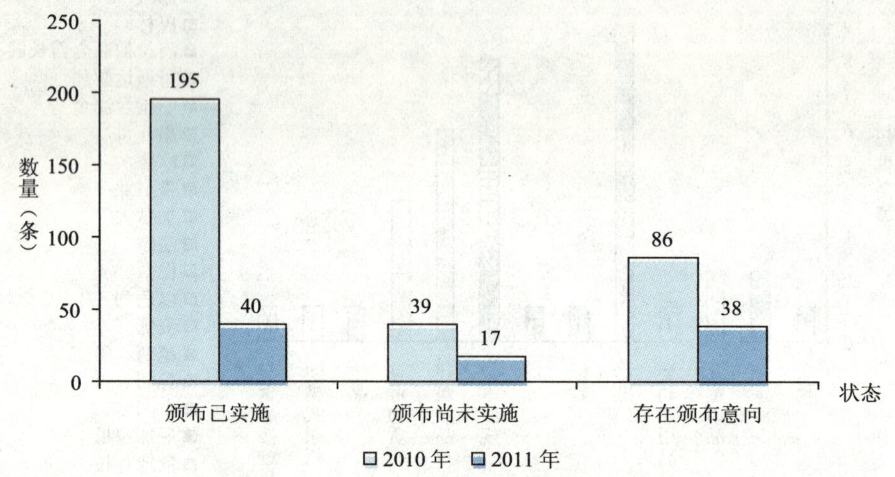

图 9.32 2011 年其他产品法律法规状态分析(二)

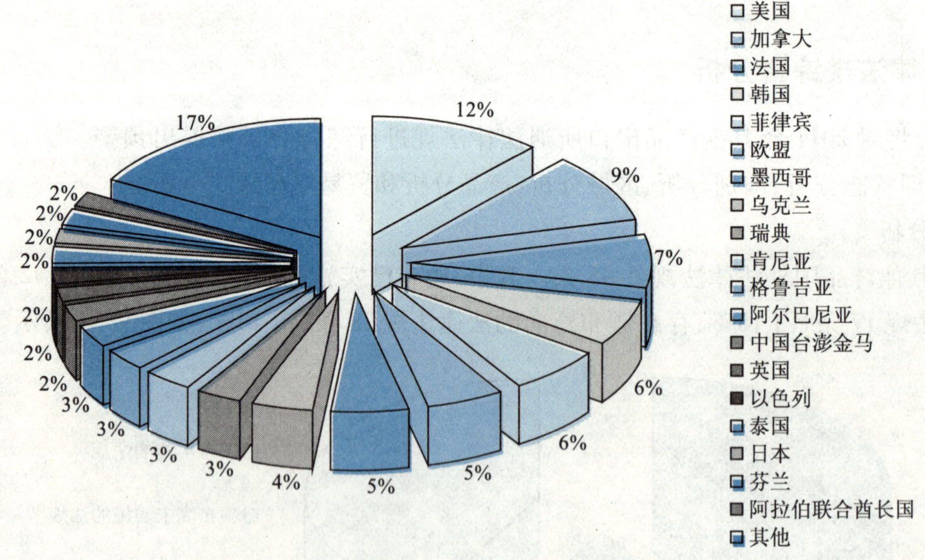

图 9.33 2011 年其他产品法律法规国别分析(一)

2. 国别分析

2011 年涉及其他产品的法律法规分别分布在 35 个国家和地区。如图 9.33 所示，其中美国最多，为 11 条，占 12%；加拿大其次，为 9 条，占 9%；法国再次，为 7 条，占 7%。韩国和菲律宾也较多，分别为 6 条，各占比例为 6%。余下其他国家所占比例均为 5% 及以下。为保证图示分析的可观性，图

9.33 中只列示了所占比例大于或等于 2% 的国家或地区，其余未列示的国家和地区均只有 1 条法律法规，所占比例均为 1%。这些未列示的国家包括智利、越南、牙买加、乌干达、危地马拉、沙特阿拉伯、萨尔瓦多、中国、挪威、尼加拉瓜、立陶宛、吉尔吉斯斯坦、哥斯达黎加、巴西、巴林、澳大利亚。

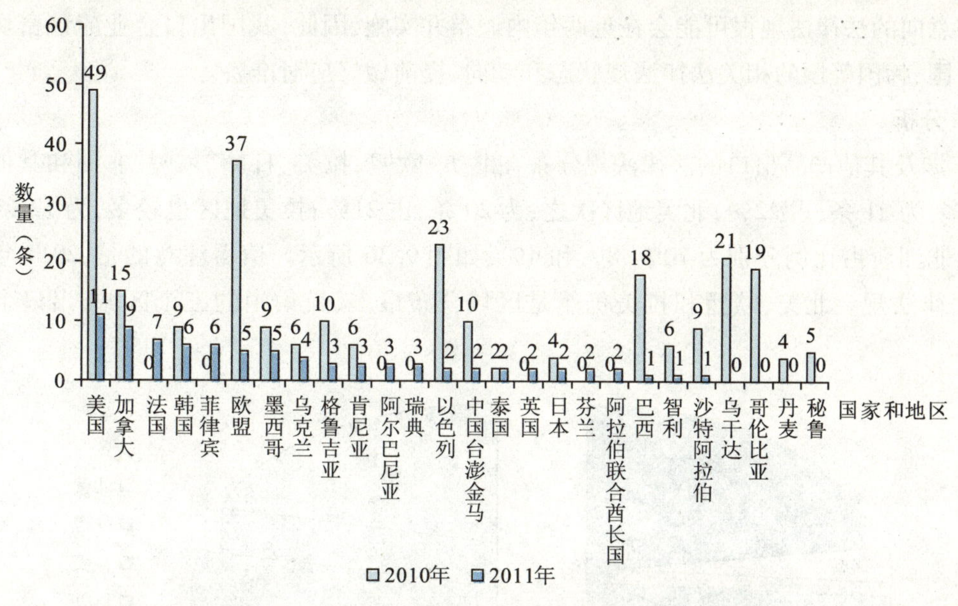

图 9.34　2011 年其他产品法律法规国别分析(二)

与 2010 年的 49 个国家相比，2011 年涉及的国家和地区更少。法律法规数量显著减少的国家(地区)有美国、欧盟、以色列、中国台澎金马、巴西，降幅分别为 77%、86%、91%、80%、94%。而乌干达和哥伦比亚两国上年法律法规数量较多，今年则没有。加拿大、韩国、墨西哥、乌克兰、格鲁吉亚、肯尼亚、日本、智利、沙特阿拉伯、丹麦、秘鲁等国相较于本年法律法规数量也有所下降。值得注意的是，在法律法规数量普遍下降的情况下，法国、菲律宾、阿尔巴尼亚、瑞典、英国、芬兰、阿拉伯联合酋长国是 2011 年法律法规数量有所增加的国家，如图 9.34 所示我国出口企业应给予重视。

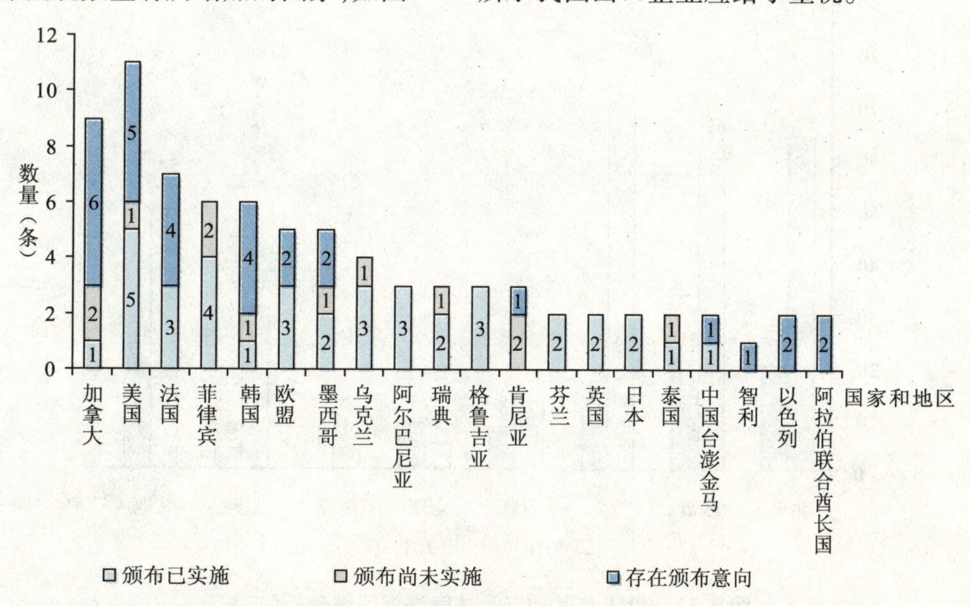

图 9.35　2011 年其他产品法律法规国别分析(三)

从图 9. 35 可以看出,2011 年美国的法律法规数量最多,其中颁布并实施和存在颁布意向的均为 5 条,颁布尚未实施的仅 1 条。加拿大 2011 年存在颁布意向的法律法规数量最多,为 6 条,颁布并实施的为 1 条,颁布尚未实施的为 2 条。此外,法国、韩国存在颁布意向的法律法规较多,均有 4 条。由于存在颁布意向的法律法规很可能会在近两年内颁布并实施,因此,我国出口企业应该密切关注加拿大、美国、法国、韩国等国的相关法律法规状态和动向,提前做好应对准备。

3. 区域分析

2011 年涉及其他产品出口的法律法规分布在北美、欧盟、拉美、日韩、东盟、非洲和其他地区。其中,欧盟最多,为 21 条,占 22%;北美地区次之,为 20 条,占 21%;拉美地区也较多,为 12 条,占 13%。东盟、日韩、非洲所占比例分别为 10%、8% 和 4%,如图 9. 36 所示。值得注意的是,2011 年没有分布在南亚的法律法规。北美、欧盟和拉美仍然是区域分布最多、最集中的三个区域,出口企业应给予关注。

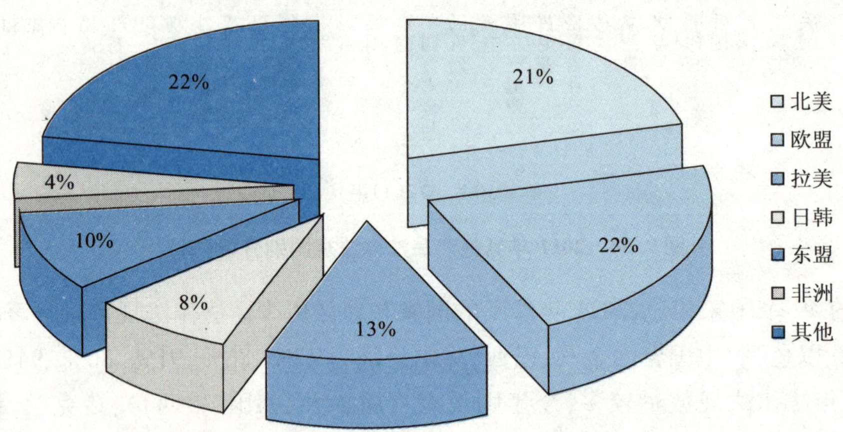

图 9. 36　2011 年其他产品法律法规区域分析(一)

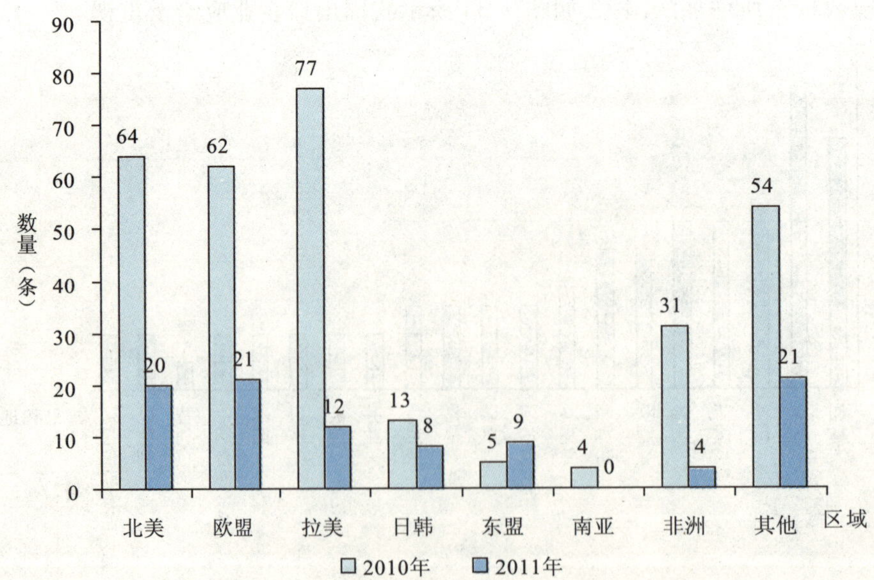

图 9. 37　2011 年其他产品法律法规区域分析(二)

与2010年相比，除东盟地区法律法规的数量增加外，其他各区域的法律法规数量均有所减少，如图9.37所示。其中，北美、欧盟、拉美、非洲地区均显著减少，降幅分别为68%、66%、84%和87%。从总体上看，法律法规的减少有利于降低我国企业产品出口的风险，但出口企业仍应高度关注相应国家和地区涉及其出口产品的法律法规的变化情况。

如图9.38所示，除非洲外，2011年涉及其他产品的颁布实施的、颁布尚未实施的以及存在颁布意向的法律法规在北美、欧盟、拉美、日韩、东盟及其他区域均有分布。颁布并实施的法律法规在非洲没有分布。从图中可以看出，北美、拉美存在颁布意向的法律法规明显多于其他两类法律法规。而欧盟颁布并实施的法律法规数量多于其他两类法律法规。

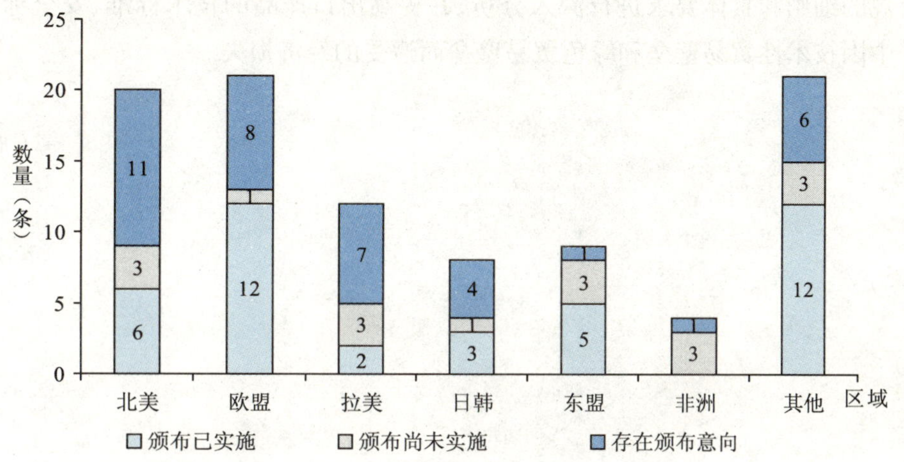

图9.38 2011年其他产品法律法规区域分析(三)

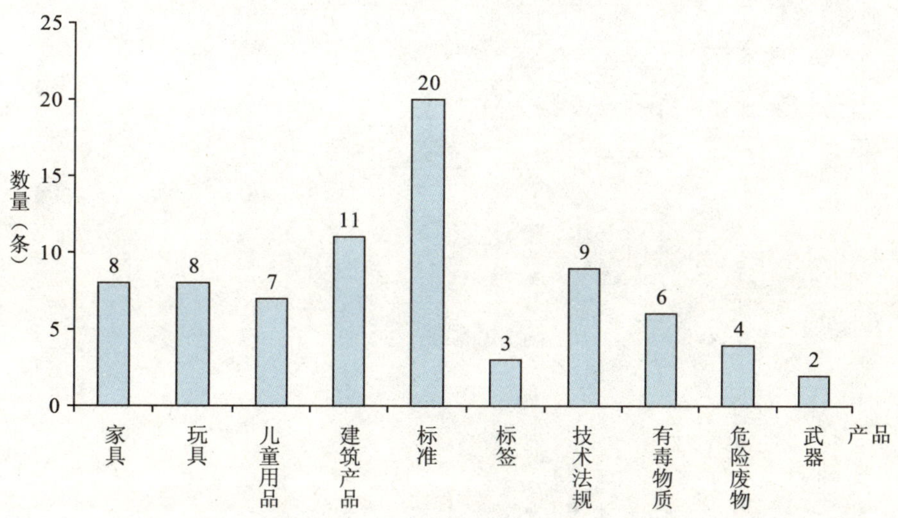

图9.39 2011年其他产品法律法规产品分析

总的来说，2011年涉及其他产品出口的法律法规仍主要分布于北美、欧盟和拉美，而且以颁布并实施和存在颁布意向的法律法规居多，颁布尚未实施的法律法规数量较少。

4. 产品分析

2011年涉及其他产品出口的法律法规涉及的产品种类繁多，涉及的主要种类的产品共归为10

种。其中，法律法规数量最多的仍是标准类，为20条，占全部法律法规数量的21%；其次是建筑产品，为11条，占11.5%；再次是技术法规，为9条，占9%。此外，另有13种类别的产品只有1条法律法规涉及，为了图9.39的可观性，没有在图中列出。政府相关部门和企业的应该仔细研究所涉及的法律法规的具体要求，力求满足国外新的技术安全标准，以减少出口中由于法律法规风险所带来的不必要的损失。

5. 贸易壁垒形式分析

2011年涉及其他产品的法律法规主要是各种标准、技术法规、标签要求等，所涉及的贸易壁垒形式仍以技术性贸易壁垒、绿色贸易壁垒为主，与2010年相比并没有实质性变化。我国出口企业应该对相关法律法规的细则和具体要求进行深入分析，并提高出口产品的技术标准、安全标准，尽量减少产品出口过程中因技术性贸易壁垒和绿色贸易壁垒而遭受的经济损失。

（熊云影、张辰）

第十章 中国出口贸易壁垒综合分析与预警

本章首先是对2011年中国出口贸易壁垒进行综合分析，其次是对贸易救济措施、技术性贸易壁垒与绿色贸易壁垒两个专题进行综合分析，再次是对主要国家对华贸易壁垒的分析，最后是对国外法律法规进行综合分析，并提出预警依据及应对策略。

一、中国出口贸易壁垒综合分析

中国出口贸易壁垒综合分析包括月份分析、国别分析、区域分析、行业分析、产品分析和贸易壁垒形式分析。

(一)月份分析

2011年中国出口贸易壁垒事件共763起，比2010年的643起增加了120起，增幅为18.7%。从月份看，6月份最多，为78起；7月次之，为74起；2月、5月、8月、9月、11月份也较多，均超过了60起；1月、3月、4月、10月、12月份相对较少，数量都在60起以下，如图10.1所示。

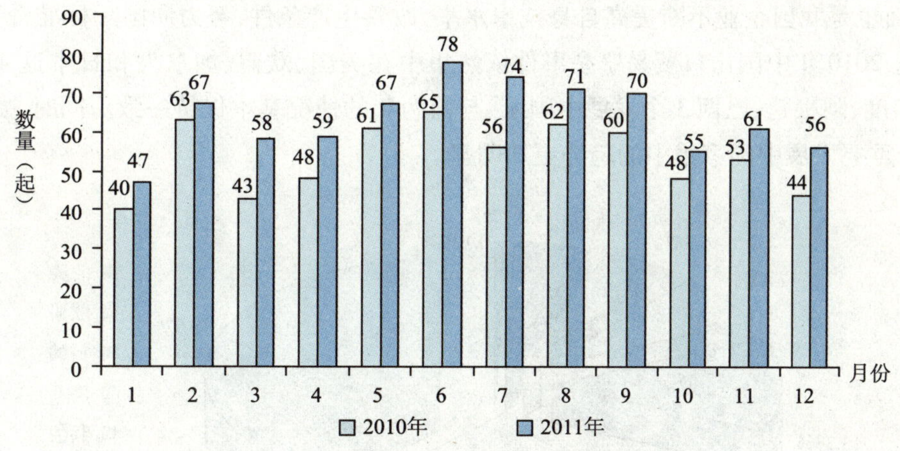

图10.1 2011年中国出口贸易壁垒月份分析

总的来说，2011年中国出口贸易壁垒事件随月份呈现稳中有降的趋势。

(二)国别分析

2011年中国出口贸易壁垒事件涉及的国家共21个，比2009年少了8个，比2007年的25个少了

4个,比2006年的30个少了9个。为了图标的观赏性,图10.2中没有标出对我国贸易壁垒事件在2起及以下的国家(地区)。其中,欧盟、美国对我国的贸易壁垒事件最多,分别为249起、224起;日本、加拿大、印度对我国贸易壁垒事件较多,分别为108起、87起和51起;土耳其、阿根廷和墨西哥在10起至20起之间。其他国家(地区)相对较少。未列出的国家(地区)有哥伦比亚、泰国、乌克兰、印度尼西亚、韩国、新西兰和埃及。

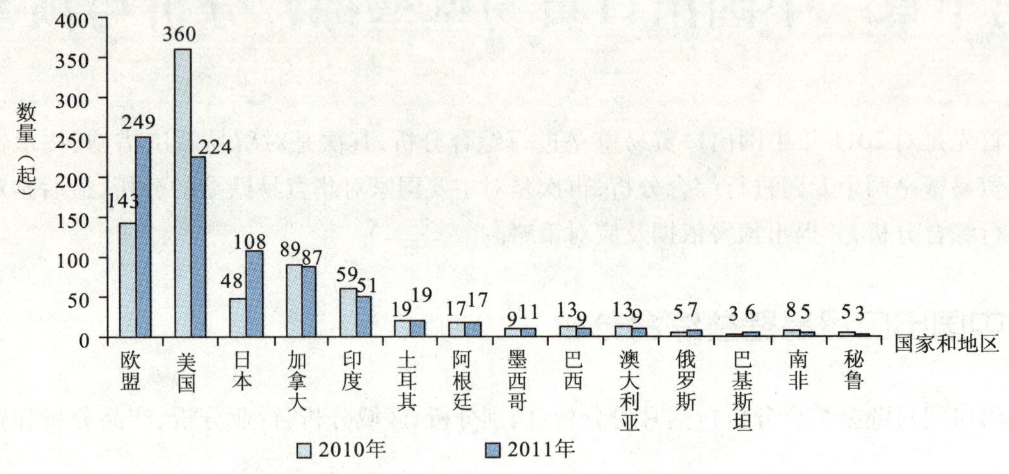

图10.2 2011年中国出口贸易壁垒国别分析

与2010年相比,2011年欧盟、日本对华贸易壁垒事件有所增加,分别增加了74.13%和125%。欧盟贸易壁垒的大幅增加源于2010年基数较低的缘故,2010年欧盟对华贸易壁垒事件相较于2009年几乎下降了一半。由于加拿大与美国同处于北美自由贸易区,有很多标准与美国相同,因此,事件的增多也就在所难免了。而印度和巴西等国不同程度的下降,一方面是由于人民币升值产生的贸易效应,另一方面也是我国企业不断提高自身技术水平、改善生产条件,努力向国际标准看齐的成果。

总的来说,2010年中国出口贸易壁垒事件依然集中在美国、欧盟、加拿大和日本这4个发达国家(地区)以及印度、阿根廷、巴西3个发展中国家,与前两年的情况基本保持一致。同时,贸易壁垒向发达国家和几个重要发展中国家集中的趋势更加明显。

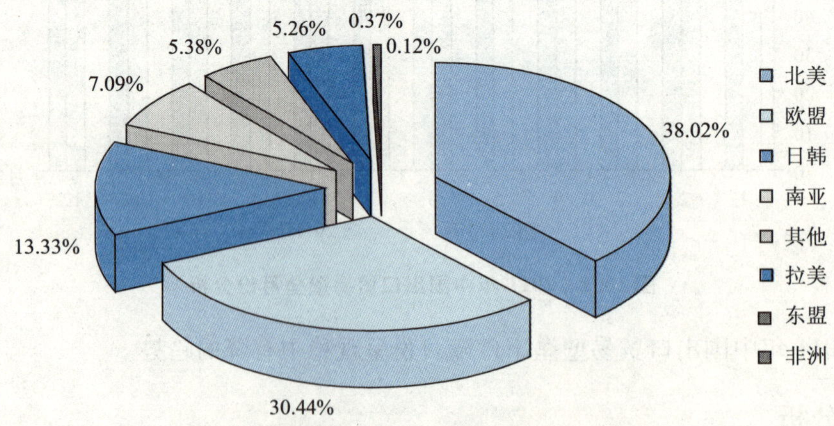

图10.3 2011年中国出口贸易壁垒区域分析(一)

(三)区域分析

2011 年中国出口贸易壁垒事件主要集中在北美自由贸易区和欧盟,这两个区域共计 560 起,占全部事件数量的 68.46%。其中,北美自由贸易区 311 起,占 38.02%;欧盟 249 起,占 30.44%,如图 10.3 所示。

与 2010 年相比,2011 年北美、南亚、拉美、东盟地区对华贸易壁垒事件有所减少,而欧盟、日韩地区有增长。日韩事件连续数年的持续增加是因为技术性贸易壁垒和绿色贸易壁垒的增加导致的,如图 10.4 所示。这就要求我们政府和企业对日韩实施积极的监控和应对,及时根据实际情况做好积极的策略调整。

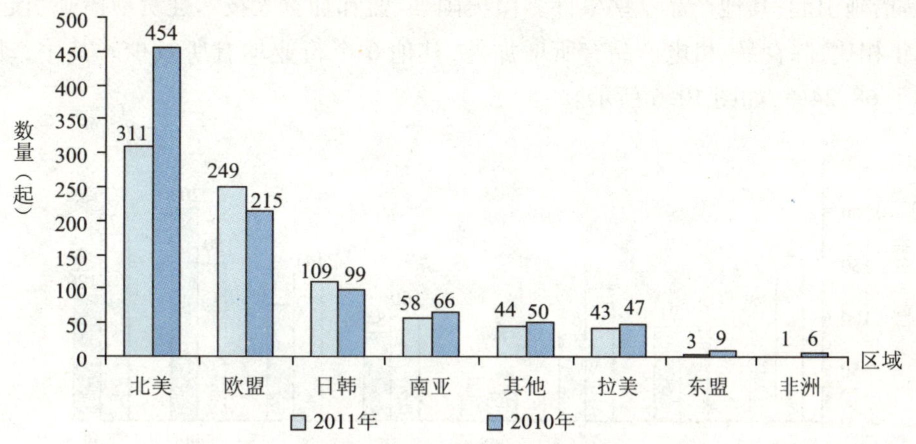

图 10.4 2011 年中国出口贸易壁垒区域分析(二)

总的来说,2011 年北美自由贸易区和欧盟仍然是中国遭遇出口贸易壁垒事件最多的两个区域。它们一方面是为了保护国内消费者的安全和达到既定的社会目标,另一方面也为了在一定程度上保护本国产业,减少国外低价格产品对于本国生产者的冲击,获得更多的政治选票。加上国际形势复杂性的影响,不止北美和欧盟的这种动机愈演愈烈,日韩两国主要在动植物和食品两个行业上提高标准,使得贸易壁垒事件大幅增加;更有很多的发展中国家加入这个行列,例如南亚,使得我国的出口贸易雪上加霜。

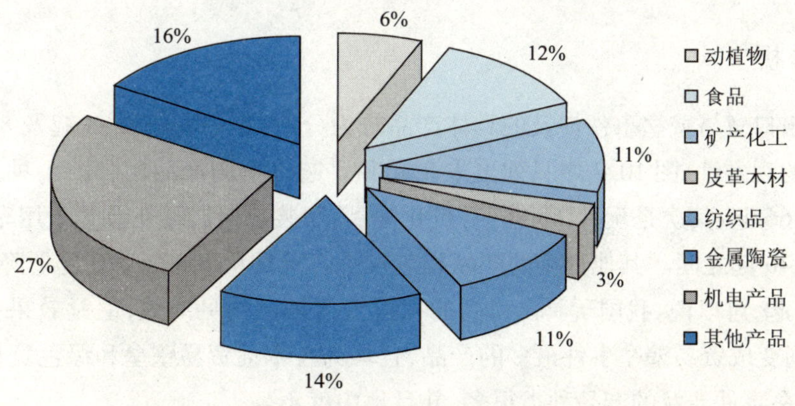

图 10.5 2011 年中国出口贸易壁垒行业分析(一)

(四)行业分析

由图 10.5 可知,2011 年中国出口贸易壁垒事件最多的行业是机电产品,为 203 起,占 27%;其他产品和金属陶瓷玻璃制品也较多,分别为 120 起和 111 起,各占 16% 和 14%;矿产化工产品、食品和纺织品服装在 80 起至 100 起之间;动植物和皮革木材制品相对较少。动植物产品和食品壁垒事件多由欧盟和日本的技术性贸易措施引起;矿产化工产品壁垒事件多由印度、美国和欧盟的贸易救济措施引起;皮革木材制品壁垒事件多由美国的贸易救济措施引起;

纺织品服装壁垒事件多由美国、欧盟和加拿大的技术性贸易措施引起;金属陶瓷玻璃制品壁垒事件多由美国、欧盟的技术性贸易措施和加拿大贸易救济措施引起;机电产品壁垒事件多由美国、欧盟的技术性贸易措施引起;其他产品壁垒事件多由美国、欧盟和加拿大技术性贸易措施引起。

与 2010 年相比,除食品、机电产品有所增加外,其他 6 个行业均有所减少。其中,动植物产品降幅最大,达到了 68.24%,如图 10.6 所示。

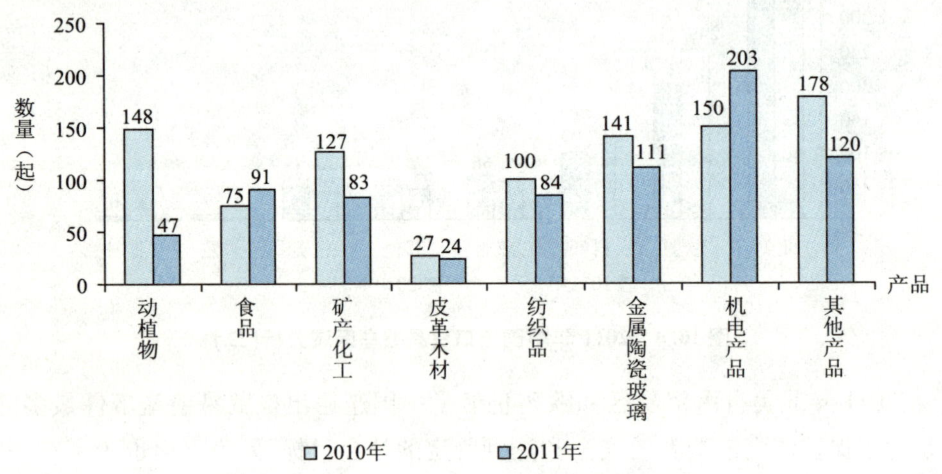

图 10.6 2011 年中国出口贸易壁垒行业分析(二)

总的来说,2011 年较往年而言,各类行业遭受壁垒事件的分布更为平均和稳定,尽管大多数行业有了一定幅度的下降,但仍需注意食品和机电产品这两个行业的出口情况。在此提醒政府和各相关企业注意。

(五)产品分析

2011 年中国出口贸易壁垒事件涉及的具体产品较为分散,集中度较低,8 起及 8 起以上的产品共 79 种。为了图表的观赏性,图 10.7 中只列出来 8 起和 8 起以上的产品,共计 21 种。其中,最多的是家用生活电器,为 66 起;其次是玩具,58 起;有机化学品、服装、灯具、婴儿及儿童用车和其他钢铁制品较多,分布在 20 ~ 40 起之间。其他种类的产品相对较少。玩具从 2009 年 70 起下降至 2010 年 37 起,2011 年反升至 58 起,可以说,我国玩具出口商的积极努力虽已初见成效,但是效果并不十分理想;而服装和家用电器则变成贸易壁垒事件最多的产品,且均为技术性贸易壁垒和绿色贸易壁垒所致。

总的来说,壁垒事件涉及的产品种类很多,并且集中度不高。

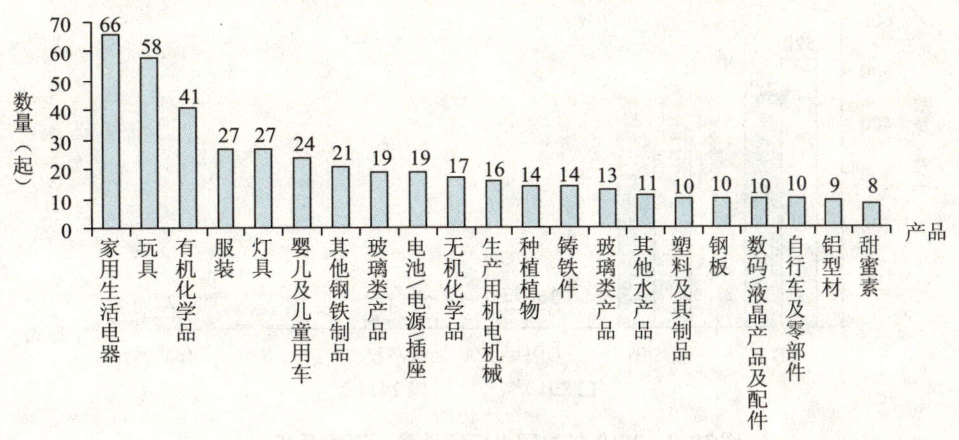

图 10.7　2011 年中国出口贸易壁垒产品分析

(六) 贸易壁垒形式分析

2011 年中国出口贸易涉及的壁垒形式有反倾销、反补贴、保障措施、技术性贸易壁垒、绿色贸易壁垒、进口限制和由知识产权引起的贸易壁垒，所占比例见图 10.8。贸易壁垒事件主要由反倾销、技术性贸易壁垒与绿色贸易壁垒引起，由于技术性贸易措施的复杂性、隐蔽性，并且大部分技术性贸易措施具有一定的科学合理性，美国、欧盟、日本凭借自身的技术优势、标准体系优势、消费者诉求等多方面的有利特征来设置各种各样的技术法规、标准和合格评定程序，在实质层面上负面影响了我国产品的出口。采取反倾销措施是由于其方便性强，对特定产业的保护针对性更强，并可获得一定的国家财政收入，因此多被印度、巴西、墨西哥、阿根廷等发展中国家采取并作为最主要的壁垒形式。

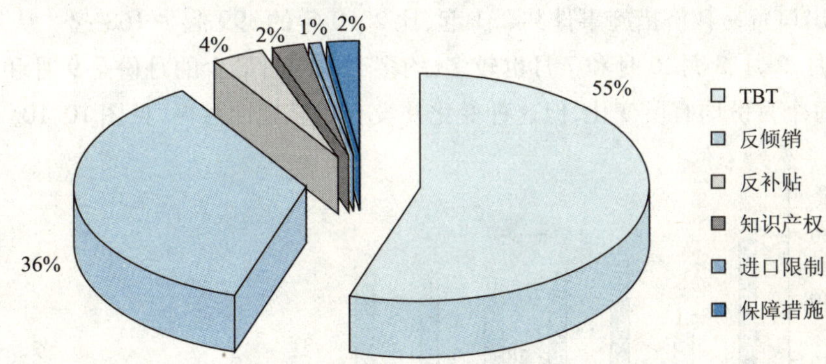

图 10.8　2010 年中国出口贸易壁垒形式分析(一)

TBT 和反倾销仍然是贸易壁垒的最重要表现形式，与 2010 年相比整体呈现出下降趋势。进口限制和保障措施事件数量变化不大。就 2011 年来说，技术性贸易壁垒与绿色贸易壁垒仍然是最主要的贸易壁垒形式，如图 10.9 所示。在此，提醒政府主管部门和相关企业注意。

总的来说，同前两年一样，2011 年反倾销、技术性贸易壁垒与绿色贸易壁垒仍然是最重要的贸易壁垒形式，如图 10.9 所示，是我国出口贸易应该重点跨越的壁垒形式。

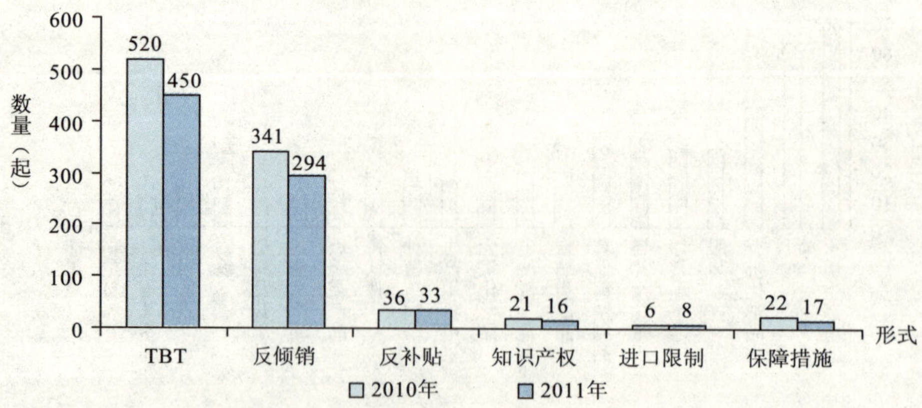

图 10.9　2010 年中国出口贸易壁垒形式分析(二)

二、贸易救济措施综合分析

中国出口产品所遇贸易救济措施综合分析包括月份分析、国别分析、区域分析、行业分析、产品分析和形式分析。从月份看,2011 年中国出口贸易救济措施事件随月份由多到少分布。从国别看,事件主要集中在美国、欧盟和加拿大 3 个经济发达国家(地区)和印度、巴西、阿根廷 3 个发展中国家。从区域看,北美自由贸易区、南亚和欧盟 3 个地区是事件最多的 3 个区域。从形式看,反倾销事件占了绝大多数,反补贴和保障措施事件相对较少。

(一)月份分析

2011 年中国出口贸易救济措施事件共 231 起,比 2010 年的 399 起少 168 起。从月份来看,5 月份最多,为 28 起;1 月、2 月、3 月、6 月和 7 月也较多,均多于 20 起;最少的月份是 9 月和 10 月,为 14 起。与 2010 年相比,每个月份均有所变化,但这种变化并没有明显规律可循,见图 10.10。

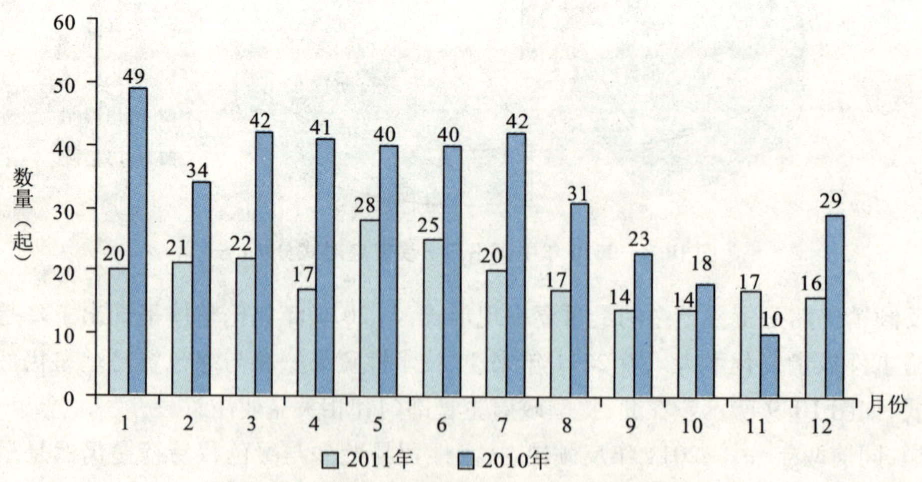

图 10.10　2011 年中国出口贸易壁垒月份分析

总的来说,2011 年各月份贸易救济措施事件均较多,从 14 起到 28 起随机分布,并没有体现出明显的规律性。

(二)国别分析

2011 年中国出口贸易救济措施事件涉及的国家和地区共 21 个,比 2010 年的 26 个少了 5 个,事件总量减少了 115 起。从图 10.11 中可以看出,不少国家和地区或多或少都有减少。从国别看,美国的事件最多,为 59 起,占全部事件数量的 20.77%;欧盟其次,为 52 起,占 18.44%;印度的事件数量也较多,为 51 起,占 17.96%。

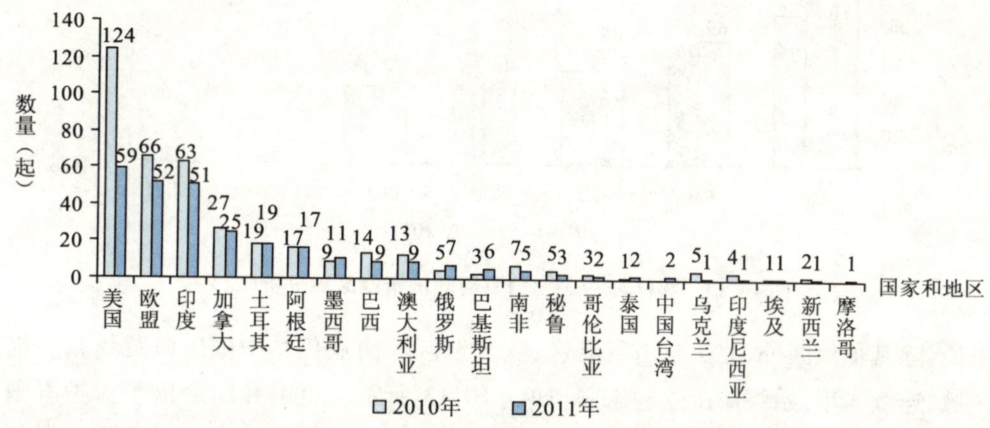

图 10.11　2011 年中国出口贸易救济措施国别分析

总的来说,美国、欧盟、印度、加拿大和土耳其仍是对华发起贸易救济措施事件最多的国家和地区。一方面是因为这些国家是我国的主要贸易伙伴,贸易量大并且贸易商品的种类齐全,另一方面是因为这些国家不承认我国的市场经济地位,高估了我国出口产品的生产成本。另外,也是由于这些国家国内特定利益集团的经济利益诉求的表现。

(三)区域分析

2011 年中国出口贸易救济措施事件主要集中在北美自由贸易区、南亚和欧盟区域,共计 192 起,占全部事件数量的 67.84%,如图 10.12 所示。

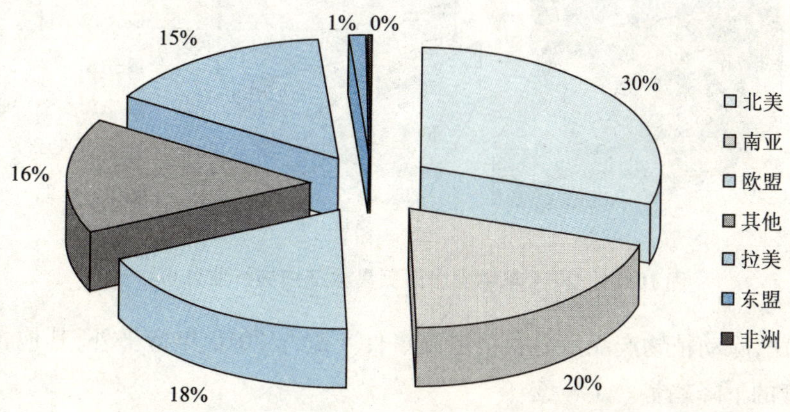

图 10.12　2011 年中国出口贸易救济措施区域分析(一)

与2010年相比,2011年间各地区救济贸易措施都有所减少,北美自由贸易区的事件多由美国发起;南亚的事件多由印度发起;拉美地区的事件多由巴西、阿根廷发起。各区域的发起国家比较集中,分散度很低。

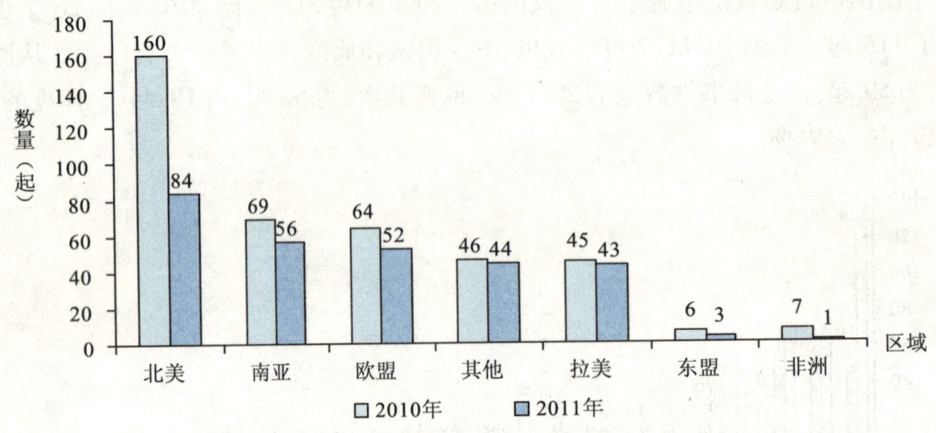

图10.13 2011年中国出口贸易救济措施区域分析(二)

总的来说,除其他地区外,北美自由贸易区、欧盟地区和南亚仍是中国出口贸易救济措施事件最多的3个区域,连续3年,始终保持这种态势,如图10.13所示。美国和印度出于保护本国产业的目的,在2011年对中国出口的产品实施了大量的贸易救济措施。在此,继续提醒政府主管部门和相关出口企业密切关注这些区域中的重点国家所实施的反倾销、反补贴和保障措施,尤其是反倾销措施。

(四)行业分析

2011年中国出口贸易救济措施事件主要集中在金属陶瓷玻璃制品、矿产化工产品,共计153起。其中,金属陶瓷玻璃制品最多,为84起;矿产化工为69起。

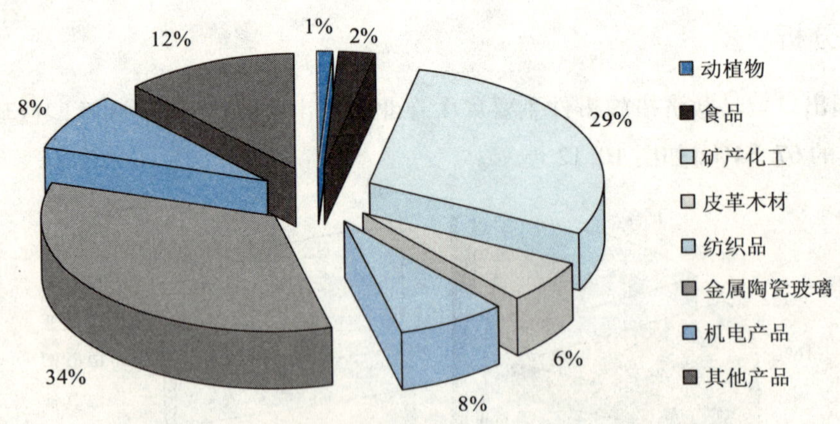

图10.14 2011年中国出口贸易救济措施行业分析(一)

与2010年相比,除动植物产品贸易救济措施事件4起与2010年持平外,其他各个行业产品事件均呈现出不同程度的下降趋势。

总的来说,矿产化工、金属陶瓷玻璃、其他仍是中国产品出口贸易遭受国外贸易救济措施最多的3

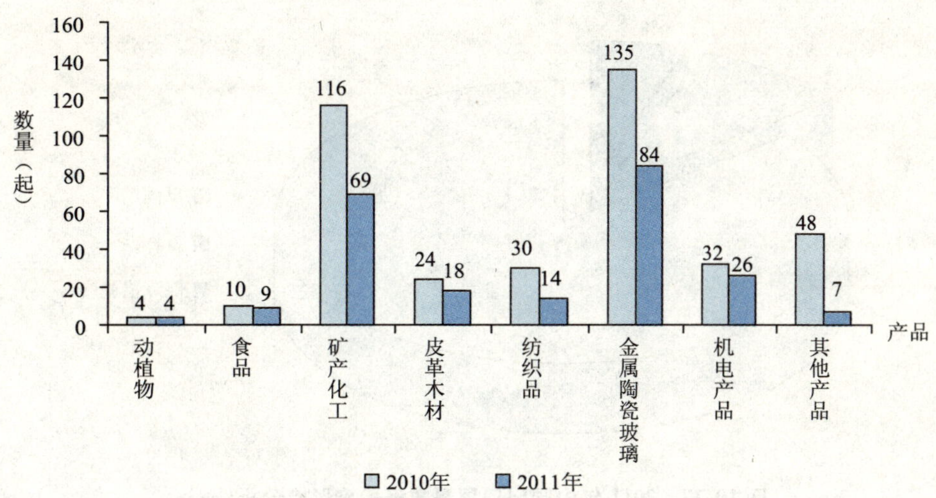

图 10.15　2011 年中国出口贸易救济措施行业分析(二)

行业，尤其是矿产化工和金属陶瓷玻璃，这两个行业连续 4 年一直处于前两位。这些行业的出口企业应寻求有效的应对策略，以最大限度地减少经济损失。

(五)产品分析

2011 年中国出口贸易救济措施涉及的具体产品较为分散，4 起及 4 起以上事件的具体产品共 20 种。最多的产品类别是钢铁制品，为 35 起，占全部贸易救济措施事件的 8.8%；管材也较多，为 34 起，占全部贸易救济措施事件的 8.75%；钢板、家具、铜版纸和玻璃类产品分布在 10 ~ 20 起之间；其他种类的产品相对较少，均不多于 10 起。图 10.16 未标出 4 起以下事件的具体产品。

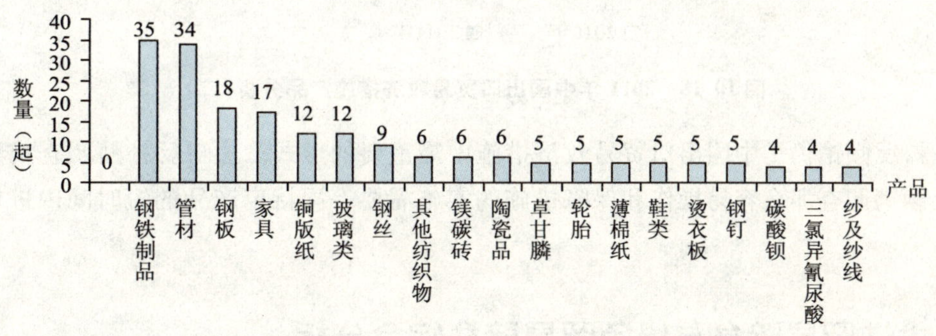

图 10.16　2011 年中国出口贸易救济措施产品分析

总的来说，2011 年贸易救济措施事件分布较 2010 年更为广泛，除钢铁制品、管材相对较多外，其他产品均比较少，但大部分产品的绝对数量都多于 2010 年。

(六)形式分析

2011 年中国出口贸易救济措施事件涉及的形式有反倾销、反补贴和保障措施。其中，最多的是反倾销事件，占 85%；其次是反补贴，占 9%；最少的是保障措施事件，占 6%，如图 10.17 所示。

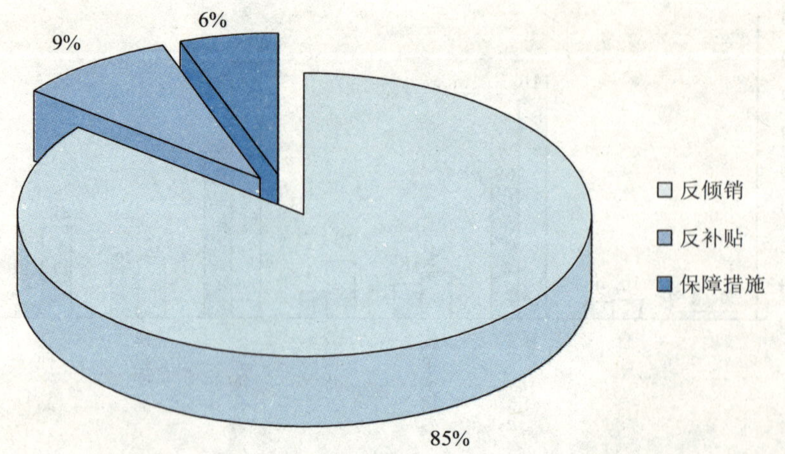

图 10.17　2011 年中国出口贸易救济措施形式分析(一)

由图 10.18 可知,与 2010 年相比,3 种形式的事件绝对数量都有所减少。需要提及的是,保障措施事件在 2009 年有了大幅度提升后,连续两年又有所下降。因此,其趋势并不明朗,应引起注意。

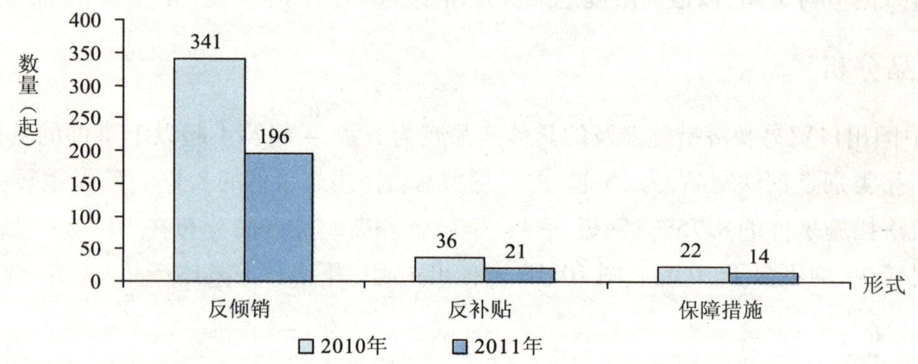

图 10.18　2011 年中国出口贸易救济措施产品分析(二)

总的来看,反倾销仍是中国出口贸易救济措施中最重要的形式。这与反补贴调查难于反倾销调查,也没有反倾销调查那么容易操作和保障措施的实施需要一国特定产品的短时间内进口数量剧增的前提有关。

三、技术性贸易壁垒与绿色贸易壁垒综合分析

中国出口产品所遇技术性贸易壁垒与绿色贸易壁垒综合分析包括月份分析、国别分析、行业分析和产品分析。从月份看,2011 年中国出口贸易技术性贸易壁垒与绿色贸易壁垒事件随月份随机分布,没有明显的趋势,9 月事件数量较多。从国别看,壁垒事件主要集中在美国和欧盟,涉及的其他国家相对较少。从行业看,机电产品和其他产品是受技术性贸易壁垒与绿色贸易壁垒影响最严重的两个行业。从产品看,事件涉及的产品种类很多,除玩具外,其他种类产品均较少。

(一)月份分析

2011 年中国出口贸易技术性贸易壁垒与绿色贸易壁垒事件共 532 起,比 2010 年的 518 起增加了 14 起,增幅为 2.63%。从月份看,9 月最多,为 56 起;4 月、6 月、7 月、8 月、10 月、11 月和 12 月较多,均多于 40 起,如图 10.19 所示。

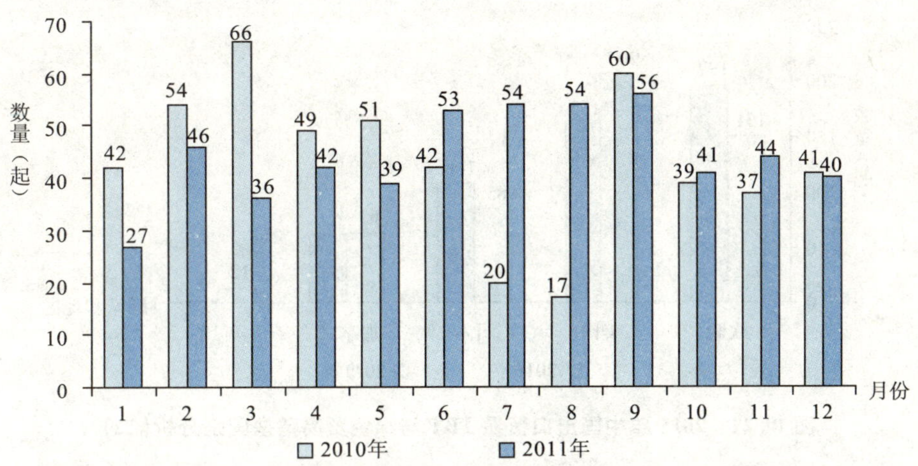

图 10.19　2011 年中国出口贸易 TBT 与绿色贸易壁垒月份分析

与 2010 年相比,2011 年上半年事件数量有所减少,下半年整体有所增加,尤其是 6 月、7 月和 8 月份增长幅度较大。总的来说,2011 年中国出口贸易技术性贸易壁垒与绿色贸易壁垒事件随月份随机分布,没有表现出明显的趋势。

(二)国别分析

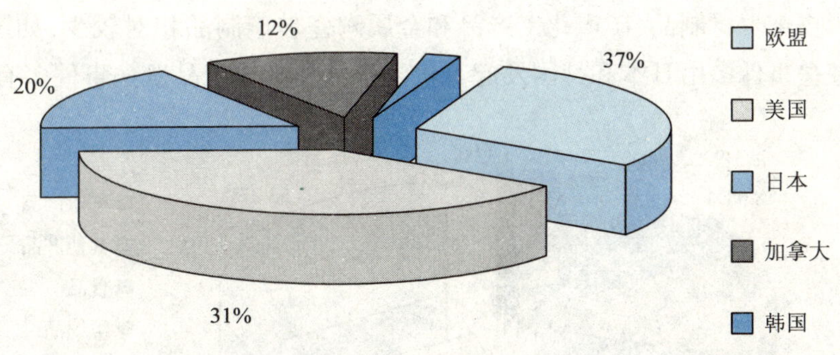

图 10.20　2011 年中国出口贸易 TBT 与绿色贸易壁垒国别分析(一)

2011 年中国出口贸易技术性贸易壁垒与绿色贸易壁垒事件主要集中在欧盟、美国和日本。其中,欧盟最多,为 197 起,占 37%;其次是美国,为 165 起,占 31%。韩国最少,仅为 1 件,如图 10.20 所示。

由图 10.21 可知,与 2010 年相比,2011 年美国、加拿大和韩国的 TBT 与绿色贸易壁垒事件都有所减少,但美国和日本有所增加,这主要是因为日本对动植物和食品两类产品的要求更加严格;欧盟采取的形式多为发出消费者警告,原因多为中国的出口产品不符合相关技术法规和指令,容易给消费者带来生命和财产危害。美国采取的形式多为政府主管部门和进口商对中国的出口产品进行联合召回,原因是我国的出口产品已经或者有可能对消费者的健康、生命和财产带来危险。日本主要针对我国的动植物产品和食品,采取的形式多为扣留检查,原因是我国出口的动植物产品和食品的农药残留等标准不符合日本的技术要求。更深层次的原因是,我国与欧盟、美国、日本的经济发展阶段不同,标准水平和标准体系、安全要求、环保要求均没有它们的高和完善,导致了实质层面的技术差异。这种实质差异严重影响了我国产品的出口。

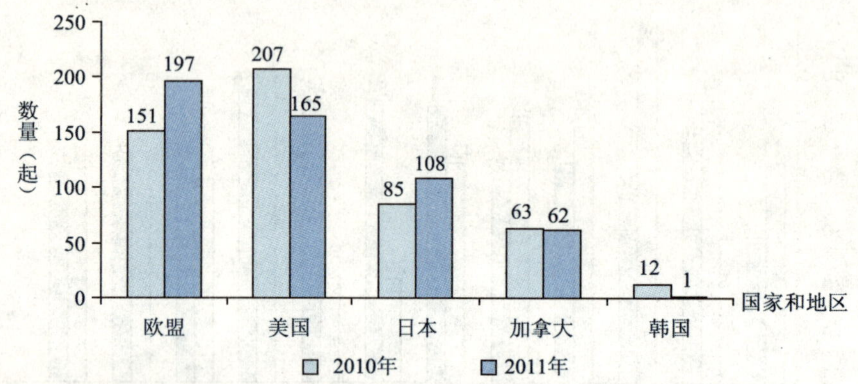

图 10.21　2011 年中国出口贸易 TBT 与绿色贸易壁垒国别分析(二)

总的来说,欧盟、美国和日本这三大经济体仍是我国产品出口遭遇技术性贸易壁垒与绿色贸易壁垒最主要的国家和地区。因此,我国政府主管部门和相关出口企业应继续着重关注这几个国家(地区)的技术性贸易措施的颁布和修改。

(三)行业分析

2011 年中国出口贸易技术性贸易壁垒与绿色贸易壁垒事件主要集中在机电产品和其他产品。其中,机电产品最多,为 177 起,占 33.27%;其次是其他产品,为 113 起,占 21.24%。食品、纺织品和动植物产品也较多。皮革木材制品、矿产化工产品和金属陶瓷玻璃制品相对较少,如图 10.22 所示。动植物产品和食品壁垒事件多由日本和韩国发起。机电产品和其他产品壁垒事件多有美国、欧盟发起。

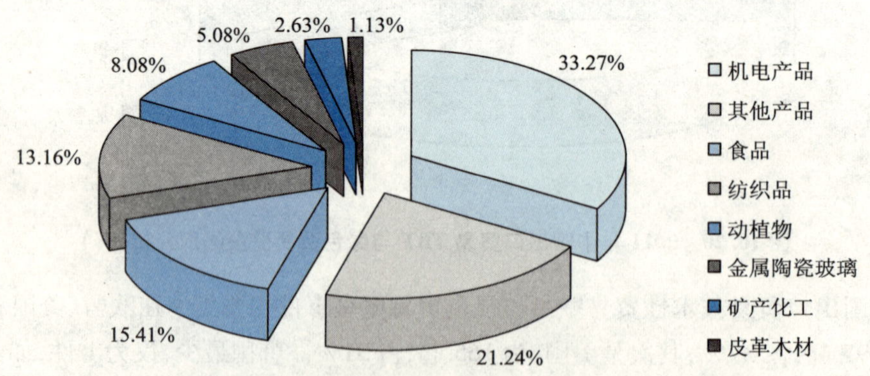

图 10.22　2011 年中国出口贸易 TBT 与绿色贸易壁垒行业分析(一)

与 2010 年相比,2011 年除机电产品行业有明显增加外,其他行业基本维持稳定或有不同程度的减少。其中动植物产品减少最多,绝对数值为 43 起,如图 10.23 所示。

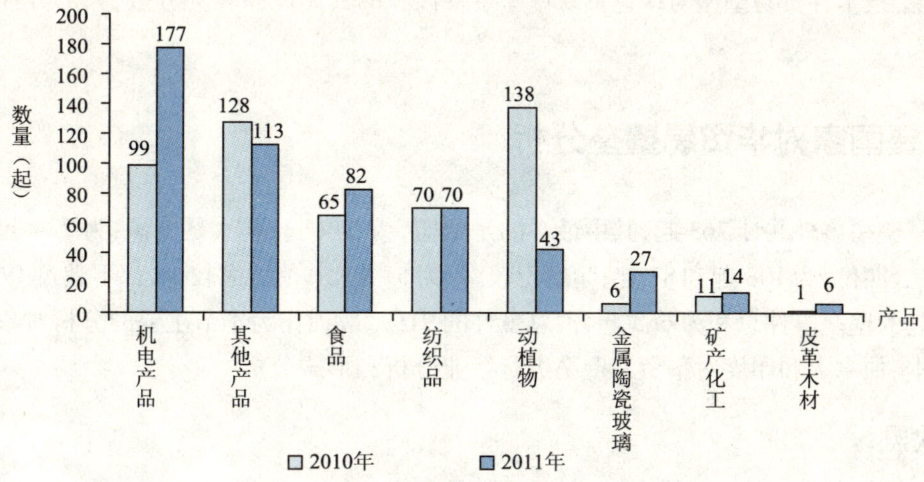

图 10.23 2011 年中国出口贸易 TBT 与绿色贸易壁垒行业分析(二)

总的来说,动植物、纺织品、机电产品和其他产品是受到技术性贸易壁垒与绿色贸易壁垒影响最大的 4 个行业。一方面是因为这 4 个行业是我国具有比较优势的行业,出口量较大,出口地区主要集中在欧盟、美国和日本等经济发达国家(地区);另一方面是因为这些行业的产品多为最终的消费品而非生产的中间投入品,而欧盟、美国、日本的消费者对于消费品的安全要求和环保要求较中国高。因此,我国出口企业应着重于提高产品的安全标准和环保标准,政府应为企业的技术引进和技术革新提供必要和有效的政策支持。

(四)产品分析

2011 年中国出口贸易技术性贸易壁垒与绿色贸易壁垒事件涉及的具体产品较为分散,4 起及 4 起以上事件的产品共 20 种。最多事件的产品是服装,为 53 起,占全部事件数量的 10%;家用电器、玩具、花生、婴儿床也较多,分别为 39 起、34 起、27 起和 20 起。其他种类产品相对较少,均不多于 10 起。图 10.24 未标出 4 起以下事件的具体产品。

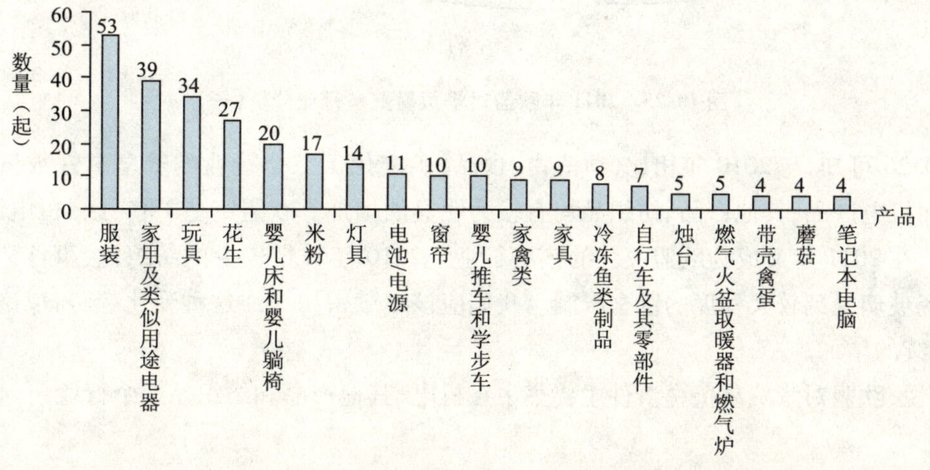

图 10.24 2010 年中国出口贸易 TBT 与绿色贸易壁垒产品分析

总的来说，技术性贸易壁垒与绿色贸易壁垒事件涉及的具体产品较为分散，大部分种类产品的事件不多于7起。

四、主要国家对华贸易壁垒分析

对华贸易壁垒事件共计763起，其中最多的是欧盟，为249起；其次是美国，为224起；日本、加拿大分别居第三、四位，为108起和87起；印度也较多，为51起，其他国家较少，都不超过19起。由于前四个国家发起的壁垒事件总和为668起，占总事件的91%，故而作为本节主要的分析对象。本节对欧盟、美国、日本、加拿大和印度对华贸易壁垒进行行业分析和形式分析。

（一）欧盟

欧盟对华贸易壁垒分析包括行业分析和形式分析。从行业看，壁垒事件主要集中在机电产品、其他产品和纺织品三个行业；从壁垒形式看，主要是技术性贸易壁垒与绿色贸易壁垒事件。

1. 行业分析

2011年欧盟对华贸易壁垒事件共249起，比2010年的143起增加了106起。从行业看，欧盟对华贸易壁垒事件主要集中在机电产品、其他产品、纺织品和金属陶瓷玻璃；动植物最少，仅为2起。最多的是机电行业，为73起，占29%，如图10.25所示。

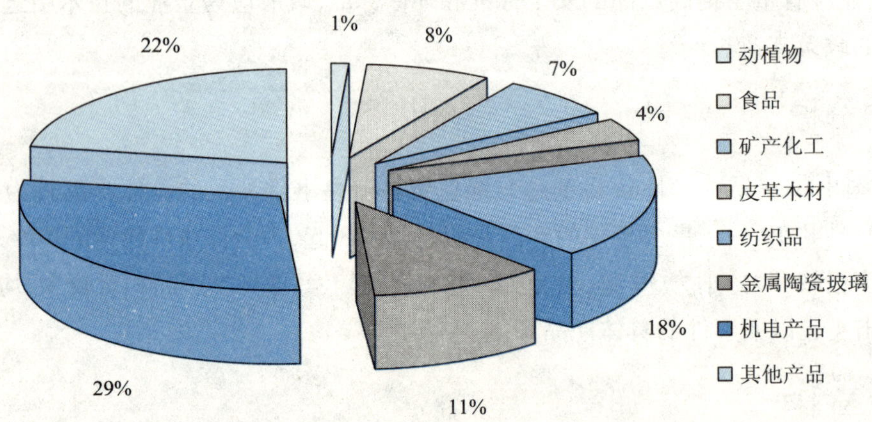

图10.25　2011年欧盟对华贸易壁垒行业分析（一）

由图10.26可知，与2010年相比，动植物、食品、矿产化工三个行业的壁垒事件数量均有较大幅度的下降；而机电产品、其他产品、纺织品均有较为明显的增加。欧盟壁垒“重灾区”机电产品、其他产品和纺织品，在2011年又成为欧盟关注的核心行业。2010年数量较少的纺织业，事件数量激增。另外，金属陶瓷玻璃受到较大程度的壁垒限制。我们应该继续密切关注这种变化趋势，以确定是偶然的剧增还是持续的增加。

总的来说，欧盟对华贸易壁垒事件主要集中在机电、其他产品和纺织品三个行业。

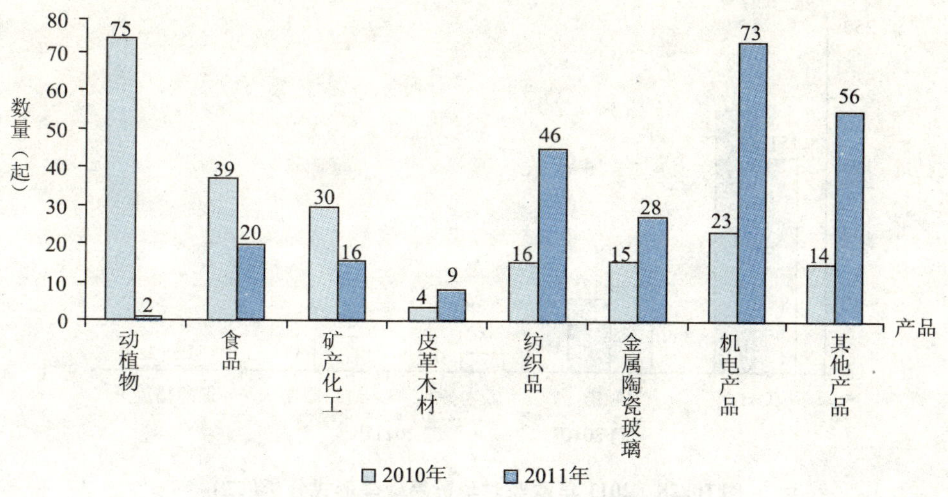

图 10.26　2011 年欧盟对华贸易壁垒行业分析(二)

2. 形式分析

2011 年欧盟对华贸易壁垒事件涉及的壁垒形式有反倾销、反补贴、技术性贸易壁垒与绿色贸易壁垒、保障措施和进口限制。技术性贸易壁垒与绿色贸易壁垒事件最多,为 197 起,占 79%;其次是反倾销事件,为 52 起,占 21%,如图 10.27 所示。

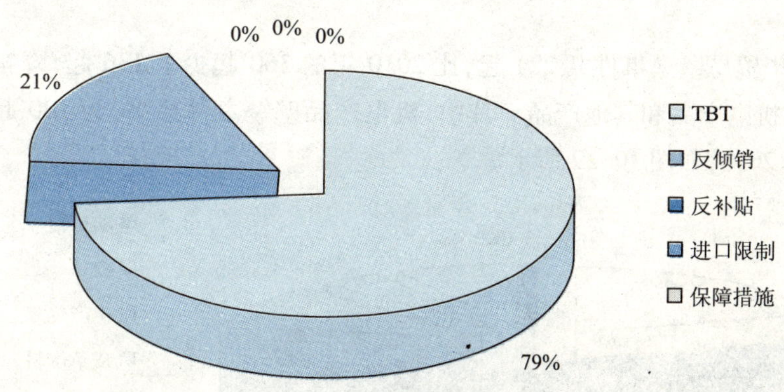

图 10.27　2011 年欧盟对华贸易壁垒形式分析(一)

与 2010 年相比,2011 年的技术性贸易壁垒与绿色贸易壁垒事件增加了 46 起,反倾销减少了 8 起,如图 10.28 所示。欧盟对华技术性贸易壁垒与绿色贸易壁垒事件数量仍然处于最高,这主要是由于其相对于中国来说有较高的食品卫生标准和安全要求。因此,相关部门和企业应尽快出台应对措施。反倾销的壁垒形式,在 2011 年仅出现少量回落,从 2009 年的 40 件陡增为 2010 年的 60 件后,至 2011 年少量回落到 52 件。这说明,发达国家并没有放松对反倾销这一壁垒形式的应用。我国出口企业在最大限度克服自身缺陷的同时,也要积极应诉,相关部门应提供有效信息帮助企业,尽量避免损失。

总的来说,欧盟对华贸易壁垒事件仍旧以技术性贸易壁垒与绿色贸易壁垒、反倾销两种壁垒形式为主,反补贴、进口限制和保障措施也有所涉及。

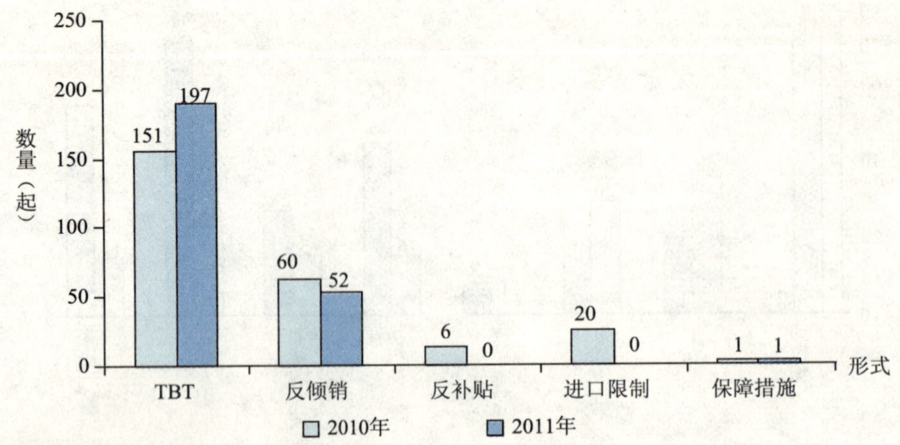

图 10.28　2011 年欧盟对华贸易壁垒形式分析(二)

(二)美国

美国对华贸易壁垒分析包括行业分析和形式分析。从行业看,壁垒事件主要集中在机电产品、其他产品、金属陶瓷玻璃制品;从壁垒形式看,技术性贸易壁垒与绿色贸易壁垒、反倾销是美国对华最主要的贸易壁垒形式。

1. 行业分析

2011 年美国对华贸易壁垒事件共 224 起,比 2010 年的 360 起少了 136 起,降幅为 38%。从行业看,事件主要集中在机电产品和其他产品。其中,机电产品壁垒事件最多,为 100 起,占 45%;其他产品其次,为 46 起,占 20%,如图 10.29 所示。

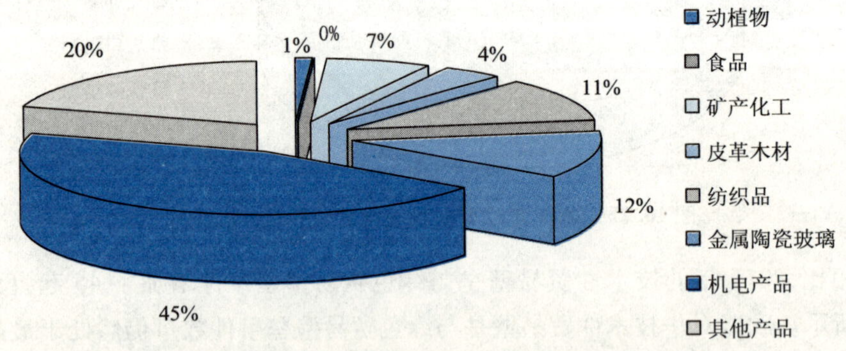

图 10.29　2011 年美国对华贸易壁垒行业分析(一)

由图 10.30 可知,与 2010 年相比,除机电产品事件大幅度增加外,其他 4 个行业均有所减少。其他产品和机电产品仍是受壁垒影响最严重的两个行业。纺织品的事件数量本年度虽略小于金属陶瓷玻璃产品,但数值仍然偏高,说明纺织品在未来几年中仍然是受美国贸易壁垒影响较严重的行业。这种趋势需要我们继续关注和积极应对。

总的来说,连续 5 年的数据显示,其他产品和机电产品是受美国贸易壁垒影响最大的两个行业。金属陶瓷玻璃成为第三大受壁垒影响的行业,而壁垒对纺织业的影响仍然很大。

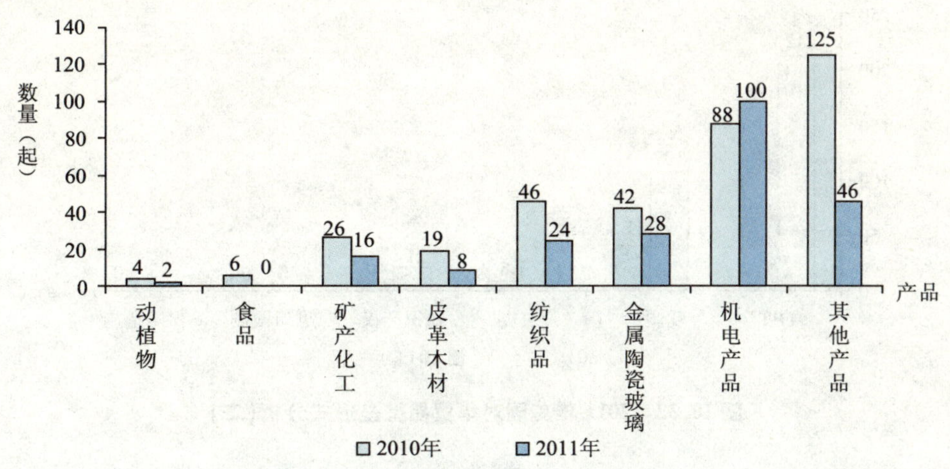

图 10.30 2011 年美国对华贸易壁垒行业分析(二)

2. 形式分析

2011 年美国对华贸易壁垒事件涉及的壁垒形式有反倾销、反补贴、技术性贸易壁垒与绿色贸易壁垒、保障措施和进口限制。美国是涉及壁垒形式最多的国家。反倾销和技术性贸易壁垒与绿色贸易壁垒是美国对华最主要的壁垒形式。其中,技术性贸易壁垒和绿色贸易壁垒事件最多,为 165 起,占 74%;其次是反倾销,为 41 起,占 18%。其他壁垒形式的事件数量相对较少。需要说明的是,图 10.31 中所示进口限制及保障措施所占比例均为 0% 并不代表进口限制及保障措施的事件数量为 0 起,只是由于绝对数量太小所致,在此说明。

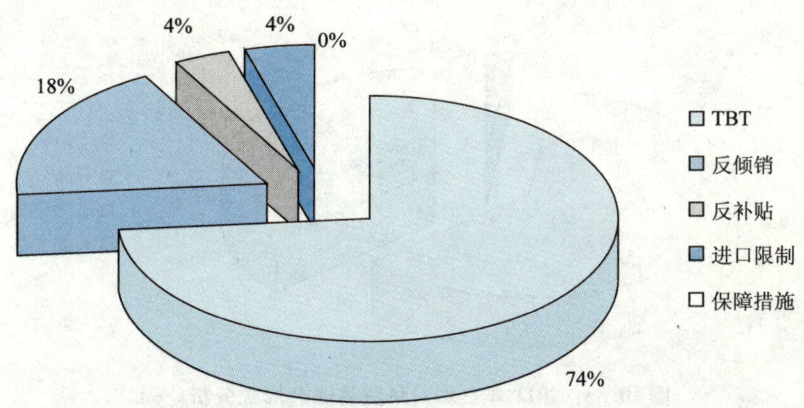

图 10.31 2011 年美国对华贸易壁垒形式分析(一)

由图 10.32 可知,与 2010 年相比,除保障措施及进口措施外,其他 4 种壁垒形式的事件数量均有所下降。其中,反倾销事件下降最多,绝对数量下降 66 起,降幅为 62%;进口限制持平,所占比例仍然为 0%,保障措施有所增加。反倾销事件回落,表明美国所采取的贸易手段得到了有效的抑制。同时我们也要注意到,我国仍然是美国反倾销的主要针对国,绝对数量仍然达到了 41 起。

总的来说,技术性贸易壁垒与绿色贸易壁垒已经成为美国对华最重要的壁垒形式,但反倾销事件的数量连续 5 年也在持续增加,2011 年稍有回落,从 2006 年的 42 起增至 2011 年 165 起。因此,我们对这两种壁垒形式都要给予充分的关注和重视。

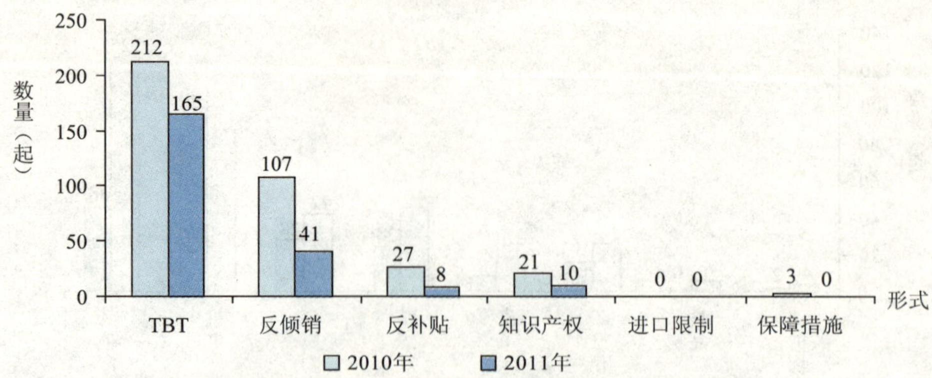

图 10.32　2011 年美国对华贸易壁垒形式分析(二)

(三)日本

日本对华贸易壁垒分析包括行业分析和形式分析。从行业看,壁垒事件涉及动植物类产品、食品、矿产化工三个行业;从壁垒形式看,全部为技术性贸易壁垒与绿色贸易壁垒事件,其他形式均无涉及。

1. 行业分析

2011 年日本对华贸易壁垒事件涉及的行业有动植物产品、食品、矿产化工 3 个行业,与 2010 年相比,其他产品数量减少至 0,且矿产化工行业依旧为少数,最多的为食品的壁垒事件,为 67 起,占 61%;其次是动植物类,为 40 起,占总数的 37%,如图 10.33 所示。

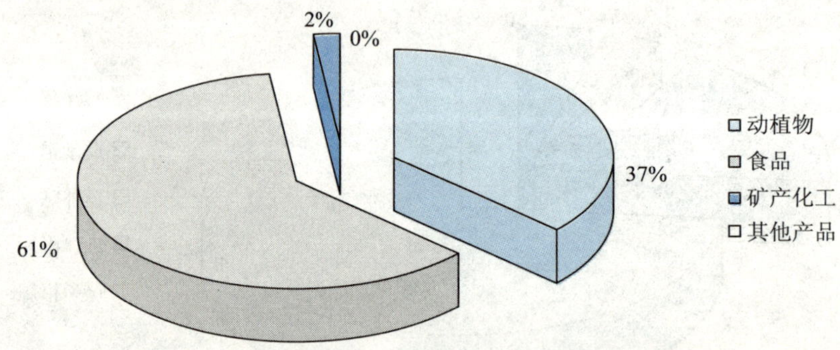

图 10.33　2011 年日本对华贸易壁垒形式分析(一)

由图 10.34 可知,与 2010 年相比,食品有较大幅度的增加,由 2010 年的 27 起增加至 2011 年的 67 起,增幅为 148%;动植物由 2010 的 51 起降至 2011 年的 40 起;另外,矿产化工与上年持平,其他产品降低至 0 起,总体数量较少、较为平稳,但由于时间较短,还不能得出其走势和规律。因此需要进一步观察。

总体来看,日本对华贸易壁垒所涉及的行业较为集中,但所涉及的产品种类却很分散。

总的来说,动植物类产品及其下游产业——食品行业仍是日本对华贸易壁垒事件最集中的行业,并且绝大多数与日本提高动植物类产品农药和兽药残留量标准的修改有关。

2. 形式分析

2011 年日本对华贸易壁垒事件只涉及技术性贸易壁垒与绿色贸易壁垒事件,有 108 起。与 2010

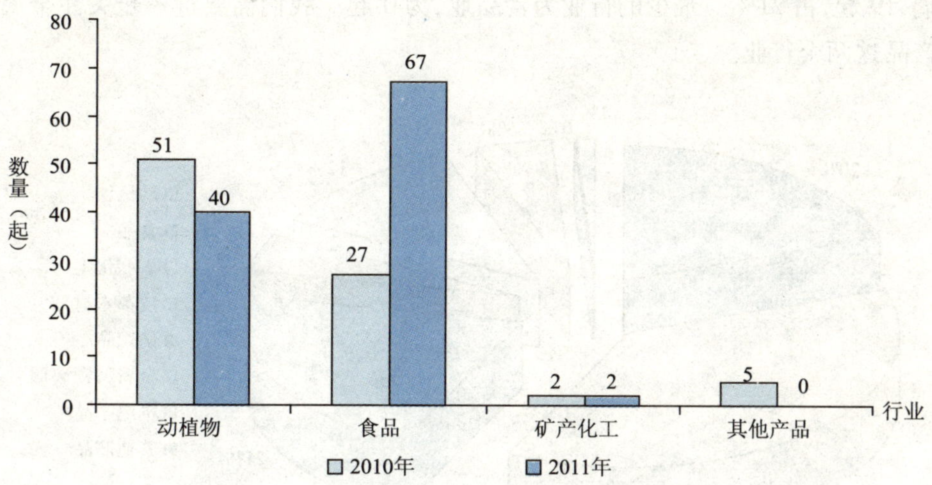

图 10.34 2011 年日本对华贸易壁垒形式分析(二)

年相比,技术性贸易壁垒与绿色贸易壁垒事件有较大幅度的提高,从 2010 年的 85 起增至 2011 年的 108 起,增幅为 27%,如图 10.35 所示。

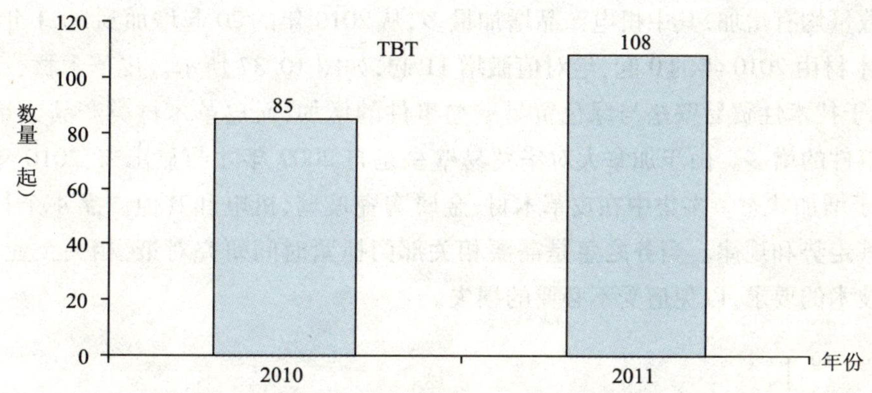

图 10.35 2011 年日本对华贸易壁垒形式分析

日本对华技术性贸易壁垒和绿色贸易壁垒如此之多,是因为:首先,数量限制废除和关税削减,正当理由的 TBT 成为首选;其次,绿色壁垒的形式多样化、环境标准的复杂化、检疫措施的苛刻等,成为我国产品出口的阻碍;再次,技术壁垒的实质不是技术标准本身而是贸易双方技术标准上的差异,需要适时关注日本新出台政策和法规标准。

(四)加拿大

加拿大对华贸易壁垒分析包括行业分析和形式分析。从行业看,壁垒事件主要集中在机电产品、金属陶瓷玻璃和其他产品中;从壁垒形式看,技术性贸易壁垒与绿色贸易壁垒是最为主要的贸易壁垒形式。

1. 行业分析

由图 10.36 可知,2011 年加拿大对华贸易壁垒事件共涉及 8 个行业,主要集中在皮革木材、金属陶瓷玻璃、机电和其他产品 4 个行业,共 87 起,占 90%。其中机电产品最多,为 34 起,占 37%;其次是金属陶瓷玻璃,19 起,占 21%。最少的行业为食品业,为 0 起。我们需要进一步关注金属陶瓷玻璃类产品和其他产品这两个行业。

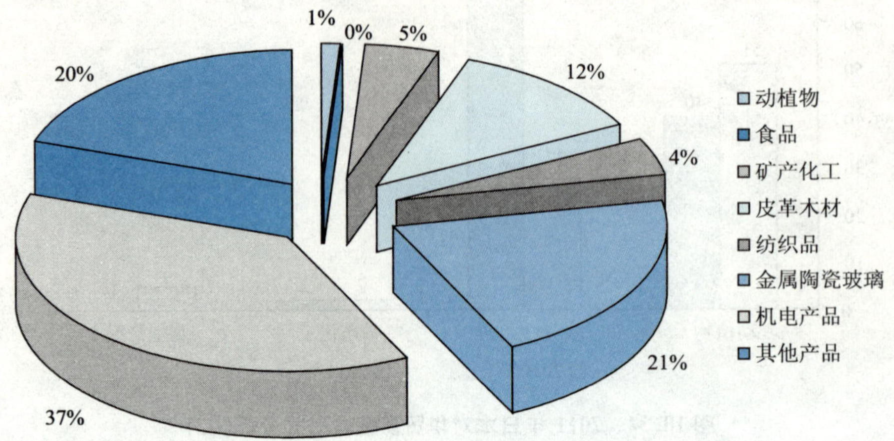

图 10.36　2011 年加拿大对华贸易壁垒行业分析(一)

相较于 2010 年,2011 年除纺织品、金属陶瓷玻璃、其他产品的壁垒事件略有减少外,其他 4 个行业的壁垒事件数量均有增加,其中机电产品增加最多,从 2010 年的 20 起增加到 2011 年的 34 起,增幅为 170%;皮革木材由 2010 年的 0 起,绝对值激增 11 起,如图 10.37 所示。皮革木材行业壁垒数量的激增,主要是由于技术性贸易壁垒与绿色贸易壁垒事件的增加,而皮革木材类产品数量的增加,则主要源于反倾销事件的增多。由于加拿大对华贸易壁垒是自 2009 年才凸显出来,2010 年增势很猛烈,2011 年仍然处于增加状态。多集中在皮革木材、金属陶瓷玻璃、机电和其他产品 4 个行业,我们还需要进一步观察其走势和规律。当务之急是需要相关部门抓紧时间研究对策,相关企业尽快适应其对安全性和环保技术的要求,以免遭受不必要的损失。

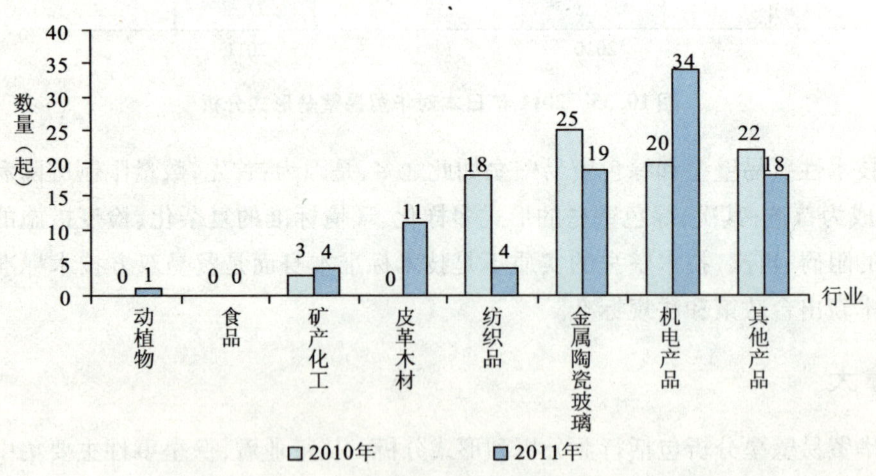

图 10.37　2011 年加拿大对华贸易壁垒行业分析(二)

总的来说,由于加拿大为发达国家,对于产品的安全标准要求较高,尽管其对华贸易壁垒事件涉及行业较为广泛,但主要集中其他行业和机电行业中的玩具和自行车、烤箱等产品上。因此,对于出口的玩具、自行车以及家用电器等产品的安全标准应该引起相关部门和企业的足够重视。

2. 形式分析

2011 年加拿大对华贸易壁垒事件涉及的壁垒形式有技术性贸易壁垒与绿色贸易壁垒、反倾销和反补贴三种。其中最多的是技术性贸易壁垒与绿色贸易壁垒事件,为 62 起,占事件总数的 71%;其次是反倾销事件,为 16 起,占事件总数的 19%;反补贴事件为 9 起,占事件总数的 10%,如图 10.38 所示。从某种角度来讲,加拿大对华实施贸易壁垒的形式与欧盟较为相似。由于都是发达国家,因此对于产品的安全性等要求较高,值得中国出口企业加以关注。

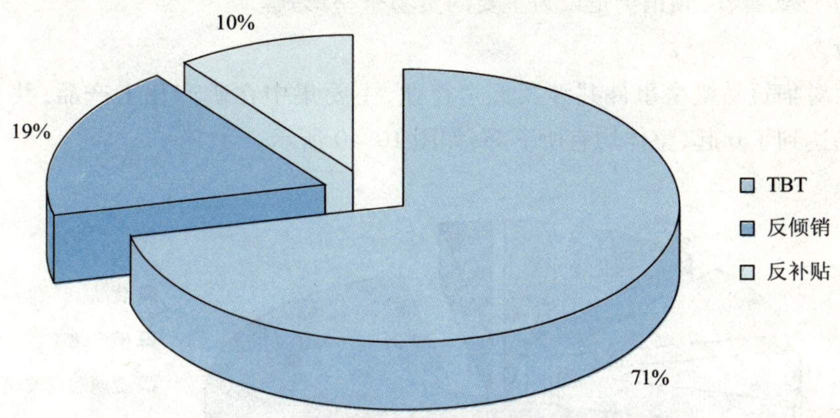

图 10.38 2011 年加拿大对华贸易壁垒形式分析(一)

与 2010 年相比,技术性贸易壁垒与绿色贸易壁垒、反倾销和反补贴这三种壁垒形式的数量均有较大幅度的增加。这是由于加拿大与我国的贸易总量在近两年有了较大程度的提高,因此摩擦较为频繁的出现。而我国企业由于疏于应对,因此造成这样的局面。在此提醒相关部门和企业,要给予加拿大对华贸易方面足够的重视。

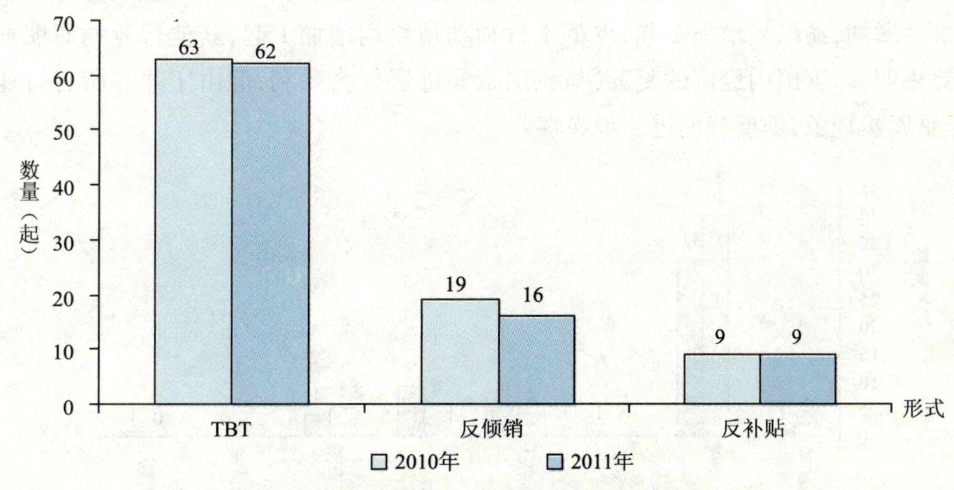

图 10.39 2011 年加拿大对华贸易壁垒形式分析(二)

总的来说,加拿大对华贸易壁垒事件涉及技术性贸易壁垒与绿色贸易壁垒、反倾销和反补贴三种壁垒形式,并且以技术性贸易壁垒与绿色贸易壁垒为主,如图 10.39 所示。

(五)印度

经历了2008年全球金融危机后,越来越多的发展中国家对华实施更为严格的贸易壁垒措施。其中,以赶超中国为目标的印度是最有代表性的,其涉及的行业和形式都是最多的。2011年印度对华贸易壁垒事件尽管总量上有所下降,但依然强势。印度对华贸易壁垒分析包括行业分析和形式分析。从行业看,壁垒事件主要集中在矿产化工产品,食品、矿产化工、机电产品和其他产品行业壁垒事件均有所下降;从壁垒形式看,反倾销仍是最为主要的贸易壁垒形式。

1. 行业分析

2011年印度对华贸易壁垒事件共涉及五个行业,主要集中在矿产化工产品,共32起,占59%。2011年其他产品达到了0起,整体均有所下降,如图10.40所示。

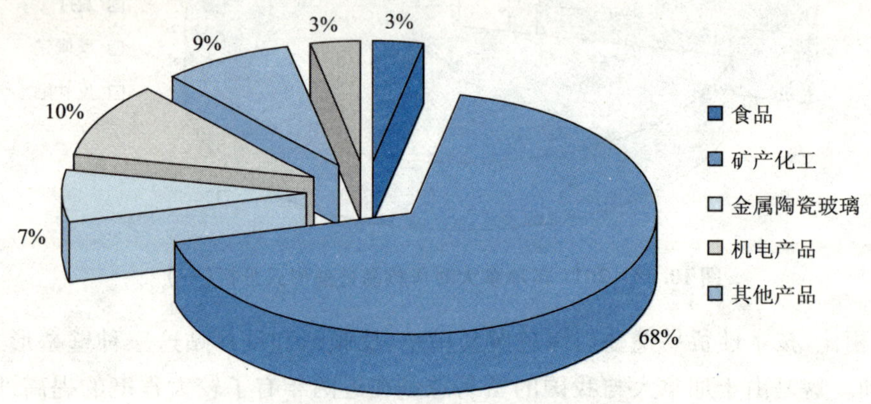

图10.40 2011年印度对华贸易壁垒行业分析(一)

与2010年相比,壁垒事件的总量从59起降至51起。壁垒事件涉及的行业增加1个。金属陶瓷玻璃有3起事件增加,纺织品增加2起,皮革木材和动植物均增加1起,其他行业均有明显下降。连续下降的趋势表明,印度国内经济的复苏,与我国贸易进展较为顺利;但由于并非所有行业均出现下降,也有可能是偶然现象,需要我们进一步观察。

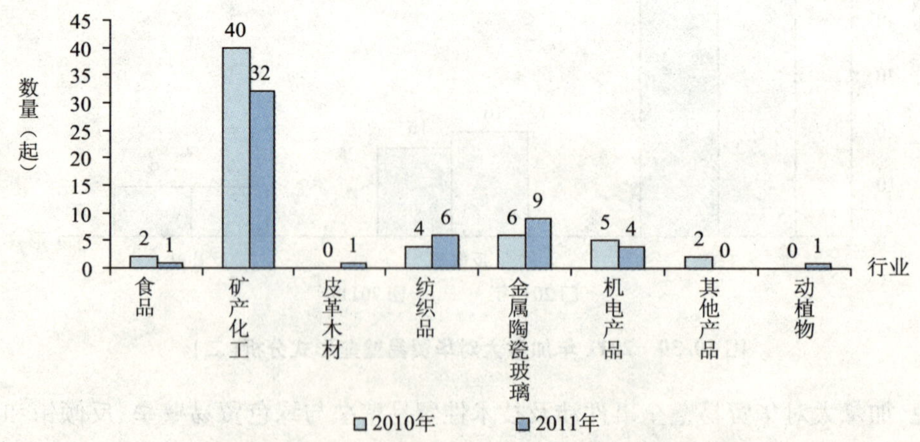

图10.41 2011年印度对华贸易壁垒行业分析(二)

总的来说,矿产化工仍是受印度贸易壁垒影响最大的行业。

2. 形式分析

2011 年印度对华贸易壁垒事件涉及的壁垒形式有反倾销和保障措施两种。其中反倾销事件 48 起,占总数的 94%;反补贴事件 3 起,仅占总数的 6%;未遇到技术性贸易壁垒与绿色贸易壁垒事件,如图 10.42 所示。中国和印度都是劳动力资源充足的国家,劳动力价格同西方发达国家相比一直处于低位,因此两国的出口结构类似,出口市场多为美国、欧盟等经济发达国家(地区)。双边贸易多为资源禀赋存在差异的矿产化工产品。在技术发展水平上,两国又处于大体相同的阶段。因此,中国出口贸易受印度技术性贸易措施的影响很小,贸易救济措施的影响较大。

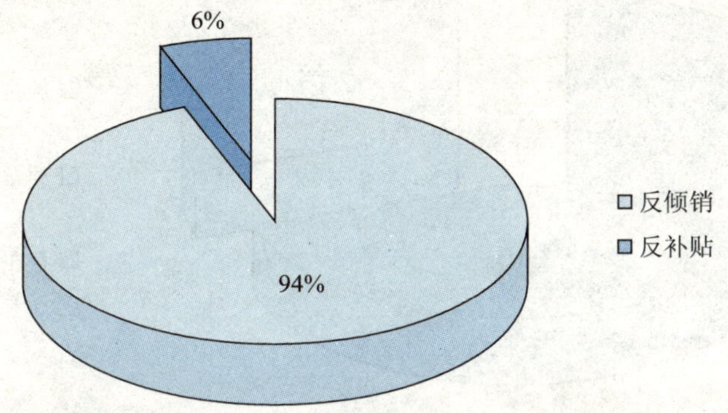

图 10.42　2011 年印度对华贸易壁垒形式分析(一)

由图 10.43 可知,与 2010 年相比,印度使用保障措施的频率下降。反倾销事件也有明显下降。下降的趋势无法确定是偶然现象,抑或中印贸易摩擦逐渐减少,需要我们进一步关注。

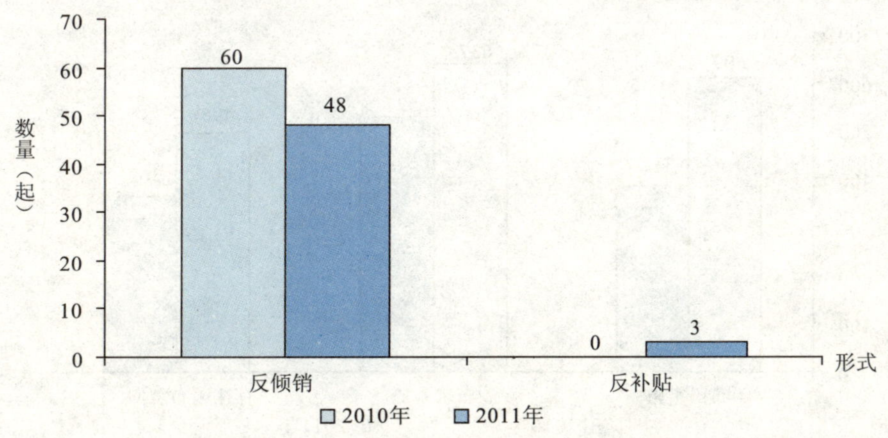

图 10.43　2011 年印度对华贸易壁垒形式分析(二)

五、中国出口贸易壁垒预警

本节对 2011 年国外法律法规进行分析,并提出预警。该分析包括状态分析、国别分析、区域分析、行业分析、产品分析和贸易壁垒形式分析。从状态看,颁布已实施和颁布未实施的法律法规数量均有所增加,而存在颁布意向的法律法规则略有减少。从国别看,美国、欧盟、巴西、印度、加拿大、沙特阿拉伯是法律法规最多的6个国家和地区。从区域看,法律法规涉及了所有区域,所有区域均处于减少的趋势。从行业看,法律法规主要集中在矿产化工和机电产品。从产品看,法律法规涉及的产品种类较多,分散程度也较高,其中乳、植物粉制品数量最高。从贸易壁垒形式看,绝大多数法律法规涉及的是技术性贸易壁垒与绿色贸易壁垒。

(一)状态分析

2011年国外法律法规共1271条,较2010年的1741条减少了470条,降幅为27%。其中,颁布已实施的382条,占30%;颁布未实施的527条,占41%;存在颁布意向的362条,占29%,如图10.44所示。

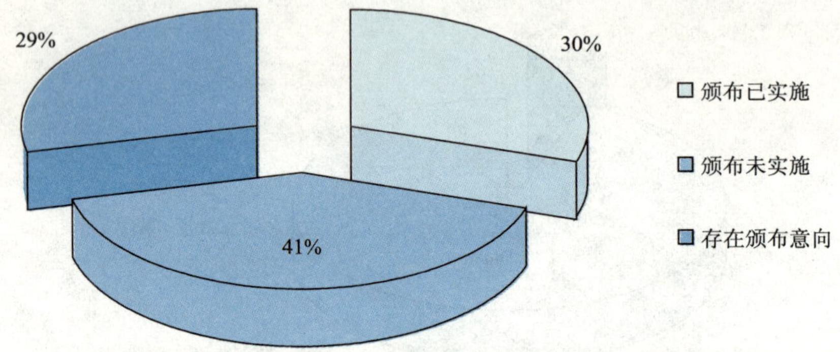

图10.44 2011年中国出口贸易法律法规状态分析(一)

由图10.45可知,与2010年相比,颁布已实施、颁布未实施和存在颁布意向的法律法规数量均有大幅减少,减幅分别为37%、17%和27%。由于颁布未实施的法律法规通常都规定了实施时间和具体细则,因此特别提请出口企业注意。

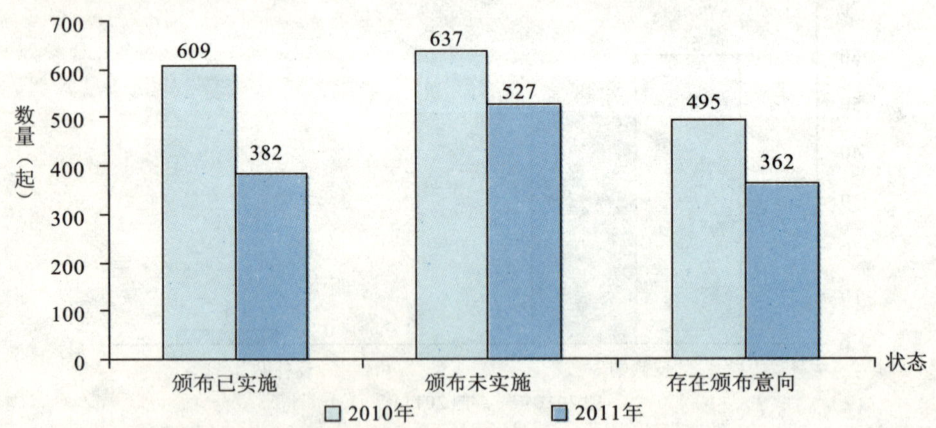

图10.45 2011年中国出口贸易法律法规状态分析(二)

总的来说,较2010年法律法规总数的激增,2011年出现了缓慢下降趋势,说明短时间内,各国对于贸易的法律法规总体趋于区域平衡。由于各种状态的法律法规绝对数量较多,覆盖面较广,因此我国出口企业需要做好这些法律法规的分析和应对工作,避免较大的出口波动。

(二)国别分析

2011年国外法律法规涉及的国家共69个,较2010年增加1个。法律法规增加最多的国家依然是美国,为168条,远远超过了位居第2的欧盟的94条。美国和欧盟增幅分别为33.1%和21.3%。巴西位居第3,为71条。印度、加拿大的法律法规也很多,分别为65条和54条,增幅分别为71.2%和15%。沙特阿拉伯、韩国、智利、巴林、泰国、墨西哥也不少,均在30条以上。值得注意的是,印度从2010年的8条法律法规激增为2011年的65条,位居到第4位,如图10.46所示。主要出口至印度的企业应该加强对其的重视。

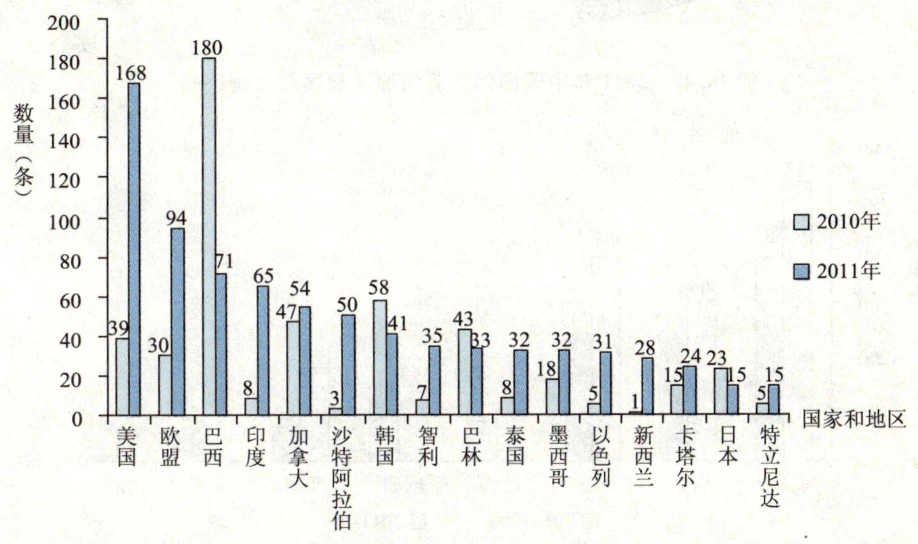

图10.46　2011年中国出口贸易法律法规国别分析

总的来说,美国、欧盟、加拿大、韩国这4个发达国家(地区)和巴西、印度、沙特阿拉伯3个发展中国家仍是法律法规最多的国家和地区。

(三)区域分析

2011年国外法律法规最多的区域依然是其他地区、拉美地区和北美地区。其中,其他地区最多,为385条,占32%;其次为拉美地区为247条,占20%;北美地区,为242条,占20%;最少的区域仍为南亚,13条,占1%,如图10.47所示。

与2010年相比,除南亚地区的法律法规数量增加1个外,其他7个地区都不同程度的减少,其中北美及其他地区减少的绝对值最多,均为142起,减幅为36%和27%,主要集中在矿产化工、其他产品以及机电产品三个行业;其次是非洲地区,减少了109起,减幅为61%;拉美地区减少了59起,减幅为19%,主要集中在矿产化工和其他产品行业,如图10.48所示。鉴于此,可以看到经过2010年的大幅度增长,各国已经采取了谨慎态度,在2011年得到了体现。

总的来说,2011年国外法律法规的绝对数量仍然很大,涉及了所有区域,并且其他地区、拉美地区及北美地区仍处于较高数量。

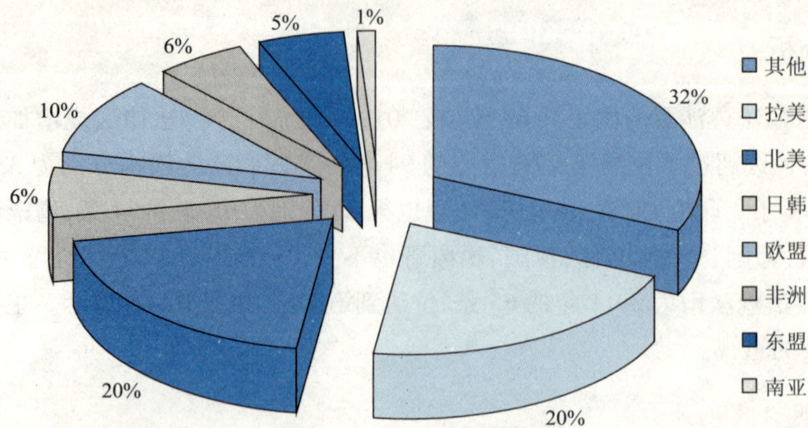

图 10.47　2011 年中国出口贸易法律法规区域分析(一)

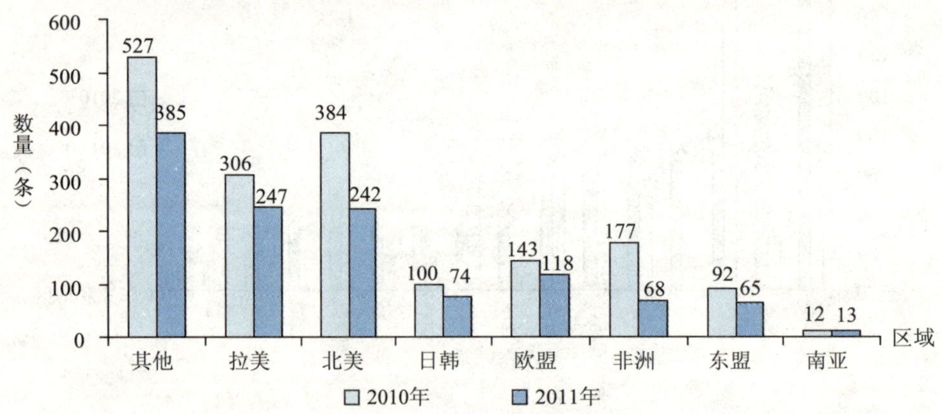

图 10.48　2011 年中国出口贸易法律法规区域分析(二)

(四)行业分析

2011 年国外法律法规主要集中在机电产品、矿产化工产品、食品和动植物这 4 个行业,共 1061 条,占全部数量的 87%。其中矿产化工最多,为 352 条,占 29%;其次是机电产品,为 314 条,占 26%;再次是食品行业,267 条,占 22%;最后是动植物,为 128 条,占 11%。其他 4 个行业相对较少,如图 10.49 所示。

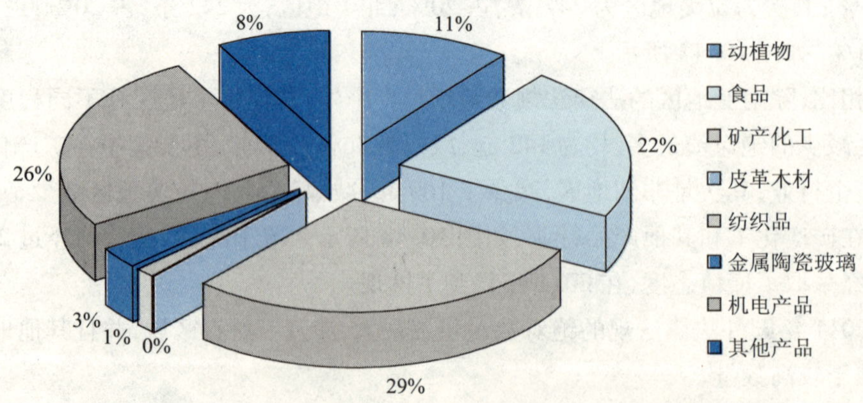

图 10.49　2011 年中国出口贸易法律法规行业分析(一)

与2010年相比，只有动植物一个行业略有增加；其他7个行业有不同程度的减少。其中皮革木材减幅最大，为87%；其他产品位居第2，减幅为69%；第3位是金属陶瓷玻璃产品，减幅为30%。总的来说，食品、矿产化工产品和机电产品仍是法律法规最多的3个行业，而2011年其他产品虽然有大幅度的减少，也需要我们的关注，如图10.50所示。我国政府主管部门和相关出口企业应对新颁布或修改的法律法规进行详尽的分析研究，减少不必要的经济损失。

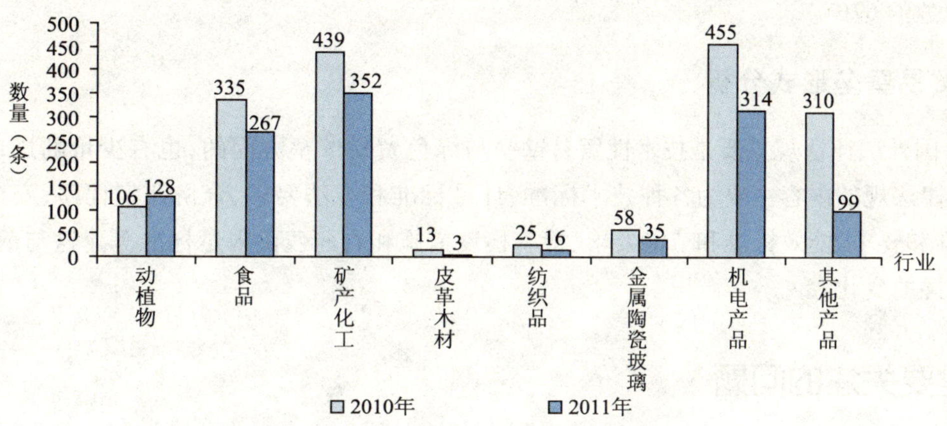

图10.50　2011年中国出口贸易法律法规行业分析（二）

（五）产品分析

2011年中国出口贸易法律法规涉及的具体产品很多，10条及10条以上法律法规的具体产品共

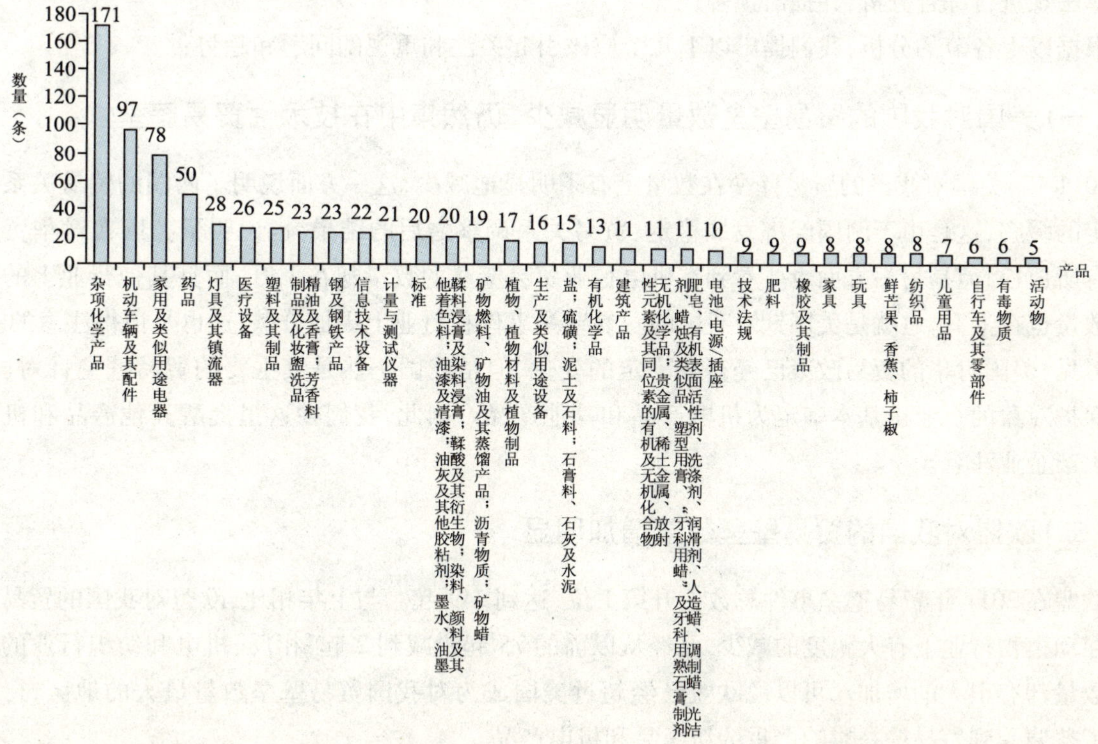

图10.51　2011年中国出口贸易法律法规产品分析

31种，与2010年相同。为了图表的观赏性，图10.51只列出法律法规在10条及10条以上的产品，共计31种。法律法规最多的产品是杂项化学产品，为171条；其次是机动车辆及其配件、家用及类似用途电器、药品，分别为97条、78条和50条；灯具及其镇流器、医疗设备、塑料及其制品等产品的法律法规也较多，均超过了25条。

总的来说，2011年国外法律法规涉及的产品很多，分散程度较高，前10种产品涉及的法律法规共543条，占总数的67%。

(六)贸易壁垒形式分析

2011年国外法律法规主要是技术性贸易壁垒与绿色贸易壁垒方面的，也有少量的进口限制和进口禁令。法律法规的内容主要为各种技术标准、计量标准和方法要求、合格评定程序、安全标准和要求、环保标准和要求、能效标准和节能要求、检验检疫措施和农药残留限量标准等。这与前三年相比，并没有实质性的变化。

六、需要关注的问题

本章首先按照月份、国别、区域、行业、产品以及壁垒形式这6个维度对2011年中国出口贸易壁垒事件进行了系统的刻画和综合分析。然后，更加细致地分为贸易救济措施、技术性贸易壁垒与绿色贸易壁垒两个专题进行描述和分析。接着，从中提炼出最主要的5个国家的贸易行为，分析其对华实施的贸易壁垒事件及其原因。在此基础上，综合国外已颁布实施的、颁布未实施的以及存在颁布意向的法律法规进行综合分析，并提出预警。

根据以上各节的分析，我们提出以下几个应该引起关注和重视的问题和趋势：

(一)美国对我国的贸易壁垒数量明显减少，仍然集中在技术性贸易壁垒

2011年，美国对我国的贸易壁垒在数量上有了明显地减少，这一方面说明了两国的贸易关系得到了一定的缓解，这是由于两国经济发展稳定、贸易关系调整之后的结果，也说明了美国在对华贸易政策上有所放松，但是另一方面也要看到在机电行业贸易壁垒的数量却在上升，而且其他行业上的贸易壁垒数量也在上升，也就是美国针对我国的贸易壁垒事件在行业上更加分散，这也是值得注意的。

可见，美国对华的贸易政策已经存在一定的变化，但是我国仍然是其主要的贸易壁垒针对国，并且其保护对象的行业也基本确定为机电产品和其他产品。因此，我们在这里提醒其他产品和机电产品的生产企业注意。

(二)欧盟对我国的贸易壁垒数量增加明显

欧盟在2011年贸易壁垒事件总数上升第1位，达到249起。与上年相比，欧盟对我国的贸易壁垒数量在动植物行业上有大幅度的减少，已经从以前的75起锐减到2起，相反，机电和纺织行业的贸易壁垒数量却有很大的增加。可以说欧盟已经超过美国成为对我国贸易壁垒数量最大的地区，行业也转向了普遍受到贸易壁垒影响严重的纺织品和机电产品。

(三)全球贸易壁垒呈现均匀发展的趋势

2011年以来,全球对我国的贸易壁垒呈现均匀发展的趋势,不同于以前美国作为主要的对华贸易壁垒发起国家,近年来随着美国与我国的贸易关系的改善和发展,美国对于我国的贸易壁垒数量减少,使得北美地区贸易壁垒数量明显减少,但是其他地区在比重上却有所增加。这是由于全球经济发展的重心分散化所造成的,金融危机之后美国经济复苏缓慢,全球经济发展的增长动力来自各个发展中国家和新新市场,所以相应的贸易壁垒的重点也都存在这些地方。这也表明我国企业的发展当中开始注重其他地区的市场,在这些市场当中的发展也遇到了一定的阻碍,需要引起重视。

(四)法律法规成为关注重点

对于法律法规的统计可以看到,虽然美国在对我国的贸易壁垒的数量上有明显地减少,但是针对我国的法律法规数量却有大幅度的上升,这表明了美国的企业更多地采用法律法规的手段来限制我国企业,可以看到在一些以往我国面对比较严重的贸易壁垒的国家和地区,虽然贸易壁垒的数量有所减少,但是相应的法律法规却更加的严格,需要企业在进入市场之前密切关注该国家和地区相应的法律法规,并且实时调整自身的战略及时应对。

(王亚星、曲泉儒、李蕊来)

后 记

《中国出口贸易壁垒监测与分析报告 · 2012》是继 2007 年成功出版《中国出口贸易壁垒监测与分析报告 · 2007》之后的第 6 本报告，由中国人民大学商学院从事国际贸易、国际商务研究的教师及部分博士生、硕士生共同努力研究编写。该报告是我们在对出口贸易壁垒长期监测的基础上，对 2011 年中国出口贸易壁垒的总结和描述，以及对 2012 年中国出口贸易壁垒发展趋势的分析和预测。

报告仍然采用对比分析方法，把 2011 年的数据与 2010 年的数据进行对比分析，以数据说话，使问题一目了然，便于使用者对贸易壁垒进行深入研究。与 2011 年的报告相比我们发现，虽然贸易壁垒事件整体上有所减少，但以技术性贸易壁垒与绿色贸易壁垒的贸易壁垒形式依然屡见不鲜，这种技术性贸易壁垒与绿色贸易壁垒事件的规模化已成为常态，需要引起我们的高度重视。

2011 年中国出口贸易壁垒事件共 763 起，比 2010 年的 946 起少了 183 起，减幅为 19.34%。占贸易壁垒多数的国家和事件与 2010 年基本趋同，主要是由美国和加拿大的技术性贸易壁垒与绿色贸易壁垒引起的，并且主要涉及机电产品和其他产品。因此，我们需要对出口到美国、加拿大的机电产品和其他产品的安全标准、环保标准、毒害物质残留等技术性贸易措施给予充分的重视。2010 年美国、欧盟、加拿大这 3 个发达国家（地区）和印度、阿根廷、土耳其这 3 个发展中国家是对我国发起贸易壁垒事件最多的国家和地区。与前两年相比，加拿大已成为贸易壁垒事件的主要发起国，一方面由于我国与加拿大的贸易往来日趋增多，而加拿大对于金融危机后重建国内产业十分重视；另一方面由于加拿大为发达国家，对于产品的安全标准要求较高，尽管其对华贸易壁垒事件涉及行业较为广泛，但主要集中在其他行业和机电行业中的玩具和自行车、烤箱等产品。因此，对于出口的玩具、自行车以及家用电器等产品的安全标准应该引起相关部门和企业的足够重视。美国和欧盟的主要贸易壁垒形式是技术性贸易壁垒与绿色贸易壁垒，采取的形式为联合召回、发出消费者警告和检查扣留。印度、阿根廷和土耳其的主要贸易壁垒形式是反倾销。由知识产权引起的贸易壁垒事件大多是由美国发起的。从出口的行业来看，矿产化工产品、金属陶瓷玻璃制品和机电产品仍是受国外贸易壁垒影响最严重的产品类别。其他产品的壁垒事件经过 4 年的持续增长后，已经连续两年位居第 2 位，仅次于机电产品。可见，其他产品的壁垒事件不是偶然的，而呈现一种稳定的增加趋势，因此对于其他产品中的玩具、家具等产品的生产企业，要引起足够的重视，避免损失。

本报告的研究结果显示，2011 年技术性贸易壁垒与绿色贸易壁垒事件共 532 起，为壁垒事件最多的贸易壁垒形式。相较于 2010 年的数据，技术性贸易壁垒事件有少数的增加，但是反倾销事件却有显著减少。反补贴、进口限制、知识产权壁垒事件绝对数量均变化不大。美国、欧盟和日本等经济发达国家和地区多采用技术性贸易壁垒措施。印度、阿根廷和墨西哥等发展中国家多采取贸易救济壁垒措施。不同国家的贸易壁垒方式有着明显的差异，不同国家的贸易壁垒对我国的影响也体现在不同的产业、产品类别上。另外值得注意的是，美国和欧盟等国家和地区针对我国的贸易壁垒事件虽然有所减少，但是更多的采用法律形式来限制我国企业的发展，在针对我国出口的法律数量上都有大幅度的增加。

与前5本贸易壁垒监测分析报告相似，《中国出口贸易壁垒监测与分析报告·2012》对中国2011年出口贸易壁垒总体情况以及动植物类产品、食品、矿产化工产品、皮革木材及其制品、纺织品、金属陶瓷玻璃制品、机电产品和其他产品8大类主要出口产品所遇贸易壁垒事件进行全面的评述，并对形成中的出口贸易壁垒提出全面预警。

在研究编写这本报告的过程中，我们力求资料翔实、数据准确、图表清晰、分析点评和趋势预测客观，力求为国家对外贸易政策的调整提供客观的决策依据，为出口企业提供全面的信息资料，为相关研究学者、企业管理者和其他决策者搭建广泛的交流平台。

《中国出口贸易壁垒监测与分析报告·2012》的出版，表达了我们对出口贸易壁垒总体情况的一种认知，更表达了对中国产品出口的期待。真诚的希望这种认知和期待可以传递给更多关心中国出口贸易发展的人们，引起大家的共鸣和深入思考，并希望大家不吝赐教，提出批评和意见，为我们今后报告的进一步完善指明方向。

中国人民大学商学院贸易系
教授、博士生导师
王亚星

2012年6月25日

（作者 E－mail：wangyaxing@263. net）